子盡心亦謂以口目耳鼻四肢爲性、中有味色聲臭安佚之欲是以必當節之古人但言節性不言復性也王敬作所不可不敬德即性之所以節也此云修性即節性之恉

〇師哉師哉桐子之命也

周禮大宰職鄭注云師有德行以教民者桐讀爲僮說文人部云僮未冠也廣雅釋言云僮穉也國語魯語云使僮子備官而未之聞邪韋昭注云僮僮蒙不達也經傳通多用童按人穉曰僮木小曰桐說文木部云榮桐木也桐榮也榮从木熒省聲熒者屋下鐙燭之光也鐙燭之光則小光也故凡从熒得聲之字多有訓爲小者言部云謍小聲也瓜部云𤬫小瓜也水部云滎絕小水也女部云嫈小心態也此皆以聲爲義

音義云桐子音侗與侗同亦音同未成人也漢書曰毋桐好逸按

孟子離婁篇趙岐章指云故曰師哉師哉桐子之命不慎則有患矣語本此文彼音義云桐子與童字同周氏廣業音義攷證

云古本旁注桐讀
為僮蔣氏仁榮首
義皆證云郝敬讀
書通云童通作桐
安世歌桐生之桐幼
穉也楊子學行篇
桐子並與童同同

與榮同例漢書本傳顔注云榮謂草木之英管子禁藏篇房
主齡注云英謂草木之初生也桐榮互訓知桐木即小木矣
至梧桐之桐則所謂本無其字依聲託事者絶非榮桐木之
本義田氏引之經義述聞二十八云桐之言童也小木木之
名也淮南兵略訓夫以巨斧擊桐薪不待利時良日而後破
之桐薪對巨斧蓋言其小者也然則此以桐爲僮者聲義皆近
也說苑建本篇云人之幼穉童蒙之時非求師正本無以立
身全性

務學不如務求師

荀子勸學篇云學莫便乎近其人禮樂法而不說詩書故而
不切春秋約而不速方其人之習君子之說則尊以徧矣周於

御覽四百五引作閧

世矣楊倞注云其人謂賢師也御覽四百四引桓譚新論云
諺言三歲學不如一歲擇師
師者人之模範也模不模範不範爲不少矣
說文木部云模法也竹部云笵法也經傳通作範司馬云師
者先正己而後能正人
一鬨之市不勝異意焉
鬨各本皆誤鬧今據音義改音義云一閧下降切按鬨巷同
字孟子梁惠王篇鄒與魯鬨孫奭音義引張鎰云鬨胡弄
切鬭聲從门下共者下降切義與巷同此字从鬥與门不同是
唐時俗書巷或作閧门下共也此文本作鬨故文選宣德皇后
教李善注引作一巷之市不勝異意是唐人所據法言作閧不

無馬字下同

異說選注引作異意

从門作闐甚明一卷之市與一卷之書相比為義一卷之書

書之至寡者一巷之市市之至小者自宋咸注本始誤从門

而云闐闠也集注本因之後校李注本者遂亦據改文人承

用不知其不可通矣音義云不勝音升異意選注引作異價

李奇賣者欲貴買者欲賤非異如何按如而古通

一卷之書不勝異說焉

箸竹曰篇箸帛曰卷釋名釋書契云卷綣也漢藝文志云仲尼

沒而微言絕七十子喪而大義乖故春秋分為五詩分為四

易有數家之傳戰國從衡真偽分爭諸子之言紛然殽亂又

儒林傳云一經說至百餘萬言

一鬨之市必立之平一卷之書必立之師

音義云之平皮命切鄭司農云質劑月平價也按司農說見

周禮小宰司市質人等諸職注孔氏廣森禮學卮言五云蓋市

價以時貴賤故每月更平之是也漢書景武功臣表云梁期

侯當千太始四年坐賣馬一匹賈錢十五萬過平臧五百以

上免又溝洫志云卒非受平賈者爲著外繇六月此漢時月

平之證

習乎習以習非之勝是也況習是之勝非乎

逸周書常訓篇云民生而有習有常以習爲常以常爲慎同順

大戴禮保傅篇引孔子曰少成若之爲性習貫之爲常習乎習

者甚歎之詞論語爲政篇孝乎惟孝包咸注云孝乎惟孝者

美大孝之詞古書多有此句例詳閻氏若璩書古文疏證十

以習非之勝是也影宋無也字依集注本補

於戲學者審其是而已矣

音義云於戲上音烏下音呼又虛宜切匡謬正俗二云烏呼歎詞也古文尚書悉為於戲字按疊韻連語無正字也說文釆部云寀悉也知寀諦也審篆文寀从番

或曰焉知是而習之

莊子齊物論云物無非是又云彼亦一是非此亦一是非果且有彼是乎哉果且無彼是乎哉

曰視日月而知衆星之蔑也仰聖人而知衆說之小也

方言二云小江淮陳楚之閒謂之蔑郭璞注云蔑小皃也文子上德篇云日出星不見不能與之爭光又云百星之明不

○御覽六百十三引鄒子曰見日月而知衆星之照微也仰聖

人而知泉説之少觀
也揅鄭子乃晉鄭
湛此湛書因法
言語也

如一月之光白虎通日月篇云日月徑千里御覽七引徐整長曆云大星徑百里中星五十小星三十按此是古人天學未密時但以目視所得論之不足異也

學之爲王者事其已久矣

顧氏炎武日知録六云三代之世凡民之俊秀皆入大學而教之以治國平天下之事孔子之於弟子也四代之禮樂以告顔淵五至三無以告子夏而又曰雍也可使南面然則内而聖外而王無異道矣其繫易也曰九二曰見龍在田利見大人何謂也子曰龍德而正中者也庸言之信庸行之謹閑邪存其誠善世而不伐德博而化易曰見龍在田利見大人君德也故曰師也者所以學爲君也按即學爲王者事之義

堯舜禹湯文武汲汲仲尼皇皇其已久矣

說文辵部云跛急行也經傳通作汲韓詩外傳五云堯學乎務成子附舜學乎尹壽禹學乎西王國湯學乎貸乎相文王學乎錫疇子斯武王學乎太公楚詞離世章王逸注云皇皇惶遽皃

或問進曰水曰為其不捨晝夜與

音義云為其于偽切下為道為利同不捨晝夜論語子罕篇文彼作不舍捨者正字舍者通用字

曰有是哉滿而後漸者其水[redacted]乎

李云水滿坎而後進人學博而後仕按孟子盡心篇云流水之為物也不盈科不行君子之志於道也不成章不達趙注

云盈滿也科坎也流水滿坎乃行以喻君子學必成章乃仕
進也以仕進爲說是此注所本劉氏寶楠子罕篇疏引法言
此文所說互云法言所謂進與夫子言逝義同逝者往也言
往進也春秋繁露山川頌篇云水則源泉混混沄沄晝夜不竭
既似力者盈科後行既似持平者循微赴下不遺小閒既似
察者循溪谷不迷或走萬里而必至既似知者障防山而能
清淨既似知命者不清而入潔清而出既似善化者赴千仞
之疑入而不疑既似勇者物既困於火而水獨勝之既似武
者咸得之生失之而死既似有德者孔子在川上曰逝者如
斯夫不舍晝夜此之謂也董引論語以證仰力一節非以論
全德也至法言所謂滿而後漸則又一意孟子離婁篇徐子

汪榮寶法言注釋殘稿三種

兴無自署

（上）

汪榮寶 著　徐興無 編

鳳凰出版社

ISBN 978-7-5506-2661-4

圖書在版編目（CIP）數據

汪榮寶法言注釋殘稿三種 / 汪榮寶著 ; 徐興無編
. -- 南京 : 鳳凰出版社, 2017.10
ISBN 978-7-5506-2661-4

Ⅰ. ①汪… Ⅱ. ①汪… ②徐… Ⅲ. ①古典哲學－中國－西漢時代②法言－注釋 Ⅳ. ①B234.992

中國版本圖書館CIP數據核字(2017)第240723號

書　　名	汪榮寶法言注釋殘稿三種
著　　者	汪榮寶 著　徐興無 編
責任編輯	王　劍
裝幀設計	姜　嵩
出版發行	鳳凰出版社(原江蘇古籍出版社) 發行部電話025-83223462
出版社地址	南京市中央路165號,郵編:210009
出版社網址	http://www.fhcbs.com
印　　刷	揚州文津閣古籍印務有限公司 揚州市開發區鴻揚路22-2號(6幢),郵編:211153
開　　本	787×1092毫米　1/16
印　　張	75
版　　次	2017年10月第1版　2017年10月第1次印刷
標準書號	ISBN 978-7-5506-2661-4
定　　價	980.00圓(全二册) (本書凡印裝錯誤可向承印廠調換,電話:0514-87969255)

總目録

上册

下册

序言

徐興無

引言

汪榮寶先生（一八七八—一九三三），字衮父，號太玄，江蘇吴縣（今蘇州）人，中國近現代著名政治家、外交家和學者。二十歲（一八九七）選元和縣拔貢生，次年朝考入兵部。一九〇〇年，八國聯軍侵入北京，汪氏就讀南洋公學。一九〇一年留學日本早稻田大學、慶應義塾等處，研習歷史及法政，其間參與創辦《蘇學會》雜志、參加拒俄運動。一九〇四年，汪氏回國，仍官兵部，同時任教京師譯學館，講授近代史。一九〇八年出任民政部參議，一九一〇年出任資政院欽選議員。一九一一年出任協纂《憲法》大臣。民國初，任臨時參議院議員、國會衆議院議員，協助袁世凱處理清廷遜位、南北議和諸事務。一九一四年出任中華民國駐比利時公使。一九一五年回國，擔任《中華民國憲法》起草委員會委員。一九一九年出任中華民國駐瑞士公使。一九二二年至一九三一年，汪氏出任中華民國駐日本公使達十年之久。一九三一年春，『東三省難將作，君上書告變，外交部以爲妄』[一]。同年七月，日本製造萬寶山事

〔一〕章太炎《故駐日本公使汪君墓志銘》，《章太炎全集》第五册，上海，上海人民出版社，一九八六，頁二五八—二五九。

件，煽動朝鮮排華運動，汪氏受國民政府委派，赴朝調查，因與政府外交軟弱主張不合，遂歸國辭職，任張學良駐北平行營參議、外交委員會委員。同年『九一八事變』爆發，因力主抵抗，與張學良政見不合，『自是不復論家國事』〔一〕。

汪氏出身官宦及學術世家，大伯父鳳池、父鳳瀛、四叔鳳梁皆官至知府，二伯父鳳藻爲光緒間出使日本大臣。汪氏爲鳳瀛長子，其叔伯兄弟中，森寶（鳳池長子）、榮寶（鳳瀛次子）、楊寶（鳳梁次子）皆仕於光、宣二朝；弟汪東（字旭初，原名東寶，鳳瀛三子）留學日本早稻田大學，後師從章太炎，參加同盟會，一九二八年任國立中央大學中國文學系主任。汪氏十六歲入南菁書院讀書，師從大儒黄以周。自云『幼承庭誥，粗解篇翰。周漢儒書，尤所耽慕。長游大師之門，私淑先賢之緒。』〔二〕出仕之後，汪氏宦學不輟。一九〇三年，汪氏與葉瀾合編出版《新爾雅》；一九〇二年，汪氏於《譯書彙編》發表《史學概論》；執教京師譯學館時，汪氏編寫《本朝史講義》，經學部審定改名《中國歷史教科書》，一九〇九年由商務印書館出版，民國後更名《清史講義》，一九一三年由上海商務印書館出版。詩集《思玄堂詩集》有一九三七年家刊鉛印本；文集《金薤琳琅齋文存》有家刊影印本；另有《汪榮寶日記》，稿藏北京大學圖書館，一九八七年由天津古籍出版社影印出版〔三〕。而汪氏整理揚雄《法言》，乃其於中國學術史貢獻尤著者。宣統辛亥（一九一一），汪氏金薤琳琅齋刊行《法言疏證》鉛印綫裝本。民國二二年（一九三三）撰成《法言義疏》并刊出鉛印綫裝本，大爲學界推重，胡玉縉、黄侃皆爲作《序》，一九八四年由陳仲夫點校，收入中華書局『新編諸子集成』（第一輯）〔四〕。

汪氏四子績熙先生（又名公紀，一九〇九—二〇〇

〔一〕章太炎《故駐日本公使汪君墓志銘》。

〔二〕汪榮寶《法言疏證·叙録》，《法言疏證》，宣統辛亥（一九一一）金薤琳琅齋刊本。又刊於《國粹學報》一九〇九年第五十五期。

〔三〕按，上述五種皆收入沈雲龍主編《近代中國史料叢刊》。《思玄堂詩》、《金薤琳琅齋文存》兩種收入《近代中國史料叢刊·正編》第六十輯，臺北，文海出版社，一九七〇。《新爾雅》、《清史講義》兩種收入《續編》第十四輯、九十四輯，臺北，文海出版社，一九七七。《汪榮寶日記》收入《三編》第六十三輯，臺北，文海出版社，一九八六。

〔四〕汪榮寶撰，陳仲夫點校《法言義疏》，北京，中華書局，一九八七。

〇）亦留學日本，抗戰期間曾主持國民政府新聞局駐法辦事處，一九四九年赴臺灣擔任政治和外交事務官員，一九五二年任教臺灣東吳大學，一九七五年應聘臺灣中國文化大學法文系主任[一]。纘熙先生曾編纂《思玄堂詩》、《金薤琳琅齋文存》等，携汪氏手稿多種赴臺。二〇一三年，余赴臺灣，拜訪纘熙先生長女、原臺灣中央電影公司導演汪瑩女士和次女、原臺灣政治大學新聞系教授汪琪女士，受其惠賜，得其家藏《法言疏證》手稿殘稿與《法言義疏》手稿殘稿之高清電子掃描件。二〇一六年，余在國家圖書館檢得汪氏《法言疏義》手稿殘稿影印本，是知在《疏證》與《義疏》之間，尚有《疏義》之撰。今爲殘稿三種依次考述，以見汪氏治《法言》之歷程。

一、《法言疏證》手稿

汪氏家藏《法言疏證》手稿，殘，依《法言》篇目，每篇一卷，計八卷，與宣統辛亥（一九一一）汪氏金薤琳琅齋《法言疏證》鉛印綫裝刊本卷帙相同。起《學行》卷第一，迄《五百》卷第八，除卷第八第十七頁缺下半頁之外，他卷頁數完整。手稿分裝兩册，卷第八單行。第一册封面左側朱書『改定本』，墨書『法言疏證卷一至卷三』；第二册封面左側朱書『改定本』，墨書『法言疏證卷四至卷七』，兩册封面右側由上而下皆鈐有『金薤琳琅』白文印及『榮寶著述』朱文印。稿紙半頁十一行，雙邊，版心象鼻處印有『法言疏證』字樣，版心下方印有『袞父所述書之一』字樣。落款爲『元和汪榮寶』，與刊本落款相同。每卷首頁右下皆鈐『袞父論著』及『汪榮寶印』白文印。

稿中文字爲汪氏眷寫，字迹工整，但風格有變，不出於一時，其上有朱、墨兩色改删文字。墨色改删之處，均見諸刊本，故此稿當爲付梓前汪氏校樣。如《學行》第一『楊雄所序』疏證『按此篇今無單行之本，惟載《漢書》中』，墨改爲：『按此篇今無單行之本，惟《漢書》取爲楊君列傳。』刊本亦改。又如『楊雄所序』疏證『《藝文類聚》四十、《御覽》五百五十八引楊雄《家牒》』至『侯芭負土作墳，號曰玄冢』一段，以墨色小字補於稿紙第四頁至第五頁地脚，刊本依補。又如

〔一〕趙鳳林《汪榮寶評傳》，南京：南京大學出版社，二〇一二，頁四〇二。

者……《荀子・大略篇》「少言而法，君子也」，此楊君名書之旨也。《莊子・人間世篇》記孔子答葉公子高語，再引故法言曰，則似孔子之時，已有傳記名《法言》者，楊君襲之。然古人名書，不嫌重復。《金樓子・雜記篇》云：「桓譚有《新論》，華譚又有《新論》。楊雄有《太玄經》，楊泉又有《太玄經》，談者多誤，動形言色。或云桓譚有《新論》，何處復有華譚？楊子有《太玄經》，何處復有《太玄經》？此皆由不學使之然也。」則此名《法言》者，或亦承用古書目矣。』自『楊君襲之』至『或亦承用古書目矣』一百零一字，稿以朱墨刪去，改爲：『名曰《法言》者……《荀子・大略篇》「少言而法，君子也」。書名《法言》，義取諸此。本書《吾子『言之次也』疏證『《說文》「欠部」云：次不前，不精也。』墨筆刪去，刊本亦無。

唯稿中朱色改刪之處，大多不見諸刊本，當爲刊本印行後汪氏修訂手迹。如『法言疏證一』下『元和汪榮寶』，朱色圈注『排在第一行，下同』，刊本皆不從。又如『學行第一』疏證『十三篇皆取篇首一二字爲標目』十一字，稿以朱墨刪，刊本依舊，而此後《法言疏義》手稿影印本、《法言義疏》刊本皆作『十三篇皆取篇首語二字爲標目』，增一『語』字。又如『法言』疏證『影宋本題楊子法言』，『影宋本』三字，稿以朱墨改爲『治平本』，刊本依舊，《疏義》手稿影印本、《義疏》刊本皆作『治平本』。又如『法言』疏證曰：『名曰《法言》

《法言疏證》手稿卷一至卷三稿封面及卷一稿影

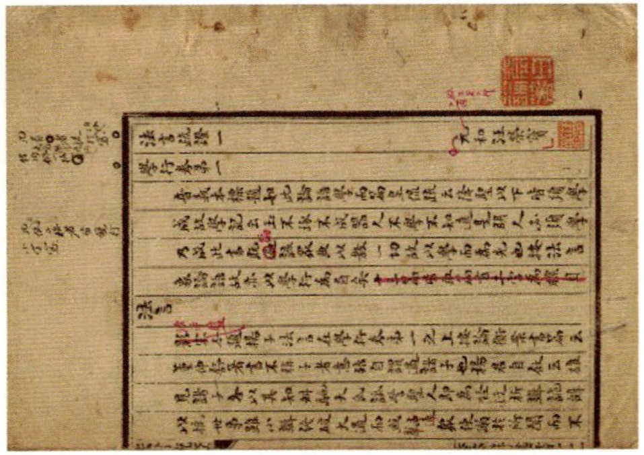

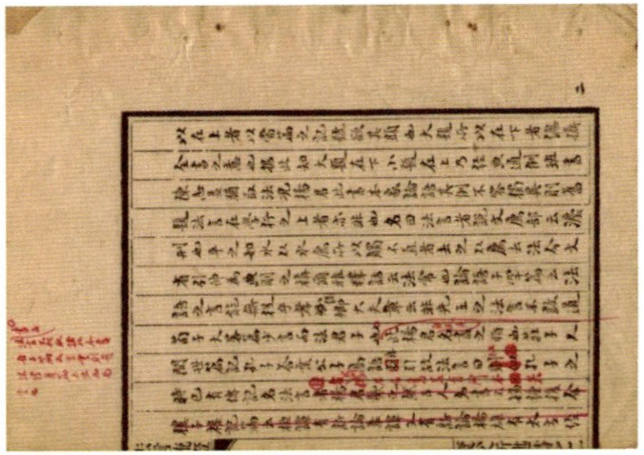

篇》云「言重則有法」；《修身篇》云「法而易言也」。此楊君自述其名書之恉也。《莊子·人間世篇》記孔子答葉公子高語，再引故法言曰，似孔子之時已有傳記名《法言》者。然則楊君名書，蓋有所本矣。』刊本依舊，未加刪改，而《疏義》手稿影印本、《義疏》刊本均作『名曰《法言》者……《荀子·大略篇》「少言而法，君子也」。此子雲名書之旨也。』

朱色所改亦有見諸《疏證》刊本者。如『學行第一』疏證『此書既遍該衆典』，朱色改『遍』爲『徧』，刊本作『徧』。又如『法言』疏證『或』字下有雙行小注『古通惑』三字，朱色删去，刊本亦無。

由此推測，《疏證》手稿當爲汪氏付梓之稿，刊出之後，《疏義》、《義疏》成稿前，汪氏又用朱笔據此手稿對《疏證》加以修訂，並於稿本封面書『改定本』三字，其中亦有據刊本改正的文字，如上舉朱色所改見諸《疏證》刊本之例。

汪氏《法言疏證後叙》撰於宣統三年五月十三日（辛亥年，一九一一年六月九日），其云：

光緒乙未（一八九五），余始治《法言》。斠訂異文，於李弘範諸家之説有未安者，閒加糾正。久之，所得漸多，思復貫串，以爲《義疏》，屢作屢輟，迄於己亥（一八九九）冬，屬草粗竟。宦學之暇，時復有所增易，原稿塗乙既徧，乃以别紙疏

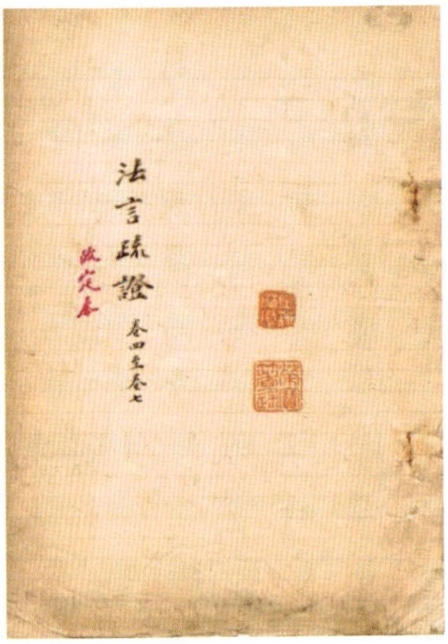

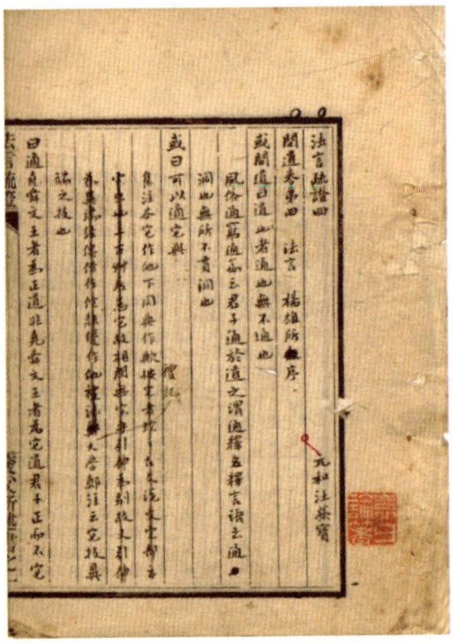

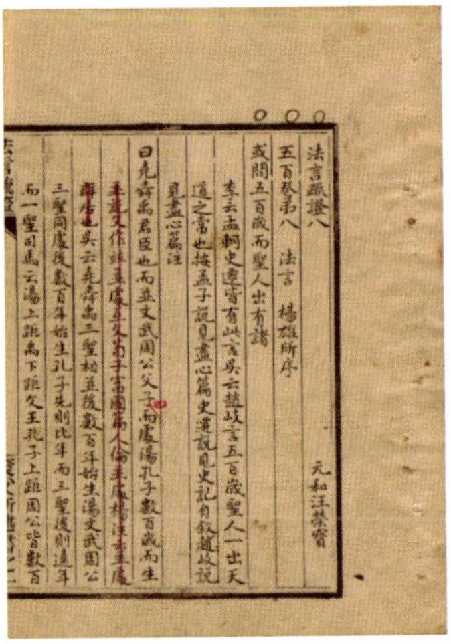

《法言疏證》手稿卷四至卷七稿封面及卷四、卷八稿影

之。叢雜已甚，頗就散失。前年，舍弟東寶（汪東）書來索觀，因舉先後草稿，盡以寄之。報書爲言中闕《先知》一卷，尋檢無有，意謂亡佚。歲餘，乃得之友人曹君直侍讀家。自維淺薄，無足覽觀，而十餘年來精力所寄，未忍聽其覆瓿，輒裒集叢殘，少加董理，付諸印刷。舍弟寄示考訂數事，並精審可喜，悉與採録，用廣異義。其零星箋記各條，校印時未及纂入者，並陸續蒐輯，汰繁存要，別爲《校補》一卷，附諸篇末。〔一〕

汪東『索觀《疏證》』，又『考訂數事』，實參與校理書稿之事。汪東《法言疏證別録》稱『余以檮昧，嘗與參校之役。服膺雅詁，厭而飫之，因刺取義訓精美者若干條，迻著別簡，以條尋繹。其有疑滯，附著於篇。』〔二〕檢其文例，先録《疏證》精義，計『學行第一』十一條、『吾子第二』十八條，時加案語（『東案』）。

光緒二十五年（己亥，一八九九）汪氏撰成《法言疏證叙録》，其曰：

著雍之歲（戊戌年，一八九八），始來京師，端居多暇，窮治象數，研精覃思，幾以致疾。於是輟不復爲。養痾城南。輒取舊時《法言箋記》一種，理殘匡謬，㨨爲義疏。閲時五月，成卷十三。依用王氏《廣雅》、陳氏《白虎通義》之例，題曰《疏證》。〔三〕

然其撰作《疏證》，非僅爲養痾，實有所寄託。汪東爲汪氏諸子代作之《汪榮寶先生哀啓》曰：

丁酉舉元和縣拔貢生，戊戌朝考，用七品小京官簽分兵部。君才情英發，一時知名之士多折節爲忘年交。會六君子禍作，新政萌牙，摧折以盡。君憂思慷慨，形諸歌詠。時先從祖輩皆官京師，戒君慎言，君由是壹意著書，研精象數，繼復取曩所爲

〔一〕汪榮寶《法言疏證後序》，刊《法言疏證》，又刊《雅言》一九一四年第三期。
〔二〕汪東《法言疏證別録》，連載於《華國月刊》一九二三年第一卷第一期、第三期、一九二四年第一卷第六期、第八期。
〔三〕按，『始來京師』，《國粹學報》作『待辠京師』。汪氏又將此《叙録》文字録入《金薤琳琅齋文存》稿本之中，題曰《法言疏證序》。

《法言箋記》，排比增輯，成《疏證》十卷。〔一〕

故汪氏於此艱屯之時疏證《法言》，或自比揚子不遇於時，效其『好古樂道，欲求文章成名於後世』之志。〔二〕汪氏《日記》涉及《疏證》之事計約二十九條，茲録如下：

一九〇九年（宣統元年己酉）

閏二月十四日（四月四日）：攜舊著《法言疏證》稿示君直請序。〔三〕

按，曹元忠，字夔一，號君直，爲汪氏同鄉，光緒十年（一八九四）進士，時任内中書、會議政務處文案。〔四〕《疏證》首刊其《序》，然其《序》作於『宣統辛亥六月十日』（一九一一年七月五日），距此請已兩年多，距集成公司送汪氏《疏證》刊本（《日記》載九月四日，見下）僅餘兩月。曹氏《序》中云：『光緒丁未歲（一九〇七），汪衮父參議嘗以所爲《法言疏證》屬序，元忠時方從事禮館，未有以應也。今年春，《疏證》刊成，復徵前諾，乃爲序曰。』據四月四日《日記》，知曹氏誤記『乙酉』爲『丁未』。汪氏《後叙》又有『前年，舍弟東寶（汪東）書來索觀，因舉先後草稿，盡以寄之。報書爲言中闕《先知》一卷，尋檢無有，意謂亡佚。歲餘，乃得之友人曹君直侍讀家』云云，『前年』者，宣統元年（己酉，一九〇九）也，故請《序》之時，留稿於曹氏家中，後遺《先知》一卷，歲餘復得於曹家，當在宣統二年（一九一〇）左右。曹《序》云『今年春，《疏證》刊成，復徵前諾』者，當在一九一一年春《疏證》付梓前夕，汪氏再請其作《序》之事。

三月初一（四月二十日）：飯後到部，聞王少侯員外郎言琉璃廠翰文齋新到某氏收藏古書數十種求

〔一〕汪榮寶著，趙陽陽、馬玉梅整理《汪榮寶日記》『附録』，『中國近現代稀見史料叢刊（第一輯）』，南京，鳳凰出版社，二〇一四，頁二七五。汪東代作《哀啓》原刊《國風半月刊》一九三三年第三卷第五號。

〔二〕《漢書·揚雄傳下》。

〔三〕《汪榮寶日記》，頁一五。

〔四〕按，汪氏《日記》中人物生平，悉據《汪榮寶日記》『附録』之《汪榮寶交遊簡録》，略加增删。

售，已爲好古家瓜分殆盡，內有嘉靖本《揚子法言》，尚無買主。余心動，約少侯、伯平、壽生同往一觀。所云《法言》，乃趙大綱注，向之未見，價十六金。余即屬爲余留之，他日往取。〔一〕

一九一一年（宣統三年辛亥）

三月初十日（四月八日）：寫定《法言疏證敘録》，又欲爲卷首題字，終不愜。〔二〕

按，《疏證》刊本《敘録》署『歲在己亥，光緒二十有五年也』，則此『寫定』，當爲謄寫定稿。

三月二十三日（四月二十一日）：增訂《法言疏證·重黎卷》。〔三〕

三月二十四日（四月二十二日）：增訂《法言疏證·重黎卷》數條，竟日伏案（自『或問持滿』以下至篇末）。〔四〕

四月二十六日（五月二十四日）：據《御覽》校《法言》異文竟日。〔五〕

四月二十七日（五月二十五日）：據《御覽》校《法言》異文竟日。〔六〕

四月二十八日（五月二十六日）：檢《御覽》校《法言》異文竟日。〔七〕

四月二十九日（五月二十七日）：旋訪君直、彤士，與君直討論《法言》一文，並質以《疏證》中疑義若干處，留飯，假得《初學記》一部而歸。〔八〕

按，陸增煒，字彤士，江蘇太倉人。時任民部郎中。

〔一〕《汪榮寶日記》，頁一八。
〔二〕《汪榮寶日記》，頁二〇三。
〔三〕《汪榮寶日記》，頁二〇五。
〔四〕《汪榮寶日記》，頁二〇五。
〔五〕《汪榮寶日記》，頁二一一。
〔六〕《汪榮寶日記》，頁二一一。
〔七〕《汪榮寶日記》，頁二一一。
〔八〕《汪榮寶日記》，頁二一一。

五月初二日（五月二十九日）：早起，訪君直、形士。考訂《法言》異文及疑義。回寓飯，飯後到部辦事。四時許回寓，校《法言》異文。[一]

五月初三日（五月三十日）早起，冷水浴。校《法言》異文。……飯後到部，校《疏證》十，迄三頁。《重黎篇》『楊王孫倮葬以矯世，曰矯世以禮倮乎？如矯世則葛溝尚矣』，『葛溝』二字自來不得其説，懷疑十年，博訪通人，無能解者。偶見《墨子》有『禹葬會稽，桐棺三寸，葛以緘之』之語，因搜討群籍，知『桐棺葛緘』爲中古聖人薄葬之常法，《御覽》引《尸子》及《潛夫論》並有其文，即《王孫傳》載王孫《報祁侯書》，亦有『葛藟爲緘』之語，乃悟『葛溝』即是『葛緘』。『溝』讀爲『篝』，篝者束也，與緘、緘同詁。十年雲霧，一旦廓清，所謂『思之思之，鬼神通之』，愉快爲何如邪！[二]

五月初四日（五月三十一日）：寫定『葛溝』條疏證，詣君直示之，君直以爲精確不易，發前人所未發者也。校《疏》十，至第二頁。[三]

五月初六日（六月二日）：校訂《疏證》竟日。夜閲《王莽傳》。[四]

按，《疏證第十》『重黎卷第十』『夫欲讎僞者必假真。禹乎？盧乎？終始乎？』疏證曰：『此章寄微言以發重黎之問，而此句明言真僞之分也。按此文詆黜王莽，其詞顯矣。』又《思玄堂詩》有《讀王莽傳》一首曰：『諸儒齊軸三雍起，列辟新觀四海成。符命自然歸大麓，勤勞不覺過阿衡。杜門周党虚高節，投閣楊雄有頌聲。玉璽未封威斗坼，關東銅馬更縱横。』[五]

五月初七日（六月三日）據《元后傳》及《王莽傳》，補《五百篇》疏證兩條（『月未望』云云、

[一]《汪榮寶日記》，頁二一一二。

[二]《汪榮寶日記》，頁二一一二。

[三]《汪榮寶日記》，頁二一一二。

[四]《汪榮寶日記》，頁二一一二。

[五]《思玄堂詩集》，頁三七。

『彤弓盧矢』云云)。[一]

五月初八日（六月四日）：校訂《疏證》。[二]

五月初九日（六月五日）：校訂《疏證》。[三]

五月初十日（六月六日）：校訂《疏證》。[四]

五月十二日（六月八日）：校訂《疏證》。[五]

五月十七日（六月十三日）：爲《疏證》補校一卷。[六]，偶閱《孟子音義考證》，有『桐子』一條，意是趙注文，徧檢《注疏》不得二字所出。久久乃悟必是《章指》語，檢之果然。[七]

五月十八日（六月十四日）：詣君直，以《校補》及《後敘》請鑒定。午刻回寓，閱趙邠卿《孟子章指》，有云『天非人不因，人非天不成』，又云『孟子精之，是在其中』，又云『故曰師哉師哉，桐子之命』，均用《法言》文，乃知邠卿固折心子雲者也。飯後校《重黎篇》疏。[八]

五月二十一日（六月十七日）：午刻回寓，考訂《法言》。[九]

五月二十二日（六月十八日）：校訂《疏證》十二、十三兩卷。[十]

五月二十六日（六月二十二日）：《疏》稿有遺失（《淵騫》前六頁），往集成公司接洽。[十一]

五月二十八日（六月二十四日）：草《疏證校

〔一〕《汪榮寶日記》，汪氏家刊本，頁二一一二。
〔二〕《汪榮寶日記》，頁二一一三。
〔三〕《汪榮寶日記》，頁二一一三。
〔四〕《汪榮寶日記》，頁二一一三。
〔五〕《汪榮寶日記》，頁二一一三。
〔六〕《汪榮寶日記》，頁二一一四。
〔七〕《汪榮寶日記》，頁二一一四。
〔八〕《汪榮寶日記》，頁二一一四。
〔九〕《汪榮寶日記》，頁二一一五。
〔十〕《汪榮寶日記》，頁二一一五。
〔十一〕《汪榮寶日記》，頁二一一六。

補》竟。詣君直請益。〔一〕

六月初五日（六月三十日）：校《疏》十一，迄第八頁。〔二〕

閏六月初三日（七月二十八日）：爲錢碩人改《法言疏證序》。飯後到部辦事，五時頃回，續改錢《序》。八時頃，以張季直年丈招飲六國飯店往赴。席散回，仍續改錢《序》，凡五千餘言。〔三〕

按，錢維驥，字君白，一字碩人，湖南寧鄉人，光緒二十三年（一八九七）丁酉科拔貢，與汪榮寶同年。《疏證》刊其《序》，作於『光緒三十有四年歲在戊申十二月二十八日』（一九〇九年一月十九日），署『内閣中書錢維驥』。一九〇一年（辛丑），錢氏已於上海友人家睹見汪氏《法言箋記》稿。《序》中稱：『維驥自辛丑夏於上海友人邱公恪家，見袞父所爲《法言箋記》者，其書卷帙，未抵此什一，而考證精傕，異乎俗儒之向壁虛造，既心焉偉之矣。後數年來京師，時時從袞父遊。袞父方治近世史，而維驥亦爲陸軍學校纂《歷史教科書》，相與商榷義例，考訂舊聞，所得甚多，故不知袞父之有此書也。今年十二月二十六日過袞父話舊，而袞父乃出兹編相示，於向者在上海所見之書詳乃十倍。』

閏六月十六日（八月十日）：校《疏證校補》數頁。〔四〕

七月十二日（九月四日）：集成公司送來印就《法言疏證》二百部，價銀五百三十圓四角。比日一錢不名，對於此項負擔殊無術以應之，如何如何？飯後到部，以《疏證》一部贈逵臣。〔五〕

按，延鴻，字逵臣，滿洲鑲紅旗人。時任民政部左參議、民政部右丞、憲政編查館統計局正科員。

〔一〕《汪榮寶日記》，頁二一六。
〔二〕《汪榮寶日記》，頁二一八。
〔三〕《汪榮寶日記》，頁二二三。
〔四〕《汪榮寶日記》，頁二二五。
〔五〕《汪榮寶日記》，頁二二九。

撰、校《校補》之事，至九月四日《疏證》刊出，其間汪氏與曹元忠等多有商榷討論，曹氏《序》中，亦精義紛出；而汪東於一九〇九年開始閲讀《疏證》稿，其間寄示『考訂數事，並精審可喜，悉與採録，用廣異義』。《疏證》刊本第十三卷後附有《校補》一卷，計八十三條、《勘誤》三十三條。《校補》中即有與曹元忠等商討之義。如『學行卷第一』『仲尼駕説者也』《疏證》云：

李云：『駕，傳也。』按，當讀爲叚。《淮南子·主術訓》『故假輿馬者，足不勞而致千里』，高注云：『假，或作駕。』此駕、叚古通之證。《説文》『又部』云：『叚，借也。』經傳通作假。假説者，《繁露·俞序篇》引孔子曰：『吾因行事，加吾王心焉；假其位號，以正人倫；因其成敗，以明順逆。』《漢書·藝文志》云『《春秋》據行事，仍人道，因興以立功，就敗以成罰。假日月以定曆數，籍朝聘以正禮樂』是其義也。按《文選·弔魏武文》李善注引《法言》云：『仲尼之駕税矣。』引李弘範云：『税，舍也。』今《法言》無此語，蓋即仲尼駕説者

七月十八日（九月九日）：君九來談，面交《疏證》三部，屬其代呈文相及兩侍郎。〔一〕

按，王季烈，字君九，江蘇長洲人。光緒三十年（一九〇四）進士。時任學部專門司郎中，兼京師譯學館理化教員、監督。文相，當指時任學部大臣唐景崇，字春卿，廣西灌陽人，同治十年（一八七一）進士。

綜合汪氏《叙録》、《後叙》、《日記》及曹、錢二氏之《序》，則汪氏撰《疏證》達十六年之久。一八九五年，汪氏撰寫《法言箋記》，一八九八年仕於京師時董理爲義疏，一八九九年稿成，題爲《法言疏證》並作《叙録》。一九〇四年自日本留學歸國，始欲校理刊行。一九〇九年四月四日，汪氏請同邑曹元忠作《序》，曹氏因事冗未允。至一九一一年春刊印前再請其《序》，七月五日《序》成，故《疏證》以曹《序》居首。一九〇九年十二月十七日，汪氏又請錢維驥作《序》，十九日《序》即成，一九一一年七月二十八日，汪氏又加修改，故《疏證》以錢《序》居次。

《日記》自一九一一年四月八日始記校訂《疏證》及

〔一〕《汪榮寶日記》，頁二三〇。

也之異文，唐人所見《法言》及李弘範注，其與今本不同如此。

汪氏以『駕説』爲假位號以立其學説之義，然曹氏《序》曰：『迺世傳秦恩復景宋治平監本李注也，取傳記所引正文及注校之，往往有異，顧皆視治平本爲善。如《學行篇》「仲尼駕説者也」，《文選》江文通《雜擬詩》注引作「仲尼之駕税矣」。又陸士衡《吊魏武帝文》注並引李範注「税，舍也」。税、舍雙聲，舍者，止也。即用《方言》「税，舍車也」之訓，謂天道在仲尼，而仲尼之駕已止，故在諸儒。訓税爲舍，與下文「不在諸儒乎」語意銜接，若作駕説，則不貫矣。』則『駕説』爲『駕止』之義。汪氏於《疏證》附《校補》，『仲尼駕説者也』條下曰：『江文通《雜體詩》注引亦作「仲尼之駕税矣」。』此即録曹氏之説。《疏證》稿本『按《文選》』三字下，汪氏以朱色增『陸士衡』三字，亦取曹《序》之言。而汪東《法言疏證別録》引曹氏之説，又加按語贊其説曰：『其説是也。蓋楊子之義，以爲天道在仲尼，仲尼之駕已止，則在諸儒。然孔子聖德，蔑復加之，諸儒如將復駕其所税，則亦惟爲木鐸以傳孔道，毋立異説也。説與税同聲相借（《詩·甘棠》「召伯所説」，《釋文》「本或作税」，是其證）。也，猶「矣」也（《經傳釋詞》）。今本義自可通，不必改從《選》注，若《疏證》讀駕爲叚，稍迂曲矣。』〔二〕檢汪氏《疏義》手稿曰：

各本皆作『仲尼駕説者也』，今訂正。《文選》江文通《雜體詩》、陸士衡《吊魏武帝文》李善注再引《法言》曰：『仲尼之駕税矣。』《吊魏武帝文》注並引李範曰：『税，舍也。』按，説、税古字通用。《方言》：『税，舍車也。』《詩·甘棠》『召伯所説』；《定之方中》『説于桑田』；《碩人》『説于農郊』；《株林》『説於株野』；《蜉蝣》『於我歸説』；《周禮》『典路掌王及王后之五路，辨其名物，與其用説，若有大祭祀，則出路，贊駕説』；又『趣馬掌駕説之頒』，並以説爲之，實皆『挩』之假。又《説文》『挩，解挩也』是也。駕本謂舍車，因以爲休息之喻，言死則亦謂説駕。《史記·李斯傳》云『吾未

〔二〕《華國月刊》一九二三年第一卷第一期，頁二—頁三。

知所稅駕也」，謂未知死所也。《吊武帝文》「將稅駕於此年」，亦謂將終於是年也。「仲尼之駕說矣」，猶言仲尼既没。疑此文本或作「仲尼駕說矣」，無「之」字，淺學人不知「駕說」之義，讀「說」如字，則句末「矣」字於義不順，因改「矣」爲「者也」字，後校李注本者遂並删「舍也」。

《義疏》說同《疏義》，更爲簡練，云：

「仲尼駕說者也」者，《說文》：「駕，馬在軛中。」《方言》：「稅，舍車也。」經傳多以「說」爲之。《詩·甘棠》「召伯所說」；《定之方中》「說于桑田」；《碩人》「說于農郊」；《株林》「說於株野」；《蜉蝣》「於我歸說」；《周禮》「典路掌王及王后之五路，辨其名物，與其用說，若

有大祭祀，則出路，贊駕說」；又「趣馬掌駕說之頒」是也。實皆「挩」之假。《說文》：「挩，解挩也。」說駕本謂舍車，因以爲休息之喻，言死則亦謂說駕。《史記·李斯傳》云「吾未知所稅駕也」，謂未知死所也。陸士衡《吊武帝文》云：「將稅駕於此

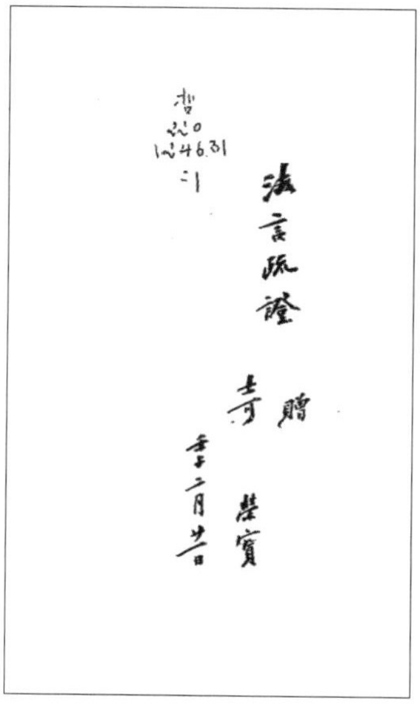

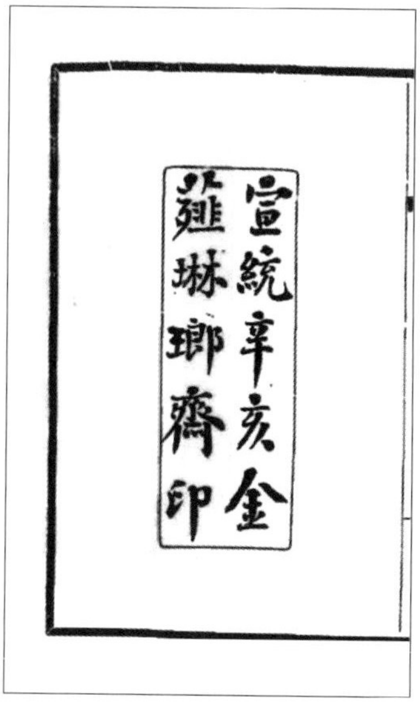

法言疏證序
光緒丁未歲汪袞父參議嘗以所爲法言疏證屬序元忠時
方從事禮館未有以應也今年春疏證刊成復徵前諾迺爲
序曰漢書藝文志楊雄所序三十八篇本注云法言十三此
十三篇即本傳之十三卷文選班孟堅荅賓戲注引作十二
卷者宋祁校本云李軌注法言本淵騫與重黎共序知軌据
漢世傳本重黎淵騫并爲一篇故合自序爲十三篇可由祁
校語得之祁所云李注本當即其兄庠本司馬光集注序故
相宋公庠家有李祠部注本最爲精詳是也光於李注推許
如此度必有侯芭宋衷舊義存其間迺世傳秦恩復景宋治
平監本李注本也取傳記所引正文及注校之往往有異願

國家圖書館藏宣統辛亥（一九一一）汪氏金薤琳琅齋刊《法言疏證》書影。扉頁爲汪氏於壬子年（一九一三）題贈陳毅的手迹。

年』，亦謂將終於是歲也。然則『仲尼駕説』，猶云仲尼既没。古『也』、『矣』多互用，詳見王氏引之《經傳釋詞》。駕説者，猶云没矣。《文選》潘安仕《西征賦》、江文通《雜體詩》、陸士衡《吊魏武帝文》，李善注三引此，皆作『仲尼之駕税矣』，文異而義同也。

如此，則曹氏及汪東等師友之説，汪氏於《疏義》、《義疏》正文中多有採納，可謂從善如流，後出轉精。

除曹元忠外，《日記》中所見其他師友亦有與汪氏商討《法言》之事，而不見諸《日記》者。如『学行卷第一』『吾不睹參、辰之相比也』《疏證》曰：『此句舊解爲冒下之詞。章工部華云：「參、辰喻道利，參、辰不相比者，言爲道之學與爲利之學不相爲謀，義當上屬爲一節。」按，章説甚精，可破俞君（俞樾）錯簡之疑説。』章工部即《日記》中之章華，字曼仙，湖南長沙人。光緒二十一年（一八九五）進士，時任郵傳部員外郎、郎中。

亦有不見諸《日記》者，如汪氏《法言義疏自序》云：『光緒己亥、庚子之際，余官京師，嘗以所爲《法言疏證》就正於鄉先生葉鞠裳太史。太史以爲説楊氏書者，未能或之先也。』葉鞠裳即葉昌熾（一八四九—一九一七），光緒十五年（一八八九）進士。江蘇長洲人，以金石藏書文獻名家，曾任翰林院庶起士、國史館纂修，官至甘肅學政。

汪氏亦據其師黄以周之説，如卷二『如玉如瑩』《疏證》曰：『按，如玉如瑩即如玉之瑩也。定海師《經説略》云：「《詩》『菲紹匪遊』。《毛傳》云：『不敢繼以敖遊。』按，詩人作歌，多助語以成句，每無意義可求。如剥菹非平列字，曰『是剥是菹』，是剥以爲菹也。始謀非平列字，曰『爰始爰謀』，於是始其謀也。宣畝非平列字，曰『迺宣迺畝』，乃宣其畝也。此曰『匪紹匪遊』，亦非平列字。《毛傳》最合古訓。孔疏謂：『各言匪，每一義。』則剥菹、宣畝等亦可平分爲二義乎？」是知此如玉如瑩亦非平列字也。』[二]

《疏證》刊本每部一函四册，《日記》稱集成公司印

〔二〕按《法言義疏》於此作：『定海黄先生《經説略》云「……」則此文玉瑩亦非平列字，猶云如玉如瑩耳。疑子雲所據《逸論語》如此。』『則此』後諸語爲汪氏據師説判斷之語，陳仲夫誤作《經説略》之文。頁五八。又，引孔疏『各言匪，每一義』，原文作『各自言匪，每者一義』。

宣統辛亥之夏，印行於世，《疏證》十三卷本是也。久之，版絶。會舍弟叔初（汪東）主講中央大學文學院，授周秦諸子，遂及《法言》，思得余書爲憑藉，書請再版。乃復加校閱，謬誤疏漏，不可勝數。初就原書有所增損，已而毅然重作。官事無閒，或經歲而成一卷，棄之篋衍久矣。辛未之夏，歸卧舊京，乃得賡續舊稿。積半年之力，成書八九卷，並舊稿陸續寄上海商務印書館排印。閘北之變，館毁於火，余稿燼焉。而德意志漢堡大學聞余有是作，介北海圖書館來請分惠。不得已，舉殘稿寫真數卷付之。於是收拾放逸，更定體例，嚴訂程課，爲之不輟。始余書惟疏正文，不列舊注，及後細觀李祠部注，雖時或右道左儒，失子雲本指，而古言古義往往而在，有不可廢者。乃兼存李注，並爲校釋，迄癸酉閏月，成書二十卷，名曰《法言義疏》。[二]

據此，則一九一一年《法言疏證》刊行後，汪氏應就一百部，且價銀不菲，汪氏遂分贈師友及長官同僚。《日記》於一九一一年止，此間及此後當多有贈送。國家圖書館所藏《法言疏證》數部，中有一部扉頁有汪氏書『贈士可。榮寶，壬子二月廿一』字樣，當是一九一二年贈送陳毅者。毅字士可，湖北黄陂人，曾任清學部參事、圖書館纂修、憲政館統計科員等職。民國初任大總統秘書、蒙藏院參事。汪氏於《後敘》云：『人事倥傯，學殖將落，風會所趨，或更用是爲譏議。過此以往，必無從容考證之暇。以是思懼，則懼將焉而不至矣。』其弟汪東亦稱『或者譏其繁碎』，又『惜其書繁重，流傳未廣，故復舉此（《法言疏證別録》）宣佈之云爾』。[一]諸端情形，皆預示汪氏治《法言》之事止於此役。

二、《法言疏義》手稿

汪氏《法言義疏自序》撰於癸酉（一九三三年）閏五月，其云：

〔一〕《法言疏證別録》。

〔二〕汪榮寶《法言義疏·自序》，北京，中華書局，一九八七，頁一。

汪東之請，對書稿復加校閲，準備修訂再版。故《疏證》手稿上朱色改删，即此《自序》所言『復加校閲』之迹。汪氏先欲就原書增損，旋又自覺『謬誤疏漏，不可勝數』，於是『毅然重作』。但因『官事無閒，或經歲而成一卷，棄之篋衍久矣』。所謂『官事無閒』者，即指汪氏擔任駐日公使期間。此間他與鄉賢前輩、文獻學家胡玉縉（一八五九—一九四〇）就《法言》多有討論。胡氏《法言義疏序》稱汪氏『篤嗜楊子《法言》，嘗爲之疏證，刊行已二十載矣。嗣病其未盡善，重加改訂，增益十之六七。辛未（一九三一）夏，余再度東遊。君任駐日公使，在使館出視其稿，才成三卷。』〔一〕由此可知汪氏駐日期間成稿三卷。一九三七年（辛未）之夏，汪氏歸國辭職，遂絶意政治，寓居北平，遂又賡續舊稿。汪東《哀啓》曰：

日本兵進踞遼沈，君息肩北平，北平分政府聞變，蒼黄集議，招君往，往即力言不抵抗之非，主必戰，又不見聽。君退而發憤，誓不復論國家事矣。先所爲《法言疏證》已刊佈，君不慊，擬重爲之，屬草中廢，至是發篋陳書，賡續舊業，率日竟三頁以爲常。〔二〕

汪氏辭官後，胡玉縉亦居北平，遂又相與討論，胡《序》曰：

未幾，君掛冠歸，寓舊京，距余居十里弱。承不鄙棄，每草就若干頁，即馳伻送余商榷，月必數往復。偶有獻替，泰半採録。〔三〕

今《義疏》自『疏二·學行第一』『或曰猗頓之富以爲孝』一則疏始引『吴胡部郎玉縉云』，書中於胡氏之説多所採納。

汪氏積半年之力，又成八九卷，陸續寄上海商務印書館刊行，此時約在一九三一年底。然一九三二年一月二十八日，日本發動事變，轟炸上海閘北，書稿毀於一旦。黄侃《法言義疏後序》亦云：

〔一〕胡玉縉《法言義疏序》，北京，中華書局，一九八七，頁一。
〔二〕《汪榮寶日記》『附録』，頁二七八。
〔三〕胡玉縉《法言義疏序》，頁一。

『金薤琳琅齋叢稿』，首頁右欄外有『寶』字朱文印。第七十七頁『法言疏義七・問神卷第五』落款『吳汪榮寶撰』下有『榮寶長壽』白文印，左框外有有『寶』字金文朱文印。

稿不足八卷，但不依《疏證》每篇一卷之例，據疏文之簡繁，或一篇一卷，或一篇兩卷，同於《法言義疏》刊本二十卷之前八卷編次。依次爲『疏義一・學行卷第一』、『疏義二・學行卷第一』、『疏義三・吾子卷第二』、『疏義四・吾子卷第二』、『疏義五・修身卷第三』、『疏義六・問道卷第四』、『疏義七・問神卷第五』、『疏義八・問神卷第五』。終於『疏義八』之李注『四國，漢時諸侯王』疏。

首頁首行書『法言疏證一』，『證』字圈出，於首行上欄貼一紙，書『改「義」，疏二亦照改』，而自『疏義三・吾子卷第二』以下均作『法言疏義』。比照《疏義》與《義疏》，差別在於《疏義》不存李軌之注，而於正文之疏，二者非常接近，上文考述《疏證》手稿時多有論及，不再贅舉。稿中又有校改之語，並見諸《義疏》。如『學行卷第一』『法言』疏：『以明《傳》末所引《法

衮甫先生早治此書，中歲爲之疏證，已行於世。年過五十，隱處燕都，復取李注本更加斟酌，改題曰《義疏》，以付上海書肆刊之。倭寇之禍，並稿本焚焉。先生彊志絶人，記誦無失，自力疏録，歲餘復完。謂所親曰：『此書竟成，雖死無憾已。』旋即寢疾，旬餘而卒。〔一〕

汪氏《自序》又云，聞北稿毀之後，『德意志漢堡大學聞余有是作，介北海圖書館來請分惠。不得已，舉殘稿寫真（影印）數卷付之。』北海圖書館即國立北平圖書館，今文津街七號國家圖書館古籍部，內藏《法言疏義》手稿殘稿影印本一種，當即是汪氏所言『殘稿寫真卷』，此或是北平圖書館製作的備份，亦或因戰亂未寄達漢堡大學。

《疏義》手稿訂爲一册，字迹工整，當爲汪氏謄清本，亦有删改處，計九十七頁，每頁縮印原稿紙一頁，左側均以阿拉伯數字編頁，至第四八頁以下不再編頁，當爲影印者所爲。原稿紙半頁十一行，左欄外下方印有

〔一〕黄侃《法言義疏後序》，中華書局，一九八七，頁一。按，《哀啓》未載聞北毀稿之事。

《法言疏義》手稿殘稿影印本第一頁、第二頁（原件爲黑底白字，爲方便閱讀，正文部分處理爲白底黑字）

「證」改「義」

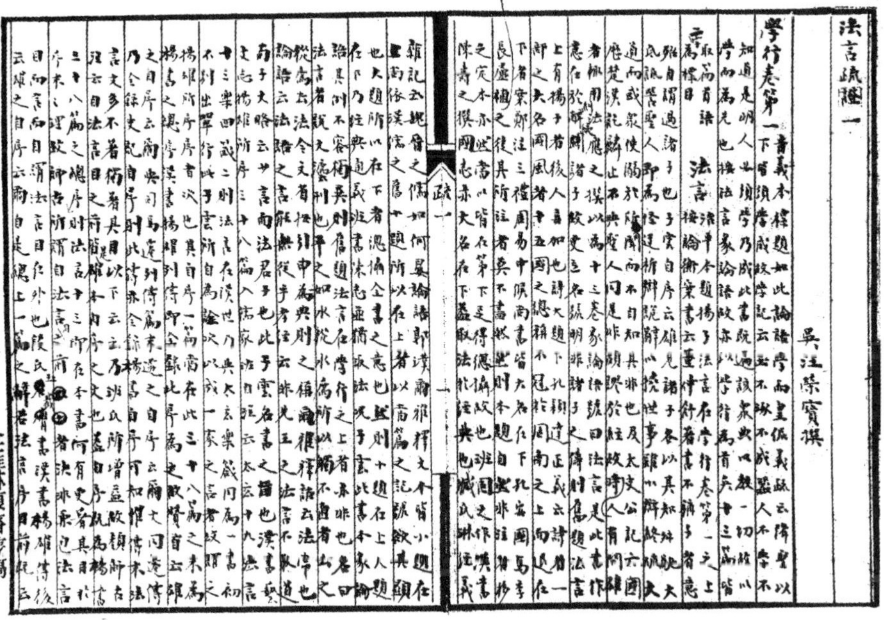

「史記論衡」改「史漢論衡」

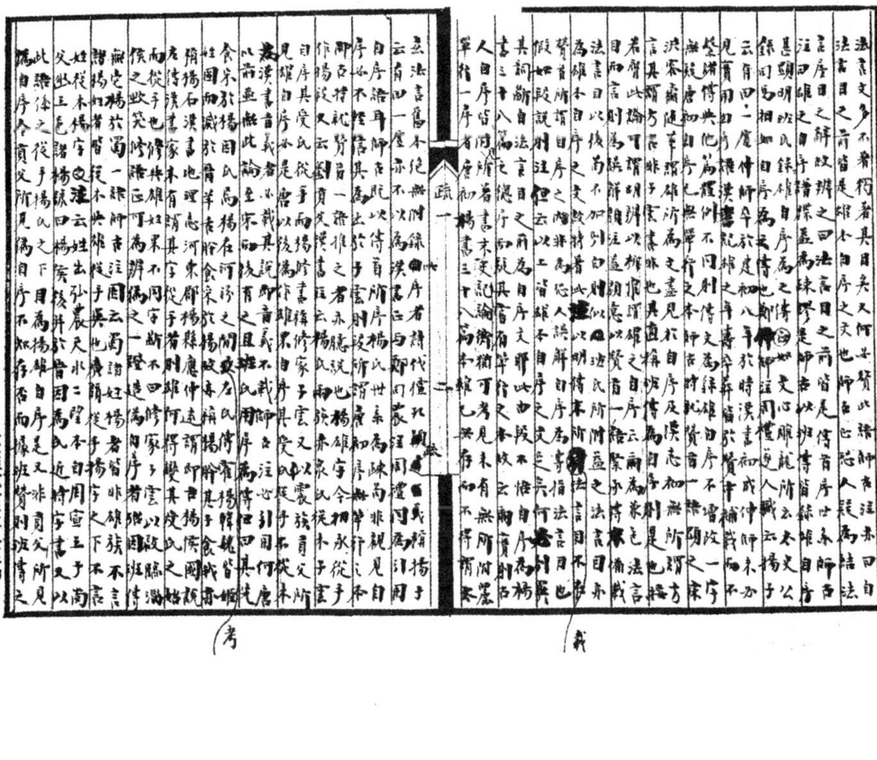

〇一九

言》目不在《贊》首所謂《自序》之内』，改『引』爲『載』；『《史記》、《論衡》』，改爲『《史》、《漢》、《論衡》』；『亦乖通義』下，補『今所引用，悉依原書，楊、揚並施，無取膠執也』，皆見諸《義疏》。又《疏義》落款爲『吳汪榮寶撰』，此與《法言義疏》手稿及刊本落款相同。《疏證》手稿、刊本皆稱楊雄爲『楊君』，而《疏義》手稿與《義疏》手稿、刊本均稱『子雲』。則此《疏義》殘稿當是《義疏》之雛形。

由此細繹汪氏《自序》，其云『毅然重作』者，當是『始余書惟疏正文，不列舊注』者，定名爲《疏義》。駐日期間完成三卷，辭官後『賡續舊稿。積半年之力，成書八九卷』，計十一二卷，尚未完成《疏義》全書，其中當包含此八卷殘稿。然據『並舊稿陸續寄上海商務印書館排印』一語，汪氏駐日並辭官後所撰，或已更改體例，『兼存李注，並爲校釋』，將《疏義》改撰爲《義疏》。無論是《疏義》還是《義疏》，皆非完稿，日寇火毀者並非完帙。火毀後，汪氏家中尚有《疏義》殘稿八卷九十七頁，因舉以交北平圖書館寫真贈送漢堡大學。此後一年半中，他又『收拾放逸，更定體例，嚴訂程課，爲之不輟』。所謂『更定體例』者，或即指將《疏義》改寫爲《義疏》，或改變火毀《義疏》稿的部分體例。總之，汪氏據此《疏義》八卷殘稿，重撰前八卷《義疏》並續作十二卷，終成二十卷，定名爲《法言義疏》。

二、《法言義疏》手稿

汪氏家藏《法言義疏》手稿，恰爲續作之十二卷，自『義疏九』至『義疏二十』，編帙同於《法言義疏》刊本。依次爲『義疏九·問明卷第六』（缺第二十二頁）、『義疏十·寡見卷第七』、『義疏十一·五百卷第八』、『義疏十二·先知卷第九』、『義疏十三·重黎卷第十』、『義疏十四·重黎卷第十』、『義疏十五·重黎卷第十』、『義疏十六·淵騫卷第十一』、『義疏十七·淵騫卷第十一』、『義疏十八·君子卷第十二』、『義疏十九·孝至卷第十三』、『義疏二十·孝至卷第十三』。除『義疏十二』書於印有『金薤琳琅齋叢稿』字樣之半頁十二行稿紙，其他皆書於印有『十行深山製』字樣的半頁十行稿紙。

是爲草稿，墨色改删文字甚多，亦有補紙、貼箋處，皆見諸刊本；又有朱色校排符號與説明。每卷首頁落款『吳汪榮寶』，下或鈐『汪榮寶』朱文印，或鈐『榮汪氏家藏《法言義疏》手稿『義疏九・問明卷第六』首頁、『義疏二十・孝至卷第十三』末兩頁。

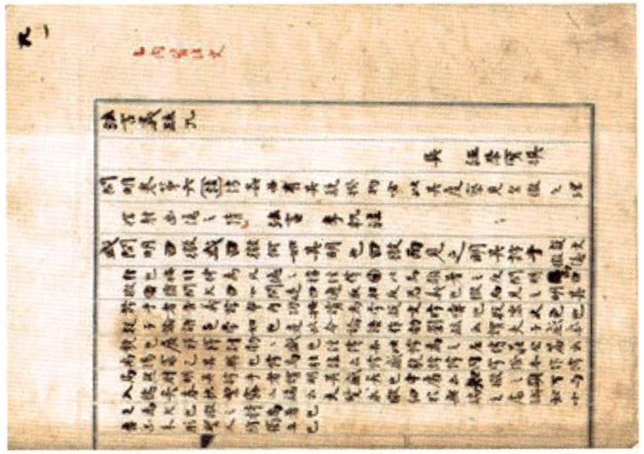

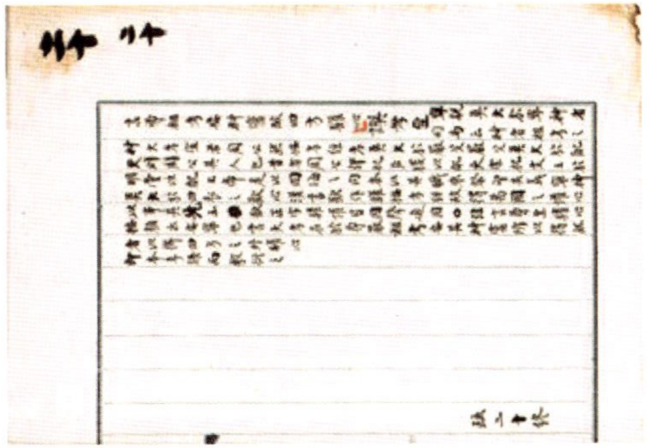

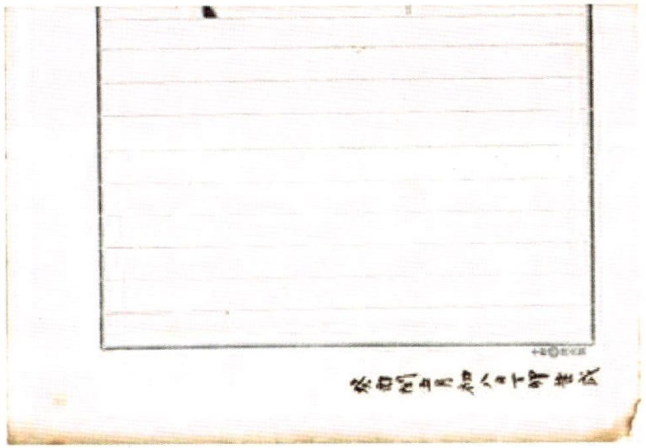

寶』白文印，或鈐『榮寶印信』朱文印，或不鈐印。其中數卷或在首頁右欄外標識起稿日期，或在末頁左欄外標識完稿日期，足證汪氏所云『嚴訂程課，爲之不輟』之艱辛：

義疏十一首頁書『十一月乙未起稿』，此爲一九三二年十一月三十日。

義疏十二首頁書『十二月乙卯起稿』，此爲一九三二年十二月二十日。

義疏十四首頁書『十二月癸酉起稿』，此爲一九三三年一月七日。

義疏十五首頁書『二月壬申成』，此爲三月七日。

義疏十六首頁書『二月丙子起稿』，此爲三月十一日；終頁書『三月丁酉草竟』，此爲四月一日。

義疏十七首頁書『三月庚子起草』，此爲四月四日；終頁書『四月丙寅草成』，此爲四月三十日。

疏十八首頁書『四月庚午起稿』，此爲五月四日；終頁書『五月甲辰草成』，此爲六月七日。

疏十九首頁書『五月丙午起稿』，此爲六月九日。

疏二十首頁書『閏五月朔庚午起稿』，此爲六月二十三日。終頁書『癸酉閏五月初八日丁卯告成』，此爲一九三三年六月三十日。〔一〕

一九三三年稿毁後，汪氏重撰《義疏》。十一月三十

〔一〕陳仲夫《點校說明》以其成於一九三三年五月，誤。《法言義疏・點校說明》，北京，中華書局，一九八七，頁四。

日前，當已完成『義疏一』至『義疏十』，開始撰寫『義疏十一』。至一九三三年六月三十日成書二十卷。此間殫精竭慮，心臟病發作，又遭日寇侵逼北平，家國危難中，汪氏多次婉拒家人勸告，撰作不輟，稿成後二日即病不起。《哀啓》云：

熱河告急，長城要隘以次失守，日軍寖逼塘沽，居民盡徙。君宴處不驚，執筆覃思如故。會八叔父（汪東）書來問狀，君報書曰：『以常度之，北平必無患，且吾萬一殉難，未成之稿以累弟矣。』……六月三十日，《法言》新疏成，君始有愉快之色。不孝等亦私相忭慰，冀君庶幾其少休乎，曾不意君憂憤勞瘁，鬱結傷中，精力一弛而不可爲矣。七月二日，疲乏思卧，測體温微高，翌日覺瘥，即以書招八叔父，且告書成。……君雖嬰疾厄，神明不衰，猶於七日召不孝績熙口授《法言義疏》序文，命就榻前書之。……十日薄暮，乃召病車載君入協和。……延至十八日卯刻，竟棄不孝等而長逝矣！[一]

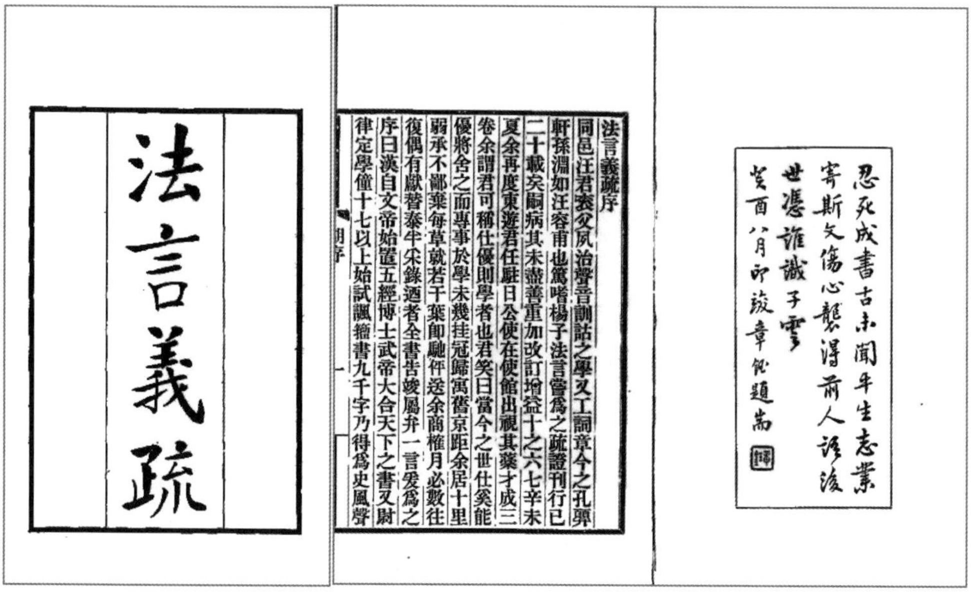

民國二十二年（一九三三）刊本《法言義疏》書影

[一] 汪東《哀啓》，《汪榮寶日記》『附録』，頁二七八—二八〇。

汪氏逝世後，其家人即着手刊刻《義疏》。癸酉閏五月（一九三三年六月），胡玉縉爲《法言義疏》作《序》成。九月間（十月十九日至十一月十七日），又作《附記》屬汪氏三子孝熙（慈明）補刊於《序》後，云《序》文遞去之時，『哀父已病，飭其三世兄慈明賫函謙謝。』[一]同月，黄侃爲《義疏》作《後序》，云：『往歲避兵北行，數得請見，曾以《疏》稿數卷委侃平定，且命爲序。因循未成而先生没。諸子亟刊遺著，久未畢功。旭初令綴語篇終，以踐宿諾。』[二]刊本每部兩函，函四册。扉頁刊有汪氏鄉賢前輩、文獻學家章鈺（一八六四—一九三四）題詞，曰：『忍死成書古未聞，平生志業寄斯文。傷心襲得前人語，後世憑誰識子雲。癸酉八月印竣，章鈺題耑。』此云『八月印竣』，則章氏題端在一九三三年九月二十日至十月十八日間，而胡氏《序》附言及黄氏《後序》並在九月，蓋此書刊印完工之時，當在一九三三年十月至十一月間[三]，全書刊印約經四月而成，黄氏所謂『久未畢功』，並非確言。

一九三七年四月，汪東爲汪氏《金薤琳琅齋集》作《後序》，曰：

兄弱冠升朝，洊至卿貳。民國以來，持節使海外，歷十數年，簿書鞅掌，未能專力於學。然所爲《法言義疏》，先後凡三易藁，折衷群言，表章微隱，信乎懸諸日月，不刊之書也。[四]

其所云『凡三易藁』者，當指《疏證》、《疏義》和《義疏》三稿，今其殘稿得以面世，是爲學林之幸，可慰作者之靈。

二零一六年十一月草於仙林啓園

〔一〕胡玉縉《法言義疏序》，北京，中華書局，一九八七，頁四。
〔二〕黄侃《法言義疏後序》，北京，中華書局，一九八七，頁一。按黄氏《後序》落款爲『昭陽作噩秋九月』，即癸酉九月。
〔三〕陳仲夫《點校説明》以其刊於一九三四年，誤。《法言義疏·點校説明》，頁五。
〔四〕汪榮寶《思玄堂詩集》，汪氏家刊本。

法言疏證

汪榮寶 撰

法言疏證序（己亥）

序曰西漢儒家其書見於藝文志者自高祖傳而下凡二十一家四百八十五篇今所存者陸賈賈誼董仲舒桓寬劉向楊雄六家而已昔淮南王有言孔子脩成康之道述周公之訓以教七十子使服其衣冠脩其篇籍故儒者之學生焉然則聖人不空生必有所作以儒名家前此所未有也秦燔詩書以愚黔首逮於進冠之屬並用流亡則先師遺風戢於息乎及至漢興求文燬棄之中發書屋壁之下齊魯諸師既已勤心補綴存其什三而才智之士時時閒作探微索隱咸有進述文儒世儒步驟不同要其用心皆所以羽翼六學潤先孔氏標大義以行遠垂憲言以示後故能緜歷千載於今不

金雉琳琅齋叢稿

洙豈夫曉曉之學一卷之師依附草木穿求崖穴而能傳
世永久若此其盛者與楊君遭先漢之陵遲痍諸子之怪
誤宗師仲尼辭闢楊墨博學六藝之文知同天人之義法
言者蓋則象論語而作者也夫其博涉雅故旁通殊語訓
纂述篇著乎小學方言絕作翔諸別史欲使義蘊闡述章
句窈眇一簡之文理備乎萬有常行之字訓隱乎希聞
又以古文未亡今說方行關雎知微不云后妃之德征東述
職何有商奄之誅鄭聲非躑躅之音商頌非考父之作繇
周用夏三統所以無端鄗陵始治太平啟其文致若斯之僭
徵見家法異文別義非今所行自都亭而下無以盡通其說
馬前世閱達服膺其書稱述品藻史臣之所折衷英文采

斐然辭家以為淵海可謂孟荀之冢適董劉之匹儔者也
抱朴著書方諸仲尼斯已過矣或有掎摭文辭商榷出處
嚴背醜詆不量淺深豈以學者崇信先哲表章故書宜
出此蓋桓譚有言楊子之書文義至深而論不詭於聖人若
使遭遇時君更閱賢智為所稱許則必度越諸子矣並世
之彥知言之論及今以觀未能或之易也五家之注時有短
長李辭華妙頗乖義法柳書殘闕略存梗概著作司封
特多穿鑿溫公持下已意未云盡善斯蓋時代所限非夫
前修之病矣榮幼承庭誥徵明保氏之教粗解篇翰周漢儒書尤所耽慕
長遊大師之門私淑先賢之緒旁求博士之法核理所以謬用
箋記既知淺薄多所放逸著雍之歲始來京師端居多暇

十二

金薤琳琅齋叢稿

竊治彖數研精覃思幾以阽疾於是輟不復為輒取舊時法言箋記一種理殘匡謬粹為義疏閱時二載成卷十三凡用王氏廣雅陳氏白虎通義之體例題曰疏證凡諸訓釋悉秉先儒稱引書傳並標篇目其有曲文奧旨愚所未喻謹守丘蓋不言之義冀免鄉壁虛造之愆亦知繁文碎義之病庶逃無所用心之責並時雅材方來通學取而正之不亦宜乎於時歲在己亥光緒二十有五年也

法言疏證 卷一至卷三

改定本

法言疏證一

元和汪榮寶

學行卷第一

音義本標題如此論語學而篇皇侃疏云降聖以下皆須學成故學記云玉不琢不成器人不學不知道是明人必須學乃成此書既徧該衆典以敎一切故以學而爲先也按法言象論語故亦以學行爲首矣十三篇皆取篇首二字爲標目

法言

影宋本題揚子法言在學行卷第一之上按論衡案書篇云董仲舒著書不稱子者意殆自謂過諸子也揚君自敘云雄見諸子各以其知舛馳大氐詆訾聖人即爲怪迂析辯詭辭以撓世事雖小辯終破大道而或衆使溺於所聞而不

自知其非也及太史公記六國歷楚漢訖麟止不與聖人同
是非頗謬於經故人時有問雄者常用法應之撰以爲十三
卷象論語號曰法言是此書之意本爲闢諸子而作故更
立名號明非諸子之儔則舊題法言上有楊子者後人妄加
也詩大題下孔穎達疏云詩者一部之大名國風者十五國
之總稱不冠於周南之上而退在下者案鄭注三禮周易中
候尚書皆大名在下孔安國馬季長盧植之徒其所注者莫
不盡然〻則本題自然非注者移之定本亦然當以皆在第
下足得總攝故也班固之作漢書陳壽之撰國志亦大名在
下蓋取法於經典也臧氏琳經義雜記云魏晉之儒如何晏
論語郭璞爾雅釋文本皆小題在上尚依漢儒之舊小題所

書名 法言義取諸此本書吾子篇云言重則有法修身篇云法而易言也

以在上者以當篇之記號欲其顯也大題所以在下者總攝全書之意也據此知大題在下小題在上乃經典通例班書陳志並循取法況楊君此書本象論語其例不容獨異則舊題法言在學行之上者亦非也名曰法言者說文廌部云灋刑也平之如水从水廌所以觸不直者去之从廌去法今文省引伸為典則之稱爾雅釋詁云法常也論語子罕篇云法語之言能無從乎孝經卿大夫章云非先王之法言不敢道荀子大略篇少言而法君子也此楊君名書之指也莊子人閒世篇記孔子荅葉公子高語稱引故法言曰則似孔子之時已有傳記名法言者楊君襲之然古人名書不嫌纏複金樓子雜記篇云桓譚有新論華譚又有新論楊雄有太玄經

總題曰楊雄所序

楊泉又有太玄經談者多誤動形言也或云桓譚有新論何處復有華譚楊子有太玄經何處復有太玄經此皆由不學使之然也則此名法言者或亦承用古書目矣

楊雄所序

各本皆無此題據漢書藝文志補此為楊君書三十八篇之總題故文退在下三十八篇者藝文志云太玄十九法言十三樂四箴二知此三十八篇在漢世必都為一部若今時叢書矣法言次太玄十九篇之後則此篇於全書屬二十楊君自敘云楊雄字子雲蜀郡成都人也其先出自有周伯僑者以支庶初食采於晉之楊因氏焉不知伯僑周何別也楊在河汾之間周衰而楊氏或稱侯號曰楊侯會晉六卿爭權韓

魏趙興而范中行知伯弊當是時偪楊侯楊侯逃於楚巫山
因家焉楚漢之興也楊氏溯江上處巴江州而楊季官至廬
江太守漢元鼎間初避仇復溯江上處岷山之陽曰郫有田一
壥有宅一區世世以農桑為業自季至雄五世而傳一子故
雄亡它楊於蜀按此篇今無單行之本惟載漢書中取本楊君列傳漢書司
馬遷傳即全錄史記自敘文故傳末云遷之自敘云爾而楊
君傳贊亦云雄之自序敘云爾知列傳為楊君自敘也詩伐檀
疏孔疏引有田一壥語稱楊子云不稱漢書云是其明證王氏
念孫漢書雜志卅三引段若膺説雄之自敘云爾乃總上一
篇之詞故師古注云自法言目之前皆是雄本自敘之文也
漢書記雄之年壽卒葬皆於贊中補載而不繫諸傳與它篇

體例不同則傳文爲錄雄自序〔敘〕不增改一字無疑唐初自敘已無單行之本師古特就贊首一語明之劉貢父漢書注云楊氏兩族赤泉氏从木子雲自敘其受氏从手而楊修書稱脩家子雲又似震族貢父所見雄自敘必係是唐以後僞作雄果自敘其受氏从手不从木漢書音義及師古注必載其說何唐以前並無此論至宋而後有之且班氏因敘爲傳但云其先食采於楊因氏焉楊在河汾之閒攷左氏傳霍楊韓魏皆姬姓國而滅於晉羊舌肸食采於楊故亦稱楊肸其子食我亦稱楊石漢書地理志河東郡楊縣應仲遠謂即古楊侯國說左傳漢書家未有謂其字从手者則雄何得變其受氏之始而从手也修與雄〔姓〕果不同姓字亦不曰修家子雲以

啟臨淄侯之歎笑修語正可爲辨僞之一證矣作僞自敘者
殆因班傳無定楊於蜀一語不知師古但云蜀諸姓楊者皆
非雄族不云諸姓楊者皆從木與雄从手異也廣均楊字注
不言姓楊字注則云姓出宏農天水二望本自周宣王子
尚父幽王邑諸楊號曰楊侯後并於晉因爲氏然則姓有楊
而無楊甚明今貢父所見僞自敘不知存否而據班贊知班
傳之外別無自敘其謂雄姓从手者僞說也念孫按若膺之
論致確景祐本汪本毛本楊揚二字雜出於一篇之中明監
本則皆改爲揚其分見於各志各傳者景祐本汪本毛本从
木者尚多而監本則否余考漢郎中鄭固碑云君之孟子有
楊烏之才烏即雄之子也而其字从木則雄姓之不从手益

明矣按楊氏或為揚與楊州之變為揚州相同說亦見王氏念
孫漢隸拾遺此由古字同聲通用而不知者遂强生畛域矣
學行之上也
韓詩外傳一引孔子曰學而不行可無憂與墨子脩身篇云
士雖有學而行為本爲荀子儒效篇云學至於行之而至矣
行之明也明之為聖人
言之次也
說文欠部云次不前不精也左傳襄公篇云其次有立言孔
穎達疏云謂言得其要理足可傳記傳稱史逸有言論語稱
周任有言及此臧文仲既沒其言存立於世皆其身既沒其
言尚存老莊荀孟管晏楊墨孫吳之徒制作子書屈原宋玉

藝文類聚四十 御覽五百五十八引 揚雄家牒云子雲以甘露元年生以天鳳五年卒葬安陵坂上所厚沛郡桓君山平陵如子禮弟子鉅鹿侯芭共為治喪諸公遣世子朝臣郎吏行事者會送桓君山為斂賻起祠

9

賈誼楊雄馬遷班固以後撰集史傳及制作文章使後世學習皆是立言者也

教人又其次也

禮記中庸篇云修道之謂教荀子修身篇云以善先人者謂之教按教人未有不本言行者此別諸言行而云教謂當時經師教授諸經者也論衡書解篇云著作者為文儒說經者為世儒文儒即立言之屬世儒即說經之屬充說亦謂文儒高於世儒與此云教人次於立言其義同也

咸無焉為衆人

淮南子修務訓高誘注云衆凡也

或曰人羨久生將以學也可謂好學已乎

塋侯邑負土作墳號曰土家

說文次部云羨貪欲也音義云好學呼報切下同

曰未之好也學不羨

司馬光集注云死生有命富貴在天好學者脩己之道無羨

於彼有羨者皆非好學者也

天之道不在仲尼乎

李軌注云不在〻也漢書睦孟等傳贊云幽贊神明通合天

人之道者莫著乎易春秋論語子罕篇云文不在茲乎

仲尼駕說者也

李云駕傳也按當讀為叚淮南子主術訓故假輿馬者足不

勞而致千里高注云假或作駕此駕叚古通之證說文又部

云叚借也經傳通作假假說者繁露俞序篇引孔子曰吾因

行事加吾王心焉假其位號以正人倫因其成敗以明順逆

漢書藝文志云春秋據行事仍人道因興以立功就敗以成罰假日月以定曆數藉朝聘以正禮樂是其義也按文選[illegible][illegible]魏武文李善注引法言云仲尼之駕稅矣又引李範云稅舍也今檢法言無此語蓋即仲尼駕說者也之異文唐人所見法言及李弘範注其與今本不同如此

不在茲儒乎

淮南子要畧訓云孔子修成康之道述周公之訓以教七十子使服其衣冠修其篇籍故儒者之學生焉藝文志云儒家者流游文於六經之中留意於仁義之際祖述堯舜憲章文武宗師仲尼以重其言

如將復駕其所說則莫若使諸儒金口而木舌

音義云復駕扶又切李云金寶其口木質其舌傳言如此則

是仲尼常在矣柳宗元注云金口木舌鐸也使諸儒駕孔子

之說如木鐸也按柳說是也周禮小宰職鄭玄注云古者將

有新令必奮木鐸以警衆使明聽也文事奮木鐸武事奮金

鐸賈公彥疏云以木爲舌則曰木鐸以金爲舌則曰金鐸論

語八佾篇云天將以夫子爲木鐸

或曰學無益也如質何

禮記禮器篇鄭玄注云質猶性也說苑建本篇引子路曰學

亦有益乎又曰南山有竹弗揉自直斬而射之通於犀革又

何學爲乎此任質而不學之說

曰未之思矣夫有刀者礲諸有玉者錯諸不礲不錯焉攸用

未之思矣集注本作未之思也音義云礲諸盧紅切李云礲錯治之名按說文石部云礱礦也又厂部云厝厲石也引詩曰佗山之石可以爲厝經傳通作錯荀子彊國篇云刑范正金錫美工冶巧火齊得剖刑而莫邪已然而不剥脫不砥厲則不可以斷繩淮南子脩務訓云夫純鈎魚腸之始下型擊則不能斷刺則不能入及加之砥礪摩其鋒鄂則水斷龍舟陸剸犀甲夫學亦人之砥也而謂學無益者所以論之過潛夫論讚學篇云是以人之有學也猶物之有治也故夏后之璜楚和之璧雖有玉璞卞和之資不琢不錯不離礫石音義云焉攸於虔切下焉知同爾雅釋言云攸所也

礱而錯諸質在其中矣否則輟

李云否不也輟止也司馬云不學則盡其天質而止矣不能

復進益光大也

螟蠕之子殪而逢蜾蠃祝之曰類我類我久則肖之矣

音義云螟蠕上音冥下音靈殪於計切蜾蠃上音果下郎果

切宋咸注云螟蠕桑蟲也蜾蠃蒲盧也桑蟲子始生而蒲盧

取之於木空中七日祝而化之以變為己子殪者謂其始生

未有形性殪然如死故始可以祝而變之按螟蠕桑蟲蜾蠃

蒲盧並說文虫部文篆作蠕蠃重文蜾从果言部云詶詛也

經典通作祝月部云肖骨肉相似也莊子天運篇云細要者

化陸德明釋文云蠭之屬也引司馬彪注云取桑蟲祝使似

歺部云殪死也

螟蠕御覽首五引作螟蛉

祝之曰類我類我 御覽引作祝曰類我

音義云祝之之又切

己也王氏夫之詩稗疏二云先儒及諸傳記皆云果蠃負桑蟲之子鼓羽作聲曰似我似我其蟲因化爲果蠃流俗因呼爲人後者爲螟男至陶宏景始云蜾蠃一名蠮螉黑色腰甚細銜泥於人屋及器物邊作房如併竹管生子如粟米大置中乃捕取草上青蟲十餘枚滿中仍塞口以待其子大爲糧也段成式亦云開卷視之悉是小蜘蛛不獨負桑蟲又陶輔桑榆漫志云於紙卷中見此等蠭因取展視其中以泥隔斷如竹節狀爲窠有一青蟲乃蠭含來室蟲背上負一白子如粒米後漸大其青蟲尚活其後子漸次成形青蟲亦漸次昏死更後看其子皆果蠃亦漸次老嫩不一其蟲漸次死腐就爲果蠃所食食盡則穿孔飛去又韓保昇本草注云有人候

其封穴壞而看之見有卵如粟在死蟲之上果如陶說近世
王浚川雅述陳明卿類書皆與二陶段氏之說合夫之在南
嶽有山僧如滿言其如此因導夫之自於紙卷中展看一一
悉符陶段之說蓋果蠃之負螟蠕與蜜蠭採花釀蜜以飼子
同物之初生必待飼於母胎生者乳卵生者哺細要之屬則
儲物以使其自食計日食盡而能飛一造化之巧也其說援
据精塙出自目驗可以證古傳記訓故諸書之謬洪言此文
亦承舊說不審曲爲之詞也

速哉七十子之肖仲尼也

漢書藝文志云七十子喪而大義乖顏師古注云七十子謂
弟子達者七十二人舉其成數故云七十又儒林傳云七十

子之徒散游諸侯注云七十子謂弟子達者七十七人也稱七十者但言其成數也按兩注一云七十二一云七十七前後韋異今攷史記弟子傳自顏回至公西蒧數之得七十七人而孔子世家又云身通六藝者七十有二人與弟子傳云受業身通七十有七人亦異蓋自古有兩說也凡諸書或言七十七或言七十二者各據所聞著之其云七十者意以兩說互異未能定其是非故者稱七十非必舉成數也臧氏庸拜經日記七謂諸書言七十二者二皆衍文當據弟子傳作七十七人其有云七十者皆舉成數言之非也

學以治之思以精之朋友以磨之名譽以崇之不倦以終之可謂好學也已矣

禮記學記云學無當於五官五官弗得不治荀子勸學篇云思索以通之說文米部云精擇也白虎通三綱六紀篇引禮記云同門曰朋同志曰友禮記學記云相觀而善之謂摩鄭注云摩相切磋也陸德明釋文云本或作靡按靡磨並䃺之省說文石部云䃺石磑也引伸為研䃺之稱

孔子習周公者也顏淵習孔子者也

論語學而篇皇疏云習是修故之稱

羿逢蒙分其弓

音義云羿五計切逢蒙薄江切集注本作逢說文羽部云羿射師經傳有作羿逢蒙漢書人表藝文志王褒傳並作逢門荀子王霸正論諸篇史記龜策傳並作蠭門莊子山木篇作

蓬蒙呂覽具備篇作蠭蒙孟子離婁篇作逢蒙與此同兮弓者俞氏樾平議云兮字之義不可通當讀為棼正與下文良捨其策般投其斧一律按說文八部云分別也馬部云別兮解也後漢書寇恂傳今日朕兮之李賢注云兮猶解也弓部云弛弓解弦也兮弛並訓解則兮弓猶云弛弓矣不必如俞讀

良捨其策

左傳哀公篇云郵無恤御簡子杜預注云郵無恤王良也孔疏云古者車駕四馬御之為難故為六藝之一於書傳多稱之說文手部云捨釋也竹部云策馬箠也

般投其斧而習諸執曰非也

音義云般音班

禮記檀弓篇云季康子之母死公輸若方小斂般請以機封
鄭注云般若之族多技巧者字亦作班孟子離婁篇公輸子
之巧趙岐注云公輸子魯班魯之巧人也亦作盤墨子公輸
篇云公輸盤為楚造雲梯之械是也王氏引之經義述聞二
十二云魯公輸般字若與鄭公子班字子如同義若猶如也
按王說以名字義訓求之定般與若為一人較鄭注為長說
文手部云技巧也斤部云斧所以斫也司馬云三子皆以其
術名於世則其才必有過人者鄉使捨其術而習聖人之道
焉有不可也

或曰此名也彼名也處一焉而已矣

吳祕注云或人謂有道之名有藝之名有名無二

曰川有瀆山有嶽高而且大者衆人所不能踰也

釋名釋水云天下大水四謂之四瀆江河淮濟是也瀆獨也各獨出其所而入海也說文山部云嶽東岱南霍西華北恆中泰室王者之所巡狩所至音義云不能踰也俗本脫不字諸本皆有俞云也字古通作邪荀子正名其求物也養生也鬻壽也楊注也皆當為邪問之詞今依此讀之衆人所能踰也猶曰衆人所能踰邪雖無不字其旨亦同疑楊子元文本如此其有不字者乃後人不達古語而臆加之音義所斥為俗本者轉是古本矣按也邪古通說詳王氏引之經傳釋詞四說文足部云踰越也宋云般界之徑猶山川周孔之道猶嶽瀆自然小大不同高但有異矣按此謂一執之名猶山川

聖人之道之名猶山川之有嶽瀆既高且大非安所能及也

或問世言鑄金金可鑄與

音義云鑄與音余下同李云方術之士言能銷化五石化爲（吳注本作歟 下同）

黃金按說文金部云鑄銷金也史記封禪書引欒大云臣之師

曰黃金可成漢書楚元王傳云上方復興神僊方術之事而

淮南有枕中鴻寶苑祕書〻言神僊使鬼物爲金之術又淮

南王安傳云招致賓客方術之士數千人作爲內書二十一

篇外書甚衆又有中篇八卷言神僊黃白之術關尹子四符

篇云譬如金之爲物可令異金鑄之爲一金

曰吾聞覿君子者問鑄人不問鑄金或曰人可鑄與曰孔子鑄顏

淵矣

問鑄金得鑄人

音義云踧爾子六切

說文人部云儥見也經傳多作覿爾雅釋詁云覿見也

或問人踧爾曰旨哉問鑄金得鑄人

說文夂部云㤉愁然也即踧字論語鄉黨篇馬融注云踧踖恭敬之貌亦有作踧廣雅釋訓云踧踖畏敬也甘部云旨美也音義云踧爾子六切

學者所以修性也視聽言貌思性所有也學則正否則邪

修集注本作脩廣雅釋詁四云修治也說文心部云性人之易氣性善者也禮記中庸篇云率性之謂道修道之謂教鄭注亦云修治也書洪範云二五事一曰貌二曰言三曰視四曰聽五曰思按學則正否則邪最為言性之正阮氏元學經室文六云召誥曰節性唯日其邁王敬作所不可不敬德孟

法言疏證

則但云為某事作某篇不相聯貫故上文曰至書之不備過半矣而習者不知此或人歎書序不如易之意也學按此謂書有百篇猶易有六十四卦書序者書有百篇之證然易能證明六十四卦之不可闕一如書序不能證明二十九篇之為不備故綜此數殊不謂書序作法不及序卦傳之意義聯貫俞説誤矣

曰彼數也可數焉故也

和數字音義不為作音按數也之數所據切廣韻十遇數算數闕禮有九數世本曰隸首作數是也可數之數所矩切廣韻九麌數計也是也同馬云八卦重之成六十四自然之數洪六十四卦三百八十四爻闕一可知者以其可用算數證明之易經卦八六十四為八自乘之數也又易六畫而成卦三百八十四為六與六十四相乘之數也

如書序雖孔子末如之何矣

徵實易明憑虛難曉百篇之序雖存而篇之不足以證之則序為空文學者既以兩書二十九篇為備則雖時有聖人不能執空文與之爭明書序無所用也

昔之說書者序以百而酒誥之篇俄空焉今亡夫

此明當時博士以所習而書二十九篇為備乃俗學之夫具非先師為說如此故學者之說書者二事以正之序者篇之次第序以百者篇第之數以百不以蓋二十八或二十九謂併有目無書者數之不以凡在為數也此見在序數冠此第一甚錄謨第二禹貢第三記

金薤琳琅齋叢稿

於秦誓爲第二十八加後得太誓則秦誓爲第二十九而依百篇之序爲次則堯典咎繇謨之閒有舜典汨作九共槀飫大禹謨凡十三篇故咎繇謨爲第十五而咎繇謨禹貢之閒有棄稷故禹貢爲第十七如是數之訖於秦誓爲第百也伏生所傳雖止二十八篇然尚書大傳篇目有九共帝告嘉禾揜誥槑命則在二十八篇以外是爲伏生弟子親聞百篇之説之明證論衡正説云伏生抱百篇藏於山中孝景皇帝始求而書伏生已出山中景帝使鼂錯往從受尚書二十餘篇伏生老死書殘不竟然則伏生教授之際百篇儼存其所傳二十餘篇乃生自全書中擇取以先付講習者傳授雖有後先篇第不容改易及生終業輟而書乃以二十八篇爲止弟子詮次雖復以此二十八篇自爲甲乙顧亦必就列舊第以存伏書之真其後展轉傳寫則寄數見在凡不傳諸篇但列序目不復數之亦如傳詩者虛存南陔等篇之義更不入諸什中耳鄭君所謂据改什首非孔子之舊異意尚書歐陽大小夏侯三家爲本有序篇以百者于虛猶及見之故其言如此者之説書者不以書爲備之書一也音義餓空苦貢切缺也按古書凡有脱文每書空■■■以識之逸周書此例最多酒誥之篇餓空謂於酒誥脱簡之處中空若干字以■示其有脱也藝文志云劉向以中古文校歐陽大小夏侯三家經文酒誥脱簡一召誥脱簡二率簡二十五字者脱亦二十五字簡二十二字者脱亦二十二字益古者削竹爲札以書謂

伏書有脫簡伏生
不容不自知之

之簡連綴衆簡謂之篇一簡所容書之一行簡之長短有定
而其字數之多寡每因篇而異傳寫之際必依原書以為程
伏生書與中古文同出先秦定本其每篇簡數字數彼此較
若畫一及三家以今文寫之則改著縑帛行數字數非復竹
書之舊在竹書為一簡者在今文本或分屬兩行然竹書有
脫簡則今文本有脫字簡若干字即脫若干字矣酒誥召誥
之有脫字既為三家所同則必所據伏生書有然伏書所脫
者而中書有之故以中書校三家書而得三家書酒誥召誥
脫字之數因三家書之篇脫字之數而知伏書脫簡之數也
[redacted]知[redacted]有脫簡而老耄遺忘不復能舉其辭則今傳
寫者於此姑空若干字以俟異日之或求得其文而補焉故
謂之俄空俄之為言假也下文天俄而可度云〻王氏念孫
雜志云俄與假聲近而義同周頌維天之命篇假以溢我說
文引作誐以溢我是其例也按王讀彼之俄而為假如不然
盡合而以釋此文則為確詁故俄空云者非忽亡之謂乃姑
闕之意酒誥之篇俄空云者非此篇全闕之謂乃一篇之內
有所中闕之意也最初三家先師知其說者其所寫經文必
皆如是久而失其真則不復補而舊本闕不容盡亡此必子
雲所見三家經文猶有於酒誥召誥脫簡之處中空若干字
以示其闕者故云酒誥之篇俄空焉不兼及召誥者文不備
耳此昔之說書者不以尚書為備之事二也今亡夫者亡猶
為無論語云吾猶及史之闕文也有馬者借人乘之今亡矣

金薤琳琅齋叢稿

夫包注云孔子自謂及見其人如此至今無有矣法言此語正用論語文其義亦同孟子云眡有所見尚書逸行之本已盡去舊第直以二十八篇為孔子删定舊數又酒誥召誥脫簡之處盡已聯屬無迹不復知有闕文專己守作今失本真猷從此慨自來說法言此文者皆不得其解而王氏鳴盛尚書後案及段氏玉裁撰異之說尤謬誤不可從今詳論之陸棠云酒誥今見在何得言佚空此言甚可疑李軌吳秘注皆不明佚從亂人意王應麟困學紀聞謂劉向以中古文校歐陽大小夏侯三家經文酒誥脫簡一佚空即脫簡之謂而大傳引酒誥王曰封惟曰若圭璧今無此句疑所脫即此等句應麟此說亦非也劉向校書見有脫簡即應補入必不任其脫落但劉向以中古文校今文所云脫簡者乃古文有而今文無大傳則伏生今文之學歐陽大小夏侯三家所輯圭璧之句想是伏生於他處引得逸文古文所無故今酒誥亦無此句其佚空自指今已非脫一簡之謂不可以圭璧句當之然則酒誥既已全亡今酒誥亦完善又從何而出耶子詒讓徐孟實聞一條覺以子雲不見孔壁古文為說孔壁古文漢大儒多見之況酒誥古今文皆有子雲豈有不見謬類尤大誤反覆考之韓非說林篇引酒誥之文以為康誥蓋尚書或有引本將酒誥誤入康誥揚雄偶據其本遂以為佚空耳撰異云謂書序有百而酒誥則無序非謂尚書闕酒誥也凡後人所謂數篇同一序者皆有有目無序者則其間如絲縣矣

疏七

厥謨禹成厥功帝舜申之作大禹謨咎繇謨棄稷按其實則
棄稷不統於此序所以作棄稷者不傳也湯既勝夏欲遷其
社不可作夏社疑至臣扈按其實則疑至臣扈不統於此序
所以作疑至臣扈者不傳也大戊贊于伊陟作伊陟原命按
其實則原命不統於此序所以作原命者不傳也高宗祭成
湯有飛雉升鼎耳而雊祖己訓諸王作高宗肜日高宗之訓
按其實則高宗之訓不統於此序所以作高宗之訓者不傳
也酒誥梓材亦正此類以殷餘民邦康叔故作康誥一篇其
酒誥梓材不統於此序益失其傳僞空云者偶不存之謂非
竟亡也然至於久而闕則竟亡矣故云今亡夫子書獨舉酒
誥者舉一以例其餘也按段不見百篇之書安能[illegible]某篇
不統於畢序[illegible]酒誥梓材皆康叔受封時周公稱王命以戒
之之辭正商與康誥同序何以知其外有作意而不傳耶且
即如其說謂酒誥等篇別自有序而百篇之中如九共篇九
篇咸乂商四篇太甲盤庚說命太誓各篇三篇亦篇皆有序
耶古來尚書家但有百篇之說從無百序之說于寔猶何所
據而云書之統書者[illegible]序有百耶上文方云書序孔子未如
之何明書序辭存[illegible]者之罔此史慨歎於書序之有
闕亡義不相應將無取耶[illegible]解酒誥僞空爲書亡酒誥謂志
書列本篇有將酒誥混入康誥者于寔偶據其本遂以爲酒
誥全亡夫三家經文明明二十九篇酒誥明明在二十九篇
之內孔壁古文大篇猶多見之豈博士定本于寔反未寓目

金薤琳琅齋叢稿

顧據其顛然錯誤之刊本妄以不亡爲亡吏爲添學所笑耶且後蒙駁困學紀聞之語亦全無是處伯厚疑大傳引酒誥王曰封惟曰若圭璧八字即脫簡中之殘句本末必然決氏壽祺以爲今文尚書古文章句多寡異同非止一二酒誥篇有王曰封我聞惟曰殷先哲王之語大傳所引疑或此處之異文未必爲逸句也其說深爲近理足破伯厚之疑若後案以今文酒誥無此句即爲劉向未審補入之故向之未審補入即爲中古文並無此句之故因而推定脫簡之云非指脫簡之事此其學聽遠斷可謂一言以爲不智夫三家經文當漢時庠書功令所要上下共守自非奏下博士從容集議安能輒有增損向但校三家與中古文異同未聞有據中古文改定三家之事不能將脫與旧作諸逸篇並列學官獨能酒誥召誥脫簡補入經文耶今之好書絕非向所見之中古文以今酒誥無此句遂謂中古文之亦未嘗有之道韻有當耶伯厚以酒誥脫簡證明臧宦之說是也伯云臧宦者即脫簡之謂則語殊未晰蓋脫簡者伏生書之事臧宦者三家書所以識此脫簡之事與脫簡無所謂首有而今無知有脫簡而爲之中空以識之則與序篇以百同爲首人存古闕疑之義乃昔人所有者而今更無之所以爲可謂若解臧宦爲脫一簡則今亡夫三字爲無義或讀亡如字以爲始也偶脫而今也遂亡則頭快論語今亡矣夫異義必不然也

虞夏之書渾渾爾商書灝灝爾周書噩噩爾下周者其書譙乎

音義渾渾戶昆切又胡本切灝灝胡老切噩噩五各切按廣雅
釋訓云渾渾大也灝灝即浩浩中庸云浩浩其天孔疏云浩浩
盛大噩噩即咢咢漢書韋賢傳云咢咢黃髮文選擧云成諤
詩作諤諤李注云正直也按重言形況以聲為義無定字也
書堯典下僞孔傳題虞書孔疏云馬融鄭玄王肅別錄題皆
曰虞夏書虞夏同科雖虞事亦連夏鄭玄序以為虞夏書二
十篇商書四十篇周書四十篇贊云三科之條五家之教是
虞夏同科也堯典雖曰唐事本以虞史所錄末言舜登庸由
堯故追堯作典非唐史所錄故謂之虞書鄭玄云舜之美事
在於堯時是也段氏玉裁云五家之教是今文尚書例也三
科之條是古文尚書例也三科謂作三書之時代堯典皋陶
謨禹貢是三篇者或曰虞史記之或曰夏史記之莫能別異
故相承謂之虞夏書今商書周書則有三科之說按鄭君為
書贊多從書緯之說皆為今文法言說書亦據當時所習
此文以虞夏之書與商書周書別為三種明周三科之條則
不得以此為古文尚書例可知蓋以有天下者之號為名則
曰唐書虞書夏書商書周書依作史之時代則詳近畧遠則
曰虞夏書商書周書其例皆出於今文諸師古文無師說安
得有所謂書例耶李云下周者秦言酷烈也音義譙乎俗本
作譙為嘵誤詩傳云譙譙殺也殺所戒切故注云酷烈按

金薤琳琅齋叢稿

詩傳鴟鴞毛傳文說文譊嘵譊也嘵譊疊韻連語煩苛之意
集注依宋吳作譊云其書譊乎言不足以爲書也按李說是
也秦書酷烈謂若始皇二世詔令及諸刻石之辭消
削峻急無復三代遺意御覽六百七引作憔悴乎

疏七終

曰仲尼亟稱於水曰水哉水哉何取於水也孟子曰源泉混混不舍晝夜盈科而後進放乎四海有本者如是是之取爾此即滿而後漸之義亦前義之引伸按不舍晝夜者不息之德滿而後漸者有本之學惟其有本是以不息故滿而後漸者不捨晝夜之原因也劉以為前義之引伸有認原為委之誤矣

或問鴻漸曰非其往不往非其居不居漸猶水乎

鴻漸易漸卦文彼虞翻注云鴻大鴈也漸進也夏小正九月遰鴻雁傳云遰往也按自北而南也從我見言之曰來其居計之曰往淮南子時則訓仲秋之月候鴈來高注云候時之鴈從北漠中來過周雒南至彭蠡也又季秋之月候鴈來

注云蓋以爲八月來者其父母也是月來者蓋其子也禮記

月令作鴻鴈來淮南月令謂之來小正傳及此謂之往其義

同也又小正正月鴈北鄉傳云先言鴈而後言鄉者何也見

鴈而後數其鄉也鄉者何也鄉其居也鴈以北方爲居何以

謂之居生且長焉爾何不謂之南鄉也曰非其居也月令

鄭注云凡鳥隨陰陽者不以中國爲居李云鴻之不失寒暑

亦猶水之因地制行司馬云鴻避寒而就溫學者去非而從

是然鴻之飛也不決起直上必以漸而至高學者亦自近以

而至遠大猶水之滿而後進也

請問木漸曰止於下而漸於上者其木也哉亦猶水而已矣

木漸亦漸卦文說文木部云木冒也冒地而生東方之行從

御覽一百八十八引
無好字

中下象其根徐鍇繫傳云中者木始甲坼也萬物皆始於微合抱之木生於毫末故木从屮木之性上枝引一尺下根亦引一尺故於文木上下均也此止下漸上之義

吾未見好斧藻其德若斧藻其楶者也

爾雅釋器云斧謂之黼郭璞注云黼文畫斧形因名云攷工記云畫繢之事白與黑謂之黼禮記玉藻鄭注云雜采曰藻是斧藻皆謂文飾也音義云楶音節李云斧藻猶刻桷丹楹之屬楶櫨也按說文木部云格欂櫨也爾雅釋宮云栭謂之楶注云楶即櫨也集注本作斧藻其楶者歟

鳥獸觸其情者也衆人則異乎賢人則異衆人矣聖人則異賢人矣禮義之作有以矣夫

廣雅釋詁四云觸揬也荀子王霸篇楊注云突陵觸揬觸之
本義爲牴引伸之爲動躍又引伸之爲突出說苑脩文篇引
傳曰觸情從欲謂之禽獸衆人謂凡人（衆人）則異乎者言●（所）異（幾希）也
韓詩外傳一云不肖者精化始具而生氣感動觸情縱欲盍
子盡心篇趙注云凡人則觸情縱欲而求可樂是也白虎通
聖人篇云千人曰英倍英曰賢萬人曰傑倍傑曰聖荀子禮
論篇云夫人一之於禮義則兩得之矣一之於情性則兩失
之矣詩關雎云發乎情民之性也止乎禮義先王之澤也按
此言人禽之別在乎禮義凡人觸情而不止禮義故異於鳥
獸幾希禮記曲禮云今人而無禮雖能言不亦禽獸之心乎
夫惟禽獸無禮故父子聚麀是故聖人作爲禮以教人使人

御覽六百七引鄒子曰博學者所以求爲君子也求而不得鮮矣未有不求而得

以有禮知自别於禽獸乃此文之義舊解衆人句皆失之

人而不學雖無憂如禽何

説文心部云息愁也經傳通作憂白虎通田獵篇云禽是鳥獸之總名荀子勸學篇云故學數有終若其義則不可須臾舍也爲之人也舍之禽獸也

學者所以求爲君子也求而不得者有矣夫未有不求而得之者也

白虎通號篇云或稱君子者何道德之稱也君之爲言羣也子者丈夫之通稱也按君子者聖人之次論語述而篇云聖人吾不得而見之矣得見君子者斯可矣荀子脩身篇云篤志而體君子也齊明而不竭聖人也不言求學者聖人

之者也語本此文

御覽八百九十七引無作希意林作睎無兩也字文選李蕭遠運命論李注引李軌曰睎望也言顏回嘗望孔子也治本監本無此注

者聖人無所不通非學所能企文選與吳季重書李注引亦為君子無也字引有矣夫無夫字

睎驥之馬亦驥之乘也睎顏之人亦顏之徒也

說文目部云睎望也音義云之乘繩證切詩渭陽路車乘黃毛傳云四馬也晉書虞溥傳引作希驥之馬亦驥之乘希顏之徒亦顏之倫按說文無希爾雅釋詁云希罕也凡經傳希望字並當作睎

或曰顏徒易乎曰睎之則是

音義云易乎以豉切集注本睎之上有曰字

曰昔顏嘗睎夫子矣

嘗集注本作常下同此更端之詞故前有更題曰字禮記檀弓篇

李云正考甫宋襄公之臣也尹吉甫周宣王之臣也吉甫作周頌正考甫慕之而作商頌 按

云公瞿然失席曰是寡人之罪也曰寡人嘗學斯斯獄矣左
傳哀公篇云乞曰不可得也曰市南有熊宜僚者皆其例矣
説詳俞氏樾古書疑義舉例二

正考甫嘗睎尹吉甫矣

此今文詩説也史記宋世家贊云襄公之時修行仁義欲為
盟主其大夫正考父美之故追道契湯高宗所以興作商頌
史遷爲申公再傳弟子此說當爲魯詩裴駰集解云韓詩
商頌章句亦美襄公是魯韓義同法言多魯詩説吾子篇此
後知夏屋之爲帡幪也先知篇昔在周公征於東方四國是王
召伯述職蔽芾甘棠孝至篇周康之時頌聲作乎下關雎作
乎上不暗用魯義説見後毛詩邶序云微子至于戴公其間禮

法言疏證 二十

樂廢壞有正考父者得商頌十二篇於周之大師以那爲首
國語魯語引閔馬父云昔正考父校商之名頌十二篇於周
大師則古文說以商頌爲考父校定非其所作又以爲戴公
時人非襄公之臣與魯韓異左傳昭公篇云正考父佐戴武
宣孔子世家引同今考十二諸侯年表戴公末年當周平王
五年乙亥至襄公元年當周襄王二年辛未閱一百十七年
考父既逮事戴公雖甚壽考不得至襄公時尚存亦與宋世
家所云頌其修行仁義者自相違異按魏氏源詩古微云考
父佐戴武宣不逮事襄公或宋襄所作惟殷武一篇其前四
篇則考父作之至襄公而追錄其詩遂序以爲美襄猶秦風
車鄰駟驖錄於襄公之世而序以爲美襄公事同一例義或

然也詩崧高烝民並云吉甫作誦潛夫論三式篇云周宣王時輔相大臣以德佐治亦獲有國故尹吉甫作封頌二篇

公子奚斯嘗睎正考甫矣

李云奚斯魯僖公之臣也慕正考甫作魯頌按詩閟宮云奚斯所作文選兩都賦序李注引韓詩薛君章句云奚斯魯公子也言其新廟奕奕然盛是詩公子奚斯所作也段氏玉裁經均樓集云作詩之自舉其名者小雅節南山曰家父作誦以究王訩式訛爾心以畜萬邦巷伯曰寺人孟子作為此詩凡百君子敬而聽之大雅崧高曰吉甫作誦其詩孔碩其風肆好以贈申伯烝民曰吉甫作誦穆如清風仲山甫永懷以慰其心併此篇為五云奚斯所作即吉父家父作誦之詞也

新廟奕奕

曰孔曼且碩萬民是若即其詩孔碩以畜萬邦之意也所字
不上屬所作猶作誦作詩之云以作為均故不云作誦作詩
耳漢人言詩者無不如是學者多謂毛詩與韓大異毛傳曰
有大夫公子奚斯者作是廟也愚謂廟字必詩字之誤傳之
原本必重舉奚斯所作而釋之云有大夫公子奚斯者作是
詩也翦割毛傳者盡去其复舉之文則以新廟閟公廟也有
大夫公子奚斯者作是廟也相聯為順而改詩為廟此其與
韓不同之故按解奚斯所作為作詩者自是三家今文說以
為作廟者自是毛詩古文說漢世毛傳未立學官故說詩者各尊師聞
多用三家師說相承之與大異後儒扶毛學者本不須與毛強同
相溷段說殊非也

不欲睎則已矣如欲睎孰禦焉

集注本不欲上衍如字爾雅釋詁言云禦禁也

或曰書與經同而世不尚治之可乎曰可

白虎通五經篇云經所以有五何經常也有五常之道故曰五經樂仁書義禮禮易智詩信也又云五經何謂易尚書詩禮春秋也陳氏立疏證云以易尚書詩禮春秋爲五經與上異蓋兼存兩説也文選郭有道碑遂考覽六經注五經及樂經也又劇秦美新云制成六經注經有五而又有樂故云六經也是皆以易書詩禮春秋爲五經並樂經爲六也漢書武帝紀云元朔五年置五經博士同經之書謂若論語孝經之屬漢世謂之傳記孟子題辭云孝文皇帝欲廣遊學之

路論語孝經孟子爾雅皆置博士後罷傳記博士獨立五經
而已世不尚謂不立學官

或人啞爾笑曰須以發策決科

音義云啞爾於革切說文口部云啞笑也易震云笑言啞啞
釋文引馬融云笑聲漢書蕭望之傳云以射策甲科為郎顏
注云射策者謂為問難疑義書之於策量其大小署為甲乙
之科列而置之不使彰顯有欲射者隨其所取得而釋之以
知優劣史記儒林傳索隱引如淳云漢儀弟子射策甲
科百人補郎中乙科二百人補太子舍人皆秩比二百石次
郡國文學秩百石

曰大人之學也為道小人之學也為利子為道乎為利乎

御覽二百七引無兩也字

集注本兩也字在道利字下孟子告子篇云從其大體爲大人從其小體爲小人趙注云大體心思禮義小體縱恣情欲

或曰耕不穫獵不饗耕獵乎

說文禾部云穫刈穀也易无妄云不耕穫犬部云獵放逐禽也亯部云亯獻也周禮大司馬職云獻禽以祭社鄭注云田止虞人植旌衆獻其所獲禽也是獵饗字當作亯今經傳通用饗（經傳通用饗）耕獵喻學穫饗喻利祿書而不能發策決科猶耕獵而不穫饗

曰耕道而得道獵德而得德是穫饗已吾不覩參辰之相比也

是穫饗已集注本已作也（御覽七百七引同）參辰依說文晶部當作曑曟或有作參晨辰則又晨之段也文選蘇子卿古詩李注引此文宋

東注云辰龍星也參虎星也我不見龍虎俱見按考工記輈人熊旗六斿以象伐也鄭注云伐屬白虎宿與參連體而六星史記天官書云參為白虎三星直者是為衡石下有三星兑曰罰為斬艾事是參為虎星也爾雅釋天云大辰房心尾也郭注云龍星明者以為時候故曰大辰天官書云東宮蒼龍房心索隱引李巡爾雅注云大辰蒼龍宿體最明也星辰為龍星也音義云相比毗志切天官書云魁下六星兩兩相比者名曰三能又危東六星兩兩相比曰司空正義云比近也參辰不相比者參屬●西宮辰屬東宮此出彼入永不相見故也此句舊解為目下之詞章工部華云參辰喻道利參辰不相比者謂為道之學與為利之學不相為謀義當屬上●為

而至於海御覽六百七引作而歸於壑不至於山集注本不至上有而字御覽引

一節按章說致塙甚精可破俞君錯簡之疑說見後文

是以君子貴遷善遷善者聖人之徒與

集注本作遷善也者與作歟音義云徒與音余下皆同疑者別出荀子大畧篇云君子之學如蛻幡然遷之無留善李云徒猶弟子也按此文蒙上而引伸之言既知為道之學與為利之學不相為謀則當決然捨利而從道是謂遷善遷善則不畫故後文又設二譬以明之

百川學海而至于海丘陵學山不至于山是故惡夫畫也

書大傳云大川相間小川相屬東歸於海廣雅釋丘云小陵曰丘說文𨸏部云陵大𨸏也釋名釋山云大阜曰陵荀子宥坐篇引孔子曰如丘而止吾已矣李云畫止論語雍也篇云

璞

同又畫下有者字

法言疏證

力不足者中道而廢今女畫按百川學海喻邃善丘陵喻畫

司馬云百川動而不息故至於海丘陵止而不進故不至於

山學者亦猶是矣不至于小集注本不至上有而字

頻頻之黨甚于鸒斯

廣雅釋詁三云頻比也又釋訓云頻頻比也說文手部云攩

朋羣也經傳通用黨楚辭離騷王注云黨朋也鸒斯羊茹切

鸒雅烏詩小弁云弁彼鸒斯歸飛提提毛傳云鸒卑居卑居

雅烏也提提羣皃孔疏云鸒卑居釋鳥文也卑居又名雅烏

郭璞曰雅烏小而羣腹下白江東呼為鵯烏是也此烏名鸒

而云斯者語詞猶蓼彼蕭斯菀彼柳斯傳或有斯者衍字本

無斯字以劉孝標之博學而類苑烏部立鸒斯之目是不精

也此鳥性好羣游聚故云提提羣貌今本爾雅作鷃斯鵯鶋
釋文出斯云斯本多無此字斯是詩人協句之言後人因將
添此字也而俗本遂斯旁加鳥謬甚是斯為協均語詞孔陸
說同而此文亦有斯者按陳氏奐小弁疏云法言用詩詞以
足句耳是也

亦賊夫糧食而已矣

周禮廩人職鄭注云行道曰糧謂糒也止居曰食謂米也按
糧食散文亦通說文米部云糧穀食也李云鶂斯羣行啄穀
喻人黨比遊宴賊害糧食有損無益也俞云君子貴遷善與
參辰之不相比意不相屬承頻頻之黨與惡盡之義亦不相
承疑此兩節傳寫互誤揚子蓋因參辰之不相比而戒人之

黨比游宴故曰頻頻之黨甚于鸒斯廣雅釋訓頻頻比也李
軌注亦以黨比游宴釋之則與參辰之不相比意正一貫矣
至君子貴遷善乃申明惡畫之義遷善是不畫也今訂正云
吾不觀參辰之相比也頻頻之黨甚于鸒斯亦賊夫糧食而
已矣百川學海而至于海丘陵學山不至于山是故惡夫畫
也是以君子貴遷善遷善者聖人之徒與按俞說非也書與
徑同至參辰不相比為一節君子貴遷善以下又蒙上而引
伸之至惡畫為一節至頻頻之黨以下至友而不心面友也
則別為一章與上二節絕不相承文義甚明不須移置
朋而不心面朋也友而不心面友也
荀子大畧篇云愛之而勿面楊注云面謂以顏色慰悅之司

馬云言朋友當以誠心相與切磋琢磨不可以知其非而不告但外貌相媚悅羣居游戲相從飲食而已

○或謂子之治產不如丹圭之富

史記貨殖傳云白圭周人也當魏文侯時李克務盡地力而白圭樂觀時變故人棄我取人取我與能薄飲食忍嗜欲節衣服與用事僮僕同苦樂趨時若猛獸鷙鳥之發故曰吾治生產猶伊尹呂尚之謀孫吳用兵商鞅行法是也故天下言治生祖白圭孟子趙告子篇趙注云白圭周人也節以貨殖欲有賦利民又云丹名圭字也按趙意以告子篇名丹之白圭即貨殖傳書曰治生之白圭與此文合閻氏若璩四書釋地續云史記白圭圭其名孟子白圭其名丹圭則字爾先後殊

不同時宋氏翔鳳趙注補正引管氏同曰戰國時蓋有二白圭鄒陽書白圭戰亡六城為魏取中山在文侯十七年下逮孟子至梁之歲七十三年矣此魏之白圭也貨殖傳白圭樂觀時變人棄我取人取我與此又一白圭也孟子之書自謂治水愈禹欲二十而取一此又一白圭也三者名同而人異宋駮之云貨殖傳之白圭與孟子之白圭當是一人榮按白圭自言我治生產猶商鞅行法則正與孟子同時宋說是也不云白圭而云丹圭者名字連稱古書多有此例左傳文公篇孔疏云古人連言名字者皆先字後名又僖公篇疏云古人之言名字者皆先字後名而連言之是名字得連言之證惟此先名後字獨為異例猶家語弟子解原亢字子籍而史

記弟子傳稱原亢籍又弟子傳商瞿魯人字子木而漢書儒林傳稱商瞿子木又史記有矯子庸疵周子家豎光子乘羽田子莊何王子中同而漢書改為橋庇子庸周醜子家孫虞子乘田何子裝王同子中並先名後字則此例始於漢也其名丹字圭者經義述聞二十二云圭讀為黊聲近假借也說文黊鮮明黃色也从黃圭聲蘳黃華从艸黊聲讀若墮壞是黃謂之黊也名丹字黊與名赤字華同義華亦黃也焦氏循告子篇疏云說文丹部云丹巴越之赤石也說苑修文篇云圭者玉也考工記匠人注云圭之言珪潔也潔者潔白也玉之白者為圭石之赤者為丹赤熾盛而以潔白消之此名字所以取歟焦王說異理當為優自序云楊季官至廬江太守

有田一壥有宅一區世世以農桑爲業家產不過十金無儋

石之儲䖍以治產諷楊

曰吾聞先生相與言則以仁與義市井相與言則以財與利

文選三都賦序李注云先生學人之通稱漢書貨殖傳引管子曰士相與語仁義於閒宴商相與語財利於市井顔注云凡言市井者市交易之處井共汲之所故總而言之也

如其富如其富

音義云俗本下句作如其義非按集注引宋吳本及漢魏叢書本下句並作義是承俗本之誤論語憲問篇如其仁如其仁偽孔注云誰如管仲之仁按此說非是如其仁者猶云治長篇云何如其知也彼包注云非時人謂之爲知然則何如

俞云如其富言如何其以富也重言之者深疾之之辭此句法本於

者不許之之辭

增古解經類非經旨以彼子之詞推之則如其仁

其知者何謂其知也急言之則云如其公羊傳隱公篇如勿與而已矣何休注云如即不如即其例矣以此推之知寔向云如其仁者何謂其仁也此云如其富者何謂其富也凡本書再言如其某者並當如是解之

或曰先生生無以養也死無以葬也如之何曰以其所以養之至也以其所以葬葬之至也

集注本養葬下無兩也字影宋本以其所以葬作以其所葬與上句不一律秦氏恩復校謂上句衍下以字按各本兩句皆有以字於義為長今據補李云養不必豐葬不必厚各順其宜惟義所在吳云生事之以禮不必豐也死葬之以禮不必厚也孔子曰啜菽飲水盡其歡斯之謂孝斂手足形還葬而

無槨稱其財斯之謂禮按禮記檀弓篇文

或曰猗頓之富以為孝不亦至乎顏其餒矣

音義云猗頓於離切史記貨殖傳云猗頓用盬鹽起邯鄲郭縱以鑄冶成業與王者埒富集解引孔叢子云猗頓魯之窮士也耕則常飢桑則常寒聞朱公富往而問術焉朱公告之曰子欲速富當畜五牸於是乃適西河大畜牛羊於猗氏之南十年之間其息不可計貲擬王公馳名天下以興富於猗氏故曰猗頓按孔叢陳士義篇文文選過秦論李注引作乃適河東與此及今本孔叢異漢書地理志河東郡有猗氏說文食部云餒飢也司馬云或人以為顏氏之親當不免於餒也

曰彼以其粗顏以其精彼以其回顏以其貞顏其劣乎顏其劣乎

天隨士衡謝平原
內史表

音義云其粗千胡切李云回邪也貞正也按說文交部云㝮
衺也經傳通作回邪司馬云養體為粗養志為精驕亂爭疾
為邪塵空不改其樂為正力部云劣弱也按經傳以為優之
對此及言以媿之
或曰使我紆朱懷金其樂不可量也
音義云紆朱邑俱切文選東京賦云紆皇組薛綜注云紆垂
也漢書百官表丞相太尉等並金印紫綬無朱綬續漢書輿
服志云諸侯王赤綬注引徐廣云太子及諸侯王金印龜紐纁
朱綬然則紆朱懷金者猶言為侯王也音義云其樂音洛下
同不可量也影宋本也作已按後漢書宦者傳李注引文選
宦者傳論李注引並作不可量也集注本同今據改實則原

文也讀為邪可量上並無不字文選鮑明遠擬古詩注引同證

此為唐人所見不誤本自後校書者不知也字之義遂妄增

不字而宋本直改作不可量已寖失其真矣文選後漢書注並引此

文李軌注云金朱朱紱也金金印也文選注分引擬古詩官者

傳論下而今李注本無此條或宋衷注文引者誤署軌名耳

曰紆朱懷金者之樂不如顏氏子之樂

易繫辭云顏氏之子其殆庶幾乎論語雍也篇子曰賢哉回

也一箪食一瓢飲在陋巷人不堪其憂回也不改其樂

顏氏子之樂也內紆朱懷金者之樂也外

集注本懷金下無者字呂覽慎人篇引子貢曰古之得道者

窮亦樂達亦樂所樂非窮達也道得於此則窮達一也按道

一曰屢猶每也空猶虛中也劉疏云詩節南山不宜空我師毛傳空窮也引伸之凡貧窮無財者亦謂之空史記伯夷列傳然回也屢空糟糠不厭鹽鐵論地廣篇云夫賤不同知貧不妨行顏淵屢空不爲不賢孔子不

得於此即內樂之說

或曰請問屢空之內

屢空論語先進篇文彼何晏注云雖數空匱而樂在其中按

平叔訓屢爲數非也屢空本疊義連語案說文無屢古从山

从尸字義或得通宀部宸尸部屒說解皆云屋宇也宀部室

与尸部屋說解皆云从至所止也疑屢寠（之本義同）同義許不錄屢者

或即寠之或體宀部云寠無禮居也一切經音義十引蒼頡

篇云無財備禮曰寠俗作窶詩北門終窶且貧毛傳云窶者

無禮也貧者困於財故文貧窶亦通爾雅釋言云窶貧也窶

訓貧正與空同義詩（節南山）毛傳云空窮也然則屢空若言貧窮矣

史記伯夷傳云回也屢空糟糠不厭鹽鐵論地廣篇云顏淵

法言疏證

三十

賈君爲君聖後漢書逵傳帝謂馬防曰此子無人事於外屢空將從孤竹子於首陽矣是漢人解屢空皆爲空匱注前說是也據法言此文亦以屢空爲空匱與事外前說合蓋古誼也

屢空不爲不賢并依何解讀之均爲不詞惟經傳之文多以屢爲數此同部聲假例注家習知其訓而本義反因之以亡屢空之說鮮有能通曰者矣

曰顏不孔雖得天下不足以爲樂

孟子盡心篇云君子有三樂而王天下不與存也焉

然則亦有苦乎

此向問而省曰者古書多有此例說詳古書疑義舉例二

曰顏苦孔之卓之至也

集注本無之至二字非論語子罕篇云顏淵喟然歎曰夫子循循然善誘人博我以文約我以禮欲罷不能既竭吾才如有所立卓爾雖欲從之末由也已釋文出卓引鄭注云絕望

之詞按謂卓絶也說文匕部云卓高也卓古文卓

或人瞿然曰茲苦也祇其所以為樂也與

音義云瞿然音句說文䀠部云䀠目驚䀠然也經傳通用瞿

音義云祇其音支適也與集注本作歟

曰有教立道無止仲尼有學術業無止顏淵

止各本皆作心音義云天復本並作無止按心止隸形相近而誤今振政俞云術當讀為述禮記祭義結諸心形諸色而術省之鄭注云術當為述韓勑後碑共術韓君德政張表碑方伯術職樊敏碑臣子褒術並以術為述是其證也述業與立道對文有教立道作者之謂聖也有學述業述者之謂明也按俞說是也經傳釋詞云有猶或也言或以立道為教

乎不止則仲尼矣或以述業爲學乎不止則顏淵矣即前文

睎之則是之義若作無心義不可通

或曰立道仲尼不可爲思矣術業顏淵不可爲力矣曰未之思也

孰禦焉

論語子罕篇云未之思也夫何遠之有

疏一終

法言疏證二　　元和汪榮寶

吾子卷第二　法言　楊雄所[redacted]序

或問吾子少而好賦

音義云少而詩照切好賦呼報切自序云先時蜀有司馬相如作賦甚弘麗溫雅雄心壯之每作賦常擬之以為式

曰然童子彫蟲篆刻

彫御覽五百八十七引作雕

說文彡部云彫琢文也竹部云篆引書也蟲者蟲書刻者刻符說文序云秦書八體三曰刻符四曰蟲書漢興學僮十七以上以八體試之是蟲書刻符並學僮所習故云童子彫蟲篆刻言賦之為物譬繢奇字以成篇段特未成人之所為耳

俄而曰壯夫不為也

法言疏證

公羊傳桓公篇云俄而可以為其有矣何注云俄者謂須臾之間創得之頃也禮記曲禮云三十曰壯

或曰賦可以諷乎

詩序釋文云用風感物謂之諷文選甘泉賦李注云不敢正言謂之諷按當讀為風說文言部云諷誦也與感物不敢正言之義絕遠朱氏駿聲通訓定聲云風動物而無形故微言婉詞謂之風漢書志傳凡幾十見皆作風注乃云讀為諷反以借字為正字失之矣藝文志云傳曰不歌而誦謂之賦能登高能賦可以為大夫言感物造端材知深美可與圖事故可以為列大夫也古者諸侯卿大夫交接鄰國以微言相感當揖讓之時必稱詩以諭其志蓋以別賢不肖而觀盛衰焉

故孔子曰不學詩無以言也春秋之後周道寖壞聘問歌咏不行於列國學詩之士逸在布衣而賢人失志之賦作矣大儒孫卿及楚臣屈原離讒憂國皆作賦以風咸有惻隱古詩之義其後宋玉唐勒漢興枚乘司馬相如下及揚子雲競為侈麗閎衍之辭沒其風諭之義

曰諷乎諷則已不已吾恐不免於勸也

集注本無諷乎二字非說文力部云勸●勉●也漢書司馬相如傳贊引揚雄以為靡麗之賦勸百而風一猶騁鄭衛之聲曲終而奏雅又自序云雄以為賦者將以風也必推類而言極麗靡之辭閎侈鉅衍競於使人不能加也既迺歸之於正然覽者已過矣往時武帝好神仙相如上大人賦欲以風帝

組麗御覽八百十六引無組字

反漂漂有陵雲之志繇是言之賦勸而不止明矣無益與此
文相發明不已即彼所云不止言不足以止淫侈適以助之
或曰霧縠之組麗曰女工之蠹矣
說文糸部云縠細縳也漢書禮樂志云靡霧縠顏注云言其
輕細若雲霧又相如傳云垂霧縠張揖注云縠綃如霧（音義云組麗音祖）書其
貢釋文引馬注云組文也漢書景帝紀云錦繡纂組害女紅
者也顏注云紅讀曰功哀帝紀云織綺繡難成害女紅之物
如鴻注云紅亦工也說文蚰部云蠹木中蟲從傳有作蠹引
伸為凡賊害之稱國策秦策高誘注云蠹害也鹽鐵論散不
足篇云衣服靡麗布帛之蠹也李云霧縠雖麗蠹害女工詞
賦雖巧惑亂聖典

劒客論曰劒可以愛身曰狴犴使人多禮乎

或問詞也劒客論蓋古兵技巧家之書藝文志有劒道三十八篇又司馬遷傳云在趙者以傳劒論顯款注云劒論劒術之論也鹽鐵論箴石篇云若夫劒客論博奕辯則借以為雄誒恑辯之倫與此微異愛讀為薆說文竹部云薆蔽不見也詩靜女云愛而不見方言六郭注引作薆而不見薆即薆之誤是薆古通作愛也廣雅釋詁二云蔽鄣(障)也則愛身猶云障身矣漢書雋不疑傳云劍者君子武備所以衛身義與此同音義云狴邊衣切犴音岸獄也太玄曰蹛于狴獄家語曰獄犴不治按如音義說則與上句義不相屬宋吴司馬並依音義說解之轉輾難通殊非也今按墨子修身篇云批扞之聲無

疑狴犴乃批扞之誤

出之口文易林睽之賁云抳捍之言我心不快疑狴犴即抳
犴之假廣雅釋詁三云抳擊也漢書董仲舒傳顏注云扞距
也是抳扞者一擊一距取相反為義以狀格鬭之皃[illegible]
易林二書知古有是語此蒙上銁可以衛身而言又義意正
相睽屬又當為有隸書有作多與多形相近而誤禮記曲禮
云使人以有禮是此文所出抳扞使人有禮者言衛身之道
惟有禮可以致之矣擊銁者專取械刺為能正與禮教相反
也云銁可衛身則是械刺之術能使人有禮矣明不足以愛
身適足以自害也此又因論賦而設譬以明之銁可以愛身
而賦可以諷之喻狴犴使人有禮而勸而不止之喻鮮此者
泥狴犴二字之形不知聲假之例宜其紆回而不可曉矣

或問景差唐勒宋玉枚乘之賦也益乎曰必也淫

音義云景差初佳切舊本作景瑳據史記屈原傳索隱引法言作景瑳漢書人表每有唐勒景瑳亦从玉今本法言作差者轉寫所改定書亦多作景差屈原傳云楚有宋玉唐勒景差之徒者皆好辭而以賦見稱楚詞大招序云大招者屈原之所作也或曰景差疑不能明也藝文志有唐勒賦四篇元注云楚人又宋玉賦十七篇元注云楚人與唐勒並時在屈原後也又枚乘傳云枚乘字叔淮陰人也為吳王濞郎中漢既平七國景帝召拜乘為弘農都尉以病去官復游梁梁客皆善屬辭賦乘尤高志有枚乘賦九篇周禮宮正職鄭注云淫放濫也必也淫義不可通法言擬論語論語必也字凡五見

八佾篇云君子無所爭必也射乎雍也篇云何事於仁必也聖乎述而篇云必也臨事而懼好謀而成者也顏淵篇云聽訟吾猶人也必也使無訟乎子路篇云必也正名乎諸言必也者並猶其惟之意今依此解之則必也淫三字與前後文義不相反乎竊意元文當作淫白必也則言景差諸家之賦不免於淫淫故無益賦之益者其惟則乎故後文直云淫則奈何淫則二字平列為義則非語詞而麗以則之則謂淫則之則若何正蒙此文而言若如今本則後文則字上無所承不可解矣相各本並已脫誤無可校正姑存此說以俟達者

淫則奈何曰詩人之賦麗以則辭人之賦麗以淫

爾雅釋詁云則法也藝文志顏注云辭人謂後代之為文辭

御覽五百八十七引如作若門下有而又無也矣字

如孔氏之門用賦也則賈誼升堂相如入室矣如其不用何

志引作孔子之門人按志有人字非也詳王氏念孫漢書雜志又升堂志引作登堂按登正字升通用字賈誼見史記列傳二十四相如見列傳五十七志有賈誼賦七篇相如賦二十九篇按今賈賦之存者弔屈原賦服鳥賦見本傳旱雲賦簴賦見古文苑又惜誓賦汪氏中賈誼新書序亦謂為誼作考楚詞惜誓序云惜誓不知誰所作也或曰賈誼疑不能明也則叔師時已不能定此篇為誰作今按其篇首云惜余年老而日衰兮歲忽忽而不反本傳云賈生卒時年三十三不得自稱為老知此篇非出長沙矣歎云言孔子之門既不用賦不可如何謂賈誼相如無所施也

文選贈白馬王詩云蒼蠅間白黑讒巧令親疏

或問蒼蠅紅紫曰明視

李云蒼蠅間于白黑紅紫似朱而非朱也俞云蒼蠅當以聲言此乃與紅紫並以色言義似可疑李注曰蒼蠅間於白黑夫蒼則何間於白黑之有疑揚子原文本作蒼駹駹與蒼皆色也周易說卦傳云震為龍虞翻本龍作駹云駹蒼色字亦通作尨文選思元賦尉尨眉而郎潛李善注云尨蒼也是蒼駹義同故得連文按俞說殊繆詩青蠅鄭箋云蠅之為蟲汙白使黑汙黑使白漢書蒯通等傳贊顏注云蠅之為蟲汙白黑易林革之解云青蠅汙白論衡累害篇云青蠅所汙常在練素是青蠅能亂白黑古有是說蒼蠅即青蠅廣雅釋蟲云蒼青也自陸佃埤雅釋蟲誤分青蠅蒼蠅為二種謂青蠅善

亂色蒼蠅善亂聲故詩以青蠅刺讒而雞鳴曰匪雞則鳴蒼蠅之聲也俞云蒼蠅當以聲言其說本此若然則雞鳴云匪東方則明月出之光將得曰月善亂光乎不達故訓好為新説此宋人通病不謂俞君亦沿其謬說文糸部云紅帛赤白色也紫帛青赤色也段氏玉裁注云青當作黑論語鄉黨篇紅紫不以為褻服皇疏云侃按五方正色青赤白黑黃五方間色綠為青之間紅為赤之間碧為白之間紫為黑之間緇為黃之間也故不用紅紫以其是間色也又引穎子嚴云南方火火色赤火剋金金色白以赤加白故為紅紅為南方間也北方水水色黑水剋火火色赤以黑加赤故為紫紫為北方間也是蒼蠅紅紫皆能淆亂正色為姦邪之比故古人惡

之論語季氏篇云視思明聽思聰
問鄭衛之似曰聰聽
禮記樂記云鄭聲好濫淫志衛音趨速數煩志鄭注云濫〻
竊姦聲也趨數讀爲促速聲之誤也孟子盡心篇云孔子曰
惡似而非者惡鄭聲爲其亂雅樂也
或曰朱曠不世如之何
莊子駢拇釋文引司馬注云離朱黃帝時人百步見秋豪之
末一云見千里針鋒孟子作離婁師曠晉賢大夫也善音律
能致鬼神史記云冀州南和人生而無目按孟子離婁篇趙
注云離婁古之明目者黃帝時人黃帝亡其玄珠使離朱
索之離朱即離婁也師曠晉平公之樂太師也其聽至聰焦

疏云朱之爲婁猶邾人呼邾聲曰婁也襄十八年左傳云晉人聞有楚師師曠曰不害吾驟歌北風又歌南風南風不競多死聲楚必無功又齊師夜遁師曠告晉侯曰鳥鳥之聲樂齊師其遁呂覽長見篇云晉平公鑄大鐘使工聽之皆以爲調矣師曠曰不調請更鑄之皆其聽至聰之事也史記周本紀集解引唐固云父子相繼曰世

曰弃精之而已矣

學行篇云思以精之

或問交五聲十二律也或雅或鄭何也

李云交猶和也五聲宮商角徵羽也十二律十二月之律呂也按李以交爲和非也司馬云交俱也詩之漢書律曆志云

聲者宮商角徵羽也商之為言章也物成熟可章度也角觸
也物觸地而出戴芒角也宮中也居中央暢四方唱始生施
生為四聲綱也徵祉也物盛大而繁祉也羽宇也物聚臧宇
覆之也律有十二陽六為律陰六為呂律以統氣類物一曰
黃鍾二曰太蔟三曰姑洗四曰蕤賓五曰夷則六曰無射呂
以旅陽宣氣一曰林鍾二曰南呂三曰應鍾四曰大呂五曰夾
鍾六曰仲呂五聲亦謂之七音國語賈注云周有七音謂七
律謂七器音也黃鍾為宮太蔟為商姑洗為角林鍾為徵南
呂為羽應鍾為變宮蕤賓為變徵按書皋陶謨在治忽律曆
志引作七始咏書大傳云七始天統也鄭注云七始黃鍾林
鍾太蔟南呂姑洗應鍾蕤賓也名與賈注七音合是今文

左傳昭公廿年疏引

書說舜時已有七音不始於周然變宮變徵不外五聲言五即已賅七矣六呂亦謂之六同周禮典同職云掌六律六同之和鄭注云律述氣者也同助宣陽氣與之同亦謂之六閒國語周語云為之六閒韋注云六閒六呂在陽律之閒總謂之律凡傳記言十二律者皆并呂數之對文律呂異散文通也雅者白虎通禮樂篇云樂尚雅何雅者古正也所以遠鄭聲也後漢書陳禪傳云陳忠曰古者合樂之樂舞於堂四夷之樂舞於門詩曰以雅以南馬氏瑞辰詩傳箋通釋二十一云周禮大胥以六樂之會正舞位鄭注云大同六樂之節奏正其位使相應也言為大合樂之實疏六樂者即六代之樂是知月令季春大合樂與陳忠所云合樂皆謂六代之樂即

詩所謂雅也鄭者白虎通禮樂篇云孔子曰鄭聲淫何鄭國

土地民人山居谷浴男女錯雜爲鄭聲以相誘悅懌故邪僻

聲皆淫色之聲也按此今文論語說樂記孔疏引異義云今

論語說鄭國之爲俗有溱洧之水男女聚會謳歌相感故云

鄭聲淫左氏說煩手淫聲謂之鄭聲者言煩手躑躅之音使

淫過矣是古文說讀鄭爲躑不云國名許君謹案云鄭詩二

十一篇說婦人者十九故鄭聲淫也則許君亦以今論說爲

長此文先云閒鄭衛之似後云或雅或鄭（後云雅非鄭衛不能入也）則鄭是國名用今

論說[illegible]

[illegible]

曰中正則雅多哇則鄭

文選養生論李注引法言哇則鄭又引李軌曰哇邪也

國語周語云古之神瞽考中聲而量之以制度律均鐘百官
軌儀禮記樂記云正聲感人而順氣應之順氣成象而和樂
興焉此中正之義也王氏念孫讀書志餘云引之曰多讀為（音義云多哇烏瓜切）
哆哆邪也下文云述正道而稍邪哆者有矣未有述邪哆而稍
正也哆與多古字通孟子梁惠王篇云放僻邪侈字亦與哆
同多哇皆邪也中亦正也正則雅邪則鄭多哇與中正相反
也按左傳哀公篇魏曼多史記晉魏世家作魏侈趙世家作
魏哆是二字古通用[redacted]王讀多為哆而訓以邪[redacted]哆無
邪訓
說文辵部云迆衺行也引伸之得為凡衺之稱[redacted]
又口部云哇諂聲也廣雅釋詁二云哇衺也亦哉段迆為之

法言疏證　卷之二

今本無此注

漢書王莽傳贊云紫色鼃聲應劭注云鼃邪音也

請問本曰黄鍾以生之中正以平之確乎鄭衛不能入也

集注本作黄鍾按鍾正字鐘通用字律曆志云五聲之本生於黄鐘之律九寸為宫或損或益以定商角徵羽九六相生陰陽之義也黄鐘黄者中之色君之服也鐘者種也天之中數五五為聲〻上宫五聲莫大焉地之中數六六為律律有形有色色上黄五色莫盛焉故陽氣施種於黄泉孳萌萬物為六氣元也呂覽音律篇云黄鐘生林鐘林鐘生太蔟太蔟生南呂南呂生姑洗姑洗生應鐘應鐘生蕤賓蕤賓生大呂大呂生夷則夷則生夾鐘夾鐘生無射無射生仲呂三分所生益之一分以上生三分所生去其一分以下生是黄鐘

以生之之義也乎與生為均確乎（音義出）𢒎本作榷非按說文無確土部云塙堅不可入拔也即確字易文言云確乎其不可拔釋文出確引鄭注云堅高之貌

或曰女有色書亦有色乎

詩關雎序孔疏云女有美色男子悅之故經傳之文通謂女人為色

曰有女惡華丹之乱窈窕也書惡淫辭之淈法度也

音義云惡烏路切文選洛神賦鉛華弗御李注云鉛華粉也釋名釋首飾云脣朱以丹作之象脣赤也方言二云美狀為窕美心為窈按窈窕疊均連語文選秋胡詩注引韓詩章句云窈窕貞專貌是也漢書杜欽傳云禮壹娶九女求窈窕不

聞華色孟子公孫丑篇云淫辭知其所陷音義云淈古忽切
說文水部云淈濁也经典或作汩漢書五行志引洪範汩陳
其五行應劭注云汩亂也

或問屈原智乎

音義云屈原九勿切史記屈原傳云屈原者名平楚之同姓
也為楚懷王左徒上官大夫與之同列爭寵而心害其能因
讒之王怒而疏屈平頃襄王立子蘭為令尹卒使上官大夫
短屈原於頃襄王怒而遷之遂自投汨羅以死

曰如玉如瑩爰變丹青 音義云如瑩烏定切又音榮石次玉者一曰玉色逸
論語曰如玉之瑩按
說文玉部云瑩玉色也引逸論語曰如玉之瑩按如玉如瑩
即如玉之瑩也定海師经说畧云詩匪紹匪游毛傳云不敢

繼以敖游按詩人作歌多助語以成句每無意義可求如剝菹非平列字曰是剝是菹是剝以爲菹也始謀非平列字曰爰始爰謀于是始其謀也宣畝非平列字曰廼宣廼畝乃宣其畝也此曰匪紹匪游亦非平列字毛傳最合古訓孔疏謂各言匪每一義則剝菹宣畝等亦可平分爲二義乎是知此如玉如瑩亦非平列字也爰當爲奚形近而誤詩曰月爰其適歸家語辯政篇華陽國志李志並引作奚其適歸胡氏承珙詩後箋謂本三家詩是也奚誤爰之證奚變丹青言久而不變也後文君子篇云或問聖人之言炳若丹青有諸曰吁是何言與丹青初則炳久則渝彼言渝此言變同詁玉色久而不變丹青則否故云如玉如瑩奚變丹青屈原傳云濯淖

初學記二十一引此書文及李注與今各本同

汙泥之中蟬蛻於濁穢以浮游塵埃之外不獲世之滋垢皭然泥而不滓者也推此志也雖與日月爭光可也史言泥而不滓即如玉如瑩之義俞氏平議據龔鼎臣東原錄云唐人類書引法言作如玉加瑩爰見丹青謂當以訂今本之誤華嚴經音義引蒼頡篇云瑩治也爾雅釋鳥釋文云瑩磨瑩治也

如玉加瑩爰見丹青言屈原之放逐猶玉加磨瑩而成文采也按如玉如瑩用逸論語文許君取證玉色之義則不當訓瑩為治可知又音義出如瑩亦不言舊本作加是龔氏所見唐人類書已誤不足據俞君從成其義未為得也

如玉如瑩其智如其智

如玉如瑩爰變丹青者美其節也然而未將足以為智也此

十一行二十五字

錄

舍弟東寶云

中罹案變辨別古字通用說文刀部辨判也辦分也此變宜借為辨言屈原貞潔如玉之瑩爰與丹青之久則渝者有別也改爰為奚恐非是

與論語美管仲之功而不許其仁同義自序云怪屈原文過相如至不容作離騷自投湘江而死悲其文讀之未嘗不流涕也以為君子得時則大行不得時則龍蛇遇不遇命也此不許其智之義

或問君子尚辭乎曰君子事之為尚

問集注本作曰李云貴事實賤虛辭史記自序引孔子曰我欲載之空言不如見之行事之深切著明也

事勝辭則伉辭勝事則賦事辭稱則經

音義云伉口浪切健也何休曰有辭讓伉正者為里正陸德明一音苦杏切按事勝辭不得謂健音義非也當讀為炕說文火部云炕乾也漢書五行志顏注云凡言炕陽者枯涸之

意謂無惠澤於下也事勝辭者詞不宣意有類枯槁故云伉也考工記鄭注云稱猶等也儀禮聘禮記云辭無常孫而說辭多則史辭少則不達辭苟足以達義之至也影宋本事辭稱上衍事字今據各本改

足言足容德之藻矣

李云足言夸毗之辭足容戚施之貌言皆藻飾之僞非篤實之真音義云足言將住切又如字下同按此論語公冶長篇釋文彼僞孔注云足恭便辟貌又李注所本實則此足言足容與足恭異義李注及音義皆一音均非也俞云容猶用也釋名釋姿容云容用也字亦通作庸莊子胠篋篇容成氏六韜大明篇作庸成氏庸亦用也足言足容謂既以言之又足

以用之斯其言非空言乃德之藻飾也此說至為允洽脩篇（旁注：其言足用即辭事稱之意）

吾未見好斧藻其德若斧藻其楶者也明德藻非脫詞荀子

大略篇云口能言之身能行之國寶也~~即其言足寶之~~義同此矣

或問公孫龍詭辭數萬以為法法典

漢書藝文志有公孫龍子十四篇入名家元注云趙人又毛

公九篇元注云與公孫龍並游平原君趙勝家史記孟荀列

傳云趙有公孫龍為堅白同異之辯索隱云即仲尼弟子按

弟子傳公孫龍字子石少孔子五十三歲集解引鄭玄云楚

人日知錄二十六云漢書注公孫龍趙人為堅白異同之說

與平原君同時去夫子近二百年非也榮按此蓋異人而同

名仲尼弟子之公孫龍楚人字子石堅白異同之公孫龍趙

人字子秉見列子仲尼篇殷敬順釋文是不但年代相隔其地甚字亦判然殊異否則豈有孔門弟子親聞詩書執禮之教者而倡為異端之學乎硯君不辯索隱之誤反疑子石非孔子弟子而其迹也　音義云詭辭九委切說文心部云恑變也引伸為變詐經典通作詭穀梁傳文公六傳云詭辭而出

曰斷木為棊梡革為鞠亦皆有法焉

音義云斷木都管切說文木部云棊簙棊竹部云簙局戲也六箸十二棊也古者烏曹作簙方言五云簙或謂之棊楚辭招魂云有六簙些王注云以菎蕗作箸菎蕗者箘簬之異文竹部云箘箘簬竹也一曰簙棊也文選博弈論云枯棊三百木部云枯木名也引夏書曰惟箘輅枯則枯棊者以枯木為棊也書

與箘簵並舉其質或相似故古皆斷以爲棊此斷木爲棊之說也亦有用石爲之者山海經中山經云休與之山其上有石焉名曰帝臺之棊是也博弈論云是何異設木而擊之置石而投之哉亦木石並舉故曉字棊或从石音義云梡革音緩又音款斷木也按讀爲刓說文刀部云刓摶也手部云摶圜也字亦作梡淮南俶真訓云嫥梡剛柔嫥梡即摶刓高注云和調也此文元作梡革爲鞠傳寫誤從木司馬云梡蓋本作梡是其明證革部云鞹皮治去其毛曰革又云鞠蹋鞠也字亦作鞻藝文志有蹴鞠二十五篇入兵家顏注云鞠以韋爲之按後漢書鄭崇傳李注云孰曰韋生曰革摶鞠令圜實以[illegible]之梡革者韋革散文亦通今泰西歐羅巴洲

孫氏詒讓札迻卷八云梡乃垸之借字垸革言以革爲圜丸也考工記冶氏重三垸注鄭司農云垸量名讀爲丸列子黃帝篇纍垸二而不墜莊子達生篇垸作丸此垸亦謂丸也

人有此戲以熟皮為之中實空氣亦古鞠之遺製亦皆有法

者御覽七百五十三引桓譚新論云俗有圍碁之戲或言是

兵法之類及為之上者遠碁疏張置以會圍（東觀博弈論　弈旨作張置，原稿塗去）

遮因而伐之成多得道之勝中者則務相絶遮要以爭便求

利故勝負狐疑須計數而定下者則守邊隅趨作罫目自生

於小地史記蘇秦傳集解引別錄云蹴鞠者傳言黃帝所作

或曰起戰國之時蹋鞠兵勢也所以練武士知有材也皆因

嬉戲而講練之是也

不合乎先王之法者君子不法也

荀子敘錄云趙有公孫龍為堅白同異之辭然非先王之法

也皆不循孔氏之術

觀書者譬諸觀山及水升東嶽而知衆山之峛崺也況介邱乎浮滄海而知江河之惡沱也況枯澤乎

嶽影宋本作岳依各本改學行篇山有嶽可證爾雅釋山云泰山為東嶽文選[音義去]甘峛崺上力紙切下移爾切文選甘泉賦登降峛崺李注云邪道也字林云峛崺沙邱也說文無峛崺字爾雅釋邱云邐迆沙邱郭注云旁行連延是峛崺即邐迆之異文[司馬未宋吳本峛崺作邐迆按]文選吳季重荅東阿王書云夫登東嶽者然後知衆山之邐迆也李注引此作邐迆是唐人所据[宋吳本與司]法言正作邐迆蓋舊本也說文辵部云邐行邐邐也迆邪行也釋邱釋文引作迤宋云介小也按周禮司市職鄭注云介次市亭之屬別小者也是介有小義俞云廣雅釋詁云介獨也此介字當訓

十四

御覽六百十三引鄒子曰：夫觀書者譬猶升東嶽而知衆山之峛崺也，浮滄海而知江河之不廣也。語本此文。

獨與衆山相對成義亦通。又按釋邱云：如畝，畝邱。郭注云：丘有壟界如田畝。是畝邱亦可謂之界邱。界介古字通也。音義云：惡沱，上哀都切，下徒何切。文選答賓戲：振拔洿塗。注引說文云：洿，濁水不流也。塗，泥也。按說文無塗，崇賢所引出大徐新附。惡沱即洿塗，疊韵連語，以聲爲主，無定字也。周禮司書職鄭注云：山林川澤童枯則不稅。孔疏云：川澤無水曰枯。荀子致士篇云：淵涸則龍魚去之。按本字當作涸。說文水部云：涸，渴也。周禮草人職鄭注云：渴澤，故水處也。枯涸並从古聲，故得通用。

捨舟航而濟乎瀆者，末矣；捨五經而濟乎道者，末矣。

捨，影宋本作舍，依集注本改。學行篇：良捨其策，不捨晝夜可。

證方言九云舟自關而東或謂之舟或謂之航說文作斻方部云斻方舟也淮南脩務訓云欲棄學而循性是謂猶釋船而欲蹙水也李云未無

弃常珍而嗜乎異饌者惡覩其識味也委大聖而好乎諸子者惡覩其識道也

弃集注本作棄說文華部云弃古文棄段注云棄中體似世唐人諱世故兩成石經及凡碑版皆作弃周禮膳夫職云珍用八物鄭注云珍謂淳熬淳母炮豚炮牂擣珍漬熬肝膋也音義云惡覩音惡烏下同廣雅釋詁一云委棄也音義云好乎呼報切下好書好說同藝文志云諸子十家其可觀者九家而已皆起於王道既微諸侯力政時君世主好惡殊方是

以九家之說蠭起並作各引其一端崇其所善以此馳說取合諸侯按諸子十家者一儒二墨道三陰陽四法五名六墨七從橫八雜九農十小說也小說不足數故可觀者九家而已君子篇云或曰子小諸子孟子非諸子乎曰諸子者以其知異於孔子也孟子異乎不異然則諸子非盡不可好惟嘗捨其異於孔子者耳

山𡾰之蹊不可勝由矣向牆之戶不可勝入矣

𡾰御覽一百八十四引作徑

音義云山𡾰戶經切又口耕切（陘山中絶也按）孟子曰山徑之蹊（宋云𡾰宜）按讀為陘說文𨸏部云陘山絶坎也爾雅釋山云山絶陘郭注云連山中斷絶按謂兩山間之阬道也釋名釋道云步所用道曰蹊孟子盡心篇山徑之蹊徑亦陘之段說文彳部云徑步道也

是蹊徑同誼不得云山徑之蹊彼趙注云山之領有微蹊則讀徑為頸也辵部云邋行邋徑也引伸為行經之稱經典通作由許不錄由字論語陽貨篇云人而不為周南召南其猶正牆面而立也與馬融注云如向牆而立也按戶所以通出入向牆之戶謂不可通也

曰惡由入曰孔氏孔氏者戶也

戶者自堂入室之戶也古者宮室之制前堂而後室室南有壁於其東為之戶於其西為之牖禮記禮器云未有入室而不由戶者謂自堂至室也論語雍也篇云誰能出不由戶謂自室至堂也此文以室喻道故以孔氏為戶孔氏者牖東入室之戶非諸子向牆之戶也

曰子户乎曰户哉户哉吾獨有不户者矣

子户乎（者）蒙上而言〻謂子以孔（氏）為户乎經傳釋詞云獨猶當

也豈也矣猶乎也

或欲學蒼頡史篇

音義云蒼頡胡結切蓺文志有蒼頡一篇元注云上七章秦
丞相李斯作爰歷六章車府令趙高作博學七章太史令胡
毋敬作 文序云漢興閭里書師合蒼頡爰歷博學三篇斷六
十字以為一章凡五十五章并為蒼頡篇蒼頡多古字俗師
失其讀宣帝時徵齊人能正讀者張敞從受之披蒼頡爰歷
博學皆取篇首二字為名急就篇云急就奇觚與衆異其例
可證又史籀十五篇元注云周宣王太史所作王莽傳云史

户哉户哉御覽一百八十
引作我户哉

篇文字孟康注云史籀所作十五篇是史籀得者循史篇也說文𦣝部云𦣞史篇名醜女部云姚史篇以爲姚易也缶部云匋史篇讀與缶同又許君自序云宣王大史籀著大篆十五篇段注云大篆十五篇亦曰史籀篇亦曰史籀篇是也漢書楊君傳贊云史篇莫善於蒼頡彼史篇是小學家之通號古者史官主文字故小學家書總謂史篇而大篆十五篇又史篇之祖故得專蒙此名也此文以蒼頡史篇對舉明專指大篆十五篇而言與傳贊異義後文史乎史乎則蒼頡史篇而言楊君深於小學志有訓纂一篇故時人有欲就學者

曰史乎史乎愈於妄闕也

說文疒部云瘉病瘳也引伸爲彼善於此之義經典相承作

愈妄闌疊字為義闌亦妄也素問五常政大論王注云妄謬也左傳昭襄公篇杜注云闌過也孔疏云謂過失也孟子公孫丑篇趙注國策秦策高注並云過謬也是妄闌皆訓謬說文序云諸生競說字解經誼稱秦之隸書謂倉頡時書云父子相傳何得改易乃猥曰馬頭人為長人持十為斗虫者屈中也廷尉說律至以字斷法苛人受錢苛之字止句也若此者甚衆皆不合孔氏古文謬於史籀此妄闌之事

或曰有人焉自云姓孔而字仲尼入其門升其堂伏其几襲其裳則可謂仲尼乎

自云之自影宋本作曰秦校云曰當作自按各本作自而奪云今訂正國語晉語韋注云伏隱也說文几部云几居几也孟

子公孫丑篇云隱几而卧趙注云隱也倚其几衣部云襲重衣也经典通用襲按此刺新室之詞也漢書王莽傳云始建國元年莽曰王氏虞帝之後也出自帝嚳文云姚嬀陳田王氏凡五姓者皆黄虞苗裔予之同族也正自云姓孔字仲尼之類其依仿典誥空言古文是入門升堂伏几襲裳之類也

曰其文是也其質非也

莽傳贊云莽既不仁而有邪佞之材誦六藝以文姦言

敢問質曰羊質而虎皮見草而說見豺而戰忘其皮之虎矣

見草而說音義云音悅天復本作見羊而悅按天復本非也文選魏文帝與吳質書云以犬羊之質服虎豹之文陳孔璋檄豫州云被以虎文李注并引此文皆作見草是唐人所據

御覽七百六十七又九百二引亦作見草

選注引一作悅一作說御覽引並作悅

御覽引同

法言與今各本同惟一引作悅一引作說則傳寫之參差耳淮南子墬形訓云食草者善走而愚高注云麋鹿之屬又云食肉者勇敢而悍注云虎豹鷹鸇之屬禮記月令鄭注云養牛羊曰芻孟子告子篇趙注云草食曰芻是虎者肉食之屬羊者草食之屬虎皮而羊質則其性未改故見草而說說悅古字通改為見羊失其義矣蒼頡訓詁云豺似狗白色爪牙迅快善搏噬也戰讀為顫說文頁部云顫頭不正也按驚懼振首之貌淮南子說山訓云故寒顫者懼亦顫經典多叚作戰爾雅釋詁云戰懼也忘其皮之虎矣集注本矣作也

聖人虎別其文炳也

自此四句易革象文彼今易作大人虎變按變別古字通周

禮士師職云正之以傅別約劑鄭注云故書別為辯易坤文言云由辯之不早辯也釋文出辯引司馬云別也荀作變潛夫論引易亦作變孟子告子篇云萬鍾則不辯禮義而受之音義出辯引丁本作變云於義當為辯辯別也是三字古書通用之證 音義云虎別彼列切下同易集解引虞翻云乾為大人謂五也蒙坤為虎變傳論湯武以坤臣為君惠氏棟易述云變謂毛希革而易新

君子豹別其文蔚也

說文豸部云豹似虎圜文虞翻云蔚蔑也說文艸部云蔑草多貌集解又引干寶曰云君子大賢次聖之人謂若太公周召之徒也豹虎之屬蔚炳之次也按說文文部引易作其文

貍御覽引作狸

斐也此古文別本

辯人貍别其文萃也

荀子非相篇云故君子必辯楊注云辯謂能談說也新書道術篇云論物明辯謂之辯是辯人又君子之次也方言八云貔関西謂之狸說文豸部云貍伏獸似貙又云貔豹屬是許君分貔貍為二按儀禮大射禮鄭注云貍之言不來也史記封禪書云貍首者諸侯之不來者集解引徐廣云貍一名不來是貍名■貍者取不來為義貔貍皆不來之合音故亦謂之貔貍方言云江淮之間謂之貍北燕朝鮮之間謂之貔是也貔貍貍貍聲之轉急言之則曰貔曰貍舒言之則曰貍曰貔貍之與貍蓋一物而二名惟其種類各別故或云

似貙武云豹屬本草集解云貍有數種大小如狐毛雜黃黑有斑如貓而圓頭大尾者為貓貍有斑如貙虎而尖頭方口者為虎貍似虎貍而尾有黑白錢文相間者為九節貍有文如豹而作麝香氣者為香貍然則許云貍伏獸似貙者即虎貍云貔豹屬者即九節貍香貍之類貍為貔之大名貔是貍之別種揚許二君之說宜可通也此以貍別次豹別之後明當為豹屬之貔而非似貙之貍矣豹似虎故後文云豹變則虎貔豹屬故云貍變則豹皆取其近似者也說文茻部云茻艸貌按蔬為艸多貌茻為艸貌故以茻次蔚也

貍變則豹豹變則虎

此釋貍別豹別之義也楊君所據易字蓋作別故上文引易

御覽六百八引作好書不能要諸仲尼

之詞既依經作別而辯人貍別文爲擬易之語故亦改從經文使相一例至此解說其義乃始破別爲變以故訓字代之明此之變即上文之變也舊注悉非楊意

好書而不要諸仲尼書肆也好說而不要諸仲尼說鈴也

音義云不要一遙切說文長部云肆極陳也段爲市肆市陳肆百物以待賈故即謂之肆吾篇云一閧之市不勝異意焉金部云鈴令丁也按鐸下云大鈴也是大者爲鐸小者爲鈴吾篇云仲尼駕說者也如將復駕其所說則莫如使諸儒金口而木舌金口木舌鐸也正此文之對集注本下字作見誤

君子言也無擇聽也無淫擇則亂淫則辟

擇讀爲斁說文攴部云斁敗也經典通用斁書呂刑云罔有

擇言在躬孝經卿大夫章云口無擇言荀子宥坐篇云行辟

而堅楊注云讀曰僻詩板釋文云僻邪也

述正道而稍邪哆者有矣未有述邪哆而稍正也

說文衣部云衺褢也經傳通作邪同音義云哆昌者切又尺

氏切按音義兩音皆非也邪哆疊字為義哆亦邪也當讀為

迆說文辵部云迆衺行也孟子梁惠王篇放辟邪侈侈亦

迆之段彼音義云丁作移按考工記云既建而迆先鄭注云

迆讀為倚移從風之移此侈迆相通之證多哆侈移迆五字

古書多互相段借稍正音義云天復本作稍正道

孔子之道其較且易也

音義云其較音角且易以豉切下並同按說文有較無較此

當讀爲皎白部云皎月之白也引伸爲凡明白之義廣雅釋
詁四云皎明也是皎之段鄭君易贊云易之爲言也一言而
函三義簡易一也變易二也不易三也按此讀爲簡易易也
邪古字通
或曰童而習之白紛如也何其較且易
文選養生論云從衰得白從白得老則白者衰老之閒也荀
子解蔽篇楊注云紛紛雜亂貌凡經傳之白如也紛者皆與
垂十形況義事十形況無正䟴也史記自序引司馬談云六家
要指曰夫儒者以六藝爲法六藝經傳以千萬數累世不能
通其學當年不能究其禮故曰博而寡要勞而少功
曰謂其不姦姦不詐詐也

論語憲問篇云不逆詐不億不信皇疏云逆者迎也君子含弘接納不得逆欺物以詐餙也億億必也事必須論不得億必懸期人之不信大戴禮曾子立事篇云君子不先人以惡不疑人以不信荀子非相篇云聖人者以己度者也故以人度人以情度情以類度類以說度功古今一度也類不悖雖久同理故鄉乎邪曲而不迷觀於雜物而不惑以此度之按即忠恕一貫之義戴氏望論語里仁篇注云以仁治人忠恕之至忠者設中於心恕者如心所欲以施於人此不姦姦不詐詐之說所以為較易也

如姦姦而詐詐雖有耳目焉得而正諸

姦詐之狀無窮己不立誠而欲窮治他人之姦詐不可得也

按此章明孔子之道貴一以貫之不貴多學而識

多聞則守之以約多見則守之以卓

淮南子主術訓云所守甚約高注云約要也少也卓讀若禪（卓讀爲禪）

說文䄠部云禪特止也儀禮士昏禮鄭注云特猶一也然則

守之以卓謂守之以一也卓約均語亦互文

寡聞則無約也寡見則無卓也

孟子離婁篇云博學而詳說之將以反說約也趙注云廣學

悉其微言而說之者將以約說其要是意不盡知則不能要

言之也中鑒時事篇云道雖要也非博無以通矣按趙荀二

君說並與此文同義

綠衣三百色如之何矣紵絮三千寒如之何矣

四易　御覽四百三引無易字

詩綠衣毛傳云綠間色鄭箋破綠爲禒云禒衣自有禮制按
易林觀之益云黃裏綠衣君服不宜淮南覽冥訓高注云
逯讀詩綠衣之綠此云色如之何亦讀綠如字本書多今
文說據此知綠衣之訓三家與毛傳合鄭君破字非師說矣
說文糸部云紵檾屬細者爲絟粗者爲紵又云繁散緐詩也
風禮疏云絺麻不足以禦寒三千三千言其多李云絺衣雖
有三百領雜色不可入宗廟絺紵繁雖有三千紙單薄不可以
禦冬寒文賦雜子不可以經聖典

君子之道有四易簡而易用也要而易守也炳而易見也法而易
言也

此破六家要指之說易繫辭云易簡而天下之理得矣

震風陵雨然後知夏屋之爲帡幪也虐政虐世然後知聖人之爲郛郭也

穀梁傳隱公篇云震雷也論語鄉黨篇云迅雷風烈集解引鄭注云風疾雷爲烈按鄭讀迅雷風迅故皇疏云風而雷疾急名爲烈也是疾雷而風謂之烈則此云震風者猶言烈風矣陵讀爲淩說文夊部云淩夊出也雨謂雹也雨部云雹雨冰也集注本正作凌詩權輿云夏屋渠渠孔疏云崔駰七依說宮室之美云夏屋渠渠王肅云屋則立之於先君食則受之於今君故居大屋而食無餘陳氏奐毛詩遺說考六云王逸楚辭九章注夏大殿也詩云於我乎夏屋渠渠扶魂章句云夏大屋也引詩同淮南本經訓注夏屋大屋也說本此

〔朱批：陸士衡贈顧彥先詩振風薄綺疏李注引鄭玄禮記注曰振動也凡以動物者謂之振青義並同陵雨集注本作凌〕

〔朱批：五字通用李云陵暴凌廣雅釋言云凌暴也〕

〔朱批：夏屋御覽四百一引作廈屋〕

紅師合知魯詩之說也音義云帡幪李善曰帡莫經切幪
莫公切覆也帡又并又音萍按說文广部云屏蔽也巾部云
幪蓋衣也帡幪皆俗字虍部云虐殘也从虍足反爪人也經
典相承省人作虐邑部云郭郭也按郭郭之郭依許當作
𩫏𩫏部云𩫏度也民所度居也从回象城𩫏之重兩亭相
對也經典段郭為之隸體變作郭

古者楊墨塞路孟子辭而闢之廓如也

列子楊朱篇具載楊朱之說大旨近老蓋道家之流彼釋文
云楊朱或云字子居戰國時人後於墨子藝文志墨子七十
一篇元注云名翟為宋大夫在孔子後序云墨家者流蓋出
清廟之守茅屋采椽是以貴儉養三老五更是以兼愛選士

大射是以上賢宗祀嚴父是以右鬼順四時而行是以非命以孝視天下是以上同此其所長也及蔽者為之見儉之利因以非禮推兼愛之意而不知別親踈按今存五十三篇辭讀本字說文辛部云辭訟也史記呂后紀云未敢訟言誅之集解引韋昭云訟猶公也按訟之本義為爭引伸為公然倡唱議之意故云訟言此文辭而闢之正謂訟言闢之也孟子滕文公篇云聖王不作諸侯放恣處士橫議楊朱墨翟之言盈天下天下之言不歸楊則歸墨吾為此懼閑先聖之道距楊墨放淫辭邪說者不得作論衡對作篇云楊墨之道不亂傳義則孟子之傳不造牟融理惑論云楊墨塞羣儒之路車不得前人不得步孟子闢之乃知所從陸倕荅法雲書云昔者

異學爭塗孟子抗周孔之法於是楊墨之黨者舉口張皆孟

子闢楊墨之事文選海賦廓如靈變李注云廓猶開也言廓

然闢開

後之塞路者有矣竊自比於孟子

自敘云雄見諸子各以其知舛馳大氐詆訾聖人即為怪迂

析辯詭辭以撓世事雖小辯終破大道而或惑衆此後之塞

路之事論語述而篇云竊比於我老彭

或曰人各是其所是而非其所非將誰使正之曰萬物紛錯則懸

諸天衆言淆亂則折諸聖

説文辵部云逪𨒪也經傳通作交錯糸部云縣繫也説文無

懸殳部云殽相襍逪也藝文志云諸子之言紛然殽亂敘注

云殽襍也說文無淆

或曰恖覩乎聖而折諸曰在則人亡則書其統一也

說文糸部云統紀也

疏二終

法言疏證三　　元和汪榮寶

修身卷第三

集注本作脩下同

法言　楊雄所序

修身以爲弓撟思以爲矢立義以爲的奠而後發發必中矣

說文矢部云撟揉箭箝也的當爲旳日部云旳明也段注云引伸爲射旳經傳多誤作的漢書鼂錯傳顏注云的所射之準臬也周禮司市平肆展成奠賈考工記弓人寒奠體鄭注並云奠讀爲定古音奠定同也音義云撟思斯恣切必中丁仲切

人之性也善惡混修其善則爲善人修其惡則爲惡人

李云混雜荀子以爲人性惡孟子以爲人性善而楊子以爲

人性襍三子取譬雖異然大同儒教立言尋繹厥義每通耳惟聖罔念作狂惟狂克念作聖楊子之言備極兩家反復之喻於是俱暢司馬云孟子以爲人性善其不善者外物誘之也荀子以爲人性惡其善者聖人教之也是皆得其一偏而遺其本實夫性者人之所受於天以生者也善與惡必兼有之猶陰之與陽也是故雖聖人不能無惡雖愚人不能無善其所受多少之間則殊矣善至多而惡至少則爲聖人惡至多而善至少則爲愚人善惡相半則爲中人聖人之惡不能勝其善愚人之善不能勝其惡不勝則從而亡矣故曰惟上智與下愚不移雖然不學則從而立矣善日消而惡日滋學焉則惡日消而善日滋故曰惟聖罔念作狂惟狂克念作聖也曰

聖人無惡則安用學矣曰愚人無善則安用教矣譬之於
田稻粱稂莠相與並生善治田者耨其稂莠而養其稻粱不
善治田者反之善治性者長其善而去其惡不善治性者反
之孟子以為仁義禮智皆出乎性者也是豈可謂之不然乎
然殊不知暴慢貪惑亦出乎性者也是猶稻粱之生於田而
不知稂莠之亦生於田也荀子以為爭奪殘賊之心人所生
而有也不知師法禮義正之則悖亂而不治是豈可謂之不
然乎然殊不知慈愛羞惡之心亦生而有也是猶稂莠之生
於田而不知稻粱之亦生於田也故揚子以人之性善惡混
混者善惡雜處於心之謂也顧人所擇而修之何如耳修其
善則為善人修其惡則為惡人斯理也豈不曉然明白矣哉

如孟子之言所謂長善者也如荀子之言所謂去惡者也楊子則兼之矣韓文公解楊子之言以為始也混而今也善惡亦非知楊子者也[illegible]温公此注反復條暢深得楊君之指

補疏 今按論衡本性篇云周人世碩以為人性有善有惡舉人之善性養而致之則善長惡性養而致之則惡長如此則性各有陰陽善惡在所養焉故世子作養書一篇宓子賤漆雕開公孫尼子之徒亦論情性與世子相出入皆言性有善有惡是善惡混之說實本世碩藝文志世子二十一篇元注云名碩陳人也七十子之弟子則此說出於七十子故宓子賤漆彫開之徒其論性並同知必孔門之緒言也人論性皆兼性情而言之禮記樂記云人生而靜天之性也

感于物而動性之欲也孔疏云自然謂之性貪欲謂之情然則性者情之元始情者性之別見而情生於性則性固有欲矣說文心部云情人之侌气有欲者性人之昜气性善者也此就人性發見之後而分別之以善者歸之性以有欲者歸之情蓋則情賅於性非有二物矣本性篇又云董仲舒作性情之說曰天之大經一陰一陽人之大經一情一性性生于陽情生于陰陰氣鄙陽氣仁曰性善者是見其陽者也曰性惡者是見其陰者也若仲舒之言謂孟子見其陽孫卿見其陰也據是論之則人性備有善惡猶天道備有陰陽董生之說正以為善惡混之確證[illegible]而孟荀皆一偏之論矣

氣也者所以適善惡之馬也與

司馬云夢得曰志〻所生則氣隨言不可不養以適正也采

而之善則為忠為義乘而之惡則為慢為暴

或曰孔子之事多矣不用則亦勤且憂乎

太玄有勤首云衡云勤苦而無功也

曰聖人樂天知命樂天則不勤知命則不憂

音義云樂天音洛易繫辭云樂天知命故不憂

或問銘曰銘哉銘哉有意於□慎也

禮記祭統云銘者自名也自名以稱揚其先祖之美而明著

之後世者也鄭注云銘謂書之刻之以識事者也說文心部

云慎謹也按詩定之方中毛傳作器能銘孔疏云所以因其

器名而書以為戒也戒慎同義

聖人之辭可為也，使人信之所不可為也。是以君子彊學而力行。

音義云天復本作不可為也使人發之按天復本非是聖人之辭可為者謂可依仿而得之使人信之所不可為者有其辭而無其實不能取信也中論貴驗篇引而子曰欲人之信己也則微言而篤行之篤行即彊學力行之義禮記儒行云之儒有夙夜強學以待問力行以待取彊強古字通

珍其貨而後市，修其身而後交，善其謀而後動，成道也。

太玄錯云成者功就不可易也

君子之所慎：言、禮、書。

說文示部云禮履也所以事神致福也聿部云書箸也按箸於竹帛謂之書言以接人禮以事神書以傳後故慎言禮而

世爲天下則慎禮故質諸鬼神而無疑慎言故百世以俟聖

人而不惑

上交不諂下交不驕則可以有爲矣

荀子臣道篇云從命而利君謂之諂新序雜事篇二云居上位而不恤其下驕也易繫辭云君子上交不諂下交不瀆音義云俗本作可以爲友非是按友有古字通論語學而篇有朋釋文云本作友荀子大略篇云友者所以相有也楊注云友與有同義是其證可以有爲之有正當讀爲友爲語助詞說見經傳釋詞可以友爲者言上交而不諂下交而不驕則可以友矣傳寫者不知爲字之義故誤倒耳然正可見法言古本之有或作友矣

御覽風俗通德禮篇引易稱天地交萬物生人道交功勳成兮。易無此語，蓋易緯文

或曰：君子自守，奚其交？

此據獨行之君子自守其身不與世接，以難下以友爲之義。

曰：天地交，萬物生；人道交，功勳成。奚其守？

易泰彖曰：泰小往大來吉亨，則是天地交而萬物通也。乾鑿度上云：孔子曰：泰者，天地交通，陰陽用事，長養萬物也。周禮司勳職云：國功曰功，王功曰勳。易隨初九云：出門交有功。象曰：出門交有功，不失也。

好大而不爲，大不大矣；好高而不爲，高不高矣。

音義云：好大，呼報切，下好高同。此當讀爲句絶。

仰天庭而知天下之居卑也哉！

史記天官書云：三能三衡者，天廷也。廷、庭古字通。晉書天文

志云帝座一星在天市中星天庭也

公儀子董仲舒之才之卲也

史記循吏傳云公儀休者魯博士也以高第為魯相奉法循理無所變更百官自正食祿者不得與下民爭利受大者不得取小客有遺相魚者相不受客曰聞君嗜魚遺君魚何故不受也相曰以嗜魚故不受也今為相能自給魚受魚而免誰復給我魚者吾故不受也食茹而美拔其園葵而棄之見其家織布好而疾出其家婦燔其機云欲令農士工女安所售其貨乎儒林傳云董仲舒廣川人也以治春秋孝景時為博士下帷講誦弟子傳以久次相受業或莫見其面蓋三年董仲舒不觀於舍園其精如此進退容止非禮不行學士皆

學師尊之漢書藝文志儒家有董仲舒百二十三篇邵讀爲
卲說文卩部云卲高也經傳通用邵
使見善不明用心不剛儔克爾
說文刀部云剛強斷也論語公冶長篇云吾未見剛者皇疏
云剛謂無性靈（無）慾者也按見善明者智也用心剛者勇也明
剛均
或問仁義禮智信之用
白虎通情性篇云五性者何謂仁義禮智信也仁者不忍也
施生愛人也義者宜也斷決得中也禮者履也履道成文也
智者知也獨見前聞也不惑於事見微知著也信者誠也專
一不移也

曰仁宅也義路也禮服也知[智]燭也信符也處宅由路正服明燭執符君子不動動斯得也矣

孟子離婁篇云仁人之安宅也義人之正路也禮記中庸鄭注云禮爲謂人所服行也人物志八觀篇云夫智出於明明之於人猶晝之待白日夜之待燭火說文竹部云符信也

有意哉孟子曰夫有意而不至者有矣未有無意而至者也

所引孟子今七篇無是語蓋外篇文孟子題辭云又有外書四篇性善辯文說孝經爲政其文不能宏深不與內篇相似非孟子本真後世依放而託之者也風俗通窮通篇云孟軻作書中外十一篇按七篇爲中四篇爲外故十一篇日知錄十云史記法言鹽鐵論等書所引孟子今孟子書無其文豈

俱所謂外篇者邪

或問治己曰治己以仲尼或曰治己以仲尼仲尼奚寡也曰率馬以驥不亦可乎

治己以仲尼仲尼奚寡也御覽八百九十七引作治己以仲尼奚寡矣下有注云言學孔子道多而成者何少也今本無注

說文辵部云達先導也經傳通用率

或曰田圃田者荒荒之思遠人者心忉忉

音義云田圃田上田音佃下田如字圃音甫荒音亡切荒之音驕詩作驕按集注本圃作甫此據毛詩改之詩甫田云無田甫田維莠驕驕無思遠人勞心忉忉此引詩甫作圃驕作喬者楊君用今文詩也車攻篇東有甫草文選東都賦李注引韓詩作圃草是今文甫作圃之據賈當作無說文林部云無豐也甫圃並聲叚字馬高六尺曰驕木高而曲曰喬二字

古書通用禮記中庸居上不驕釋文出驕云本或作喬可證重言於況毋正字也或引此者欲見志大者功寡以喻治已以仲尼之徒勞也毛傳云甫大也大田過度而無人功終不能獲忉忉憂勞也言無德而求諸侯徒勞其心忉忉耳陳氏喬樅魯詩遺說考五云詩意言為國之道當自近始毋厭小而務大毋忽近而圖遠鄭箋云喻人欲立功致治必勤身修德以成高大法言引此詩為修身之證義亦猶是也按法言引詩自為設難之詞非為修身之證與鄭義不同陳說殊誤

日

日有光月有明三年不目日視必盲三年不目月精必矇

廣雅釋詁云目視也按此以靜字為動字也說文目部云盲

目無牟子也矇不明也音義云必矇音蒙瞽也按夫明盲矇
爲均
熒魂曠枯糟莩曠沈
熒義如內經調經論取血於營（營）之營主注云營主血陰氣也
說文鬼部云魂陽氣也是熒魂爲陰陽之精也音義云熒魂
戶扃切柳云熒明也熒魂司見之用者也按柳說不甚憭曠
讀爲曠說文心部云曠闊也引伸爲久廢之義經傳通用曠
木部云枯槁也李云莩孰也音義云李軌讀糟如字莩音浮
熟也柳云精糟當爲精莩如葭莩之莩目精之表也言魂之（柳校糟爲）
熒明曠久則枯精之經習曠久則沈舊本亦作精莩按說文
米部云糟酒滓也莩讀爲稃禾部云稃穭也穭穅也穅穀皮

精非也

也俞云熒魂以喻輕清之氣糟莩以喻重濁之質糟者酒之
滓莩者米之皮也其輕清者日以枯其重濁者日以沈斯旨
矣會箋是也水部云湛沒也經傳通用沈

擿埴索塗冥行而已矣

音義云擿埴他歷切下嘗職切索塗山責切李云埴土也盲
人以杖擿地而求道雖用白日無異夜行按手部云擿搔也
土部云
埴黏土也宀部云索入家搜也引伸為凡搜求之稱日部云
冥幽也

或問何如斯謂之人曰取四重去四輕則可謂之人曰何謂四重
曰重言重行重貌重好
貌籀文皃司馬云宋吳本作言重行重貌重好重音義云重

行下孟切下行重行輕同重好呼報切下好重好輕好問並

同

言重則有法行重則有德貌重則有威好重則有觀

論語學而篇云君子不重則不威音義云有觀古玩切

敢問四輕曰言輕則招憂行輕則招辜貌輕則招辱好輕則招淫

說文辛部云辜辠也荀子勸學篇云故言有召禍也行有招辱

也君子慎其所立乎

禮多儀

此禮謂士禮即今之儀禮也漢書景十三王傳云河間獻王

所得書皆古文先秦舊書周官尚書禮禮記是漢世獨稱十

七篇爲禮也禮多儀者禮記中庸篇云威儀三千孔疏云即

儀禮行事之威儀之禮雖十七篇其中事有三千極三千言
其多非真事有三千也
或曰日昃不食肉肉必乾日昃不飲酒酒必酸
此約禮記聘義文也昃當為庭說文日部云日在西方時側
也按昃為仄之誤體小徐本此部有昃非從詳段氏仄篆下
注又欠部云歓歠也又酉部云酸酢也按酒味變也聘義云
聘射之禮至大禮也質明而始行事日幾中而後禮成非强
有力者弗能行也故强有力者將以行禮也酒清人渴而不
敢飲也肉乾人飢而不敢食也日莫人倦齊莊正齊而不敢
懈惰以成禮節
賓主百拜而酒三行不已華乎

酒三行獻醋[illegible]酬也古者飲酒之禮主人酌賓謂之獻賓還酌主人謂之酢主人又自飲以酌賓謂之酬而後一獻之禮成焉酒三行是士飲酒禮也禮記樂記云壹獻之禮賓主百拜終日飲酒而不得醉焉此先王之所以備酒禍也鄭注云壹獻士飲酒之禮[illegible]百拜以喻多孔疏云凡饗禮案大行人云上公九獻侯伯七獻子男五獻並依命數其臣介則孫同子男卿大夫案為一節但三獻則天子諸侯之士同壹獻言百拜喻多者案今鄉飲酒之禮是壹獻無百拜今云百拜故喻多也

曰實無華則野華無實則賈華實副則禮

音義云則賈音古俗本作史後人改之爾舊本皆作賈謂賈

人衒鬻過實下篇云衒玉賈石是也按說文貝部云賣市也周禮大宰職鄭注云處曰賈按華無實者相譏以偽若賈者之不誠也俗本作史者據論語雍也篇野史對文改之集注本依宋吳作史非是漢書禮樂志顏注云副稱也禮記禮器云先王之立禮也有本有文忠信禮之本也義理禮之文也無本不立無文不行按實即本也華即文也

山雌之肥其意得乎

論語鄉黨篇云山梁雌雉時哉時哉皇疏云言人遭亂世翔集不得其所是失時矣而不如山梁間之雉十步一啄百步一飲是得其時故歎之也獨云雌者因所見而言之也易遯上九云肥遯无不利集解引侯果云最處外極无應於內心无

疑戀遯世高舉果行育德安時无悶遯之肥也故曰肥遯无不利則頡滑巢許當此爻矣王弼注云憂患不能累矰繳不能加是以肥遯无不利也孔疏引子夏傳曰肥饒裕也按遯[redacted]時故謂之肥

或曰回之簞瓢臞如之何

言賢人在下身淪道隱不得謂肥說文竹部云簞笥也瓠部云瓢蠡也段注云以一瓠劙為二曰瓢亦曰蠡論語雍也篇云子曰賢哉回也一簞食一瓢飲在陋巷人不堪其憂回也不改其樂賢哉回也音義云臞如其俱切瘠也按臞瘠爾雅釋言文說文肉部云臞少肉也按此與肥相反肥者多肉也

曰明明在上百官牛羊亦山雌也

得其

爾雅釋言云明〻察也詩江漢云明〻天子司馬云百官牛羊若堯之所以養舜也按孟子萬章篇云帝使其子九男二女百官牛羊倉廩備以事舜於畎畝之中趙注云百官致牛羊是溫公所據竊意萬章文與此異義古者諸侯之禮得備百官有地大夫以下官攝數職論語八佾篇包注引禮云國君事大官各有人大夫兼并是也百官牛羊倉廩備者謂優尊舜以諸侯之禮令得備百官又令得備牛羊備倉廩當為并列三事不當如趙說百官致牛羊也至此文百官則泛指有位者謂明王在上百官無窂而食侈言之取與單瓢捽茹相反為義耳司馬以直子為說失之鑿矣富貴當其時故云亦山雎

閣〻在上單瓢捽茹亦山雎也何其臞

楚辭天問章云明明闇闇惟時何爲音義云摔茹上音在忽
切下音人恕切菜也捘摔讀爲啐啐說文口部云啐小飲也
禮經多叚啐爲之摔通啐猶以啐爲啐方言七云茹
食也吳越之間凡貪飲食者謂之茹則箪瓢摔茹者謂以箪食
瓢飲耳音義解茹爲菜失之此言上無明王賢人在下亦
時也故云亦山雌凡仕隱濟其時均謂肥
千鈞之輕烏獲力也箪瓢之樂顏氏德也
說文金部云鈞三十斤也孟子告子篇趙注云烏獲古之有
力人也能移舉千鈞韓非子觀行篇云烏獲輕千鈞而重其
身力德爲均
或問犂牛之鞹與玄騂之鞹有以異乎曰同

論語雍也篇云子謂仲弓曰犂牛之子騂且角雖欲勿用山川其舍諸何注云犂雜文皇疏云雜文曰犂或音貍〻雜文也或音梨謂耕犂釋文云犂牛利之反雜文曰犂又力之反色如貍也又力兮反耕犂之牛按近人多據說文牛部犂耕也之訓謂犂即犂者犂牛即耕牛因以何注雜文之說爲非惟經義述聞二十四云犂與騂對舉則當以何注雜文之訓爲長犂牛子之騂且角則用以祀山川猶列子說符篇云黑牛生白犢以薦上帝耳犂者黃黑相雜之名也魏策幽莠之生也似禾驪牛之黃也似虎驪與犂通東山經鱅〻之魚其狀如犂牛郭注云犂牛似虎文者則犂牛即驪牛矣廣均黧黑而黃也黧亦與犂通然則犂牛者黃黑相雜之牛也

淮南說林訓云髡屯犂牛既科以橋決鼻而羈生子而犧尸祝齋戒以沈諸河河伯豈羞其所從出辭而不享哉犧與犂相對為文犧為純色則犂為不純色者矣故高注云犂牛不純色引論語犂牛之子騂且角云云據此則雜文之訓塙不可易不得以為誤也羣經云犂牛之子騂且角雖欲勿用山川其舍諸是騂牛宜用之以祭而犂牛色雜不宜用淮南說林所謂騂駮不入牲也若以犂為耕則耕牛何必無純色者無以見其不可用矣且犂牛為雜文之牛故東山經之鱅之魚狀如犂牛以犂牛之狀與它牛不同也若以為耕牛則耕牛之狀與凡牛不異東山經但云其狀如牛足矣何所取于耕犂之牛而用以相況乎按王辨甚精說文隹部云䨼

々黄也一曰楚雀也其色黎黑而黄然則犂為牛黄黑之名
因段以為牛黄黑之名作犂者通用字也音義云鞹苦郭切
騂息營切
革部云鞹皮去毛也禮記檀弓篇云夏后氏尚黑牲用玄周
人尚赤牲用騂鄭注云玄黑類騂赤類捴之騂皆純色滑用
以色犂為雜文不得為牲然色傳於毛鞹則不可別矣知楊
君亦以雜文訓犂正可謂何注之一證矣也
曰然則何以不犂也曰將致孝乎鬼神不敢以其犂也
論語泰伯篇云菲飲食而致孝乎鬼神集解引馬融云致孝
鬼神祭祀豐潔
如刲羊刺豕罷賓犒師惡在犂不犂也
音義云刲羊苦圭切説文刀部云刲刺也國語楚語云刲羊

擊豕音義云罷賓音疲勞也犒者告切按罷犒義同罷者勞其疲勞犒者勞其枯槁皆慰恤之詞說文疒部云疲勞也經典通用罷勞賓者儀禮覲禮云侯氏再拜稽首出自屏南適門西遂入門左北面立王勞之鄭注云勞之勞其道勞也犒者槁之藁生字木部云槀木枯也引伸為用槁亦謂之犒左傳僖公傳云公使展喜犒師孔疏引服虔云以師枯槁故饋之飲食淮南氾論訓云犒以十二牛高注云牛羊曰犒共其枯槁也周禮小行人職云若國師役則令槁禬之是本字作槁也潤槁曰槁猶慰勞亦曰勞說文無犒字音義云惡在音烏

有德者好問聖人曰魯人鮮德奚其好問仲尼也

音義云鮮德息淺切按說文是部云尟是少也經傳通用鮮

出知魯人鮮德者正以祿去公室政逮大夫陪臣執命不能

變而至道故也

曰魯未能好問仲尼故也如好問仲尼則魯作東周矣

集注本作如其好問聖人擬魯作東周者對豐鎬在魯西而

言謂王魯也論語陽貨篇云公山弗擾以費畔召子欲往子

路不說曰末之也已何必公山氏之往乎子曰夫召我者而

豈徒哉如有用我者吾其為東周乎按史記孔子世家云定

公九年孔子年五十公山不狃以費畔季氏使人召孔子孔

子循道彌久溫溫無所試莫能已用曰蓋周文武起豐鎬而

王今費雖小儻庶幾乎欲往子路不悅止孔子孔子曰夫召

我者豈徒哉如用我其為東周乎是史公說以東周為代周

而王之微文與楊義同知當時●論語家師說如此何平叔作集解猶云興周道於東方故曰東周皇疏云魯在東周在西云東周者欲於魯而興周道故云吾其為東周也不敢直言王魯故變其文欲於魯而興周道明不得據公羊傳黜公為之東周為說矣鄭康成注論語乃有據時成周之說見詩黍離孔疏引至杜預作春秋序又云周平王東周之始王也隱公讓國之賢君也考乎其時則相接言乎其位則列國本乎其始則周公之祚胤也若平王能祈天永命紹開中興隱公能弘宣祖業光啟王室則西周之美可尋文武之迹不隊是故因其歷數附其行事采周之舊以會成王義垂法將來所書之王即平王也所用之歷即周正也所稱之公即魯隱也

子曰如有用我者吾其為東周乎此其義也則又以東周為
指平王以下所都之王城與鄭意小異而大同[redacted]均非古義
別詳懸論語東周說今不備錄
或問人有倚孔子之牆弦鄭衛之聲誦韓莊之書則引諸門乎
說文人部云倚依也論語子張篇云夫子之牆數仞弦集注
本作絃按弓部云弦弓弦也段借為琴瑟弦之名今施於弓
者作弦施於琴瑟者作絃俗也古書弦絃字止作弦許不
收絃字鄭衛見前篇言部云誦諷也藝文志韓子五十五篇
元注云名非韓諸公子使秦李斯害而殺之又莊子五十二
篇元注云名周宋人按韓非書今五十五篇並存而漢志今
莊子郭象注本止三十三篇以志校之已逸十九篇也韓莊所

學不同此文並稱者正以刑法原於道德故也史記老莊申
韓傳云莊子散道德放論要亦歸之自然韓子引繩墨切事情
明是非其極慘礉少恩皆原於道德之意是其義也音義云
引諸門手內本或作向按作向誤

曰在夷貉則引之在門牆則麾之

說文大部云夷東方之人也豸部云貉北方豸種荀子勸學
篇云干越夷貉之子音義云夷貉莫白切麾讀爲揮說文手
部云揮奮也按謂奮迅振去之也禮記曲禮孔疏云揮振去
餘也在夷貉則引之者夷貉雖在遐遠被化日淺既知依倚
聖門即是有志學道故猶當引而進之在門牆則麾之者以
既游門牆得聞大道而不免惑於鄭衛韓莊氣志不定不可

十二

御覽四百二十二引尸子云賢者之於義曰貴乎義乎曰義是故堯以天下與

教誨故當擇主之也

惜乎衣未成而轉為裳也

李云衣上也裳下也聖典本也諸子末也轉上為下捨本逐

末是可惜

○

聖人耳不順乎非口不肄乎善

音義云肄乎羊至切說文聿部云肄習也按肄者學而知之

勉而行之聖人生知安行非由勉也

賢者耳擇口擇衆人無擇焉

非禮勿聽是耳擇非禮勿言是口擇

或問衆人曰富貴生賢者曰義聖人曰神

論語里仁篇云君子喻於義孟子盡心篇云聖而不可知之

舜曰富乎義乎曰
義是故上罕言不受
玉為寶曰生乎義
乎曰義故務先援
[illegible]而殪三者人之
所重而不足以易
義

謂神不測即不可知周書謚法解云民無能名曰神不可知故無能名按衆人之情見可以富貴可以生者則趨之不向其完賢者則裁之以義之者事之宜也故富與貴是人之所欲也不以其道得之不處也生亦我所欲義亦我所欲二者不可得兼舍生而取義者也聖人則神而明之從心所欲不踰矩矣難以常理測矣

觀乎賢人則見衆人觀乎聖人則見賢人觀乎天地則見聖人

司馬云天地聖人之所取法

天下有三好衆人好己從賢人好己正聖人好己師

音義云三好呼報切下同司馬云己師者己之師也按退心說非也己從謂從己己正謂正己則己師謂師己也聖人

法言疏證 卷之十一

十七

好己師者言而世為天下法行而世為天下則若孔子制春秋之義以為後王師矣

天下有三檢眾人用家檢賢人用國檢聖人用天下檢

文選演連珠李注引蒼頡篇云檢法度也

天下有三門由於情欲入自禽門由於禮義入自人門由於獨智入自聖門

音義云人門俗本作仁誤按入聖門者必由禮義神而明之無所不通斯聖人矣楊君以獨智與禮義分為二者謂既由禮義而入人門然後循序漸進由乎獨智而入聖門非謂不由禮義而但由獨智而為聖人也獨智者白虎通聖人篇云聖人所以能獨見前覩與神通精者蓋皆天所生也獨見

前觀卬獨智之義

或問士何如斯可以禔身

說文云禔安福也音義云禔身是支切又音支又音題

曰其爲中也弘深其爲外也肅括則可以禔身矣

說文宀部云宏屋深響也引伸爲凡深之稱經傳通作弘弘深同詁聿部云肅持事振敬也括讀爲桰木部云桰檃也檃括者矯曲之器引伸之詩有直義古書或通作隱括公羊解詁序云故遂隱括使就繩墨焉徐彥疏云括謂栝也括是也肅括猶云敬直其爲中也宏深者能有容也其爲外也肅括者不可狎也有容則嫉怨寡矣不可狎則恥辱遠矣斯安身之道也

君子微慎厥德悔吝不至何元憞之有
李云微纖也悔吝小疵也元憞大惡按易繫辭云悔吝者言
乎其小疵也音義曰憞徒對切爾雅釋言憞惡也逸周書
世俘解云憝惡也是憞憝同字音義云元憞徒對切按謹德於
微故小疵不集於身也
上士之耳訓乎德下士之耳順乎已
順乎已集注本順作訓按二字古多通用說見後篇
言不慙行不恥者孔子憚焉
論語憲問篇云其言之不怍則為之也難集解引馬云怍
慙也內有其實則言之不慙皇疏引王弼云情動於中而形
於言情正實而後言之不作孟子盡心篇云仰不愧於天俯

不作於人趙注云心正無邪也詩序漢鄭箋云憚畏也本書

淵騫篇云夫能正其視聽言行者昔我先師之所畏也

疏三終

辛亥正月廿八日校

法言疏證

卷四至卷七

改定本

法言疏證四　　元和汪榮寶

問道卷第四　法言　揚雄所自序

或問道曰道也者通也無不通也

風俗通窮通篇云君子通於道之謂通釋名釋言語云通●

洞也無所不貫洞也

或曰可以適它與

集注本它作他下同與作歟按它者蛇之古文說文它虫也上古艸居患它故相問無它乎引伸爲別故又引伸爲異詞經傳借作佗隸變作他禮記大學鄭注云它技異端之技也

曰適堯舜文王者爲正道非堯舜文王者爲它道君子正而不它

此孔子〻志春秋之義也孔子作春秋口授弟子大要在乎
法堯舜述文王故開宗明義既繫正月於王明人道之始而
終書西狩獲麟以比堯舜之隆鳳皇來儀弟子謹傳其義則
於篇首述〻曰王者孰謂〻文王也於篇終述〻曰撥亂世
反諸正莫近諸春秋其諸君子樂道堯舜〻道也與明乎經
世之事太平之致非三聖人者莫與歸也子思述其義於中
庸則曰仲尼祖述堯舜憲章文武鄭注云此以春秋〻義明
孔子〻德是也故序錄尚書則託始二典而於匡人〻厄又
曰文王既沒文不在茲乎蓋孔子〻志可推見者如此自餘
衰周諸子若農家者流爲神農〻言道家者流爲黃帝〻言
墨家者流爲夏后氏之言捨堯舜文王而依託古聖別立宗

旨此董生所謂非六藝〻科孔子之術宜絶其道勿使復進

者故云宅道也

或問道曰道若塗若川車航混〻不捨晝夜

廣雅釋訓云混〻流也李云車〻由塗航〻由川混〻往来

交通

或曰焉得直道而由諸

音義云天復本無或曰二字李云塗川皆形曲也此亦因形

以取譬

曰塗雖曲而通諸夏則由諸川雖曲而通諸海則由諸

說文夂部云夏中國〻人也今字作夏通諸〻諸義如於儀

禮鄉射禮鄭注云諸於也由諸〻諸義如〻士昏禮記鄭注

云諸之也

或曰事雖曲而通諸聖則由諸乎

音義云天復本無或曰二字按此與上節皆二人之問而中

有曰字例說見古書疑義舉例五各本有或曰字於義較明

李云大解曲通歸正之道司馬云楊子設為或人意蘊以結

上意耳

道德仁義禮譬諸身乎

全體謂之身後文云一人而兼統四體者其身全乎明身為

大名體為小名也說文身部云身躬也骨部云體總十二屬

也段注云首之屬有三曰頂曰面曰頤身之屬有三曰肩曰

脊曰尻手之屬三曰厷曰臂曰手足之屬三曰股曰脛曰足

是許以體為大名身為小名與它書互異今按爾雅釋詁云
身我也大戴記曾子大孝云身者親之遺體也是全謂之身
也墨子經上云體分於兼也又說上云體若二之一尺之端
也是分謂之體也篆文身作𠂣从人省聲體从骨豊聲从
人於義為全从骨於義為分也許君說於字形無訓所本合
夫道以導之德以得之仁以人之義以宜之禮以體之天也
管子君臣上云道也者上之所以導民也釋名釋言語云道
導也所以通導萬物也說文寸部云導引也禮記樂記云德
者得也釋言語云德得也得事宜也中庸云仁者人也鄭注
云人讀如相人偶之人以人意相存問之言春秋繁露仁義
法云仁之為言人也中庸文云義者宜也釋言語云義宜也

裁制事物使合宜也禮器云禮也者猶體也釋言語云禮體
也得事體也
合則渾斁則離一人而兼統四體者其身全乎
音義云則渾戶昆切說文𣏟部云㪔分離也經典通用散孟
子公孫丑篇云人之有是四端也猶其有四體也禮器云禮
不備君子謂之不成人
或問德表曰莫知作上作下
說文衣部云表上衣也引伸為凡外著之義吕覽云向有德
之人在上其治化表見於外者如枝作上作下義殊難通
疑衍上作字書康誥云作新民孟子盡心篇云民日遷善而
不知為之者是莫知上作下之義也故後文伸之云行禮於彼

而民得於此意正一毋矣李云作為也莫知為上之衆為下
之若譐字解之而仍與後文義不相屬恐非楊恉
請問莫知曰行禮於彼而民得於此奚其知
影宋本作禮莫知音義云天復本作請問莫知今據删禮字
大戴記禮察云故婚姻之禮廢則夫婦之道苦而淫辟之罪
多矣鄉飲酒之禮廢則長幼之序失而爭鬬之獄繁矣聘射
之禮廢則諸侯之行惡而盈溢之敗起矣喪祭之禮廢則臣
子之恩薄而倍死忘生之徒衆矣凡人之知能見已然不能
見將然禮者禁將然之前而法者禁於已然之後是故法之
用易見而禮之所為生難知也若夫慶賞以勸善刑罰以懲
惡先王執此之正堅如金石行此之信順如四時處此之功無

私如天地爾豈顧不用哉然如（而如古通）曰禮云禮云貴絕惡於於未萌而起敬於微眇使民日徙善遠罪而不自知也孔氏廣森補注云先王之治天下户户而賞之不能徧也人人而刑刑之又不可勝誅也是故因人之情而爲之節文以喪祭之禮作其孝以鄉射之禮作其讓以朝覲聘享之禮作其恭天下共然知天子之意曰禮於死者而不忘也況生存乎禮於它人之長而如此其敬也況君父乎是故示之以恭則不臣者愧示之以讓則不弟者恥示之以孝則不子者悔此文之義

或曰孰若無禮而德

此道家言也老子云故失道而後德失德而後仁失仁而後

五

義失義而後禮夫禮者忠信之薄而亂之首前識者道之華而愚之始是以大丈夫處其厚不居其薄處其實不居其華故去彼取此是道氏之意以禮爲薄以德爲厚以禮爲華以德爲實也前文言道德仁義禮不可一無故設此以發難

曰禮體也人而無禮焉以爲德

儒者之術先禮而後德以爲先王緣人情以制禮禮成而後德生焉易繫辭云是故履德之基也集解引侯果云履禮蹈禮不倦德之基也荀子勸學篇云禮者法之大分類之綱紀也故學至乎禮而止矣夫是之謂道德之極是禮爲德之體無禮是無體也故曰人而無禮焉以爲德

或問天曰吾於天與見無爲之爲矣

彫御覽二引作雕下同

音義云天與音余集注本作歟下同禮記哀公問云無為而物成是天道也荀子天論篇云不為而成不求而得夫是之為天職莊子天地篇云無為為之之謂天

或曰彫刻衆形者匪天與

莊子大宗師云刻雕衆形而不為巧

曰以其不彫刻也如物刻而彫之焉得力而給諸

物刻而彫之御覽二引作物物刻而雕之

列子說符篇云宋人有為其君以玉為楮葉者三年而成鋒殺莖柯豪芒繁澤亂之楮葉中而不可別也此人遂以巧食宋國子列子聞之曰使天地之生物三年而成一葉則物之有葉者寡矣故聖人恃道化而不恃智巧此文義

老子之言道德吾有取焉耳及搥提仁義絕滅禮學吾無取焉耳

史記老莊申韓列傳云老子者楚苦縣厲鄉曲仁里人也姓李氏名耳字伯陽謚曰聃周守藏室之史也老子修道德其學以自隱無名為務居周久之見周之衰乃遂去至關關令尹喜曰子將隱矣彊為我著書於是老子乃著書上下篇言道德之意五千餘言而去莫知其所終音義云搥都回切舊本皆從手擲也提徒計切亦擲也漢書云以博局提吳太子按廣雅釋詁四云搥擿也擿擲同字音義所引漢書吳王濞傳文彼顏注云提擲也老子云大道廢有仁義又云絕仁棄義民復孝慈又云絕學無憂是其搥提仁義絕滅禮學之事也藝文志云道家者流蓋出於史官歷記成敗存亡禍福古今之道然後知秉要執本清虛以自守卑弱以自持此君人

六

南面之術也合於堯之克攘易之嗑嗑一謙而四益此其所長也及放者為之則欲絕去禮學兼弃仁義用獨任清虛可以為治

吾焉開明哉惟聖人為可以開明它則苓

此黜道家開明之說也莊子駢拇云是故駢於明者亂五色淫文章胠篋云滅文章散五采膠離朱之目而天下始人含其明矣彼人含其明則天下不鑠矣蓋道家之意欲絕聖弃智塞聰蔽明一反之於混茫而以為治惟儒者不然故曰夫大人者與日月合其明又曰繼明而治又曰大學之道在明明德又曰以生明皆開明之義音義云則苓音聆按讀為苓泥文竹部云苓車苓也禮記曲禮釋文云苓車闌也周禮謂之

御覽三百九十引作開之廓然見四海之內閉之寂然不覩垣牆之裏

蔽巾車職云木車蒲蔽鄭注云主謂蔽車旁風塵者是也答所以蔽車故即謂之蔽引伸為凡蔽之稱此言惟聖人為能開明若空道則後自蔽而已

大哉聖人言之至也開之廓然見四海閉之閛然不覩牆之裏

音義云閛普庚切閉門也俗本作閉然誤按玉篇門部云閛普耕切門扉聲

聖人之言似於水火

白虎通五行篇云水之為言準也養物平均有準則也火之為言化也陽氣用事萬物變化也

或問水火曰水測之而益深窮之而益遠火用之而彌明宿之而彌壯

說文水部云測深所至也段注云深所至謂之測度其深亦謂之測猶不淺曰深度深亦曰深也郝云宿止也司馬云宿蓄久也莊子徐無鬼釋文云宿積久也積蓄同義

允治天下不待禮文與五教則吾以黄帝堯舜爲疣贅

爾雅釋詁云允信也文云誠也書堯典云敬敷五教馬注云五品之教文鄭注云五品父母兄弟子也國語鄭語云商契能合五教以保于百姓者也韋注云五教謂父義母慈兄友弟恭子孝也易繫辭云黄帝堯舜垂衣裳而天下治蓋取諸乾坤書大傳三云黄帝始制冠冕垂衣裳上棟下宇以避風雨禮文法度興事創業白虎通號篇云黄者中和之色自然之性萬世不易黄帝始作制度得其中和萬世常存故稱

黃帝是黃帝始為禮文五教也音義云疣贅羽求切下之瑞切按說文月部云肬贅肬也肬疣同字段注云贅同綴書傳多贅綴通用綴屬也屬於皮上如地之有丘釋名釋疾病云贅屬也橫生一肉屬著體也肬丘也出皮上聚高如地之有丘也荀子宥坐篇云今學曾未如肬贅則具然欲為人師楊注云疣贅結肉莊子駢拇作疣釋文云音尤玉篇疒部有疣云結病也今疣贅之腫也

或曰太上無法而治法非所以為治也

此道家剖斗折衡之說莊子胠篋云殫殘天下之聖法而民始可與論議

曰鴻荒之世聖人惡之是以法始乎伏犧而成乎堯

伏犧或作伏羲或作宓戲或作虙犧或作炮犧古者未有文字先有語言伏犧之號建於書契之前其時有聲無字後世著竹帛乃扡字以實之但取音近而主於義故異文特多注家据文生義各為之說未為得也伏犧以前謂之鴻荒者按白虎通號篇云古之時未有三綱六紀民人但知其母不知其父能覆前而不能覆後卧之詓詓行之吁吁飢即求食飽即棄餘茹毛飲血而衣皮葦於是伏羲仰觀象於天俯觀法于地因夫婦正五行始定人道畫八卦以治下下伏而化之謂之伏羲也明伏犧以前無綱紀人道故云法始乎伏犧也云戒乎堯不言舜者書大傳云舜者推也循也言其推行道德循堯緒也白虎通號篇云舜猶僢僢也言能推信堯道

而行之是知舜惟紹堯之法無所更改故不言也

匪伏匪堯禮義哨哨聖人不取也音義云哨哨音消又七笑切

說文曰郭云哨不容也引伸為訬小之義哨哨亦重言形況字

或問八荒之禮禮也樂也孰是

後漢書西羌傳李注云狄荒服在九州之外也言其荒忽

無常按諸書或言四荒或言八荒四荒楚辭哀歲章王注云

四裔謂之四荒是也八荒者兼四正四隅而言之是四表亦

謂八表矣漢世荒服蓋指匈奴西南夷兩粵南閩朝鮮西域

等而言禮樂本中國之名八荒不被聖化種類各殊然形性

既同即未嘗不有升降歌舞之事以中國之名譯之則亦得

謂為禮樂也周禮鞮鞻氏掌四夷之樂與其聲歌按彼是王

者所作以一天下明德廣友之非其國俗所本有白虎通禮樂篇云雖制夷狄之樂以為先聖王也又云王者制夷狄樂不制夷狄禮何也以為禮者身當履而行之夷狄之人不能行禮樂者聖人作為以樂之耳是也此云禮也樂也者是就其國俗所有者言之孰是者謂誰為近正也

曰殷之以中國

爾雅釋言云殷中也

或曰孰為中國

據地體渾圖舉所謂中

曰五政之所加七賦之所養中於天地者為中國

大戴禮記盛德云均五政孔廣森補注云五政明堂五時之

政也說文貝部云賦斂也李云七賦五穀桑麻也楊君司空
箴云九一之政七賦以均中於天地天位上地位下人首戴
天而足履地居乎其間是之謂中但立人之道曰仁與義人
道不立雖位天地之中難以人偶待之不得謂中於天地也
禮記中庸云可以贊天地之化育則可以與天地參矣與天
地參即中於天地之義此明中國之得稱以理不以勢識金
五政均七賦乎人道立雖在偏遠猶中國也五政不均七賦
乖乎人道不立雖在中國猶夷狄也春秋中國而夷狄則
夷狄之夷狄而中國則中國之義
過此而往者人也哉
易繫辭云過此以往未之或知也人者相人偶也集注本作

御覽三百六十七引作五常者帝王之筆舌寧有書不由筆言不由舌也又七十七引同惟五常誤作五帝言不由舌也作言不由舌哉

法言疏證

過此而往無考字

聖人之治天下也礙諸以禮樂無則禽異則貉

說文石部云礙止也音義云則貉莫白切

吾見諸子之小禮樂也不見聖人之小禮樂也

道家小禮墨家小樂

孰有書不由筆言不由舌吾見天常爲帝王之筆舌也

~~說文聿部云聿所以書也楚謂之聿吳謂之不律燕謂之弗~~

~~筆秦謂之筆~~李云天常五常也司馬云天常即禮樂也言治

天下而不用禮樂猶無筆而書無舌而言也按司馬說是

智也者知也夫智用不用益不益則不贅虧矣

太玄玄瑩云故不擢所有不彊所無譬諸身增則贅而割則

虧司馬云不贅虧不益衍字有餘曰贅不足曰虧言天地之
理人物之性皆生於自然不可彊變智者能知其可以然則
因而導之爾苟或恃其智巧欲用所不可用益所不可益譬
如人之形體益之則贅損之則虧矣孟子曰所惡夫智者為
其鑿也俞云凡物用之則虧益之則贅智者以不用為用以
不益為益用而不用是不虧也益而不益是不贅[illegible]也按二
説俱通如淳上說則不贅不虧矣猶本也說詳經傳釋詞卷
非衍字今謹較長
深知器械舟車宮室之為則禮由已
宋吳司馬本作禮由已吳云深知制度之所為則禮無不在
已子曰制度在禮文為在禮行之其在人乎司馬云器械舟

車宮室皆聖人因物之性制而用之推而行之爲或識聖人
之心則禮雖先王未之有可以義起也故曰由己今按音義
云則禮由己一本作由也明己爲語詞作己誤也廣雅釋詁
一云由行也言聖人制作之心知禮無不行也古者民未知
器械以手足役以木石用而已及備物成器以利天下然後
物各可得而正地利可得而盡則器械之爲養生送死之禮
之所由生也古者民未知舟車居山知山居澤知澤而已及
刳木爲舟剡木爲楫服牛乘馬引重致遠而後財賄下以相
通文化可以相長則舟車之爲交際之禮之所由生也古者
民未知宮室上巢木處下者穴居而已及上棟下宇以蔽風
雨而後升降有節内外有別則宮室之爲尊卑男女之禮之

所由生也故器械舟車宮室者禮之始也引而伸之觸類而
長之罔不由此知其源則衆流順得其綱則萬目舉自然
之道也

或問大聲曰非雷非霆隱隱眩眩久而愈盈尸諸聖
說文雨部云霆雷餘聲也文選西京賦隱隱展展薛注云隱
隱重車聲音義云眩眩尸薊切俗本作胘誤宋玉風賦曰眩
眩雷聲裨蒼曰眩聲皃按說文無眩集注引宋吳本作眩按
容郭云谹容中響也谹谹同字李云尸主也

或問道有因無因乎
司馬云黃老之道貴因循
曰可則因否則革

司馬云前人所為是則因之否則革（變）之無常道太玄曰夫道
五有因有循有革有化因而循之與道神之革而化之與時
宜之故因而能革天道乃得革而能因天下乃馴夫物不因
不生不革不成故知因而不知革物失其則知革而不知因
物失其均革之匪時物失其基因之匪理物喪其紀因革乎
因革國家之矩範也矩範之動成敗之効也撰玄瑩文
或問無為曰奚為哉在昔虞夏襲堯之爵行堯之道法度彰禮樂
著垂拱而視天下民之阜也無為矣
白虎通號篇云天子者爵稱也易（鄭）鑿度云易有君人五號天
子者爵號也禮記曲禮孔疏引五經異義云古周禮說天子
無爵同號於天何爵之有許君謹案春秋左氏云施于夷狄

稱天子，施于諸夏稱天王，施于京師稱王，知天子非謚稱也。
鄭駁云：案士冠禮云：古者生無爵，死無謚。自周及漢，天子有謚，
此言爵甚明。云無爵，失之矣。按此云襲堯之爵，則亦以天子
爲爵稱，與爲號同也。大戴禮保傅云：桓公垂拱無事而朝諸
侯。盧辯注云：垂拱，言無所指麾者也。天下民，集注本作天民，
無下字，下同。國語周語韋注云：享，厚也。
紹桀之後，纂紂之餘，法度廢，禮樂虧，安坐而視天下民之死也，無
爲乎？
說文糸部云：纘，繼也。經典通用纂。
或曰：太古塗民耳目，惟其見也聞也。見則難蔽，聞則難塞。
史記貨殖傳云：老子曰：至治之極，鄰國相望，雞狗之聲相聞，

民各甘其食美其服安其俗樂其業至老死不相往來也用
此爲務輓近世塗民耳目則幾無行矣按塗讀為敷説文支
部敷閉也經傳釋詞云惟猶以也
曰天之肇降生民使其目見耳聞是以視〻禮聽〻樂如視不禮
聽不樂雖有民焉得而塗諸
目見耳聞者民〻性也視民以禮聽民以樂者順其性而接
之以節無所用塗也司馬云聖人所以能使其民者以有禮
樂也若乃皆去之則民將散亂而不可制雖欲取其耳目而塗
之安可得哉
或問新敝曰新則襲〻敝則益損〻
益損集注本作損益按此可則因否則革〻義

或問太古德懷不禮懷嬰兒慕駒犢從馬以禮

釋名釋姿容云懷回也本有去意回來就己也亦言歸也

來歸己也又釋長幼云人始生曰嬰兒或曰嫛婗禮記襍記

鄭注云嬰猶鷖彌也按嬰兒嫛婗皆鷖彌之雙聲連語形况言人

始生不能言語嫛婗然也玉篇引蒼頡篇云女曰嬰男曰兒

此望文生訓失之孟子萬章篇云人少則慕父母趙注云慕

思慕也說文馬部云馬二歲曰駒犢牛部云犢牛子也禮記

郊特牲鄭注云犢者誠慤未有牝牡之情

曰嬰犢乎嬰犢母懷不父懷

淮南子繆稱訓云三月嬰兒未知利害也而慈母之愛諭焉

者情也儀禮喪服傳云禽獸知母而不知父

毋懷愛也文懷敬也獨毋而不父未若父母之懿也

孝經士章云毋取其愛而君取其敬兼之者父也

狙詐之家[redacted]曰狙詐之術計不戰而屈人兵堯舜也

音義云狙詐千預切 又七余切 按狙詐疊均連語古且聲乍聲同部也 王氏念孫讀書雜志四云狙詐疊均字狙亦詐也荀子大略篇云藍苴路作似知而非 楊倞注引趙蕤長短經知人篇云姐者類知而非知 苴姐並與狙同 狙詐者有似智故曰藍苴路作似知而非作即詐字也 按王說是也 後漢書隗囂傳序云狙詐萌起 李注引廣雅狙獼猴也 以其多詐故比之也 按文生訓失之 狙詐之家者兵權謀家也 藝文志兵權謀十三家有吳孫子兵法八十二篇 齊孫子八十九篇 吳

起四十八篇敘傳云吳孫沮作是也不戰而屈人兵者執文志云權謀者以正守國以奇用兵先計而後戰孫子謀攻篇云是故百戰百勝非善之善者也不戰而屈人之兵善之善者也音義云天復本無堯舜也三字

曰不戰而屈人兵堯舜也 治項漸襟堯舜乎

治集注本作濡諸文兩部云濡雨寖也引伸為凡染之稱經典通用治史記陳丞相世家云汗出沾背又滑稽傳云沾楯者皆沾寒頁部云項頭後也音義云漸漬子廉切按水部云瀸漬也經典通用漸廣雅釋詁二云漸漬也衣部云襟交衽也襟衿同字爾雅釋器云衣眥謂之襟郭注云交領字亦作衿方言四云衿謂之交郭注云衣交領也詩子衿毛傳云青

衿青領也顔氏家訓書證篇云掞古者斜領下連於衿故謂領為衿沾項漸襟謂頸血也言狙詐之家雖有大戰之勇而有殺人之實此篇自孰若無禮而德至未及父母之讎也皆論道家之詞自此圈以下則論兵家刑法家之詞

衒玉而賈石者其狙詐乎

音義云衒音縣賣也音古說文行部云衒行且賣也重文衒

或問狙詐與亡孰愈

李云亡無拔亡讀如字謂敗亡也言狙詐必勝孰與不狙詐而敗亡

曰亡愈

此春秋大宋襄之義也僖公篇云冬十有一月己巳朔宋

公及楚人戰于泓公羊傳云君子大其不鼓不成列臨大事而不忘大禮以為雖文王之戰不是過也繁露俞序篇云宋襄公不厄人不由其道而勝不如由其道而敗故春秋貴之將以變習俗而成王化也劉氏逢祿穀梁廢疾申何云春秋貴偏戰惡詐戰以為彼善於此者正以其信耳詐而勝不如信而敗也步下證上全狙詐之說

或曰子將六師則誰使

音義云子將息亮切論語述而篇云子行三軍則誰與

曰御得其道則天下狙詐咸作使御失其道則天下狙詐咸作敵

故有天下者審其御而已矣

楚辭涉江王注云御用也荀子議兵篇云且仁人之用十里

之國則將有百里之聽用百里之國則將有千里之聽用千里之國則將有四海之聽楊注云言遠人自為其耳目又云湯武之誅桀紂也拱揔指麾而彊暴之國莫不趨使此御得其道狙詐作使之事也又云秦四世有勝諰諰然常恐天下之一合而軋己也此御失其道狙詐作敵之事也孟子公孫丑篇云得道者多助失道者寡助寡助之至親戚畔之多助之至天下順之按三代下言兵法者孟為最醇故楊君據以闢權謀家之說

或問威震諸侯須於征與狙詐之力也如其亡

孟子盡心篇云征者上伐下也與集注本作歟

曰威震諸侯須於狙詐可也未若威震諸侯而不須狙詐者也

論語子路篇皇疏云可者未足之詞也

或曰無狙詐將何以征乎曰從不得不征不有司馬法乎何必狙詐乎

藝文志有軍禮司馬法百五十五篇入禮家又云下及湯武受命以師克亂而濟百姓動之以仁義行之以禮讓司馬法是其遺事也按詩序云維清奏象舞也其詩云維清緝熙文王之典鄭箋云天下之所以無敗亂之象而清明者以文王有征伐之法故也文王征伐之法即周時軍禮宋襄公所引不推人危不攻人厄穀梁傳不重傷不禽二毛左傳不鼓不成列公羊傳蓋皆文王軍禮文故曰臨大事而不忘大禮又曰雖文王之戰不是過是其證也周衰禮廢乃有狙詐刑法志云春

秋之後滅弱吞小并爲戰國稍增講武之禮以爲戲樂用相
夸視而秦更名角抵先王之禮沒於淫樂中矣雄桀之士因
勢輔時作爲權詐以相傾覆吳有孫武齊有孫臏魏有吳起
秦有商鞅皆禽敵立勝垂著篇籍明狙詐之術緣禮廢而後
起今云無狙詐何以征是忘其本故以此正之也

申韓之術不仁之至矣

藝文志申子六篇入法家元注云名不害京人相韓昭侯終
其身諸侯不敢侵韓韓非見修身篇疏

若何牛羊之用人也

用義如春秋僖公篇執鄫子用之刑法志云陵夷至於戰國
韓任申子秦用商鞅連相坐之法造參夷之誅增加肉刑大

辟有鑿顛抽脅鑊亨之刑此牛羊用人之事
若牛羊用人則狐狸螻螾不膢臘也與
說文犬部云狐祥獸也狸說文作貍解見吾子篇疏虫部云
螻螻蛄也王氏念孫廣雅疏證云螻蛄短翅四足穴土而居
至夜則鳴聲如蚯蚓按今京師人謂之拉拉古即螻蛄之聲
轉虫部又云螾側行蟲也重文蚓按今吾府人謂之曲蟮荀
子勸學篇云螾無爪牙之利筋骨之强楊注云螾丘蚓蟲也
考工記梓人鄭注云螾衍之屬釋文云螾衍今曲蟮也音義
云螻螾上落侯切下餘忍切李云膢八月旦也今河東俗奉
以為大節祭祀先人也臘腊也見禮記按後漢書劉玄傳李
注云冀州北郡以八月朝作飲食為膢其俗語曰膢臘社伏

宋說殊不可通
○俞云尋楊子之意直以中韓之法行則人死者多屍相枕藉狐狸螻螾得饜其肉如人遇膢臘有酒食鮮飽之樂故曰狐狸螻螾之膢臘也與正與上文牛羊用人相應以人為牛羊則食之者必狐狸螻螾也按俞說是也此言克

與此文李注合說文肉部云膢楚俗以二月祭飲食也御覽引作十二月風俗通祀典篇云楚俗常以十二月祭飲食為膢此方俗之異一切經音義九引三蒼云膢八月祭名也是李注較可據風俗通又云臘者獵也言田獵取獸以祀其先祖也音義云膢臘上音力朱切又落侯切按膢承螻螾臘承狐狸獵狐狸不得過臘螻螾不得過膢也宋云臘獵也冬則獵取百獸故狐狸至是死矣呂氏春秋曰南呂之月蟄蟲入穴故螻螾至是絕矣夫以中韓刑名如牛羊之用人則人之生也何可久乎其趍死猶狐狸螻螾不過乎膢臘之候也解最先洽呂覽仲秋紀云仲秋之月律中南呂是月也蟄蟲俯戶月令作坏戶坏俯聲轉而異彼鄭注云坏益也謂補小之

中韓之術將以人類供獸蟲之饜欲所以極言其不仁也孟子滕文公篇狐狸食之蠅蚋姑嘬之正與文所本彼音義云蚋姑諸本或作蟵蟵即螻姑也

往弟楊寶言勝臘 猶不秋冬秋至而亂 蟲依而蟋蟀之類仍 不絕冬盡而百獸死 而狐狸之類不見也 殷云不勝臘也無 [illegible] 所謂勝臘刑以法無 所施也 [illegible]

獨加諸砥意林引作宜加砥削蓋以意改之

也宋引吳氏春秋蓋以意改之 無集注本作欺下并同

或曰刀不利筆不銛而獨加諸砥不亦可乎

刀謂治書之刀筆謂古法吏所用漢書蕭何傳贊云蕭何

曹參皆起秦刀筆吏顏注云刀所以削書也古者用簡牒故

吏皆以刀筆自隨也賈誼傳云俗吏之所務在於刀筆筐篋

按刀筆實一物酷吏傳顏注云古者書於簡牘故筆用刀焉

後漢書劉盆子傳李注云古者紀事書於簡冊謬誤者以刀

削而除之故曰刀筆是其證此文刀不利筆不銛蓋互文銛

亦利也廣雅釋詁二云銛利也賈誼傳晉灼注世俗謂利為

銛徹是也音義云銛息廉切本或作銛誤說文厂部云底柔

石也重文砥廣雅釋器云砥礪也按古者吏以刀筆決訟此

十九

蒙上申韓不仁而設向以難之故因以取譬謂刀筆又銛利
　貴以砥磨治之刑法不嚴峻不可使申韓增益之乎
曰人砥則秦尚矣
　人砥謂人為砥也言人之能磨治刑法者莫如秦矣問意以
　刑法譬刀筆以治法之人譬砥故答詞如此司馬云言用法
　以礪人如用砥以礪刀也是說則本文當云砥人不當云人
　砥矣
或曰刑名非道邪何自然也
　刑者法家名者名家也藝文志云法家者流蓋出於理官信
　賞必罰以輔禮制及刻者為之則無教化去仁愛專任刑法
　而欲以致治名家者流蓋出於禮官古者名位不同禮亦異

數及鑿者爲之則苟鉤鈲析亂而已古書多刑名連稱以其術之繁密破碎同也賈誼新書俗傳篇云叔貴始自斷集注本作何自然矣

曰何必刑名圍棊擊劍反目眩形亦皆自然也

圍棊集注本作碁解見吾子篇疏漢書東方朔傳云十五學擊劍顏注云學劍遥擊而中之非斬刺也反目當爲反身字之誤也音義云一本作反自眩刑按一本較爲近古自者身之駁文刑者形之段字淮南子主術訓先自爲檢式儀表讀書雜志九云當作先以身爲檢式儀表今本身誤爲自自上又脫以字文子上義篇作先以自爲檢式自亦身之誤惟以字未脫又繆稱訓不身遁斯亦不遁人雜志九云身當爲自

上文非自適也高注云適欺也此亡自適亦謂自欺也是身
自二文古書多互誤此文身誤為自傳寫者又以反自不詞
因改為自矣宋吳本亦作反自眩刑集注本從之而不知自
為身誤并依文解之亦不可通今按國基擊鉤反身眩形乎列
為四事西京賦云侲僮程材上下翩翻突倒投而跟絓譬隕
絕而復聯薛注云突然倒投身如將墜足跟反絓橦上若已
絕而復聯正此所謂反身今時猶有此戲音義云眩音縣按
當讀為幻漢書張騫傳云大宛諸國發使隨漢使來觀漢廣
大以大鳥卵及犛靬眩人獻於漢顏注云眩讀與幻同即
今吞刀吐火植瓜種樹屠人截馬之術皆是也後漢書西域
傳李注引魏略云大秦國俗多奇幻口中出火自縛自解西

京賦又云奇幻儵忽易貌分形吞刀吐火雲霧杳冥皆眩形
之說即今時醫形術也吾子篇云斲木為棊梡革為鞠亦皆
有法焉與此同義

由其大者作正道由其小者作姦道

釋名釋言語云姦奸也言奸正道法也

或曰申韓之法非法與曰法者謂唐虞成周之法也如申韓如申韓

昔文云始乎伏犧而成乎堯又云適堯舜文王者為正道

莊周申韓不乖寡聖人而漸諸篇則顏氏之子閔氏之孫其如台

自此以下又因論申韓而雜論諸子也乖寡雙聲連語猶云
睽孤漢書五行志顏注云睽孤乖剌之意也凡雙聲疊均
連語字多以聲為義無定字四李謂乖少聖人之術斯不善

矣音義云漸諸子廉切李云漸染其心於篇籍之中經傳釋
詞云如台猶奈何也書湯誓夏罪其如台史記殷本紀作有
罪其奈何高宗肜日乃曰其如台殷本紀作乃曰其奈何西
伯戡黎今王其如台殷本紀作今王其奈何是古謂奈何為
如台也子引法言文而解之云言三子者不詆訾聖人則顏
閔之徒其奈之何也宋咸注云我也失之按王說是也奈之
何者言無以尚之音義云如台音貽

或曰莊周有取乎曰少欲鄒衍有取乎曰自持

前文云老子之言道德吾有取焉耳莊周之學原於老
氏天下篇云寂寞無形變化無常死與生與天地並與神明
往與芒乎何之忽乎何適萬物畢羅莫足以歸古之道術有

法言疏證

在於是者莊周聞其風而悅之以謬悠之說荒唐之言無端
厓之辭時恣縱而不儻不以觭見之也以天下為沈濁不可
與莊語以卮言為曼衍以重言為真以寓言為廣獨與天地
精神往來而不敖倪於萬物周之自敘如此君子篇所謂齊
死生同貧富等貴賤也敖取其少欲鄒衍史記田敬仲世家
孟荀列傳作騶衍周禮司爟鄭注書亦貢釋文作鄒衍漢書
藝文志鄒子四十九篇又鄒子終始五十六篇入陰陽家元
注云名衍齊人為燕昭王師居稷下號談天衍按衍書今不
傳無可考見孟荀列傳云騶衍覩有國者益淫侈不能尚德
若大雅整之於身施及黎庶矣乃始觀陰陽消息而作怪迂之
變終始大聖之篇十餘萬言又云然要其歸必止於仁義節

卷八五百卷第八 二

俗故取其自持呂覽慎大篇高注云持猶守

至周罔君臣之義衍無知於天地之間雖隣不覿也

論語微子篇云不仕無義長幼之節不可廢也君臣之義如之何其廢之荀子解蔽篇云莊周蔽於天而不知人孟荀列傳云騶衍以為儒者所謂中國者於天下乃八十一分居其一中國名赤縣神州赤縣神州內自有九州禹之序九州是也不得謂州數中國外如赤縣神州者九乃所謂九州也於是有裨海環之人民禽獸莫能相通如一區中者乃謂之州如此者九乃有大瀛海環其外天地之際焉鹽鐵論論鄒篇云鄒衍非聖人而作怪誤惑六國之君以納其說此春秋所謂匹夫熒惑諸侯者也孔子曰未能事人焉能事鬼近者不

達焉雖知瀛海按鄒衍此說頗為近世談地學者所稱鄒氏伯奇學計一得上云裨海今渤海青海騰吉斯白哈兒西紅海之類瀛海今大洋海今則地周六萬九千餘里與往相乘得地球羃五千里者一千五百二十所謂大九州特地球四分之一當今亞細亞利未亞歐羅巴地耳陳氏澧東塾讀書記十二云與皇極書相似所謂九州每一州有裨海環之如此者九乃有大瀛海環其外與近外國地圖相似但外國繪者有四五區無九區耳騶衍冥心縣想奇哉今按地體渾圜環周皆水其壞起於水中者謂之土故地面水得十之六強土又及十之四水之經營於土間者停則為湖流則為江為河大者為海其環地者亦謂之海或謂之洋土之大者為洲

小者為島洲分為五島且無訴安所得如衍說裨海環九洲瀛海環大九洲哉謂之無知於天地之間至今日而益信

取不傳小中寰冀相印證矣隣說文作鄰雖鄰不覿猶遇

戶五入吾不臧焉之意

疏四終

法言疏證五　元和汪榮寶

問神卷第五

此篇自或問神至聖人以不手爲聖人皆易家微言也易繫辭云神无方而易无體又云陰陽不測之謂神又云知變化之道者其知神之所爲乎又云易无思也无爲也寂然不動感而遂通天下之故非天下之至神其孰能與於此又云惟神也故不疾而速不行而至又云利用出入民咸用之謂之神又云鼓之舞之以盡神又云于是始作八卦以通神明之德是易之爲書善言神者也楊君欲明其義故設問發之

法言　楊雄所序

或問神曰心

易復象云復其見天地之心乎集解引荀爽注云復者冬至之卦陽氣起初九為天地心萬物所始吉凶之先故曰見天地之心荀子解蔽篇云心者形之君也而神明之主也說苑辨物篇云易曰仰以觀于天文俯以察于地理是故知幽明之故夫天文地理人情之效存于心則聖智之府孟子盡心篇趙氏章指云盡心者人之有心為精氣主思慮可否然後行之猶人法天天之執持綱維以正二十八宿舍者北辰也

由心者人之北辰也

請問之

音義云天復本作請問之按詩車攻有聞無聲卷阿令聞令望左傳襄公篇令聞長世論語公冶長篇聞一以知十釋文

俞云

並云本作問荀子堯問篇不聞即物少至楊注云問或爲聞
禮記檀弓篇問喪於夫子乎莊子庚桑楚篇因失吾問釋文並
云本作聞是問聞古書通用之當爲心心體心形之形最近易
誤學行篇無止仲尼無止顏淵今本並作無心心之誤之猶
止之誤心也此蒙上曰心之言敢云請問心本書如吾子篇
其質非也敢問質問道篇莫知作上作下請問莫知先知篇
先知其幾於神乎敢問先知或問爲政有幾曰思數或問思
數爲政日新或人敢問日新皆其例矣
曰潛天而天潛地而地天地神明而不測者也心之潛也猶將測
之況於人乎況於事倫乎
乾初九云潛龍勿用集解引崔注云潛隱也按引伸爲深入

之義潛天而天者崇效天也潛地而地者卑法地也禮記中
庸云天地之道可壹言而盡也其爲物不貳則其生物不測
繫辭云易與天地準故能彌綸天地之道仰以觀于天文俯
以察于地理是故知幽明之故又云與天地相似故不違又
云夫易廣矣大矣以言乎遠則不禦以言乎邇則靜而正以
言乎天地之間則備矣又云以體天地之撰以通神明之德
又云參天兩地而倚數文言云夫大人者與天地合其德禮
記樂記鄭注云倫謂人道也孟子滕文公篇趙注云人倫者
人事也文言云天且弗違而況于人乎況于鬼神乎惠氏棟
易微言上引法言文而解之云潛天而天潛地而地所謂知
情天地即神也心之潛也猶將測之所謂形不測也天地神

明不測而心能測之伏羲文王孔子是也知情天地形不測

人與事倫不足言矣按知情天地形不測本書孝至篇文

敢問潛心于聖曰昔乎仲尼潛心于文王矣達之

釋昔乎集注本無乎字繫辭云易之興也其於中古乎作

易者其有憂患乎惠氏棟周易述云中古謂文王文王蒙大

難而演易故作易者其有憂患乎傳曰作者之謂聖繫文云

易之興也其當殷之末世周之盛德邪當文王與紂之事邪

左傳昭公篇孔疏引鄭君易注云據此言以易是文王所作

斷可知矣張氏惠言易鄭氏義云卦文之句鄭俱以爲文王

作作者謂卦辭文辭也後儒疑王用享于岐山之等嫌以受

命自居文王不嫌稱王豈嫌畫經以法後世據此知卦爻詞

法言疏證

三

並出文王矣藝文志云孔氏為之彖象繫辭文言序卦之屬十篇故云潛心文王按仲尼祖述堯舜憲章文武此獨云潛心文王者以此章專言易道易是文王所作孔子述之著文王以定一尊言各有當故不嫌也

顏淵赤潛心於仲尼矣未達一間耳神在所潛而已矣

繫辭云子曰顏氏之子其殆庶幾乎有不善未嘗不知知之未嘗復行也易曰不遠復無祇悔元吉虞注云謂顏回不遷怒不貳過克己復理天下歸仁又集解引侯果曰云顏子亞聖但冀近於知微而未得也按孔子言假年學易可無大過顏子不貳過故善學易者莫如顏子也說文門部云閒隙也未達一間即冀近知微之義

天神天明照知四方天精天粹萬物作類

荀子不苟篇云君子養心莫善於誠致誠則無他事矣惟仁之為守惟義之為行誠心守仁則形形則神神則能化矣誠心行義則理理則明明則能變矣變化代興謂之天德此天神天明之義也又云推禮義之統分是非之分總天下之要治海內之衆若使一人故操彌約而事彌大五寸之矩盡天下之方也故君子不下室堂而海內之情舉積此者則操術然也此照知四方之義也說文米部云粹不襍也文言云大哉乾乎剛健衆中正純粹精也中庸云詩曰維天之命於穆不已蓋曰天之所以為天也於乎不顯文王之德之純蓋曰文王之所以為文也純亦不已此天精天粹之義也繫辭云

精氣為物虞注云乾純粹精故主為物乾彖云大哉乾元萬物資始淮南天文訓云天地之襲精為陰陽陰陽之專精為四時四時之散精為萬物呂覽君守篇云天無形而萬物以成至精無象而萬物以化此萬物作類之義也明方粹類各為均

人心其神矣乎操則存舍則亡能常操而存者其惟聖人乎

音義云舍則書也切孟子告子云孔子曰操則存舍則亡出入無時莫知其鄉惟心之謂與荀子不苟篇云操之則得之舍之則失之

聖人存神索至成天下之大順致天下之大利和同天人之際使之無間也

○

存神者存其神也索至者求其至也音義云索至山責切繫辭云易其至矣乎周禮師氏以三德教國子一曰至德以為道本鄭注云至德中和之德覆幬持載含容者也孔子曰中庸之為德其至矣乎而此文至字之義順者坤德也文言坤道其順乎承天而時行利者乾德也文言云乾始能以美利利天下不言所利大矣哉乾鑿度引孔子曰故道興於仁立於禮理於義定於信成於智五者道德之分天人之際也漢書眭孔等傳贊云通合天人之道者莫著乎易春秋和同即通合之義書言天者必有譣於人故云使之無間音義云無間之廁之間集注本作使之而無間者也而者皆衍字

龍蟠於泥蚖其肆矣

說文龍部云龍鱗蟲之長能幽能明能細能巨能短能長春分而登天秋分而潛淵乾初九云潛龍勿用集解引馬融注云物莫大於龍故借龍以喻天之陽氣也文引沈驎士注云稱龍者假象也天地之氣有升降君子之道有行藏龍之為物能飛能潛故借龍比君子之德也廣雅釋詁一云蟠曲也書大傳云蟠龍賁信於其藏鄭注云蟠屈也爾雅釋邱云水潦所止泥邱震九四云震遂泥集虞注云坤土得雨為泥說音義云文虫部云蚖榮蚖蛇醫也史記周本紀云龍漦化為玄蚖國語鄭語作化為玄黿韋注云蚖蜥蜴也象龍也易繫辭上解此日文云龍蟠于泥獨也以況君子肆志也蚖其肆不慎獨也以況小人間居為不善也按惠説非楊君本意龍蟠者文

蚖音元

王之蒙難孔子之困戹也蚖其肆若紂之逆天暴物衰周之

邪說暴行也此聖人失位小人得志之詞

蚖哉蚖哉惡覩龍之志也與

文言云確乎其不可拔潛龍也虞注云乾剛潛初坤亂於上

君子弗用隱在下位確乎難拔潛龍之志也音義惡覩音烏

或曰龍必欲飛天乎

乾九五云飛龍在天利見大人虞注云謂若庖犧觀象於天

造作八卦備物致用以利天下故曰飛龍在天天下之所利

見也按聖人受命制作為萬世法是為飛天或問此者據文

王孔子皆受命制作

曰時飛則飛時潛則潛既飛且潛食其不妄形其不可得而制也與

文言云樂則行之憂則違之孟子萬章篇趙注云孔子時行則行時止則止音義云食甚不安俗本作不應字之誤也非義不安食故不得而止制楚辭云鳳亦不貪餧而妄食按井初六云井泥不食舊井无禽象曰井泥不食下也舊井无禽時舍也九五云井洌寒泉食象曰寒泉之食中正也井初之象與乾初乾二同詞皆謂非其位也故不食九五中正則得位矣故食此食甚不安之義

曰聖人不制則何爲乎羑里

音義云羑里羊久切說文羊部云文王拘羑里在湯陰史記殷本紀云紂囚西伯羑里淮南氾論訓云紂居於宣室而不反其過而悔不誅文王於羑里高注云羑里今河內湯陰是

俞云手當為干不干者不逞也

也水經蕩水篇注引廣雅云牖獄犴也夏曰羑里周曰圜圄皆圜土今本廣雅無牖字無皆圜土字按廣雅以牖釋羑故先著牖獄犴也次引殷曰羑里明羑即牖也古書亦或作牖里此抑名慄懴字無正叚也書大傳云文王一年質虞芮二年伐于三年伐密須四年伐畎夷紂乃囚之

曰龍以不制為龍聖人以不手為聖人

李云手者桎梏之屬音義云不手不制於人之手宋云手當為干字之誤也言聖人雖為紂所囚然終不干其刑故能發（謂）之聖人吳云手持也執也文王事不道之紂雖以非禮見囚終不能執而戮之司馬云先謂手謂為人所提攜指使枉己之道而隨人左右者也按諸說皆不得其義吳訓手為持執是也

未安

六

矣而以不手爲不見執戟者亦非也今按公羊傳莊公篇云
手劍而叱之何注云手劍持拔劍陳氏立義疏云凡以手持
物謂之手下十三年傳云曹子手劍而從之亦謂持劍也檀
弓云子手弓而可謂持弓也周書克殷云武王乃手太白以
麾諸侯史記周本紀手作持又吳世家專諸手匕首刺王僚
楚世家自手旗左右麾上林賦手熊羆義皆作持也按手所
以持故持亦謂之手此靜字動用例不持者謂不專執一端
故可常亦可變可伸亦可屈也龍之爲物能細能巨能短能
長故其形不可制也聖人之所不可制者道而已矣其形則
固可制也故以龍象聖人者謂其道非謂其形也文王當憂
患之世事逆天暴物之君義當受制則受之所以爲聖人也

或曰經可損益與曰易始八卦而文王六十四其益可知也

與各本皆作歟按影宋本亦後皆作與今改從一律繫辭云易古者庖犧氏之王天下也仰則觀象於天俯則觀法於地觀鳥獸之文與地之宜近取諸身遠取諸物於是始作八卦以通神明之德以類萬物之情按經惟言伏犧作八卦不言重卦始自何人楊君以為文王重卦蓋漢世易家相傳之師說也易通卦驗上云虙羲作易仲〻命德維紀衡周文增通八八之節轉序三百八十四爻鄭注云仲謂四仲之卦震兌坎離也維者四角之卦艮巽坤乾也八八之節六十四卦於節氣各有主也是緯說與此合也史記周本紀云西伯蓋即位五十年其囚羑里蓋益易之八卦為六十四卦文〻代

世表云季歷生文王昌蓋易卦。與書異。是史遷說與此合
也淮南子要略訓云八卦可以識吉凶知禍福矣然而伏羲為
之六十四變周室增以六爻高注云八八變為六十四卦伏
羲示其象周室謂文王也按注云伏羲示其象者物生而後
有象象而後有滋滋而後有數伏羲為之六十四變未滋滋
虛象也周室增以六爻已滋滋實數也是淮南說與此合又
藝文志云文王於是重易六爻作上下篇按班志本劉向父
子其說云爾是二劉班固說與此合也論衡正說篇云說易
者皆謂伏羲作八卦文王演為六十四是王充以前易家無
異說也又對作篇云易言伏羲作八卦前是未有八卦伏羲
造之故曰作也文王圖八自演為六十四是充說亦與此合

也其諸儒異說古謂伏羲自重者集解十五引九家易云六十四卦凡有萬一千五百二十册〻類一物故曰類萬物之情以知庖犧重爲六十四卦明矣又十三引虞注云庖犧引信三才兼而兩之以六畫六畫以成六十四卦又十六引虞注云庖犧則天八卦通爲六十四又十六引崔注云伏羲始畫八卦因而重之以備萬物而告於人也孔疏一論重卦之人王輔嗣等以爲伏羲重卦又云今依王輔嗣以伏羲既畫八卦即自重爲六十四卦爲得其實是也有謂神農所重者困學紀聞一引京氏易積算法云八卦因伏羲暨於神農重乎八純御覽　引帝王世紀云庖犧作八卦神農重之爲六十四卦又孔疏一云神鄭玄之徒以爲神農重卦周禮大

卜職貫跡云後鄭專以為伏羲畫八卦神農重之是也案謂
夏禹所重者孔疏已云孫盛以為夏禹重卦是也今按孔疏
駁神農重卦之說云若言重卦起自神農其為功也豈比繫
辭而已哉何因易緯等數所列三聖但云伏羲文王孔子竟
不及神農則以重卦屬神農夏禹者不攻自破矣惟繫辭言
十二蓋取神農黃帝堯舜有取益取噬嗑取渙等文似彼時
已有六十四卦謂伏羲自重者頗疑近是實則繫辭以後名
被前事言卦象並備萬物非必先有某卦然後聖人制作某
事以應之因亦不足難文王重卦之說也
詩書禮春秋或因或作而成於仲尼其益可知也
李云或因者引而伸之或作者又加春秋據史記孔子世家

云古者詩三千餘篇及至孔子去其重取可施於禮義上采
契后稷中述殷周之盛至幽厲之缺又云三百篇孔子皆弦
歌之以求合韶武雅頌之音禮樂自此可得而宣述以備王
道成六藝藝文志云古有采詩之官王者所以觀風俗知得
失自考正也孔子純取周書上采殷下取魯凡三百五篇遭
秦而全者以其諷誦不獨在竹帛故也書緯序孔疏引尚書
緯云孔子求書得黃帝玄孫帝魁之書迄於秦穆公凡三千
二百四十篇斷遠取近定可以為世法者百二十篇以百二
篇為尚書十八篇為中候藝文志云書之所起遠矣至孔子
纂焉上斷於堯下訖于秦凡百篇而為之序禮謂士禮藝文
志禮古經五十六卷經七十篇按劉氏敞刊誤謂七十當作

十七是也彼志禮家序云禮古經多三十九篇謂校高堂生傳士禮多三十九也合之正五十六參漢世周官未立學官不謂之禮凡漢人言禮者皆謂十七篇也公羊傳大題下徐彥疏引閔因敘云昔孔子受端門之命制春秋之義使子夏等十四人求周史記得百二十國寶書九月經立感精符甲考異郵說題辭具有其文按詩書禮者孔子因舊文刪定之故云因春秋者孔子制之以俟後聖故云作孟子滕文公篇云孔子懼作春秋繁露俞序篇云仲尼之作春秋也上探正天端王公之位萬民之所欲下明得失起賢才以待後聖文選移太常博士書李注引元命苞云丘作春秋王道成此春秋獨偁作之義若杜預等以爲仲尼因魯史策書成文修之

不明聖人制作之大義是俗儒也

故夫道非天然應時而造者損益可知也

天然者漢書董仲舒傳云道之大原出於天天不變道亦不變是也道之天然者謂若禮記大傳云親親也尊尊也長長也男女有别此其不得與民變革者也易通驗云天在上地在下君南面臣北面父坐子伏此其不易也應時而造者謂若白虎通三教篇云王者設三教者何承衰救弊欲民反正道也五經皆應時而作明得損益

或曰易損其一也雖惷知闕焉（集注本無也字非）

也讀為邪設詞說文心部云惷愚也音義云惷書容切又丑江切又丑用切吳云言易之六十四卦損其一雖愚人可以

知其闕者按論衡正說篇云孝宣皇帝時河內女子發老屋得逸易禮尚書各一篇奏之宣帝下示博士然后易禮尚書各益一篇而尚書不言易有逸篇據此說則漢初實損其一矣但彼或是序卦說卦之屬不得有逸卦（六十四卦中非此間所指）非此所謂逸也至書之不備過半矣而習者不知惜乎書序之不如易也

藝文志云書之所起遠矣至孔子纂焉上斷於堯下訖于秦凡百篇而為之序言其作意秦燔書禁學濟南伏生獨壁藏之漢興亡失求得二十九篇以教齊魯之間訖孝宣世有歐陽大小夏侯立于學官古文尚書者出孔子壁中又云孔安國者孔子後也悉得其書以考二十九篇得多十六篇按志古文經四十六卷原注云為五十七篇又經二十九卷

元注云大小夏侯二家歐陽經三十二卷今按二十九卷者
堯典咎繇謨禹貢甘誓湯誓盤庚高宗肜日西伯戡耆微子
牧誓洪範金縢大誥康誥酒誥梓材召誥洛誥多士毋劮君
奭多方立政顧命鮮誓甫刑文侯之命秦誓其康王之誥與
顧命同卷書序於秦誓之後爲一卷是爲二十八卷加後得
泰誓一卷爲二十九也史記儒林傳云秦時焚書伏生壁藏之
其後兵大起流亡漢定伏生求其書亡數十篇獨得二十九
篇此爲班志所本其云二十九篇者乃追敘之詞論衡正說
篇述此事作二十餘篇不言其數至宣帝得逸書一篇下之
博士然爲書二十九篇始定其說足補馬班之闕惟謂逸書
之得在宣帝時則當據別錄云武帝末民間有得泰誓書於

十一

壁内者爲正別錄見書僞序孔疏引蓋傳聞之小誤也古文
經四十六卷者今反同有之二十九篇中出康王之誥於顧
命是爲三十多十六篇故四十六其篇五十七篇者十六篇
中九共爲九三十篇中盤庚泰誓各爲三是四五十八武成
逸篇亡於建武之際班於總目據舊題於注據見存耳歐陽
經三十二篇者泰誓爲三又析書序自爲一卷故[illegible]十二
序無章句故由歐陽章句仍三十一卷矣此云不過半者據
今文言之書本百篇今於二十九卷中析盤庚泰誓各爲三
顧命康王之誥爲二得三十四篇亡逸者尚六十六篇以古
文五十八篇計之不云過半矣而者不知者正說篇云或說
尚書二十九篇者法北斗七宿也四七二十八篇其一曰斗矣

故二十九是其證也書序謂百篇之叙李云數恨書序雖存獨不如易之可推尋按今文書之有叙無叙最係聚訟陳氏壽祺力主今文有敘說討論經傳六十有七證以明之其弟十四證即據法言文爲說具見左海經辨既今文有敘而習者不知其不備者正謂篇之粲百篇之序闕遺者七十一篇獨爲二十九篇立法如何或說孔子更撰二十九篇二十九篇獨有法以據此知當時博士未嘗見書敘即未嘗不知書之不備而猶爲此說者師所不傳不敢信以爲實也

曰彼數也可數焉故也如書序雖孔子末如之何矣

廣雅釋言云數術也周禮保氏職云六日九數可數焉者謂六十四卦三百八十四爻可以麻術求而知之易經卦八六

十四為八自乘之數也又易六畫而成卦三百八十四為六
與六四相乘之數也書序孔子末如之何者謂百篇之敘雖
存篇亡不足以證之則序為空文學者既以尚書為備則雖
時有聖人不能執空文與之爭明書序無所用也
昔之說書者序以百而酒誥之篇俄空焉今亡夫
昔之說書者謂今文先師若伏生鼂錯之屬是也正說篇云
伏生抱百篇藏於山中孝景皇帝時始存尚書伏生已出山
中景帝遣鼂錯往從受尚書二十餘篇伏生老死書殘不竟
按如充說漢初伏生書百篇具存止以老死不竟其傳則百
篇之說鼂錯之徒不參不聞故玉海三十七引中興書目云
鄭康成尚書大傳序曰張生歐陽生從伏生學生終後數子

序以百者謂先師說書敘述以百篇國語晉語韋注云敘述也敘序古字通用

各論所聞以己意彌縫其闕別撰章句又特撰大義式因經屬指名曰傳是大傳爲伏生弟子所作而大傳篇目有九共帝告槀飫序文有嘉禾揜誥此皆二十九篇外之篇名是張生歐陽生之徒俱有百篇之說特末師失其本真故或以爲書序備耳音義云餓空若貞切缺也按古書亡有脫文皆以[illegible]作空圍以記之今逸周書可證酒誥之篇餓空蓋三家書於酒誥脫簡處作空圍以示其闕也藝文志云劉向以中古文校歐陽大小夏侯三家經文酒誥脫簡一召誥脫簡二率簡二十五字脫亦二十五字簡二十二字者脫亦二十二字據左傳序正義云凡爲書者有多有少一行可盡者書之於簡蓋古者著書於竹謂之簡次簡謂之編二若干簡之若干字皆

量其字數之多寡而定之故編有脫簡之文千字而脫文千
字也閻氏若璩書古文疏證七云蓋伏生寫此二篇酒誥率
以若干字為一簡召誥率以若干字為一簡三家因之而不
敢易也向據中古文校外書以此之所有知彼之所脫竊以
上下相承文理言之則二十五字乃酒誥之簡二十二字乃
召誥之簡酒誥脫簡一則中古文多二十五字召誥脫簡二
則中古文多四十四字也此酒誥簡空之說不易舉召誥者
文不備耳言先師傳書雖止二十九篇而說書則有百篇乃
未竟而二十九篇中且有脫簡如酒誥者則并此二十九篇
亦已不備矣夫書之不備習者所不知也而酒誥之不備習
者所知也作者編有脫簡知前後文義不屬雖專已守殘者

不容不知其關特不知所闕數何說僅能記以空圍及以中
書校之而後知其脫若干字非未校之前即令文家華不知
有脫字也既二十九篇中且有脫字則又何疑二十九篇外
之有逸篇亡篇乎云今亡夫者明此皆今之所亡不得據以
証昔之從書者也段氏玉裁書撰異三十二引此文而
解之曰謂書序有百而酒誥則無序非謂尚書闕酒誥也按自
来解法言者並不以為書闕潤諸從俄空之字段君繆矣凡後人所謂數篇同一序[illegible]皆
有亡目無序者前其闕如咎繇矢厥謨禹成厥功帝舜申之
作大禹咎繇謨棄稷按其實則棄稷不綴於此序所以作棄
稷者不傳也湯既勝夏欲遷其社不可作夏社疑至臣扈按
其實則疑至臣扈不綴於此序所以作疑至臣扈者不傳也

大戊贊于伊陟作伊陟原命按其實則原命不繫於此序所以作原命者不傳也高宗祭成湯有飛雉升鼎耳而雊祖己訓諸王作高宗肜日高宗之訓按其實則高宗肜日之訓不繫於此序所以作高宗之訓者不傳也酒誥梓材亦正此類以殷餘民邦康叔故作康誥一篇其酒誥梓材不繫於此序故失其傳俄空云者僅不存之謂非竟亡也然至於久而闕則竟亡矣故云今亡夫子雲獨舉酒誥者舉一以例其餘也按段說殊誤楊君意緣當時尚書家有以二十九篇為備之說故即舉其所謂二十九篇中之酒誥以難之謂如尚書果備則酒誥何以有闕蓋以其小不備明其大不備也若如段說則與上文既不相應而序以百云者又似書有百篇即有百序矣

謂棄稷序命之屬之別自有序猶下通也而百篇中如九共
甯九篇太甲之屬甯三篇咸乂甯四篇豈得每篇有序乎故
説書者謂篇有百是也謂序有百不可通也此實段君誤解
序以百之序為書序之序而生此繆説疑誤來學故特正之
虞夏之書渾渾爾商書灝灝爾周書噩噩爾下周者其書譙乎
廣雅釋訓云渾渾大也灝灝即浩字禮記中庸云浩浩其天孔
疏云浩浩盛大噩即咢字漢書韋賢傳云咢咢黄髮文選諷
諫詩作諤李注云正直也按重言形況無定字也漢時尚書
篇首皆題虞夏書從孔始分題虞書夏書彼孔疏云馬融鄭
玄王肅別錄題皆曰虞夏書以虞夏同科雖虞事亦連夏又
云案鄭序以為虞夏書二十篇商書四十篇周書四十篇贊

云三科之條五家之教是虞夏同科也按此文亦云虞夏書商書周書不以虞夏為二可證鄭君所云三科之條是今文家相傳之師說不容參差也李云下周者秦言酷烈也音義云譙手條本作誰舊本皆作譙詩傳云譙殺也殺所戒切故注云酷烈按詩傳者鴟鴞篇毛傳文說文言部云譙嬈譊也嬈譊疊均連語煩苛之意女部云嬈苛也集注本依宋吳作誰注云其書誰乎言不完以為書也

或問聖人之經不可使易知與

藝文志云故曰易道深矣史記自序云夫詩書隱約者欲遂其志之思也又云夫禮禁未然之前而法施已然之後法之所為用者易見而禮之所為禁者難知荀子勸學篇云春秋

御覽六百九引作慎
悖

之微也云深云隱約云禁末然云微皆不可使易知之說

曰不可天儀而可度則其覆物也淺矣地儀而可測則其載物也薄矣

吳云儀猶儀頌王云念孫案吳說非也儀而之言假如也言天假如可度則覆物必淺地假如可測則載物必薄也儀與假聲近而義同周頌維天之命篇假以溢我說文引作誐以溢我是其例也而如古字通見日知錄卷三十二掇公羊傳桓公七年何注云儀者謂須臾之間創得之頃也此文儀而字與易知字相應凡須臾之間創得之頃可知可度可測者皆易之耳天惟深也故非不可度不可儀度地惟厚也故非不可測不可儀測聖人之經惟象天地也故非不可知不可儀知

是讀爲假如則是天意不可度也意不可測聖人之經竟不

可知矣音義云覆物敷叉切

大哉天地之爲萬物郭五經之爲衆說郛

郛郭解見吾子篇疏吳云不能出其域

或問聖人之作事不能昭若日月乎何後世之訔訔也

音義訔訔語巾切爭訟也按廣雅釋訓云誾誾訔訔語也王

氏念孫疏證云訔訔猶誾誾也法言問神篇云何後世之訔訔

也史記魯世家贊洙泗之間齗齗如也徐廣注云齗齗爭辯

鹽鐵論國病篇云諸生誾誾爭鹽鐵斷斷盍與訔同按更言

形況無定字也漢魏叢書本作誾誾

曰瞽曠能默瞽曠不能齊不齊之耳

周禮春官序官云瞽矇上瞽四十人中瞽百人下瞽百有六十人鄭注云凡樂之歌必使瞽矇爲之引鄭司農云無目眹謂之瞽賈疏云以其目無所覩見則心不移於音聲故不使有目者爲之也按此文以瞽配曠與狄牙對文狄牙爲之人瞽曠亦宜然國語周語云古之神瞽韋注云神瞽古樂正知天道者也死而爲樂祖祭於瞽宗謂之神瞽然則楊君意當謂此非泛指樂官也師曠事見吾子篇疏華嚴經音義下引漢書音義云默靜也按此周禮疏所云心不移於音聲

狄牙能喊狄牙不能齊（齊去聲）不齊之口

國策魏策云昔者儀狄作酒而美進之禹禹飲而甘之孟子離婁篇趙注云儀狄作酒禹飲而甘之左傳僖公元年云雍巫

俞云嗞者諴之異文說文言部曰諴和也廣雅釋詁諴調也狄牙能嗞謂狄牙能調和也又按狄牙即易牙猶簡狄漢書古今人表作簡逷也逷从狄易聲乃從狄牙爲易牙非是按俞讀嗞爲諴是也以狄爲易不如逷說長

有寵於衛共姬因寺人貂以薦羞馬杜注云即易牙孔疏云此人爲雍官名巫而字易牙也魏策云齊桓公夜半不嗛易牙乃煎熬燔炙調五味而進之桓公食之而飽至旦不覺孟子告子篇云易牙先得吾口之所耆者也音義云嗞呼覽切又呼㜸下斬切按說文無嗞齒部云鹹齧也朱氏駿聲通訓定聲臨部云字亦作嗞引此文狄牙能嗞按此當讀爲諴言部云諴和也廣雅釋詁四云諴調也狄牙能嗞謂能調和也若以本字爲訓旨酒嗌豆而齧手

○君子之言幽必有驗乎明遠必有驗乎近大必有驗乎小微必有驗乎著無驗而言之爲妄君子妄乎不妄

說文言部云譣問也經典通用驗漢書董仲舒傳制曰蓋

聞善言天者必有徵於人善言古者必有驗於今按此蓋古有是語故云蓋聞管子輕重山至數篇云不通於輕重謂之妄言繁露深察名號篇云不法之言無驗之說君子之所外

何以爲哉

言不能達其心書不能達其言難矣哉

儀禮聘禮記云辭苟足以達義之至也

惟聖人得言之解得書之體白日以照之江河以滌之灝灝乎其莫之禦也

音義云之解胡買切曉也按謂解詁也說文水部云滌洒也孟子滕文公篇云江漢以濯之秋陽以暴之皜皜乎不可尚已盡心篇云若決江河沛然莫之能禦也

俞云之字絶句相之相適對文成義

音義云捈他胡切又同盧切引也

面相之辭相適捈中心之所欲通諸人之嚧々者莫如言

面相之三字爲句與辭相適對文音義云面相息亮切失之

司馬云之亦適也是也爾雅釋詁云適之往也禮記大學篇

鄭注云之適也是之適同義面相々辭相適謂以顔色語言

相來往也宋云捈引也說文手部云捈卧引也廣雅釋詁云

云捈引也又二云捈抒也嚧說文玉篇並不錄李云嚧々猶

憤々也義無所據音義云音即刃切俗本作嚧々誤是音義

所見本並作嚧按荀子非十二子篇云盡々然王氏先謙集

解引俞樾云盡々猶津々也周官大司徒職曰其民黑而津

釋文云津本作濜然則津々之爲盡々猶津々之爲濜矣疑此

文嚧々與荀子盡々同義嚧蓋俗字故荀書作盡俞讀爲津

義或當然凡重言形況皆以聲爲義本無定字津盡嚍皆從
聿得聲古讀音同說文聿部云俗語以書好爲聿段注云今
人所謂津〻疊〻者蓋出此是津〻有言義
彌綸天下之事記久明遠著古昔之㖧〻傳千里之忞〻者莫如書
易繫辭云故能彌綸天下之道集解引虞注云彌大綸絡按
彌綸上下同詁淮南原道訓云横之而彌于四海高注云彌
猶絡也是彌綸義同文選文賦李注引王肅易注云弥綸纏
裹也得〻音義云㖧〻呼昆切忞〻武巾切按廣雅釋訓云
惛〻忞〻亂也㖧惛同字說文序云蓋文字者經藝之本王
政之始前人所以垂後〻人所以識古是著古昔之㖧〻也
周禮外史職云掌達書名於四方鄭注云古曰名今曰字使

㖧〻文選文賦李注引作惛〻

四方知書之文字得能讀之是傳千里之忞忞也

故言心聲也書心畫也聲畫形君子小人見矣

釋名釋言語云畫繪也音義云見矣賢遍切

聲畫者君子小人之所以動情乎

禮記樂記云情動於中故形於聲詩關雎序云情動於中而

形於言

聖人之辭渾渾若川順則便逆則否者其惟川乎

說文人部云便安也考工記匠人職云凡溝逆地阞謂之不

行水屬不理孫謂之不行鄭注云孫順也賈疏云當依地阞

理順行水乃可為之川也按此譬聖人之言其理至深而不

可逆荀子禮論篇云從之者安不從者危

或曰仲尼聖者與何不能居世也曹范蔡之不若

經傳釋詞云曹乃也范雎蔡澤見史記列傳第十九解嘲云范雎以折摺而危穰侯蔡澤以噤吟而笑唐舉又云范雎魏之亡命也折脅摺髂免於徽索翕肩蹈背扶服入橐激卬萬乘之主介涇陽抵穰侯而代之當也蔡澤山東之匹夫也顩頤折頞涕唾流沫西揖強秦之相搤其咽而亢其氣拊其背而奪其位時也

曰聖人者范蔡乎若范蔡其如聖何

孟子萬章篇云若孔子主癰疽與寺人瘠環何以為孔子

或曰淮南太史公者其多知與曷其雜也

漢書淮南衡山濟北王傳云淮南王安為人好書鼓琴不喜

弋獵狗馬馳騁亦欲以行陰德拊循百姓流名譽招致賓客
方術之士數千人作爲内書二十一篇外書甚衆又有中篇
八卷言神仙黄白之術亦二十餘萬言藝文志有淮南内二
十一篇淮南外三十三篇入雜家史記自序云余維先人嘗
掌斯事顯於唐虞至于周復典之故司馬氏世主天官至于
余乎欽念哉罔羅天下放失舊聞王迹所興原始察終見盛
觀衰論考之行事略三代論秦漢上記軒轅下至于茲著十
二本紀既科條之矣並時異世年差不明作十表禮樂損益
律曆改易兵權山川鬼神天人之際承敝通變作八書二
二八宿環北辰三十輻共一轂運行無窮輔弼股肱之臣配
焉忠信行道以奉主上作三十世家扶義俶儻不令己失時

立功名於天下作七十列傳凡百三十篇五十二萬六千五百字爲太史公書序略以拾遺補藝成一家言協六經異傳齊百家雜語藏之名山副在京師以俟後聖君子漢書司馬遷傳贊云至於采經摭傳分散數家之事甚多疏略或有抵梧亦其涉獵者廣博貫穿經傳馳騁古今上下數千載間斯以勤矣又其是非頗謬於聖人此淮南太史公多知而雜之事

曰雜乎雜人病以多知爲雜惟聖人爲不雜

聖人不雜者一以貫之也

書不經非書也言不經非言也言書不經多多贊矣

漢書董仲舒傳云臣愚以爲諸不在六藝之科孔子之術者皆絕其道勿使復進邪辟之說滅息然後統紀可一而法度

可明民知所從矣此云君經即董君所云不在六藝之科也

或曰述而不作玄何以作

述而不作論語述而篇文自序云雄以為賦者非法度所存賢人君子詩賦之正也於是輟不復為而大覃思渾天參摹而四分之極於八十一旁則三摹九據極之七百二十九贊亦自然之道也故觀易者見其卦而名之觀玄者數其畫而定之玄首四重者非卦也數也其用自天元推一晝一夜陰陽數度律曆之紀九九大運與天終始故玄三方九州二十七部八十一家二百四十三表七百二十九贊分為三卷曰一二三與泰初曆相應亦有顓頊之曆焉搉之以三策關之以休咎絣之以象類播之以人事文之以五行擬之以道德

仁義禮知無主無名要合五经苟非其事文不虛生為其泰
漫漶而不可知故有首衝錯測攡瑩數文掜圖告十一篇皆
以解剝玄體離散其文章句尚不存焉後漢書張衡傳李注
引新論云楊雄作玄書以為玄者天也道也言聖賢制法作
事皆引天道以為本統而因附續萬類王政人事法度故宓
犧氏謂之易老子謂之道而楊雄謂之玄說文玄部云玄幽
遠也黑而有赤色者為玄象幽而入覆之也

曰其事則述[redacted]其書則作

其事則述而自序云要合五经苟非其事文不虛生也疑此
二句誤倒序云其書則作其事則述乃與問義相應李云太
玄非古事乃自成一家之書故作之也非楊君雅意矣

育而不苗者吾家之童烏乎九齡而與我玄文
廣雅釋詁一云育生也倉頡篇云苗禾之未秀者也論語子罕篇云苗而不秀者有矣夫李云童烏子雲之子也禮記文王世子云古者謂年齡孔疏云謂稱年為齡音義云與我吾預按與之本義為攩與引伸為與聞與知攩與字今均在語與聞與知字今均在御故云音●預也古與聞與知字或段作豫預則又豫之俗也華陽國志序志篇云文學神童楊烏雄子七歲預父玄文九歲卒天中記二十五引劉向別傳云楊信字子烏雄弟二子幼而聰慧雄筭玄經不會子烏令作九數而得之雄又擬易羝羊觸藩彌日不就子烏曰大人何不曰荏戟入榛按古者冠而後字烏卒九歲不得

劉向別傳乃別錄之譌引見太平御覽三百八十五楨草作棨亦青甘陳翰文從御覽所引擬改錄太平御覽云云而無之夫注

有字諸書皆傳楊烏明烏是名又楊君卅三單悶渾天而成

豈得有子烏今作九數乃會之事疑別傳因法言文而傅會

之張氏澍蜀典卷二云袁文甕牖閒評以楊子育而不苗吾

家之童烏向烏乎爲向謂子雲歎其子童蒙而早亡故曰烏

乎即嗚呼字考漢郎中鄭固碑云君大男孟子有楊烏之才

文士傳漢桓驎荅客詩曰伊彼楊烏命世稱賢客亦桓驎詩

亦云楊烏九齡此豈作歎詞解乎按童烏連文猶左傳哀公

笏稱童汪踦之比[redacted]（顏甫謹案未半義）跡妄甚矣御覽

五百五十六引新論云楊子雲爲郎居長安素貧比歲亡其

兩男哀痛之皆持歸葬於蜀楊君爲郎在成帝元延二年時

年四十三君山謂比歲亡其兩男則童烏之卒蓋元延三四

司馬云人當作文字之誤也俞云下文延陵季子云云夫人如延陵季子而樂弛則無如何行是所重者在其文不在其人也又下文如周之禮樂云云是難不難由於備不備益足見經之難易存乎文矣溫公所改殆非無見

年間乎

或曰玄何為曰為仁義曰孰不為仁孰不為義曰勿雜也而已矣

義見前文

或問經之艱易曰存亡或人不諭曰其人存則易亡則艱

禮記中庸云文武之政布在方策其人存則其政舉其人亡則其政息

延陵季子之於樂也其庶矣乎

史記吳世家云[illegible]季札封於延陵故號曰延陵季子漢書地理志會稽郡有毗陵元注云季札所居顏注云舊延陵漢改之越絕書吳地傳云毗陵故為延陵吳季子所居又云毗陵上湖中冢者延陵季子冢也去縣七十里江氏永春秋地理

考實襄公篇云晉置延陵縣宋熙寧中省爲鎮在鎮江府丹徒縣南三十里按延陵季子亦偁延州來季子見左傳襄公篇彼孔疏云蓋並食二邑故連言之則州來或後所加封他書多止偁延陵季子云於樂庶乎者即季子請觀於周樂是也事詳左傳襄公二十九年禮記檀弓篇云延陵季子之於禮也其合矣乎

如樂弛雖札末如之何矣

說文弓部云弛弓解弦也按引伸爲凡廢解之偁藝文志云孔子曰安上治民莫善於禮移風易俗莫善於樂二者相與並行周衰俱壞樂尤微眇以音律爲節又爲鄭衛所亂故無遺法漢興制氏以雅樂聲律世在樂官頗（能）記其鏗鏘鼓舞而

不能言其義按楊君時樂經已亡故因論經之鄭易而及之
言如李子生今之世亦不能聞吾知政者左氏所云矣
如周之禮樂庶事之備也每可以為難矣
一切經音義二十五引三蒼云每非一定之詞也司馬云監
於二代曲為之制事為之防學者習之固無難矣
如秦之禮樂庶事之不備也每可以為難矣
司馬云秦訕笑三代之禮樂屏而去之自為苟簡之制後之
學者求先王之禮樂於散亡之餘誠亦難矣
衣而不裳未知其可也
李云有上無下猶有君而無臣按有君無臣公羊傳僖公篇
文漢書王褒傳云蓋君為元首臣為股肱明其一體相待而

成有君而無臣春秋刺焉鹽鐵論論誹篇云故雖有堯之明君而無舜禹之佐則純德不流故春秋刺有君而無臣與此注皆本公羊義為說

裳而不衣未知其可也

李云三桓專魯陳恒滅齊王莽篡漢三姦之興皆是物也

衣裳其順矣乎

易繫辭云黃帝堯舜垂衣裳而天下治蓋取諸乾坤集解引虞注云乾為治在上為衣坤下為裳乾坤萬物之緼故以象衣裳乾為明君坤為順臣百官以治萬民以察故曰天下治

或問文曰訓問武曰克

李云訓順克能按順與訓古多通用書洪範于帝其訓又是

訓是行史記宋世家引皆作順詩烈文四方其訓之左傳哀公篇引亦作順是其證以順說文者左傳昭公篇服虔注云德能經緯順從天地之道故曰文是也以克說武者[illegible]爾雅釋詁云克勝也逸周書謚法解云克定禍亂曰武刑民克服曰武是也

未達

曰事得其序之謂訓勝己之私之謂克

序亦敘之為次第故以敘釋順釋名釋言語云順循也循其理也得其敘亦循理之謂左傳昭公篇引孔子曰古也有志克己復禮仁也孔疏[illegible]引劉炫云克訓勝也己謂身也身有耆欲當以禮義齊之耆欲與禮義交戰使禮義勝其耆欲身得歸復於禮如是乃為仁也按即此文之義因論武而推其

本於仁又若義〻引伸也

爲之而行動之而光者其德乎

孟子公孫丑篇引孔子曰德之流行速於置郵而傳命易坤

集解引干注云士德先於國也後文君子篇云君子言則成

文動則成德

或曰知德者鮮何其先

知德者鮮論語衛靈公篇文音義云者鮮悉淺切

曰我知爲之不我知亦爲之厥先大矣必我知而爲之光亦小矣

禮記中庸云君子依乎中庸遯世不見知而不悔

或曰君子病沒世而無名盍勢諸名卿可幾也

君子病沒世而無名論語衛靈公篇文病論語作疾無名論

俞云此當以盡勢諸三字為句言勢力字此作埶種蓺字此作埶盡埶諸即盡蓺諸蓺猶樹也名卿可戲也五字為句名可戲是一事卿可戲又一事下文果亂趙楚之居云之是對

語作名不稱焉此自約論語文為說不必全合彼何注云病疾猶病也孔子世家引亦四作病以訓詁易之耳漢書王貢兩龔鮑傳引楊子雲論正作君子疾沒世而名不稱彼班所見法言如此或依論語文改之事云勢親也名卿親執政者也言何不與之合勢以近名漢書引此無也字彼顏注云武人以事權力之卿用自表顯則其名可應氣而孟文引孟康注云盡何不也詰何不因名卿之勢以求名又引韋昭注云言有勢之名而卿應氣可不朽按李釋勢為親亦無是訓韋說是也盡勢諸為而名為而卿可氣也為而言君子貴名何不以勢為憑藉乎沒世之名惟位至九卿者應氣得之也漢制以太常光祿衛尉廷尉太僕大鴻臚宗正大司農少府為九

名丁武而言答曰
鄭子真云云是對卿
可武而言按諸說
曰[illegible]當以

卿[illegible]音義云哉音栽下同
曰君子德名為幾
漢書引同李云積德然後近名弟云揚子以為不然惟有德
者可以有名按德名對勢名而言
梁齊趙楚之君非不富且貴也惡乎成名
趙楚漢書引作楚趙惡乎成名漢書引作惡虖成其名顏云
謂常時諸侯王也惡於何也惡音烏按諸侯王表云漢興之
初海內新定同姓寡少懲戒亡秦孤立之敗於是剖裂疆土
立二等之爵功臣侯者百有餘邑尊王子弟大啟九國常山
以南太行左轉度河濟漸於海為齊趙穀泗以往奄有龜蒙
為梁楚

巖御覽八百二十二引作嵒

御覽引于作於無乎字

谷口鄭子真不詘其志而耕乎巖石之下名振于京師豈其卿豈其卿

屈漢書作詘而耕乎漢書無而字乎作于振漢書作震按影宋咸震秦校云震當作振音義可證此震字依溫公集注所改非其舊今據改地理志谷口屬左馮翊華陽國志漢中士女志云鄭子真褒中人也玄靜守道履至德之行乃其人也教曰忠孝愛敬天下之至行神中五徵帝王之要道也按神中五徵疑即皇極五行之說成帝元舅大將軍王鳳備禮聘之不應家谷口世號曰谷口子真亡漢中無立祠漢書敘傳引三輔決錄云鄭子真名樸高士傳中云鄭樸字子真說文山部云巖岸也楚辭哀命云穴巖石而窟伏名震京師高漢中士女志誤云

音義云螘垤上魚綺切下徒結切

名重泰山華夏宗仰則鄭子真也

或問人曰艱知也

艱集注本作難李云鄭難也書皋陶謨云皋陶曰都在知人在安民禹曰吁咸若時惟帝其難之

曰焉難曰太山之與螘垤江河之與行潦非難也

說文虫部云螘蚍蜉也爾雅釋蟲云蚍蜉大螘小者螘詩東山毛傳云垤螘冢也方言十一云垤封場也楚郢以南蟻土謂之封垤中齊語也又十一云蚍蜉其場謂之坻或謂之垤說文水部云潦雨水也詩采蘋云于彼行潦毛傳云行潦流潦也孔疏云行者道也然則行潦道路之上流行之水孟子公孫丑篇云泰山之於邱垤河海之於行潦類也

大聖之與大佞難也烏呼能别似者爲無難

難也集注本無也字音義云能别似者彼列切俗本作能參

以似非是按集注本作能參以似說文女部云佞巧讇高材

也按此刺王莽之詞莽傳贊云莽既不仁而有邪佞之才

或問鄒莊有取乎曰德則取愆則吾

李云愆過也吾不也按此前已見前篇此重出之者彼文猶

云取其少欲自持是必不得已而節取之此則詞益嚴峻直

謂無所取也義見後文

何謂德愆曰言天地人經德也否愆也

言天地人而經者易春秋也繫詞云易之爲書也廣大悉備

有天道焉有人道焉有地道焉繁露王道通三篇云古之造文

俞云𢡟字當合下語字爲句𢡟語者過𢡟之辭也按俞說是也𢡟語謂不經之言

者三畫而連其中謂〻王三畫者天地與人也而連其中者
通其道也取天地與人〻中以爲貫而參通〻非王者孰能
當是漢書睦（眭）弘等傳贊云通合天人之道者莫著乎易春秋是
也鄒衍作怪迂〻變莊周仲荒唐〻言不合經義是𢡟也非
德言無可取也舊解皆失楊義
𢡟語向君子不出諸口
𢡟語謂不經〻言也舊注疑以𢡟字句絕以語字屬下讀失
〻孝經卿大夫章云非先王之法言不敢道文云言滿天下
無口過論語顏淵篇云非禮勿言皆𢡟語君子不出諸口〻
義

疏五終

法言疏證六　　元和汪榮寶

問明卷第六　法言　楊雄所序

或問明曰微

說文彳部云微隱行也从彳从敚會意按敚者妙也微从敚得訓故二文音義畧同漢書藝文志云昔仲尼沒而微言絕李奇云隱微不顯之言也顏注云精微要妙之言耳易微言上云案精微要妙與隱微不顯義同禮記中庸云知微之顯可與入德矣繁露二端篇云夫覽求微細於無端之處誠知小之將為大也微之將為著也吉凶未形聖人所獨立也雖欲從之末由也已此之謂也

或曰微何如其明也曰微而見之明其詳乎

音義云孛布内切按讀為孛說文米部云孛㪍也从米人色也从子論語色孛如也是此繫傳云言人色孛然壯盛似草木之茂也是孛有盛義左傳莊公篇云其興也悖焉杜注云悖盛貌悖即誖之重文杜云盛貌亦讀為孛也明其字乎者言無微不見明之盛也吳云誖亂也失之

聰明其至矣乎不聰實無耳也不明實無目也

爾雅釋詁云實是也漢書五行志引傳曰視之不明是謂不悊言上不明暗昧蔽惑則不能知善惡傳曰聽之不聰是謂不謀言上偏聽不聰下情隔塞則不能謀慮利害

曰眩眩乎惟天爲聰惟天為明

音義眩眩胡涓切幽遠貌按說文玄部云玄幽遠也

匪。御覽二引作惟

夫能高其目而下其耳者匪天也夫

李云目高則無所不睹耳下則無所不聞言人高其目則覩德義之経聖人之道下其耳則聞芻蕘之言負薪之諫按繁露雖合根篇云天高其位而下其施太玄晬云目上於天耳下於淵恭測曰目上耳下聰察極也。

或問小每知之可謂師乎

昔言微而見之明其詩乎故更設此問

曰是何師與是何師與天下小事爲不少矣每知之是謂師乎

禮記學記云記問之學不足以爲人師鄭注云記問謂豫誦雜難雜說至講時爲學者論之按即小每知之之說

師之貴也知大知也

音義云大知知字李云大知者聖道按論語衛靈公篇云子曰賜也女以予為多學而識之者與對曰然非與予一以貫之何注云善有元事有會天下殊途而同歸百慮而一致知其元則衆善舉矣故不待多學而一知之即此文大知之義荀子儒效篇云君子之所謂知者非能徧知人之所知之謂也有所正矣楊注云正當為止言止於禮義也又云法先王統禮義一制度以淺持博以古持今以一持萬苟仁義之類也雖在鳥獸之中若別白黑倚物怪變所未嘗聞也所未嘗見也卒然起一方則舉統類而應之無所儗怍張法而度之則晻然若合符節是大儒者也義亦與此文相足

小知之師亦賤矣

李云致遠恐泥是以君子不為故不貴也按致遠恐泥論語子張篇文蓺文志云孔子曰雖小道必有可觀者焉致遠恐泥是以君子弗為也然亦弗滅也閭里小知者之所及亦使綴而不忘按班以閭里小知釋小道與李注合

孟子疾過我門而不入我室

音義云[illegible]注法言過古禾切不入室者孟子疾之不食實者楊子疾之近人注法言誤以孟子疾為句絕按禮記少儀鄭注楚辭惜誦章王注並云疾惡也孟子盡心篇云孔子曰過我門而不入我室我不憾焉者其惟鄉原乎趙注云人過孔子之門而不入則孔子恨之按楊君解孟子此文與邠卿異義後文云過我華而不食我實李云華者美發之賦實者

法言太玄是華實者以草木爲喻猶言知其外而不知其内
也而用以擬孟子此文則過我門而不入我室云者以宫室
爲喻亦猶知其外而不知其内耳論語先進篇云由也升堂
矣未入於室也又見子張篇云夫子之牆數仞不得其門而入
不見宗廟之美百官之富過我門之云即不得其門之門不
入我室之云即未入於室之室非謂人過孔子之門而不入
也段如趙說則凡過孔子之門者孔子皆將引而致之於室
無是理鄉原自以爲是而不可與入堯舜之道爲其自棄其非入室
故不復以爲恨矣凡人來學者則無不將其由文章而入性
與天道之學其有淺嘗而止者則悉之此自聖人誨人不倦
之心矣以爲所居之室則過門者之不入是其常事孔子何

因而懸之乎但此孔子之事而楊君屬諸孟子者拠論語諸
弟子之言他書引或以為孔子劉氏寶楠學而篇疏云當時
引述各經未檢原文或有錯誤故也是其例矣
或曰亦有疾乎曰摭我華而不食我實
說文手部云拓拾也重文摭音義云摭我音隻李云華者美
麗之賦實者法言太玄
或謂仲尼事彌其年蓋天勞諸病矣夫
司馬云彌終也按爾雅釋詁文諸猶之也見經傳釋詞孟子
公孫丑篇趙注云病罷也天病矣哉
曰天非獨勞仲尼亦自勞也天樂天聖樂聖
孝至篇云天道勞功或問勞功曰日一日勞考載曰功曰子

子道篇引孔子曰君子其未得也則樂其意既已得之又樂其治是以有終身之樂無一日之憂

或問鳥有鳳獸有麟鳥獸皆可鳳麟乎

李云言凡鳥獸之不可得友鳳麟亦猶凡人不可彊追聖人之道

曰群鳥之於鳳也群獸之於麟也形性豈群人之於聖乎

李云鳥獸大小形性各異人之於聖腑藏並同

或曰甚矣聖讀無益於庸也聖讀而庸行盍去諸

說文言部云讀誦書也聖讀者聖人之書是誦也澗舊作云

孔子讀而儀秦行彼李注云欲讀仲尼之書而行蘇秦之辯是也荀子修身篇不由禮則夷固僻違庸衆而野楊注云庸凡庸音義云庸行下孟切下庸行同去諸丘莒切按或人疾

當時學者號稱誦孔子之言而行不免爲庸人則不如不論之爲愈也

曰甚矣子之不達也聖讀而庸行猶有聞焉

呂覽異寶篇高注云聞知也猶有聞焉者謂雖不能行猶能聞知聖人之言荀子勸學篇云不聞先王之遺言不知學問之大也儒效篇云不聞不若聞之

去之抏也抏秦者非斯乎投諸火

音義云抏也五官切漢書云海内抏弊下抏秦同舊本皆作抗按抏抗形近而誤集注本作阬宋云阬猶陷也抏誤爲抗又誤爲阬宋據誤本爲注失之楚辭懷沙章王注云抏剸也抏秦者謂聖人之書剸於秦也李云斯李斯按史記秦本紀

云秦始皇三十四年左丞相李斯言曰臣請史官非秦紀皆燒之非博士官所職天下敢有藏詩書百家語者悉詣守尉雜燒之所不去者醫藥卜筮種樹之書

或問人何尚曰尚智

繁露必仁且知篇云智者見禍福遠其知利害蚤物動而知其化事興而知其歸見始而知其終言之而無敢譁立之而不可廢取之而不可舍前後不相悖終始有類思之而有復及之而不可厭其言寡而足約而喻簡而達省而具少而不可益多而不可損其動中倫其言當務如是者謂之智

曰多以智殺身者何其尚

注道家言也老子上經云智惠出有大偽又云絕聖棄智民

利百倍

曰昔乎皋陶以其智爲帝謨殺身者遠矣

昔乎集注本無乎字書序云皋陶矢厥謨禹成厥功帝舜申
之作大禹謨皋陶謨棄稷白虎通聖人篇云何以言皋陶聖
人也以目篇曰若稽古皋陶聖人而能爲舜陳道朕言惠可
底行又旁施象刑維明音義云皋陶音遙

箕子以其智爲武王陳洪範殺身者遠矣

史記宋世家云箕子者紂親戚也集解引馬融云箕國名也
子爵也索隱引司馬彪云箕子名胥餘馬融王肅以箕子爲
紂之諸父服虔杜預以爲紂之庶兄杜預云梁國蒙縣有箕
子冢書大傳二云武王勝殷釋箕子囚箕子不忍周之釋走

之朝鮮武王聞之因以朝鮮封之箕子既受周之封不得無臣禮故於十三祀來朝洪範者宋世家集解引鄭注以爲大法也漢書五行志云禹治洪水賜雒書法而陳之洪範是也聖人行其道而寶其真降及于殷箕子在父師位而典之周既克殷以箕子歸武王親虛己而問焉

仲尼聖人也或者劣諸子貢子貢辭而精之然後廓如也

或者集注本無者字說文力部云劣弱也廣雅釋詁二云劣少也劣諸子貢者云叔孫武叔陳子禽皆有是言按並見論語子張篇彼劉疏云夫子殁後諸弟子切劘砥礪以成其學故當時以有若似聖人子夏疑夫子而叔孫武叔陳子禽皆以子貢賢於仲尼可見子貢晚年進德修業之功幾幾乎超

賢人聖然孟子言子貢智足知聖人又子貢亦足皆言夫子生民未有此及下兩章皆深致贊美李云精明撮史記天官書集解引康楚辭橘頌章王注並訓精爲明

於戲觀書者達子貢雖多亦何以爲

左傳哀公篇杜注云違不從也論語子路篇云雖多亦奚以爲

盛集注本作慎宋云言無慎於子貢之明師道也此失其句讀而以意改之今訂正盛哉歎美之詞邪爲湯文之丕承淵懿故先以歎美之詞起之古書多有此例白虎通謚篇云謚或一言或兩言何文者以一言爲謚質者以兩言爲謚故湯死後稱成湯以兩言爲謚也孟子滕文公篇引書曰丕承哉

盛哉成湯丕承也文王淵懿也

武王烈哉厥之丕大承纘本書序云聖人聰明淵懿繼天測

靈

或問丕承曰由小致大不亦丕乎革夏以天不亦承乎

易革云湯武革命順乎天而應乎人繁露三代改制質文篇

云故湯受命而王應天變夏

淵懿曰重易六爻不亦淵乎浸以光大不亦懿乎

說文糸部云緟增益也經典通用重淮南要略訓云周室增以

六爻說見前篇疏

或問命曰命者天之命也非人為也人為不為命

白虎通壽命篇云命者何謂也人之壽也天命已使生者也

請問人為曰可以存亡可以死生非命也命不可避也

說苑雜言引孔子曰人有三死而非命也者人自取之夫寢處不時飲食不節佚勞過度者疾共殺之居下位而上忤其君嗜欲無厭而求不止者刑共殺之少以犯衆弱以侮強忿怒不量力者兵共殺之此三死者非命也人自取之按人自取即人爲之義孟子盡心篇云莫非命也順受其正趙注云命有三名行善得善曰受命行善得惡曰遭命行惡得惡曰隨命惟順受命爲受其正也按順受即不可避之義

或曰顏氏之子冉氏之孫

史記仲尼弟子列傳云回年二十九髮盡白蚤死家語弟子解云顏回少孔子三十歲年二十九髮白三十一而死淮南精神訓高注云顏淵十八而卒按諸說互異辯詳潘氏維城

論語古注集箋五六論衡命義篇云伯牛空居而遭惡疾白虎通壽命篇云冉伯牛危言正行而遭惡疾孔子曰命矣夫斯人也而有斯疾也

曰以其無避也若立巖牆之下動而徼病行而招死命乎命乎

左傳隱公篇云制巖邑也杜注云恃制巖險是巖有險義蓋心篇云是故知命者不立乎巖牆之下趙注云恐壓覆也

吉人凶其吉凶人吉其凶

易繫辭云吉人之辭寡左傳文公篇云無凶人也繁露玉英篇云凡人有憂而不知憂者凶有憂而深憂之者吉而[illegible]其吉者李云居安思危存不忘亡是也吉其凶者李云以小惡[illegible]爲無傷而不去也惡積而罪彰滅身之凶至也是也

辰乎辰曷來之遲去之速也君子競諸

爾雅釋訓云不辰不時也星辰即時也漢書蒯通傳云時乎時不再來顏注云此古語歎時之不可失小爾雅廣言云競逐也[illegible]也逐時者李云日進德修業欲及時也

譊言敗俗譊好敗則姑息敗德

譊影宋本作謚音義云謚女耕切嚶謚天復本作譊譊音于又音紆妄言也今据天復本改說文無謚言部云譊妄言也引申得為凡妄之偁譊言譊好猶妄言妄好也廣雅釋詁一云敗壞也音義云敗俗必邁切下同又如字謚好呼報切下於好好文同禮記檀弓篇云君子之愛人也以德細人之愛人也以姑息鄭注云息猶安也言苟容取安也按姑息者對

後文亟於時言之謂苟安不學也

君子謹於言慎於好亟於時

李云亟急也 按廣雅釋詁一文 音義云亟於紀力切

吾不見震風之能動聾聵也

震風見吾子篇 說文耳部云聵生而聾也 音義聵五怪切 國

或問君子在治曰若鳳在亂曰若鳳或人不諭曰未之思矣治則見

語晉語云聾聵不可使聽

亂則隱

論衡指瑞篇引儒者說云鳳皇騏驎仁聖禽也思慮深避害

遠中國有道則來無道則隱 音義云在治直吏切則見賢遍

切。

〇在治 御覽九百十五引作在位誤也

御覽八百三十二引同
亦作弋者

鴻飛冥冥弋人何篡焉

音義云後漢書逸民傳序引楊子作弋者何篡宋衷注云篡取也鴻高飛冥冥薄天雖有弋人執矰繳何所施巧而取焉喻賢者深居亦不罹暴亂之害今篡或為慕誤也按易小過虞注云弋矰繳呂覽功名篇善弋者下鳥乎百仞之上高注云弋繳射之也漢書張良傳云鴻鵠高飛一舉千里羽翼以就橫絕四海橫絕四海又可奈何雖有矰繳尚安所施司馬云先謂逆取曰篡按方言一云凡取物而逆謂之篡

鷦明遴集食其絜者矣

音義云鷦明上音焦說文曰東方發明南方焦明西方鷫鷞北方幽昌中央鳳皇又司馬相如傳云鷦明已翔乎寥廓之

御覽九百十五引作鳳皇

字文樂緯云鷓鵬狀如鳳皇按樂緯叶圖徵文見續漢書五行志注引文選江淹雜體詩李注引宋均樂緯注云鷓的身體質赤色廣雅釋鳥云鷓明鳳皇屬也音義云遴集鄰抹切宋吳並云遴行難也按說文辵部文段注云引伸為遴選人必重難也則遴集者審擇不輕集也聚集注本作隙莊子秋水篇云南方有鳥其名鵷雛文云非梧桐不止非練實不食非醴泉不飲釋文引李注云鵷雛鸞鳳之屬也按即鷓的異名故云南方有鳥非梧桐不止是遴集也非練實不食非醴泉不飲是食其絜也

鳳鳥蹌蹌匪堯之庭

李云蹌蹌者步趾之威儀也按爾雅釋訓云蹌蹌動也詩楚

故毛傳云蹌蹌言有容也廣雅釋言云匪彼也淮南本經訓
高注云鳳麟至德之世至于門庭

亨龍潛升其貞利乎

易集解引子夏傳云亨通也 又引沈注云天地之氣有升降
君子之道有行藏龍之為物能飛能潛故借龍比君子之德也
則亨訓者又言通人矣李云貞正也利者義之和

或曰龍何如可以貞利而亨曰時未可而潛不亦貞乎時可而升
不亦利乎潛升在己用之以時不亦亨乎

音義云時飛則飛時潛則潛

或問活身曰明哲

李云既明且哲以保其身 按詩孫氏文集注本身或作生

或曰童蒙則活何乃明哲乎

易蒙云匪我求童蒙釋文引鄭注云蒙〻物初生是其未開

蒙〻名也人幼稚曰童按童蒙疊均連語本書序云倥侗顓

蒙漢書敘注引鄭氏云童蒙無知也

曰君子所貴亦越用明保慎其身也

李云越於也云越曰也按爾雅釋詁云粵于爰曰也于於粵

越同聲通用詳見經傳釋詞

如庸行翳路衝〻而活君子不貴也

庸讀為容莊子胠篋篇容成大庭大明而作庸成二字古書

互通容亦翳也行亦蔽也容行翳路偶文以足句耳周禮巾

車職云三侯三獲三容先鄭注云容者乏也待獲者所蔽也

爾雅釋宮云容謂之防鄭注云形如今牀頭小曲屏風唱射者所以自防隱禮記月令云羅網畢翳鄭注云翳射者所以自隱也管子小匡篇云兵不解翳房注云翳所以蔽兵是容翳者並隱蔽之器引伸之得為凡隱蔽之稱釋宮又云路行道也是行與路亦同詁此言童蒙無知者不知擇道而由若有物隱蔽之者然猶修身篇擿本埴索塗冥行而已也音義云翳路烏計切衝說文作衝廣雅釋訓云衝衝行也易林咸之坤云心惡來怪衝衝何懼

楚兩龔之絜其清矣乎

李云楚人龔君賓龔長倩也當成哀之世並為諫大夫俱著令聞號曰兩龔王莽篡位之後崇顯名賢復欲用稱疾

遂終身不仕絜清其志者也按見漢書列傳

蜀莊沈冥

漢書王貢兩龔鮑傳序云蜀有嚴君平又云君平卜筮於成都市以爲卜筮賤業而可以惠衆人有邪惡非正之問則依著龜爲言利害與人子言依於孝與人弟言依於順與人臣言依於忠各因勢導之以善從吾言者已過半矣裁日閱數人得百錢足自養則閉肆下簾而授老子博覽亡不通依老子嚴周之指著書十萬餘言揚雄少時從游學以而仕京師顯名數爲朝廷在位賢者偁君平德杜陵李彊素善雄久之爲益州牧喜謂雄曰吾真得嚴君平矣雄曰君備禮以待之彼人可見而不可得詘也彊心以爲不然及至蜀致禮相見

卒不敢言㠯為從事乃歎曰揚子雲誠知人矣君平年九十餘遂㠯其業終蜀人愛敬至今稱焉華陽國志序志云高尚逸民嚴遵字君平按後漢避明帝諱故改莊曰嚴沈冥漢書引作湛冥彼孟康注云湛深湛默無欲也按沈叚字湛正字說文水部云湛沒也引伸為清深之稱文選思玄賦舊注云湛深也太玄玄文云冥者明之藏也又云有形則復於無形故曰冥文選王元長曲水詩序李注引侯巴云嚴君平常病不事沈冥而妃亦絜矣按此侯君法言注之僅見者

蜀莊之才之珍也不作苟見不治苟得久幽而不改其操雖隨和何以加諸

漢書引同彼顏注云不為苟顯之行不事苟得之業隨〻侯

珠也和和氏璧也諸之也淮南覽冥云譬如隨侯之珠和氏之璧得之者富失之者貧高注云隨侯漢東之國姬姓諸侯也隨侯見大蛇傷斷以藥傅之後蛇於江中銜大珠以報之因曰隨侯之珠蓋明月珠也楚人卞和得美玉璞於荊山之下以獻武王王以示玉人玉人以為石刖其左足文王即位復獻之以為石刖其右足抱璞不釋而泣血及成王即位又獻之成王曰先君輕刖而重剖遂剖之視之果得美玉以為璧蓋純白夜光文選李斯上秦始皇書云有和隨之寶

舉茲以旃不亦寶乎

漢書引同音義作不亦珍乎是法言舊本作珍今作寶或据漢書改之集注本亦作寶漢書顏注云旃亦之也言舉此人

而用之不亦國之寶乎旃之尒疋釋言文

吾珍莊也居難爲也

經傳釋詞云居詞也易繫辭傳曰噫亦要存亡吉凶則居可知矣鄭王注竝曰居辭也詩柏舟曰日居月諸正義曰居諸者語助也故日月傳曰日乎月乎不言居諸也按此文居亦語助居難爲猶易言居可知也宋吳司馬竝望文生解不可通矣

不慕由即夷矣何毚欲之有

李云許由伯夷無欲之至音義毚欲士銜切貪也俗本作利欲宋云言莊君平非慕許由即慕伯夷爾何利欲之能動司馬云宋吳本毚作利按說文毚部毚狡兔也犬部狡少九

也段注云引伸為狂也猾也疾也健也

或問堯將讓天下於許由由恥有諸

[redacted]說文手部攘推也經典皆段讓為之文選演連珠李注引譙周古史考云許由堯時人也隱箕山恬泊養性無欲於世堯禮待之終不肯受時人高其無欲遂崇大之曰堯將以天下讓許由由恥聞之乃洗其耳

曰好大者為之也顧由無求於世而已矣

經傳釋詞云顧猶但也吳云好大言者為此無其實由隱者也無所求於世其行止此耳

允哲堯儃舜之重則不輕於由矣

方言一云黨曉哲知也又云齊宋之間謂之哲彼音義云知

音智按試兼釋曉誼當從本讀此文允哲正謂誠知也音義云儃舜蟬戰切按儃者嬗之叚字說文女部云嬗一曰傳也漢書歷律志云舜處虞之嬀汭堯嬗以天下古書或叚禪爲之孟子萬章引孔子曰唐虞禪又或叚擅爲之荀子正論云堯舜擅讓但經典相承作禪者多故歷律志顏注云嬗古禪讓字也正論楊注云擅與禪同此文司馬注亦云儃與禪同堯嬗之舜重者書序云虞舜側微堯聞之聰明將使嗣位歷試諸難是其事也言學者誠知堯嬗舜之爲重則知必無輊以天下攘許由之事也

好大累克巢父灑耳不亦宜乎

音義云累克俗本誤作刻李云累積克勝也積大言以相勝

也宋吳本作刻吳云累刻猶累日也按李說是也積勝云即學行篇云習非勝是積亦習也荀子儒效解蔽楊注並云積習也灑影宋本作洗按音義云灑耳音洗是元本作灑今据正實當[illegible]爲洒說文水部云洒滌也演連珠李注引高士傳云巢父聞許由之爲堯所讓以爲污乃臨池水而洗耳後漢書逸民傳云昔唐堯著德巢父洗耳事或屬諸許由或屬諸巢父或又以爲許由一名巢父具見連珠注蓋許巢事本出叚託傳述乖迕不足怪也

靈場之威宜夜矣乎

李云靈場神鬼之壇祠也靈壇所以爲威可冥夜不可經白日偏謬之訣可獨說不可校諸實吳云靈壇鬼神之威施

於莫夜則見怯虛誕累久之說施於庸常則見信按說文土部云場祭神道也孟子滕文公築室於場趙注云場孔子冢上祭祀壇場也國語楚語壇場之所韋注云除道曰場漢書郊祀志能知四時犧牲壇場上下氏姓所出者以為宗顏注引臣瓚曰平地為場茲李所本云感宜夜者荀子解蔽篇云冥冥而行者見寢石以為伏虎也見植林以為後人也冥冥蔽其明也楊注云冥冥暮夜也又云凡人之有鬼也必以其感忽之間疑玄之時正之此人所以無有而有無之時也楊注云必以此時定其有鬼也無有謂以有為無也有無謂以無謂有也荀以之況百家異說之蔽法言此文正與相同李吳說並明檢諸子平議謂壇場為禪國之壇轉似迂遠矣

朱鳥翾翾歸其肆矣

李云朱鳥燕別名也按廣雅釋鳥云元鳥朱鳥燕也音義云翾翾許緣切飛貌左傳昭公篇元鳥者司分者也杜注云以春分來秋分去正即此所云時來則來時往則往是朱鳥即元鳥宋以為燕黑鳥非朱鳥朱鳥謂鳫也鳫以時來時往王氏念孫廣雅疏證駁之云按燕頷下色赤故謂之朱鳥且說文云翾小飛也韓詩外傳云翾翾十步之雀是翾翾為小鳥翻飛之貌惟燕雀之屬為然故晉夏侯湛元鳥賦云擢翾翾之陋容揮連篇之元翼也若雁色徧體蒼黑不得言朱鳥又翰飛戾天不得言翾翾矣咸說非也肆者李云海肆也音義云注非也朱鳥往來以時不累其身放肆自遂按音義說

俞云下雖字衍文也

是前篇云蚑其肆矣可證

或曰奚取於朱鳥哉曰時來則來時往則往能來能往者朱鳥之

謂與

月令仲春之月玄鳥至鄭注云玄鳥燕也燕以施生時來巢

人堂宇文仲秋之月玄鳥歸注云歸謂去蟄也凡鳥隨陰陽

者不以中國為居

或問韓非作說難之書而卒死乎說難敢問何反也

韓非子有說難篇史記老子韓非列傳云然韓非知說之難

為說難書甚具終死於秦不能脫自音義云之云

曰說難蓋其所死以[redacted]手

明非反也司馬云宋吳本無其字

曰何也曰君子㠯禮動㠯義止合則進否則退確乎不憂其不合也

孟子萬章篇云孔子進以禮退以義得之不得曰有命音義云傕苦角切

夫女說人而憂其不合則亦無所不至矣

說難云夫龍之為蟲也可擾狎而騎也然其喉下有逆鱗徑尺人有嬰之則必殺人人主亦有逆鱗說之者能無嬰人主之逆鱗則幾矣據此則非著書之意媕為阿諛取容而已論語陽貨篇云苟患失之無所不至矣集注解引鄭注云言諂佞邪媚無所不至也

或曰說之不合非憂邪

司馬云宋吳本作非夏憂說之不合非邪

曰說不由道憂也由道而不合非憂也

論語衛靈公篇云君子病無能焉不病人之不知己也集解

引包注云君子之人但病無聖人之道

或問哲曰旁明厥思問行曰旁通厥德

說文上部云旁溥也明亦通也廣雅釋詁一云明通也荀子

勸學篇云篇思索以通之易繫辭云以通神明之德音義云

問行下孟切

疏六終

法言疏證七　　元和汪榮寶

寡見卷第七　法言　楊雄所序

吾寡見人之好假者也邇文之視邇言之聽假則偭焉

假舊作假秦校云當作假下同音義可證此假字依温公集注所改非其舊今据訂正音義云好假音遐本或作遐下同按說文無遐當即假之或體若徃之爲進復之或爲退後之或爲遂矣漢書禮樂志假狄合處顔注假狄遠夷也華山碑思登假之道魏孔羨碑洪聲登假繁陽令楊君碑假爾仐服武斑碑商周假邈是古遐字並作假寔當[illegible]爲嘏說文古部云嘏大遠也辵部云邇近也吳云偭背也離騷曰偭規矩而改錯蓺文志云安其所習毀所不見終以自蔽此學者之

大患也說文序云俗儒啚夫翫其所習蔽所希聞不見通學

䶵此文之誼

或曰曷若茲之甚也先王之道滿門

東都賦云庠序盈門

曰不得已也得已則已矣得已而不已者寡哉

李云不得已者官有策試者也按漢書儒林傳贊云自武帝

立五經博士開弟子員設科射策勸以官祿訖於元始百有

餘年傳業者寖盛支葉蕃滋一經說至百餘萬言大師衆至

千餘人蓋祿利之路然也是其證

好盡其心於聖人之道者君子也人亦有好盡其心矣未必聖

人之道也

問道云適堯舜文王者為正道非堯舜文王者為它道君子

正而不它

多聞見而識乎至道者至識也多聞見而識乎邪道者迷識也

說文辵部云迷惑也多聞見而識乎邪道者謂若少正卯記

醜而博

如賢人謀之美也詘人而從道如小人謀之不美也詘道而從人

如猶與也詳見經傳釋詞說文言部云詘詰詘也按曲也序

云隨體詰詘古書多段屈為之司馬云詘與屈同誤以正為

段也

或問五經有辯乎曰惟五經為辯說天者莫辯乎易

易繫辭云是以立天之道曰陰與陽莊子天下篇易以道陰

○莫辯御覽六百八引作辨下同

說事意林引作說垢

陽乾鑿度引孔子曰易者所以昭天道定王業也

說事者莫辯乎書

天下篇云書以道事繁露玉杯篇云書著功故長於事史記自序云書記先王之事故長於政

說體者莫辯乎禮

蓺文志云禮以明體

說志者莫辯乎詩

書堯典云詩言志詩序云詩者志之所之也在心爲志發言爲詩天下篇云詩以道志

說理者莫辯乎春秋

禮記喪服四制鄭注云理者義也荀子正名篇楊注云理條

貫也按謂三科九旨七等六輔之屬孔氏廣森公羊通義序云漢世謂公羊為今學左氏為古學以其書多古文訓讀賈逵服虔觭能明之雖時此傳牴牾而一字予奪必有意日月名氏詳畧必有說大旨猶不甚相背杜預始變亂賈服古訓自為經承舊史承赴告苟如是因陋就簡整齊冊牘云尔董狐倚相之才[illegible]優為之而又何貴乎聖人大凡學者謂春秋事畧左氏事詳經傳必相待而行此即太史公云魯之春秋史也君子修之則經也經主義史主事事故繁義故文少而[illegible]用廣世俗莫知求春秋之義徒知求春秋之事其視聖經竟似左氏記事之標目名存而實[illegible]亡矣

捨斯辯亦小矣

大戴禮記小辨云小辨破言自序云小辯終破大道而或詁惑

字衆

春木之芚[redacted]兮~~援~~㩻我手之鶉兮

芚李注本舊作芒秦校云注春木芒然而生温公集注云李本芚作芒按音義不出芚字是其本作芒也其實芚是芒非音義本傳寫譌耳此正文與注歧異乃初皆作芒後改未盡

一榮按芚與鶉存均段氏玉裁六書音均表屯聲𦎫聲存聲共在弟十三部改為芒則不均矣說文無芚芚即春之媠篆文春作萅从艸屯从日艸部云萅推也从日艸屯屯亦聲段注云日艸屯者得時艸生也屯字象艸木之初生按萅之本誼為艸木生後用以紀時今歲首之誼明而艸木之誼

[舍弟寶云]東[?]苑題卯也」別體漢司隸校尉楊孟文頌碑書遂為遂幣為蔕積為穑皆其比[畢君說][redacted]序卦傳屯者盈也自後通用為盈冏蓄聚之義[redacted]屯本訓艸木初生屯然而難平入相轉與出字不異春從屯聲考工梓人則春以功注春讀為蠢出也尚書大傳春出也萬物之出也春蠢之蠢[蠢古]文廣雅釋詁六訓出也春蠢為出也亦為出皆以聲轉出之言詘也與屯同意說文謂出象艸木益滋上出達與屯微別蓋屯者艸木句萌而尚曲

汪東

出者艸木冒地而益孳析言異達言[redacted]一也東謂出解云案說文云艸初生出地貌毛詩傳茁出也與茁同意出之本訓為象艸木茲出而更遂茁字猶屯之本訓為艸木初生而與勝茁字也許書不載或其遺闕曾君改春為舂失之遠矣

晦矣曾編修廣鈞云芚即春之媎春木之春不詞疑當作春
木春與援均此句首用均例也說文目部云春顧也春木之
春猶云顧彼木之春耳按春與春隸形最近曾說或是也[redacted]
[redacted]說文大部云奄大也讀若鶉音義云鶉兮音純李
云言其純美也純叚字奄正字美即奄之引伸誼公羊隱五
年傳美大之之辞也美大連文誼得相近[redacted]
禮記中庸云大哉聖人之道洋洋乎發育萬物峻極於天鄭
注育生也峻高大也按春木之芚以發生言援我手之鶉以
高峻言謂聖人立五經以示後譬若援其手而登進之奄乎
其高也

去之五百歲其人若存兮

吳云按孔子以魯哀十八年卒至漢甘露元年子雲始生凡四百二十八歲後天鳳五年子雲卒去孔子凡四百九十八歲言五百歲者舉其成數是也

或曰譊譊者天下皆說也奚其存曰曼是為也

說文言部云譊恚呼也廣雅釋訓譊譊語也音義云一本說作訟按集注本依宋吳作訟音義又云曼是莫半切曼衍無極也宋云曼不也吳云曼無也按宋吳說是也小尔疋廣詁曼末無也曼與末一声之轉曼即末耳五百云行有之也病曼之也曼與有對文謂無之也重黎云神怪茫茫若存若亡聖人曼云謂聖人不云也是即後文是在其中之是之謂聖道也曼是為者言非聖道之不存但天下無有為之者也舊解

是字皆[illegible]不憭

天下之亾聖也久矣哤哤之子各識其親譊譊之學各習其師

文選幽通賦李注引字林云哤子啼声書皋陶云启哤哤而泣後漢書儒林傳論云夫書理無二義歸有宗而碩學之徒莫之或徙又雄所謂譊譊之學各習其師也

精而精之是在其中矣

言天下無聖所賴以見聖道者師說也而譊譊之學又務為墨守一家攻擊異己則不知精擇之敝也惟反復精擇之去其不可通而從其可通者則聖人之道即在其所習師說之中也司馬云宋吳本是作各按漢書儒林傳贊云所以罔羅遺說兼而存之是在其中矣班語[illegible]正本法言[illegible]司正宋吳本

法言疏證

之謬

或曰良玉不彫美言不文何謂也

此道家語也淮南說林云至言不文（不彫御覽五百八十五[illegible]記引[illegible]作不雕下同）

曰玉不彫璵璠不作器言不文典謨不作經

說文玉部云璵璠魯之寶玉引孔子曰美哉璵璠遠而望之奐若也近而視之瑟若也一則理勝二則孚勝按璵璠二徐本說文同初學記二十七御覽八百四並引作璠璵段氏說文注乃云各本作璵璠今依太平御覽所引作璠璵法言亦作璠璵今攷法言音義本及集注本並作璵璠不如段所見（惟初學記二十一引作璠璵）段蓋偶未及照耳（據此爲說歟）禮記學記云玉不琢不成器自序云典謨之篇雅頌之聲不溫純深潤則不足以揚鴻烈而章緝熙

孝至疏證七 一

六

或問司馬子長有言曰五經不如老子之約也當年不能極其變
終身不能究其業
此史記自敘引司馬談六家要指文[redacted]也彼
又云夫儒者以六藝為法六藝經傳以千萬數累世不能通
其學當年不能究其禮故曰博而寡要勞而少功按司馬談習
道論於黃子故所論如此又世掌史官本道家所出其先黃
老而後六經固不足異至子長史記於孔子為世家而以老
子與韓非同傳則已灼然與父異趣班書遷傳贊所譏未為
允論[redacted]也
曰若是則周公惑孔子賊古者之學耕且養三年通一經
經字据集注本增司馬云李本無經字今從宋吳本按蓺文

俞云此本作古者之學者傳寫誤倒了

今之學也後漢書儒林傳論引作今之學者又四華藻下無也字御覽六百十五引同

志云古之學者耕且養三年通一藝存其大體玩經文而已是故用日少而畜德多三十而五經立也班語即本法言似班所見本作十藝

宋吳本

今之學也非獨為之華藻也又從而繡其鞶帨惡在老不老也

李云鞶大帶也帨佩巾也按並說文革部巾部文後漢書儒林傳論云至有分爭王庭樹朋私里繁其章條穿求崖穴以合一家之說故楊雄曰今之學者非獨為之華藻又從而繡其鞶帨李注云喻學者文煩碎也鞶帶也字或作幋說文曰鞶覆巾也音盤帨佩巾也音稅按李所見說文與今本異

或曰學者之說可約邪曰可約解科

淮南原道高注云天解天之解故也莊氏逵吉校云按解故

即詁字孟子題辭云儒家惟有孟子閎遠微妙縕奧難見宜在條理之科焦疏云廣雅釋言云科條也又云科品也蓋當時著書之法各有科等孟子之意恉旣縕奧難見則宜條分縷析使之井井著明故宜在條理之科按據題辭則漢世解經之說謂之條理之科此文解科亦其誼也

或曰君子聽聲乎曰君子惟正之聽荒乎淫佛乎正沈而樂者君子弗聽也

按秦本佛作拂音義云拂手符勿切集注本此條下有李注佛違也云云二十四字似李本亦作佛秦本此注奪去今依集注本作佛實當讀為咈說文口部云咈違也沈讀為湛

或問侍子以博乎曰侍坐則聽言有酒則觀禮焉事博乎

[redacted]說文竹部云簙局戲也六箸十二棊也古者烏[redacted]

曹作簙

或曰不有博弈者乎曰為之猶賢於已耳

此論語陽貨篇文猶集注本作由耳作爾

侍君子者賢於已乎君子不可得而侍也侍君子晦斯光窒斯通

亡斯有辱斯榮敗斯成如之何賢於已也

李云窒塞按說文穴部文

鷦明沖天不在六翮乎拔而傅尸鳩其累矣夫

鷦明見前篇疏證素問解精微論王注云沖升也說文羽部
云翮羽莖也尒疋釋器云羽本謂之翮新序雜事一云今夫
鴻鵠高飛沖天然其所恃者六翮耳國語晉語韋注云傅箸

文選　曹詩序
李注引作雷震揚
天風薄乎山

也廣疋釋鳥云尸鳩戴勝也按與方言八合說詳王氏夫之
詩經稗疏曹風篇易繫辭云德薄而位尊知小而謀大力少
而任重鮮不及矣
雷震乎天風薄乎山雲徂乎方雨流乎淵其事矣乎
楚辭涉江王注云艸木交錯曰薄按引伸爲凡迫遒之偁廣
疋釋詁三云薄聚也易說卦云雷風相薄李云徂往也方四
方[illegible]國策宋策韋注云事政事也礼記孔子閒居云天有四
時春秋冬夏風雨霜露無非教也地載神氣神氣風霆風霆
流形庶物露生無非教也鄭注云皆人君所當奉行以爲政
教
魏武侯與吳起浮於西河

史記魏世家云文侯卒子擊立是為武侯吳起史記有傳藝文志兵權謀家有吳起四十八篇楚辭哀郢王注云船獨流為浮禮記檀弓鄭注云西河龍門至華陰之地書禹貢孔疏云龍門之河在冀州西界故謂之西河王制云自東河[illegible]至於西河千里而近是河相對而為東西也墨子兼愛中云古者禹治天下西為西河漁竇畢氏沅注云西河在今山西陝西之界宋氏翔鳳孟子趙注補正云魏世家惠王十九年築長城塞固陽固陽漢志作稒陽屬五原郡在今陝西榆林府府谷縣魏河西為極北秦本紀正義云魏西界與秦相接南自華州鄭縣西北過渭水濱洛水南岸向北有上郡鄜州之地皆築長城以界秦境在今華州北至榆林縱長千餘里皆魏

河西地則魏本盡有河之西岸據全晉之險足以西制秦所謂天下莫强者也按魏未失河西地以前西河盡在魏封域内故武侯得與吴起沿浮其地

寶河山之固起曰在德不在險固

李云辥在史記按國策魏策史記吴起傳具有其文又選劒閣銘云昔在武侯中流而喜山河之固見屈吴起興實在德

險亦難恃

曰美哉言乎使起之固兵每如斯則太公何以加諸

集注本無固司馬云李本使作起之用兵按固用隸形相近作用於義爲順漢書東方朔傳云太公爲將軍顏注云太公呂望也如戰陳征伐之事故云爲將軍藝文志有太公兵八法

十五篇入道家

或問周寶九鼎寶乎

漢書郊祀志云禹收九牧之金鑄九鼎象九州皆嘗鬺亨上帝鬼神其空足曰鬲以象三德饗承天祜夏德衰鼎遷於殷殷德衰鼎遷於周又吾丘壽王傳云臣聞周德始乎后稷長於公劉大於太王成於文武顯於周公德澤上昭天下漏泉無所不通上天報應鼎爲周出故名曰周鼎公羊傳桓公篇徐疏云殷衰之時鼎没於泗水及武王克殷之後鼎乃出見

曰器寶也器寶待人而後寶

左傳宣公篇云桀有昏德鼎遷於商載祀六百商紂暴虐鼎遷於周德之休明雖小重也其姦回昏乱雖大輕也即器寶

待人而寶之誼

齊桓晉文以下至於秦兼其無觀已

說文禾部云兼幷也按周僖王元年齊桓公會諸侯於北杏始霸至秦始皇二十六年盡滅六國凡四百六十一年

或曰秦無觀奚其兼曰所謂觀觀德也如觀兵開闢以來未有秦也

書僞咸有一德云七世之廟可以觀德國語周語云先王燿德不觀兵文選西征賦李注引尚書考靈耀曰天地開闢以來未之聞也

或問魯用儒而削何也

呂覽觀表高注云削弱也孟子告子篇淳于髡曰魯繆公之

鹽鐵論相刺篇云昔
魯穆公之時公儀為
相子思子原為之卿
然北削於齊以泗為
境南畏楚人西賓
秦國

時公儀子爲政子柳子思爲臣魯之削也滋甚若是乎賢者
之無益於國也
曰魯不用儒也昔在姬公用[redacted]於周而四海皇皇奠枕於京
白虎通號篇云號之爲皇者煌煌人莫違也奠定之声[redacted]同古
通見修身篇疏證說文宀部云定安也易集坎解引虞注亦[redacted]
枕止也書皋陶[redacted]謨僞書益稷云禹曰安女止公羊傳桓公篇云
京師者何天子之居也
孔子用於魯齊人章章歸其侵疆
李云章章悚懼也吳云章章宜爲慞慞蓋古通用也慞慞懼
也按[redacted]說文無慞廣韵下平云慞懼也此後出字釋名釋親
屬云夫之兄伀閭曰兄章章灼也章灼敬奉之也是章有敬

之海御覽七百七十一引作于海樓航作樓船

誼章灼雙声章二緟言𢧵形字也公羊傳定公篇云齊人曷爲來歸運讙龜陰田孔子行乎季孫三月不違齊人爲是來歸之何注云齊侯自頰谷會歸謂晏子曰寡人過於魯侯如之何晏子曰君子謝過以質小人謝過以文齊嘗侵魯四邑請皆還之李云一時暫用猶至於是況能終之乎

魯不用真儒故也如用真儒無敵於天下安得削

荀子儒效篇云用大儒則百里之地久而後三年天下爲一諸侯爲臣用萬乘之國則舉錯而定一朝而伯

灝灝之海句濟句樓航之力也航人無如楫航何

灝集注本作浩按問神篇商書灝灝爾字正作灝[redacted]也方言九云舟自關而西謂之船自關而東或謂

航人御覽引作舫
人楫作檝何作河

俞云……奔……壘當作賁壘射義賁軍之將鄭注曰賁讀為僨僨猶覆也賁壘之車猶言覆車也覆於壘者隱三年左傳鄭伯之車僨於濟以僨言者語也
按韓非子安危篇云奔車之上無仲尼覆舟之下無伯夷
車奔……舟覆
義自可通不煩改讀

法言疏證

之舟或謂之航音義云樓航或作沆亦作杭按依說文當作
沆文選吳都賦劉注云樓船船有樓也莊子大宗師釋文引
崔注云楫所以行舟也
或曰奔壘之車沈流之航可乎
說文土部云壘軍壁也鹽鐵論形德云執轡非其人則馬奔
馳執軸非其人則船覆傷昔吳使太宰嚭持軸而破其船秦
使趙高執轡而覆其車可下疑有奪文當云可救[redacted]乎李言
言治國及修身者如車奔舟覆故欲救之似李所據本有救
字
曰否或曰焉用智曰用智於未奔沈大寒而索衣裘不亦晚乎
[redacted]說文宀部云索入家搜也經傳通作索

乘國者其如乘航乎航安則人斯安矣

詩七月鄭箋云乘治也

惠以厚下民忘其死忠以衛上君念其賞

鹽鐵論未通篇引傳曰政寬者民死之

自後者人先之自下者人高之誠哉是言也

李云欲上必以卑其下言之欲先必以後其身後之處上而民

不重在前而民不害按並老子下篇文

或曰弘羊榷利而國用足盍榷諸

史記平準書云桑弘羊以計算用事侍中又云弘羊雒陽賈

人子也以心計年十三侍中榷集注本作搉音義云榷利音

角與李本同按當讀為㩁說文西部云㩁實也考事西笮邀

遮其辭得宲曰數漢書武帝紀初榷酒酤顏注引韋昭云以木渡水曰榷謂禁民酤釀獨官開置如道路設木爲榷獨取利也顏伸之云榷者步渡橋尒疋謂之石杠今之畧約是也禁閉其事總利入官而下無由以得有若渡水之榷因立名焉按韋顏並據本字說之轉似紆回矣吳云漢武以桑弘羊領大農盡管天下鹽鐵盡籠天下貨物而均輸平準之一歲之中帛五百萬匹人不益賦而天下用饒故曰國用足按並武帝元封元年事見史記平準書漢書食貨志

曰譬諸父子爲人父而榷其子縱利如子何卜式之云不亦匡乎

卜式漢書有傳李云匡正也桑弘羊榷利之時天下大旱卜式曰獨烹弘羊天乃雨式之所言大匡正矣按亦見平準

書食貨志

或曰因秦之法清而行之亦可以致平乎

据漢法皆因秦制致平謂致治太平

曰譬諸琴瑟鄭衛調俾夔因之亦不可以致簫韶矣

文選秋胡詩聲急由調起李注云調猶韻也又義心多苦調李注云調猶辞也禮記樂記云夔始制樂以賞諸侯鄭注云夔舜時典樂者也公羊傳哀公篇徐疏引書咎繇謨鄭注云簫韶舜所制樂又引宋均樂說注云孫氏星衍誤据為鄭注文簫之言肅舜時民樂其肅敬其紀堯道故謂之簫韶或曰韶舜樂名舜樂者其秉簫乎按說文作䈞韶竹部云虞舜樂曰䈞韶按春秋終獲麟見太平世治定功成恩及禽獸比於堯舜之隆

法言疏證

鳳皇來儀故楊君以簫韶譬太平以鄭衛譬乱世明當[redacted]撥乱世反之正乃可以致太平不得僅因而清行之荀子修身云國乱而治之者非按乱而治之之謂也去乱而被之以治是其誼也

或曰處秦之世抱周之書益乎

周書謂六藝之文宋云此抱周書者蓋易也言人有居秦之世獨抱周之易可益乎按宋意謂秦焚燒詩書而易以卜筮之書獨存故云尒然此自或人設詞固不必如宋說

曰舉世寒貂狐不亦燠乎

說文豸部云貂鼠屬大而黃黑出胡丁零國謝氏濟世西北域記云俄羅斯一名羅刹古丁零國也又云烏蘭亦產貂不

如俄羅斯良不足釋言云燠暖也

或曰炎之以大沃之以湯燠亦燠矣

說文水部云渼漑灌也今字婧作沃吳云何必貂狐之為燠

若用湯火亦燠矣猶言何必周書為之治若用刑法亦可治

矣按吳說是

曰燠哉燠哉時亦有寒者矣

非其時而望之非其道而行之亦不可以至矣

司馬云用秦之法以求治猶冬而望春而望穫之熟而南

適楚而也北終不能致

秦之有司負秦之法度

李云秦法已酷吏又毒之吳[illegible]云秦之法度本以刑罰決斷

為本而秦之有司乃以慘酷為能是貿其法度矣司馬云秦法雖酷亦志在於求治而有司又為文巧以乱之按諸說並非楊指後文云天地違秦亦弘矣即伸此句之誼秦本法酷有司從而加甚不得云負且與天地違秦之誼不毋榮謂有司負秦若李斯趙高矯始皇詔誅太子扶蘇之屬秦任刑罰法本以防姦邪而奸邪萌起故云負秦法度

秦之法度負聖人之法度

漢書刑法志云至於秦始皇兼吞戰國遂毀先王之法滅禮誼之官

秦弘違天地之道而天地違秦亦弘矣

尔疋釋詁云弘大也

疏七終

辛亥四月廿六日校

法言疏證八　　元和汪榮寶

五百卷弟八　法言　楊雄所序

或問五百歲而聖人出有諸

李云孟軻史遷皆有此言吳云趙岐言五百歲聖人一出天道之常也按孟子說見盡心篇史遷說見史記自敘趙岐說見盡心篇注

曰堯舜禹君臣也而並文武周公父子而處湯孔子數百歲而生

並說文作竝竝處互文荀子富國篇人倫竝處楊注云竝處群居也吳云堯舜禹三聖相並後數百年始生湯文武周公三聖同處後數百年始生孔子先則比年而三聖後則遠年而一聖司馬云湯上距禹下距文王孔子上距周公皆數百

俞云千謂千歲一謂一歲往其極數者言之或千歲而生一聖人往其極數者言之或一歲而生一聖人故曰雖千一不可知也

數歲榮按吳說是

因往以推來雖千一不可知也

李云千歲一人一歲千人不可知也吳云因往以推來雖千年一聖亦未可知也榮按俞說是

聖人有以擬天地而參諸身乎

禮記中庸云可以贊天地之化育則可以與天地參矣

或問聖人有詘乎曰有曰焉詘乎曰仲尼於南子所不欲見也陽虎所不欲敬也

史記孔子世家云孔子自蒲反乎衛靈公夫人有南子者使人謂孔子曰四方之君子不辱欲與寡君為兄弟者必見寡小君寡小君欲見孔子辭謝不得已而見之夫人在絺帷中

孔子入門北面稽首夫人自帷中再拜環佩玉聲璆然孔子曰吾鄉爲弗見見之禮答焉孔叢子儒服篇平原君問子高曰吾聞子之先君親見衛夫人南子信有之乎答曰昔先君在衛衛君問軍旅焉拒而不荅問不已攝駕而去衛君請見猶不能終何夫人之能覿乎古者大饗夫人與焉於時禮儀雖廢猶有行之者意衛君夫人饗夫子則夫子亦弗獲已矣錢氏坫論語後錄云坊記曰陽侯殺繆侯而竊其夫人故大饗廢夫人之禮此孔子叢之說必有所据不得以後世依託之書廢之也毛氏奇齡四書改錯云古無男女相見之禮惟祭則主婦獻尸尸酢主婦謂之交爵非祭則否故坊記云非祭男女不交爵亦並非相見即助祭卿大夫亦並不因此妄行

見禮若夫人初至春秋經稱大夫宗婦覿用幣謂大夫之宗
婦以覿禮入非謂大夫亦同入也至諸侯大饗大夫出行祼
獻禮同姓諸侯有之異姓則否故禮正義謂王饗諸侯及諸
侯𥚃饗自相饗同姓則后夫人覿獻異姓則使人攝獻自繆
侯陽侯以同姓而遭此變凡後同姓亦攝獻是男女無相見
禮無覿禮祇有交爵饗獻二禮而既則交爵存而饗獻亦廢
至大夫覿幣惟何休杜預皆有是說孔仲達即非之謂禮無
此文況穀梁傳云大夫不見其夫人後世儒說何如傳文足
据乎按孔叢𡿺僞書不足依据錢氏傳以坊記則論語史記
本無靈公夫人大饗孔子之事證以毛說益知其非段如錢
意則南子之請見孔子合於禮文孔子無爲不欲子路亦無

爲不悅矣劉氏寶楠論語雍也篇疏云竊謂南子雖淫亂然有知人之明故於蘧伯玉孔子皆特致敬其請見孔子非無欲用孔子之意子路亦疑夫子此見爲將詘身行道而於心不說正猶公山弗擾佛肸召子欲往子路皆不說之比非因南子淫亂而有此疑也按劉說正法本言是也若呂覽貴因篇孔子道彌子瑕見釐釐靈聲轉夫人淮南泰族訓孔子欲行王道東西南北七十說而無所偶故因衛夫人彌子瑕而欲通其道鹽鐵論論儒篇御史曰禮男女不授不交爵孔子適衛因嬖臣彌子瑕以見衛夫人子路不說子瑕佞臣也夫子因之非正也男女不交孔子見男子非禮也禮義由孔氏且貶道以求容惡在其釋事而退也則當時口說流行乃有以貶

道求容誣孔子者揚君所斥也陽貨虎論語作陽貨彼劉疏
云貨虎一聲之轉孟子滕文公篇趙注云陽虎魯季氏家臣
也敬謂往拜其門
見所不見敬所不敬不詘如何
如猶而也見經傳釋詞
曰衛靈公問陳則何以不詘
史記孔子世家云孔子將西見趙簡子至於河乃還而反乎
衛入主蘧伯玉家它日靈公問陳孔子曰俎豆之事則嘗聞
之軍旅之事未之學也陳讀為敶說文攴部敶列也經傳多
段陳為之顏氏家訓書證篇云太公六韜有天陳地陳人陳
雲鳥之陳

曰詘身將以信道也如詘道而信身雖天下不爲也

音義云信道音伸下同按信即伸之叚借說文人部云伸不屈也宋注引孔子曰君子之行已可以詘則詘可以伸則伸按所引未審何據御覽八百三十引尸子孔子曰詘寸而信尺小枉而大直吾爲之也

聖人重其道而輕其祿衆人重其祿而輕其道

周禮大宰職鄭注云祿若今月奉也

聖人曰於道行與衆人曰於祿殖與

廣雅釋詁一云殖積也國語晉語韋注云殖蓄也朱駿声以爲皆兹之叚借

昔者齊魯有大臣史失其名

李云臣道事君不可則止爲大臣也史失其名者不書其名也按呂覽士容論高注云史國史也

曰何如其大也曰叔孫通制君臣之儀徵先生於齊魯所不致者二人

文選三都賦序李注云先生學人之通稱也史記叔孫通傳云高帝悉去秦苛儀法爲簡易羣臣飲酒爭功醉或妄呼拔劒擊柱高帝患之叔孫通知上益猒之也說上曰夫儒者難與進取可與守成臣願徵魯諸生與臣弟子共起朝儀高帝曰得無難乎叔孫通曰五帝異樂三王不同禮禮者因時世人情爲之節文者也故夏殷周之禮所損因益可知者謂不相復也臣願頗采古禮與秦儀雜就之上曰可試爲之令易

知度吾所能行爲之於是叔孫通使徵魯諸生三十餘人魯有兩生不肯行曰公所事者且十主皆面諛以得親貴今天下初定死者未葬傷者未起又欲起禮樂禮樂所由起積德百年而後可興也吾不忍爲公所爲公所爲不合古吾不行公往矣無汙我叔孫通笑曰若眞鄙儒也不知時變吳云遷固二史皆曰魯有兩生而揚謂齊魯豈其接近而言歟按古人之語有因此及彼者此類是也故墨子兼愛中引武王將事泰山之文曰仁人尚作以祇商夏稱商而兼及夏也又備城門云由聖人之言鳳鳥之不出諸侯畔殷周之國稱周而兼及殷也今艮云齊魯有大臣稱魯而兼及齊也俞氏樾古書疑義舉例有因此及彼例引證尤詳

俞云開跡者通跡也如魯兩生之不肯行則絕跡於漢廷矣故以孔子之歷聘諸侯爲通跡也

曰若是則仲尼之開迹諸侯也非邪

迹集注本作跡漢書鄒陽傳欲開忠於當世之君顏注云開謂陳說也楚辭天問注云迹道也開迹謂陳說其道

曰仲尼開迹將以自用也

李云欲行其道制素法也按孟子滕文公篇趙注云孔子正懼正道遂滅故作春秋因魯史記設素王之法此素法之誼然此文方云開迹諸侯不得遽言作春秋李說非揚恉自用與後文委己而從人相對爲誼

如委己而從人雖有規矩準繩焉得而用之

宋云規矩準繩猶制度也

或問孔子之時侯諸有知其聖者與曰知之

白虎通聖人篇云聖人未歿時寧知其聖乎曰知之論語曰太宰問子貢曰夫子聖者歟孔子曰太宰知我乎

知之則曷爲不用曰不能

集注本知之上有曰字按古書疑義舉例一有兩人之辭而省曰字例此曰字由後人不憭古書義例而譌之

曰知聖而不能用也可得聞乎曰用之則宜從之從之則棄其所習逆其所順彊其所劣捐其所能衝衝如也

所習謂若驕奢淫軼所順謂若巧言令色及百家異說非先王之術者彊音義本作強古字通用彊賢也管子地員房注云彊堅也廣雅釋詁一云賢堅也王疏云太平御覽引風俗通云賢堅也是其證劣與賢相對爲訓學行云顏其劣乎

其聖 御覽四百一引作孔子之聖

御覽引作者

不能 藝文類聚及御覽引無也字 又無則宜從之從之六字 今依御覽改 棄各本作弃 御覽作所從

問明云仲尼聖人也或者劣諸子貢彊其所劣謂賢其所不
肖若[illegible]柳下惠見黜於魯史魚不用於衛聖人則當舉而任
之李云捐棄所能謂若孟子盡心篇云有人曰我善爲陳我（御覽引作損）
善爲戰衛讀爲憧易繫辭集解引虞注云憧憧懷思慮也[illegible]
釋文引劉注云意未定也
非天下之至孰能用之
音義云天復本作非天下之至德集注依天復本增德字按
無德字義亦同問神云聖人存神索至（藝文類聚引與注同御覽引作至聖）
或問孔子知其道之不用也則載而惡手之
說文車部云載乘也釋名釋姿容云載戴也載戴在其上也
尒雅釋詁云之往也

孟子告子篇越人關弓而射之史記伍子胥傳伍子胥貫弓執矢

曰之後世君子

公羊傳哀公篇云制春秋之義以俟後聖以君子之爲亦有樂乎此也孔子世家云子曰弗乎弗乎君子病没世而名不偁焉吾道不行矣吾何以自見於後世哉乃因史記作春秋

曰貫如是不亦鈍乎

音義云貫如音古廣雅釋詁四云鈍遲也

曰衆人愈利而後鈍聖人愈鈍而後利關百聖而不慙蔽天地而不恥

古書多叚貫爲之

關讀爲毌關毌同部字書管叔墨子耕柱篇又公孟篇作關叔是關音古讀如管也說文部首毌穿物持之也禮記襍記孔疏云關穿也此讀關爲毌之證

毌貫關義俱近也

七

魯之公羊哀公篇何注云樂其貫於百王而不滅

能言之類莫能加也貴無敵富無倫利孰大焉

李云倫匹

或曰孔子之道不可小與曰小則敗聖如何

音義云天復本無如何二字

曰若是則何為去乎曰愛日

孔子三朝記小辯篇云社稷之主愛日洪氏頤煊注云曾子曰君子愛日以學孫卿書曰王者敬日敬猶愛也

曰愛日而去何也曰由羣婢之故也

婢影宋本作謀今據集注本改說文女部云婢女之卑者也史記孔子世家云孔子由大司寇行攝相事於是誅魯大

司馬云言道既不可小則如不合何如去父母之邦

夫●乱政者少正卯與聞國政三月粥羔豚者弗飾賈男女行者别於塗塗不拾遺四方之客至乎邑者不求有司皆予之以歸齊人聞而懼曰孔子為政必霸霸則吾地近焉我之為先并矣盍致地焉犂鉏曰請先嘗沮之沮之而不可則致地庸遲乎於是選齊國中女子好者八十人皆衣文衣而舞康樂文馬三十駟遺魯君陳女樂文馬於魯南高門外季桓子微服往觀再三將受乃語魯君為周道游往觀終日怠於政事子路曰夫子可以行矣孔子曰魯今且郊如致膰乎大夫則吾猶可以止桓子卒受齊女樂三日不聽政郊又不致膰俎於大夫孔子遂行宿乎屯而師已送曰夫子則非罪孔子曰吾歌可夫歌曰彼婦之口可以出走彼婦之謁可以死

敢優哉游哉維以卒歲師已反桓子曰孔子亦何言師已以
實告桓子喟然歎曰夫子罪我以羣婢故也
不聽正諫而不用
李云三日不聽朝正宋云不聽正當作不聽政字之誤也司
馬云正與政同按正諫當連讀說苑正諫篇云是故諫有五
一曰正諫二曰降諫三曰忠諫四曰戇諫五曰諷諫白虎通
諫諍篇作指諫公羊傳莊公篇何注作爭諫誼枝同也世家
無孔子諫受女樂之文韓非子內儲說下云黎且以女樂六
遺哀公哀公樂之果怠於政仲尼諫不聽去之楚按韓非子
此文足補世家之闕與法言合
噫者吾於觀庸邪無爲飽食安坐而厭觀也

噫者上宋吳本有雒字李本無音義亦不云别本有雒是有雒者妄也此蓋孔子之語楊君引之以證愛日而去之誼不加孔子曰者若公羊傳文公篇引諓諓善竫言以證秦繆公之能變孟子萬章篇引不及貢以證彖不有爲於國之說皆於已語之後引古證之而不題書曰是其例也噫者他書多作意者意噫古通莊子在宥篇意治人之過邪釋文意本又作噫新序襍事五引楚丘先生語再云噫將韓詩外傳十引扗作意將經傳釋詞云或云意者亦疑詞也釋詞又云於猶爲也讀去聲觀觀望也釋名釋宮室云觀觀也於上觀望也以觀平聲釋觀去聲復以觀望釋觀是其證庸用也二字古亦通用猒集注本作饜音義云猒觀一鹽切按讀爲猒說文甘部云

意者吾於觀庸邪七字爲句邪乃語詞蓋託爲孔子之言若曰吾將於此觀彼庸庸者邪故又曰無爲飽食安坐而猒觀也

猒飽也引伸爲凡飽足之稱又引伸爲長久之係荀子儒效篇云猒猒乎其長久也古書多叚淹爲之尔疋釋詁云淹久也二語乃心口相商之詞言吾今者苟此處而不去豈爲觀望任用邪明道既不行不得猶豫觀望虛費時日故以無爲久觀釋之所以爲愛日必知此爲孔子之語非楊君述孔子意而爲之說者以後文云由此觀之夫子之日亦愛日矣明是援引古書證成己誼之例也

由此觀之夫子之日亦愛矣

述學釋夫子云古者孤卿大夫皆係子係子而不成詞則曰夫子夫者人所指名也以夫配子所謂取足以成詞耳孔子爲□魯司寇其門人稱之曰子曰夫子後人沿襲以爲師長

自不聽正以下蓋皆古書記孔子去魯之語政作正意作嘻無仍原書之舊而後文云由此觀之夫子之日亦愛矣

之通稱而莫有原其始者

或曰君子愛日乎曰君子仕則欲行其義居則欲彰其道事不厭教不倦焉得日

音義云不厭於艷切孟子公孫丑篇引孔子曰吾學不厭而教不倦也

或問其有繼周者雖百世可知也

論語爲政篇文御覽五百二十二引鄭注云世謂易姓之世也集解引馬注云物類相招世勢數相生其變有常故可豫知也日知錄一云殷因於夏禮所損益可知也周因於殷禮所損益可知也數往者順也其或繼周者雖百世可知也知來者逆也

秦已繼周矣不待夏禮而治者其不驗乎

白虎通三教篇云王者設三教者何承衰救弊欲民反正道
也三正之有失故立三教以相指受夏人之王教以忠其失
野救野之失莫如敬野殷人之王教以敬其失鬼救鬼之失莫
文如周人之王教以文其失薄救薄之失莫如忠繼周尚黑制
與夏同三者如順連環周而復始窮則反本史記高帝紀云曰
三王之道若循環終而復始周秦之閒可謂文敝矣秦政不
改反酷刑法豈不繆乎明秦繼周統當用夏礼也[redacted]
不待夏礼而治者句末者字無誼此文本云其者不驗乎者
与諸古多互用礼記郊特牲云於彼乎於此乎或諸遠人乎
或諸即或者也尔疋釋魚云龜俯者靈仰者謝前弇諸果後

弇諸獵上云俯者仰者下云弇諸明得互用也詳經傳釋詞公羊
傳桓公篇云其諸以病桓與何注云其諸詞也經傳釋詞云
其諸亦擬議之詞也後人不知其者即其諸之變文故後重
黎篇云其者未辯與音義云者衍字集注本改作或者而於
此文則以意倒之矣

曰聖人之言天也天妄乎

妄與驗相對爲誼問神云無驗而言之爲妄

繼周者未欲太平也如欲太平也捨之而用他道亦無由至矣

太平集注本作[illegible]泰他當作它問道篇可證至讀爲致禮
記大學鄭注又禮器釋文莊子外物篇釋文並云致本作至
致者謂治致太平春秋制新王之法以詒後聖用夏道正黑

统明繼周者不循其法不能以撥亂反正宋讀捨之而用為

句失之

赫赫乎日之光群目之用也渾渾乎聖人之道群心之用也

集注本日下有出字音義云渾渾户昆切又胡本切

或問天地簡易而聖人法之何五經之支離

音義云簡易以豉切下同易繫辭云乾以易知坤以簡能易則易知簡則易從文選魯靈光殿賦李注云支離分散也字亦作支繚荀子强國篇楊注云支繚支分繚繞按支離疊均連語離繞一声之轉

曰支離蓋其所以為簡易也已簡已易焉支焉離

支離者博以文也簡易者約以禮也支離所以為簡易者博

學而詳說之將以反說約也

或曰聖人無益於庸也曰世人之益者倉廩也取之如單

說文部首倉穀藏也又部首㐭穀所振入宗廟粢盛倉黃謹㐭而取之故謂之㐭㐭重文廩从广从禾如而也詳經傳釋詞單讀爲殫說文歺部云殫極盡也

仲尼神明也大以成大小以成小雖山川邱陵草木鳥獸裕如也如不用也神明亦末如之何矣

說文衣部云裕衣物饒也引伸爲凡饒之偁

或問聖人占天乎曰占天地

說文卜部云占視兆問也易繫辭云極數知來之謂占天地乃天地也之誤淮南墬形訓高注云地或作池墨子大取篇

其藾在死也畢注云一本作地地池也地並形相近易誤從

弟楊寶云地字屬下讀漢書丙吉傳顏注引李奇云地猶第

也顏云地亦但也語声之急耳是地若此猶但若此按其說

疏

若此則史也何異曰史以天占人聖人以人占天

周禮大史職云大師抱天時鄭注引先鄭云大出師則大史

主抱式以知天時處吉凶史官主知天道故國語曰吾非瞽

史焉知天道春秋傳曰楚有雲如眾赤烏夾日以飛楚子使

問之周大史大史主天道李云聖人以人占天者也先乎天

也史以天占人者後乎天也大聖先天而天不違良史後天

而奉天時知其所先後則天人之情得矣吳云以天占人者

觀天以見人事也以人占天觀者因人以知天意也司馬云
史考察象數知人事之吉凶聖人修人事知天道不能違禁
按吳司馬說是
或問星有甘石何如
史記天官書云昔之傳天數者在齊甘公魏石申集解引徐
廣曰云或曰甘公名德也本是魯人正義引七錄云楚人戰
國時作天文星占八卷石申魏人戰國時作天文八卷也漢
書藝文志序術數家云六國時楚有甘公魏有石申夫則班
亦以甘公爲楚人史記張耳傳索隱云齊楚不同未知孰是
榮考司馬貞三皇本紀云炎帝神農氏姜姓其後有州甫甘
許戲露齊紀怡向申呂皆姜姓之後潛夫論志氏姓篇亦

云州蒲甘戲露怡皆姜姓也則甘與齊同出姜姓之後疑史
記作齊者近是然其後流徙定國未有知也漢書天文志多
引石氏甘氏說二家時有異同故問其優劣也
曰在德不在星德隆則晷星星隆則晷德也
說文日部云晷日景廣雅釋天云晷柱影也按謂表柱之景
也德隆則晷星者晷之曲直衰正視乎表以德為尚則星特
德之晷耳吾第修吾德而晷之曲直衰正不足問矣星隆則
晷德者德之不修而惟憑星之災祥以為吉凶則是德轉為星
之晷將遷就人事以傅合天象甚或假借天象以緣飾人事
惑之甚也舊解似未晰
或曰問大人曰無事於小為大人請問小曰事非禮義為小

聖人之言遠如天賢人之言近如地

御覽四百一引作賢者之言

瓏玲其聲者其質玉乎

玲各本作瓏據集注引宋吳本改說文無瓏玉部云玲玉聲也漢書本傳和氏瓏玲太玄唐首亡彼瓏玲字皆作玲廣雅釋詁四云玲瓏聲也王疏云玲與瓏一聲之轉說文籠笭也笭之轉為籠猶玲之轉為瓏合言之則曰玲瓏倒言之則曰瓏玲文選東都賦李注引埤蒼云玲瓏玉聲也

聖人矢口而成言肆筆而成書

李云矢正也肆操也吳云矢放也肆恣也放口恣筆動成典訓尒疋曰矢弛也郭云弛放按矢正廣雅釋詁一文肆操古無是訓吳訓為恣本禮記表記安肆日偷鄭注所引尒疋詁

法言疏證

言可聞而不可殫書可觀而不可盡

釋詁文

李云性與天道

周之人多行秦之人多病行有之也病曼之也

音義云多行如字按當讀禮(如)記貴祿而賤行曼末一声之轉說見前篇吳云多行樂於事業而不壅也多病困於刑罰而不蘇也周人所以多行者由君存而有之也秦人所以多曰病者由君視之如無也刑法志曰秦用商鞅連相坐之法造參夷之誅按吳說近是

周之士也貴秦之士也賤周之士也肆秦之士也拘

左傳昭公篇杜注云肆展放也漢書司馬遷傳顔注云拘曲

礙也

月未望則載魄於西既望則終魄於東

說文臣部云朢月滿與日相望似朝君也从月从臣从壬會意壬朝廷也經傳通以望爲之李云載始也說文月部云霸月生魄然也承大月二日承小月三日从月䨣聲周書曰載生霸經傳多以魄爲之李云魄光也按月魄古有二說禮記鄉飲酒義云月者三日則生魄孔疏云謂月盡之後三日乃成魄魄謂明生傍有微光也此謂月明盡之後而生魄非必三日也若以前月大則月二日生魄前月小則三日乃生魄公羊傳莊公篇何注云諫必三者取月三日而成魄白虎通日月篇引援神契云月三日而成魄書康誥釋文引馬注云

精者指君月也
此文以月喻君以日喻
漢言周未衰時向
非以臣之尊由林
得也

魄朏也謂月三日始生兆朏名曰魄是莊以魄為月體向日受光之處與朏義同月部云朏月未盛之明也漢書律歷志引三統歷云死霸朔也生霸望也又顏注引孟康曰月二日以往明生魄死故言死魄魄月質也逸周書世俘解孔注云朔後為死魄其後偽孔作書傳亦承用劉歆說以朏為明以魄為月體無光之處與諸說相反李訓魄為光正本禮記緯說及漢師詁訓宋咸殊之不案轉据偽傳以相駁詰而云正文宜曰月未望則載朏於西妄矣且如其說則揚君當云既望則載魄於東乃與未望則載朏於西相合不得云終魄矣

其遡於日乎

李云遡迎也音義云音素按說文水部云泝向也重文遡从

此蓋為元后而發言婦人從夫以為律身猶月遡日以為盈虧周禮九嬪職鄭注引孔子曰婦從夫放月紀元后傳云莽改號太后為新室文母絕之於漢故以此譏之

夅朔声宋史律歷志引京房占云月有形無光日照之乃光始知月本無光遡日以為光按與歐羅巴人說合侯失勒談天月離篇云朔前後二三日月體暗處亦有微光能全見之月光初生僅一線漸增至半又漸增至滿一若有球半黑半白先以黑向人目而漸轉其球令白漸見月為球体亦如此其半為日光所照而明朔時其明面背地而向日行漸遠日見明面漸多漸近日漸少說文通訓定声壯部云月本無光借日之光以為光晦朔則日照月之上面而下面無光弦則月東行漸與日遠日從旁照漸得一線之明望則對月面而全明也然所謂对照者多從旁相对若日月各當九道之交上下相对則地球適隔其中日光為地掩而月食

彤弓盧矢不為有矣

盧集本作黸黸正字盧叚字說文黑部云齊謂黑為黸書文侯之命云彤弓一彤矢百盧弓一盧矢百僞傳云彤赤盧黑也按古者九錫有弓矢禮記曲禮孔疏引含文嘉云九錫一曰車馬二曰衣服三曰樂則四曰朱戶五曰納陛六曰虎賁七曰斧鉞八曰弓矢九曰秬鬯白虎通考黜篇引禮說云能征不義者賜弓矢不為有矣未詳李云以喻有君而無臣按因耕傳有君無臣公羊傳僖公篇文李引以解此似未塙

聆聽前世清視在下鑑莫近於斯矣

聽集注本作德按音義云聆聽俗本作聆德非說文耳部云聆聽也云字同譮禮記中庸鄭注云十譮聞也廣雅釋詁云

鑑謂之鏡字亦作鑒詩蕩云殷鑒不遠在夏后之世鄭箋云此言殷之明鏡不遠也史記高祖功臣侯年表序云居今之世志古之道所以自鏡也

或問何如動而見畏曰畏人何如動而見侮曰侮人夫見畏與見侮無不由己

宋云鄭康成云心服曰畏此言畏猶心服而畏敬之也按鄭說見禮記曲禮注廣雅釋詁一云畏敬也又三云侮輕也孟子離婁篇云夫人必自侮而後人侮之又云敬人者人恒敬之

或問禮難以彊世曰難故彊世如夷俟倨肆羈角之哺果而啗之奚其彊

腦不合也夾囟兩旁當角之處留髮不翦云午達曰羈也者按儀礼云度尺而午彼注云一從一橫曰午今女翦髮留其頂上縱橫各一相交通達故云午達不如兩角相對但縱橫各一在頂上故曰羈按男亦得謂羈穀梁傳昭公篇云羈貫成童范注云羈貫謂交午翦髮以為飾鍾氏文蒸補注云對文男女異散文通也說文口部云哺哺咀也又云啗食也通訓定聲謙部云與咦微別自食為咦食人為啗羈角之三字句絕與哺果而啗之相叠為文

或性或彊及其名一也

性讀為生古字通用禮記中庸云或生而知之又云或勉強而行之廣雅釋詁三云名成也廣韻下平引春秋說題辭

云名成也

見弓之張兮弛而不失其良兮或曰何謂也曰檠之而已矣

李云弛舍按淮南原道訓高注廣雅釋詁四並云弛舍也舍即捨古字叚借耳說文木部云榜所以輔弓弩也檠榜也儀禮既夕記鄭注云柲弓檠按柲榜雙声柲即榜弛則縛之於弓裏備損傷以竹為之賈疏云此弓檠謂凡平弛弓之時以竹狀如[illegible]弓縛之於弓裏亦名之謂柲者以若馬柲然馬柲所以制馬弓柲所以制弓使不頓傷故謂之柲張良均語

川有防器有範見禮教之至也

說文𨸏部云防隄也範讀為笵竹部云笵法也按水曰澐木曰模金曰鎔竹曰笵土曰型李云川防禁溢器範檢形以喻

禮教人之防範也以舊防為無所用而壞之者必有水敗以舊
禮為無所用而去之者必有乱患也按礼記經解文
經營然後知楨幹之克立也
幹說文作榦李云幹楨築牆版之屬也按書費誓云峙乃楨
幹史記魯世家集解引馬注云楨幹皆築具楨在前幹在兩
傍僞傳曰云題曰楨旁曰幹說文木部栽篆下段注云古築
牆先引繩營其廣輪方制之正詩曰俾立室家其繩則直是
也繩直則登楨榦題曰楨植於兩頭之長杙也旁曰榦植於
兩邊之長杙也植之謂之栽栽之言立也而後橫施版於兩
邊榦內以繩索榦实土用築築之一版竣則層絫而上詩曰
縮版以載捄之仍仍度之薨薨築之登登是也

莊楊蕩而不法

楊影宋本作揚依集注本改正宋云莊周楊朱之道放蕩而非法按列子有楊朱篇張注云或云字子居戰國時人後於墨子楊子與禽滑釐辯論其說在愛己不拔一毛以利天下與墨子相反字亦作陽呂覽不二篇云陽生貴己是也楊朱篇載禽子荅楊子語云然則以子之言問老聃關尹則子言當矣知楊朱之學亦道家者流也藝文志序道家云及放者為之則欲絕去礼學兼棄仁義顏注云放蕩也

墨晏儉而非禮

宋云墨謂墨家也司馬遷曰墨者儉而難遵晏謂晏嬰也礼曰晏子祀其先人豚肩不揜豆澣衣濯冠以祭是皆不中礼

也按所引司馬説史記自敘引司馬談六家要指文所引禮
禮記禮器文蓺文志晏子八篇入儒家按墨子非儒篇多引
晏子語晏子內篇問上又襍上亦兩引墨子曰晏子知道是
墨晏術同也蓺文志序墨家云及蔽者為之見儉之利因以非
禮

申韓險而無化

吴云申不害韓非之法傷於險而無教化蓺文志序法家云
及刻者為之則無教化去仁愛專任刑法而欲以致治至於
殘害至親傷恩薄厚

鄒衍迂而不信

蓺文志序陰陽家云及拘者為之則牽於禁忌泥於小數

舍人事而任鬼神

聖人之材天地也次山陵川泉也次鳥獸草木也

李云覆載與天地合其德次聖者大賢也高顯如山陵通潤如川泉按論語子張篇云他人之賢丘陵也又次謂衆人也鳥獸草木皆可效用於人衆人之材亦猶然也李云區别各有所長是也

疏八終

辛亥正月廿八日校

法言疏義

汪榮寶 撰

證改義 疏云照改

王本

法言疏證一

吳汪榮寶撰

學行卷第一

音義本標題如此論語學而皇侃義疏云降聖以下皆須學成故學記云玉不琢不成器人不學不知道是明人必須學乃成此書既遍該眾典以教一切故以學而爲先也按法言象論語故亦以學行爲首矣十三篇皆取篇首語爲標目

法言

漢書本題揚子法言在學行卷第一之上按論衡案書云董仲舒著書不稱子者意殆自謂過諸子也子雲自序云雄見諸子各以其知舛馳大氐詆訾聖人即爲怪迂析辯詭辭以撓世事雖小辯終破大道而或眾使溺於所聞而不自知其非也及太史公記六國歷楚漢訖麟止不與聖人同是非頗謬於經故時人有問雄者輒用法應之撰以爲十三卷象論語號曰法言是此書作意在於解嘲諸子故更立名號明非諸子之儔則稱題法言上有揚子若後人妄加也詩大題下孔穎達正義云詩者一部之大名國風者十五國之總稱不冠於周南之上而退在下者案鄭注三禮周易中候尚書皆大名在下孔安國馬季長盧植之徒其所注者莫不盡然則本題自然非注者移之定本亦然當以皆在第下足得總攝故也班固之作漢書陳壽之撰國志亦大名在下蓋取法於經典也臧氏琳經義

疏一

雜記云魏晉之儒如何晏論語郭璞爾雅釋文本皆小題在
上尚依漢儒之舊小題所以在上者以篇為之記號欲其顯
也大題所以在下者總攝全書之意也然則小題在上大題
在下乃經典通義班書采之亟稱取法洪子雲此書本象論
語其例不容獨異則舊題法言在學行之上者亦非也名曰
法言者說文灋刑也平之如水從水廌所以觸不直者去之
從廌去法今文省按引申為典則之稱爾雅釋詁云法常也
論語云法語之言能無從乎孝經注云非先王之法言不敢道
荀子大略云少言而法君子也此子雲名書之旨也漢書藝
文志揚雄所序三十八篇入儒家注自注云太玄十九法言
十三樂四箴二則法言在漢世乃與太玄樂箴同為一書初
不別出單行此子雲所自為詮次以成一家之言者故謂之
揚雄所序序者次也其自序一篇當在此三十八篇之末為
揚書之總序漢書揚雄列傳即全錄此序為之故贊首云雄
之自序云爾與司馬遷列傳篇末遷之自序云爾文同遷傳
乃全錄史記自序則此傳亦全錄揚書自序可知惟傳末法
言文多不著獨著其目以下云云乃班氏所增益故顏師古
注云自法言目之前皆是雄本自序之文也蓋自序既為揚書
三十八篇之總序則法言十三即在本書何有更著其目於
序末之理故師古所謂自法言目之前[illegible]者決非兼包法言
目而言而目在外也段氏玉裁書漢書楊雄傳後
云雄之自序云爾自是總上一篇之辭若法言序目前亦云

「史記論衡」改「史漢論衡」

法言文多不著稱著其目矣又何必贅此諸師古注亦曰自法言目之前皆是雄本自序之文也師古此説人疑爲結法言序目之辭故辨之曰法言目之前皆是傳首序也承師古注曰雄之自序譜牒蓋爲錄略是師古以班傳皆錄雄自序甚顯明班氏錄雄自序爲之傳㊃如文心雕龍所云太史公錄司馬相如自序爲之傳也鄭[illegible]師注周禮遂人職云揚子云有田一廛仲師卒於建初八年於時漢書初成仲師未必見實用自序語漢書記雄之年壽舛錯於贊中補載而不繫諸傳與他篇體例不同則傳文爲錄雄自序不增改一字無疑唐初自序已無單行之本師古時就贊首一語顧之宋洪容齋隨筆謂雄所爲文盡見於自序及漢志初無所謂方言其類方言非子雲書非也其直稱班傳爲自序則是也極若貲此論可謂明辨以權雄謂雄之自序云爾爲家在法言目而言則爲誤解顔注蓋顔意以贊首一語繫於傳末備載法言目以後尚不加別白則似[illegible]班氏所附益之法言目亦爲雄本自序之文數精者此[illegible]以明傳末所[illegible]法言目不載贊首所謂自序之體非爲他人誤解自序爲專指法言目也假如段説則注但云以上皆雄本自序之文足矣何[illegible]別異其詞斷自法言目之前爲自序文耶此由段不悟自序爲揚書三十八篇之總序初疑其書有單行之本故云爾實則古人自序皆附所著書末史記論衡猶可考見未有無所附麗單行一序者唐初楊書三十八篇本雜亡無存而不得謂本

五法言舊本絶無附錄此序者詩代僮孔顔歟□義稱揚子云有此一篇亦不以爲漢書正與鄭司農注周禮同爲引用自序語耳師古既以傳首所序楊氏世系爲疎而非親見自序必不輕信其爲出於子雲則設所謂原初序無篇行之本師古特祝贊首一語推之者亦臆說也楊雄字令相承從手作揚段又云劉貢父漢書注云揚氏兩族亦泉氏從木子雲見雄自序必是唐以後僞作雖果自序其受氏從手不從木自序其受氏從手而揚修書稱修家子雲又以震族貢父所爲漢書音義者必載其說而音義不載師古注必引用何唐以前並無此論至宋而後有之且班氏用序爲傳但曰其先食采於楊因氏焉楊在河汾之間左氏傳霍楊韓魏皆姬姓國而滅於晉羊舌肸食采於楊故稱楊肸其子食我亦稱楊石漢書地理志河東郡楊縣應仲遠謂即古楊侯國左傳漢書家未有謂其字從手者則雄何得變其受氏之始而從手也修與雄姓果不同字斷不曰修家子雲以啟驕溢侯之歟笑修語正可爲辯僞之一證造僞自序者始因班傳無定楊於蜀一語師古注因云蜀諸姓楊者皆非雄族不言諸楊姓者皆從木與雄從手異也據顔從手揚字之下不言姓從木楊字改注云姓出弘農天水二望本自周宣王子尚父幽王邑諸楊號曰楊侯後并於晉因爲氏近時字書又以此語係之從手揚氏之下目爲揚雄自序是又非貢父所見僞自序今貢父所見僞自序不知存否而據班贊則班傳之

考

今所引用悉依原書楊揚並施無取膠執也

外列傳自序其謂雄姓從手者偽說也王氏念孫漢書雜志云念孫按若膺之論致確叢書本注本毛本楊揚二字雜然於一篇之中明監本則皆改為揚其分見於各志各傳者景祐本注本毛本從木者尚多而監本則否余考漢郎中鄭固碑云君之孟子有楊烏之才烏即雄之子也而其字從木則雄姓之不從手益信矣學按同聲通用古書常例託名幟識尤無正假可言謂雄姓從手與楊不同斯為妄論也以作揚為翟亦非通義藝文類聚四十御覽五百五十八引揚雄家諜云子雲以甘露元年生以天鳳五年卒葬安陵坂上所厚沛郡桓君山平陵如子禮弟子鉅鹿侯芭共為治喪諸公遣世子朝臣郎吏行事者會送桓君山為斂賻起祠塋侯芭負土作墳號曰玄冢

學行之上也荀子儒效云學至於行之而止矣行之明也明之為聖人言之次也左傳襄公廿四年云其次有立言孔穎達正義云謂言得其要理足可傳記傳稱史遷有言論語稱周任有言及此臧文仲既沒其言存立於世謂其身既沒其言尚存老莊荀孟管晏楊墨孫吳之徒制作子書屈原宋玉賈誼揚雄馬遷班固以後撰集史傳及制作文章使後世學習皆是立言者也教人又其次也中庸云修道之謂教荀子修身云以善先人者謂之教是教人未有不本言行者此列諸言行而云教謂彼時經師以教授諸經為業者也論衡書解云著作者為文儒說經者為

「無然歆羨」下加「論語云君子之於天下也無適也無莫也鄭玄注云無所貪慕是學不羨即本論語無莫揚亦讀莫為慕也」

世儒立言即著作之儒教人即說經之儒教人者已無所作
而惟述一師之說以為傳授故又次於立言也先說亦謂文
儒為於世儒
其義同也
咸無焉為衆人 淮南子脩務高誘注云衆凡也
或曰人羨久生將以學也可謂好學已乎 說文羨貪欲也音言戔如學呼部切下同凡
久之貪久生將以縱欲而已若有人學而自知不足而願得
緩須臾無死以益其炳燭之明亦君子愛日以學之意宜若
可以好學曰未之好也學不羨 詩皇矣云無然歆羨司馬光
許之也 云死生有命富貴在天好學
者修己之道無羨於彼
有羨者皆非好學者也
天之道不在仲尼乎 天之道謂若易春秋所垂教聖人微言之
所在也論語云夫子之文章可得而聞也
夫子之言性與天道不可得而聞也鄭玄注云天道七政變
動之占何晏集解云天道者元亨日新之道劉氏寶楠正義
云集解釋天道本易言之與鄭氏之據春秋言吉凶禍福者
義皆至精當取之宋氏翔鳳論語發微云易明天道以通
人事故本隱以之顯春秋紀人事以成天道故推見至隱天
官書曰孔子論六經紀異而說不書至天道命不傳傳其人
不待告告非其人雖言不著漢書李尋傳贊曰幽贊神明通
合天人之道者莫著乎易春秋然子貢猶云夫子之文章可

政一 三

金薤琳琅齋叢稿 5

得而聞夫子之言性與天道不可得而聞已矣班氏以易春
秋爲性與天道之書故引子貢之言以實之顏師古注以易
春秋爲夫子之文章者誤文章自謂詩書禮樂也論語云文
王既沒文不在茲乎劉氏逢祿論語述何云春秋寓文王
傳曰王者孰謂謂文王也禮樂**仲尼之駕說矣**各本皆作仲
制度損益三代亦文王之法也尼駕說者也
今許氏文選江文通雜體詩陸士衡平魏武帝文李善注再
引法言曰仲尼之駕稅矣乎魏武帝文注並引李軌曰稅舍
也按說稅古字通用方言稅舍車也詩甘棠召伯所說定之
方中說于桑田碩人說于農郊株林說于株野蜉蝣於我歸
說周禮典路掌王及后之五路辨其名物與其用說若有大
祭祀則出路贊駕說又趣馬掌駕說之頒並以說爲之舍皆
稅之假說文稅解稅也是也說駕本謂舍車因以爲休息之
喻諱言死則亦謂之說駕史記李斯傳云吾未知所稅駕也
謂未知死所也平魏武帝文將稅駕於此年謂將終於是年
也仲尼之駕說矣猶言仲尼既沒疑此文本或作仲尼駕說
矣無之字淺學人不知駕說之義讀說如字則句末矣字於
義不順因改矣爲者也字後校李注本者遂并删合也之語
而妄增駕傳也以易之矣駕無傳義他書無訓駕爲傳者
子云聖亦非傳言所可賅崇賢所據法言及李軌注猶唐初
未改之本足正柳宗元以下之誤其以稅爲**不在茲儒乎**
說者或所據本如此或崇賢以通用字易之

李軌云不在

駕說 仲尼 不在 孔子沒而斯文

淮南子時則高誘注云鐸木鈴也金口木舌爲鐸所以振告萬民也

所在諸儒也藏也所有母淮南子要略云孔子修成康之道述周公
之訓以教七十子使服其衣冠修其篇籍故儒者之學生焉
藝文志云儒家者流游文於六經之中留意於仁義之際祖述堯舜憲章文武宗師仲尼以重其言如將復駕
其所說則莫若使諸儒金口而木舌 音義復駕狀又切李云金寶其口木質其舌傳
言如此則是仲尼常在矣柳宗元云金口木舌鐸也使諸儒
駕孔子之說如木鐸也按復駕其說謂修聖道於孔子既沒
之後譬彼駕其已舍之車有若孔子復生焉也李云仲尼常
在即釋復駕[illegible]說之義其不以駕說爲傳言益可證明而
此注更有傳言字者疑本作諸儒亦妄人改之也金口木舌
當依柳義釋之周禮小宰鄭注云古者將有新令必奮木
鐸以警衆使明聽也木鐸木舌也文事奮木鐸武事奮金鐸
質公羊義疏云以木爲舌則曰木鐸以金爲舌則曰金鐸論
語云天將以夫子爲木鐸孔安國注云言天將命孔子制作
法度以號令於天下按即制春秋之義以俟後聖使諸儒金
口木舌者欲其宣揚聖人制作之義亦如奮木鐸以警衆也
或曰學無益也如質何 禮器增美質鄭注云質猶性也按質與
性散文則通對文亦異性以言乎其善惡質以言乎其智愚後文學所以修性也乃就善惡言此文
自論材智也如質何者謂材美者無待於學其下者學無所

四

金薤琳琅齋叢稿 6

施說苑建本云子路曰南山有竹弗揉自直斬而射之通於犀革又何學爲乎論語云朽木不可雕也糞土之牆不可杇也王肅注云喻雖施功猶不成也皆學無益於質之喻此文當兼備此二義也**曰未之思矣**五臣注本作未之思也

夫有刀者礲諸有玉者錯諸不礲不錯焉攸用音義礲諸盧紅切李云礲錯治之名按說文礲礦也又厝厲石也引詩佗山之石可以爲厝經傳皆通作錯音義焉攸於虔切下焉知同爾雅釋言云攸所也荀子勸學云金就礪則利學記云玉不琢不成器

礲而錯諸質在其中矣材美者學以增其智其下者亦以愈其愚質在其中云者明有益於用而無傷於質

否則輟也李云否不輟止也司馬云不學則盡其天質而止矣不能復進益尤大也按上文已云不礲不錯焉攸用此又云否則輟者明學無止時

螟蛉之子殪而逢蜾蠃祝之曰類我類我久則肖之矣音義螟蛉上音冥下音靈殪於計切蜾蠃上音果下郎果切祝之之又切螟蛉今毛詩爾雅並作螟蛉陳氏喬樅詩經四家異文考云蛉與蛉同如蘦落亦作零落按說文蛉蛉異字亦異物蛉螟蛉桑蟲也蛉蜻蛉也則螟蛉序以作蛉爲正說文殪死也釋名釋喪制云殪翳也就隱翳也螺小篆作蝸說文蝸蠃蒲盧細要土蜂也連文螺從累又說文訓祖也經傳通作祝又說文

明世德堂

非不云負即是伏

朱子集傳所謂不惟己善其身又當教其子使爲善者其義甚小諸此

三次「疑此文云云即魯詩小宛傳義」改爲「疑即本之小宛魯故」

「陸璣草木鳥獸蟲魚疏云螟蛉桑蟲負之于木空中或書簡筆筒中七日而化爲其子里語曰咒云象我象我」

肖胥肉相似也詩小宛云螟蛉有子蜾蠃負之教誨爾子式
穀似之揚法言此文全本此詩爲説視之云云即負之之謂
久而肖之即似之之謂毛訓負爲持鄭箋以爲負持去煦嫗
養之馬氏瑞辰毛詩傳箋通釋據夏小正傳釋嫗伏
也讀負爲伏而通之於孚謂負之即孚育之解最精而鄭云
煦嫗養之實用嫗伏之意而增以持去字説之於義轉紆
此文説之曰類我類我即象其似之事取蟲以爲爪
容耳式穀似之毛傳無文鄭似蜾蠃爲適人説詩者
以似當爲似續之似而訓爲嗣有似之似爾子也
謂嗣有汝之其辭支離殊不可通法言此文則以補虚之字
育象蟲使其肖己爲興人當教誨其子使其象賢古謂不肖
爲無似此以肖釋似最爲適義以謂似己也之字即指教誨
者自身而言如此説詩不特我子貫與首章明發
本麻有懷二人及下章夙興夜寐無忝爾所生均相接于
宣於詩多用魯義本篇正考甫書晞尹吉甫吳吾子夏序之
爲怵惕先知周公東征四國是王名伯述職厳帝甘棠至
周康之時頌聲作乎下關雎作乎上當是疑此文云云即魯
詩小宛詩義古人以爲細要之傳純雄無雌不能生子謂之
負蟲莊刈沮南並有其父純雄無子故必取他蟲子養爲己
子因而有祝變之説莊子天運司馬彪注云取祝使
似己博物志物性篇亦云細腰無雌蜂類也取桑蟲與阜螽
子祝而成子陸氏高縦寄詩遺説考云陳氏先引詩十月之交

貫通

謂今有教誨汝之爲民用道者其似之言持得而也

卷二　五

用魯詩文則此亦魯詩也陶弘景本草注始云細腰土蜂之
作房者自生子如粟米大捕草上青蜘蛛滿房中仍塞口以
擬其子大為糧其入蘆管中者亦取草上青蟲因以前人說
詩言細腰之物無雌故祝青蟲變成己子者為謬其後掌禹
錫本草注嚴有翼藝苑雌黃董彥遠閒辨新錄葉大慶考古
質疑范處義解頤新語戴侗六書故楊慎丹鉛錄王廷相雅
述篇並從陶說而羅願爾雅翼謂陶說實當物理箋疏及乎
云云之語踈矣近人□□者訂者皆以目驗所得益信舊說
之妄王氏夫之詩經稗疏云蓋蜾蠃之負螟蛉與蜜蜂採蜜
以食子同物之初生必待飼於母胎生者乳卵生者哺細腰
之房則歸物以使其自食計日食盡而能飛一達化之巧也
釋詩者因下有似之之文遂附聲以取義蟲非能知文字
六義者人之聽之髣髴相似耳彼蜾蠃者何嘗知何以謂之
似何者謂之我乎物理不審而穿鑿五說釋詩者之過非詩之
之過也孫氏繼谷漁仿泉論螟蛉蜾蠃書云因所見而類推
之細腰之有子是卵非化了無疑義也人見蟲入蜂出遂疑
為化生又因其鳴聲之似而撰為祝詞以綴所見其為是說
者乃結房如管不取蟲之蜂又鱗次結房取螟子與擭取蟲
斯理也之蜂其聲相近而較低者人脩其聲以命名若蜾蠃
者蠮螉者蒲盧皆類我之轉也擭取桑蟲之蜂不聞有鳴聲
說者以顏傳會且以諷天下之細腰盡有雄無雌雖原本於
莊列庸可信乎以上諸說皆得之實驗者然亦非絕無異論

盖

此事

孝含光本草音義云既變成子迨亦數有見者朱氏駿聲說
文通訓定聲云細腰者化含目驗知未盡然惜一種入竹管
中嘗啟其封有青蟲數枚未見其子者譔所云或指此也榮
按詩人託物比興以意取象不須盡符事實必執物理求之
斯乃高叟之固至法言此文則亦姑據傳說以資平譬夫蟲
之不誣人言恆情所曉寧俟參[illegible]目驗始得其妄故知類我
是云但取託諷與聞[illegible]博物以此爲病豈復迪方之論然
則船山所譏子雲固不受也又按文選劉伯倫酒德頌李善
注引此文作螟蛉之子螺蠃祝之曰類我類我久則肖之矣
無殪而逢三字又引李軌曰螟蛉桑蟲螺蠃蜂蟲也肖類也
蜂蟲無子取桑蟲蔽而殪之幽而養之祝曰類我久則化而
成蜂蟲矣據此本無此注今按殪而逢三字義殊可疑據李
軌注取桑蟲蔽而殪之云云則是桑蟲逢螺蠃而始殪非既
殪而後逢螺蠃其所注本必不同於今本可知疑正文本無
此三字注蔽而殪之幽而養之八字[illegible]範自以己意增成
其詞讀書者見注有殪字遂於正文妄增此三字耳選注引
無之當是崇賢所據本如此非必引書時之刪節文正文祝
之曰類我類我御覽九百四十五引作祝曰類我與選注引
李軌語同此節 依注反覆之也

速哉七十子之肖仲尼也

藝文志七十子喪 而大義乖顏師古
注云七十子謂弟子達者七十二人舉其成數故云七十又
儒林傳云七十子之徒散游諸侯注云七十子謂弟子達者

金薤琳琅齋叢稿

本書賔見云精而精之是在其中矣六

七十七人也稱七十者但言其成數也按孔子世家云身通六藝者七十有二人而仲尼弟子列傳云受業身通七十有七人今考弟子列傳自顏回至公西蔵[redacted]七十七人漢書地理志亦云弟子受業而通者七十有七人又今本孔子家語七十二弟子解篇末云右件夫子七十二人弟子皆升堂入室者而弟子列傳索隱云孔子家語亦有七十七人惟司馬貞史記孔廟圖作七十二人臧氏庸拜經日記云是可證史記漢書家語皆七十七人孔子世家身通六藝者七十有二人亦據弟子列傳正之孟子曰如七十子之服孔子也太史公曰學者多稱七十子之徒此皆舉成數言之冉是也鴻德頌注引此文作逑哉若二三子之化仲尼也又引李軌曰逑疾也二三子受學仲尼之化疾也按[illegible]大賢猶不過得聖人之一體七十子學有淺深材有高下豈得盡肖仲尼則作二三子者於義為優二三子之肖仲尼謂若冉牛閔子顏淵具體而微速疾爾雅釋詁文今本亦無此注知法言及李弘範注為後人改竄多矣

學以治之思以精之朋友以磨之名譽以崇之不倦以終之可謂好學也已矣前文云譬而錯諸質在其中矣譬錯皆治也後文云學者所以修性也修亦治也學記云學無當於五官五官弗得不治皆謂學以治之也[illegible]學而不思則罔故[illegible]思以精之說文精擇也獨學而無友則孤

注二「夏本紀采始滑索隱云古文尚書作在治忽」改正如下
「史記夏本紀來治滑索隱云古文尚書作在治忽」

洒而摩閒故明反以磨之礳亦治也學記云相觀而善之謂
摩鄭注摩相切磋也陸德明釋文本或作磨非按摩礳皆磨之假
說文作礳石磑也引伸為研磨之稱不以人爵為貴故名聲
以業之孟子云令聞廣譽施於身所以不願人之文繡也生
無所息故不倦以終之按此節論為學之本末學以治之義
謂可道疑當作學以始之與不倦以終之文義尤相應也治
始形近而誤夏本紀采始滑索隱云古文尚書作在治忽可
證一年視離經辨志學之事也九年知類通達強立而不反
不倦之德也始於學終於不倦所謂
念終始典于學之者之能事畢矣
孔子習周公者也孔子祖述堯舜憲章文武而云習周公者以
孔子所習詩書禮樂多周公之書也劉氏寶
楠論語正義云周公成文武之德致治太平制禮作樂魯是
周公之後故周禮盡在魯夫子言含會何適又屢言從周故
綴周之禮具修春秋繩之以文武之
道成一王法與周公制作之意同也顏淵習孔子者也莊子田子
方云顏淵問於仲尼曰夫子步亦步夫子趨亦趨
夫子馳亦馳夫子奔逸絕塵而回瞠若乎後矣羿逢蒙分
其弓音義羿五計切逢蒙薄江切世德堂本作逢說文羿射
師經傳皆作羿逢蒙漢書人表藝文志王褒傳並作逢
門蜀本王霸正論諸篇史記龜策傳並作逢門莊子山木作
逢蒙呂覽具備作逢蒙雅孟子離婁作逢蒙與此同分俞氏

世德堂

金薤琳琅齋叢稿

樾平議云分字之義不可通當讀為焚正與下文良捨其策般投其斧一律按說文分別也別分解也後漢書寇恂傳令日睽分之章懷太子注云分猶解也說文弛弓解絃也分弛互訓解則分弓猶云弛弓矣

良捨其策

左傳哀公為郵無恤御簡子杜預注云郵無恤王良也正義云古者車駕六馬御之為難故為六藝之一於書傳多稱之說文捨釋也采焉墊也

般投其斧而習諸孰曰非也

音義般音班檀弓云季康子之母死公輸若方小斂般請以機封鄭注云般若之族多技巧者字亦作班孟子公輸子之巧趙岐注云公輸子魯班魯之巧人也亦作盤墨子公輸云公輸盤為楚造雲梯之械是也王氏引之經義述聞云音公輸般字若與鄭公子班字子如同義若猶如也說文投擿也斧所以斫也司馬云三子皆以其術名於世則其才必有大過人者御使捨其術而習聖人之道焉有不可也

或曰此名也彼名也處一焉而已矣

吳祕云或人謂有道之名有藝之名有名

無二

曰川有瀆山有嶽高而且大者眾人所[redacted]能踰也

釋名釋水云天下大水四謂之四瀆江河淮濟是也瀆獨也各獨出其所而入海也說文嶽東岱南霍西華北恆中泰室王者之所以巡狩所至音義嶽不能踰也俗本脫不字諸本皆有俞云也字古通作邪荀子正名篇其求物也養生也其壽也楊注也皆當為

又說文踰越也能踰今各本皆作不能踰此據音義是改

今按李宋吳本皆無不字觀各注文可明

按此說極是。俞疑李本當有不字，則為誤解李注。李云：言皆賢之有功業，猶百川之有四瀆，衆山之有五嶽，而川可度，嶽可登，高而且大者，惟聖人之道乎。天不可階也，此非所據本無不字而讀也。如字敘不得不以嶽瀆為喻。逵家自敝，雖高也，猶可度可登，而判以天下可升，豈人之道為子雲言外之意。假如本作不可，猶也則必不更增●●●義可見古本皆無不字。此說戒說，審●因此於異義諸子●設喻以明之作反語，讀自校正定尤峻

耶問之詞，今依此讀之。衆人所能蹠也，猶曰衆人所能蹠耶。雖無不●序，其旨亦同。疑揚子元文本如此，其有不字者，乃後人不達而誤加之。音義所存為俗本者，轉是古本矣。

[redacted]

言……川之大者為瀆，山之高者為嶽，衆人之名猶山川，聖人之名之高大猶嶽瀆，嶽瀆非山川所能並，聖人之名豈衆人所能及●耶。

或問：世言鑄金，金可鑄與？音義：鑄與，音余，下同。世德堂本作鑄金，非。本凡音余之與皆作歟。李云：方術之士言能銷化五石，化為黃金。按說文：鑄，銷金也。史記封禪書云：欒大曰：臣之師曰：黃金可成。漢書楚元王傳云：上復興神僊方術之事，而淮南有枕中鴻寶苑秘書，書言神僊使鬼物為金之術。又淮南王安傳云：招致賓客方術之士數千人，作為內書二十一篇，外書甚衆，又有中篇八卷，言神僊黃白之術。閑尸子曰：符云：譬如金之為物，可令異金鑄之為一金。曰：吾聞覿君子者問鑄人，不問鑄金。說文：價，見也。經傳多作覿。爾雅釋詁云：覿，見也。或曰：人可鑄與？曰：孔子鑄顏淵矣。李云：鑄之令殆庶幾。或人踧爾曰：旨哉！問鑄金，得鑄人。音義：踧爾，子六切。李云：踧爾，驚貌。皆是也。說文：愍，愍然也，即踧字。旨，美，見說文。

金薤琳琅齋叢稿

學者所以修性也視聽言貌思性所有也學則正否則邪修[illegible]

本作脩下皆同廣雅釋詁云修治也書洪範云二五事一曰貌二曰言三曰視四曰聽五曰思按本書修身云人之性也善惡混修其善則為善人修其惡則為惡人是修性者長善去惡之謂學則正所謂修其善為善人否則邪所謂修其惡為惡人也子雲論學推尊孟子以為知不異於孔子而其論性則不取性善之說乃與孟子所斥或說性可以為善可以為不善者相似故程子以子雲為不識性而近儒為孟子之學者又推闡荀楊論性之旨以為二子之言似異而實同⊙戴氏震孟子字義疏證云荀楊所謂性者古今同謂之性即後儒所謂氣質之性但不當遺理義而以為惡耳在孟子時則公都子引或曰性可以為善可以為不善或曰有性善有性不善言不同而所指之性同荀子見於聖人生而神明者不可概之人人其下皆學而後善順其自然則流於惡故以惡加之論似偏與有性不善合然謂禮義為聖心是聖人之性獨善實兼公都子兩引或曰之說楊子見於長善則為善人長惡則為惡人故曰人之性也善惡混又曰學則正否則邪與荀子論斷似參差而匪異愚謂東原此論實為誤解子雲子雲但言性善惡混不言性惡而此文所云學則正否則邪者乃謂性必修而後能長善而去惡非謂性本惡而不學則不善也蓋子雲之意以為人性之中有理有欲理勝欲則

卷一

廿德堂

「此為善解子雲之言」下增

「太玄玄掜云維天肇降生民使其貌動口言目視耳聽心思有法則成無法則不成此云學則正否則邪即有法無法之謂然則」

為善欲勝理則為惡理欲之消長則視人之所以修之何如存理以遏欲是為修其善竊欲以滅理是為修其惡而性於之效於何見則見之於心知百體之運行是為視聽言貌思修性之效於何求則求之於博文約禮之事是為學學記五學無當於五官五官弗得不治朱氏彬禮記訓纂引戴嵩云學何有於五官然視聽言貌思非學則不得其正此為善解子雲之言子雲固謂此五事者性之見端學則得其正而免於邪不學則反是而未嘗以發此五事者之本體為邪也以學之力矯之而後正與荀子之以人性之本然為惡而善乃全由於後起之人為者其立論之根本絕不相同也孔子以克己復禮為仁而語其目則曰非禮勿視非禮勿聽非禮勿言非禮勿動子雲釋克己之義曰勝己之私之謂克見本書問神朱子論語集注云克勝也己謂身之私欲也私勝則動容周旋無不中禮而日用之間莫非天理之流行矣即用子雲語己不能無私由於性不能無欲欲不必惡而縱欲即惡縱欲之念亦與生俱來驗之於日用之視聽言貌思而其端立見故必有以節之而後性乃有善而無惡是之謂克己是之謂修性之禮在於是即學在於是此則子雲之論性與孔子無所不合而不得謂其遺義理而以為惡也亦明矣孟孔門論性無不兼理欲而言即無不以存理遏欲為治性之要未有離耳目鼻口心知百體以為性者故亦未有捨容貌顏色辭氣以為學者樂記云人生而靜天之性也感於物而動性之

「使五事皆得其正」

金薤琳琅齋叢稿

李云桐侗也桐子侗然未有所知之時制命於師也俞云桐者侗之假字法言序云天降生命倥侗顓蒙即此桐子之桐李云侗然未有所知是義不可通疑注文侗字即倥字之訛莊子山木篇侗乎其無識正李注所本[illegible]案按讀桐爲侗義固可通然侗子連文殊無所據實即僮子耳

欲也物至知知然後好惡形焉好惡無節於內知誘於外不能反躬天理滅矣夫物之感人無窮而人之好惡無節則是物至而人化物也人化物也者滅天理而窮人欲者也於是有悖逆詐僞之心有淫泆作亂之事又云是故君子反情以和其志比類以成其行姦聲亂色不留聰明淫樂慝禮不接心術惰慢邪辟之氣不設於身體使耳目鼻口心知百體皆由順正以行其義此於子雲之言君命節而以之爲不識性則其所謂性者非聖人之所謂性也阮氏元性命古訓云性字從心即血氣心知也有血氣無心知非性也有心知無血氣亦非性也血氣心知皆天所命人所受也人既有血氣心知之性即有九德五典五禮七情十義故聖人作禮樂以節之修道以教之因其動作以禮義爲威儀威儀所以定命定如詩天保定爾亦孔之固之固之定能者勤於禮樂威儀以就彌性之福祿不能者惰於禮樂威儀以取弃性之禍亂是以周以前聖經古訓皆言勤威儀以保定性命未聞如李習之之說以寂明通照爲性也又達此論曲變旁通深協經義知此則可見子雲之學之醇乎醇而不疑其擇焉而不精矣

師哉師哉桐子之命也

[illegible]音義桐子音通與侗同亦音同未成人也漢書曰毋桐好逸[redacted]說文僮未冠也廣雅擇言僮稚也國語晉語使僮子備官而未之聞邪韋昭注云僮僮蒙

不違也經傳通用童孟子人之患在好為人師趙岐章指云
故曰師哉師哉桐子之命不慎則有患矣孫奭音義桐子典童
字同周氏廣業章指考證云古本旁注桐讀為僮蔣氏仁榮
音義考證云邵敬讀書通云童通作桐世說桐生之桐幼
稚也揚子學行篇桐子與童同指人稚曰僮木小曰桐說
文榮桐木也榮從木熒省聲熒者屋下鐙燭之光也鐙燭之
光則小光也故凡從熒省得聲之字多有小義營小聲也滎
小水也滎絕小水也榮小心態也此皆以聲兼義與榮同例
漢書本傳顏注云榮謂草木之英華子榮藏府云歎注云英
謂草木之初生也桐榮互訓知桐木即小木至桐之桐則
所謂本無其字依聲託事者非桐木之本訓經義述聞云
桐之言童也小木之名也淮南兵略訓夫以巨斧擊桐薪不
待利時良日而後破之桐薪對巨斧益言其小者也然則此
以桐為僮者聲義皆近也說範建本云人之幼稺童蒙之
時非求師正本無以立身全性按務學不如務求師荀子勸學云學
此文所謂命即立身全性之意
莫便乎近其人禮樂法而不說詩書故而不切春秋約而不
速方其人之習君子之說則尊以徧矣周於世矣楊倞注云
其人謂賢師也御覽四百四引桓譚師者人之模範也模不
新論云諺言三歲學不如一歲擇師
模範不範為不少矣說文模法也又範法也經傳通作範
司馬云師者先正己而後能正人

孫奭

桐榮也

云

卷一

一閧之市不勝異意焉音義一閧下降切按與巷同字孟子鄒與魯閧音義引張鎰云閧胡弄切鬭聲從門下共者下降切義與巷同此字從𨳇與門不同是巷字古或作門下共而俗書閧字亦從門爲門廣韻閧鬭也俗作閧故不識閧爲古巷字者遂誤認爲閧矣此文宋咸注云閧鬭也言市聲如鬭而閧然按文選任彥昇宣德皇后令李注引法言作一巷之市是一閧之非一閧甚明矣云一閧猶一巷也得之古者市皆別爲區域不與人家雜處市有垣有門有樓其中有巷市垣謂之闤市門謂之闠市樓謂之旗亭而市巷亦謂之闤左太沖蜀都賦劉淵林注云闤市巷也是也一巷之市與一卷之書相次爲義一卷之書、之至少者一巷之市、之至小者今文人亦頗多作一閧乃襲宋咸之謬音義不勝音升異意選注引作異貴按李云貴者欲貴買者欲賤非異如何似仍范祈椽本亦作異貴

一卷之書不勝異說焉簡竹曰篇箸帛曰卷蓺文志云仲尼沒而微言絕七十子喪而大義乖[redacted]故春秋分爲五書分爲四易有數家之傳戰國從衡眞僞分爭諸子之言紛然殽亂儒林傳云一經說至百餘萬言按異說選注引作異意

一閧之市必立之平音義之平皮命切鄭司農云質劑月平賈也按淮南時則是故上帝以爲物平焉注云平正讀評議之評廣韻評皮命切平言又音平司農說見周禮小宰司市質人諸職注漢書景武功臣表云課期

候當十太始四年坐賣馬一匹賈錢十五萬過平臧五百以上免是漢時物價皆官為封定謂之平過平為臧每月更定故謂之月平孔氏廣森禮學卮言云市價以時貴賤故每月更平之是也

盍一卷之書必立之師

漢時經傳皆置博士劉歆傳歆移書讓太常博士云至孝文皇帝天下衆書往往頗出皆諸子傳說猶廣立於學官為置博士趙岐孟子題辭云孝文皇帝欲廣遊學之路論語孝經孟子爾雅皆置博士後罷傳記博士獨立五經而已漢儒說經一依師說蓋皆當時學官之所授亦即今謂然也

「獨立五經而已」下改「百官公卿表云武帝建元五年初置五經博士儒林傳贊云初書惟有歐陽禮后易楊春秋公羊而已至孝宣世復立大小夏侯尚書大小戴禮施孟梁丘易穀梁春秋至元帝世復立京氏易平帝時又立左氏春秋毛詩逸禮古文尚書」

習乎習以習非之勝是也況習是之勝非乎

逸周書常訓云民生而有習有常以習為常以常為慎按慎順古通大戴禮保傅云孔子曰少成若性習貫之為常習乎習者甚歎之詞論語云孝乎惟孝包咸注云孝乎惟孝者美大孝之辭古書多有此例詳閻氏若璩古文尚書疏證以習非之勝是也注乎本無也字依集注補

於戲學者審其是而已矣

音義於戲上音烏下音呼又虛宜切匡謬正俗云烏呼歎辭也古文尚書悉為於戲字說文宋悉也知宋諦也篆文審從番經傳皆作審

或曰焉知是而習之

莊子齊物論云物無是非又云彼亦一是非此亦一是非果且有彼是乎哉果且無彼是乎哉

曰視日月而知

書君子云或曰人各是所是而非其所非將誰正之曰萬物紛錯則懸諸天衆言淆亂則折諸

衆星之蔑也仰聖人而知衆說之小也方言云小江淮陳楚之閒謂之蔑郭璞注云蔑小貌也司馬云人而盡心於聖人之道則衆說之不足學易知矣按諸子之言紛然殽亂此之所是或彼之所非惟折衷於聖人而是非迺見春秋繁露深察名號云聖人之所命天下以為正正朝夕者視北辰正嫌疑者視聖人並與此效同義御覽六百十三引鄒子曰見日月而知衆星之照微也仰聖人而知衆說之少觀也按鄒子乃晉鄒湛此湛書用法言語

月

學之為王者事其已久矣顧氏炎武日知錄云三代之世凡民之俊秀皆入大學而教之以治國平天下之事孔子之於弟子也四代之禮樂以告顔淵五至三無以告子夏而又曰雍也可使南面然則內而聖外而王無異道矣其繫易也曰九二曰見龍在田利見大人何謂也子曰龍德而正中者也庸言之信庸德之謹閑邪存其誠善世而不伐德博而化易曰見龍在田利見大人君德也故曰師也者所以學為君也按此即學為王者事之義堯舜禹湯文武汲汲仲尼皇皇其已久矣廣雅釋訓云級級惶惶劇也王氏念孫疏證云問喪云望望然汲汲然如有追而弗及也汲與級通問喪云皇皇然若有求而弗得也皇與惶通按重言形況以聲為義無正

字也司馬云仲尼雖不王乃所學則王也朱子語類云學之爲王者事不與上文屬只是言人君不可不學底道理所以下文云堯舜禹湯文武汲汲仲尼皇皇以數聖人之盛德猶且如此問仲尼皇皇如何曰夫子雖無王者之位而有王者之德故作一處稱揚學之爲王者事謂古人爲學皆所以學爲君非謂人君不可不學堯舜禹湯文武學而得志則大行其道孔子學而不得志則制春秋之義以俟後聖其爲王者之事一也

疏一終

或問進 問仕進之道也易漸云進得位往有功也王制云大樂正論進士之秀者以告于王而升諸司馬曰進士鄭注云進士可進受爵祿也本書君子云或曰子於天下則誰與曰與夫進者乎或曰貪夫位也慕夫祿也何其與曰此貪也非進也所謂進皆謂仕進也 曰水或曰爲其不捨晝夜與 音義爲其于僞切下爲道爲利同不捨晝夜論語子罕文彼作不舍捨正字舍通用字此設爲或人不悟答義謬以爲仕進之道當學水之進而不已也 曰有是哉滿而後漸者其水乎 論語云子路曰有是哉子之迂也疏云子路聞孔子以正名爲先以爲不是故云有是哉拔驚怪之詞謂不意子之迂遠如此也此文有是哉亦謂不意或人之謬解如此也孟子云水滿坎而後進人學博而後仕極孟子云流水之爲物也不盈科不行君子之志於道也不成章不達趙注云盈

疏一終

滿也科坎也流水滿坎乃行以喻君子學必成章乃仕進也卯御以仕進解進亡用法言釋孟子也劉氏寶楠論語正義云法言所謂進與夫子言逝義同逝者往也言往進也春秋繁露山川頌篇云水則源泉混混沄沄晝夜不竭既似力者盈科後行既似持平者循微赴下不遺小閒既似察者循溪谷不迷或走萬里而必至既似知者障防山而能清淨既似知命者不清而入潔清而出既似善化者赴千仞之壑入而不疑既似勇者物皆困於火而水獨勝之既似武者咸得之生失之而死既似有德者孔子在川上曰逝者如斯夫不舍晝夜此之謂也董引論語以證似力一節非以論全德也至法言所謂滿而後漸則又一義孟子離婁篇徐子曰仲尼亟稱於水曰水哉水哉何取於水也孟子曰原泉混混不舍晝夜盈科而後進放乎四海有本者如是是之取爾此即滿而後漸之義亦前義之引伸按法言此文所云進自指仕進而言與孔子歎逝義別滿而後漸乃學而優則仕之喻亦與所謂前義之引伸劉解昧訣 或問鴻漸鴻漸易漸文彼虞翻注云鴻大鴈也漸進也按此難滿而後漸之義謂水雖必盈科而後進而鴻則乘時而翩翔已耳必學優而後仕則鴻漸何以稱焉 曰非其往不往非其居不居漸猶水乎夏小正九月遰鴻鴈傳云遰往也按自北而南也從我見言之曰來從其居言之曰往淮南子時則仲秋之月候鴈來高注云候時之鴈從北漠

中秋過周雒南至彭蠡也又季秋之月候鴈來注云蓋以為
八月來者其父母也是月來者蓋其子也月令作鴻鴈來賓
南小戴謂之來小正傳及此謂之往其義同也又小正正月
鴈北鄉傳云先言鴈而後言鄉者何也見鴈而後數其鄉也
鄉者何也鄉其居也鴈以北方為居何以謂之居生且長焉
爾何不謂之南鄉也曰非其居也月令鄭注云凡鳥隨陰陽
者不以中國為居李云鴻之不失寒暑亦猶水之因地制行
按謂鴻之往來有候居止有常猶小人流必循理焉所必來
以喻君子之仕非其道不由非其位不處請問木漸此又難
非其往不往非其居不居之義焉漸云止上有木
漸君子以居賢德善俗然則漸不一象仕不一術鴻漸之說
即有如上文所答者而山木之漸乃是因地利順自然以成
其高疑人之仕進亦或可以勢序為恩藉曰止於下而漸於上者其木也哉亦猶
水而已矣說文木冒也冒地而生東方之行從中下象其根
銓錯繫傳云中者木始甲坼也萬物皆始於微合
抱之木生於毫末故木從中木之性上枝旁引一尺下根亦
引一之致於文木上下均也言木必根深而後枝茂猶水必
源盛而後流長以喻君
子必下學而後上達
吾未見[redacted]斧藻其德若斧藻其楶者也斧藻其德各本皆作好
斧藻其德按文選王元

金薤琳琅齋叢稿

長曲水詩序、張茂先女史箴李注再引此文，並無好字。御覽
一百八十八引同，與注本書音義過呼報切之好多爲作音
此得無文，是音義本亦無此字。今各本有之，乃校書者依論
語吾未見好德如好色者也妄增，據文以好色爲喻，此文自
以斧藻其業爲喻，增好字無義，今訂正。李云：斧藻猶刻桷丹
楹之飾。爾雅釋器云：斧謂之黼。郭璞注云：黼文畫斧形，
因名云。考工記云：畫繢之事，白與黑謂之黼。玉藻鄭注云：雜
采曰藻。是斧藻皆謂文飾。音義：楶，音節。李云：楶，櫨也。按既足
楷欂櫨也。爾雅釋宮云：栭謂之楶。注云：
楶即櫨也。[illegible]本者也作者與賢也。世德堂

鳥獸觸其情者也，衆人則異乎賢人，賢人則異衆人矣，聖人則異賢
人矣。禮義之作，有以矣夫。易繫辭觸類而長之，虞注云：觸，動也。說苑修文引傳曰：觸情從欲
謂之禽獸。衆人，謂凡人。衆人則異乎者，言所異哉希也。韓詩
外傳云：不肖者精化始具，而生氣感動，觸情縱欲。孟子盡心
趙注云：凡人則觸情從欲而求可樂。白虎通聖人云：千人曰
英，倍英曰賢，萬人曰傑，倍傑曰聖。荀子禮論云：夫人一之於
禮義，則兩得之矣；一之於情性，則兩失之矣。詩關雎序云：發
乎情，民之性也；止乎禮義，先王之澤也。據此言人禽之別，在
乎禮。故凡人觸情而不止禮義，其去禽獸無幾。曲禮云：今人
而無禮，雖能言，不亦禽獸之心乎？夫惟禽獸無禮，故父子聚

次二「無夫字」下增「御覽六百七引亦同」

憂是故聖人作爲禮以教人使人以有禮知自別於禽獸人而不學雖無憂如禽何說文息愁也經傳通作憂白虎通田獵云禽是鳥獸之總名荀子勸學云故學數有終若其義則不可須臾舍也爲之人也舍之禽獸也

學者所以求爲君子也求而不得者有矣夫未有不求而得之者也哀公問云君子也者人之成名也白虎通號云或稱君子者何道德之稱也君之爲言羣也子者丈夫之通稱也按求而不得者有矣夫於義可疑下文云顏徒曰晞之則是又云不欲晞則已矣如欲晞孰禦焉又篇末云宣尼仲尼不可爲思矣術業顏淵不可爲力矣曰未之思也孰禦焉然則學者患不求爲君子耳無奪有求而不得者今云有矣明與晞之則是諸文相反御覽六百十三引郛子曰博學者所以求爲君子也求而不得解矣未有不求而得之者也全本此文而有矣夫作解矣疑郤浞所見法言如此文選曹子建與吳季重書李注引此文作求而不得者有矣無夫字尤不可通明有矣必解矣之誤今法言各本皆作有矣夫校書者習見論語君子而不仁者有矣夫未有小人而仁者也掾以妄改與上文音未見斧藻其德爲習好字例同

晞驥之馬亦驥之乘也晞顏之人

「嘗世德堂本作常下同」下加「文選李蕭遠運命論李注引此文李軌注云睎望也言顔回嘗望孔子也按治平本無此法睎望也三字當在前文睎驥之馬四句下」

嘗世德堂本作常下同

亦顔之徒也説文睎望也注傳多作希音義之求絲證切詩渭陽路車乘黄毛傳云四馬也晉書虞溥傳引作希驥之馬亦驥之乘希顔之徒亦顔之倫御覽八百九十七引与今本同惟睎皆作希或曰顔徒易乎曰睎之則是音義為乎以政切世德堂本睎之上無曰字曰昔顔嘗睎夫子矣書西注中作中中同此史端之辭敢向前更有曰字檀弓公叔然失席曰是寡人之罪也曰寡人嘗學斷斯獄矣左傳哀公篇之曰不可得也曰市南有熊宜僚者皆其例說詳俞氏樾古書疑義舉例通氏中釋夫子云吾者於鄉大夫皆稱子稱子而不成詞則曰夫子夫者人所指名也以夫配子所謂取足以成詞爾孔子為晉司寇其門人稱之曰子曰夫子後人沿襲以為師長之稱適稍而與有原其始者正考甫嘗睎尹吉甫矣李云正考甫宋襄公之臣也尹吉甫周宣王之臣也吉甫作周頌正考甫慕之而作商頌按此魯詩說也史記宋世家贊云襄公之時修行仁義欲為盟主其大夫正考甫美之故追道契湯高宗所以興作商頌史遷為中公弟子其說詩皆本魯義裴駰集解云韓詩商頌章句亦美襄公是韓義同魯法言多魯詩說故亦以商頌為正考甫作毛詩那序云微子至于戴公其間禮樂廢壞有正考甫者得商頌十二篇於周之大師以那為首國語魯語記閔馬父語云昔正考父校商之名頌十二篇於周大師則

此文皇侃俞云當在正考甫而上同或人問顔徒易乎故應之曰睎之則是昔顔嘗睎夫子矣夫子大聖或人問此疑夫子大聖非人所能睎故又曰正考甫嘗睎尹吉甫矣公子奚斯嘗睎正考甫矣擣子之意自以顔睎夫子為主正考甫公子奚斯不過從旁之詞見大小淺深皆其問也曰序以別之陵無主賓之辨矣榮指睎之則是嘗就睎顔言乃答問之語以下至奚斯更自發意廣為舉證既非問所及故別著曰字以見更端至此三事雖有大小深淺之異

吾文説以商頌爲正考甫得之周太師非其所作又以爲戴公時人非襄公之臣所傳非公篇云正考父佐戴武宣孔子世家文可合。指十二諸侯年表戴公元年當周平王五年乙亥下距襄公元年當周襄王二年辛未閱一百十七年若考甫逮事戴公雖忌壽考不當至襄公時尚存此与宋世家所云不合魏氏詩古微云考父佐戴武宣不逮事襄公或宋襄所作惟殷武一篇具前四篇則考父作之至襄公而追錄其詩遂序以爲美襄猶秦風車鄰駟驖錄於襄公之世而序以爲美襄公事同一例榮謂今古文説所傳各異不能强同史公博取百家時多牴牾亦[illegible]無須曲解魏說未爲允也詩崧高烝民並云吉甫作誦潛夫論三式云周宣王時輔相大臣以德佐治亦獲有國故尹吉甫作封頌二篇

公子奚斯膏睎正考甫矣

李云奚斯魯僖公之臣也慕正考甫作魯頌按詩閟宮云新廟奕奕奚斯所作毛傳以所作爲作廟而詩乃史克作駉小序云駉頌僖公也僖公能遵伯禽之法儉以足用寬以愛民務農重穀牧于坰野魯人尊之於是季孫行父請命于周而史克作是頌孔疏云其義適於下三篇亦是行父請史克所作也是古文説不以魯閟宮之頌爲奚斯作據法言此文則知魯詩解奚斯所作爲作詩与韓詩同選班固兩都賦序云故皐陶歌虞奚斯頌魯同見采于孔氏列于詩書李注引韓詩薛君章句云奚斯魯公子也是詩公子奚斯所作也段氏玉裁經韻樓集云

而其所以證明睎之時是之義則同語勢貫注無容間隔俞説非也

此章自徂來之松至新廟奕奕七句言魯修造之事，下奚斯
所作三句自陳奚斯作此閟宮一篇，其辭甚長且甚大，萬民
皆謂之順也。作詩之自舉其名者，小雅節南山曰家父作誦，
以究王訩，式訛爾心，以畜萬邦。巷伯曰寺人孟子作為此詩，
凡百君子敬而聽之。大雅崧高曰吉甫作誦，其詩孔碩，其風
肆好，以贈申伯。烝民曰吉甫作誦，穆如清風，仲山甫永懷，以
慰其心。併此篇為五。云奚斯所作，即表文家父作誦之詞也。
曰孔曼且碩，萬民是若，即其詩孔碩以畜萬邦之意也。所字
故上作誦作頌作詩之云，以作為韻，故不曰作誦作詩耳。漢
人言詩者無不如是。偃師武虛谷據揚子法言、後漢書曹褒
傳、班固傳及諸石刻之文，度尚碑、太尉劉寬碑、綏民校尉熊
君碑、費汎碑、楊震碑、沛相楊統碑、曹全碑、張遷碑，一一可證。
文選兩都賦皋陶歌虞，奚斯頌魯，注云：韓詩魯頌曰新廟奕
奕，奚斯所作。薛君曰：奚斯，魯公子也。言其新廟奕奕然盛，是
詩公子奚斯所作也。分釋二句甚明。學者多謂毛詩與韓大
異。毛傳曰：有大夫公子奚斯者作是廟也。愚謂毛詩廟容公
詩學之誘，傳之序李如圭舉奚斯所作而釋之曰：有大夫公
子奚斯者作是詩也。今劉毛傳者盡去其複舉之文，則以斯
廟閟公廟也有大夫公子奚斯者作是廟也相聯為順，而改
詩為廟。此其與韓不同之故。以奚斯所作立廟者，乃鄭箋之
說，非古說也。榮謂若僖公析此詩[illegible]句及凡節南山諸篇釋
此詩文例，以明奚斯所作之為作頌而非作廟，義極精確[illegible]

是證明魯韓舊說之不可易推謂毛傳作是翩之翩序亦必
詩序之誤則近武斷毛詩[redacted]文与魯韓[redacted]是國不須據同也
不欲睎則已矣如欲睎執𨚽馬[redacted]爾雅釋言云傑禁也五序世德本不欲睎作如不欲睎
或曰書』問而世不尚治之可乎曰可白虎通五經云經所以有五何經常也有
五常之道故曰五經樂仁書義禮禮易智詩信也又云五經何謂易尚書詩禮春秋也陳氏立疏證云以易尚書詩禮春
秋為五經与上異盖衆存所說也文選蔡伯喈郭有道碑遂考覽六經李注云五經及樂經也子雲劇秦美新制成六經
李注云經有五而又有樂故云六經也是皆以易書詩禮春秋為五經并樂經為六也漢書武帝本紀元朔五年置五經
博士同經之書謂若論語孝經之屬漢時謂之傳記孟子題辭云孝文皇帝欲廣遊學之路論語孝經孟子爾雅皆置博
士後罷傳記博士獨立五經而已是也世不尚經不立學官或人啞爾笑曰須以發策決
科音義啞爾於革切說文啞笑也易震云笑言啞啞釋文引馬融云笑聲漢書蕭望之傳云以射策甲科為郎顏注
云射策者謂為問難疑義書之於策量其大小署為甲乙之科不使彰顯列而置之有欲射者隨其所取得而釋之以知
優劣史記儒林傳序索隱引如淳云漢儀弟子射策甲科百人為郎乙科二百人補太子舍人皆秩比二百石次郡國文

金薤琳琅齋叢稿

學行百石曰大人之學也爲道小人之學也爲利子爲道乎爲利

乎孟子云從其大體爲大人從其小體爲小人趙注云大體心志禮義小體縱恣情欲[illegible]本删也字各在爲道爲

利乎下或曰耕不穫獵不饗耕獵乎說文穫刈穀也又曰獻也周禮大司馬云獻禽以祭

社鄭注云田止虞人植旌衆獻其所獲禽也是獵饗字正當作享經傳通用饗耕獵喻學獲饗喻仕路書不能發蒙決科

獨耕獵而不穫饗曰耕道而得道獵德而得德是穫饗已[illegible]本作是穫饗

也御覽六百七引亦作也吾不觀參辰之相比也參辰說文作曑曟或省作參晨經傳多以晨爲

曟而以辰爲晨天運蘇子卿古詩李注引此文宋衷注云辰龍星也參虎星也我不見龍虎俱見天官書云參爲白虎三

星直者是爲衡石下有三星兌曰罰爲斬艾事其外四星左右肩股按參之正體止三星其狀平列故謂之衡石前左右

肩股數之爲七以衡石三星與罰三星併數爲六所謂參伐連體罰即伐也此連體六星亦通謂之參或通謂之伐或並

舉之名曰參伐夏小正五月參則見傳云參也者伐星也詩小星維參與昴毛傳云參伐也考工記熊旗六斿以象伐也

鄭注云伐屬白虎宿與參連體而六星公羊傳昭公篇伐爲大辰何休解詁云伐謂參伐也徐彥疏云正以伐在參旁與

世德堂

世德堂

參連體而六星故言伐謂參伐伐與參爲一候故也爾雅釋
天云天駟房也大辰房心尾也大火謂之大辰郭注云龍
爲天馬故房四星謂之天駟龍星明者以爲時候故曰大辰
大火心也在中最明故時候主焉按房四星心三星尾九星
迥謂之大辰心宿星中尤明大一星色赤如大火謂之大火
特舉爲大辰之名也汪氏中釋釁參二文云東方七宿最明
大者莫如心西方七宿最明大者莫如參故古人多用之以紀
時令於文參從晶大火爲大釁釁亦從晶蓋象二星之形而
聖即從之故知釁參之用該乎列宿矣音義相比賦忘切天
官書云魁下六星兩兩相比者名曰三能又危東六星兩兩
相比曰司空正義云比近也參辰不相比者參商西宮辰商
東宮此見彼伏永不並出左傳昭公篇云昔高辛氏有二子
伯曰閼伯季曰實沈居于曠林不相能也日尋干戈以相征
討后帝不臧遷閼伯于商丘主辰商人是因故辰爲商星遷
實沈于大夏主參唐人是因故參爲晉星故以人事相離反
者皆以參辰爲喻此句舊解爲屬下之辭章工部筆云參辰
喻道利參辰不相比者言爲道之學與爲利之學不相爲謀
義當上屬爲一節按章說至當可破世因錯簡之疑說見下
文　是以君子貴遷善遷善者聖人之徒與易益云風雷益君
子以見善則遷有
過則改荀子大略云君子之學如蛻幡然遷之音義徙與音
全下皆同疑者別出李云徙猶弟子也孟子云能言距楊墨

長沙

故心赤

金薤琳琅齋叢稿

者〔?〕人之〻從也賴謂云披〔?〕也披此又亦上而正者之言句於為道之〻學卑為利之〻學不相為謀而但求榮去利而試道

是謂進書不能進書謂之畫故下文又設二譬以明之百川學海而至於海丘陵學山

不至於山是故惡夫畫也廣雅釋丘云小陵曰丘說文陵大[illegible]畫也釋名釋山云大阜曰陵[illegible]

畫止論語云力不足者中道而廢今女畫孔●[illegible]注云畫止也力不足者謂中道而廢今[illegible]畫[illegible]而民

又曰畫界也[illegible]曰界所以畫之〻川中之又有而界[illegible]而不能前進者亦為畫故此注訓止司馬云百川動而不[illegible]故

至於海丘陵止而不畫相設不至於山學者亦精是[illegible]百川之於海丘陵之於山[illegible]相[illegible]似而百川能[illegible]海丘陵不能為

山者百川能遂而[illegible]則畫也循見大百七川而至於海作而學於[illegible]不至於山作而不至於山

頻頻之黨甚於鸒斯[illegible]雅釋訓云頻〻[illegible]也說文[illegible]也注[illegible]

[illegible]

[illegible]

[illegible]

[illegible]

爾雅作鶌斯鵯鶋釋文出斯云本多無此字斯是詩人協句
之言後人因將添此字也而俗本遂斯旁作鳥誤甚是斯爲
語詞孔陸說同而毛詩書亦有斯者按陳氏奐
詩毛氏傳疏云此用詩辭以足句耳是也
已矣詩桑柔云降此蟊賊稼穡卒痒爾雅釋蟲云食節賊李
巡注云食禾節者言貪狠故曰賊也按此文云賊即以
蟊賊爲喻也周禮廩人鄭注云行道曰糧謂糒也止居曰食
謂米也李云鶌斯羣行啄穀喻人黨比遊宴賊害糧食有損
無益也俞云君子貴遷善與參辰之不相比意不相似損損
之黨與惡盡之義亦不相似疑此兩節傳寫互誤楊子蓋因
參辰之不相比而戒人之黨比遊宴故曰損損之黨甚於鶌
斯廣雅釋訓損損比也李軌注亦以黨比遊宴釋之則與參
辰之不相比意正一貫矣至君子貴遷善乃申明惡盡之義
遷善是不盡也今訂正如右不覩參辰之相比也損損之黨
甚於鶌斯亦賊夫糧食而已矣百川學海而至於海丘陵學
山不至於山是故惡夫畫也是以君子貴遷善遷善者聖人
之徒與按俞說非也書與經同皆參辰不相比爲一節君子
貴遷善又分二節中言之皆惡盡爲一節至損損之黨以下
至反而不心面反也則別爲一章與上二節本不相承文義
甚明曲園不知參辰不相比喻道術不並行妄以相比字與損損
字皮傅生義謂楊子蓋因參辰之不相比而戒人之黨比遊
宴熊朋君子之不黨不比者爲皆取況於參辰即斯爲謬矣

金薤琳琅齋叢稿

朋而不心，面朋也；友而不心，面友也。荀子大略云：交之而勿面。楊倞注云：面謂以顔色悦之。司馬云：言朋友當以誠心相與切磋琢磨，不可心知其非而不告，但外貌相媚悦，摩挲戲相從飲食而已。

或謂子之治產不如丹圭之富。史記貨殖傳云：白圭，周人也。當魏文侯時，李克務盡地力，而白圭樂觀時變，故人棄我取，人取我與，能薄飲食，忍嗜欲，節衣服，與用事僮僕同苦樂，趨時若猛獸鷙鳥之發。故曰：吾治生產，猶伊尹、呂尚之謀，孫吳用兵，商鞅行法是也。故天下言治生祖白圭。孟子云：白圭曰：吾欲二十而取一。又云：白圭曰：丹之治水也愈於禹。趙注云：白圭，周人也，節以貨殖，欲省賦利民。又云：丹者，圭字也。朱子集注亦林氏●云：周人。又引林氏據史記以為圭為此論，蓋欲以其術施之國家也。是並以孟子之白圭即貨殖傳之白圭，蓋本法言此文為說。閻氏若璩四書釋地續云：韓非書白圭相魏，鄒陽書白圭戰亡六城，為魏取中山。又白圭顯於中山，中山人惡之魏文侯，文侯投以夜光之璧。魏拔中山在文侯十七年癸酉，下逮孟子之初至梁，凡七十三年，為國之將相者，豈能存於爾時乎？縱存於爾時，尚能為國築隄防治水，庸乎？尚皆能之，孟子與之辯對，其言之尊壽之高，爾何如，注禮而但曰子之吾子之云乎哉？以此斷其為兩人也。毛氏奇齡說與閻氏同。周氏廣業孟子四考云：白圭，貨殖傳云：當魏文侯時，樂觀時變。鄒陽書曰：白圭為魏

拔中山文侯賜以夜光之璧計其年且長以倍不啻自名曰
丹孟子許為吾子故閻百詩毛初晴並言有兩白圭與孟子
言者名丹字圭不得與史記合今考韓非子云白圭之行堤
也塞其穴故無小難正鄒國為證之證呂氏春秋審應覽有
白圭與惠施折辯語則其為同一人似無可疑然史又稱白
圭曰吾治生產猶商鞅行法按竹書紀年秦封衛鞅於商
在梁惠成王五十年是圭後於鞅甚明國策昭王時白圭始
見而拔中山者言樂羊不言白圭呂氏春秋及新序載孟嘗
君白圭問答於魏文侯皆稱謚也史與鄒陽之說誤以武侯
為文侯也宋氏翔鳳孟子趙注補正劉寶氏同云戰國時蓋
有三白圭鄒陽書白圭戰亡六城為魏取中山魏取中山在
文侯十七年下逮孟子至梁之歲七十三年矣此魏之白圭
也貨殖傳白圭樂觀時變人棄我取人取我與此又一白圭
也孟子之書白圭請治水愈禹欲二十而取一此又一白圭也
三者名同而人異太史公誤以貨殖之白圭列於魏文侯時
圭之言曰吾治生產猶伊尹呂尚之謀孫吳用兵商鞅行法
白圭拔中山去商鞅之死七十三年去鞅為大良造亦六十
三年號何以稱及鞅哉夫拔中山者蓋樂羊吳起之流貨殖
之白圭則富商大賈不必嘗仕宦其為時不可知也太史公
誤謂與李悝並世然言圭善治生而不言仕魏則韓鞅而猶
未甚也要不若圭自言者之足據若孟子之白圭蓋好為高
言而不適曉事體微特不能上及文侯其與遂朴趨時若鷙

金薤琳琅齋叢稿

善治生產，猶商鞅行法，其非鄴陽書之白圭顯然可見。即孟子所觀敘二十取一、自稱治水愈禹者，何以此又一白圭耶？史記白圭傳首二語乃追敘之辭，與傳末天下言治生云云文義相應，所以誌生產事業之沿革、時世風尚之異。同李悝爲魏文侯作盡地力之教，詳見漢書食貨志，史云李克，即悝。悝、克古音同，故得通用。謂自魏文侯以來，天下言治生者祖李悝，以盡地力爲務，至白圭出而一變其術，以觀時變決取舍爲務，於是天下言治生者亦一變其宗，師舍悝而祖圭。此即由農利而追於商利之說，本不謂圭與悝並世。史未嘗謂其仕魏文侯也。百詩以下讀史記不精，又牽引鄴陽書并爲一談，妄意治產之圭與名丹之圭爲兩人，以予書鄴卿朱子林氏爲謬，且以史公爲誤。夫魏文侯與商鞅之後先不相及，嘗仕文侯爲將相者之不得稱及商鞅，精治史事者所知，何有一傳之中方謂其與魏文侯同時，又稱其以商鞅行法自擬？史公即裒收百家，不察根據至此？方庭謂貨殖傳之白圭與孟子之白圭爲是一人，蓋[illegible]是而未能明言其所以致，特詳辨白丹、白圭者。名字連稱，古人常例，惟多先字後名。左傳文公篇孔疏云：古人連言名字者，皆先字後名。又僖公篇疏云：古人之言名字者，皆先字後名而連言之是也。此先名後字者，林家語弟子解原亢字子籍，而史記弟

此以小字全改如下

二次

「文選皇甫士安三都賦序李注云先生學人之通稱也初學記引風俗通云市亦謂之市井言人至市有所鬻賣者當於井上洗濯令香潔然後到市也或曰古者二十畝爲井田因井爲市故云也四書釋地續云後漢劉寵列傳拜會稽太守山民愿朴乃有白首不入市井者父老自稱山谷鄙生未嘗識郡朝郡朝太守之聽事也此可證市井貼在國都言注引風俗通義以井爲井田則在野矣非市交易之處井共汲之所張守節曰古人未有市及井若朝聚井汲水便貨物於井邊貨賣故言市井陳氏立公羊傳宣公篇義疏云因井爲市蓋始於三代以前初作井田時民情儉朴無非尋常日用故於井田間交易非謂汲水之井也後世漸趨於文百貨交易必於都會聚集之所因亦謂之市井禁謂井者方里之謂古者市皆別處蓋以方里之地爲之故謂之市井三輔黃圖廟記云長安市有九各方二百六十六步凡四里爲一市此則後代都市之制廣袤倍增然正可因此以想見三代恒常之市其地不過方里也漢書貨殖傳引管子曰士相與語仁義於宴閒商相與語財利於市井明古有此言故云吾聞也」

正二

子傳稱原元藉又弟子傳商瞿字子木而漢書儒林傳稱商瞿子木又史記有鶴子庸疵周子家豎光子乘羽田子莊何王子中同而漢書志改爲橋庇子庸周醜子家孫虞子乘田何子裝王同子中則知先名後字漢時稱人之例然也其名丹字圭者往義述聞云圭讀爲黈聲近假借也說文黈鮮明黃色也從黃圭聲黈從艸黈聲讀若情壞是黃謂之黈也名丹字黈與名赤字華同義華亦黃也賈氏循孟子正義云說文丹部云丹巴越之赤石也說苑修文篇云圭者玉也考工記匠人注云圭之言珪絜也絜者絜白也玉之白者爲圭石之赤者爲丹赤熾盛而以絜白消之此名字所以取象焉玉說與理壹爲傻自序云揚季官至廬江太守有田一壥有宅一區世世以農桑爲業家產不過十金故或以治產桐䫻也

曰吾聞先生相與言則以仁與義市井相與言則以財與利

文選皇甫士安三都賦序李注云先生學人之通稱也漢書貨殖傳引管子曰士相與語仁義於閒宴商相與語財利於市井顏注云凡言市井者市交易之處井共汲之所故總而言之也

如其富如其富

論語云桓公九合諸侯不以兵車管仲之力也如其仁如其仁孔注云誰如管仲之仁[redacted]按法言重言如其者三見此文如其富如其富吾子如其智如其智淵騫如其寢如其寢凡句法相同者

金薤琳琅齋叢稿

22

如其富豈如何其以富也書之者深疾之之辭以行法本於論語之如其仁矣其如於注增字解經頗非經旨以揚子之意推之則如其仁者不許之也孔子於管仲已許其事功之盛而本書于之以仁故其意若曰論管仲者但以事功論之足矣何以其以仁也如何其以仁也即下章民到於今受其賜可謂非許之至而於仁固不及也非揚子此文則本於子之意不見矣吾子篇或問屈原智子曰如玉如瑩爰見丹青如其智如其智以與孔子之論管仲正可互明蓋

其解釋當相似故迴於此而折衷於彼之說必非作者之旨[illegible]且亦何以迴於淵騫之如其寢乎[illegible]經傳釋詞云如猶乃也言管仲不用民力而天下安乃其仁乃其仁也劉臤以為此訓最當蓋不直言為仁而言如其仁明專據功業言之然此說按之論語及吾子篇之如其智於義似以釋此文如其富已嫌不順若施之淵騫之如其寢則絕不可通是子雲亦必不訓如為乃可知也今細繹之竊謂子雲解論語實用孔義此文如其富者其指上文之丹圭謂丹圭相與語不及財利若必以財利為言則吾豈如丹圭之富也以此推之吾子云如其智者其即指原謂雖如原之智也淵騫云如其寢者其指上文淵騫之徒徒者弟子也謂兩賢得游孔子之門以揚其名豈如其弟子之湮沒不彰也如此解之於論語及本書三文似皆可通當得為子雲本意也公羊傳隱公篇如勿與而已矣解詁云如即不如齊人語也然則以如為雖如為豈如猶以如為不如蓋古人自有語急語舒之別不可謂增字以解之必於文義未安也音義云俗本下句作如其義非按集注引宋吳本及

此說斷非揚意

若管仲者論其事功可也不必論其仁也若[illegible]者論其志節可也不必論其[illegible]也榮按論語如其仁之為深許管仲義無可疑鄭注亦云重言如其仁者九合諸侯一匡天下此仁為大死節仁小者也義同孔注假如[illegible]
俞說[illegible]
戍子角

今漢魏叢書本下內並作如其義又世德堂本不重此內皆非

或曰先生生無以養也死無以葬也如之何世德堂本作生無以養死無以葬無兩也字曰以其所以養養之至也以其所以葬葬之至也宜[illegible]云養不必豐葬不必厚各順其必豐也死葬之以禮不必厚也孔子曰啜菽飲水盡其歡斯之謂孝斂手足形還葬而無槨稱其財斯之謂禮稽禮與文

治平本以其所以葬作以其所葬與上句不一律秦氏恩復校謂上句衍下以字按各本兩句皆有下以字於義為順今

補緣

或曰猗頓之富以為孝不亦至乎顏其餒矣音義猗頓於離切頓用盬鹽起邯鄲郭縱以鐵冶成業與王者埒富集解云孔叢子曰猗頓魯之窮士也耕則常飢桑則常寒聞朱公富往而問術焉朱公告之曰子欲速富當畜五牸於是乃適西河大畜牛羊於猗氏之南十年之間其息不可計貲擬王公馳名天下以興富於猗氏故曰猗頓按孔叢陳士義文河作河東漢書地理志河東郡有猗氏文選賈誼過秦論李注引孔叢正作乃適河東說文餒飢也司馬

疏云或人以為顏氏之親當不免於餒也曰彼以其祖顏以

金薤琳琅齋叢稿

其精彼以其回顏以其貞顏其劣乎顏其劣乎音義其粗千胡切李云回邪也貞正也按說文窶衰也經傳皆通用回邪司馬云養體為粗養志為精驕亂爭疾為邪虛空不改其樂為正按精貞為韻說文劣弱也按經傳以為優之反此與上文如其富如其富同義謂以精與貞言則吾以顏氏之事為君子者言富則顏誠不能與猗頓比也

按說文紆詘也一曰縈也

俞云其樂可量也猶云其樂可量邪與上文衆人所能論也文法一律 榮按

或曰使我紆朱懷金其樂可量也音義紆朱邕俱切文選張平子東京賦紆皇組薛綜注云紆垂也續漢書輿服志云諸侯王赤綬注引徐廣云太子及諸侯王金印龜紐纁朱綬此則紆朱懷金猶言為侯王也音義其樂音洛下同可量也治平本作不可量已世德堂本作不可量也文選范蔚宗宦者傳論李注後漢書宦者傳章懷太子注引同此皆校書者妄改推尋本文選鮑明遠擬古詩注引作可量也為古本之僅存者楊書多以也為邪說見各本條是人不知也字之義遂增不字而治平本直改也為已愈失其真此為設想之辭其樂可量邪見歆羨無極之意者增不字則讀也如字或改也為已全失屬辭之妙矣後漢書注兼引此文李軌注朱朱紱也金金印也選注分印宦者傳論及擬古詩下治平本無此注曰紆朱懷金者之樂不如顏氏子之樂易繫辭云

世德堂

疏二

顏氏之子其殆庶幾乎論語子曰賢哉回也一簞食一瓢飲
在陋巷人不堪其憂回也不改其樂賢哉回也鄭注云貧者
人之所憂而顏淵志道自有所樂故深賢之
顏氏子之樂也內紓朱懷金者之樂
也外李云至樂內足不待於外內樂不足是故假於金朱外物而乃說樂也呂氏春秋慎人引子貢曰古之得道者
窮亦樂達亦樂所樂非窮達也道得於此則窮達一也本紓朱懷金下無者字或曰請問屢空
之內論語云回也其庶乎屢空何晏集解云言回庶幾聖道雖數空匱而樂在其中一曰屢猶每也空猶虛中也以
聖人之善道教數子之庶幾猶不至於知道者各內有此害
其於庶幾每能虛中者唯回懷道深遠不虛心不能知道潘
氏維城論語古注集箋云案說文無屢字古祇作婁說文云
婁空也則與下空字同義此下文云億則屢中空中抹不成
義當以新附屢字訓數之說為得劉疏云詩節南山不宜空
我師毛傳空窮也引申之凡貧窮無財者亦謂之空史記伯
夷列傳然回也屢空糟糠不厭鹽鐵論地廣云夫賤不害知
貧不妨行顏淵屢空不為不賢孔子不容不為不聖後漢書
逵傳帝謂馬防曰賈逵病此子無人事於外屢空將從孤
竹之子於首陽矣是漢人解屢空皆為空匱注前說是也俞
氏樾群經平議據說文婁空連文謂古語有如此卦君猶及
知之凡物空者無不明以人言則曰離婁以屋言則曰麗廔

孔子以屢空稱顏子，蓋謂顏子之心通達無滯，亦若窗牖之
嚴屢闇明也。終日不違，無所不說，並其證也。楚按：論語以顏
子屢空與子貢貨殖對舉，明以貨富爲言。不仁者不可以久
處約，屢空者能久處約之驗，久處約而不改其樂，非中心安
仁者不能，所以爲庶幾。此躬行實踐之事，較諸泛論心德遠
爲深切著明。平叔漸染玄風，故有虛中之詁，其後王輔嗣、顏
歡、太史叔明之徒，數暢斯旨，遂以寂虛遺忘大通頓盡諸辭
詮釋空字，斯則語涉禪悅，去古滋遠。由國佛會計書，衍爲空
明之論，義尤膚淺。法言此章，論儒者安貧樂道之學，此文
用屢空字，自亦解爲數匱，與集解前一說同。問欲申論顏子
所樂何事，故設此問，正以屢空之遇，常使人困心衡慮，不堪
其憂，今云內樂果爲何義，書以爲欲以此義勸揚子，亦非也。

曰：顏不孔，雖得天下不足以爲樂。此明顏子所樂非他，乃在
得孔子而師事之，以孔子
之道爲至樂，雖王天下不與易，爲真能道顏子之樂事者。明
乎此，則知程子云簞瓢陋巷非可樂，蓋自有其樂爾，及云昔
受學周茂叔，每令尋顏子所樂何事，含昔賢親師樂道之義
不言，而故爲隱約難知之說，以困學者，遠不若子雲此言之
親切而
有味也。

然亦有苦乎？此問辭而首曰字者，古人多有
此法，說詳古書疑義舉例。

曰：顏苦

孔之卓之至也。論語云：顏淵喟然歎曰：仰之彌高，鑽之彌
堅，瞻之在前，忽焉在後。夫子循循然善誘人

疑

博我以文約我以禮欲罷不能既竭吾才如有所立卓爾雖
欲從之末由也已鄭注云卓絕望之辭按謂高遠窮絕瞻望
也說文卓高也古文作𠦝潘氏集箋云經義述聞儀禮覲禮
四馬卓上卓之言超也絕也獨也廣雅逴絕也李善西都賦
注逴躒猶超絕也逴逴与卓古並同聲其義一也漢書河間
獻王傳卓爾不羣說苑君道篇踔然獨立說文𠦝特止也徐
鍇傳曰特止卓立也踔与倬卓古亦同聲皆獨貌也據此則
卓爾者形容夫子之道之超然特立故鄭以為絕望之辭也
揚子法言學行篇顏苦孔之卓指此劉疏云道不外學學不
外禮夫子十五志學三十而立志學即博文也立即立於禮
也亦即約禮也如有所立卓爾謂禮之所立無非道也顏子
於博約之後服習既久故舉其所已知者以自明於其所未
知者以自勉莊子田子方篇顏子曰夫子步亦步夫子趨亦
趨夫子馳亦馳夫子奔逸絕塵而回瞠若乎後矣奔逸絕塵
則夫子之所以卓爾也回瞠若乎後則欲從末由也雖欲從
末由故仰鑽既竭而彌高彌堅也在前可瞻而忽焉在後也
此顏子之未達一間也然雖欲從末由而終是欲罷不能故
夫子又言回吾見其進未見其止矣按既竭吾才欲從末由
故謂之苦

或人瞿然曰茲苦也祗其所以為樂也與

本無之至二字
音義瞿然音句說文瞿界岸目驚瞿然也經傳通作瞿莊子徐
无鬼子綦瞿然喜曰司馬彪注云喜貌又李頤注云驚視貌

金薤琳琅齋叢稿

〔音義衹其音文適也按欲從末由而仍未見其止故所著正其所樂而已〕

曰：有教立道，無止仲尼；有學術業，無止顏淵。〔此別為一章，與上不屬，以承或人之語之後，故特著曰字以起之。無止，各本皆作無心。音義云：天復本亞作無止。按心、止隸形相近而誤，今據訂正。俞云：術當讀為述。禮記祭義：結諸心，形諸色，而術省之。鄭注云：術當為述。韓勅後碑共術，韓君德政張表碑方伯術職，樊敏碑臣子襃術，並以術為述，皆其證也。述業共立道正相對，有教立道，作者之謂聖也；有學述業，述者之謂明也。又按音義曰：天復本心作止，當從之。言立道不止，則為仲尼；述業不止，則為顏淵也。李宋吳本並作心，於義難通，溫公從之，非是。按俞說是也。經陳釋詁云：有猶或也。言或以立道為教道而不已，斯仲尼矣；或以述業為學道而不已，斯顏淵矣。即前文睎之則是之意。〕

或曰：立道仲尼不可為思矣，術業顏淵不可為力矣。曰：未之思也，孰禦焉？〔論語云：未之思也，夫何遠之有。〕

疏二終

法言疏義三

吳汪榮寶撰

[illegible]吾子卷第二　法言

或問吾子少而好賦　音義少而詩照切好賦呼報切自序云顧嘗好辭賦先時蜀有司馬相如作賦甚弘麗溫雅雄心壯之每作賦常擬之以為式傳贊云辭莫麗於相如作四賦按四賦者甘泉河東羽獵長楊也亦見自序藝文志揚雄賦十二篇列賦第三類總題右賦二十一家二百七十四篇班自注云入揚雄八篇周氏壽昌漢書注校補云前賦二十家應是莊視之作以屈原相如武帝知之此二十一家疑有類俳倡嫚戲者以枚皋知之又注云入揚雄八篇殆即逐貧賦解嘲解難之類凡規諷設辭皆入其中按本類收揚賦十二篇而注云入八篇明七略原錄四篇此增八篇也原錄四篇也即傳贊所謂四賦特相無異相如所以被列入第一類此則入第二類且又何以解於第三類之以孫卿賦為首邪班之為此分類自當有說要之必不如周氏所云以枚皋有類俳倡嫚戲子雲皆是規諷設辭故為一類也

曰然童子彫蟲篆刻　說文彫琢文也篆引書也蟲者蟲書刻者刻符說文序云秦書有八體一曰大

篆二曰小篆三曰刻符四曰蟲書五曰摹印六曰署書七曰
殳書八曰隸書漢興有草書尉律學僮十七以上始試諷籀
書九千字乃得為吏又以八體試之郡移大史并課最者以為
尚書史[illegible][illegible]擧傳云按漢書注蟲書謂鳥書以書幡信首象
鳥形即下云鳥蟲是也又按蕭子良以刻符摹印合為一體
臣以為符者內外之信若晉鄙奪魏王兵符又云借符以
爲宋然則符者竹而中剖之字形半分理應別為一體是蟲
書刻符尤八書中纖巧難工之體以肖學僮所有事故曰童
子彫蟲篆刻言文章之有賦猶書體之有蟲書刻符為之者
勞力甚多而所施於實用者甚寡可以為小技不可以為大
道也俄而曰壯夫不為也公羊傳莊公篇俄而可以為其有矣解詁云俄者謂須臾之間創得之頃
也曲禮云三十曰壯自序云雄以為賦者之願似俳優淳于
髡優孟之徒非法度所存賢人君子詩賦之正也於是輟不
復為或曰賦可以諷乎詩序釋文云用風感物謂之諷甘泉賦李注云不敢正言謂之諷按說文諷誦也
也與感物不敢正言之義絕遠通訓定聲云風動物而無形
故微言婉詞謂之風漢書志傳凡云風者皆作風注乃云諷誦
為諷反以借字為正字失之矣藝文志云傳曰不歌而誦謂
之賦登高能賦可以為大夫言感物造耑材知深美可與圖
事故可以為列大夫也古者諸侯卿大夫交接鄰國以微言
相感當揖讓之時必稱詩以諭其志蓋以別賢不肖而觀盛

金薤琳琅齋叢稿

衰焉故孔子曰不學詩無以言也春秋之後周道寖壞聘問歌詠不行於列國學詩之士逸在布衣而賢人失志之賦作矣大儒孫卿及楚臣屈原離讒憂國皆作賦以風咸有惻隱古詩之義

曰諷乎諷則已不已吾恐不免於勸也說文勸勉也漢書司馬相如傳贊云揚雄以為靡麗之賦勸百而諷一猶騁鄭衛之聲曲終而奏雅自序云雄以為賦者將以風也必推類而言極麗靡之辭閎侈鉅衍競於使人不能加也既乃歸之於正然覽者已過矣往時武帝好神仙相如上大人賦欲以風帝反縹縹有陵雲之志繇是言之賦勸而不止明矣並是與此文相發明不已即彼所云不止論衡譴告云孝武皇帝好仙司馬長卿獻大人賦上乃僊僊有陵雲之氣孝成皇帝好廣宮室楊子雲上甘泉頌妙稱神怪若曰非人力所能為鬼神力乃可成皇帝不覺為之不止按子雲之自悔少作實由於此世德堂本無諷乎二字按此復舉闕語而反問之本書多有此例如問道云鬯擴乎聖人皆其證是

或曰霧縠之組麗說文縠細縛也漢書禮樂志劉霧縠顏注云言其體細若雲霧又相如傳垂霧縠張揖注云縠綃如霧音義組麗音祖書禹貢厥篚注云組文也漢書景帝紀云錦繡纂組害女紅者也顏注云紅讀曰功哀帝紀云織綺繡難成害女紅之物如淳注云紅亦工也

曰女工之蠹矣說文蠹木中蟲經傳皆作蠹此中為賦害之辭

明微以為組讀抗附之
禕

策秦策高誘注云蠹害也鹽鐵論散不足云衣服靡麗布帛
之蠹也御覽八百十六引此作霧縠之靡無組序按李云霧
縠雜靡蠹害女工辭賦雖巧惑亂
聖典疑弘範所據本亦無組序　劍客論曰劍可以愛身曰
狴犴使人多禮乎　劍客論蓋兵技巧家之書藝文志有劍道
三十八篇又司馬遷傳云在趙者以傳劍
論顯顏注云劍論劍術之論也鹽鐵論箴石云若夫劍客論
博奕辯明必依時通講習見之書也愛讀為薆說文薆蔽不
見也廣雅釋詁薆翳也序亦作薆爾雅釋言云薆隱也方言
云翳薆也古通作愛詩靜女愛而不見方言郭注引作薆而
不見廣雅云翳愛也按愛之本義為隱蔽引伸之為保郭洪
書雋不疑傳云劍者君子武備所以衛身愛身即衛之意序
云袁孝劍可以衛護愛身辭賦可以諷諭勸人也即以衛釋愛
也音義狴犴邊衣切犴音岸獄也太玄曰蹕于狴獄家語曰
獄犴不治按說文陛牢也所以拘非人從非陛有聲狴即陛
之異文易林比之否失意懷憂如幽狴牢又說文豻胡地野
犬也或作犴古亦以為牢獄之稱詩小宛宜岸宜獄釋文云
韓詩作犴鄉亭之繫曰犴朝廷曰獄此書義所據本司馬
亟依此為說宋云若使擊劍可衛身則囹圄之牢有三木之
威囚者多矣豈使人多禮乎書不能也吳云書劍之威人畏
敢犯豈牢獄之威使人多禮乎司馬云人在牢獄之中不得
動操囹圄之多禮不知已陷危辱之地不若不入牢獄之為

劍客論當即
此組

說
本

金薤琳琅齋叢稿

善也劍可以衛身不若以道自防不至於用劍之為善也按溫公之說最同著作同者不能動搖同謂之多禮近於戲矣吳說甚簡未詳所云若謂劍術之衛身猶刑法之輔治而牢獄之威不能使人畏法而重禮崇一劍之威乃能使人不犯耶岸大明小義亦可通然此文前後皆論辭賦劍可以愛身明與霧縠之麗同是假物取譬以見辭賦之同非無說今云牢獄之威將何所取喻耶則亦於事類喻劍則不應闕旨變令上下文理都成阻閡然則音義此讀殆不可從榮謂批扞者批扞之假聲虛謂之批堅不可入謂之扞皆劍術之要所謂為劍者示之以虛開之以利後之以發先之以至也說文批反手擊也經傳多省作批莊子養生主云批大郤郭象注云有際之處因而批之令離史記孫子吳起傳云批亢擣虛亢讀為伉伉亦虛也淮南子說林云故解捽者不在於捌格在於批伉高注云批擊其要也此批之說也說文扞忮也段注云忮當作枝扞枝格也學記云發然後禁則扞格而不勝鄭注云扞格堅不可入之貌漢書董仲舒傳顏注云扞距也此扞之說也蓋擊人之虛而自為堅不可入以距人是為批扞墨子修身云批扞之聲無出之口易林睽之賁云批扞之言我心不快皆此義也史記蔡澤傳云批患折難按折難無義必扞難之誤扞折隸形相似也楚公子比字子干王氏引之名字解詁以為本於牧誓比爾干此望文生訓蓋亦取於批扞以為義也然則批扞連文古人常語此以批扞字為

說

之者疑亦出錄客論書書多同聲通用也狴犴使人多禮乎
者蓋擊劍之道坐作進退咸有法則猶禮之於升降上下皆
有節文故為此術者必有學劍使人多禮之說而此即用其
語以反詰之謂批捍之術豈能使人多禮以明劍可受身之
亦為無也猶賦家之說謂賦可以諷而不知靡麗之辭豈能
使人歸於正也語意本此文李注云言狴犴使人多禮辭賦
使人放蕩惑亂也語不可曉必非弘範之舊世德堂本此注
作言擊劍使人狴犴多禮辭賦使人放蕩惑亂也則與上句
注云言擊劍可以衛護受身辭賦可以諷諭勸人也句法一
律似猶得其本義是疑擊劍使人狴犴多禮殊不成義疑
多禮當作無禮今本作多乃涉正文而誤觀宋駮李注云今
注文與好賦相聯殺解之復以狴犴為擊劍之形貌可悟宋
所見李注必尚作狴犴無禮故知其為狀擊劍之貌是孫乾
不讀狴犴如字斷然可見惜其文太略又為後人竄亂遂難
依據音義以下別穿鑿求合去之遠矣

或問景差唐勒宋玉枚乘之賦也益乎

曰必也淫。音義景差初佳切舊本作景𨡎按史記屈原傳索隱引法言作景瑳誤書者今人欲景瑳亦從王顏

注云御景差也書多作景差今法言作景差乃校者依他書改之屈原傳又有宋玉唐勒景差之徒者皆好辭而以賦見稱然□之志無景差賦楚辭大招序云大招者屈原之所作也或曰景差疑不能明也惠有唐勒賦四篇注云楚人又宋玉

29

詩關雎序孔疏云淫者過也過其度量謂之爲淫

賦十七篇注云楚人与唐勒並時在屈原後也音義枚乘繩
證切枚乘傳云枚乘字叔淮陰人也爲吳王濞郎中漢既平
七國景帝召拜乘爲弘農都尉以病去官復游梁梁客皆善
屬辭賦乘尤高志有枚乘賦八篇[redacted]
[redacted]按法言此文當有脫誤論語必也字凡七見君子無所爭
必也射乎何事於仁必也聖乎必也臨事而懼好謀而成者
也聽訟吾猶人也必也使無訟乎必也正名乎不得中行而
与之必也狂狷乎人未有自致者也必也親喪乎皆[redacted]於[redacted]
論所惡之外別求一義以當之謂有之則惟此而已君然則
必也淫不与文義相反于竊意原文當作或問景差唐勒宋
玉枚乘之賦益乎曰淫也必也則言景差諸人之賦不免於
淫故爲無益賦之益者其惟則乎故後文直云淫則奈何注
則二字乎列爲義則非語辭即麗以則之則謂淫与則文列
若何正蒙此史而言若如今本則非特義不可通亦令後文
則字上無所承矣文例矣李注言無益於正也即解淫也二
字之義當在必也字上此蓋校書者見必也則淫則奈何誤
以則爲語辭於義不順遂將必也字移置正文淫也字上又
特也字移置賦字下而更刪去一則字遂使正文与注均不
可解矣各本皆誤無可訂正故僅著其說於此淫則奈何曰詩人之賦麗以則辭人
之賦麗以淫爾雅釋詁云則法也詩人之賦謂六義之一之賦即詩也周禮大師教六詩曰風曰賦曰比曰

疏二十

興曰雅曰頌班孟堅兩都賦序云賦者古詩之流也李注云毛詩序曰詩有六義焉二曰賦故賦為古詩之流也詩人之賦麗以則者謂古詩之作以發情止義為美即自序所謂法度所存賢人君子詩賦之正也藝文志顏注云辭人謂後代之為文辭辭人之賦麗以淫者謂今賦之作以形容過度為美即自序云必推類而言閎侈鉅衍使人不能加也御覽五百八十五引摯虞文章流別論云古之作詩也發於情止乎禮義情之發因辭以形之禮義之指須事以明之故有賦焉所以假象盡辭敷陳其志古詩之賦以情義為主以事類為佐今之賦以事形為本以義正為助情義為主則言省而文有例矣事形為本則言富而辭無常矣文之煩省辭之險易蓋由於此夫假象過大則與類相遠逸辭過壯則與事相違辯言過理則與義相失麗靡過美則與情相悖此四過者所以背大體而害政教所以司馬遷割相如之浮說揚雄疾辭人之賦麗以淫也按過即淫也仲洽此論推闡揚旨可為此文之義疏

如孔氏之門用賦也則賈誼升堂相如入室矣如其不用何

用賦謂以賦為教也也讀為邪賈誼相如史記漢書並有傳藝文志有賈誼賦七篇司馬相如賦二十九篇論語云由也升堂矣未入於室也皇疏云若近而言之即以屋之堂室為喻若推而廣之亦謂聖人妙處為室麤處為堂故子路得堂顏子入室顏云言孔子之門既不用賦不可如何謂

貢諛相如辭所施也孔氏之門志引作孔子之門人按志書人字非也詳王氏念孫漢書雜志又升堂志引作登堂御覽五百八十七引此作若孔氏之門而用賦

或問蒼蠅紅紫曰明視李云蒼蠅間于白黑紅紫似朱而非朱也按詩青蠅鄭箋云蠅之爲蟲污白使黑污黑使白喻佞人變亂善惡也易林萃之解云青蠅污白恭子離居論衡商蟲云讒言傷善青蠅污白同一禍敗詩以爲興蒼蠅即青蠅曹子建贈白馬王彪詩云蒼蠅間白黑讒巧令親疏此蒼蠅間于白黑之說俞云蒼蠅當以聲言此乃与紅紫並以色言義似不類李注曰蒼蠅間於白黑夫蒼蠅則何間於白黑之有疑楊子原文本作蒼駹駹与蒼皆色也周易說卦傳震爲龍虞翻本龍作駹云駹蒼色字亦通作尨文選思玄賦斜尨負而鄧滑兮舊注云尨蒼也是蒼駹同義故得連文廣雅釋器蒼青也故亦曰青駹史記匈奴傳其西方盡白馬東方盡青駹北方盡烏驪南方盡騂馬然則李注所稱間於白黑其即本史記爲說歟抑青蠅變亂白黑經傳常言蒼青同詁文不煩剖釋惟陸佃埤雅青蠅蒼蠅爲二種謂青蠅善亂色蒼蠅善亂聲故詩以青蠅刺讒而雞鳴曰匪雞則鳴蒼蠅之聲也其爲說至不足深辨俞乃云蒼蠅當以聲言毋乃蹈此失蒼蠅喻讒蒼駹何所取義耶論語云紅紫不以爲褻服皇疏云五方正色青赤白黑黃五方間色綠

鄭衛之音亂世之音也又云

為青之間紅為赤之間碧為白之間紫為黑之間緇為黃之間也故不用紅紫以其是間色也又引穎子嚴云南方火火色赤火剋金金色白以赤加白故為紅紅為南方間也北方水水色黑水剋火火色赤以黑加赤故為紫紫為北方間也此紅紫似朱而非朱之說論語云惡紫之奪朱也孟子云孔子曰惡似而非者惡紫恐其亂朱也**問鄭衛之似**

曰聰聽樂記云魏文侯問於子夏曰吾端冕而聽古樂則惟恐臥聽鄭衛之音則不知倦又云子夏對曰鄭音好濫淫志宋音燕女溺志衛音趨數煩志齊音敖辟喬志此四者皆淫於色而害於德是以祭祀弗用也據備舉之則鄭宋衛齊之音皆為鄭聲一以例其餘則曰鄭偶文為名則曰鄭衛論語云惡鄭聲之亂雅樂也孟子云孔子曰惡鄭聲恐其亂樂也

或曰朱曠不世如之何朱離婁曠師曠孟子離婁趙注云離婁古之明目者黃帝時人也黃帝亡其玄珠使離朱索之離朱即離婁也師曠晉平公之樂太師也其聽至聰莊子駢拇釋文云離朱司馬云黃帝時人百步見秋豪之末一云見千里鍼鋒孟子作離婁又師曠司馬云晉賢大夫也善音律能致鬼神史記云冀州南和人生而無目不世謂不代有

曰亦精之而已矣精視則明精聽則聰人皆可為無待朱曠以喻讜論無隱審察則自知不必上智乃能辨也

或問交五聲十二律也或雅或鄭何也手云

金薤琳琅齋叢稿

31

式猶和也。五聲，宮商角徵羽也。十二律，十二月之律呂也。按
事以交爲和，非也。司馬云「交，俱也」，得之。孟子云「上下交征利」，
趙注云「又言交爲俱也」。集疏云「交又訓俱」。高誘注淮南、韋昭
注國語皆如此訓。漢書律曆志云：「聲者，宮商角徵羽也。商之
爲言章也，物成孰可章度也。角，觸也，物觸地而出，戴芒角也。
宮，中也，居中央，暢四方，唱始施生，爲四聲綱也。徵，祉也，物盛
大而繁祉也。羽，宇也，物聚臧宇覆之也。律有十二，陽六爲律，
陰六爲呂。律以統氣類物，一曰黃鐘，二曰太族，三曰姑洗，四
曰蕤賓，五曰夷則，六曰無射。呂以旅陽宣氣，一曰林鐘，二曰
南呂，三曰應鐘，四曰大呂，五曰夾鐘，六曰仲呂。」五聲亦謂之
七音。左傳昭公篇孔疏引國語賈注云：「周有七音，謂七律，謂
七器音也。黃鐘爲宮，太族爲商，姑洗爲角，林鐘爲徵，南呂爲
羽，應鐘爲變宮，蕤賓爲變徵。」書皋陶謨「在治忽」，律曆志引作
「七始咏」。尚書大傳云：「七始，天統也。」鄭注云：「七始，黃鐘、林鐘、太
蔟、南呂、姑洗、應鐘、蕤賓也。」然變宮、變徵不外五聲，言五即已
賅七矣。六呂亦謂之六同，周禮典同「掌六律六同之和」，鄭注
云：「律，述氣者也。同，助陽宣氣，與之同。」亦謂之六閒，國語周語
爲之六閒，韋昭注云：「六閒，六呂在陽律之閒。」總謂之律，凡律
記言十二律者，皆并呂數之。對文律呂異，散文通也。論語云
「惡鄭聲之亂雅樂也」，樂記孔疏引異義云：「今論語說鄭國之
爲俗，有溱洧之水，男女聚會，謳歌相感，故云鄭聲淫。左氏說
煩手淫聲謂之鄭聲者，言煩手躑躅之音使淫過矣。謹案鄭

亦謂之七始

許慎

詩二十一篇說婦人者十九故鄭聲淫也白帖引逸義云鄭
國有溱洧之水會聚謳歌相感今鄭詩二十一篇説婦人者
十八故鄭聲淫也又云鄭重之音使人淫故也俞氏正燮癸
巳類稿云鄭詩雅言之雅正也鄭從奠下也奠也重也聲相
應故生變變成方謂之音春秋昭二十年傳所謂一氣二體
三類四物五聲六律七音八風以相成清濁大小短長疾徐
哀樂剛柔遲速高下出入周疏以相濟君子聽之以平其心
昭元年傳醫和言先王樂有五節遲速本末以相及中聲以
降五降之後不容彈矣於是有煩手淫聲慆堙心耳乃忘和
平今君聲鄭則與定奇一洗下滯重樂記所謂新樂進俯退
俯姦聲以濫溺而不止乃不變不成不濟五降後之淫聲狄
成滌濫而成淫亂正與下之謂鄭從奠與聲奠之義也鄭重乃
主定慎重之義中之則謂鄭重為煩祭之意也按理初發明
左氏古義觸言之成理惟此文先云關鄭衛之似後云雅丹
鄭衛不能入也則此雅鄭對舉鄭即鄭衛之鄭明不用左氏
說也五聲十二律雅鄭所同喻六藝之文古今無二或此釵
淫哉以文姦

曰中正則雅多哇則鄭

白虎通禮樂云樂尚雅何雅者古正也所以遠鄭聲也呢
俗通音聲云雅之為言正也樂記云紀綱既正天下大定定
後正六律和五聲弦歌詩頌此之謂德音德音之謂樂此所
謂中正則雅也音義多哇烏瓜切王氏念孫讀書志餘云引
之曰多鑽為哆哆邪也下文云述正道而稍邪哆者有矣未

金薤琳琅齋叢稿

有述邪哆而循正也哆與多古字通用孟子梁惠王篇云放辟邪侈字亦作哆哆同多惟背邪也中亦正也正則雅邪則鄭多陂與中正相反也按說文迆衺行也引伸之偁爲凡衺之稱邪侈邪哆字皆迆之假也以多爲之猶左傳哀公爲魏曼多史記晉魏世家作魏侈趙世家作魏哆也說文建詣背也引伸之爲蟲邪廣雅釋詁云哇衺也邪則鄭者白虎通禮樂云鄭國土地民人山居谷浴男女錯雜爲鄭聲以相誘悅懌故邪辟聲皆淫色之聲也是也文選謝靈運擬鄴中集詩又然叔夜養生論李注再引法言哇則鄭無多字又引李軌注云哇邪也◎治平本李注無此語吳曹侍讀元忠云反於中正爲邪哇訓邪聲此其本字假借爲謳漢書王莽傳贊紫色鼃聲紫色即用上文蒼蠅紅紫鼃聲即用哇則鄭之文故應劭注云紫間色鼃邪音也李注爾應爲訓其本本無多字淺學人欲整齊句法而讀之知治平本注云多哇淫聲繁越也以繁越釋多非李義也按居直以莽傳贊紫色鼃聲即用法言語其說甚精然則孟堅固以此爲干雲剥莽之微文矣恨謂多字乃淺學者欲整齊句法◎增則未必然多哇同訓[illegible]非淺學所知謂繁越非李義則可謂李本本無多字則不可也

請問本曰黄鍾以生之中正以平之確乎鄭衛不能入也

律曆志云五聲之本生於黄鍾之律九寸爲宮或損或益以定商角徵羽九六相生陰陽之義也黄鍾黄者中之色君之

正三

脈也鐘者種也天之中數五五爲聲聲上宮五聲莫大焉地之中數六六爲律律有形有色色上黃五色莫盛焉故陽氣施種於黃泉孳萌萬物爲六氣元也呂氏春秋音律云黃鐘生林鐘林鐘生太蔟太蔟生南呂南呂生姑洗姑洗生應鐘應鐘生蕤賓蕤賓生大呂大呂生夷則夷則生夾鐘夾鐘生無射無射生仲呂三分所生益之一分以上生三分所生去其一分以下生按黃鐘之管九寸爲律始下生林鐘三分去一故林鐘六寸林鐘上生太蔟三分益一故太蔟八寸太蔟下生南呂三分去一故南呂五寸又三分寸之一南呂上生姑洗三分益一故姑洗七寸又九分寸之一姑洗下生應鐘三分去一故應鐘四寸又二十七分寸之二十應鐘上生蕤賓三分益一故蕤賓六寸又八十一分寸之二十六蕤賓又上生大呂三分益一故大呂八寸又二百四十三分寸之百四大呂下生夷則三分去一故夷則五寸又七百二十九分寸之四百五十一夷則上生夾鐘三分益一故夾鐘七寸又二千一百八十七分寸之千七十五夾鐘下生無射三分去一故無射四寸又六千五百六十一分寸之六千五百二十四無射上生仲呂三分益一故仲呂六寸又萬九千六百八十三分寸之萬二千八百七十四此所謂黃鐘以生之也樂記云是故君子反情以和其志比類以成其行姦聲亂色不留聰明淫樂慝禮不接心術惰慢邪辟之氣不設於身體使耳目口鼻心知百體皆由順正以行其義然後發以聲

七

3

音而文改琴瑟動以干戚飾以羽旄從以簫管奮至德之光動四時之和以著萬物之理是故清明象天廣大象地終始象四時周還象風雨五色成文而不亂八風從律而不姦百度得數而有常小大相成終始相生倡和清濁迭相爲經故樂行而倫清耳目聰明血氣和平移風易俗天下皆寧此所謂中正以平之也音義碓乎俗本作確非據說文堝堅不可拔也即確字易文言云確乎其不可拔釋文確乎鄭云堅高之貌黃鍾世德堂本作黃鐘

或曰女有色書亦有色乎詩關雎序正義云女有美色男子悅之故經傳之文通謂女人爲色曰有女惡華丹之亂窈窕也書惡淫辭之淈法度也音義惡烏路切文選曹子建洛神賦云鉛華弗御李注鉛華粉也釋名釋首飾云脣本以丹作之象脣赤也方言云美狀爲窕美心爲窈按窈窕雙聲連語文選顏延年秋胡詩李注引韓詩薛君章句云窈窕貞專貌漢書杜欽傳注禮經聘九女求窈窕不問華色孟子云吾爲此懼閑先聖之道距楊墨放淫辭邪說者不得作趙注云淫放也焦疏云禮記哀公問云淫德不倦注云淫放也周禮宮正去其淫怠與其奇衺之民注云淫放濫也楊墨不習六經違悖先聖之道作爲爲我兼愛之言罔而天下之人亦不習六經由楊墨之言而又放濫之邪成一無父無君之害所謂淫辭也音義淈古忽切說文淈濁也經典或作

汩洪範汩陳其五行 應劭注云汩亂也

或問屈原智乎 音義屈原九句切史記屈原傳云屈原者名平楚之同姓也為楚懷王左徒上官大夫與之同列爭寵而心害其能因讒之王怒而疏屈平頃襄王立子蘭為令尹卒使上官大夫短屈原於頃襄王怒而遷之遂投汨羅以死自序云悕屈原丈過相如至不容作離騷自投江而死悲其文讀之未嘗不流涕也以為君子得時則大行不得時則龍蛇遇不遇命也何必湛身哉或以其智為疑

曰如玉如瑩爰變丹青如其智如其智 音義如瑩烏定切又音榮石次玉者一曰玉色迻論語曰如玉之瑩按說文瑩玉色也一曰石之次玉者迻論語曰如玉之瑩段注云此蓋引證玉色之義如玉如瑩鄭[redacted]如玉之瑩也定海黃先生經說於云詩逃絡逃游之侍云不敢縱以於游按詩人作歌多助語以成韵每無意義此求如剝沮非乎列序曰是剝是沮是剝以為沮也始謀非乎列序曰定始謀于是始其謀也宣歌非乎列序曰迺宣迺歌乃宣其歌也此曰逃絡逃游亦非乎列序毛傳最合古訓孔疏謂各言其一義則剝宣歌等亦可乎今為二義爭[redacted]則此文玉瑩亦非乎列序猶云如玉如瑩丹疑子雲所據迻論語如此屬祁禪結云變化也丹青猶云采色聘義云孚尹旁達信也鄭注云孚讀

34

（說文璊玉英華相帶如瑕琢也琢玉英華羅列秩秩也左太沖蜀都賦云符采彪炳劉逵注云符采玉之橫文也山海經郭璞注引王子靈符應云赤如雞冠黃如蒸栗白如割肪黑如純漆玉之符采也然則丹青者謂玉之英華符采

為浮尹讀如竹萌之筠浮筠謂玉采色也采色旁達不有隱翳似信也[illegible]

[illegible]

[illegible]

[illegible]原以忠信之質蔚為文章猶玉以皎潔之色化為華采此與君子篇丹青初則炳久則渝異義彼謂繪事之所施乃人為之飾此謂玉色之所見則自然之美也侄原傳云濯淖汙泥之中蟬蛻於濁穢以浮游塵埃之外不獲世之滋垢皭然泥而不滓者也推此志也雖與日月爭光可也如玉如瑩爰變丹青即泥而不滓可與日月爭光之義再言如其智者謂雖如屈原之智說見學行疏君子比德於玉智即玉德之一聘義云縝密以栗知也管子水地云夫玉溫潤以澤仁也鄰以理者知也荀子法行云夫玉者溫潤而澤仁也栗而理知也說苑雜言云玉有六美望之溫潤近之栗理望之溫潤者君子比德焉近之栗理者君子比智焉說文玉有五德其聲舒揚專以遠聞智之方也此則以玉喻德而智在其中昭質無虧以成文采智孰有過於此者此子雲深致贊美之義也云夫智者達天命審行發如玉如瑩爛而不磷令屈原放逐感激爰變雖有文彩丹青之倫且此躬悖橫意擬騷辭臣東原錄云嘉祐中于在國子監與監長錢象先進學官校定李軌注揚子法言後數年乃於唐人類書中見如玉如瑩一義借其本改正也或問屈原智乎曰如玉加瑩

炙見丹青軌注曰夫智者達天命如玉加瑩磨而不磷往日
不知其誤遂改軌注以就文義兩則槃所校法言李注如瑩
本作加瑩以其與正文不合故改加為如及見唐人類書乃
悟唐本法言正文本作加瑩注文如玉加瑩磨而不磷八字
當連讀乃以磨訓瑩也其感激炙變舊本亦當作炙見於義無
所順此弘範此注以上句為喻智者以下句為喻屈原則
論為如瑩為加瑩為炙變為炙見皆不可通此李序所謂弘
範所學右道左儒每遠于雲本指者斷不足取俞云華嚴經
音義引倉頡篇曰瑩治也爾雅釋鳥篇釋文曰瑩磨瑩也如
玉加瑩炙見丹青言屈原之放逐猶玉加磨瑩而成文采也
宿縣覺共說訂正榮按俞以磨瑩成文說此二句較李義自優
然如玉之瑩遂論疑許君所取證玉色之義則不當訓治可
知以磨治喻放逐亦不如以玉色喻忠信之質為尤合初學
記二十一引此文及李注並與各本同槃所見唐人類書未
知何種不明可信也又按吳仁傑兩漢刊誤補遺云法言玉
瑩丹青之本說者亦謂不貴其之詞按遂論諶如玉之瑩子雲
蓋用其意則如瑩之如當訓為而矣易也丹青非續事之謂
蓋言丹砂空青周官入玉石丹青於守藏之府是也子雲以
為三閭不肯喔咿儒兒從俗富貴偷安寧殺身以全其潔如
玉而瑩其可變而為丹青也哉然玉可碎瑩不可奪子雲
之于屈原孔子所管仲之意欲此深得子雲之旨但以炙變
丹青為及言則未悟丹青即為符采之義故亦不得其解也

金薤琳琅齋叢稿

司馬云足言足容訓令足容威威有德則爲文章無德則爲浮僞
則温公讀足如字

音義稱則尺證切

或問君子尚辭乎易文言云脩辭立其誠所以居業也左傳襄

疏有辭猶倚賴之若之何其釋辭也欲有此問世德堂本或

問作或曰按文選皇甫士安三都賦序李注引此亦作或曰

曰君子事之爲尚事云貴事實賤虛辭史記自序云孔子曰我欲載之空言不如見之行事之深

切著明也事勝辭則伉辭勝事則賦事辭稱則經音義伉口浪切健也何休曰有

辭讓伉正者爲里正德明一音苦杏切按事勝辭不得爲

健音義非也當讀爲伉戾之伉於也漢書五行志顏注云凡

言伉陽者猶亢之意謂無恩澤於下也事勝辭者言之無文

有類於橋傲云伉也辭勝事則賦即所謂辭人之賦麗以淫

也考工記鄭注云稱猶等也儀禮聘禮記云辭無常孫而說

辭多則史辭少則不達辭苟足以達義之至也治平本事辭

稱上重行事字足言足容德之藻矣李云足言令之言足

今據各本刪容威施之貌言皆藻飾

之僞非篤實之真音義足言將住切又如字下同按此用論

語足恭釋文彼孔注云足恭便辭貌即此李注所本俞云按

學行篇曰吾未見好斧藻其德若斧藻其楶者也然則德之

藻矣自是美之之辭容猶用也釋名釋姿容曰容用也序亦

通作庸莊子胠篋篇容成氏六韜大明篇作庸成氏庸亦用

也足言足容謂既足以言之又足以用之斯其言非空言爲

德之藻飾也李注忽非揚子之意今試連上文讀之或問君子尚辭乎曰君子事之為尚事勝辭則伉辭勝事則賦辭事稱則經然則足言足容所謂事辭稱者正中明君子事之為尚也上文並未言及容儀焉得兼言容而二之乎按舊注皆以此八字自為一章不與上文連屬故以容貌容儀為說俞讀容為用以為即申明上文之語於義為長今從之簡子禮論法禮足禮謂之有方之士楊倞注云足謂無闕失觀

此則無關於言驗之事則無關於用斯乃德之文也其辭

疏三終

36

金薤琳琅齋叢稿

荀子脩身云夫堅白同異有厚無厚之察非不察也倨僈注云此言公孫龍惠施之曲說異理不可為治也公孫龍堅白論曰堅白石三可乎曰不可二可乎曰可謂目視石但見白不知其堅則謂之白石手觸石則知其堅而不知其白則謂之堅石是堅白終不可合為一也司馬彪曰堅白謂堅石非石白馬非●馬也同異謂使異者同同者異

法言疏義四

吳汪榮寶撰

或問公孫龍詭辭數萬以為法法與史記孟荀列傳云趙亦有公孫龍為堅白同異之辯索隱云即仲尼弟子按仲尼弟子列傳云公孫龍字子石少孔子五十三歲集解引鄭云云楚人顏氏史武日知錄云漢書注公孫龍趙人為堅白異同之說與平原君同時去夫子近二百年殆非也榮按藝文志公孫龍子十四篇入名家注云趙人又毛公九篇注云與公孫龍等並游平原君趙勝家此與弟子傳之公孫龍蓋同名而異人弟子傳之公孫龍楚人字子石堅白異同之公孫龍趙人字子秉見列子仲尼殷敬順釋文是不但年代相隔且國與字亦判然殊異索隱說誤以子秉即子石音林同說子石非孔子弟子皆為誤也音義詭辭丸為切說文恑變也引伸為詐偽經典通作詭荀子非十二子云不法先王不是禮義而好治怪說玩琦辭甚察而不惠辯而無用多事而寡功不可以為治綱紀然而其持之有故其言之成理足以欺惑愚眾是惠施鄧析也琦辭即詭辭皆恑之假莊子天下云桓團公孫龍辯者之徒飾人之心易人之意能勝人之口不能服人之心辯者之囿也孔叢子公孫龍篇云公孫龍者平原君之客也好刑名以白馬非白馬或

謂子高曰此人小辨而毀大道子盍往正諸子高曰大道之悖天下之受往也君何病焉或曰雖然子為天下欲往也子高適趙與龍會乎原君家謂之曰僕居魯逆聞下風而高先生之行也願受業之日久矣然所不取於先生者獨不取先生以白馬為非白馬爾誠去非白馬之學則穿請為弟子公孫龍曰先生之言悖也龍之學正以白馬為非白馬者也今使龍去之則龍無以教矣今龍無以教而乃學於龍不亦悖乎且夫學於龍者以智與學不逮也今教龍去白馬非白馬是先教也先教而後師之不可也又云且白馬非白馬者乃子先君仲尼之所取也龍聞楚王張繁弱之弓載忘歸之矢以射蛟兕於雲夢之圃反而喪其弓左右請求之王曰止也楚人遺弓楚人得之又何求乎仲尼聞之曰楚王仁義而未遂亦曰人得之而已矣何必楚乎若是者仲尼異楚人於所謂人也夫是仲尼之異楚人於所謂人而非龍之異白馬於所謂馬悖也先生好儒術而非仲尼之所取也欲學而使龍去所以教雖百龍之智固不能當其前也又云公孫龍又與子高汜論於平原君所辯理至於臧三耳公孫龍言臧之三耳甚辯析子高弗應俄而辭出明日復見平原君曰疇昔公孫之言信辯也先生實以為何如答曰然幾能臧三耳矣雖然實難僕又問於君今為臧三耳甚難而實非也謂臧兩耳甚易而實是也不知君將從易而是者乎亦其從難而非者乎此公孫龍詭辭數為以為法之大累也

曰斷木

為棊梡革為鞠，亦皆有法焉。音義：斷，木都管切。說文：棊，博棊。詩傳云：棊者，方正之名也。古通謂博奕之子為棊。據有博棊有弈棊，博弈異法，而所用之子通有棊名。方言云：簙謂之蔽，或謂之箘。秦晉之間謂之簙，吳楚之間或謂之蔽，或謂之箭裏，或謂之簙毒，或謂之夗專，或謂之匱璇，或謂之棊。所以投簙謂之枰，或謂之廣平。所以行棊謂之局，或謂之曲道。說文：簙，局戲也。六箸十二棊也。楚辭招魂云：菎蔽象棊，有六簙些。王逸注：投六箸，行六棊，故謂六簙也。此博棊也。方言云：圍棊謂之弈，自關而東齊魯之間皆謂之弈。說圍弈台云：北方之人謂棊為弈。說文：弈，圍棊也。廣雅釋言云：圍棊，弈也。此弈棊也。孟子告子焦疏云：博蓋即今之雙陸，弈為圍棊，今仍此名矣。以其局同用枰，故於下則皆謂之枰。以其同措於枰，皆謂之棊是也。博棊古以竹為之。說文：箘，箘簬也。一曰博棊也。亦以木為之。韓非子外儲說云：秦昭王令工施鉤梯而上華山，以松柏之心為博，箭長八尺，棊長八寸，而勒之曰：昭王嘗與天神博於此矣。亦用石為之。山海經中山經云：休與之山，其上有石焉，名曰帝臺之棊。又南山經云：漆吳之山多博石。是也。其弈棊之子今多用石，古亦以木為之。魯孔鮒傳弈論云：楛棊三百。李注引邯鄲淳藝經云：白黑棊子各一百五十枚。此明謂弈棊而云楛棊者，是用楛木為之。說文：楛，木名也。夏書曰：惟箘輅楛。今書作楛。馬注云：楛，木名，可以為箭。鄭注云：肅慎氏貢楛矢，知楛中矢榦。

金薤琳琅齋叢稿

蓋楛之質堅可以爲矢故斷以爲棊猶箘簬性勁故以爲矢
亦以爲棊也梡各本皆作梡音義梡革音綄又音款斷木也
此不得其義梡爲云梡爲本作梡今依訂正說文刌持也㨨
閣也字亦作梡淮南子俶真云㨨梡剛柔高注云扣鬪也㨨
梡即㨨刌也孫氏詒讓札迻云梡爲坃之假字坃革言以革
爲闐丸也考工記鮑氏云韗三坃注鄭司農云坃量名讀爲丸
列子黃帝篇累坃二而不墜莊子達生篇坃作丸此坃亦謂
丸也據孫說亦通說文鞠蹋鞠也又曹子建名都篇李注
引郭璞三蒼解詁云鞠毛丸可蹋戲史記衛將軍驃騎列傳
云穿域蹋鞠索隱云鞠戲以皮爲之中實以毛蹴蹋爲戲也
亦皆有法者列子說符釋文引古博經云博法二人相對坐
向局局分爲十二道兩頭當中名爲水用棊十二枚法六白
六黑又用魚二枚置於水中其擲采以瓊爲之二人互擲采
行棊棊行到處即豎之名爲驍棊即入水食魚亦名牽魚每
一牽魚獲二籌翻一魚獲三籌若已牽兩魚而不勝者名曰
被翻雙魚彼家獲六籌爲大勝也淮南子泰族云故事有利
於小而害於大得於此而亡於彼者故行棊者或食兩而路
窮或予踦而取勝偷利不可以爲行而智術不可以爲法
食兩而路窮謂已食兩魚而不勝者予踦而取勝謂翻一魚
獲三籌者也此傳棊之有法也御覽七百五十三引桓譚新
論云俗有圍棊之戲或言是兵法之類及爲之上者遠棊疏
張置以會圍因而伐之成多得道之勝中者則務相絶遮要

音義爲鞠

以爭使求利，戰勝負，猶琵瑣計數而定，下若則有遇偶趨作節目自生於小地。弈局云：夫博懸於投，不專在行，故優者有不過勞者有傥倖踦挐相凌，氣勢力爭，雖有雄雌，未足以為乎也。至於弈則不然，高下相推，人有等級，若孔氏之門回賜相服，循名責實，謀以計策，若唐虞之朝，考功黜陟，器用有常，施設無祈，因敵為資，應時屈伸，此弈棊之有法也。史記蘇秦傳集解引別錄云：蹴鞠者，傳言黃帝所作，或曰起戰國之時，蹋鞠兵勢也，所以練武士知有材也，皆因嬉戲而講練之。（陳）藝文志有蹴鞠二十五篇，入兵家。顏注云：蹴鞠以力之事，故附於兵法焉。此蹴鞠有法[illegible]也。**不合乎先王之法者，君子不法也。**荀子非相云：凡言不合先王，不順禮義，謂之姦言，雖辯，君子不聽。楊注云：公孫龍惠施鄧析之屬也。

觀書者譬諸觀山及水，升東嶽而知眾山之邐迤也，況介丘乎？浮滄海而知江河之惡沱也，況枯澤乎？嶽，治平本作岳，依各本改。學行云：山有嶽。可邐，爾雅釋山云：泰山為東嶽。邐迤，各本皆作邐施，音義：邐施上力紙切，下移爾切。司馬云：宋吳本別施作邐迤。按吳本是。重荅東阿王書云：夫登東嶽者，然後知眾山之邐迤也。用法言語而字作邐迤，高是所據本如此。李注引法言亦作邐迤，足證宋吳本此條乃舊本之偶存者也。今據改。說文無邐（有邐迤），[illegible]邐行邐邐也，迤衺行也，邐即迤字。爾雅釋丘釋文引說文上正

衆切

作迤邐迤邐聲韻連語釋丘云邐迤沙丘郭注云旁行連延是也宋云介小也按周禮司市鄭注云介次市亭之屬別小者也是介有小義俞云廣雅釋詁介獨也此介字當訓獨與眾山相對爲義亦通音義慈沱上哀都切下徒何切誰袁堅答賓戲振伏汵淦李注引說文云汵淦不流也汵淦說也猶[redacted]闕文生義汵淦聲韻連語即汵小不流之說慈言之曰汵淦言之曰浡淦無二義也慈沱即汵淦亞聲定聲者不可即此以慈沱爲音近願者漢時魚歌同用之例也閩禮司書鄭注云山林川澤童枯則不稅孔疏云川澤無水曰枯崩手致土云淵枯則龍魚去之按字當作涸說文涸渴也周禮草人鄭注云渴澤故水處也枯涸皆從古聲故得通用小捨舟航而濟乎瀆者末矣捨治平本作舍依各本改學行良捨具見不捨晝夜可證音義舍書也切

五經而濟乎道者末矣

下同方言云舟自關而東或謂之舟或謂之航說文作斻方舟也確而子修務云欲棄學而循性是謂猶釋船而欲蹙水也李云末無**弁常珍而嗜乎異饌者惡覩其識味也委大聖而好乎諸子者惡覩其識道也**弁世德堂本作棄說文弁古文棄段注云棄中體似世唐人諱世故閩或石經及凡碑板皆作弁則此治平本作弁者承唐本之舊也周禮膳夫云珍用八物鄭注云珍謂淳熬淳母炮豚炮

汵淦說出大徐新附非崇賢所見此後人妄增

39

聒譊嗿積然肝膺也音義惡觀音烏下同廣雅釋詁云善棄也音義射字呼報切下好書好說同藝文志云諸子十家其可觀者九家而已皆起於王道既微諸侯力政時君世主好惡殊方是以九家之說蠭起並作各引一端崇其所善以此馳說取合諸侯漢諸子十家者一儒二道三陰陽四法五名六墨七從橫八雜九農十小說也不數小說故云可觀者九家而已春書君子云或曰子小諸子孟子非諸子乎曰諸子者以其知異於孔子也孟子異乎不異然則諸子非盡不可所惟審捨其異於孔子者乎

山嶝之蹊，不可勝由矣；向牆之戶，不可勝入矣。音義山嶝戶經切又口耕切孟經

子曰山徑之蹊李云嶝谷也宋云嶝宜讀為陘陘山中絕也按音義二音實兼此二義前一音即讀為陘後一音乃讀嶝如字廣韻嶝口莖切入耕陘戶經切入青也說文嶝谷也陘山絕坎也二說並通然與向牆之戶為比則以山絕坎之義為合釋名釋道云步所用道曰蹊孟子山徑之蹊徑亦嶝陘之假說文徑步道也是蹊徑同詁不得云山蹊之蹊也蹊陝一百八十四引法言亦作山徑此據孟子改之論語云人而不為周南召南其猶正牆面而立也與馬注云如向牆而立也宋子京注云言即其至近之地而一物無所見一步不可行按山嶝之蹊通之險阻而難行者向牆之戶戶之有所

徒趙注云山之領有微蹊則前徑為領

窒礙而不可適者皆以喻諸子

曰：惡由入？曰：孔氏。孔氏者，户也。户者自室入室之户也。論語云：誰能出不由户，何莫由斯道也。劉熙云：宧宧之對外半為室内半為室，室有向牖東開户以至室。說文：户，護也。半門曰户，象形。一切經音義十四引字書云：一扇曰户，兩扇曰門。禮器云：未有入室而不由户者。彼文言人行事必由禮，如入室不能不由户，故此文亦言出由户，何莫由斯道，意與禮器同也。按法言以室喻聖道，故以孔氏為户，言孔氏者自室入室之户，非指子向牆之户也。

曰：子户乎？蒙上而言之，謂子亦以孔氏為户乎。

曰：户哉！户哉！吾獨有不户者矣？經傳釋詞云：獨猶寧也，豈也；矣猶乎也。然則吾獨有不户者矣，猶云吾寧有不户者乎。御覽一百八十四引作我户哉，然獨有不户者矣，此不達古書詞例而妄改之。

或欲學蒼頡、史篇。音義：蒼頡，户結切。按荀子解蔽作倉頡。藝文志：蒼頡一篇。注云：上七章秦丞相李斯作，爰歷六章車府令趙高作，博學七章太史令胡毋敬作。序云：漢興閭里書師合蒼頡、爰歷、博學三篇，斷六十字以為一章，凡五十五章，并為蒼頡篇。說文序云：斯作蒼頡篇，中車府令趙高作爰歷篇，太史令胡毋敬作博學篇，皆取史籀大篆，或頗省改，所謂小篆者也。繫傳云：蒼頡、爰歷、博學通謂之三蒼。按此取篇首二字為名。孫氏星衍倉頡篇序云：倉頡始作其例

金薤琳琅齋叢稿

與急就同名之倉頡者亦如急就以首句題篇凡將飛龍等皆是訓故三字四字以至七字備取六蓺羣書之文以便幼學循而誦之故七略目之小學史籀篇也志史籀十五篇注云周宣王太史作說文序云及宣王太史籀著大篆十五篇與古文或異段注云大篆十五篇亦曰史籀篇亦曰史篇王莽傳徵天下史篇文字孟康云史籀所作十五篇古文書也此古文二字當為大篆大篆與倉頡古文或異見於許書中四篇中者備矣凡云籀文作某者是也或之云者不必盡異也蓋多不改古文者矣大篆之名上別乎古文下別乎小篆而為言曰史篇者以官名之曰籀篇籀文者以人名之按漢書本傳贊史篇莫善於倉頡作訓纂以史篇為大名倉頡亦史篇之一言者史官主文字故凡小學書類通謂之史篇莽傳所云徵天下史篇文字亦小學書類之義不必謂大篆十五篇至此史以史篇與蒼頡並舉則自指史籀而言與傳贊所稱同名而異實許書引史籀多與史篇如云甸史篇名醜姚史篇以為姚易也甸史篇讀與缶同皆是御覽二百十三引漢官儀云能通倉頡史篇者補蘭臺令史[illegible]四也說文序云孝宣皇帝時召通倉頡讀者張敞從受之涼州刺史杜業沛人爰禮講學大夫秦近亦能言之孝平皇帝時徵禮等百餘人令說文字未央庭中以禮為小學元士黃門侍郎揚雄采以作訓纂篇班固嘗時蒼頡已成絕學劉歆復興之而子雲又斯學之專家故時人有欲從受其說也

宗以二者互列謂之倉史篇

曰：史乎！史乎！愈於妄闕也。李云：再言史乎者，善之也。言勝於不學而妄名，不知而闕疑者。說史正文處謂不可知之書，闕者不見也，學未嘗覩字闕之。條三倉為小篆之學，史籀為大篆之學，信而有徵，故愈於妄。多識古字，故愈於闕。

或曰：有人焉，自云姓孔，而字仲尼，入其門，升其堂，伏其几，襲其裳，則可謂仲尼乎？自云之自，治平本誤作曰，秦校云曰當作自，各本作自而奪云，今訂正。國語晉語韋注云：伏，隱也。孟子隱几而臥，趙注云：隱，倚其几。說文：褻，重衣也。經傳多以褻為之。按此刺新室之辭也。王莽傳云：始建國元年，莽曰：予以虞帝之後也，出自帝嚳。又姚、嬀、陳、田、王氏凡五姓者，皆黃虞苗裔，予之同族也。正自云姓孔字仲尼之類。其依仿典誥，空言古法，是入門升堂，伏几襲裳之類也。

曰：其文是也，其質非也。云：莽傳贊云：莽既不仁而有邪佞之材，誦六藝以文姦言。

敢問質。曰：羊質而虎皮，見草而說，見豺而戰，忘其皮之虎矣。音義：見草而說，音悅。天復本作見羊而悅。按文選袁彥道難詩羊質服虎文說……文帝與吳質書以犬羊之質服虎豹之文，陳孔璋檄豫州……以虎文。李注三引此文，皆作見草根而，引作悅，一引作說……

41

見悅之句說訓得引
宋氏句虎文豹文
皆作辨之辯意通
讀也

覽七百六十七又九百二再引並作見草而悅羊草形近易誤羊為草食之衞畝見草而悅然羊性好羣則作見羊而悅者於義亦通說悅古今字一切經音義蒼頡篇云豺似狗白色爪牙迅快善搏噬也李云戰悸按說文顫頭不正也段作不定云引伸為凡不定之稱淮南子說山云故寒顫者懼亦顫經傳通用戰爾雅釋詁云戰懼也忘其皮之虎矣世德堂本矣作也

聖人虎別其文炳也自此四向易革象文今易作大人虎變〻別●●周禮士師正之以傅別約劑鄭注云故書別為辯易文言由辯之不早辯也釋文由辯如字馬云別也荀作變孟子萬鍾則不辯禮義而受之音義丁音辯本作變於義當為辯〻別也是●●●●之其證蓋易本作辯傳寫別或為變或為別矣子雲於易多用京氏五百篇月未望則載魄於西既望則終魄於東其遡於日乎本京氏易占重黎篇注無妄之問解無妄為無望●與京義合●此作別●京氏●●●●民音義虎別彼列切下同易易說傳云虎變威德折衝萬里望風而屈以喻舜舞干羽而有苗自服周公修文德越裳獻●雉虞注云乾為大人謂五也家坤為虎變傳論湯武以坤臣為君毛氏奇齡仲氏易云九五大人則文業創繼而為主者故改命之後益復創制立法更易服考車書而定禮樂其乘乾御離文明飾治如馬李長所云周公

亦用

皆辯之今文

修文德者，因不名改而名變，此爲變。則并無改之迹也，然則
文人虎變，謂聖人在位，創制顯庸之事。説文：炳，明也。吳云：乾
爲大明，曰動成離，故其文炳也。君子豹變，其文蔚也。[redacted]陸績[redacted]云：兌之陽爻稱虎，陰爻稱豹，豹，虎類
而小者也。君子小於大人，故曰豹變。[redacted]其文[redacted]蔚也[redacted]
[redacted]
[redacted]干寶[redacted]云：君子大賢，次聖之人，謂若太公、周、召之徒
也。豹，虎之屬，蔚，炳之次也。仲氏易引王湘卿云：虎文疏而著
因炳，豹文密而理，曰蔚。辯人貍別，其文萃也。新書道術云：論物明辯謂
之辯。荀子非相云：君子必辯。
辯，凡人莫不好言其所善，而君子爲甚焉。是以小人辯言險，
君子辯言仁也。言而非仁之中也，則其言不若其默也，其辯
不若其吶也。言而仁之中也，則好言者尚矣，不好言者下矣。
故仁言大矣。起於上所以導於下，政令是也；起於下所以忠
於上，謀救是也。故君子之行仁也無厭，志好之，行安之，樂言
之。故言君子必辯。此辯人之義[redacted]方言云：
貔，關西謂之貍。説文：貍，伏獸，似貙。貔，豹屬。則許君以貔爲二
與方言異。按儀禮大射儀鄭注云：貍之言不來也。史記封禪
書云：[redacted]有者，諸侯之不來者[redacted]。徐廣云：貍一名不來。是
[redacted]本[redacted]在[redacted]音與不來相[redacted]，故借以爲不來，滿喻字亦作貍
貍，方言云：江淮之間謂之貍，北燕朝鮮之間謂之貔，是也。貔
貔、貍、貔，皆一聲之轉。[redacted]其[redacted]則曰貔，曰貍，曰其貍則曰

別

貍

合音言之

金薤琳琅齋叢稿

爲釋文云：蔚，音尉，又紆弗反。虞云：蔚，蔽也。按説文：蔚，草多貌。

142

貍曰貅[redacted]貌之与貍實爲一物惟其種類[redacted]既畜故

更加豺與貔豸[redacted]名犹專能派本草集解云貍有數種大小

如狐毛雜黃黑有斑如貓而圓頭大尾者爲貓貍有斑如貙

虎而尖頭方口者爲虎貍似虎貍而尾有黑白錢文相間者

爲九節貍有文如豹而作麝香氣者爲香貍即靈貍之類此以貍

似貔者即虎貍云貌豹倘者即九節貍香貍則許云貍伏

列次豹相似後明爲豹貌之貌而非似貔之貍矣豹似虎故

後文云豹變則虎貌豹倘故後文云貍變則豹皆取其交似

者也說文萃草貌按蔬爲草

多貌萃爲草貌故以萃次對貍變則豹豹變則虎[redacted]

[redacted]也此承上章文是質非而申論之言邪佞不能爲仁

德信可以睎聖刪僞爲實斯釋光日新德行純備而後可言

制作若夫不仁之人勞心作僞雖復緣飾六藝綴簋二典徒言

竊虎皮無闕豹變也

好書而不要諸仲尼書肆也 音義：不要，一遙切。李云：賣書市肆不能釋義。按說文：肆，極陳也。假爲

市稱市陳列百物以待賣故即謂之肆賣書之市雖然並陳

史既去取[redacted]傳而不知折衷於聖人則羣書[redacted]列徒異

及八百二十八

商賈之為也御覽六百八引作好書不能要諸仲尼 好說而不要諸仲尼說鈴也 李云鈴以
喻小聲猶小說不合大雅 按說文鈴令丁也說鈴謂聲小而
眾前篇云莫如使諸儒金口而木舌 金口木舌鐸也大者為
鐸小者為鈴說鈴與木鐸對也
此句不安世德堂本作不見跌也 君子言也無擇 李云非法不言何所
擇乎按擇為殬說文殬敗也商書曰彝倫攸殬今洪範作斁
鄭注云言王所問所由敗也與許同義是則云斁敗也恐因有擇
言在身王氏引之經義述聞云擇斁擇古音並同斁忌因有
擇言在身言必敬必戒因戒有敗言出乎身也表記引作斁
恐而同有擇言在躬而女也言女同有敗言出乎身也孝
經曰口無擇言身無擇行口無敗言身無敗行也說尚書禮記
孝經者多以為無可擇於似過問夫之太玄玄掜曰言正則
無擇行中則無爽水順則無敗無敗故久也無爽故可觀也
無擇故可聽也法言吾子篇君子言也無擇云云然則邪哆
之言謂之擇言故孝經云非法不言非道不行口無擇言身
無擇行也蔡邕司空楊公碑曰用罔有擇言失行在於
其躬擇言與失行並言蓋訓擇為敗也此又一證矣 聽也
無淫 李云非正不聽何有淫乎按聽謂聽言淫猶過也義詳前文 擇則亂淫則辟 洪範斁與敘對
又敘者次第斁者無次也廣雅釋詁云敗壞也呂氏春秋義賞高注云敗破也凡物破毀則失其本狀之敘為亂也

失敘則

473

詩駉思無斁泮水徒御無斁皆不失其斁之義知擇則亂之云忠吉訓有斁也音義則僻芳辟反四讀爲僻說文僻一曰從旁牽也引伸爲傾邪詩板釋文云僻邪也注傳多以僻爲之淫者過度之謂物過其正則爲邪故曰淫則僻王制云志淫好辟

述正道而稍邪哆者有矣未有述邪哆而稍正也[illegible]音義哆昌者切又尺氏切按邪哆疊字爲義哆亦邪也乃迆之假說文迆衺行也前文云多哇則鄭則假多爲之孟子云放辟邪侈則假侈爲之彼音義云下作移則又假移爲之義皆爲邪也稍正音義云天復本作稍正道按天復本非也正與邪哆對文邪哆而稍正稍云未有述邪哆之道而稍正正下不得更有道字

孔子之道其較且易也音義其較音角且易以豉切下並同按音義讀較如角者訓爲直也爾雅釋詁云較直也釋文較古學反大射儀鄭注謂之言較較直也釋文言較音角此音義所本李云言較然易知則讀爲皎或皦說文皦月之白也皦玉石之白也引伸爲凡明白之稱廣雅釋詁云皦明也即其義以後文不知不詐之意推之則訓直爲合也讀爲邪

或曰童而習之白紛如也何其較且易李云言皓青而亂丈記自序述司馬談六家要指云夫儒者以六藝爲法六藝經傳以千萬數累世不能通其學當年不能究其禮故曰博而

寡要勞而少功。曰：謂其不姦姦、不詐詐也。李云：不姦姦者以虛受人也，不詐詐者以正教人也。

授于正謂之姦，不誠謂之詐。聖人正己以正人，則姦詐者化；誠身以成物，則詐偽者不至。論語云：季康子問政於孔子，孔子對曰：政者正也，子率以正，孰敢不正？大戴禮哀公問云：公曰：敢問何謂為政？孔子對曰：政者正也，君為正，則百姓從政矣。君之所為，百姓之所從也；君所不為，百姓何從？又王言云：上者民之表也，表正則何物不正？此所謂不姦姦也。論語云：不逆詐，不億不信。皇疏引李充云：物有似真而偽，亦有似偽而真者。信僭則懼及偽人，詐濫則懼及真人。寧信詐則為教之道弘也。人而無信，不知其可也。然閉邪存誠，不在善察，若見失信於前，必億其無信於後，則容長之風虧，而改過之路塞矣。此所謂不詐詐也。正以化姦，誠以應詐，所以為較且易也。如姦姦而詐詐，雖有耳目焉

得而正諸？姦姦者以姦為姦而治之，詐詐者以詐為詐而禦之也。刑所以止姦，任刑而姦益繁；法所以防詐，法密而詐愈巧。不正其本而恃耳目以為察，終於徒勞而無益，此儒者之所不為也。

多聞則守之以約，多見則守之以卓。論語云：君子博學於文，約之以禮。朱子集注云：約，要也。君子學欲其博，故於文無不考；守欲其要，故其動必以禮。劉疏云：博文者，詩、書、禮、樂與凡古聖所傳之遺籍是也。文所以載

441

道而以禮明之者也禮即文之所著以行〻者博學於文則
多聞多見可以畜德而於行禮驗之禮也者體也言人所可
履行〻也禮著於經曲〻大而慎於視聽言動之際凡人能
以所行約於軌物而無所違是〻謂約〻者約束非謂省約
與上博學為反對也按劉釋博文之義是也以約為約束非
也孟子云博學而詳說之將以反說約也又云守約而施博
者善道也皆博約對舉荀子不苟云推禮義之統分是非之
分總天下之要治海內之衆若使一人故操彌約而事彌大
五寸〻矩盡天下之方也[illegible]云所守甚約所制甚廣亦以
約為處大之對淮南子高注云約要也少也何氏焯義門讀
書記云約漢人讀曰要是也此云多聞則守〻以約即謂守
〻以要也戴氏震孟子字義疏證云約謂脩其身大經孔孟
〻言詳行〻約務是脩身而已語知〻約致其心之明而已
未有空指一而使人知〻求〻者致其心之明自能循度事
情無或微差失又焉用求一知一或擇按多聞自謂博文〻
事守〻以約自謂約禮〻事文者六藝之文禮者六藝〻一
徧通六藝是謂博專於禮[illegible]是謂約荀子勸學云學惡乎始
惡乎終曰其數則始乎誦經終乎讀禮其義則始乎為士終
乎為聖人始乎誦經者博學於文也終乎讀禮約〻以禮也
然則多聞守〻以約乃孔子教人〻定程七十子之所同[illegible]
者也多見則守〻以卓〻亦約也聞見約卓皆互文約卓文
韻語也俞云莊子大宗師篇彼特以天為父而身猶愛之而

淮南子主術

爾　者　敦

況其卓乎郭象注云卓者獨化之謂也是卓有獨義說苑君道篇踔然獨立踔與卓同多聞則守之以約多見則守之以卓並謂聞見宜多而所守宜少也寡聞則無約也寡見則無卓也孟子博學而詳說之將以反說約也趙注云廣學悉其微言而說之者將以約說其要義不盡知則不能要言之要不偏通六藝者不能知禮意即無以得其要也

綠衣三百色如之何矣紵絮三千寒如之何矣詩綠衣云綠兮衣兮綠衣黃裏毛傳云綠間色黃正色又序云綠衣衛莊姜傷己也妾上僭夫人失位而作是詩也鄭箋云綠當為褖褖兮衣兮者言褖衣自有禮制也揚此云色如之何明以間色為義淮南子精神云逯然而來高注云逯讀詩綠衣之綠陳氏喬樅魯詩遺說考云揚雄馬融並用魯詩而於此篇皆作綠衣是魯與毛同鄭君箋詩定綠衣為褖衣之誤其義獨異疑本之齊詩據禮家師說為解也按焦易林觀之革云黃裏綠衣君服不宜淫湎毀常失其寵光易林用齊詩而亦讀綠如字則知間色之義三家無異說也說文紵絲屬細者為絟粗者為紵周禮典枲鄭注云白而細疏曰紵毛詩草木鳥獸蟲魚疏云紵亦麻也絮音義不為作音則讀如字按此用京氏易繻有衣絮當讀女居切今易既濟作繻有衣袽彼釋文云衣袽說文作絮

金薤琳琅齋叢稿

絜子夏作絜京作絜周禮羅氏及考工記弓人鄭司農注兩引繻有衣絮字皆作絮惟釋文並云衣絮也廣雅釋器袽
周禮漢讀考李氏富孫易經異文釋皆以司農注衣絮為絮之誤據易釋文明以京作絮與說文作絮分為二事則司農
所據自是京氏易不得謂為誤文古字同聲通用絮繻皆之假何必作絮之是而作絮之非耶易吳注云袽敗衣也說
文無袽有絮云敝衣即袽字然則絮者謂麻貲之敗衣于云於易京氏敝字作絮也經義述聞云說是繻雖衣也鼎溫
也繻衣所以禦寒也易通卦驗曰坎主冬至四在兩坎之間閉陰沍寒不可無繻衣以禦之乃成不衣完好之繻而衣其
敗壞者則不足以禦寒矣人事慮至而無具備則可危也敝曰繻有衣袽終日戒敝象傳曰君子以思患而豫防之
綠衣本詩語也如之何即用詩義為說則絮絮之繫本易語寒如之何亦必用易義為說疑京氏即以終日戒為備寒之
意遂聞所解不為無據也三百三千言其多李云綠衣三百篇色雖不可入宗廟紵絮雖有王千紙單薄不可以禦冬
寔文賦羅子不可以經聖典擬綠衣喻邪僻之言紵絮喻蔽陋之說雖極繁富一無所用

君子之道有四易：簡而易用也，要而易守也，炳而易見也，法而易言也。御覽四百三引作居子之道有四無易字

震風陵雨然後知夏屋之為帡幪也虐政虐世然後知聖人之

為郭郭也太玄釋震于廷范望注云震怒也陸士衡贈顧彥先詩云振風薄紆跡李注引鄭禮記注云振動也風以動物故謂之振按震振古字通用振風即震風士衡正用法言語耳李云陵暴於世德宋本作凌御覽十又四百一兩引一作淩一作凌二字古亦通用廣雅釋言云淩暴也義出法言此更似雜讓所據本亦為淩也詩權輿夏屋渠渠毛傳云夏大也鄭箋云屋具也言君始於我厚設禮食大具以食我王肅駮鄭以為屋則立之於先君食則受之於今君故居大屋而食無餘孔疏申鄭以為此章皆說飲食之事不得言屋宅按魯韓皆以夏屋為宮室之事楚辭哀郢王注云夏大殿也引詩云於我乎夏屋渠渠又招魂注云夏大屋也引詩同淮南子本經高注云夏屋大屋也高王皆用魯詩此訓當出魯故孔疏引崔駰七依說宮室之美云夏屋渠渠三丈為魯靈光殿賦李注引作夏屋邃邃高也明必魯詩異文通也五十五引韓詩云殷商屋而夏門也又引傳云周夏屋而商門則韓詩不以夏為大而以屋為屋宇時門士冠禮鄭注云周制卿大夫以下其室為夏屋又檀弓注云夏屋今之門廡其形旁廣而卑疏孔疏云殷人以來始屋四阿夏家之屋惟兩下而已無四阿如漢之門廡御覽一百八十一引崔駰云禮人君宮室之制為殿屋四夏也卿大夫為夏屋隔半以北為正

金薤琳琅齋叢稿

46

室中半以南爲堂此皆韓詩說也陳氏喬樅韓詩遺說考云商屋夏屋爲殷周宮室之異制後人因以爲人君及卿大夫尊卑之等差殷屋即重屋四夏即四阿以其正中爲室四面有霤重承壁材也夏屋以近北爲正室中半以南爲堂其制與商屋殊後人定宮室之制人君宮殿始有重屋四阿卿大夫以下但爲南北簷皆以近北爲正室中半以南爲堂如周人夏屋之制故亦稱夏屋耳按法言此文單以夏屋爲大屋之義不關宮室制度與王逸高誘合此子雲習魯詩之證也音義帡幪李善曰帡莫經切幪莫公切覆也帡又音并又音萍李云帡幪蓋覆也廣雅釋詁云幪帡覆也王逸注云帡之言屏蔽也引法言此文及注幪與幏同按說文無帡幪屏蔽也幪蓋衣也即其字雲說文作虐殘也從虎足反爪人也今序首人又說文郭郭也按郭郭之郭依說文當作𩫏𩫏度也民所度居也從回象城𩫏之重兩亭相對也繫傳云𩫏城也李云郭郭限內外禦姦宄聖人宗仁義正德違按謂無道之世惟篤守聖人之道者足以自全猶舉世寒貂狐燠之意也

古者楊墨塞路孟子辭而闢之廓如也孟子云楊子取爲我拔一毛而利天下不爲也墨子兼愛摩頂放踵利天下爲之趙注云楊子楊朱也墨子墨翟也按楊朱書今無可考列子有楊朱篇具載楊朱之言及孟孫陽與禽滑釐問答之語蓋道家之流故禽子云以子之言問老聃關尹則子言當矣按釋文云楊朱字子居

楊墨 治平本作楊

戰國時人後於墨子藝文志墨子七十一篇注云名翟宋大
夫在孔子後序云墨家者流蓋出清廟之守茅屋采椽是以
貴儉養三老五更是以兼愛選士大射是以上賢宗祀嚴父
是以右鬼順四時而行是以非命以孝視天下是以上同此
其所長也及蔽者為之見儉之利因以非禮推兼愛之意而
不知別親疏按墨子今存五十二篇孟子云聖王不作諸侯
放恣處士橫議楊朱墨翟之言盈天下天下之言不歸楊則
歸墨又云楊墨之道不息孔子之道不著是邪說誣民充塞
仁義也仁義充塞則率獸食人人將相食吾為此懼閑先聖
之道距楊墨放淫辭邪說者不得作塞路即充塞仁義之喻
牟融理惑論云楊墨塞羣儒之路車不得旋人不得步孟子闢
之乃知所從此則因法言之文而加之以形容者也說文闢開
也按闢與塞相反為義辭而闢之謂著書以闢通已塞之路
即闡明仁義之道是也後人習用此文者皆以辭闢為闢楊
墨因而有闢佛老闢邪說等語則讀為闢斥解斂闢耳目之
欲之闢從楊注云闢屏除也義雖可通然非法言本旨矣廓
說文作霩雨止雲罷貌經傳多作
廓一切經音義引字林云廓空也 後之塞路者有矣竊自比
於孟子 自序云雄見諸子各以其知舛馳大氐詆訾聖人即
為怪迂析辯詭辭以撓世事雖小辯終破大道而或
衆梅即本書所斥狙詐之家申韓莊鄒之屬 或曰人各是其
皆從之塞路者也論語云竊比於我老彭

所是而非其所非將詎使正之前篇云馬知是而習之曰萬物紛錯則懸諸天衆言淆亂則折諸聖詩漢廣毛傳云錯雜也說文作遺懸猶巨也說文無懸古止作縣考工記云豆中縣鄭注云縣縣繩正豆之柄按縣繩所以知正者今言垂線也萬物紛錯則懸諸天謂辨方正位者萬象雜陳無可依據則觀於天文以正之也考工記云匠人營國水地以縣置槷以縣眡以景爲規○識日出之景與日入之景晝參諸日中之景夜考之極星以正朝夕詩定之方中毛傳云度日出日入以正東西南視定北準極以正南北是也說文無淆般相雜道也即淆字藝文志云諸子之言紛然殽亂即用法言語而字正作殽盖古本如此說文折斷也篆文作析孔子世家云言六藝者折中於夫子或曰惡覩乎聖而折諸曰在則人亡則書其統一也說文統紀也

疏四終

易繫辭曰公用射隼于高墉之上獲之无不利子曰隼者禽也弓矢者器也射之者人也君子藏器於身待時而動何不利之有姚氏配中周易姚氏學云藏器於身故曰公用射隼不言弓矢也時之位君子之高墉也高墉射所見者隼身无與所選君子有時任刑所以處者高動无所違而道可行矣法言曰修身以爲弓矯思以爲矢立義以爲

法言疏義五

吳江汪榮寶撰

修身卷第三（世德堂本作脩下並同）　法言

修身以爲弓，嬌思以爲矢，立義以爲的，（說文嬌揉箭箝也段注云引伸之爲凡嬌枉之稱蒼頡篇云嬌正也漢書嚴安傳●嬌箭控弦顏注云嬌正曲使直也音義嬌思斯兆切說文的明也段注云引伸爲射的經傳多從白作的射義發彼有的鄭注云的謂所射之識也）奠而後發，發必中矣。（禹貢奠高山大川夏本紀作定奠即定之假借音奠定同也音義必中丁仲切）

人之性也善惡混，修其善則爲善人，修其惡則爲惡人。（李注混雜荀子以爲人性惡孟子以爲人性善而揚子以爲人性雜三子取舍雖異然大同儒教立言尋統厥義兼通耳惟聖罔念作狂惟狂克念作聖揚子之言備極兩家反復之喻於是俱暢同焉云孟子以爲人性善其不善者外物誘之也荀子以爲人性惡其善者聖人教之也是皆得其一偏而遺其本實夫性者人之所受於天以生者也善與惡必兼有之猶陰之與陽

的矣而後發發必中矣此君子
之器也學極修身以為弓矯
思以為矢所謂藏器于身也
須而後發所謂待時而動
也○○○○○○○○○○也

也是故雖聖人不能無惡雖惡人不能無善其所受多少之
間則殊矣善至多而惡至少則為聖人惡至多而善至少則
為惡人善惡相半則為中人聖人之惡不能勝其善惡人之
善不能勝其惡不勝則從而亡矣故曰惟上智與下愚不移
雖然不學則善日消而惡日滋學焉而○則惡日消而善日滋
故曰惟聖罔念作狂惟狂克念作聖必曰聖人無惡則無用
學矣必曰惡人無善則無用教矣譬之於田稻粱藜莠相與
並生善治田者耨其藜莠而養其稻粱不善治田者反之善
治性者長其善而去其惡不善治性者反之孟子以為仁義
禮智皆出乎性者也是豈可謂之不然乎然殊不知暴慢貪
戾亦出乎性也是信稻粱之生於田而不信藜莠之亦生於
田也荀子以為爭奪殘賊之性人之所生而有也不以師法
禮義正之則悖亂而不治是豈可謂之不然乎然殊不知惡
愛善惡之心亦生而有也是信藜莠之生於田而不信稻粱
之亦生於田也故揚子以為人之性善惡混混之者善惡雜處
於心之謂也顧人所擇而修之何如耳修其善則為善人修
其惡則為惡人斯理也豈不曉然明白○矣哉如孟子之言
所謂長善者也如荀子之言所謂去惡者也揚子則兼之矣
韓吏公解揚子之言以為始也混而今也善惡亦非知揚子
者也溫公此注反覆推勘曲暢旁通深協乎雲之旨今撫論
衡本性云周人世碩以為人性有善有惡舉人之善性養而
致之則善長惡性養而致之則惡長如此則性各有陰陽善

四二号字　丙等

金薤琳琅齋叢稿

惡在所養焉故世子作養書一篇宓子賤漆雕開公孫尼子之徒亦論情性與世子相出入皆言性有善有惡是善惡混之說實本世碩藝文志世子二篇一廿篇注云名碩陳人也七十子之弟子則此說本於七十子故宓子賤漆雕開之徒其論並同明必孔門之舊聞也吾人論性皆統性情而言之樂記云人生而靜天之性也感於物而動性之欲也孔疏云自然謂之性貪欲謂之情然則性者情之元始情者性之外見而欲生於情則性固有欲矣白虎通情性云性情者何性者陽之施情者陰之化也人禀陰陽氣而生故內懷五性六情情之者靜也性者生也此人所禀六氣以生者也故鉤命決曰情生於陰欲以時念也性生於陽以就理也陽氣者仁陰氣者貪故情有利欲性有仁也說文情人之陰氣有欲者性人之易氣性善者也此皆從人性發現之後而分別之以善者歸之性以有欲者歸之情實則情統於性非有二物矣春秋繁露深察名號云天地之所生謂之性情性情相與爲一瞑情亦性也謂性已善奈其情何故聖人莫謂性善累其名也身之有性情也若天之有陰陽也言人之質而無其情猶言天之陽而無其陰也論衡本性又引董仲舒[illegible]性情之說曰天之大經一陰一陽人之大經一情一性性生於陽情生於陰陰氣鄙陽氣仁曰性善者是見其陽也曰性惡者是見其陰者也是知析言之則陽曰性陰曰情統言之則情亦性也不能離情以言性即不能謂性有仁而無欲欲不必惡而縱

欲即為惡惡生於欲欲即根於性是故離情以言性性且虛無而不可名兼性情以言性則善惡混云者乃至當不易之理矣孟子言性善然亦云口之於味也目之於色也耳之於聲也鼻之於臭也四肢之於安佚也性也有命焉君子不謂性也戴氏震字義疏證云謂者猶云藉口於性耳君子不藉口於性以逞其欲則孟子亦以欲為性也荀子言性惡然亦云塗之人皆有可以知仁義法正之質皆有可以能仁義法正之具又云有血氣之屬莫知於人故人之於其親也至死無窮則荀子亦以仁義孝弟為性也宋賢皆尊孟而黜荀揚然張子云形而後有氣質之性朱子云氣質之性固有美惡之不同則正與子雲之論性合子雲所謂性固兼氣質而言也朱子又云氣質所稟雖有不善而不害性之本善性雖本善而不可以無省察矯揉之功則雖本善之性而不脩則不能為善矣宋氏翔鳳論語說義云聞孟子言性善荀子言性惡董子以性喻禾善喻米其理豈大相異乎抑可通乎荅曰周易著窮理盡性至命之書也易之乾元即謂性善坤元即謂性惡釋乾元在初九曰潛龍勿用陽在下也陽是善故曰元者善之長也釋坤元在初六曰履霜堅冰陰始凝也陰是惡故曰積不善之家必有餘殃然初六爻辭言堅冰乾為冰乾位西北故云堅冰此坤初凝乾元之義初六變乃當位則坤無元凝乾元以為元觀乾初不變知陽靜為性而性出於天觀坤初凝乾知陰動為情而情本於性察動靜陰陽情性之際

金薤琳琅齋叢稿

所善惡之理明矣言性善者曰必先有善而後知其惡也此探本之論也言性惡者曰必見其惡而後知其善也此後起之議也聖人設教本非一端民可由不可使知人秉陽氣而生具此生理即具此善性一念之惡即絕生理故言性善者推本之論也化彝之後失其秉彝賈生書引孔子曰少成若天性習慣如自然又曰習與智長故切而不愧化與心成故中道若性儒者以五常為性以六欲為情然中庸言喜怒哀樂之未發謂之中發而皆中節謂之和是情之未發若即性之已發者即情故中庸言性不言情情性一理情自性出觀其既發則性已有惡發皆中節則能性具情故言性惡者後起之議也禮為防淫之書春秋誅亂臣賊子故禮家荀子春秋家董生俱不言性善易言天道詩書言德化故十翼及詩古文家毛公今文家韓嬰俱言性善孟子誦詩讀書故道性善稱堯舜以推本之論明天以後起之議治人胥[illegible]人之教也故于揚之說觀之言性善者源於易詩書言性惡者源於禮春秋而易義又兼之故可證善惡混之說為通合天人之道而孟荀猶一偏之論矣

氣也者所以適善惡之馬也與李云御氣為人若御馬涉道由通衢則迅利適惡路則驚蹶司馬云夢得曰志之所至則氣適之言不可不養以適正也乘而之善則為德為義乘而之惡則為慢為暴

或曰孔子之事多矣不用則亦勤且憂乎事謂能事荀子大畧楊注云事所能也論語云夫子聖者與何其多能也本書先知云或問民所勤此勤字與同詁勤亦憂也呂氏春秋音樂勤勞天下又不慶勤天子之難高誘注並云勤憂太玄以勤準坎坎亦憂也太玄內云次我西階范注云次憂也是也穀梁傳僖公篇云不雨者勤雨也謂憂雨也彼釋文勤雨如字糜氏音覲此以引於勤勤字故異其音也今用於此義者多假懂為之字亦作慬慶韻慬憂哀臣斤切与勤音同也曰聖人樂天知命樂天則不勤知命則不憂音義樂天音洛繫辭云樂天知命故不憂

或問銘字林云銘題勒也國語晉語韋注云刻器曰銘曰銘哉銘哉有意於慎也詩定之方中毛傳云作器能銘孔疏云所以因其器名而書以為戒也文心雕龍銘箴云昔帝軒刻輿几以弼違大禹勒筍簴而招諫成湯盤盂著日新之規武王戶席題必戒之訓周公慎言於金人仲尼革容於欹器則先聖鑒戒其來久矣

聖人之辭可為也使人信之所不可為也音義云天復本作不可為也使人敬之挺聖人之辭可為也者謂可依放而得之使人信之所不可為也者有其辭而無其德人不信也世德堂本蓋以可為也使人

信之違讀爲義故不可爲也下有使人敬之字君曰聖人之
言有衆人所能行者有衆人所不能行者衆人能行耶則以
爲聖人之不我欺而益信之不能行耶則以爲聖人之不可
幾及而益敬之戴難可通以爲膚淺各本無此四字於義爲
優

是以君子彊學而力行

儒行云夙夜強學以待問力行以
待取彊强古字通彊亦力也力行
音義無音則讀如字按儒行釋文儒行下孟反下力行同則
此亦當讀去聲言聖人之所以能使人信者不惟其辭而惟
其學與行故求爲聖人者亦不惟務爲聖人之辭而當務爲聖
人之學與行也緇衣云君子寡言而行以成其信中論貴驗
云孔子曰欲人之信己也則微言而篤行之皆其義李云貴
全信敬素著按弘範以信敬並言則其所據本當與天復本
同若謂人惟彊學力行以全於聖人之域自然言而人莫不
信之試而人莫不敬則以可信可敬之道畀見於平日之學行
也

珍其貨而後市修其身而後交善其謀而後動成道也

爾雅釋詁云珍
美也廣雅釋詁云市買也按此以爲賣則市者買賣之通稱
猶買謂之沽賣亦謂之沽也論語沽酒市脯劉疏云沽與酤
同說文云酤一曰買酒也廣雅釋詁酤賣也酤爲買賣通稱
說文廣雅各舉其一耳是也楚辭湘君王注云交友也成道

謂成功之道 太玄玄錯云成者功就不可易也

君子之所慎言禮書 禮謂冠婚喪祭之事著於竹帛謂之書言以接人禮以正俗書以傳後慎言故言而世為天下則慎禮故行而世為天下法慎書故百世以俟聖人而不惑

上交不諂下交不驕則可以有為矣 說文諂諛也重文讇從臽無驕 皇疏引范甯云不以正道求人為諂也又皇疏云陵上慢下曰驕也 繫辭云君子上交不諂下交不瀆其知幾乎 侯果注云上謂王侯下謂凡庶君子上交不至諂媚下交不至瀆慢悔吝無從而生豈非知幾者乎 有讀為友論語有朋自遠方來釋文有本作友 魯公子友字季友 鹽鐵論殊路作季有是二字古互通 為語助也 詳見經傳釋詞 可以有為猶云可與言友也 音義可以有為 俗本作可以為友非是此蓋傳寫者不知為字之義故以友為之乎為友然正可見法言此文本作友矣

或曰君子自守奚其交 解嘲云哀帝時丁傅董賢用事諸附離之者起家至二千石時雄方草創太玄有以自守泊如也故此以為難

曰天地交萬物生人道交功勳成奚其守 易泰云泰小往大來吉亨則是天地交而萬物通也 乾鑿度云泰者天地交通陰陽用事長養萬物

初九出門交有功象曰出門交有功不失也鄭注云臣出君門與四方賢人交有成功之象也風俗通[illegible]禮[illegible]天地交萬物生人道更功勳成蓋易緯文生成韻語

好大而不爲大不大矣好高而不爲高不高矣音義好大呼報切按當云下同兩句並當於爲字絕句好而不爲則大者無以成大高者無以成高也

仰天庭而知天下之居卑也哉天官書云三能三衡者天庭也廷庭古字通晉書天文志云帝坐一星在天市中星西天庭也云覩聖道然後知諸子之淺小

李音義卑也如字又音婢

公儀子董仲舒之才之邵也李云公儀子爲魯相婦織於室遣去之園有葵拔棄之不與民爭利也董仲舒爲江都相下帷三年不闚園此二子才德高美史記循吏傳云公儀休者魯博士也以高第爲魯相奉法循理無所變更百官自正食祿者不得與下民爭利受大者不得取小客有遺相魚者相不受客曰聞君嗜魚遺君魚何故不受也相曰以嗜魚故不受也今爲相能自給魚受魚而免誰復給我魚者吾故不受也食茹而美拔其園葵而棄之見其家織布好而疾出其婦燔其機云欲令農士工女安所售其貨乎儒林傳云董仲舒廣川人也以治春秋孝景時爲博士

下帷講誦弟子傳以久次相受業或莫見其面蓋三年董仲舒不觀於園舍其精如此進退容止非禮不行學士皆師尊之藝文志有董仲舒百二十三篇說文鄙高也經傳通用鄙

使見善不明用心不剛儔克爾說文剛彊斷也論語云吾未見剛者皇疏云剛謂性無慾者也按見善明者智也用心剛者勇也明剛顏諸書云儔誰按儔見剛備何能如此

或問仁義禮智信之用曰白虎通情性云五性者何謂仁義禮智信也仁者不忍也施生愛人也義者宜也斷決得中也禮者履也履道成文也智者知也獨見前聞不惑於事見微知著也信者誠也專一不移也此德實本或問作或曰仁宅也義路也禮服也智燭也信符也李云仁如宅可以安身義如道路可以安行禮如衣服可以表儀智如燈燭可以照察信如符契可以致誠按五者皆生民日用之具故各依類以取譬處宅由路正服明燭執符君子不動動斯得矣本書云君子之言則成文動則成德行即徽德之謂

有意哉孟子曰夫有意而不至者有矣未有無意而至者也所引

金薤琳琅齋叢稿

孟子今七篇無是語蓋外篇文孟子題辭云又有外書四篇性善辨文說孝經爲政其文不能弘深不與內篇相似非孟子本眞後世依放而託之者也風俗通窮通云孟軻作書中外十一篇按七篇爲中四篇爲外故十一篇日知錄云史記法言鹽鐵論等書所引孟子今孟子書無其文豈與所謂外篇者抑有意而未至未詳所謂或中道而廢之義

或問治己禮記大傳鄭注云治猶正也曰治己以仲尼或曰治己以仲尼仲尼奚寡也御覽八百十七引作治己以仲尼奚寡矣又引注云書以孔子道多而成者何少也按治平本無此注曰率馬以驥不亦可乎說文達先導也經傳通用率或曰田圃田者莠喬喬思遠人者心忉忉音義田圃田上音佃下田如字圃音甫莠羊久切喬喬音驕詩作驕按世德堂本圃作甫此溫公據宋吳本所改集注可證詩甫田云無田甫田維莠驕驕無思遠人勞心忉忉此引詩甫作圃驕作喬者蓋魯詩車攻東有甫草班孟堅東都賦李注引韓詩作圃草是三家詩甫作圃之例實皆無王段說文繫豐也此本字也毛傳云甫大也即讀爲驕也馬高六尺曰驕本高而曲曰喬二字古書通用中庸居上不驕釋文驕本或作喬此文喬喬則又重言形況本無正字傳箋於驕驕皆無釋按漢廣翹翹錯薪傳云翹翹薪貌廣雅釋訓翹翹衆也即其

義爾雅釋訓切切愛也●甫田序云甫田大夫刺襄公也無
禮義而求大功不脩德而求諸侯志大心勞所以求者非其
道也傳云大而過度而無人功終不能獲義無德而求
諸侯徒勞其心忉忉耳或人引此者節取以為志大功寡之
喻言治已以仲尼徒勞無益也李云雖有爾之為其報不
可得雖懷忉忉之思遠人不可見言仲尼之道深遠不可以
治陰是也音詩遺說皆云詩意言為國之道當自近始毋
小而務大毋忽近而圖遠鄭學亦云喻人欲立功致治必勤
身修德以成高大法言引此詩為修身之證義亦猶是也梅
法言引詩自為或人設難之詞非為修身之證陳說殊誤

曰日有光月有明論語云仲尼日月也三年不目日視必盲三年不目
月精必矇廣雅釋詁云目視也說文盲目無牟子也矇不明也音義矇音蒙瞽也言不觀孔子之道猶不見
日月不見日月久則目盲不觀孔子之道久則心頑光明盲矇皆韻語熒魂曠枯糟莩曠沈音義
熒魂戶扃切糟莩李軌讀糟如字莩音浮熟也柳宗元曰熒
明也熒魂司見之用者也糟而為精莩如葭莩之莩目精之
表也言魂之熒明曠久則枯精之輕浮曠久則沈不面日月
則目之用廢矣以至於索塗冥行而已舊本亦作精莩俞云
熒魂以喻輕清之氣糟莩以喻重濁之質糟者酒之滓莩者
米之皮也具輕清者日以枯具重濁者日以沈斯言矣梁按

俞以糟莩為喻重濁之質夫重濁之質~~無~~取其上浮旨者亦不因重濁之質日沉而致盲此說殆非也糟當依舊本作精精糟形近而誤子厚破糟為精是也惟以精莩為謂精之衰則亦非熒魂精莩皆疊字為義熒魂謂神精莩謂光也熒讀為老子載營魄之營之魂也彼河上公注云營魄魂魄也又王弼注云營魄神之常居處也素問調經論取血於營王冰注云營主血陰氣也淮南子俶真燒其精營慧照而有求於外精營當讀亦謂精神也說文魂陽氣也詩出其東門釋文引韓詩云魂神也是熒魂者神氣也陸士衡文賦攬營魂而探賾營魂即熒魂士衡用法言語也淮南子本經高注云精光明也亦通作晶說文晶精光也莩讀為瞟義孚尹旁達之孚彼鄭注云玉采色也家語問玉王肅注云孚尹玉貌說文璠篆下引孔子曰美哉璵璠遠而望之奐若也近而視之瑟若也一則理勝二則孚勝聲傳云孚謂玉之光采也一切經音義引纂文云孚瑜言美色也音轉為符左太沖蜀都賦符采彪炳劉注云符采玉之橫文也是精莩猶言光采也曠者久廢之謂熒魂曠枯謂日之神氣久廢而枯槁精莩曠沉謂目之光采久廢而湛沒也皆小三耳不同日月而言

擿埴索塗冥行而已矣音義擿埴他歷切下宮職切索塗山責切李云埴土也盲人以杖擿地而求道譬用白日無異夜行夜行之義面牆之諭也按說文擿搔也埴黏土也索入家搜也引伸為凡搜求之稱冥幽也

或問何如斯謂之人曰取四重去四輕則可謂之人論語云君子不重則不威皇疏云重為輕根靜為躁本君子之體不可輕薄也荀子不苟〇喜則輕而翾楊注輕謂輕佻失據曰何謂

四重曰重言重行重貌重好音義重行下孟切下行重行輕同重好呼報切下好重好輕好閒並同司馬云宋吳本作言重行重貌重好重言重則有法行重則有德貌重則有

威好重則有觀本去去挽云擬行於德行得其中擬言於法言得其正言正則無擇行正則無爽論語云君子正其衣冠尊其瞻視儼然人望而畏之斯不亦威而不猛乎音義有觀古玩切按觀者示也考工記云嘉量既成以觀四國鄭注云以觀示於四方使人放象之釋文以觀古亂反示也好重則有觀好是懿德所以視民不恌敢問

四輕曰言輕則招憂行輕則招辜貌輕則招辱好輕則招淫說文辠皋也王制云志淫好辟鄭注云民之志淫邪則其所好者不正

禮多儀禮謂士禮今所謂儀禮也漢書景十三王傳云河間獻王所得書皆古文先秦舊書周官尚書禮禮記是漢世獨稱十七篇為禮也中庸云威儀三千孔疏云即儀禮行事之威儀儀禮雖十七篇其中事有三千投三千言其多也

金薤琳琅齋叢稿

或曰日昃不食肉肉必乾日昃不飲酒酒必酸說文昃日在西方時也昃即仄之譌禮小徐本矢部有昃非說詳段氏仄篆下注又說文酸酢也按酒味變也聘義云聘射之禮至大禮也質明而始行事日幾中而後禮成非強有力者弗能行也故強有力者將以行禮也酒清人渴而不敢飲也肉乾人飢而不敢食也日莫人倦齊莊正齊而不敢解惰以成禮節賓主百拜而酒三行不已華乎酒三行獻醋酬也古飲酒之禮主人酌賓謂之獻賓還酌主人謂之醋主人又自飲以酌賓謂之酬而後一獻之禮成焉酒三行是士飲酒禮也樂記云壹獻之禮賓主百拜終日飲酒而不得醉焉此先王之所以備酒禍也鄭注云壹獻士飲酒之禮百拜以喻多孔疏云又饗禮案大行人云上公九獻侯伯七獻子男五獻並依命數其臣介則同子男卿大夫皆為一節但三獻則天子諸侯之士同壹獻言百拜喻多者案今[redacted]鄉飲酒之禮是壹獻無百拜云百拜故喻多也曰實

無華則野華無實則賈華[redacted]實副則禮音義則賈音古俗本作史後人改之爾爲本皆作賈謂賈人衒濫僞過賈下篇云衒玉賈石是也按說文賈市也周禮大宰鄭注云處曰賈野賈顏語本作史者蓋或據論語野史對文改之世綵堂本作史此承溫公依宋吳本所改集注可證真西山文集揚賈之序說引亦作史則所據

卷五 八

即集注本也漢書禮樂志顔注云制稱也禮器云先王之立禮也有本有文忠信禮之本也義理禮之文也無本不立無文不行按寶即本也華即文也

山雌之肥其意得乎論語云山梁雌雉時哉時哉皇疏云言人遭亂世翔集不得其所是失時矣而不如山梁閒之雉十步一啄百步一飲是得其時故歎之也獨云雌者因所見而言也易遯上九肥遯无不利侯果注云最處外極无應於内心无疑戀超世高舉果行育德安時无悶遯之肥也故曰肥遯无不利則須策許商此爻矣王弼注云遯憂患不能累矰繳不能加是以肥遯无不利也孔所引子夏傳云肥饒裕也按遯得其時故謂之肥

或曰回之簞瓢䐲如之何也言賢人在下引論道隱不得謂肥說文簞笥瓢蠡也段注云以一瓠劙為二曰瓢亦曰蠡論語云子曰賢哉回也一簞食一瓢飲在陋巷人不堪其憂回也不改其樂賢哉回也音義䐲如其俱切瘠也按䐲瘠也爾雅釋言文說文臞少肉也

曰明明在上百官牛羊亦山雌也爾雅釋言云明明察察也詩江漢明明天子司馬云百官牛羊若先王之所以養舜也按孟子云帝使其子九男二女百官牛羊倉廩備以事舜於畎畝之中趙注云百官牛羊倉廩致粟米之餼備具饋禮以奉舜於畎畝之中[illegible]云周禮

金薤琳琅齋叢稿

詩若時有囿賓客至則戒官脩委積注云官謂牛人羊人舍人委人之屬賈氏疏云以委積有牛羊豕米禾芻薪之等舍人掌給米粟委人掌芻薪之委是牛羊米粟皆有官掌之故云百官致牛羊倉廩致粟米之餘倉廩亦百官所致也此言明王在上君子得行其道雖如舜猶畎畝之中使百官牛羊倉廩之饋**閶闔在上箪瓢捽茹亦山雌也何其臞**天問云明明闇闇惟時何爲音義捽始上音在忽切下音人恕切菜也俞云捽讀爲啐禮記雜記篇主人之酢也嚌之衆賓兄弟則皆啐之鄭注云嚌啐皆嘗也嚌至齒啐入口按啐讀爲啐說文啐小飲也啐卽啐之假此以捽爲之其義亦同方言云茹食也吳越之閒凡貪食者謂之茹然則捽茹猶言飲食耳言天下無道君子隱居以求其志如顏子之一箪食一瓢飲亦時也不改其樂何臞之有**千鈞之輕烏獲力也箪瓢之樂顏氏德也**說文鈞三十斤也孟子云然則舉烏獲之任是亦爲烏獲而已矣趙注云烏獲古之有力人也能移舉千鈞史記秦本紀云武王有力好戲力士任鄙烏獲孟說皆至大官韓非子觀行云烏獲輕千鈞而重其身非其身重於千鈞也勢不便也音義樂音洛

或問犂牛之鞹與玄騂之鞹有以異乎曰同論語云子謂仲弓曰犂牛之子騂且

角，雖欲勿用，山川其舍諸。集解云：犁，雜文。皇疏云：雜文曰犁。或音貍，貍，雜文也。或音梨，謂耕犁。釋文：○犁牛，利之反，雜文。曰犁。又力之反，色如貍也。又犁令反，耕犁是牛，性近人，多據說文「犛，耕也」之訓，謂犁即耕，犁牛即耕牛，因以斥雜文之說，為非經義。述聞云：犁與騂對，學者以何注雜文之訓為長。犁牛之子騂且角，則用以祀山川，猶列子說符篇云：黑牛生白犢，以為上帝牲。犁者，黃黑相雜之名也。魏策：幽莠之生也似禾，驪牛之黃也似虎，驪與犁通。東山經：鱅鱅之魚，其狀如犁牛。郭注云：犁牛，牛似虎文者，則犁牛即驪牛矣。廣韻：黧，黑而黃也。黧亦與犁通。然則犁牛者，黃黑相雜之牛也。淮南說山訓云：髡屯犁牛，既科以㸷，決鼻而羈，生子而犧，尸祝齋戒，以沈諸河。河伯豈羞其所從出，辭而不享哉？犧與犁相對為文，犧為純色，則犁為不純色者矣。故高注云：犁牛不純色。引論語犁牛之子騂且角云云，據此則雜文之訓，雖不可易，不得以為誤也。經云犁牛之子騂且角，雖欲勿用，山川其舍諸，是騂牛宜用之以祭，而犁牛色雜，不宜用。淮南說林訓所謂騂駁不入牲也。若以犁為耕，則耕牛何必無純色者，無以見其不可用矣。且犁牛為雜文之牛，故東山經云鱅鱅之魚狀如犁牛，以犁牛之狀與他牛不同也。若以為耕牛，則耕牛之狀與凡牛不異，東山經但云其狀如牛足矣，又何所取犛耕犁之牛而用以相況乎？按王辨甚精。說文：䊹，䊹黃也；一曰楚雀也。其色黎黑而黃。然則為黃黑者謂之䊹，牛黃黑者謂之犂其義同也音義鞹苦郭切騂息營切說文鞹皮去毛也檀弓云夏后氏尚黑牲用玄周人尚赤牲用騂鄭注云玄黑類也騂赤類按法言此文以犂與玄騂對舉而謂去毛則無以異是明以犂為雜文不以為耕知集解之說乃漢師古義也

然則何以不犂也曰將致孝乎鬼神不敢以其犂也論語云菲飲食而致孝乎鬼神如刲羊刺豕罷賓犒師惡在犂不犂也音義刲羊苦圭切說文刲刺也易歸妹士刲羊无血虞注亦云刲刺也楚語云刲羊擊豕音義罷賓音疲勞也犒考告反按罷犒同意罷者勞其疲勞犒者勞其枯槁皆慰恤之稱說文疲勞也經典通用罷儀禮覲禮云侯氏再拜稽首出自屏南適門西遂入門左北面立勞之鄭注云勞之勞其道勞也犒者犒之俗說文槀木枯也引伸為因槁而潤之之稱潤槁曰犒犒猶慰勞曰勞也周禮小行人若國師役則令槁禬之故書槁為槀鄭司農云槀當為犒謂犒師也釋文犒禬苦報反此僅異其音字仍作槁也左傳僖公篇公使展禽犒師孔疏引服虔云以師枯槁故饋之飲食淮南子氾論犒以十二牛高注云牛羊曰犒共其枯槁也明犒即槁也字亦作[illegible]序彰長田君碑云吏見勞[illegible]芳馨馥蕃是則以牛羊言曰犒以酒言曰[illegible]皆隸體之變也音義惡在音烏此章之意乃承前章賓無華則野而更設問以明之鄭以喻實去華以喻華鄭門則何取乎去

驛言寶是則何求於華也答義謂雖有忠信之質猶當文之
以禮樂者此君師之道則然若夫一官一邑小知之事片善
曲藝皆有可使固不必
得成德之士而為之也
有德者好問聖人曰魯人鮮德奚其好問仲尼也音義鮮德息淺切按說文
尟是少也經傳通用鮮李云言曰魯未能好問仲尼故也如
魯定公哀公孟仲季孫皆問仲尼
好問仲尼則魯作東周矣論語云公山弗擾以費畔召子欲
往子路不說曰末之也已何必公
山氏之往乎子曰夫召我者而豈徒哉如有用我者吾其為
東周乎集解云興周道於東方故曰東周也按孔子世家云
定公九年孔子年五十公山不狃以費畔季氏使人召孔子
孔子循道彌久溫溫無所試莫能己用曰蓋周文武起豐鎬
而王今費雖小儻庶幾乎欲往子路不說止孔子孔子曰夫
召我者豈徒哉如用我其為東周乎是史公說謂孔子自擬
文武文武起豐鎬而王豐鎬在西今費在東若起費而王是
以費為東方之豐鎬故曰吾其為東周此史魯作東周即用
其義謂魯用孔子則王也鹽鐵論褒賢云孔子曰如有用我
者吾其為東周乎庶幾成湯文武之功為百姓除殘去賊豈
貪祿樂位哉說苑至公云孔子懷天覆之心挾仁聖之德憫
時俗之汙泥傷紀綱之廢壞服重歷遠周流應聘乃俟幸施

金薤琳琅齋叢稿

道以子百姓而當時諸侯莫能任用是以德積而不肆大道屈而不伸海内不蒙其化羣生不被其恩故喟然歎曰而有用我者吾其為東周乎二書解此並與史公義同孟西漢論語家師說如此後世學者多所忌諱重言革命之事致變其義曰興周道於東方而鄭康成以為據時成周王輔而則以為不得地而興周室杜元凱又以為借手王以下所都之王城皆為曲說世德堂本如好問仲尼作如其好問仲尼

或問人有倚孔子之牆弦鄭衛之聲誦韓莊之書則引諸門乎

說文倚依也論語云夫子之牆數仞不得其門而入不見宗廟之美百官之富弦世德堂本作絃按說文無絃弦弓弦也假借為琴瑟弦之稱今施於弓弩者作弦施於琴瑟者作絃此妄為分別書弦歌字皆止作弦也鄭衛之聲義見前篇疏說文誦諷也藝文志韓子五十五篇注云名非韓諸公子使秦李斯害而殺之莊子五十二篇注云名周宋人按韓非五十五篇並存與漢志合莊子郭象注本止三十三篇以志校之亡十九篇也韓莊所學不同此並稱者史記老莊申韓列傳云莊子散道德放論要亦歸之自然韓子引繩墨切事情明是非其極慘礉少恩皆原於道德之意是其義也李云莊周與韓非同貫不亦甚乎惑者甚眾敢問何謂也曰莊雖借喻以為通妙而世多不解韓非說難情以言治而險薄傷化然則

周之益也其利迂緩非之損也其害吏急仁既失中兩不与
丹亦不以齊其優劣比量多少也統斯以往何嫌乎哉又問
曰自此以下凡論諸子與不連言乎莊生者何也答曰妙指
非見形而不及道者之言所能統故每遺其妙寄而去其麤
迹一以貫之應近而已按太康以來天下共尚無為學者以
莊老為宗而黜六經故其言如此秦序謂弘範所學右道左
儒每違于雲本指者謂此類也音義引諸門乎本或作閭按
門謂孔子之門即論語云不得其門而入者也作閭義不可
通 曰在夷貉則引之倚門牆則麾之 音義夷貉莫白切說文
夷東方之人也貉北方
豸種荀子勸學云干越夷貉之子生而同聲長而異俗麾讀
為揮說文揮奮也按謂振去之也在夷貉則引之嘉其慕辟
遠而知慕中國之化倚門牆則麾之惡其已近聖人之宇
而猶惑於邪辟之俗與諸之說是亦不可教誨也已矣
惜乎衣未成而轉為裳也 李云衣上也裳下也聖與本也諸子
末也轉上為下捨本逐末是可惜按
論語云君子上達小人下達集解云
本為上末為下也即弘範此注所本
聖人耳不順乎非 李云惟正之聽按論語六十而耳順皇疏引
李充云耳順者聽先王之法言則知先王之
德行從帝之則莫逆於心心与耳相從
故曰耳順也順乎正故不順于非
口不肆乎善 音義肆乎羊至切李

十一

金薤琳琅齋叢稿

云性與天道發言成事不肆習按論語夫子之言性與天道
不可得而聞也舊解或以性與天道四字連讀與猶合也謂
自然合於天道晉書紀瞻傳云陛下性與天道猶役機神
於史籍是也詳見錢氏大昕潛研堂集與范解論語亦如
此說謂以為不肆習之證案謂雖有生知之聖猶必有學以
為不肆於義未安肆當為違隸形相近而誤違與順相反為
義繫辭云與天地相似故不違賢者耳擇口擇非禮勿聽是
論語云君子無終食之間違仁耳擇非禮勿
言是衆人無擇焉李云觸或問衆人曰富貴生李云為貪富
口擇情任意貴不義而生
賢者曰義御覽四百二十二引尸子云賢者之於義曰貴乎
義乎曰義是故堯以天下與舜曰富乎義乎曰義
是故子罕以不受玉為寶曰生乎義乎曰義故聖人曰神孟
務光投水而殪三者人之所重而不足以易義子
云聖而不可知之謂神按衆人之情凡可以富貴可以生者
則趨之君問其他賢者則裁之以義義者事之宜也故富與
貴是人之所欲也不以其道得之不處也生亦我所欲義亦
我所欲二者不可得兼舍生而取義者也聖人則神而明之
從心所欲不踰矩觀乎賢人則見衆人觀乎聖人則見賢人
窺以恒趣測矣
觀乎天地則見聖人司馬云天地聖人之所取法天下有三好衆人好己

又勸學云積善成德而神明自得聖心備焉

見荊十二[illegible]有述

憂樂

從賢人好己正聖人好己師 音義：好，呼報切。下同。司馬云：
己師，為己之師也。按：温公說非
也。己從謂從己，己正謂正己，則己師謂師己也。聖人好己師
者，言而世為天下則，行而世為天下法，若孔子制春秋之義
以為後王師矣。 天下有三檢：眾人用家檢，賢人用國檢，聖人用天下
檢。李注家檢云：家人自以為法則；謂檢為蠡迪檢柙之檢。晉
書・虞峻傳云：此其出言合于國檢，危行彰于本朝。國檢即
用法言語，亦以為國法之意，與弘範義合。然家人自以為法，
不得云用家檢。且天下之本在國，國之本在家，家識令家以為
法延[illegible]何以謂之眾人？蓋謂檢者論之假說，文論
門也。引伸為凡論，往往傳寫作驗，或作檢。眾人以其家之肥瘠
為[illegible]義，故用家為占。賢者則推
之於國，聖人則推之於天下也。 天下有三門：由於情欲，入自
禽門；由於禮義，入自人門；由於獨智，入自聖門。 音義：入門，俗本作仁。按：仁
人古字通。入聖門者，亦必由禮義神而明之，然所不迫斯聖
人矣。此以獨智與禮義分為二者，謂邇所有擇入自人門[illegible]
進而不已，則可以入聖門也。獨智者，神明之域。荀子勸學云：
其義則始乎為士，終乎為聖人；真積力久則入。又不苟云：誠
心守仁則形，形則神，神則能化矣；誠心行義則理，理則明，明
則能變矣。變化代興，謂之天德。此由於獨智入自聖門之義

誤

諭

十二

大戴禮衛將軍文子自說於隱栝之中盧注云能以禮自箄直也

禮義為人禽所由分，以有禮自別於禽獸者，乃為人之始；由是而真積力久，以馴至於神明之域，則睎聖之事也。

或問士何如斯可以禔身音義：禔身，是支切，又音支，又音題。說文：禔，安福也。易以祇既平，釋文：祇，京作禔，安也。曰：其為中也弘深，其為外也肅括，則可以禔身矣。說文：宖，屋深響也，引伸為凡深大之稱，經傳通作弘。弘、深同詁。●說文：肅，持事振敬也。括，績為括。說文：括，𣪠也。●𣪠，括者，繑曲之器。引伸之，得有直義。●●或通作●括。公羊解詁序云：故遂隱括，使就繩墨焉。●疏云：括，謂●括是也。肅括猶云敬直。具為中也弘深者，能有容也；其為外也肅括者，不可押也。有容則娱偎寡矣，不可押則恥辱遠矣，斯安身之道也。

君子微慎厥德，悔吝不至，何元憞之有音義：元憞，徒對切。李云：微，纖也。悔吝，小疵也。元憞，大惡。按：繫辭云：悔吝者，言乎其小疵也。逸周書世俘孔注：憝，惡也。憞、憝同字。君子謹德於微，雖小疵猶不具於身，何有於大過也。

上士之耳訓乎德李云：訓，順。按：說文：順，理也。引伸為循，為從。經傳多以訓為之。洪範：于帝其訓，是訓是行。史記宋微子世家皆作順。詩烈文：四方其訓之，左傳哀公篇引作四方其順之。順乎德，謂聞善則服。下士之耳

李云：禔，安。按

李云：中者，心志也。弘深，猶敦重也。按

李云：外者，威儀也。肅，敬也。括，法也。按

疏五

順乎己李云苟欲令人順己按順乎己謂闇諛言則悅順世德堂本亦作訓

言不慙行不恥者孔子憚焉李云言不違理故形不慙行不邪僻故心不恥言行能如此仲尼所敬而憚難也論語云其言之不怍則為之也難馬融注云作慙也內有其實則言之不慙積其實者為之難也皇疏引王弼云情動於中而外形於言情正實而後言之不怍禮記云有其言而無其行君子恥之說文憚忌難也一曰難也按孔子憚焉者謂孔子以為難能也即據其為之也難生義

論語

疏五終

法言疏義六

吳汪榮寶撰

問道卷第四 法言

或問道曰道也者通也無不通也說文通達也聖道無所不通猶大路無所不達爾云達次五達乎中衢大小無達四達乎中衢道四通也洲或曰可以適它與它學鄭注云它植異端之體也李云言道既可以適中國而適夫狄學亦可以統聖典而兼諸子也按謂道既無所不適則亦可由是以適於百家之說

它世德堂作他下同

曰適堯舜文王者為正道非堯舜文王者為它道君子正而不它此孔子之志春秋之義也孔子作春秋口撥予子大惡在乎法堯舜述文王故開宗明義既繫正月於王明人道之始而終書西狩獲麟以比堯舜之隆鳳皇來儀弟子傳其義則於篇首述之曰王者孰謂謂文王也於篇終述之曰撥亂世反諸正莫近諸春秋其諸君子樂道堯舜之道也與明乎經世之事太平之致非三聖人者莫與歸也子思述其義於中庸則曰仲尼祖述堯舜憲章文武鄭注云此以春秋之義明孔子之德是也敘序錄尚書則託始二典而於這人之

厄又因文王既沒文不在茲乎蓋孔子之志可推見者如此
閒餘義用諸子農家者依爲神農之言道家者依爲黃帝
之言墨家者依爲夏后氏之言拾兒爵史王而依託古聖制
立宗旨則董生所謂非六藝之科孔子之術者皆子雲所謂
虐道也

或問道曰道若塗若川車航混混不捨晝夜廣雅釋訓云混混流也李云車之由
塗航之由川混混往來皆通按以喻道之不可須臾離也或曰焉得直道而由諸音義天復本無
或曰二字焉於是切下以意求之李云塗川皆形曲也此亦因形以取譬曰塗雖曲而通諸夏則
由諸川雖曲而通諸海則由諸說文夏中國之人也按經傳以爲中國之稱諸書作夏
也由諸之諸義如於儀禮鄉射禮鄭注云諸於也諸之諸義如之書容禮記注云諸之也或曰事雖曲而
通諸聖則由諸乎音義天復本無或曰二字按焉字宜有二人之詞而中有曰字例既詳在書疑義
舉例卷本有或曰字義較易明李云大解曲通歸正之道同焉云設爲或人意疑以結上意耳按音義所出此文或曰云
云次請問禮莫知之天與之是其所據本此章尚在焉以爲德之後或問天之前今本移此蓋校書者以與上章

李云五者人之大法同上云天性自然不可增損

宋咸云體亦相猶也取具體也渾具所有也散則具體也殺

是問何彼以類相[redacted]從歟

道德仁義禮譬諸身乎全體謂之身後文云一人而兼統四體者其身全乎明身為大名體為小名說文身躳也體總十二屬也段注云首之屬有三曰頂曰面曰頤身之屬三曰肩曰脊曰尻手之屬三曰厷曰臂曰手足之屬三曰股曰脛曰足是許以體為大名身為小名與楊義互異今按爾雅釋詁云身我也大戴禮曾子大孝云身者親之遺體也是全謂之身也此經上云體分於兼也又說上云體若二之一尺之端也是分謂之體也夫道以導之德以得之仁以人之義以宜之禮以體之天也管子君臣云道者也上云所以導民也釋名釋言語云道導也所以通導萬物也說文導引也樂記云德者得也釋言語云德得也得事宜也中庸云仁者人也鄭注云人讀如相人偶之人以人意相存問之言春秋繁露仁義法云仁之為言人也中庸又云義者宜也釋言語云義宜也裁制事物使合宜也禮器云禮也者體也猶釋言語云禮體也得事體也合則渾離[redacted]則散體義制事[illegible]散分離也與通用散一人而兼統四體者其身全乎孟子云人之有是四端也猶其有四體也禮器云[redacted]體不備君子謂之不成人

或問德表。説夫言以表衣也御律為凡外著之義司馬云問有德者人在上其治化表見於外者何如曰莫知
作上作下李云作為也莫知為上之樂為下之苦按作上作下義殊難通弘範譌序解之仍與後義不相侔
從非楊首疑當以莫知作為句上作下為句作與下韻葉書有是語予云謂之以證德表之貌作者興起之謂康誥云
作新民孟子云民日遷善而不知為之者即此文之義言莫知所以興起[illegible]興起乃上之[illegible]以興起其下也請問
莫知治平本作禮莫知各本同音義天復本作請問莫知按此乃上文而發問不當有禮字今據刪曰行禮
於彼而民得於此奚其知李云君自行禮於上而民小化於下按大戴禮禮察云敬婚姻之禮
廢則夫婦之道苦而淫辟之罪多矣鄉飲酒之禮廢則長幼之序失而爭鬭之獄繁矣聘射之禮廢則諸侯之行惡而盈
溢之敗起矣喪祭之禮廢則臣子之恩薄而倍死忘生之衆矣凡人之知能見已然不能見將然禮者禁將然之前而
法者禁於已然之後是故法之用易見而禮之所為生難知也若夫慶賞以勸善刑罰以懲惡先王執此之正堅如金石
行此之信順如四時處此之功無私如天地爾豈顧不用哉然如曰禮云禮云貴絕惡於未萌而起敬於微眇使民日徙
善遠罪而不自知也孔氏廣森補注云先王之治天下户户而賞之不能遍也人人而刑之又不可勝誅也是故因人之

情而爲之節文以喪祭之禮作其孝以鄉射之禮作其讓以朝覲聘享之禮作其恭天下亦然知天子之意曰禮於祀者尚不忘也況生存乎禮於它人之長尚如此其敬也況君父乎是故示之以祭則不孝者愧示之以射則不爭者恥示之以孝則不子者協此謂禮於彼而民歸於此之說

或曰孰若無禮而德此道家言也老子云故失道而後德失德而後仁失仁而後義失義而後禮夫禮者忠信之薄而亂之首前識者道之華而愚之始是以大丈夫處其厚不居其薄處其實不居其華故去彼取此是道民之意以禮爲薄以德爲厚以禮爲華以德爲實也前文言道德仁義禮不可一無故設此以詰難

曰禮體也人而無禮焉以爲德隱者之術先禮而後德以爲先正緣人情以制禮禮成而後德生焉繫辭云是故履德之基也侯果云履禮蹈禮不倦德之基也荀子勸學云禮者法之大分羣類之綱紀也故學至乎禮而止矣夫是之謂道德之極是禮爲德之體無禮是無體也故曰人而無禮焉以爲德

或問天前文以道德仁義禮爲天故設此問

曰吾於天與見無爲之爲矣音義天與音余哀公問云無爲而物成是天道也荀子天論云不爲而成不求而得夫是之爲天職本書孝至云或曰君逸臣勞何天之

勞曰於事則逸於道則勞按於事逸者無爲也於道勞者無爲之爲也或曰彫刻衆形者匪天與莊子大宗師云刻雕衆形而不爲巧也曰以其不彫刻也如物刻而彫之焉得力而給諸物刻而彫之御覽一言引作物之刻而彫之

老子之言道德吾有取焉耳史記老莊申韓列傳云老子者楚苦縣厲鄉曲仁里人也姓李氏名耳字伯陽謚曰聃周守藏室之史也老子修道德其學以自隱無名爲務居周久之見周之衰乃遂去至關關令尹喜曰子將隱矣彊爲我著書於是老子乃著書上下篇言道德之意五千餘言而去莫知其所終陸德明老子道德經釋文老子姓李名耳河上公云名重耳字伯陽陳國苦縣厲鄉人史記云字聃又云仁里人又云陳國相人也四書作也又續云苦縣屬陳老子生長時地而楚未有陳滅於惠王在春秋獲麟後三年孔子已卒況老聃乎史記冠楚之於苦縣上以老子爲楚人者非也梁氏玉繩史記志疑三今周考爲洪神仙傳謂變晋縣人歌釋盧詔老子銘謂楚之相縣人春秋之後相縣邊未今屬亳在谷鄉之東過水處其陽並仍史遷而皆皇甫謐高士傳云陳人伊氏經典序錄云陳國苦縣厲鄉人唐說所式門陽雜俎玉格篇云老君生于陳國苦縣賴鄉渦水之陽九井西李下周末書語又云老子是號生即皓然故號老

子耳其名聃其字非字伯陽盧德本作名耳字聃無伯陽謚曰四字與後書桓紀延熹八年注引史合并引許慎云聃耳漫也故名耳字聃有本字伯陽非正老子號伯陽父此傳不稱則是後人惑於神仙家之傅會妄竄史文按梁說是也傳云苦縣字并後人妄改曾子問孔疏引史記作陳國苦縣可證藝文志云道家者流蓋出於史官歷記成敗存亡禍福古今之道然後知秉要執本清虛以自守卑弱以自持此君人南面之術也合於堯之克攘易之嗛嗛一謙而四益此其所長也及放者為之則欲絕去禮學兼棄仁義曰獨任清虛可以為治按前文云道德仁義禮譬諸身乎則道德本儒家所同言故有取焉李云可以止奔競剗餮冒之人則似此就止足之誡為說於義特隘恐非楊旨

及搥提仁義，絕滅禮學，吾無取焉耳。音義搥都回切舊本皆從手搥也提徒計切亦擲也漢書云以博局提吳太子按廣雅釋詁云搥擿也擿擲同字老子云絕仁棄義民復孝慈又云絕學無憂李云老子之絕學蓋言聖理之極以明無為之本斯乃聖人所同子雲豈其異哉夫能統遠旨然後可與論道絕聖之徒既非所逮方掌經世之訓是故無取焉耳無取焉何者不得以之為教也按此與前篇論莊注義相同所謂右道左儒乃晉人風尚然也

吾焉開明哉？惟聖人為可以開明，它則苓。李云焉安也開發也按前篇云日有光月

肓明三年不目日視必肓三年不目日月精必矇謂不見聖人之道猶不見日月此又申其義謂欲自求光明者捨聖人之
言則不可得仲尼燕居云三子者既得聞此言也於夫子昭然若發矇矣開明卽發矇之意言開矇以爲明也音義則苓
音於俞云苓當爲笭說文竹部笭車笭也釋名釋車曰笭橫在車前織竹爲之孔笭笭也此言惟聖人爲可以開明其他
則如車笭然所見者小矣按笭笭古字通世德堂本笭下有闚發字此涉注而衍蓋舊本此文李注止闚發二字在此節
之末傳寫者不知笭字之義更訛以此二字與笭字連寫爲文也今本李注有焉安也字亦後人妄增焉安字訓因無
瞶解說也**大哉聖人言之至也開之廓然見四海**李云日月燭明視其文者不下
堂知四方**閈之閈然不觀牆之裏**音義閈然匹庚切閈門也俗本作閈然誤李云不閈聖奧論無
所見俞云此卽所不得其門而入不見宗廟之美百官之富者上向云開之廓然見四海言聖道之大也此云閈之閈然
不觀牆之裏言聖道之深也按弘範解閈爲閈奄掩奄增字說之於義未安如俞說則閈閈之云者謂聖人之言一
閈一閈猶[redacted]放之則彌六合卷之則退藏於密說似可通然聖人之道[redacted]不得云閈之閈然所謂不見宗廟之美
百官之富者乃人自不得其門而入則然非聖人之有所閈知不與人以可觀[illegible]謂以此喻聖道之深亦殊未當李謂此

諸本皆作閈

金薤琳琅齋叢稿

引上文而言開之謂開明閉之謂閉明也閉當爲闇闇之照與廓然相反爲義吾篇閈門雜擬開以聲言與不觀云云意不相協開字淺漶譌誤爲開音義所謂俗本者乃舊本之僅存者矣四海喻遠牆之裏牆之牆以內喻近皆者能開其明於聖言則廓然四下以見至遠而闇其明則闇也不能觀至近覽三百九十引作開之廓然見四海之內闇之寂然不觀牆垣之裏

聖人之言似於水火。或問水火。曰：水，測之而益深，窮之而益遠；火，用之而彌明，宿之而彌壯。說文測深所至也段注云深所至謂之測度其深亦謂之測猶不淺曰深度深亦曰深也同馬云宿蓄大也按說文宿止也引伸爲濁爲積廣雅釋言宿留也莊子徐无鬼釋文宿積久也易大壯王肅注云壯盛也

允治天下不待禮文與五教，則吾以黃帝堯舜爲疣贅。爾雅釋詁云允信也又云誠也書堯典云敬敷五教馬注云五品之教鄭注云五品父母兄弟子也漢書百官公卿表序云禹作司徒敷五教應劭注云五教父義母慈兄友弟恭子孝也國語鄭語韋昭注同繫辭云黃帝堯舜垂衣裳而天下治蓋取諸乾坤

李云允信按

尚書大傳云黃帝始制冠冕垂衣裳上棟下宇以避風雨禮文法度興事創業白虎通號云黃者中和之色自然之性萬世不易黃帝始作制度得其中和萬世常存故稱黃帝也莊子在宥云昔者黃帝始以仁義攖人之心堯舜於是乎股無胈脛無毛以養天下之形愁其五藏以為仁義矜其血氣以規法度音義疣贅羽求切下之銳切按說文肬贅肬也疣肬同字段注云贅同綴書傳多贅綴通用綴屬也屬於也上如地之有丘釋名釋疾病云贅屬也橫生一肉屬著體也肬丘也出皮上聚高如地之有丘也荀子宥坐云今學曾未如肬贅則具然欲為人師楊注云肬贅結肉莊子大宗師彼以生為附贅縣疣又駢拇附贅縣疣出乎形哉而侈於性字並作疣玉篇有疣云結肉也今疣贅之腫[illegible]也

或曰太上無法而治法非所以為治也文選應吉甫晉武帝華林園集詩總總太上民之厥初李注云太上太古也莊子天地云古之君天下無為也天德而已矣又胠篋云殫殘天下之聖法而民始可與論議

曰鴻荒之世聖人惡之爾雅釋詁云洪大也經傳通作鴻廣雅釋詁云荒遠也白虎通號云古之時未有三綱六紀民人但知其母不知其父能覆前而不能覆後臥之詓詓行之吁吁飢即求食飽即棄餘茹毛飲血而衣皮葦是洪荒之世與禽獸相近故聖人惡之人是以法始乎伏犧而成乎堯繫辭

音義而治直吏切下為治同

金薤琳琅齋叢稿

云古者包犧氏之王天下也仰則觀象於天俯則觀法於地觀鳥獸之文與地之宜近取諸身遠取諸物於是始作八卦以通神明之德以類萬物之情作結繩而為罔罟以佃以漁蓋取諸離釋文包本又作庖白交反鄭云取也孟京作伏犧許宜反字又作羲鄭云鳥獸全具曰犧孟京作戲云伏服也戲化也按伏又作虙宓又作炮上古語言與後代絕異人名地名意義多不可考經典傳寫但取聲近異同譯名致異又甚多注家各為釋義皆臆說也路史注引含文嘉云伏戲德洽上下天應以鳥獸文章地應以河圖洛書乃則象而作易又引六藝論云伏羲作十言之教以厚君民之别又引古史考云伏羲制嫁娶以儷皮為禮然則書契佃漁綱紀人道皆伏羲所創故云法始於伏犧也云成乎堯不言舜者書大傳云舜者推也循也言其推行道德循堯緒也白虎通號云舜猶僢僢也言能推信堯道而行之是知舜惟繼堯之法無所改易故言更即謂舜矣

匪伏匪堯，禮義哨哨，聖人不取也。音義哨哨音消又七笑切按音義前一音蕭讀為莦說文莦惡艸貌廣韻莦所交切又音消是也後一音則讀為枉矢哨壺之哨投壺某有枉矢哨壺鄭注云哨枉哨不正貌釋文哨壺七笑反是也此當以讀莦為合禮義莦莦猶云治道榛蕪耳矣哨有韻誤

或問八荒之禮，禮也，樂也，孰是？離騷云將往觀乎四荒王注云荒遠也按以四方言曰四荒象

四維言曰八荒說苑辨物云八荒之內有四海四海之內有九州則八荒猶言海外矣周禮鞮鞻氏掌四夷之樂與其聲歌白虎通禮樂云王者制夷狄樂不制夷狄禮何也以為禮者身當履而行之夷狄之人不能備禮樂者聖人作為以樂之學是古有夷樂無夷禮此云禮也樂也者乃軌其國俗所自有昔言之疑元文當作八荒之禮也樂也不重禮字猶云八荒所謂禮所謂樂乎說是謂詛為近正

曰殷之以中國李云殷正按爾雅釋言云殷中也中正同義

或曰孰為中國李云正值北辰為天之齊今俱偏於東知詛為居中國按此古蓋天家說也晉書天文志云周髀曰蓋天之說其言天似蓋笠地法覆槃天地各中高外下北極之下為天地之中其地最高而滂沲四隤是蓋天家以北極下為地中爾雅釋天云北極謂之北辰郭注云北極天之中以正四時論語疏引李巡云北極天心也天齊猶天中之心之義齊者臍也本子謂類云帝星惟在紫微皆據北極二十七度常隱不見之中故有北辰之號而帝座居所甚天形運轉晝夜不息而此為之樞如輪之轂如磑之臍又云南極北極天之樞紐只是此處不動如礱臍然此是天之中至極處如人之臍帶也此北辰天齊之說也地軸北端所前鈎陳星第一星古謂之北辰以識天極非謂之極星考工記疏書之極星孫氏詒讓正義云北極正中即天之中古謂之天極又謂之北極後世謂之赤道極然天中之極無

金薤琳琅齋叢稿

可識別，則就近極之星以紀之，謂之極星。沿襲既久，遂并稱星為北極，又謂之北辰。北極者，以天體言也；北辰者，以近極之星言也。極星繞極四游，非不移者；其不移者，乃天極耳。然則北辰者，最近天極之星；天極者，正封也。物之處盡天家，以地體為半球形，自不得不以北極直下為中央，非國於此。衹緣居中致據，以難偏者之所謂中國也。曰：五政之所加，七賦之所養，中於天地者為中國。李云：五政，五常之政也；七賦，五穀桑麻也。中於天地者，土圭測景，晷度均也。按大戴禮盛德云：內五政。盧注云：五政，謂天子、公卿、大夫、士。孔氏廣森補注云：五政，明堂五時之政也。五常之政，即明堂五時之政。說文：賦，斂也。五穀之名，自來說者各異。程氏瑤田以為粱、黍、稷、稻、麥，詳見所著九穀考，近儒多從之。桑麻之賦，謂布帛之貢，司空職云九一之數。七賦，此約周禮。大司徒以土圭之灋測土深，正日景，以求地中。日南則景短多暑，日北則景長多寒，日東則景夕多風，日西則景朝多陰。日至之景尺有五寸，謂之地中。天地之所合也，四時之所交也，風雨之所會也，陰陽之所和也。然則百物阜安，乃建王國焉。鄭司農云：土圭之長尺有五寸，以夏至之日立八尺之表，其景適與土圭等，謂之地中。今潁川陽城地為然。江氏永周禮疑義舉要云：測都洛邑，欲其適天室而四方入貢道里均。所謂土中者，合九州道里形勢而知之，非先制尺有五寸之土圭，度夏至景與圭齊而後定之。

正寸

謂之土中也。既定洛邑，樹八尺之表，景長尺有五寸，是爲土中之景，乃制土圭以爲法。他方度景，亦以此土圭道其長短量之，是景以土中而定，非土中因景而得也。盛氏百二向書釋天云：地中之義不一，有一定之中，有無定之中，有之定而仍無定之中。周髀以北極之下爲中，此一定之中也。今人適所至，以望地平之四際，無不適均，程子所謂地無適而不爲中，此無定之中也。二者皆就大地之全體言，若以方域爲界論之，則一邑有一邑之中，一郡有一郡之中，九州有九州之中，此有定而無定之中也。大司徒之地中，但語之土中，特云八州之中耳。蓋四方分測，乃定洛而後測之，非先測之而後定洛也。夫豫爲九州之中，何必度景始知？即使不得九州之正中，而祭差數百十里，將風雨寒暑頓異乎？如果參候縣絕，若閩廣矣，地毳蠻澗，天臋人又豈待度景而知不可都哉？惟是既定洛而後測之，制八尺之表，於其日中求得表景尺有五寸，於是土圭之長本準之，凡四方皆測，皆以土圭爲根數。地北則景較土圭長，地南則景較土圭短，即今法以緯度定諸方晝夜長短之差也。在洛之東者日出早，在洛之西者日出遲，即周髀所謂加四時相及，今法以經度定諸方時刻之差也。而是以四方景景之加減，計里而較之，則天下道里之遠近可得，周禮所謂以土地之圖周知九州廣輪之數，即今方輿圖說開方之法也。若夫多陰多風多暑多寒云者，李安溪謂罕譬八州明洛中土耳。按江氏二說皆以洛

金薤琳琅齋叢稿

之爲中乃按九州道里形勢言之非緣土圭測景而得其土圭測景之法乃定中以後以京師爲本實測四方里差之事

非先制此法以求得地中義甚精覈足正前人之誤至此文中國封八表而言乃九州之總稱尤不得以周禮地中爲說

子雲章思渾天已知地爲渾圓既不取蓋天家北極地中之說更無以土圭測景晷度均爲中國之理然則中於天地云

者自就王道而言猶云與天地參耳春秋繁露王道通三云取天地與人之中以爲貫而參通之非王者孰能當是即中

於天地之義過此而往者人也哉繫辭云過此以往未之或知也荀爽注云出乾之外无有知之

則過此而往猶云出乎中國之道之外人也者相人偶也言違不合中國之道者雖欲與相人偶猶不可得何有於禮樂

也世德堂本作過此而往無者序

聖人之治天下也礙諸以禮樂李云礙限按說文礙止也無則禽異則貉音貊義

則貉莫白物吾見諸子之小禮樂也不見聖人之小禮樂也道家小禮

墨家小樂孰有書不由筆言不由舌吾見天常爲帝王之筆舌也

李云天常五常也司馬云天常即禮樂也言治天下而不用禮樂猶無筆而書無舌而言也按左傳哀公六年引夏書云惟

彼陶唐帥彼天常杜預注云言堯循天之常道御覽三百六十七引此作五帝者帝之是筆誤寫有書不由筆言不由言也又六百卷五引同惟帝之作三王也作所

智也者知也夫智用不用益不益則不贊虧矣司馬云不贊虧不益虧字有餘曰贊不足司虧言天地之理人物之性皆生於自然不可還用變智者能知其可以然則因而導之順而成時其智巧欲用所不可用益所不可益譬如人之形體益之則贊損之則虧矣孟子曰所忌夫智者為其鑿也俞云凡物用之則虧益之則贊智者以不用為用以不益為益用而不用是不虧也益而不益是不贊也文義甚明亦無然字俟太玄玄瑩云設不攫所有不攫所無攫諸身則贊向劃則虧此溫公說所本攫即攫字攫者取之謂用所不可用是攫所有益所不可益是攫所無攫所有則虧攫所無則贊依此為解較疑衍不字然去人矣字或用如字者依溫公說而讀矣為乎則雖有不字義亦可通也國解較直捷然云智者以不用為用以不益為益亦有語病蓋謂此小智也智知也物言有所知而不用則其知者贊有所不知而不益則其知不虧能用人所不用則知不贊能益人所不益則知不虧不知則求所以知之知之則求所以用之故贊者之事也

深知器械舟車宮室之爲則禮由已宋吳司馬皆作禮由己疏云深知制度之所爲則禮

無不在己十曰制度在禮文爲在禮行之其在人乎司馬云

器械舟車宮室者聖人因物之性制而用之循而行之爲識

識聖人之心則禮雖先王未之有可以義起也故曰由己今

按音義則禮由己一本作由也明己爲語辭作己者誤也廣

雅釋詁云由行也言深知聖人制作之意則禮無不行也蓋

古者民未知器械以爲是故以木石用而已及備物成器以

利天下然後物不可得而正也利可得而盡則器械之爲養

生送死之禮之所由生也古者民未知舟車居山知山居澤

知澤而已及刳木爲舟剡木爲楫服牛乘馬引重致遠而後

有無可以貿遷遷可以酌劑則舟車之爲交際之禮之所

由生也古者民未知宮室上者木處下者穴居而已及上棟

下宇以蔽風雨而後升降有節內外有別則宮室之爲男女

男女之禮之所由生也故器械舟車宮室者禮之始也引而

伸之觸類而長之罔不由此知其深則深求循行其綱則萬

目舉自然之道也

或問大聲曰非雷非霆隱隱眩眩久而愈盈尸諸聖說文霆雷餘聲也張

平子西京賦隱隱展展薛綜注云隱隱重車聲音義訇訇戶

萌切俗本作眩誤宋玉風賦曰眩眩雷聲徐鍇曰眩聲貌按

說文無聽有谿谷中響也某注引宋吳本作谿即谿字李云
尸主也啓蹇之貌聞當時聖人之言徒然窮極尸主爾雅釋
詁文

或問道有因無因乎司馬云光之道貴因循曰可則因否則革革云革之與因羅異
隨變而通理也故先王之事世相反而其道一也司馬云前
人所爲是則因之否則變之然常道太玄曰夫道有因有循
有革有化因而循之與道神之革而化之與時宜之故因而
能革天道乃得革而能因天道乃馴夫物不因不生不革不
成故知因而不知革物失其則知革而不知因物失其均革
之匪時物失其基因之匪理物喪其紀因革乎因革國家之
矩範也矩範之動成敗之効也揚玄瑩文

或問無爲論語云無爲而治者其舜也與曰奚爲哉在昔虞夏
夫何爲哉恭己正南面而已矣
襲堯之爵行堯之道法度彰禮樂著垂拱而視天下民之阜
也無爲矣曲禮孔疏引五經異義云天子有爵不爲尊也易有君人五號帝天稱一也王美稱二也天子爵
號三也大君者興盛行異四也大人者聖人德備五也是天
子有爵古周禮說天子無爵同號於天何爵之有許君謹案

春秋君氏云施於戎狄稱天子施於諸夏稱天王施於京師稱王知天子非爵稱從周禮鄭君駁云案士冠禮云古者生無爵死無謚自周及漢天子有謚此有爵甚明云無爵失之矣據此云堯之爵明亦以天子為爵稱周孟為說也大戴禮保傅篇桓公垂拱無事而朝諸侯盧注云垂拱言無所指麾者也漢書董仲舒傳載仲舒對策云堯在位七十載迺遜于位以禪虞舜堯崩天下不歸堯子丹朱而歸舜舜知不可辟迺即天子之位以禹為相因堯之輔佐繼其統業是以垂拱無為而天下治經傳皆云舜無為而治此云虞夏者今文尚書說所謂虞夏同科雖虞事亦連夏也天下民世德臺本作天民無下字下同

紹桀之後纂紂之餘法度廢禮樂虧安坐而視天下民之死無為乎說文纘繼也經典通用纂李云紹桀者成湯也纂紂者周武也言此之時湯武不可得安坐視天下民之死而欲無為也所謂可則因否則革矣應變順時故逢不同致理而言皆非為也

或問太古塗民耳目惟其見也聞也見則難蔽聞則難塞俞云塗當讀為斁說文攴部斁下引周書惟其斁丹雘今書梓材篇作惟其塗丹雘是塗與斁通也說文支部斁閉也從支度聲讀若杜經典即以杜為之尚書費誓篇杜乃擭周禮雍氏注引作斁乃擭是也斁民耳目者謂閉塞民之耳目也若以今

政下　十

字書之當云杜民耳目矣按俞讀是也史記貨殖列傳云老
子曰至治之極鄰國相望雞狗之聲相聞民各甘其食美其
服安其俗樂其業至老死不相往來必用此為務輓近世塗
民耳目則幾無行矣據此雖聖人治天下猶以禮樂之說
李云人以為太古不如絕禮樂以塗塞人之耳目令不見不
聞使之純一雖有賊跌當云或人以為太古無禮樂以禮樂
治夫天下不如絕禮樂云云於義
方愜或問世德堂作或曰李 曰天之肇降生民使其目見
耳聞是以視之禮聽之樂李云閉其耳目而節之太玄玄掜云維天肇降生民使其貌動口言
目視耳聽心思有法則成無法則不成如視不禮聽不樂雖有民焉得而塗諸
司馬云聖人所以能使其民者以有禮樂也若皆去之則民將散亂而不可制雖欲取其耳目而塗之安可得哉
或問新敝說文㡀敗衣也從巾象衣敗之形引伸為凡敗壞之稱經傳通用敝或以獘為之字變作弊表記其民之
敝鄭注云敝謂政教衰失之時也曰新則襲之敝則益損之爾雅釋詁云襲因也樂記云
三王異世不相襲禮鄭注云言其有損益也白虎通三教云王者設三教者何承衰救弊欲民反正道也三王之有失故
立三教以相指受夏人之王教以忠其失野救野之失莫如敬殷人之王教以敬其失鬼救鬼之失莫如文周人之王教

以文其失薄救薄之失莫如忠繼周尚黑制與夏同三者如順連環周而復始窮則反本

或問太古德懷不禮懷嬰兒慕駒犢從焉以禮釋名釋長幼人始生曰嬰兒或曰嫛婗禮記鄭注云嬰猶鷖彌也按嬰兒鷖婗鷖彌並連語形容字言人始生不能言語鷖婗然也玉篇引蒼頡篇云女曰嬰易曰兒强爲匠列夫之孟子人少則慕父母趙注云慕思慕也說文馬二歲曰駒犢牛子也按謂太古之民不識不知順帝之則皇誠無僞何事於禮曰嬰犢乎李云歎無禮也嬰犢母懷不父懷母懷愛也父懷敬也獨母而不父未若父母之懿也李云兼乎愛敬然後盡其美義

狙詐之家曰狙詐之計不戰而屈人兵堯舜也音義狙詐千預切又七余切按狙詐疊韻連語古且聲乍聲同部也王氏念孫讀書雜志云狙詐疊韻字狙亦詐也荀子大略云藍苴路作似知而非楊注引趙蕤長短經知人篇云狙者類知而非知苴狙並與狙同狙詐者有似智故曰藍苴路作似知而非作即詐字也按王說是也後漢書竇融傳序狙詐萌起章懷注引蒼頡篇狙獮猴也以其多詐故比之也說文生則失之狙詐之家者兵權

謀家也藝文志兵權謀十三家有吳孫子八十二篇齊孫子
八十九篇吳起四十八篇序傳云吳孫狙詐是也不戰而屈
人兵者藝文志云權謀者以正守國以奇用兵先計而後戰
孫子謀攻云是故百戰百勝非善之善者也不戰而屈人之
兵善之善者也音義云
天復本無堯舜也三字曰不戰而屈人兵堯舜也沾項漸襟
堯舜乎沾項世德堂本作霑說文霑雨霡也引伸為凡染之
稱經典通用沾說文項頭後也音義漸襟子廉切按
說文瀸漬也經典通用漸廣雅釋詁云漸漬也說文衿交衽
也襟衿同字爾雅釋器云衣眥謂之襟郭注云交領字亦作
衿方言云衿謂之交郭注云衣交領也詩子衿毛傳云青衿
青領也顏氏家訓書證云按古者斜領下連於衿故謂領為
衿沾項漸襟謂頸迴也言狙詐之家雖有不戰之名而有殺
人之實此篇自孰若無禮而德至末若父母之懿也皆論道
家之辭自此以下則衒玉而賈石者其狙詐乎音義衒音縣
論兵家刑名家之辭賈石音古說
文衒行且賣或問狙詐與亡孰愈事云亡無接之讀如字謂
也重文衒敗亡也言狙詐而勝孰與
不狙詐此春秋大宋襄之義也僖公篇云宋公及楚
而敗之曰亡愈人戰于泓公羊傳云君子大其不鼓不成列
臨大事而不忘大禮以為雖文王之戰不是過也繁露俞序
云宋襄公不厄人不由其道而勝不如由其道而敗故春秋

金薤琳琅齋叢稿

貴之將以變習俗而成王化也劉氏逢祿穀梁廢疾申何云春秋貴偏戰惡詐戰以爲敗善於此者正以其陰用詐而勝不如信而敗也皆可證己愈狙詐之義或曰子將六師則誰使音義子將子亮切論語云子行三軍則誰與曰御得其道則天下狙詐咸作使御失其道則天下狙詐咸作敵故有天下者審其御而已矣廣雅釋詁御使也周禮大宰以八柄詔王馭羣臣鄭注云凡言馭者所以毆之內之於善馭即御之古文荀子議兵云且仁人之用十里之國則將有百里之聽用百里之國則將有千里之聽用千里之國則將有[illegible]之聽楊注云言遠人自爲其耳目又云湯武之誅桀紂也拱挹指麾而強暴之國莫不趨使此御得其道狙詐作使之事也又云秦四世有勝諰諰然常恐天下之一合而軋己也此御失其道狙詐作敵之事也孟子云得道者多助失道者寡助寡助之至親戚畔之多助之至天下順之以天下之所順攻親戚之所畔故君子有不戰戰之必勝矣或問威震諸侯須於征與狙詐之力也如其亡說文頡待也經傳皆以須爲之言威震諸侯而猶待於征與狙詐則狙詐不可廢也如其亡謂豈如不用狙詐而敗亡曰威震諸侯須於狙詐可也未若威震諸侯而不須狙

詐也或曰無狙詐將何以征乎曰縱不得不征不有司馬法
乎何必狙詐乎 藝文志有軍禮司馬法百五十五篇入禮家序云下及湯武受命以師克亂而濟百姓動
之以仁義行之以禮讓司馬法是其遺事也按詩維清云維
清緝熙文王之典序云維清奏象舞也鄭箋云天下之所以
無敗亂之象而清明者以文王有征伐之法故也文王征伐
之法即周時軍禮宋襄公所云不推人危不攻人厄不重傷
不禽二毛不鼓不成列蓋皆文王軍禮文故曰臨大事而不
忘大禮又曰雖文王之戰不是過是其證也周衰禮廢乃有
狙詐刑法之春秋之後滅弱吞小并爲戰國稍增講武之
禮以爲戲樂用相夸視而秦更名角抵先王之禮沒於淫樂
中矣雄桀之士因埶輔時作爲權詐以相傾覆吳有孫武齊
有孫臏魏有吳起秦有商鞅皆禽敵立勝垂著篇籍明狙詐
之術緣禮廢而後起今云無狙詐
何以征是忘其本從以此正之也
申韓之術不仁之至矣 藝文志申子六篇入法家注云名不害
京人相韓昭侯終其身諸侯不敢[redacted]韓
侵
韓非見修身疏若何牛羊之用人也 用義如春秋僖公篇凱部子用之刑法志云陵夷至於戰國韓
任申子秦用商鞅連相坐之法造參夷之誅增加肉刑大辟有鑿顛抽脅鑊亨之刑此所謂牛羊用人也若牛羊

金薤琳琅齋叢稿

用人則狐狸螻螾不膢臘也與音義：螻螾，上落侯切，下餘忍切。按：說文：「螻，螻蛄也。」廣雅：「王疏云：螻蛄，短翅四足，穴土而居，至夜則鳴，聲如丘蚓。按今京師人謂之拉拉古，即螻蛄之轉。說文：「螾，側行者。」重文蚓。荀子勸學：「螾無爪牙之利，筋骨之强。」楊注云：「螾，丘蚓也。」考工記梓人鄭注云：「螾衍之屬。」釋文：「螾衍，今曲蟮也。」按今吾浙人猶謂螾曰曲蟮。音義：膢臘，上音力朱切，又落侯切。李云：膢，八月祭也。今河東俗今以為大節，祭祀先人也。臘，獵也，見禮記。按後漢書劉玄傳章懷注云：「冀州北郡以八月朝作飲食為膢，其俗語曰膢臘社伏。」弘範此注，合說文。膢，楚俗以二月祭飲食為膢。御覽引作十二月。風俗通祀典云：「楚俗常以十二月祭飲食為膢。」蓋方俗之異。一切經音義九引三蒼云：「膢，八月祭名也。」是弘範說較可據。風俗通又云：「臘者，獵也。言田獵取獸以祀其先祖也。或曰臘，接也。」冬則獵取百獸，故狐狸至是死矣。呂氏春秋曰：「南呂之月，蟄蟲入穴。」故螻螾至是絕矣。夫以申韓刑名，如牛羊之用人，則人之生也何可久乎？其迹紀猶狐狸螻螾不過乎膢臘之候也。俞云：此說亦殊不可通。正文言狐狸螻螾，不言人如狐狸螻螾，不可通一也。且文言不膢臘也與，若謂不過乎膢臘之候，當云不膢臘矣，如左傳云「虞不臘矣」，於義方合。詠歎之文，非所施也，不可通二也。且冬日雖獵取百獸，然狐狸之類不應使絕，而云不過此候，不可通三也。尋楊子之意，直以申韓之法行，則人死者多。

正六

屍相枕藉於狸螻螾得餐其肉如人遇膢臘育酒食醉飽之樂故曰於狸螻螾不膢臘也与正与上文牛羊用人相應以人爲牛羊則食之者必於狸螻螾也俞說是也鹽鐵論散不足云古者庶人非膢臘無酒食故此用以爲餐飲之稱

或曰刀不利筆不銛而獨加諸砥不亦可乎刀謂治書之刀漢書蕭曹傳贊云蕭何曹參皆起秦刀筆吏顏注云刀所以削書也古者用簡牒故吏皆以刀筆自隨也賈誼傳云俗吏之所務在於刀筆筐篋按刀筆一物而二用筆所以書刀所以削酷吏傳顏注云古者書於簡牘故筆用刀焉後漢書劉盆子傳章懷注云古者記事書於簡冊謬誤者以刀削而除之故曰刀筆吏也此文刀不利筆不銛皆互文銛亦利也音義銛息廉切本或作銛誤按廣雅釋詁云銛利也賈誼傳晉灼注云世俗謂利爲銛徹●●音義砥音紙按說文厎柔石也重文砥廣雅釋器云砥礪也此以申韓不仁之至而設問以難之古者吏以刀筆決法故同以取譬言刀筆不銛則需以砥礪之塋治之刑法不嚴峻猶不可使申韓增益之乎

曰人砥則秦尙矣人之砥用人爲砥也言人之能塋治刑法者無過於秦者也閒意以刑法譬刀筆以治法之人譬砥故荅之如此司馬云言用法以礪人如用砥以礪刀如其說則本文當云砥人不當云人砥矣

十三

金薤琳琅齋叢稿

六國表書周赧王元年

本紀周君王赧卒正義引劉伯莊云赧是慚恥之甚輕微危弱寄住東西周為慚赧故號之曰赧又六國表周赧王元年宋隱云赧音泥簡反宋衷云赧謚也竹書紀年作隱王沈約注亦史記作赧王名延蓋赧隱聲相近胡部郎玉縉云赧王卒於西周武公東周文君之前不應無謚赧即其謚也皇甫謚云謚法無赧蓋所見謚法已脫此條宋衷云赧謚也宋在皇甫前且所見本尚有赧沈約竹書注謂赧隱聲相近意以隱為赧之假字也說文赧面慙而赤也從赤反聲周失天下於赧王夫曰失天下曰赧王赧之為謚可知其取慚赤之義亦可知也按本紀書赧王延立[redacted]赧當是謚漢書人表赧王延慎靚王子即本史記亦以赧為謚此本紀於赧王延立以下皆稱王赧楚世家亦云周王赧使武公謂楚相昭子赧既是謚似不應有王赧之稱或疑此校書者因皇甫謚有赧非謚之說遂於赧王字或改為王赧也韋孟風諫詩王赧聽譖實絕我邦子雲豫州箴王赧為極實絕周祀論衡儒增引傳秦昭王使將軍攻王赧王赧惶懼奔秦盡獻其邑三十六口三萬秦受其獻還王赧王赧卒此皆非因皇甫說而改者蓋王赧者生時之號赧王者殁後之稱生而窮蹙遺赧赧愧則謂之王赧殁而以失天下為恥則以赧為謚遂謂之赧王或諱赧而以聲近之字易之

則謂之德五年天子制公侯伯子男也庸節有喪服田制云
節者禮也宋云言天子用禮節以制取五等諸侯各有其序
節異差於僭者公羊傳德公篇解詁云僭齊也下傚上之辭
論語八佾皇疏云卑者濫用尊者之物曰僭也僭異文於祭
者祭統云凡治人之道莫急於禮禮有五經莫重於祭鄭注
云禮有五經謂吉禮也凶禮賓禮軍禮嘉禮也莫重於祭謂以
吉禮為首也國語魯語云夫祀國之大節也世德墮本作僭
異僭於祭●祭異文於地者地謂祭地凡廟祧壇墠之處皆
是說文時天地五帝所基址祭地也繫傳云祭地所祭之地
也按祭地者神靈所止是祭之主僭祭地則一同牲玉之制
籩豆之數樂舞之多冕服之等皆適之故僭祭異文於僭祭
地也地異文於天者祭地之中莫大於祭天之地時所以祭
天僭時凡甚於僭立其他壇廟也襄文宣塞其兆也者㊟秦
本紀秦仲子莊公莊公卒太子襄公代立襄公生文公文公
卒太子竫公子立是為寧公寧公子三人武公德公出子寧
公卒出子立卒立武公卒立其弟德公卒子三人長子宣公
立卒其弟成公立卒其弟繆公立卒太子立是為康公卒子
共公立卒子桓公立卒子景公立卒子哀公立卒太子夷公
蚤死立夷公子是為惠公卒子悼公立卒子厲共公立卒子
躁公立卒立其弟懷公懷公自殺太子曰昭子蚤死大臣乃

亦作穆公

十四及三

五畤旁注
同上

立昭子之子是為靈公按自靈公以後又七世十一君而為
始皇也又迺左太沖魏都賦兆朕振古李注云兆猶機事之
先見者也襄公始僭西時以祭白帝文宣靈宗興鄜密上下
用事四帝者音義西時音止鄜芳無切按封禪書云秦襄公
既侯居西垂自以為主少皞之神作西時祠白帝其牲用駵
駒黃牛羝羊各一云按秦本紀作各三三牲為一牢各三謂
用三牢也其後秦文公東獵汧渭之閒卜居之而吉文公夢
黃蛇自天下屬地其口止於鄜衍文公問史敦敦曰此上帝
之徵君其祠之於是作鄜時用三牲按本紀作三牢郊祭白
帝焉其後宣公作密時於渭南祭青帝其後秦靈公作吳陽
上時祭黃帝作下時祭炎地宗隱云鄜地名後為縣屬馮
翊吳陽地名蓋在岳之南雍旁有故吳陽武時今蓋同或時
又作上下時以祭黃帝炎帝也周禮小宗伯兆五帝於四郊鄭
注云兆為壇之營域五帝蒼曰靈威仰大昊食焉赤曰赤熛
怒炎帝食焉黃曰含樞紐黃帝食焉白曰白招拒少昊食焉
黑曰汁光紀顓頊食焉黃帝亦於南郊此秦時之用事四帝
也周禮兆五帝於四郊之事時兆義同皆謂壇域以祭也周禮大宗
伯以禋祀祀昊天上帝與●小宗伯兆五帝於四郊有別此
兆五帝之事而謂之祭天者析言則禮秩不一散文則五帝
亦天所謂六天也郊特牲孔疏云鄭氏以為天有六天郊上

各異天爲至極之尊其體祇應是一而鄭氏以爲六者指其
尊極清虛之體其實是一論其五時生育之功其別有五以
五配一故爲六天據其在上之體謂之天天爲體稱故說文
云天顛也因其生育之功謂之帝帝爲德稱也故毛詩傳云
審諦如帝故周禮司服云王祀昊天上帝則大裘而冕祀五
帝亦如之五帝若非天何爲同服大裘又小宗伯云兆五帝
於四郊禮器云饗帝于郊而風雨寒暑時帝若非天焉能令
風雨寒暑時又春秋緯紫微宮爲天帝又云北極耀魄寶又
云大微宮有五帝坐星青帝曰靈威仰赤帝曰赤熛怒白帝
曰白招拒黑帝曰汁光紀黃帝曰含樞紐是五帝與天帝六
六也又五帝亦稱上帝故孝經曰嚴父莫大於配天則周公
其人也下即云宗祀文王於明堂以配上帝帝若非天何得
云嚴父配天也而賈逵馬融王肅之等以五帝非天唯用家
語之文謂大皞炎帝黃帝五人之帝屬其義非也孫氏星衍
六天及感生帝辨云五天帝之說不始於鄭靈威仰之屬亦
不獨出于緯書史記載秦襄公祠白帝宣公祠青帝靈公祭
近儒於六天之說是非紛然其以爲是者則如
黃帝炎帝漢高祖曰天有五帝而有四帝何也乃立黑帝祠
然則五色之帝自周以來有是名矣古巫咸甘石三家天文
之書以人事定星位甘氏中宮有天皇大帝一星在鉤陳口
中又有五帝內座五星在華蓋下天官書亦用石氏星經又

有五星五帝坐在南宮蓋中宮天皇大帝處圜上五帝內座象南郊南宮五帝坐象明堂而甘公石申皆周人其所據又三代古書讖緯如後出亦當本此又聞之古經引黃帝占曰天皇大帝名耀魄寶其名出黃帝占則知靈威仰諸名所傳已久故周禮大祝辨六號一曰神號二曰鬼號三曰示號明天地人鬼皆有號其必稱之為天何必辨之金氏鶚求古錄禮說云五帝非天也五帝各司一時一方是五行之精為天之佐猶四嶽之於地三公之於王耳周禮掌次上言大旅上帝下言祀五帝與朝日連文司服上言祀昊天上帝下言祀五帝則知五帝與天顯並有別祀五帝與朝日同張大次小次而與大旅上帝張氈案設皇邸不同五帝之卑於天可知小宗伯云兆五帝於四郊四望四類亦如之四望謂嶽瀆等四類謂日月等是五帝之尊與日月嶽瀆大略相埒故掌次與朝日同其儀也又五帝亦通稱上帝典瑞云四圭有邸以祀天旅上帝兩圭有邸以祀地旅四望此上帝別言于天之下明非天帝鄭注以為五帝是也旅上帝與旅四望對言則五帝與四望略相等可知而其卑於天益明矣靈威仰等名又甚怪緯孫淵如謂大祝辨六號一曰神號五帝若無靈威仰等稱何以辨之不知月令大皞等名即五帝之號也鄭注月令以大皞等為五人帝其說亦誤大皞等為五帝之號

其以為非者則

胡部郎玉縉云晉語虢公夢蓐收之狀白毛虎爪此蓐收神之形必非該之貌則知太皞句芒等本古者五行天帝天神之號非伏羲句重等也

中央為黃帝

自古有之伏羲等五人帝以五行之德代王後人因以配五帝而以五帝之號稱之耳非五帝本無號也月令言五時生育之主自當以五天帝言之不直以五人帝言之也按誠齋以月令五帝即古五天帝之名所見甚卓孫氏詒讓小宗伯疏引惜誦王注五帝謂五方神也東方為太皞南方為炎帝西方為少皞北方為顓頊謂漢人已有以太皞等為五方帝之名者足與金説互證思更以封禪書秦襄公自以為主少皞之神作西時祠白帝之文證之明白帝即是少皞之神又秦靈公作吳陽上時祭黃帝作下時祭炎帝具非祭軒轅神農氏人帝可知則太皞等為古五天帝之稱確不可易[illegible]論[illegible]必謂五天帝與天有別祭五帝不得謂祭天則亦非通蓋以祭之等秩言則祀昊天上帝之與兆五帝自有隆殺之殊故禮器云大旅具矣不足以饗帝鄭注云大旅祭五帝也饗帝祭天而以祭之類別言則五帝同是天神亦通稱上帝祭五帝即祭天之一種故鄭特牲疏引皇氏云天有六天歲有八祭冬至圜丘一也夏正郊天二也五時迎氣五也通前為七也九月大饗八也此文先云祭莫重於天後云僭西時以祭白帝又云用事四帝明祭五帝即為祭天此先秦以來之通義安得云五帝非天也蓋天之為神本於人之想象非實有其質焉以清虛之體言之則曰皇獨五帝非天即所謂昊天

淮南子說林黃帝生陰陽高注云黃帝古天神也

或曰刑名非道邪何自然也史記老莊申韓傳云申子之學本於黃老而主刑名又云韓非者韓之諸公子也喜刑名法術之學而其歸本於黃老集解引新序云申子之書言人主當執術無刑因循以督責臣下其術深刻故號曰術商鞅所為書號曰法皆曰刑名按刑讀為形古字通用申子之書今無可考韓非多以形名或刑名並言非主道云有言者自為名有事者自為形形名參同君乃無事焉又云同合刑名審驗法式擅為者誅國乃無賊揚權云上以名舉之不知其名復脩其形形名參同用其所生二者誠信下乃貢情明刑名即形名也老子云天法道道法自然莊子天道云是故古之明大道者先明天而道德次之道德已明而仁義次之仁義已明而分守次之分守已明而形名次之郭注云天者自然也自然既明則物得其道也物得其道而和理自適也理適而不失其分也得分而物物之名各當其形也此刑名自然之說何自然也世德堂本也作矣曰何必刑名圍棊擊劍反目眩形亦皆自然也圍棊見吾子疏漢書東方朔傳云十五學擊劍顏注云學劍遂擊而事之非斬刺也音義反目眩形一本作反自眩刑眩音縣按當作反身眩形一本作反自自即身之譌文淮南子主術[illegible]先自為檢式儀表讀書雜志云當作先以身為檢式儀表今本身誤為自自上又脫以字文子上義篇作先以自為檢式自亦身之誤推以序

未脫是身与自形近易誤之證此文身誤爲自傳寫又改爲
目宋吳本亞作反自眩刑遍公從之而不知自爲身誤刑爲
形假借文解之殊不可通圜案擊斂反身眩形平列爲四事
張平子西京賦云假僮程材上下翩翩突倒投而跟絓譬隕
絕而復聯薛注云突然倒投身如將墜足跟反絓橦上若已
絕而復聯即此所謂反身眩讀爲幻漢書張騫傳云大宛諸
國發使隨漢使來觀漢廣大以大鳥卵及犛靬眩人獻於漢
顏注云眩讀与幻同即今吞刀吐火植瓜種樹屠人截馬之
術皆是也後漢書西域傳章懷注引魏略云大秦國俗多奇幻
口中出火自縛自解西京賦云奇幻儵忽易貌分形吞刀吐火
火雲霧杳冥[illegible]眩形之誤四者皆術之甚難
而爲之既熟則若所無事故曰亦皆自然●由其大者作正

道由其小者作抉道事云大者聖人之
言小者諸子之言

或曰申韓之法非法與曰法者謂唐虞成周之法也如申韓如

申韓吳云如申韓之法司馬云如申韓者何足爲法俞云
申韓兩言如申韓謂如何其用申韓也与學行篇如其富如
其富吾子篇如其智如其智淵騫篇如其寢如其寢同義按
司封解此用論語孔注最爲允洽俞說非子雲意辭見學行

吾子
各篇

金薤琳琅齋叢稿

莊周申韓不乖寡聖人而漸諸篇則顔氏之子閔氏之孫其如

台 音義漸諸子廉切 如台音貽 李云言此數子之才而不乖少聖人之術漸染其心於篇籍之中以訓學徒則顔閔不能勝之 按乖寡雙聲連語猶云睽孤漢書五行志顔注云睽孤乖剌之意也凡雙聲疊韻連語以聲爲義本無正字弘範以寡爲少此望文生訓矣漢書董仲舒傳漸民以仁顔注云謂浸潤之也 注漸諸篇猶云浸潤之於諸篇之文經傳釋詞云如台猶奈何也書湯誓夏罪其如台史記殷本紀作有罪其奈何高宗肜日乃曰其如台殷本紀作乃曰其奈何西伯戡黎今王其如台殷本紀作今王其奈何是古謂奈何爲如台也 疏引法言此文解之云言三子皆不詆訾聖人則顔閔之徒其奈之何也 段氏玉裁古文尚書撰異云謂顔閔其奈之何言不能勝之也 疏

或曰莊周有取乎曰少欲 李云有取焉 按 前文云老子之言道德吾有取焉耳 莊周之學原於老氏莊子天下云寂寞無形變化無常死與生與天地並與神明往與芒乎何之忽乎何適萬物畢羅莫足以歸古之道術有在於是者莊周聞其風而悦之以謬悠之說荒唐之言無端崖之辭時恣縱而不儻不以觭見之也以天下爲沈濁不可與莊語以卮言爲曼衍以重言爲真以寓言爲廣獨與天地精神往來而不敖倪於萬物 周之自序如此所謂齊

自此以下又雜論諸子也

死生同貴富等貴賤者也故取其少欲鄒衍有取乎曰自持鄒衍田敬仲世家孟荀列傳作騶衍周禮司爟鄭注爲貢釋文作騶衍藝文志鄒子四十九篇又鄒子終始五十六篇◎◎入陰陽家注云名衍齊人爲燕昭王師居稷下號談天衍◎衍書今不傳無可考見李云有疑時之風焉接孟荀傳云騶衍覩有國者益淫侈不能尚德若大雅整之於身施及黎庶矣乃始深觀陰陽消息而作怪迂之變終始大聖之篇十餘萬言又云然要其歸必止於仁義節儉散取其自持至周罔君臣之義衍無知於天地之間雖鄒不覿也論語云不仕無義長幼之節不可廢也君臣之義如之何其廢之荀子解蔽云莊子蔽於天而不知人孟荀傳云騶衍以爲儒者所謂中國者於天下乃八十一分居其一分耳中國名赤縣神州赤縣神州內自有九州禹之序九州是也不得爲州數中國外如赤縣神州者九乃所謂九州也於是有裨海環之人民禽獸莫能相通者如一區中者乃爲一州如此者九乃有大瀛海環其外天地之際焉鹽鐵論論鄒云鄒衍非聖人而作怪誤惑六國之君以納其說此春秋所謂匹夫熒惑諸侯者也孔子曰未能事人焉能事鬼近者不達焉能知瀛海◎◎◎◎

疏六終

金薤琳琅齋叢稿

法言疏義七

吳江榮寶撰

問神卷第五 此篇多闡發經義自或問神至聖人為聖人消論易道往有損益与以下雜論五經說文神天神引出萬物者也謂神為神智易繫言神妙云神无方而易无體又云陰陽不測之謂神又云知變化之道者其知神之所為乎又云易无思也无為也寂然不動感而遂通天下之故非天下之至神其孰能与於此又云唯神也故不疾而速不行而至又云利用出入民咸用之謂之神又云鼓之舞之以盡神又云于是始作八卦以通神明之德子雲欲明其義故假問答之 法言

或問神曰心 素問六節藏象論云心者生之本神之變也又靈蘭祕典論云心者君主之官也神明出焉荀子解蔽云心者形之君也而神明之主也說苑辨物云易曰仰以觀于天文俯以察于地理是故知幽明之故夫天文地理人情之效存于心則聖智之府 請問之 音義請問之天復本作請問之按詩車攻有聞無聲秦何今聞今證左傳襄公篇令聞長世論語聞一以知十釋文並云本作聞釋問丧於夫子乎莊子庚桑楚司夫吾聞釋文並云本作聞是

東原錄云揚子潛天而天潛地而地人之材潛天地則具德如天地矣書曰惟克天德說仲淹謂天隱地隱者此也真德秀潛齋記引此作心之潛也猶將見之

問閒二字古書互用俞云之當作止隸書相似而誤也上文或問神曰心故或人又請問心也按俞說是也隸體心形之形止形相近易誤學行篇潛止仲尼潛止顏淵今本並作潛心心之誤之猶止之誤心也象上經問本書多有此文例如其質非也敢問質異知作上作下請問異知先知其幾於神乎敢問先知或問為政有幾曰思斁或問思斁為政日新或人敢問日新曰是日

曰潛天而天潛地而地天地神明而不測者也心之潛也猶將測之況於人乎況於事倫乎

乾初九潛龍勿用崔憬注云潛隱也按引仲為深入之義潛天而天者崇效天也潛地而地者卑法地也中庸云天地之道可壹言而盡也其為物不貳則其生物不測繫辭云易與天地準故能彌綸天地之道仰以觀於天文俯以察於地理是故知幽明之故又云與天地相似故不違又云夫易廣矣大矣以言乎遠則不禦以言乎邇則靜而正以言乎天地之間則備矣又云以體天地之撰以通神明之德又云參天兩地而倚數文言云夫大人者與天地合其德樂記鄭注云倫謂人道也孟子滕文公趙注云人倫者人事也文言云天且弗違而況于人乎況于鬼神乎惠氏棟易微言引五中此文而說之云潛天而天潛地而地所謂知情天地即神也心之潛也猶將測之所謂形不測也天地神明不測而心能測之伏羲文王孔子是也知情天地形不測人

金薤琳琅齋叢稿

曰乎世德堂本無乎字

易事倫不足言矣按知情天地形不測本書考至文 敢問潛心於聖曰昔乎仲尼潛心

於文王矣達之 繫辭云易之興也其於中古乎作易者其有憂患乎患此殊周易述云中古謂文王也文

王家大難而演易故作易者其有憂患乎傳曰作者之謂聖

繫辭又云易之興也其當殷之末世周之盛德耶當文王與

紂之事邪左傳昭公篇孔疏引易鄭注據此言以易文王所

作斷可知矣服氏虔言易鄭氏義云卦爻之辭鄭氏以為文

王作作者謂卦辭爻辭也後儒疑之用事乎岐山之等嫌以

受命自應文王不嫌稱王嫌書往以法後世是也藝文志

云孔氏為之彖象繫辭文言序卦之屬十篇按仲尼祖述

堯舜憲章文武獨云潛心文王者以此章乃論易道易是文王

所作孔子述之故也 顏淵亦潛心於仲尼矣未達一間耳 李云其殆庶幾按繫辭云

顏氏之子其殆庶幾乎有不善未嘗不知知之未嘗復行也

易曰不遠復無祗悔元吉虞注云謂顏回不遠迷惡不貳過克

己復禮天下歸仁侯果注云此明知微之難則知微者惟聖

人耳顏子亞聖但冀近於知微而未得也在微則昧理章而

悟大在未形故有不善知則速改故無大過說文 神在所潛

閒隙也未達一間即冀近於知微而未得之意

而已矣 李云神道不遠潛心則是

天神天明照知四方天精天粹萬物作類易離彖曰明兩作離大人以繼明照于四方虞注云兩謂日與月也日月在天動成萬物故稱作矣震東兌西離南坎北故曰照于四方荀子不茍云君子養心莫善於誠致誠則無他事矣惟仁之為守惟義之為行誠心守仁則形形則神神則能化矣誠心行義則理理則明明則能變矣變化代興謂之天德又云推禮義之統分是非之分總天下之要治海內之衆若使一人故操彌約而事彌大五寸之矩盡天下之方也故君子不下室堂而海內之情舉積此者則操術然也所謂天神天明照知四方也既文粹不雜也文言云大哉乾乎剛健中正純粹精也繫辭云精氣為物虞注云乾純粹精故主為物乾彖曰大哉乾元萬物資始九家易云乾者純陽衆卦所生天之象也觀乾之始以知天德而萬注云冊取始於乾猶萬物之生本於天文言云聖人作而萬物觀本乎天者親上本乎地者親下則各從其類也虞惺注云謂動物親於天之動植物親於地之靜虞注云方以類聚物以羣分乾道變化各正性命觸類而長故各從其類所謂天精天粹萬物作類也李云天以神明先燭幽冥照曜四方人以潛心鈎深致遠探賾索隱天以精粹覆萬物各成其類人以潛心考校同異披揚精義真⊙四⊙又案云揚子默而好深湛之思故其言如此潛之一字最宜玩味天惟神明故照知四方惟精粹故萬物作類觀人心之神明精粹本亦如此惟

德之

金薤琳琅齋叢稿

扶謂不可分析也

不能潛故神明者含精粹者雜不能窺物而處理也明乃粹類韻語

人心其神矣乎操則存舍則亡能常操而存者其惟聖人乎 音義

舍則書也切孟子云孔子曰操則存舍則亡出入無時莫知其鄉惟心之謂與朱子集注云孔子言心操之則在此舍之則失去其出入無定時亦無定處如此孟子引之以明心之神明不測得失之易而保守之難不可頃刻失其養學者當無時而不用其力使神清氣定常如平旦之時則此心常存無適而非仁義也

聖人存神索至成天下之大順致天下之大利和同天人之際使之無間也 存神者存

其神也索至者求其至也音義索至山責切繫辭云易其至矣乎周禮師氏以三德教國子一曰至德以為道本鄭注云至德中和之德覆燾持載含容者也孔子曰中庸之為德其至矣乎為此文至序之義順者坤德也文言云坤道其順乎承天而時行剛者乾德也文言云乾始能以美利利天下不言所利大矣哉乾鑿度引孔子曰故道興於仁立於禮理於義定於信成於智五者道德之分天人之際也漢書眭弘等傳贊云通合天人之道者莫著乎易春秋和同即通合之意音義無間上一則之閒解嘲云細者入無間李注云無間言至微也世德堂本作使之而無間者也而者猶衍字

班孟堅答賓戲云應龍潛於潢汙魚黿媟之不覩其能奮靈德合風雲超忽荒而躆昊蒼也語即本此是孟堅解此亦與弘範義同

龍蟠于泥蚖其肆矣說文龍鱗蟲之長能幽能明能細能巨能短能長春分而登天秋分而潛淵乾初九潛龍勿用馬融注云物莫大於龍故借龍以喻天之陽氣也又沈驎士注云稱龍者假象也天地之氣有升降君子之道有行藏龍之為物能飛能潛故借龍比君子之德也廣雅釋詁云蟠曲也書大傳云蟠龍賁信於其藏鄭注云蟠屈也爾雅釋丘云水潦所止泥丘需九四需于泥虞注云坤土得雨為泥音義蚖音元說文蚖榮蚖蛇醫也史記周本紀云龍漦化為玄蚖韋注云蚖蜥蜴也國語鄭語作化為玄黿象能李云惟聖知聖惟龍知龍惡不知聖蚖不知龍聖道未彰摩惡蚖矣龍蟠未升蚖其肆矣易微言解此文云龍蟠於泥獨也以況君子肆恣也蚖其肆不慎獨也以況小人閒居為不善也按忠說與弘範絕異榮謂蟠泥與下文飛天相對當以李義為長龍蟠者文王之蒙難孔子之困厄也蚖其肆者紂之逆天暴物衰周之邪說暴行也此聖人失位小人得志之喻

蚖哉蚖哉惡覩龍之志也與音義惡覩音烏文言云確乎其不可拔潛龍也虞注云乾剛潛初坤亂於上君子弗用隱在下位確乎難拔潛龍之志也

或曰龍必欲飛天乎乾九五飛龍在天利見大人虞注云謂若庖犧觀象於天造作八卦備物致用此利天下故曰飛龍在天天下之所利見也按聖人受命制作為為世法是為飛天或問此者據文王孔子皆受命制作

金薤琳琅齋叢稿

曰時飛則飛時潛則潛李云時可而升未可而潛按乾象曰潛龍勿用陽在下也飛龍在天大人造也句㢠注云氣微位卑雖有陽德潛藏在下故曰勿用也飛者喻无所拘天者首事造制大人造法見居天位聖人作而萬物覩是其義也既飛且潛李云義取出處按既飛且潛者謂聖人雖受命制作而不必皆居天位如文王三分天下有其二以服事殷孔子則終老於魯位也食其不妄形其不可得而制也與音義食其不妄俗本作不忌字之誤也非義不妄食故不可得而制楚辭曰鳳亦不貪餧而妄食按所引楚辭宋玉九辯文彼決興祖補注引揚子曰食其不妄又引說者曰非義不妄食即此文音義誤呂氏春秋舉難孔子曰龍食乎清而游乎清螭食乎清而游乎濁魚食乎濁而游乎濁食其不妄即食乎清之謂宋吳本妄作忘宋云踈飲食之閒不敢忘於形吳云雖一食之間不忘隱見之形惡得而制哉曰聖人不制則何為乎羑里音義羑里羊久切說文羑進善也從羊久聲文王拘羑里在湯陰史記殷本紀云紂囚西伯羑里御覽六百十三引風俗通云殷曰羑里言不害人若於閒里紂拘文王是也[illegible]亦作牖里書鈔四十五引白虎通云殷曰牖里淮南子氾論云[illegible]不誅文王於羑里高注云羑古牖字大傳云文王一年質虞芮二年伐于三年伐密須四年伐畎夷紂乃囚[illegible]之曰龍以不

並不可通

制爲龍聖人以不手爲聖人李云手者桔桔之屬音義云不

手不制於人之手宋云手爲爲

干字之誤也言聖人雖爲紂所困然終不干其刑故能謂之

聖人矣云手持也執也文王事不道之紂雖以非禮見囚終之

不能執而戮之司馬云先謂手讓爲人所提携指使枉己之

道而適人者合也俞云手當爲干成二年公羊傳曹公子手

釋文曰手本作干是其例也說文干部干犯也五月陰氣干

逆易冒地而生釋名釋天曰干作也陰氣從下上与陽作逆

也然則不干者不逆也此言聖人之德与神龍異龍以不制

爲龍聖人則以不干爲聖人記曰素富貴行乎富貴素貧賤

行乎貧賤素夷狄行乎夷狄素患難行乎患難君子無入而

不自得焉此不干之義也文王之囚於羑里正所謂素患難

行乎患難何損文王之聖乎按諸説皆不得其義矣訓手爲

持執是矣而以不手爲不能執而戮之則非也公羊傳莊公

篇云手劍而叱之解詁云手劍持拔劍陳疏云凡以手持物

謂之手下十三年傳云曹子手劍而從之亦謂持劍也檀弓

云子手弓而可謂持弓也周書克殷云武王乃手太白以麾

諸侯史記周本紀手作持又吳世家專諸手匕首刺王僚楚

世家自手旗左右麾上林賦手熊羆義皆作持也蓋手所以

持物而持即謂之手以名辭爲動辭也不持者謂不專執一

端即毋必毋固之義故可常亦可變可伸亦可屈龍之爲物

能細能巨能短能長故其形不可制也聖人之所不可制者

金薤琳琅齋叢稿

遺而已矣其形則固可得而制也故以龍象聖人者謂其道非謂其形也文王當憂患之世事逆天暴物〻君義當受制則受之此爲不手此爲聖人也

或曰經可損益與曰易始八卦而文王六十四其益可知也辭變云古者庖犧氏之王天下也仰則觀象於天俯則觀法於地觀鳥獸之文與地之宜近取諸身遠取諸物於是始作八卦以通神明之德以類萬物之情按經緯言伏犧作八卦不言重卦始自何人于寶以爲文王畫卦此漢時易家相傳之師說也易通卦驗云虙犧作易仲〻命德維紀衍周文增通八八之節轉序三百八十四爻鄭注云仲謂四仲〻卦震兌坎離也維者四角之卦艮巽坤乾也八〻〻節六十四卦於爻氣各有主也是緯說與此合也周本紀云西伯蓋即位五十年其囚羑里蓋益易之八卦爲六十四卦三代世表云筭歷生文王昌益易卦是史遷說與此合也淮南子要略云八卦可以識吉凶知禍福矣然而伏犧爲之六十四變周室增以六爻高注云八〻六十四卦伏犧示其象周室[illegible]爻謂文王也按高云伏犧示其象者物生而後有象〻而後有滋〻而後有數伏犧爲之六十四變未滋之虛象也周室增以六爻已滋之實數也是淮南說與此合也藝文志云文王於是重易六爻作上下篇按班志本劉向父子其說云爾是亦劉

金薤琳琅齋叢稿

班固與此合也論衡正說云說易者皆謂伏犧作八卦文王演為六十四是王充以前易家無異說也又封作云易言伏犧作八卦前是未有八卦伏犧造之故曰作也文王圖八自演為六十四是充既承與此合也其諸儒異說有謂伏羲自重者繫辭以類萬物之情九家易云六十四卦凡有萬一千五百二十冊冊類一物故曰類萬物之情以此知庖犧重卦六十四卦明矣又繫辭引而伸之觸類而長之虞注云引謂庖犧引信三才兼而兩之以六畫觸動也謂六畫以成六十四卦文繫辭爻象以情言崔憬注云伏羲始畫八卦因而重之以備萬物而告於人也易孔疏論重卦之人云王輔嗣等以為伏犧重卦又云今依王輔嗣以伏犧既畫八卦即自重為六十四卦為得其實是也有謂神農所重者周學能聞引京氏易積算法云八卦因伏羲暨於神農重乎八純御覽一引帝王世紀云庖犧作八卦神農重之為六十四卦也周禮太卜賈疏云後鄭專以為伏犧畫八卦神農重之為孔疏論重卦之人云鄭玄之徒以為神農重卦是也有謂夏禹所重者孔疏論重卦之人云孫盛以為夏禹重卦是也今按孔疏駁神農重卦之說云若言重卦起自神農其為功也豈比繫辭而已何周易緯等數所列三聖但云伏犧文王孔子竟不及神農其說良是以為夏禹史無明文惟繫辭言十二蓋取於神農黃帝堯舜有取益取噬嗑取渙等文似彼時已有六十四卦因謂伏羲自重疑最近理然繫辭以後名[illegible]

備爲物非謂先有某卦而後聖人制作某事以象之則亦不足破文王重卦之說也詩書禮春秋或因

或作而成於仲尼其益可知也李云或因者引而伸之或作者又加春秋按孔子世家云

古者詩三千餘篇及至孔子去其重取可施於禮義上采契后稷中述殷周之盛至幽厲之缺始於衽席故曰關雎之亂

以爲風始鹿鳴爲小雅始文王爲大雅始清廟爲頌始三百五篇孔子皆弦歌之以求合韶武雅頌之音書僞孔序孔疏

引尚書緯云孔子求書得黃帝玄孫帝魁之書迄於秦穆公凡三千二百四十篇斷遠取近定可以爲世法者百二十篇

以百二篇爲尚書十八篇爲中候藝文志云易曰河出圖雒出書聖人則之故書之所起遠矣至孔子篹焉上斷於堯下

訖于秦凡百篇而爲之序言其作意又禮樂志云王者必因前王之禮順時施宜有所損益即民之心稍稍制作至太平

而大備周監於二代禮文尤具事爲之制曲爲之防故稱禮經三百威儀三千及其衰也諸侯踰越法度惡禮制之害己

去其篇籍周禮大師鄭司農注云論語曰吾自衛反魯然後樂正雅頌各得其所時禮樂自諸侯出頗有謬亂不正孔子

正之公羊傳大題下徐疏引閔因敘云昔孔子受端門之命制春秋之義使子夏等十四人求周史記得百二十國寶書

九月經立感精符考異郵說題辭具有其文按詩書禮者孔子就舊文刪定之故謂之因春秋者孔子制之以俟後聖故

謂之作世家云孔子在位聽訟文辭有可與人共者弗獨有也至於為春秋筆則筆削則削子夏之徒不能贊一辭此春秋獨稱作之義也

故夫道非天然應時而造者損益可知也

天然者董仲舒傳云道之大原出於天天不變道亦不變是也道之天然者謂若禮記大傳云親親也尊尊也長長也男女有別此其不得與民變革者也應時而造者謂若白虎通三教云王者設三教者何承衰救弊欲民反正道也五經皆應時而造明得損益白虎通五經云孔子所以定五經者何以為孔子居周之末世王道陵遲禮樂廢壞強陵弱眾暴寡天子不敢誅方伯不敢伐閔道德之不行故周流應聘冀行其道德自衛反魯自知不用故追定五經以行其道是也

或曰易損其一也雖惷知闕焉

也讀為邪世德堂本無此字蓋以不得其義而妄去之音義惷書容切又丑江切又丑用切說文惷愚也異云言易之六十四者損其一雖愚人可以知其闕者案論衡正說云孝宣皇帝之時河內女子發老屋得逸易禮尚書各一篇奏之宣帝下示博士然後易禮尚書各益一篇徐氏養原今古文書增太誓說云充言益一篇不知所益何篇以他書考之易則說卦書即太誓惟禮無聞然則易於漢時固有逸但此文易損其一謂是說辭異詳得之非指論衡所云也

蓋書之不備過半矣而習者不知

隋書經籍志云秦焚書周易獨以卜筮得存唯失說卦三篇後河內女子得之

洪氏頤煊讀書叢錄云易益說卦而書益太誓此三篇合為一篇

金薤琳琅齋叢稿

惜乎書序之不如易也藝文志尚書古文經四十六卷為五十七篇又經二十九卷注云大小夏侯二家歐陽經三十二卷顏注云此二十九卷伏生傳授者志云秦燔書禁學濟南伏生獨壁藏之漢興亡失求得二十九篇以教齊魯之閒訖孝宣世有歐陽大小夏侯氏立於學官古文尚書者出孔子壁中武帝末魯共王壞孔子宅欲以廣其宮而得古文尚書及禮記論語孝經凡數十篇皆古字也孔安國者孔子後也悉得其書以考二十九篇得多十六篇安國獻之遭巫蠱事未列于學官今按經二十九卷者堯典一咎繇謨二禹貢三甘誓四湯誓五盤庚六高宗彤日七西伯戡耆八微子九太誓十牧誓十一洪範十二金縢十三大誥十四康誥十五酒誥十六梓材十七召誥十八洛誥十九多士二十毋逸二十一君奭二十二多方二十三立政二十四顧命二十五鮮誓二十六甫刑二十七文侯之命二十八秦誓二十九康王之誥與顧命合為一卷書序附秦誓之後不入卷數其中太誓一篇劉向以下皆謂後來民閒所獻或以為武帝時或以為宣帝時而與為後得則眾說所同是伏生所傳惟有二十八篇無太誓然無以合於史志伏生求得二十九篇之說王氏引之力辨伏書本有太誓其云後得者乃向歆諸人傳聞之誤按劉子政博極羣書立言不苟豈於經籍源流本朝掌故漫不深考率以無據之辭著諸別錄而馬季長趙邠卿王子雍之徒從而妄信之此事理所必無然

則伏書既無太誓而篇數又爲二十九其說闕不可通於是陳氏壽祺欲以書序當其一篇而龔氏自珍則欲析康王之誥於顧命以當之顧按諸家閒皆相非斜魏氏源又謂伏生所得與民閒所獻皆是太誓殘本此之所有彼之所無故可取爲之補然使伏書本有太誓則民閒所獻即有可以增補之處亦必不能謂太誓爲後得案謂太誓後得先儒之說兩漢諸儒從無疑問其爲信而有徵顯然可見玩志所云伏生求得二十九篇及云孔安國以考文志書考二十九篇得多十六篇皆謂尚書二十九篇既定以後追數之辭史記儒林傳亦云伏生求其書亡數十篇獨得二十九篇此則後人據漢書校改之論衡正說述此事謂晁錯往從受尚書二十餘篇不言其十數至宣帝得逸書一篇下示博士乃云尚書二十九篇始定其說足補諸史之闕若夫宣帝以前漢人引書有在後得太誓中者此蓋出大傳或其他故書雜記不必即爲彼時尚書已有太誓之證大傳載尚書逸文在二十八篇以外者甚多不得以伏書無太誓便謂大傳不當有其逸文亦不得因大傳有太誓逸文即斷爲伏書有此篇也由是言之二十八篇者漢初伏生之書二十九篇者宣帝以後夏侯歐陽之書歐陽經又爲三十二卷者以後得太誓析爲三篇又以書序自爲一卷故三十二不爲書序作章句故息有歐陽章句仍三十一卷矣若夫經四十六卷者今文所有之二十九篇盡之逸有之又於其中亦析康王之誥於顧命是爲

俞氏正燮

三十多舜典汨作九共大禹謨益稷五子之歌胤征湯誥咸有一德典寶伊訓肆命原命武成旅獒冏命凡十六篇故四十六其為五十七篇者十六篇中九共為九三十篇中盤庚泰誓各為三武成逸篇亡於建武之際故五十七誤於總目據舊題於注據見存耳蓋不備過半者此據學官傳習尚書二十九篇言之書本百篇今於二十九篇中析盤庚太誓各為三顧命康王之誥為二不過三十四篇亡逸者尚六十六若以古文經五十八篇計之則不備者止四十二不云過半矣習者不知者漢書劉歆傳歆移書讓太常博士云以尚書為備臣瓚注云當時學者謂尚書唯有二十八篇不知本有百篇也論衡正說云或說尚書二十九篇者法北斗七宿也四七二十八篇其一曰斗矣故二十九是也書序謂百篇之序李云歎假書序雖存獨不如易之可推尋故今文尚書之有序無序說者各異陳氏壽祺力主今文有序詩論經傳證十有七事以為證其第十四證即據法言此文為說詳見左海經解既今文有序知習者不知書之不備者正說又云或說曰孔子更選二十九篇二十九篇獨有法也是當時學者未嘗不見書序邪未嘗不知書有百篇而猶為此說者師所不傳不肯以為實也云不如易者俞云書有序易亦有序今序卦傳是也序卦傳自盈天地之間者唯萬物故受之以屯至物不可窮也故受之以未濟終焉皆以意義聯貫其間其或闕失可以推求故上文曰易損其一雖惷知闕焉至書序

法言疏義八

吳江葉寶撰

或問聖人之經不可使易知與藝文志云故曰易道深矣史記自序云夫詩書隱約者欲遂其志之思也又云夫禮禁未然之前而法施已然之後法之所為用者易見而禮之所為禁者難知荀子勸學云春秋之微也正深云隱約云筆未然云微皆不可使易知之說曰不可天俄而可度則其覆物也淺矣地俄而可測則其載物也薄矣吳云俄猶俄頃王氏念孫[illegible]云俄而之言假如也言天假如可度則其覆物必淺地假如可測則載物必薄也俄與假聲近而義同周頌維天之命篇假以溢我說文引作誐以溢我是其例也而如古通見日知錄卷三十二條捺兵解是也昔子俄而曰胜夫不為也以不得讀為假如此俄而字亦與同義與上文易知字相應凡事俄頃可知不能者皆易之耳天惟高也故非不可度不可俄而度也惟厚也故非不可測不可俄而測聖人之經惟象天地也故非不可知不可俄而知若讀俄而為假如則是天竟不可度地竟不可測聖人之經竟不可知矣義殊未安音義覆物敷又切大哉天地之為萬物郭五經之

爲衆説郛郛郛解見吾子疏吳云言不能出其域北堂書鈔八十五引作天地爲萬物之郛五經爲衆説之郛

或問聖人之作事不能昭若日月乎何後世之訔訔也音義訔訔語巾切爭訟也廣雅釋言䛴䛴訔訔語也玉篇云訔訔猶䛴䛴也法言問神篇云何後世之訔訔也史記魯世家贊洙泗之閒齗齗如也徐廣注云齗齗爭辯鹽鐵論國病篇云諸生閶閶爭鹽鐵斷斷閶閶並與訔同按宋吳作閶閶溫公依李本作訔云訔訔爭論之貌謂學者爭論是非世德堂本漢魏叢書本作閶閶

曰瞽曠能默瞽曠不能齊不齊之耳師曠見吾子疏周禮春官序官云大師下大夫二人小師上士四人瞽矇上瞽四十人中瞽百人下瞽百有六十人鄭注云凡樂之歌必使瞽矇爲焉命其賢知者以爲大師小師晉杜蒯云曠也大師也鄭司農云無目眹謂之瞽賈疏云以其目無所覩見則心不移於音聲故不使有目者爲之也孫疏云命其賢知者以爲大師小師者明大師小師亦以瞽矇爲之以其賢知使爲瞽官之長故殊異之而稱師也晉杜蒯曰曠也大師也者檀弓文曠即師曠鄭意師曠亦瞽矇以賢知而爲大師故引以爲證然則曠爲瞽矇之長故謂之師曠亦謂之瞽曠莊子胠篋云塞瞽曠之耳默謂口不言而心通論語云默而識之皇疏云見事心識而口不言謂之默識者也按即所謂心不移於音聲解嘲云知

玄知默守，道之極。狄牙能喊，狄牙不能齊不齊之口。吳云：狄牙，易牙也。司馬云：狄儀、狄造酒者。牙，易牙。俞云：狄牙即易牙，猶簡狄漢書古今人表作簡逷也。按狄易古音相同，故得通用。說文：逖，遠也。古文作逷，從易聲。又：惕，敬也。重文悐從狄聲。白虎通禮樂云：狄者，易也，辟易無別也。廣雅釋詁云：狄，驗也。皆其證。莊子駢拇釋文淮南云：俞兒、狄牙嘗淄澠之水而別之。狄牙則易牙，齊桓公時識味人也。左傳僖公篇云：雍巫有寵於衛共姬，因寺人貂以薦羞爲。杜注云：即易牙。孔疏云：此人爲雍巫，名巫而字易牙也。魏策云：齊桓公夜半不嗛，易牙乃煎熬燔炙，和五味而進之，桓公食之而飽，至旦不覺。孟子云：易牙先得吾口之所耆者也。音義：喊，呼覽切，又呼嚂下斬切。說文無喊，朱氏駿聲以爲即鹹之異文。說文：鹹，鹽也。通訓定聲云：字亦作喊，引此文。狄牙能喊，俞云：喊者，諴之異文，從口與從言同，詠咏、喊、吟訡即其例也。說文言部：諴，和也。廣雅釋詁：諴，調也。狄牙能喊，謂狄牙能和調也。按俞說是也。司馬云：師曠能審正聲，而人之耳清濁高下各有所好，師曠不能齊也；狄牙能嘗和味，而人之口酸辛鹹苦各有所好，狄牙不能齊也；聖人能行正道，而人愚闇邪僻之人相與非之，聖人不能正也。

君子之言，幽必有驗乎明，遠必有驗乎近，大必有驗乎小，微必有驗乎著無驗而言之謂妄君子妄乎不妄 說文譣問也引伸為徵論經傳皆以驗為之漢書董仲舒傳制曰蓋聞善言天者必有徵於人善言古者必有驗於今此言有是證故云蓋聞繁露深察名號云不法之言無驗之說君子之所外何以為哉

言不能達其心書不能達其言難矣哉 吳云難乎為君子也問為云難以明道按論語云羣居終日言不及義好行小慧難矣哉鄭注云難矣哉言終無成

惟聖人得言之解得書之體 音義之解胡買切曉也按說文解判也引伸為分析為節理史記呂后本紀君知其解乎正義云解節解也體謂體裁文選沈休文謝靈運傳論延年之體裁明密李注云體裁制也言不必繁而皆中於倫是謂得言之解書不必多而皆應於法是謂得書之體得言之解故言足以達其心得書之體故書足以達其言也

白日以照之江河以滌之灝灝乎其莫之禦也 說文滌洒也孟子云江漢以濯之秋陽以暴之皜皜乎不可尚已趙注云聖人之潔白如濯之江漢暴之秋陽皜皜甚白也毛氏奇齡四書索解云江漢以濯之秋陽以暴之縞素訓作潔白夫道德無言潔白者推志循分清濁則有是名敵夫子稱丈人欲潔其身孟子稱西子蒙不潔又稱狷者為不

金薤琳琅齋叢稿

屑不潔之士司馬遷稱屈原其志潔大抵獨行自好者皆有高潔之目此非聖德也夫子自云不曰白乎涅而不緇紕以不為物污與屈原傳之皭然泥而不滓語同豈有曹子擬夫子反不若子貢之如天如日窜我之超堯越舜而僅云潔白非其旨矣具疏云毛氏說是也列子湯問篇云皜然疑乎雪釋文云皜又作皓文選李少卿與蘇武詩皓首以為期注云皓與顥古字通說文頁部云顥白皃楚詞曰天白顥顥即是顥顥爾雅釋天云夏為昊天劉熙釋名釋天云其氣布散皓皓也然則皜皜猶孔子盛德如天之元氣皓旰而上也不可上即子貢云猶天之不可階而升也以此推之江漢以濯之以江漢比夫子也秋陽以暴之以秋陽比夫子也皜皜乎不可上以天比夫子也學者按理尋解江漢二句為即以江漢秋陽比夫子其說甚是而解皜皜乎不可尚已為擬夫子於天殊未当然法言此文全本孟子白日以照之即秋陽以暴之之義江河以滌之即江漢以濯之之義灝灝乎其莫之潔也即皜皜乎不可尚已之義謂聖人之言與書明照四方若日月之經天盪滌濁惡若江河之行地其光與力至盛至大莫之能敵孝云有所發明如白日所照有所蕩除如江河所滌灝灝之洪盛無能當之者為得其義皜皜即灝灝亦以形容江漢秋陽光力之盛大固不僅狀其潔白亦不必謂如天之元氣皓旰也

面相之辭相適捈中心之所欲通諸人之嚍嚍者

莫如言之時以辭相及也司馬云互亦適也俞云之字絕句

音義面相息亮切宋云面相猶面對適往也言面對相之相適對文成義按司馬俞說是也爾雅釋詁云適之往也荀子大略篇之面何面揚注云謂以顏色慰悅之面謂顏色辭謂辭氣面相之辭相適謂以顏色辭氣相交接若往來然也音義捈他胡切又同都切引也說文捈臥引也適讀定聲云謂橫引之字亦通作抒廣雅釋詁云捈抒也漢書劉向傳一抒愚意顏注云抒謂引而泄之也又王襃傳敢不略陳愚而抒情素注云抒猶泄也音義嚍嚍音即刃切俗本作嚍嚍誤李云嚍嚍猶憤憤也嚍字說文玉篇並不錄荀子非十二子篇盡盡然揚注云極視盡物之貌此望文生訓俞氏樾平議云盡盡猶津津也莊子庚桑楚篇曰津津乎猶有惡也此作盡者聲近故假用耳周官大司徒職曰其民黑而津釋文云津本作濜然則津津之為盡盡猶津津之為濜矣庚桑楚釋文津津如字崔本作律律云惡貌嚍嚍即盡盡津津之謂訖範以為憤憤者方言云憤盈也國語周語陽癉憤盈韋注云積也淮南子俶真繁憤未發高注云繁憤衆積之貌然則憤憤者積意欲發之義宋吳本作嚍嚍此音義以為俗本者然音義以俗本經之有古音古義存其閒轉校甚近嚍本嚍嚍形近易誤列子天瑞篇盡其終又湯問篇盡然釋文並云盡一作濜重言見說以聲為義尤難定其文嚍之是非法書多贊語令以聲類求之贈疑作嚍嚍為合

金薤琳琅齋叢稿

蓋此文面相之四句釋言與下文彌綸天下之事四句釋書文義相對彌綸四句遠與志爲韻此面相之四句適與嚍爲韻若作嚍嚍則不韻矣離騷忽緯繣其難遷王注云緯繣乖戾也字亦作敤𢡐廣雅釋訓云敤𢡐乖剌也王逸云意相乖違謂之敤𢡐然則嚍嚍即緯繣敤𢡐之意通諸人之嚍嚍猶云適衆意之相乖耳

彌綸天下之事記久明遠著古昔之㖤㖤傳千里之忞忞者莫如書

繫辭云故能彌綸天地之道虞注云彌大綸絡彼彌綸疊義連語不容分疏文選陸士衡文賦李注引王肅易注云彌綸纏裹也將之音義㖤之呼昆切文賦注引法言作㖤㖤又音義忞忞武巾切李云㖤㖤目所不見忞忞心所不了俞云忞忞與㖤㖤同義史記屈原傳受物之汶汶者索隱曰汶汶猶惛惛不明也汶汶即忞之也按俞說是也忞與遠韻段氏玉裁六書音韻表聲第十四部文聲第十三部合用最近按楚辭悲回風還與聞韻天問文與言韻此遠與忞韻亦其例著古昔之㖤㖤亦記久爲義以時言傳千里之忞忞承明遠爲義以地言也

故言心聲也書心畫也聲畫形君子小人見矣

音義見矣賢遍切

聲畫者君子小人之所以動情乎

樂記云情動於中故形於聲毛詩序云情動於中而形於言

聖人之辭渾渾若川順則便逆則否者其惟川乎說文：使，令也。考工記云：水屬不理孫，謂之不行。鄭注云：孫，順也。此以喻聖人之言，其理至深而不可違。

或曰仲尼聖者與何不能居世也曾范蔡之不若經傳釋詞云：曾，乃也。吳云：范雎，魏人也，說秦昭王而為相；蔡澤，燕人也，說范雎而代之為相。言孔子不如范雎、蔡澤。史記有傳。解嘲云：范雎，魏之亡命也，折脅摺髂，免於徽索，翕肩蹈背，扶服入橐，激卬萬乘之主，介涇陽，抵穰侯而代之，當也。蔡澤，山東之匹夫也，顉頤折頞，涕唾流沫，西揖彊秦之相，搤其咽而亢其氣，拊其背而奪其位，時也。曰聖人者范蔡乎若范蔡其如聖何司馬云：仲尼若為范蔡之行，則亦為小人，惡得為聖？

或曰淮南太史公者其多知與曷其雜也漢書淮南王安傳云：淮南王安為人好書鼓琴，不喜弋獵狗馬馳騁，亦欲以行陰德拊循百姓，流名譽。招致賓客方術之士數千人，作為內書二十一篇，外書甚眾，又有中篇八卷，言神仙黃白之術，亦二十餘萬言。藝文志有淮南內二十一篇、淮南外三十三篇，入雜家；又有淮南雜子星十九卷，入天文。今存淮南子二十一卷，高誘注。史記自序：罔羅天下放失舊聞，王迹所興，原始察終，見盛觀衰，論考

金薤琳琅齋叢稿

抵梧

之行事略推三代錄秦漢上記軒轅下至於茲著十二本紀既科條之矣並時異世年差不明作十表禮樂損益律曆改易兵權山川鬼神天人之際承敝通變作八書二十八宿環北辰三十輻共一轂運行無窮輔拂股肱之臣配焉忠信行道以奉主上作三十世家扶義俶儻不令己失時立功名於天下作七十列傳凡百三十篇五十二萬六千五百字為太史公書序略以拾遺補藝成一家之言厥協六經異傳整齊百家雜語藏之名山副在京師俟後世聖人君子漢書司馬遷傳贊云至於采經摭傳分散數家之事甚多疏略或有抵梧亦其涉獵者廣博貫穿經傳馳騁古今上下數千載間斯以勤矣又其是非頗謬於聖人論大道則先黃老而後六經序遊俠則退處士而進姦雄述貨殖則崇勢利而羞貧賤此其所蔽也此淮南●太史公多知而雜之事

曰雜乎雜人病以多知為雜惟聖人為不雜聖人不雜者一以貫之也文選何平叔景福殿賦李注引作人病多知為雜無以行

書不經非書也言不經非言也不經謂不在六藝之科非孔子之術者吾子云好書而不要諸仲尼書肆也好說而不要諸仲尼說鈴也

言書不經多多贅矣司馬云言書不合於經知之愈多則愈為害而無用若身之有贅疣贅附肉也●

或曰述而不作玄何以作述而不作論語文彼皇疏云述者傳 / 於舊章也作者新制作禮樂也孔子
自言我但述傳舊章而不新制禮樂也夫得制禮樂者必須 / 德位兼並德爲聖人尊爲天子者也孔子是有德無位故述
而不作也劉疏云述是循舊作是創始禮記中庸云非天子 / 不議禮不制度不考文議禮制度考文皆作者之事然必天
子乃得爲之故中庸又云今天下車同軌書同文行同倫雖 / 有其位苟無其德不敢作禮樂焉雖有其德苟無其位亦不
敢作禮樂焉鄭注今孔子謂其時明孔子無位不敢作禮樂 / 而但可述之也是皆以作爲指作禮樂而言然廣言之則凡
有所創始皆謂之作不必以禮樂爲限論語亦蓋有不知而 / 作之者我無是也包注云時人多有穿鑿妄作篇籍者故云然
也是凡以新意創著篇籍亦皆是作此文云玄何以作明以 / 作爲創著篇籍之義也自序云雄以爲賦者非法度所存賢
人君子詩賦之正也於是輟不復爲而大潭思渾天參摹而 / 四分之極於八十一旁則三摹九据極之七百二十九贊亦
自然之道也故觀易者見其卦而名之觀玄者數其畫而定 / 之玄首四重者非卦也數也其用自天元推一晝一夜陰陽
數度律歷之紀九九大運與天終始故玄三方九州二十七 / 部八十一家二百四十三表七百二十九贊分爲三卷曰一
二三與泰初歷相應亦有顓頊之歷焉揲之以三策關之以 / 休咎綠之以象類播之以人事文之以五行擬之以道德仁

金薤琳琅齋叢稿

義。襍知無主無名要合五經苟非其事文不虛生爲其泰曼漶而不可知故有首衡譜測攡瑩數文掜圖告十一篇皆以解剝玄體離散其文章句尚不存焉觀之者難知學之者難成。淵不存焉漢書本傳句下有玄文多故不著六字此顧氏所增益非自序文。後漢書張衡傳章懷太子注引桓譚新論云：揚雄作玄書，以爲玄者天也，道也。言聖賢制法作事，皆引天道以爲本統，而因附續萬類、王政、人事、法度。故宓羲氏謂之易，老子謂之道，孔子謂之元，而揚雄謂之玄。玄經三篇，以紀天地人之道，立三體有上中下，如禹貢之陳三品。三三而九，因以九九八十一，故爲八十一卦。以四爲數，數從一至四，重累變易，竟八十一而徧，不可損益。以三十五蓍揲之。玄經五千餘言，而傳十二篇也。劉歆云以三十五蓍揲之棄太玄乃用三十六揲作五字誤也。說文：玄，幽遠也。黑而有赤色者爲玄。象幽而入覆之也。曰：其事則述，其書則作。其事則述即自序云安令五經苟非其事文不虛生也。疑此二句誤倒。高云：其書則作，其事則述，乃與閎義相應。李云：太玄非古事，乃自成一家之書，故作之也。非子雲雅意矣。

育而不苗者，吾家之童烏乎！九齡而與我玄文。廣雅釋詁云：育，生也。倉頡篇云：苗，禾之未秀者也。論語云：苗而不秀者有矣夫，秀而不實者有矣夫。孔注云：言萬物有生而不育成者，喻人亦然。禮記文

并世子云者謂年齡孔疏云謂稱年爲齡音義亏我音預
枚與之本義爲黨與引伸爲與聞與知黨與之與今韻在語
與聞與知之與今韻在御此與我去丈則與知之義亦云音
預與聞與知字古或假豫爲之預即豫之俗也李云童烏子
雲之子也仲尼悼顏淵苗而不秀子雲傷童烏育而不苗華
陽閣惠序志云文學神童楊烏雄子七歲預父玄文九歲卒
御覽三百八十五引劉向別錄云楊信字子烏雄第二子幼
而聰慧雄算玄經不會子烏令作九數而得之雄又擬易
羊觸藩彌日不就子烏曰大人何不曰荷戟入榛楷古者冠
而後字童烏卒九歲不當有字烏蓋小名耳者云名信字子
烏劉此以父稱子乃字而不名非其理矣且子雲草玄潭思
渾天而得豈有子烏令作九數乃會之事今太玄無荷戟入
榛語惟晉次七云何戟解之遘測曰何戟解丶不容遁也引
錄云之即因此傅會之蓋出後人附益不可信●袁文甕牖
閒評以育而不苗者家之童爲向烏乎爲內稱子雲數其子
童家烏早亡故曰烏乎即嗚呼字張氏對蜀與駁之云考漢
郎中鄭固碑云君大男孟子有揚烏之才文丑傳漢桓驎答
客詩云伊彼楊烏命世稱賢客示桓驎詩亦云楊烏九齡此
童作歎詞解乎按自來說法言者皆以童烏連文烏是童名
脫南畫磨諸書無爲穿鑿不足置辯也御覽五百五十六引
新論云楊子雲爲郎居長安素貧比歲亡其兩男哀痛之皆
持歸葬於蜀以此困乏雄嚴氏可均云當作子雲御覽無其

金薤琳琅齋叢稿

詞耳察建聖道明乎祀生宜不下手札戴而蹇怨祀予不能以義割恩自令多費而至困貧按子雲爲郎仕成帝元延二年時年四十三新論云比歲亡其兩男則童烏之卒蓋元延三四年間事九齡與玄所謂智百常童育而不尚甚於夫人之爲慟持歸葬蜀以成人之道待之亦情之不容已而謂不能以義割恩自令多費斯鄙夫之見也

或曰玄何爲司馬云爲于僞切言爲何事而作曰爲仁義自序云旋之以道德仁義禮知此獨云爲仁義者備言之則曰道德仁義禮知約言之則曰仁義思以該道德禮知也繫辭云是以立天之道曰陰與陽立地之道曰柔與剛立人之道曰仁與義玄推自然以明人事故約其指於仁義也玄瑩云故質幹在乎自然華藻在乎人事也其可損益與夫一一所以摹始而測深也三三所以盡終而極崇也二二所以參事而要中也天道象焉務其事而不務其辭多其變而不多其文也曰孰不爲仁孰不爲義吳云賢者立言無不爲仁義何必玄曰勿雜也而已矣前文云惟聖人爲不雜此云勿雜也而已矣然則子雲之於玄固以睎聖之事自任也陸績述玄云雄受氣純和韜真含道通敏叡達鉤深致遠建立玄經與聖人同趣雖周公繇大易孔子修春秋不能是過論其所述終年不能盡其美考之古今宜曰聖人可以爲知言矣

二

或問經之艱易問羣經之中孰為難治孰為易治也曰存亡經有存有亡全存者易詩春秋是也亡過
半者書禮是也全亡者樂是也或人不諭曰其人存則易亡則艱司馬云人酉作之字
亡之誤也秦火之餘六經殘缺雖聖賢治之亦未易悉通俞云今以下文證之順以温公之說為然下文曰延陵季子之於
樂也其庶矣乎如樂弛雖札未如之何矣夫人如延陵季子而樂弛則雖如何是所重者在其文不在其人也下文又曰
如周之禮樂庶事之備也每可以為不難矣如秦之禮樂庶事之不備也每可以為難矣是難不難由於備不備蓋是見
注之艱易存乎文矣按司馬俞說是也上文存亡即指經之存亡爾經之難易視其書之完闕何如耳義本自瞭而或人
不諭故釋之曰其文存則易亡則艱其文者經文也者云其人則上文漫云存亡絕無主名孰能知其所指法言雖簡與
亦妄有效作度辭如此者且其人云者謂作經之人耶謂說經之人耶經師代有求則得之存亡之云於義無當者夫作
者之聖長往不返必遇其人而後可言治經將從古無此事何以云在則人亡則書其統一也耶蓋文之駁形似人疑
書者習知中庸其人存則其政舉其人亡則其政息遂從定為人存耳陸士衡嘆逝賦閱道存乎其人李注引法言或閱
經難易曰其人存則易亡則難士衡所謂存乎其人不必用法言語而勝李注則唐初所行法言此文亦作人其誤為

已久矣延陵季子之於樂也其庶矣乎史記吳太伯世家云季札封於延陵故號曰延陵季子漢書地理志會稽郡有毗陵注云季札所居顏注云舊延陵漢改之越絕書吳地傳云毗陵故爲延陵吳季子所居又云毗陵上湖中冢者延陵季子冢也去縣七十里江氏永春秋地理考實云晉置延陵縣宋熙寧中省爲鎮在鎮江府丹徒縣南三十里按延陵季子亦稱延州來季子見左傳襄公[illegible]孔疏云蓋並食二邑故連言之則州來或後所[illegible]封也書多止稱延陵季子云於樂庶乎者即季子請觀於周樂是也事詳左傳襄公二十九年檀弓云延陵季子之於禮也其合矣乎如樂弛雖札末如之何矣說文弛弓解弦也引伸爲凡廢解之稱說文忘云孔子曰安上治民莫善於禮移風易俗莫善於樂二者相與並行周衰俱壞樂尤微眇以音律爲節又爲鄭衛所亂故無遺法漢興制氏以雅樂聲律世在樂官頗能記其鏗鏘鼓舞而不能言其義按此考證以明文作則易文已刪難之義當備四代之樂季札得以徧觀故聞音知政如此若使生今之世樂無遺法則雖以札之見微而知清濁亦無所用其聰焉矣如周之禮樂庶事之備也每可以爲不難矣此又因論[illegible]而據之於[illegible]切[illegible]制度文[illegible]也司馬云監於二代[illegible]爲之[illegible]補事爲之防學者習之周無難矣如秦之禮樂庶事之不

備也每可以為難矣司馬云秦訕笑三代之禮樂屏而去之自為苟簡之制後之學者求先王之禮樂於散亡之餘誠亦難矣

衣而不褱未知其可也李云有上無下猶有君而無臣按有君無臣公羊傳僖公篇文漢書五行傳云蓋君為元首臣為股肱明其一體相待而成有君而無臣春秋刺焉鹽鐵論論誹云故頗有堯[illegible]之明君而無舜禹之佐則純德不流故春秋刺有君而無臣褱而不衣未知其可也李云三桓專魯陳恆弒齊王莽篡漢三姦之興皆是物也衣褱其順矣乎繫辭云黃帝堯舜垂衣裳而天下治蓋取諸乾坤九家易云衣取象乾在上覆物裳取象坤在下含物也虞注云乾為治在上為衣坤下為裳乾坤萬物之縕故以象衣裳乾為明君坤為順臣百官以治萬民以察故天下治蓋取諸此也

或問文曰訓李云訓順按訓順音義俱同古書互為通用洪範訓于帝其[illegible]訓是訓是行宋微子世家訓皆作順詩烈文四方其訓之左傳哀公篇引并作順本書修身上士之爲訓乎德下士之爲順乎已說文順理也漢書韋玄成傳五品以訓顏注云訓理也

孟從川得

問武曰克李云克能按克能爾雅釋言文洪範二曰剛克三曰柔克馬注云克勝也

鄭注云克能也撫能亦勝也史記田敬仲世家寡人弗能拔索隱云能猶勝也言不勝其拔勝之本義為任引伸為力能

過之能義異然能從㠯聲古音奴來或奴代切今才能知能字讀奴登切而訓勝者乃以耐為之下文云勝己之私之謂

克明克是勝李訓為能者能奴代切即今●耐字也未達李云不諭撫論語云樊遲未達皇疏云達猶曉也曰事

得其序之謂訓李云順其理也撫序者敘之假敘為次第故以敘釋順爾雅釋詁云順敘也李云順其理

者釋名釋言語云順循也循其理也凡物循理則得其敘是之謂順文之全也左傳昭公篇云經緯天地曰文服虔注云

能經緯順從天地之道故曰文事得其序即順從天地之道之謂勝己之私之謂克勝己之私之謂

克義本論語克己復禮彼馬●注云克己約身皇疏以為約儉劉疏以為約束皆不如子雲勝己之私之說之精左傳昭

公篇引孔子曰古也有志克己復禮仁也孔疏引劉炫云克訓勝也己謂身也身有耆欲當以禮義齊之耆欲與禮義交

戰使禮義勝其耆欲身得歸復於禮如是乃為仁也朱子論語集注云克勝也己謂身之私欲也蓋心之全德莫非天理

而亦不能不壞於人欲故為仁者必有以勝私欲而復於禮則事皆天理而本心之德復全於我矣皆本于雲為說實較

馬義為長劉疏乃●云法言謂勝己之私之謂克此又一義劉炫後以解左傳克己復禮之文意指楚靈王多嗜欲誇功伐

而言乃所疏即撓以解論語朱子集注又直訓己爲私並失之矣此則墨守季長意存代異非篤論也勝己之私則寡欲所謂剛者彊志不撓武之至也逸周書謚法解云剛彊理直曰武然則孔子以爲仁子雲以爲武者仁是克己之效武則克己之德也

爲之而行動之而光者其德乎爲之而行者施於事則無不適動之而光者發於身則令聞廣譽集之詩假樂顯顯令德鄭箋云顯光也又韓奕不顯其光箋云光猶榮也

或曰知德者鮮何其光音義鮮息淺切言世不好德有德之士多隱沒不亂安得榮顯論語云子曰由知德者鮮矣王注云君子固窮而子路慍見故謂之少於知德朱子集注云德謂義理之得於己者非己有之不能知其意味之實也劉疏云中庸之德民所鮮能故知德者鮮此諸說皆以知德爲通曉道德據法言此文則子雲解此乃以知德爲能識賢德知德者鮮猶未見好德如好色者意蓋[redacted]論語[redacted]如此**曰我知爲之不我知亦爲之厥光大矣必我知而爲之光亦小矣**李注云不爲名之名其至矣乎爲名之名其次也即此文之義

或曰君子病沒世而無名盍勢諸名卿可幾也君子病沒世而無名

潛夫論德化[redacted]云孔子曰仁遠乎哉我欲仁斯仁至矣又稱知德者鮮其下云學成結設之日不知王章之直章段作設之日不知王嘉之忠也是王符亦以知德爲能知人之義與子雲同

行光亦顯諸

論語衛靈公文彼文作君子疾沒世而名不稱焉集解云疾猶病也此[redacted]采論語義為說其文不必盡合孔子世家[redacted]論語疾亦作病皆以詁訓字易之也漢書王貢兩龔鮑傳引揚雄書作疾沒世而名不稱此則依論語文沒之事云盡何不也訓勢親也名卿親執政者也言何不與之合勢以近名也按李訓勢為親又以名卿為親執政者又云與之合勢王向義不[redacted]當有脫誤矣云哉近也言何不附勢於有名之卿可以近名也乃[redacted]用李義而輕齊其語俞云二注大略相同以以下文求之則似皆失其義且失其讀矣此當以盡勢諸為句言勢力字此作埶種埶字亦止作埶蓋本一字耳盡勢諸即（埶）盡諸埶猶樹也襄三十一年左傳書子盡與子孫言之可以樹善正與此言盡埶諸同意名卿可歆也五字為句名可歆是一事卿可歆又是一事下文梁齊趙楚之君非不富且貴也惡乎成名是對名可歆而言[redacted]魯口鄭子真不其志而耕乎巖石之下名振於京師豈其卿豈其卿是對可歆而言按俞讀盡勢諸三字為句甚是而讀勢為埶殊不若然至云名可歆是一事卿可歆又是一事下文兩卽是分承此二義而言尤悖楊旨漢書引盡埶諸名卿可歆孟康注云言何不因名卿之埶以求名顏注云或人以事有權力之卿用自表頭則其名可庶幾而立並與弘範讀大同[redacted]異惟韋昭注云言有勢之名卿庶幾可不朽義最允洽今依此解之則當讀盡勢諸為句名為句卿可歆也為句言君子貴名

汪榮寶法言注釋殘稿三種

（下）

兴無 自署

汪榮寶 著　徐興無 編

鳳凰出版社

法言義疏

汪榮寶　撰

九一

法言義疏九

吳 汪榮寶撰

問明卷第六〔注〕防姦必有其統揆物必以其度察見至微之理探射幽隱之情」 法言 李軌注

或問明。曰：微。或曰：微何如其明也？曰：微而見之，明其詩乎？ 說文：微，隱行也。按：引伸爲凡隱之稱。經傳皆以爲顯著之反。問明而曰微者，猶問大曰小、問遠曰邇，取相反爲義也。微而見之，明其詩乎者，音義：詩，布內切。按：讀爲孛。說文：孛，㚘也。從米，人色也。從子。論語：色孛如也。是此。今論語作勃。劉疏云：謂夫子盛氣貌也。廣雅釋訓：勃勃，盛也。經傳亦以悖爲之。左傳莊公篇云：禹湯罪己，其興也悖焉。杜注云：悖，盛貌。詩、悖同字，俗本作浡焉。然則明其詩乎者，謂明其盛矣也。中庸云：知微之顯，可與入德矣。春秋繁露二端云：夫覽求微細於無端之處，誠知小之爲大也，微之將爲著也，吉凶未形，聖人所獨立也。

聰明其至矣乎〔注〕在於至妙之人不聰實無耳也不明實無目

也敢問大聰明曰眩眩乎惟天為聰惟天為明夫能高其目

而下其耳者匪天也夫〔注〕目高則無所不照耳下則無所不

聞言人高其目則覩德義之經聖人之道下其耳則聞芻蕘

之言負薪之語　聰明其至矣乎者司馬云聰者聞言察其是非明者見事知其可否人君得之為堯為舜

匹夫得之窮神知命才之至美莫尚於此按論語云中庸之為德也其至矣乎民鮮久矣本書孝至云孝至矣乎一言而

該聖人不加焉此亦謂聰明之德民所鮮能雖聖人無以加之故曰至矣乎也不聰實無耳也不明實無目也者俞云兩

實字皆當為是不聰是無耳也不明是無目也非實無耳無目也是適作寔故爾雅釋詁曰寔是也寔適作實故詩韓奕

篇鄭箋云趙魏之東實寔同聲然則實亦可適作是矣按俞說是也司馬云忽者顛倒是非反易忠邪雖有耳目何異聾

瞽眩眩乎惟天為聰惟天為明者音義眩眩胡涓切幽遠貌按說文玄幽遠也音義讀眩為玄故音釋如此集謂眩讀為

惟天能之故
惟天為聰明也

嗣練切

眩廣雅釋訓云眩眩明也司馬云物之視聽局於形聲天則
聽於無聲視於無形發於心者天也知之故無若天之聰明
也目爲所以見遠耳下所以聽卑按皋陶謨云天聰明自
我民聰明鄭注云天之所謂聰明有德者由民也言天所善
惡與民同然則集衆聰以爲聰是爲大聰積衆明以爲明是
爲大明高其目[redacted]民[redacted]視[redacted]下其耳[redacted]民[redacted]聽[redacted]
夫御覽二引作惟天[redacted]雕天也[redacted]也天
或問小每知之可謂師乎曰是何師與是何師與天下小事爲
不少矣〔注〕巧歷所不能算每知之是謂師乎師之責也知大
知也〔注〕大知者聖道小知之師亦賤矣〔注〕致遠恐泥是以君
子不爲故不貴也或問世德堂本作或曰小每知之可謂師
乎者前文言微而見之明其許乎疑其近
於小必知之之義故更設此問師之責也知大知也者音義
大知如字按論語云子曰賜也女以予爲多學而識之者與
對曰然非與曰非也予一以貫之集解云善有元事有會天
下殊塗而同歸百慮而一致知其元則衆善擧矣故不待多

學◎一以知之也知大知即知其元之謂荀子儒效云君子之所
謂知者非能徧知人之所知之謂也有所正矣楊注云正而
為止言止於禮義也禮義即大知之事小知之所亦賤矣者
學記云記問之學不足以為人師鄭注云記問謂豫誦雜難
雜說至講時為學者論之小知即記問之學◎注致遠至貴是
也按藝文志云孔子曰雖小道必有可觀者焉致遠恐泥是
以君子弗為也此亦弗滅也閭里小知者之所及亦使綴而
不忘孟堅以小道為閭里小知◎以為異端蓋漢儒說論語（不同者）
如此此注以小知為
致遠恐泥與班義合

孟子疾過我門而不入我室或曰亦有疾乎曰摭我華而不食
我實注華者美麗之賦實者法言太玄孟子疾過我門而不
入我室者音義過古
未切[illegible]
[illegible]少儀鄭注楚辭惜誦王注逸云疾惡
也孟子云孔子曰過我門而不入我室我不憾焉者其惟鄉
原乎鄉原德之賊也趙注云人過孔子之門而不入則孔子
恨之獨鄉原不入者無恨心耳以其賊德故也按子雲解此
與卯御異義論語云由也升堂矣未入於室也又云夫子之牆

摭我華而不食我實◎實以華木為喻則過我門而不入我室以宮室為喻◎也

華謂文辭實謂義理摭我華而不食我實謂但資文辭不研義理實與室為韻

數仞不得其門而入不見宗廟之美百官之富過我門之門
卯不得其門之門不入我室之室即未入於室[redacted]
[redacted]過我門謂書肘弟子之列不入我室謂不聞微言大
義[redacted]御庠自以為是不可與入堯舜之道[redacted]
[redacted]為其自棄故不復以其不入室為恨
外此則凡行束脩以上[redacted]無不欲其由文章而進於性與天
道之學其有中道而廢[redacted]則孔子以為憾之焉者非憾其人乃
自憾啟發有未至也此自聖人悔人不倦之意若以為所居
之室則過門者之不入是其常事古人相見之禮先之以介
紹重之以辭令無過門便入之理及階及席亦止升堂更無
無故入室[redacted]理以離此為恨豈[?]人情然則卯鄉此注誨凡來往
音子云以為[redacted]於義[redacted]矣摭我華而不食我實者音義摭
我音隻[redacted]說文拾也重文摭[?]或為摭猶跖或蹠今本
以摭為拓而以拓為[redacted]音義皆[redacted]矣司馬云皆謂小知淺
之不能窮微探本○注華者美麗之賦實者法言太玄[redacted]
[redacted]按弘範
解此義極明撰音義云不入室者孟子疾之不食實者楊子
疾之近人注法言誤以孟子疾為吻絕音義所見法言注未
知何等而宋[redacted]注[redacted]云門與華謂法言室與實謂太玄言
孟子七篇與法言為教一也但無太玄爾其意味[redacted]矣

但此孔子之事而以為孟子者以語見七篇[redacted]或曰孟子有疾乎者問[?]焉云問楊子亦有所惡乎是也

漢人引論語所記諸弟子之言皆以為孔子盡言時引述之例如此

詞封乃解而在[redacted]疾乎爲孟子亦有所短乎遂

[redacted]以撼我華而不食我實爲子雲譏孟子[redacted]之旗謂孟子
與子云浸游於聖人之門而不與同入室孟子不言易而子
雲準易是以謂之此則謬以千里
又不僅如音義所譏者[redacted]矣
或謂仲尼事彌其年蓋天勞諸病矣夫曰天非獨勞仲尼亦自
勞也天病乎哉天樂天聖樂聖仲尼事彌其年者司馬云彌終也言仲尼終身栖栖汲汲
未嘗無事蓋天勞苦之亦困病矣莊列之論如此按說文彌
滿也經傳多以彌爲之漢書司馬相如傳彌山跨谷顏注云
彌滿也事彌其年謂年從事盡於年也莊子大宗師云
子貢曰然則夫子何方之依曰丘天之戮民也列子楊朱云
孔子明帝王之道應時君之聘伐樹於宋削迹於衛窮於商
周圍於陳蔡受屈於季氏見辱於陽虎戚戚然以至於死此
天民之遑遽者也時天勞仲尼之說[redacted]
[redacted]天非獨勞仲尼亦自勞也者司馬云天日行一周踰一
度未嘗休息按易乾象曰天行健君子以自強不息虞注云
天一日一夜過周一度故自強不息本書孝至云天道勞功
或問勞功曰日一日勞考載曰功是天亦自勞也天樂天聖
樂聖者[redacted]

於穆不已天之所以為天也學不厭教不倦聖之所以為聖也

九四

萬類之中各有其卓絕

其道何病之有

或問鳥有鳳，獸有麟，鳥獸皆可鳳麟乎？（注）言凡鳥獸之不可得及鳳麟，亦猶凡人不可遽通聖人之道。曰：羣鳥之於鳳也，羣獸之於麟也，形性。豈羣人之於聖乎？（注）鳥獸大小形性各異，人之於聖腑藏正同。鳥獸皆可鳳麟乎者，孟子云有若曰："豈惟民哉？麒麟之於走獸，鳳凰之於飛鳥，泰山之於丘垤，河海之於行潦，類也。聖人之於民，亦類也。"然則謂●人皆可以為聖人者，是謂●鳥皆可以為鳳，●獸皆可以為麟也[redacted]鳥之於鳳[redacted]之者，鳥獸者，羽蟲毛蟲之總稱[redacted]不得以羣鳥獸之不可為鳳麟，鑑羣人之不能為聖也。司馬云：聖人與人皆人也，形性無殊，何為不可跂及？（注）言凡鳥獸不可得及鳳麟，亦猶凡人不可遽通聖人之道。按世德堂本及作而，凡人作凡，大遽作保。（注）腑藏正同，世德堂本正作並。

鳳麟特其中之一種，形性各異，非聖人於民之比

或曰甚矣聖道無益於庸也聖讀而庸行盍去諸曰甚矣子之
不達也聖讀而庸行猶有聞焉去之抗也抗秦者非斯乎投
諸火迂斯李斯聖道無益於庸也者荀子脩身云不由禮則夷固僻違庸衆而野楊注云庸凡庸也此國
時世人以五經爲祿利之路雖日習聖人之教而無裨於身心故
以爲曠聖讀而庸行者音義庸行下孟切下庸行同按淵騫
云孔子讀而儀秦行何如也彼音義亦云秦行下孟切然李
注云欲讀仲尼之書而行蘇張之辯是所謂讀行如字謂孔
子之書是讀而儀秦之術是行則此聖讀而庸行者亦謂聖
人之經是讀而凡庸之俗是行也行字不必讀去聲盍去諸
者音義去諸上音切司馬云言俗儒雖讀聖人之書而所行
無以異於庸人盍去此俗儒乎陶氏鴻慶讀法言札記云夫
世之俗儒多矣正之可也黜之可也爲欲去之則必出於始
皇之坑儒而後可或人之問不倫甚矣今以上下文義推之
蓋謂聖道雖高矣而無益於人故欲去聖道以爲治即老莊
絶聖棄智之意問道篇云孰若無禮而德先知篇之聖君少
而庸君多如獨守仲尼之道是漆也皆此意自秦焚詩書微
言已絶漢興而後文帝好刑名景帝好黃老武帝以遠稍用

九五

刓斷

儒術諸儒始為章句之學而老氏之書風行之大尉成政俗
當世好之者至以為過於五經觀本書問荅屢及莊周韓非
莊韓固去聖道以為非者也或人之問猶是當時習尚之見
乎榮按去謂去讀非謂去俗儒亦非欲去聖道也此憤嫉俗
之意謂口誦聖人之言而身為鄙夫之事虛費日力了無所補
則不如廢讀之為愈也聖讀而庸行猶有問焉者謂雖以讀
往為干祿之術然猶得藉是以聞聖人之教愈於不聞焉子
儒效云不問不若問之是也去之抗也者音義抗五官切
漢書云海內抗獘下抗秦同舊本皆作抗宋吳作阬司馬從
之宋云阬陷也言聖人之道陷矣司馬云言俗儒雖不能行
聖人之道猶得聞其道而傳諸人愈於已也若惡其無實而
遂去之則與秦之阬儒何異哉世德堂本因作阬按此亦猶有
閒焉而言意謂去讀則併此無之則抗也云者與有閒字
相反為義破抗為阬固非解為抗獘亦於義未協抗之為言
頏也左傳僖公篇云心不則德義之經為頑抗頏聲同義近
漢書陳平傳士之頑頓者利無恥者亦多歸漢如淳云頑頓
謂無廉隅也史記酈生陸賈傳引作頑鈍而不能授孟康云頑
斷無復廉鍔也然則人無廉隅謂之頑頓物無廉鍔謂之刓
斷箭言之則曰頑曰刓其義一也[redacted]
本皆無廉鍔之謂刓伸之則以為無分別無智慮之稱說文

頑頓

[redacted]

時

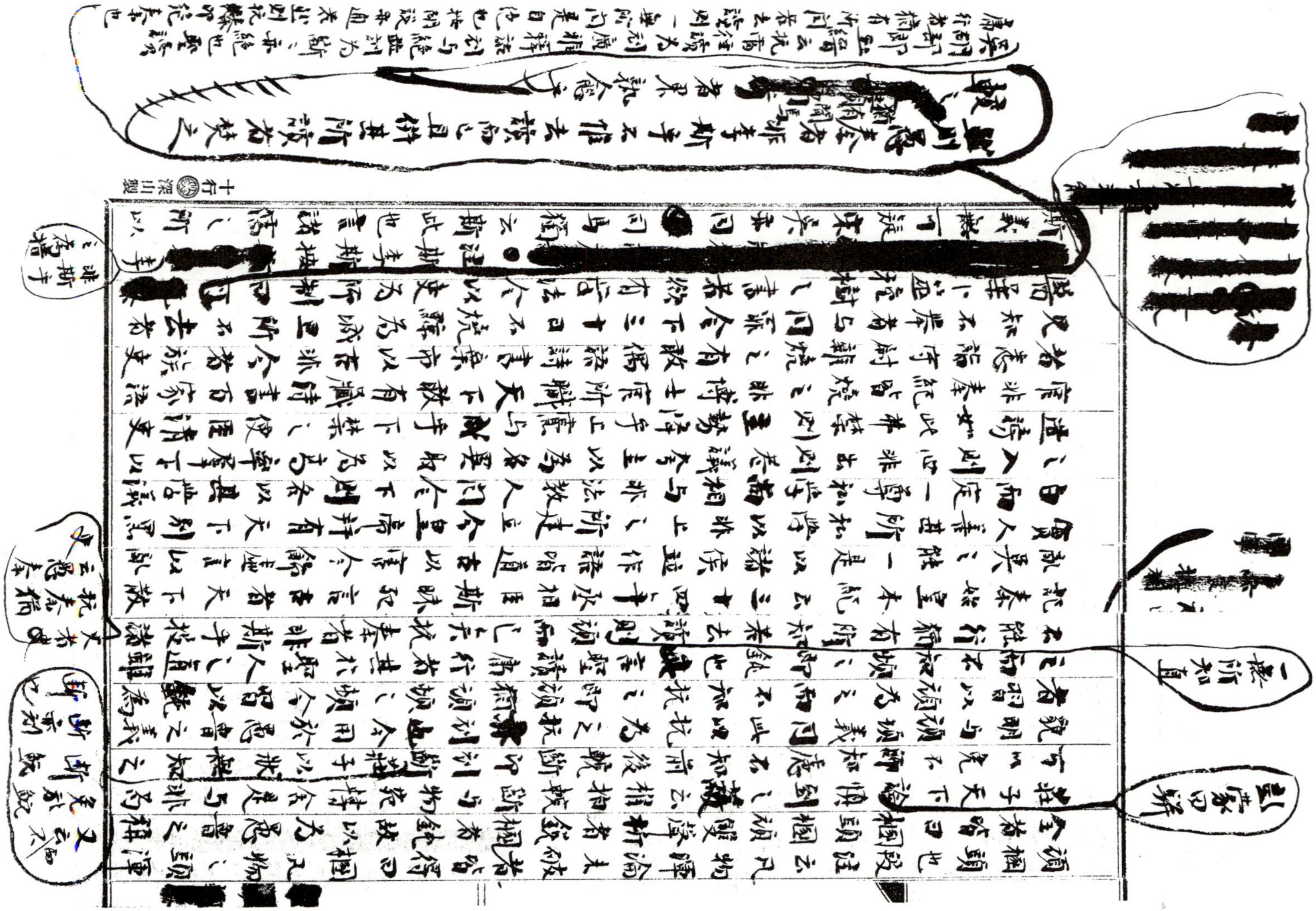

九六

此誤以小慧為智也。方言云：智或謂之慧。論語好行小慧，鄭注云：小慧謂小小之才智。
然則智慧散文亦通，故不識智之義者，但以小慧[redacted]當之。說文：慧，儇也。苟以儇為稱，則智者乃所以殺
其身者[redacted]矣。

[redacted]

新補 [illegible] 與俗儒所謂 [illegible] 流秦則謂 [illegible] 阿世 [illegible] 其說見

見流於秦者，亦使以聖讀庸行好櫃議以非世，故秦人深疾之，
并其書燒之。若儀秦之法遂行於世，則聖人之道絕矣。智温
公說則流秦者非斯乎，猶云流於秦者非即此聖讀庸行者
乎。欲以秦法之不可行明俗儒之不可去也。然如此解之，與
投諸火之字文義不貫，且橫議非世，亦俗儒所不肯為，謂秦
人所流者皆是俗儒，亦害於理。幽則溫公此解亦不可通也。

或問：人何尚？曰：尚智。曰：多以智殺身者，何其尚？曰：昔乎，皐陶以
其智為帝謨，殺身者遠矣；箕子以其智為武王陳洪範，殺身
者遠矣。人何尚？曰：尚智。智者，春秋繁露必仁且智云：知者見禍
福遠，其知利害蚤，物動而知其化，事興而知其歸，見
始而知其終，言之無敢譁，立之而不可廢，取之而不可舍，前
後不相悖，終始有類，思之而有復，及之而不可厭，其言寡而
足，約而喻，簡而達，省而具，少而不可益，多而不可損，其動中
倫，其言當務，如是者謂之[redacted]多以智殺身者何其尚者[redacted]
[redacted]孟子論盆成括云：其為人也小有才，未
聞君子之大道也，則足以殺其軀而已矣。趙注云：言括之為
人小有才慧，而未知君子仁義謙順之道，適足以害其身也。
焦疏云：慧則精明，精明則照察人之隱，慧則捷利，捷利則超

注意 臯 從白 從夲口

[redacted]

字同

越人之先皆危機也即此哉闇之意也昔乎臯陶以其智為帝謨者昔乎世德莹本無乎字據御覽昔乎仲尼潛心於文王矣世德莹本亦無乎[redacted]書序云臯陶矢厥謨禹成厥功帝舜申之作大禹[redacted]臯陶謨棄稷史記夏本紀云帝舜朝禹伯夷臯陶相與語帝前臯陶述其謀禹立而臯陶陶為之且授政焉而臯陶卒正義引帝王紀云臯陶生於曲阜曲阜偃地故帝因之而以賜姓曰偃堯禪舜命之作士舜禪禹禹卽帝位以咎陶最賢薦之於天將有禪之意未及禪會臯陶卒又引括地志云咎繇墓在壽州安豐縣南一百三十里故六城東東都陂內大冢也白虎通聖人云何以言臯陶聖人也以目篇曰若稽古臯陶聖人所能為舜陳道朕言惠可底行又旁施象刑維明箕子以其智為武王陳洪範者書序云武王勝殷殺受立武庚以箕子歸作洪範史記宋微子世家云箕子者紂親戚也集解引馬融云箕國名也子爵也索隱引司馬彪云箕子名胥餘馬融王肅以箕子為紂之諸父服虔杜預以為紂之庶兄杜預云梁國蒙縣有箕子冢尚書大傳云武王勝殷釋箕子囚箕子不忍周之釋走之朝鮮武王聞之因以朝鮮封之箕子既受周之封不得無臣禮故於十三祀來朝漢書五行志云禹治洪水賜雒書法而陳之洪範是也聖人行其道而寶其真降及于殷箕子在父師位

此与 帝 也 微子

臯陶古書或作咎繇亦作咎陶俗字作臯 音義臯陶音遥 梅

而典之周既或克殷以箕子歸武王親虛己而問焉榮按詩書所載聖賢多矣明哲保身其事非一今論智而獨舉臯陶箕子以為例者臯陶兩吏禪讓歷仕三朝箕子先蒙內難繼丁革命並以上哲克全令名各著篇籍傳於後世子雲自喜遭際有類於斯而哇紫之廷[redacted]不可論理括囊无咎終守吾玄雖謀默不同所以全生遠害其道一也是則明道為大誠身為小而任斯文之重作取匹夫之諒問答之旨實存於茲聊借臯其隱以自喻耳其後班孟堅苔賓戲亦云昔咎繇謨虞箕子訪周言通帝王謀合神聖[redacted]襲法言而未加于其論之所指若崔寔政論云自在堯舜之帝湯武之王皆賴明哲之佐博物之臣故臯陶陳謨而唐虞以興伊箕作訓而殷周用隆斯[redacted]則本孟堅[redacted]而增益之以為明良之注論矣

仲尼聖人也或者劣諸子貢子貢辭而精之然後廓如也（注）精明於戲觀書者違子貢雖多亦何以為或者世德壹本無者字仲尼聖人也或者劣諸子貢者吳云叔孫武叔陳子禽皆有是言按見論語彼則疏云夫子沒後諸弟子切劘砥礪以成其學故當時以有

若於聖人子夏疑夫子而叔孫武叔陳子禽皆以子貢賢於
仲尼可見子貢晚年進德修業之功戢戢乎超賢入聖是也
子貢辭而精之然後廓如也者即子貢荅武叔子禽諸語及
孟子所引見其禮而知其政云云是也[redacted]趙氏佑
溫故錄曰李氏文貞讀孟子劄記云夫子所以超於羣聖者以
其祖述堯舜憲章文武使先王之道傳之無窮也宰我子貢
有若推尊之意蓋皆以此而子貢獨顯言之如所言學殷之
禮知韶武之美善告顏子為邦之類皆所謂見禮知政聞樂
知德等百王而莫違者也孟子引之以是為孔子所以異者
蓋聖則同德孔子則神明天縱有以考前王而不謬俟後聖
而不惑非列聖所可同也然則宰我子貢有若雖皆智足以
知聖人而推子貢[redacted]能明言夫子之所以異於羣聖使後世
無所疑惑所謂辭而精之也於戲宋吳本作烏呼觀書者違
子貢雖多亦何以為者皆者不以子貢之言為臬宗篤信孔
子之聖超越百王則雖博極羣書[redacted]諸說云前詩之
[redacted]百按之以政不達使於四方不能專對雖多奚以為
盛哉成湯丕承也文王淵懿也或問丕承曰由小致大不亦丕
乎革夏以天不亦承乎淵懿曰重易六爻不亦淵乎浸以光

知所[redacted]宗仰

亦所謂多贅矣也

大不亦懿乎盛宋吳本作慎廣上章宋云言無慎於子貢之明師道也司馬從之曰李本慎作盛廣下章今從宋吳本但德臺本因之作慎抑盛哉歎美之辭欲言湯文之丕亦淵懿哉先以歎美之辭起之上文雖多亦何以為明服論語文不得[redacted]慎哉宰更繼也白虎通諡云諡或一言或兩言行文若以一言為諡賓若以兩言為諡故湯死後稱成湯以兩言為諡也爾雅釋詁云丕大也說文丕奉也受也[redacted][redacted]文王淵懿也若詩益之毛傳云淵深也爾雅釋詁云懿美也由小致大不亦丕乎者孟子云湯以七十里[redacted]革夏以天不亦丕乎者湯誓云有夏多罪天命殛之予畏上帝不敢不正爾尚輔予一人致天之罰[redacted][redacted]重易六爻不亦淵乎者文王重卦謂前篇疏繫辭云夫易聖人之所以極深而研幾也唯深也故能通天下之志唯幾也故能成天下之務浸以光大不亦懿乎者莊子大宗師釋文引向秀注云浸漸也詩文王云文王在上於昭于天鄭箋云文王初為西伯有功於民其德著見於天故天命之以為王使君天下也史記周本紀云西伯蓋即位五十年其囚羑里蓋益易之八卦為六十四卦詩人道西伯蓋受命之年稱王而斷虞芮之訟後七年而崩謚為文王改法度制正朔矣

懿

其下

成湯丞也者

或問命曰命者天之命也非人為也人為不為命請問人為曰
可以存亡可以死生非命也〔注〕是人為者命不可避也〔注〕大
理然者也或曰顔氏之子冉氏之孫曰以其無避也若立巖
牆之下動而徵病行而招死命乎命乎〔注〕自詒伊戚命者天之命也
者白虎通壽命云命者何謂也人之壽也天命已使生者也
可以有亡可以死注非命也若司馬云人事可以生有而自
取死亡非天命也按韓詩外傳孔子曰然人有三死而非命也
者自取之也居處不理飲食不節勞過者病共殺之居下而
好干上嗜欲無厭求索不止者刑共殺之少以敵眾弱以侮
強忿不量力者兵共殺之故有三死而非命者自取之也詩
云人而無儀不死何為即此文之義命不可避也孟子云
莫非命也順受其正趙注云命有三名行善得善曰受命行
善得惡曰遭命行惡得惡曰隨命惟順受命為受其正也或
曰顔氏之子冉氏之孫者司馬云言顔淵冉伯牛非不知修
人事而顔淵早夭伯牛惡疾何也按論語有顔回者好學不
遷怒不貳過不幸短命死矣邢疏云凡事應失而得曰幸應

云哀公問孔子曰有智壽乎

論語注也皇疏云命者稟天所得以生如受天教命也

得而失曰不幸惡人徼夫以作其常顏回以德行著名應得壽考而反二十九髮盡白三十二而卒故曰不幸短命死矣今本史記弟子傳但云回年二十九髮盡白蚤死無三十二而卒之文惟家語弟子解則云顏回年二十九而髮白三十一早死瞿氏灝四書考異謂王肅據檢史文于蚤字上妄增三十一三字臧氏庸拜經日記亦云三十一之文不知所本安係王肅僞撰今考公羊傳哀公篇徐疏引弟子傳云顏淵少孔子三十歲三十二而卒是舊本史記如此今本弟子傳此史下索隱云家語亦云年二十九而髮白三十二而死可見司馬貞所據史記正作三十二而卒與家語文同故稱家語亦云此邢疏所稱髮盡白三字明用弟子傳語則三十二而卒之說亦本史記與公羊疏所據同也然則舊本史記家語於顏子卒年固同作三十二今史記作蚤家語作三十一皆後刻書者所改瞿臧二家以三十一之文爲子雍僭造失考已甚毛氏奇齡論語稽求篇又據王肅家語注有顏回死時孔子年六十一之語謂舊家語本原是三十一歲坊本誤作二字則以不誤爲誤[redacted]也肅注孔子年六十一當是六十二之誤然伯魚卒時孔子年且七十顏子卒又在其後謂鯉也死有棺而無椁爲設事之辭斷不可通以顏淵少孔子三十歲計之孔子七十顏已四十則三十二而卒之

若以為偽撰則
曰必本有此事
肩集

弟子傳云冉耕
字伯牛孔子以為
有德行伯牛有
惡疾孔子往問
之

說固自相抵梧褚求篇固謂弟子侍所云少孔子三十歲者
原是四十之誤錢氏坫論語後錄亦同此說然子路少孔子
九歲若顏淵少孔子四十歲則與子路相差至三十八以上而
論語記顏淵季路侍猶先淵後路於義可疑人生四十而仕
顏子前在五年孔子遽謂行藏與共亦嫌過早故李氏鍇推
定顏子享年四十有一四書考異亦同拜經日記謂顏子卒
年四十說皆近理全氏鵠求古錄禮說謂顏子之卒與子路
相近而稍先時孔子年七十二顏子少孔子三十歲則其年
四十二也古三四字皆積畫每多互譌此蓋四誤為三也其
言最先然則舊本史記三十二而卒乃三十二而卒之誤子
雁偶據誤文生疑洪範六極一曰凶短
折偽傳云短未六十折未三十孔疏云傳以壽為百二十年
短者半之為未六十折又半為三十是則六十以下猶當為
短況四十二耶至若顏淵十八之說見閔神疏則潘氏集箋
所謂按諸經傳無一合者此真不足辯者矣又論語伯牛有
疾子問之自牖執其手曰亡之命矣夫斯人也而有斯疾也
斯人也而有斯疾也淮南子精神冉伯牛為厲毛氏奇齡四
書賸言云古以惡疾為癩禮婦人有惡疾去以其癩也韓詩
解芣苢之詩謂蔡人之妻傷夫惡疾雖遇癩而不忍絕劉孝
標辯命論請冉耕歌其芣苢已指是也武氏億羣經義證云

尚史

論語劉疏云

厲瀨音相近史記豫讓傳漆身為厲注音賴索隱曰惡瘡病
也又論衡命義篇伯牛空居而遭惡疾是致病之由又可附
凡疏家皆不及之[redacted]白虎通[redacted]命有三科有遭命
以遇暴遭命若遭世殘賊若上逢亂君下必災變暴至夭絕
人命也伯牛危言正行而遭惡疾孔子曰命矣夫[redacted]
斯人也而有斯疾也是則孔子比數遂偶時無賢君有道之
士多致夭病與哭顏淵同意曰以其無遇也者即所謂行善
得惡曰遭命是也若立巖牆之下云云者盡子云是故知命
者不立乎巖牆之下司馬云巖牆欲危欲崩之牆也動而徼
病即外傳所謂病其殺之行而指死即外傳所謂刑其殺之
乎其殺之者晤自取之而非命故曰命乎命乎也○注是人
為者按世德堂本為作也○注大理也者也按世德堂本無
此注○閼伊戚按世注
德堂本作自詒伊戚

吉人凶其吉注居安思危存不忘亡凶人吉其凶注以小惡
為無傷而不去也惡積而罪彰滅身之凶宜也司馬云楚莊王以無災為
懼曰天豈棄忘寡人乎是得吉猶以為凶也紂淫虐將亡笑
異頭躁而曰我生不有命在天是廢人事而任天命得凶而

倘

青令

不得舉手力作所得不足以給貢稅閉門自守又坐鄰伍鑄錢挾銅姦吏因以愁民

此真所謂凶人害其凶也

以為言也按此莽藏王莽之辭莽傳云天鳳[redacted]
[redacted]三年二月乙酉地震大雨雪王邑上書願
之頒胥莽曰夫地有動有震震者有害動者不害春秋記地
震易繫坤動而靜辟脅萬物生焉十月戊辰王路朱鳥門鳴
晝夜不絕崔發等曰虞帝闢四門通四聰門鳴者明當脩
先聖之禮招四方之士也於是令羣臣皆賀所舉四行從朱
鳥門入而對策焉四年莽遣使者下赦盜賊還言盜賊解輒
復合問其故皆曰愁法禁煩苛民窮悉起為盜賊莽大怒免
之其或順指言民驕黠當誅及言時運適然且滅不久莽說
輒遷之子雲以天鳳五年卒[redacted]上請事皆于雲晚年所(目)見故
有此言○注辰安忍危存不忌已按世德堂本無此注○注

闕

以小至至也按世
德堂本亦無此注
辰乎辰曷來之遲去之速也君子競諸〔注〕遑遑急修
業欲及時也小爾雅廣言云競逐也○注歎時逝也按爾雅釋訓云不辰不時也是辰即時也漢書蒯通傳
云時乎時不再來顏注云此古語歎時之不可失

音義亟於紀力切

譸言敗俗，譸好敗則，姑息敗德。〔注〕則，法。君子謹於言，慎於好，亟於時。〔注〕亟，急。

疏：譸言譸好，[redacted]治平本作譸言譸好。音義：譸言譸好，女耕切。天復本作譸，音於，又音紆，妄言也。按：譸訓妄言，引伸為凡妄之稱。妄言者，謹於言之反；妄好者，慎於好之反；猶姑息者，亟於時之反。若作譸言譸好，則義不相應。此形誤之顯然者。司馬依天復本作譸，世德堂本從之，甚是。今亦據改。譸言敗俗者，音義：敗俗，必邁切，下同。又如字。按廣雅釋詁：敗，壞也。司馬云：妄言者，不知而作，惑亂後生，故敗俗。按即自序所謂析辯詭辭以撓世事也。譸好敗則者，音義：譸好，呼報切，下於好之文同。司馬云：古好非聖之書，敗先王之法。按即修身所謂好輕則招淫也。姑息敗德者，姑息古語。●禮苟安之謂。司馬云：宴安鴆毒，故敗德。按檀弓云：君子之愛人也以德，細人之愛人也以姑息。明姑息為德之賊也。君子謹於言，慎於好，亟於時者，謹慎則無妄，亟則無[redacted]苟安。無妄言，故民聽不惑，俗之所以正也；無妄好，故民志不淫，法之所以立也；無苟安，故自彊不息，德之所以修也。〇注則法。按世德堂本無此注。〇注亟急。按世德堂本亦無此注。說文：亟，敏疾也。廣雅釋詁：亟，急也。

不猛世德堂本作不烈

吾不見震風之能動聾瞶也〔注〕雷風非不猛不能動聾瞶聖教非不明不能化頑嚚　音義瞶五怪切說文瞶生而聾也陸士衡演連珠李注引無之字○注雷風非不猛按弘範以震為雷則震風乎列為義然吾子云震風陵雨然後知夏屋之為帡幪也震風與陵雨對文明非雷風則此亦當與彼文同義猶云怒風耳●注聖教至頑嚚按不明世德堂本●誤作不服頑嚚治平本作頑嚚之人於文為衍今依世德本刪之人字

或問君子在治曰若鳳在亂曰若鳳或人不諭曰未之思矣曰治則見亂則隱〔注〕亂時之義美之大者治見亂隱鳳之德也鴻飛冥冥弋人何慕焉〔注〕君子潛神重玄之域世網不能制禦之鷦明遴集食其絜者矣〔注〕遴集者類聚羣游得其所也鷦明非竹實之絜不食君子非道德之祿不居鳳鳥蹌蹌匪

說苑辨物云夫惟鳳為能究萬物通天祉象百狀達于道去則有災見則有福覽九州觀八極備文武正王國嚴照四方仁聖皆伏故得鳳之像一者鳳過之得二者鳳下之得三者則春秋下之得四者則四時下之得五者則終身居之

堯之庭〔注〕踰、者步趾之威儀也言其降步於堯之庭非堯之庭則不降步也

音義在治直吏切下同來之思矣曰治則見亂則隱同馬云光謂曰衍序换語有閒斷政吏者曰序非始衍也音義則見賢遍切論語子曰鳳鳥不至河不出圖吾已矣夫孔注云聖人受命則鳳鳥至河出圖今天無此瑞吾已矣夫者傷不得見也論衡指瑞云儒者說鳳皇騏驎仁聖禽也思慮深避害遠中國有道則來無道則隱鴻飛冥冥弋人何慕焉者廣雅釋訓冥冥暗也素問徵四失論窈窈冥冥王注云言玄遠也說文惟繳射飛鳥也按經傳以弋為之易小過公弋虞注云弋矰繳射也按矰者短矢繳者生絲縷以縷繫矢而射謂之弋故曰矰繳射音義弋人何慕後漢書逸民傳序引揚子作弋者何篡宋衷注云篡取也鴻高飛冥冥薄天雖有弋人執矰繳何所施巧而取焉喻賢者深居亦不罹暴亂之害今篡或為慕誤也按文選范尉宗逸民傳論李注引法言宋衷注如此後漢書此傳章懷太子注[redacted]小異[redacted]云[redacted]然令人謂[redacted]取物為篡篡亦取也[redacted]今篡或為慕誤也乃崇賢[redacted]音義[redacted]

云篡諸本或作慕法言作篡下引宋衷曰篡取也云云至不[redacted]離暴亂之害也與選注引同而文字

然則選注

計

南齊書五行志引叶圖徵云焦明鳥質赤

疑宋衷本為後

[redacted]

亦以為宋衷注語疏矣温公集注據音義此條改綦為綦云光謂逆取曰綦舉按汪本作綦又音義錢本同音義出弋人何綦[redacted]是其所據本亦如此又音義引天復本異此文明天復本亦作綦恨入斷處遇詩云今我游冥冥弋者何所綦司法言語而以綦与顧樹擢為韻其非綦說可知是唐初所行法言多作綦者宋衷本作綦者李軌本綦者貪欲得之謂淮南子原道訓綦於名位高注云綦貪也漢書敘傳古人有言曰臨淵羨魚不[redacted]如退而結網也[redacted]於義甚順[redacted]也鶡明集食其翼矣者音義鶡明上音焦說文曰東方發明南方焦明西方鷫鷞北方幽昌中央鳳皇又曰鳥桐如傳云鶡鵬已翔乎寥廓之宇又樂緯云鶡明狀如鳳皇按續漢書五行志注引叶圖徵云似鳳有四曰直明長喙疏翼圓尾身義戴信嬰仁膺知負禮文選江文通雜體詩李注引樂緯云鶡明狀似鳳皇身禮戴信嬰仁膺智負義併引宋均注云身禮質赤色是注所引樂緯叶圖徵文而禮義字与續漢志注引互異同明南方鳥故[redacted]禮与鶡鵬西方鳥身義者不同[redacted]志注此文禮義字誤倒備入選注[redacted]正文鶡明之晴玉篇鷫鷞西方鳥仁鳳歷誤武兵似鳳南方神鳥選仁集注引相如傳樂緯

禮赤羽白

藝文類聚九十引亦作綦

八

十行深山製

字皆誤鵬乃云光謂說文朋及鵬皆古鳳字也鳳鳥象形鳳
飛羣鳥從以萬數故以為朋黨字本知但明肅爽等並合之
言為●俗●施鳥旁●故有鵬字此與古文以為鳳字之鵬
絕不相涉也音義遴集鄰振切宋吳並云遴行難也義本說
文彼段注云引伸為遴選之人必重難也此則遴集者審擇
所止不輕集也絜世德堂本作潔按潔清字古止作絜廣雅
釋言云絜靜也靜者瀞●經解云絜靜精微易教也絜靜者瀞
潔●淨也說文無潔莊子秋水云南方有鳥其名鵷雛非
梧桐不止非練實不食非醴泉不飲釋文引李頤云鵷雛
之屬也按南方鳥●鳳●鵷●明此以鵷雛者鵷明異名非

之者說文瀞無垢薉也今●以淨為之

鸞

梧桐不止是遴集也非練實不食非醴泉不飲是合
鳳鳥御覽九百十五引作鳳皇音義蹌七羊切鳳鳥蹌蹌國
堯之庭者皋陶謨云下管鼗鼓合止柷敔笙鏞以間鳥獸蹌蹌
蹌蹌簫韶九成鳳皇來儀說苑辨物引書鳥獸鶬鶬鳳皇來儀
字作鶬尚書大傳引舜時樂云舟張辟雍鶬鶬相從八風回
回鳳皇喈喈與說苑引書合明今文尚書如此說文牄篆下
引虞書鳥獸牄牄周禮大司樂鄭注引同則古文經作牄于
雲於書皆用歐陽此文亦當作鳳鳥鶬鶬今作蹌者乃校書
者依偽孔改之廣雅釋言云匪彼也按古無輕脣音匪彼聲
近故●詩多以匪為彼詳見經傳釋詞藝文類聚九十九引

下校高遠 中候云

[redacted]

鳥獸蹌蹌高本紀作鳥獸翔舞步趾仰翔舞之謂

[redacted]威儀即有容之謂

重言形況以聲為義往往與本義迥別詰君蹌字之訓自當有本然不必為古文書說具見書者亦但示古文而書蹌蹌字如此非以為說解之證

猶避地之士不仕亂朝不受非義之粟君鳳鳥則惟至德之
世游於門庭猶避世之士也天下有道然後一見也論語云
賢者辟世其次辟色其次辟言子華子神氣云吾
[redacted]上違世其次違地其次違人○注違集者
類聚羣游挾弘範讀遁為類聚羣游司馬長卿難
蜀父老云二方之君鱗集仰流李注云鱗集相次也漢書楚
元王傳云夫乘權藉勢之人子弟鱗集於朝顏注云言其相
次如魚鱗此則鴟明鱗集喻衆賢並進也○注蹌蹌步趾之
威儀也[redacted]詩楚茨毛傳云蹌蹌言有
容也說文蹌[redacted]
[redacted]鳥獸來食聲也玉篇[redacted]作食
穀聲孫氏星衍書今古文注疏云此古文說以蹌蹌為樂聲
如鳥獸之來食穀不以為鳥獸也華謂[redacted]
[redacted]王氏筠說文釋例云[redacted]蹌下引書則重
言之形容之詞也與食穀聲毫不相涉大司樂賈疏引鄭君
書注云鳥獸蹌蹌謂飛鳥走獸蹌蹌然而舞也然則[redacted]
蹌[redacted]鶬[redacted]蹌[redacted]字異而義同夫樂聲而如鳥獸食穀豈復可聽
古文亦有異義不容怪誕至此孫說妄也
亨龍潛升其貞利乎〔注〕貞正也利者義之和美龍潛升得正之

蹌蹌

為得其鄉

十行深山製

利哉曰：「龍何如可以貞利而亨？」曰：「時未可而潛，不亦貞乎？〔注〕得潛之正。時可而升，不亦利乎？〔注〕得義之和。潛升在己，用之以時，不亦亨乎？」〔注〕行止不失其所，得嘉之會。

亨龍潛升其貞利乎者，乾元亨利貞，子夏傳云：「亨，通也；利，和也；貞，正也。」既濟注云：「天地之道有升降，君子之道有行藏。龍之為物，能飛能潛，故借龍比君子之德也。」按而篇云：「時飛則飛，時潛則潛。」此變飛言升者，升兼見龍、飛龍而言也。龍何如可以貞利而亨，世德壹本無如字。[redacted]時未可而潛不亦貞乎者，初九潛龍勿用，音賓注云：[redacted]陽在初九，十一月之時，自復來也。初九甲子，天正之位，而乾元所始也。陽處三泉之下，聖德在愚俗之中，此文王在羑里之文也。雖有聖明之德，未被時用，故曰勿用。周書謚法：清白守節曰貞。時可而升，世德壹本無時字。時可而升不亦利乎者，九二見龍在田，利見大人，音云：「陽在九二，十二月之时，自臨來也。二為地上，田在地之表而有人功者也。陽氣將施，聖人將顯，此文王免於羑里之日也，故曰利見大人。」九五飛龍在天，利見大人，音云：「陽在九五，三月之时，自夬來也。五在天位，故曰飛龍。此武王克紂之

初九潛龍勿用

有龍者假象也

支也聖功既就萬物既覩故曰利見大人矣潛升在己[redacted]用之
以時不亦亨乎者內有其德而行合乎宜貞而不諱利而非
貪非聰明聖知達天德者孰能知之故曰亨也○注美能皆
并得正之利按世德堂本作得正之和此以正釋貞以和釋
釋謂
如此錢○本同[redacted]治平本
利疑當作德正而和其作得正之
和及得正之利者皆涉下[redacted]而誤
而誤
月
或問法身曰明哲〔注〕既明且哲以保其身或曰童蒙則法何乃
明哲乎曰君子所貴亦越用明保慎其身也〔注〕越於如庸行
翳路衢、而法君子不貴也或問法身者莊子至樂云天下
無有哉又云列士為天下見善矣未足以活身吾未知善之
誠善邪誠不善邪若以為善矣不足活身以為不善矣足以
活人又云至樂活身唯無為幾存敵欲問其義童蒙則法者
何乃明哲
易蒙云匪我求童蒙童蒙求我釋文云蒙蒙也稚也稽覽圖
云無以教天下曰蒙方言云蒙明也童鄭云未冠之稱廣雅
云癡也按童蒙疊韻連語無知之貌法言序傳同顏蒙顏注
十行深山製

此以保慎之連讀 晉書曹毗傳載毗偶對云虞公潛崖巖以頤神梁生適南越以保慎[redacted]是用法言語例 曹亦讀保慎連文 舉謂明保字用

音義翳烏計切

引鄭云童蒙無知也司馬云言愚者乃所以全生若莊子論樑社支離疏抵爲蒙云童蒙吉象曰童蒙之吉順以巽也王注云付物以能不勞聰明功斯克矣故云何乃明哲亦越用明明保慎其身者吳云君子所以貴而無於量蒙者亦曰用明哲保慎其身也越曰也[redacted]洛誥公明保予沖子[redacted]僞孔傳云言公當明安我童子皋陶謨慎厥身修孔疏云當謹慎其己身而修治人之事又詩烝民以身孔疏云善自謹慎其身然則明保慎其身謂以明安之道謹慎己身[redacted]庸行翳路衛之而活君子不貴也宋云庸愚也翳塞也吳云多也[redacted]俞云漢書甘泉賦迺登大閣皇含而翳華芝注引晉灼曰翳隱也如庸行翳路謂以庸愚之人而行翳隱之路也朱謂庸讀爲容莊子胠篋容成氏太韜大明作庸成氏容亦翳也荀亦路容行翳路偶文以足句耳周禮中車三獲三獲三容鄭司農云容者之也侍獲者所蔽也爾雅釋宮容謂之防郭注云形如今林頭小曲屏風唱射者所以自防隱又月令羅網畢翳鄭注云翳射者所以自隱也荀子正無不解翳房注云翳所以蔽矣是容翳並隱蔽之稱引伸之得爲凡隱蔽之稱

君子所貴

慎其身字用

翳路言

釋宮又云路行道也是行乃以亦同詁容行路[redacted]障蔽[redacted]其間[redacted]之道今不知所趨嚮也衢疏文作衢從行童聲今[redacted]多作衝俞云[redacted]此衝字卬上文童蒙之童因或人言童蒙則詁故揚子應之曰衝衝而法君子不貴也字不作童而作衝者承上甬行嚮路為文故從行作衝也按易咸憧憧往來朋從爾思釋文憧憧昌容反馬云行貌王肅云往來不絕貌廣雅云往來也劉云意未定也徐又音童又音鍾韋作憧字林云憧遲也丈冢反衝衝即憧憧廣雅釋訓云衝衝行也衝衝而法謂行無趨嚮[redacted]隨家往來苟全性命幸免而已○注既明且哲以保其身按詩烝民文鄭孔疏云既能明曉善惡且又能是非辨知以此明哲擇安去危而保全其身不有禍敗世德雲本此注上有秘曰字而無既且二字則以為吳司封語誤也○注越於按爾雅釋詁粵于爰曰也于於粵越聲近義同詳見經傳釋詞世德堂本○無此注

楚兩龔之絜其清矣乎（注）楚人龔君賓龔長倩也當成哀之世並為諫大夫俱著令聞號曰兩龔王莽篡位之後崇顯名賢

名莊故

復欲用之稱疾逆終身不仕。絜清其志者也。蜀莊沈冥。注：蜀人，姓莊，名遵，字君平。沈冥猶玄寂，泯然無迹之貌。是故成、哀不得而利之，王莽不得而害也。蜀莊之才之珍也，不作苟見，不治苟得。注：所謂沈冥也。久幽而不改其操，雖隨、和何以加諸？注：久幽謂賣卜於成都。舉茲以旃，不亦珍乎！吾珍莊也，居難爲也。注：人所不能，非難如何？不慕由，即夷矣，何㒸欲之有？注：許由、伯夷，無欲之至，既不可害，亦不可利。楚兩龔之絜，其清矣乎！漢書王貢兩龔鮑傳引同。蜀莊沈冥，漢書作蜀嚴湛冥。按後漢[redacted]明[redacted]帝諱[redacted]政，莊之字曰嚴。漢書遠虎注云：湛，深元默無欲也。音義引此注作淵默。按當作玄默，以深釋湛，曰云默釋冥也。顏注云：湛讀曰沈。按說文：湛，沒也。引伸爲清深之稱。張平子思玄賦舊注云：湛，深也。往傳多以沈爲之，師古乃謂湛讀曰沈，此以正爲假也。王元長曲水詩序李注引侯芭

蜀郡嚴君平

云嚴君平常病不事沉冥而死亦罪矣按此宋祇法言注之
僅見者不作而見不治而得漢書引顏云不為而顯之行
不事而得之業賢輸切司馬云見養諸內而晦諸外
不苟而名而求利久此而不致其繆雖隨和何以加諸各本
隨皆作隋音義作隨是其所據本如此漢書引顏云隨
隨侯珠也和和氏璧也諸之也按顏師古賢冥云譬如隋侯
之珠和氏之璧得之者富失之者貧高注云隋侯漢東之國
姬姓諸侯也隋侯見大蛇傷斷以藥傅之後蛇於江中銜大
珠以報之因曰隋侯之珠蓋明月珠也楚人卞和得美玉璞
於荊山之下以獻武王王以示玉人玉人以為石刖其左足
文王即位復獻之以為石刖其右足抱璞不釋而泣血及成
王即位又獻之成王曰先君輕刖而重剖石遂剖視之果得
美玉以為璧蓋純白夜光李斯上奏始皇云有和隨之寶
蔬以稱不病修乎治年本作作寶[redacted]錢本作珍
音義有本向漢書川亦作珍顏注云稱亦之也言帶比人而用之
不亦國之寶乎俞云稱字義不可通疑稱字之誤禮記射義
篇注曰稱猶言也按曲園[redacted]
僅讀宋注知以淳為語助而未檢漢書顏注不知此以字
之高劇用也易明夷文王以之又云箕子以之釋文引王肅
云惟文王能用之下亦然以之……行霸不有通

論語云雖不吾以吾其與聞之馬注云我為大夫雖不見任用必當與聞也正此文以字之確詁

又此文以稱字之所從出

咸曰稱帶比諸之也言總以儀之莊亦實也則增出儀字之稱

[illegible]

使者至縣請舍欲令至廷拜授印綬舍曰王者以天下為家何必縣官

[redacted]

地理

遂不復飲食積十四日死死時七十九矣勝居彭城廉里後
世刻石表其里門龔舍以龔勝薦徵為諫大夫病免復徵為
博士又病去頃之哀帝遣使者即拜舍為太山太守舍家居
在武原遂於家受詔使道之官既至數月上書乞骸骨上徵
舍至京兆東湖界固稱病篤天子使使者收印綬拜舍為光
祿大夫數賜告舍終不肯起乃遣歸舍亦通五經以魯詩教
授舍年六十八王莽居攝中卒地理志楚國高帝置宣帝地
節元年更為彭城郡黃龍元年復故按今徐州府地
[redacted]
彭城今[redacted]府治武原今邳州西北[redacted]
漢書舍字君倩此注作長倩蓋孫所據
漢書如此今漢書作君倩疑涉上文勝字君賓而誤○注蜀
人姓莊名遵字君平按[redacted]
志後有王襄嚴遵揚雄之徒文章冠天下[redacted]
[redacted]顏注云遵即嚴君平而王貢兩龔鮑傳顏注引
三輔決錄云君平名遵遵字子異按名遵字平蓋取洪範遵
王之道王道平平為義則作遵是也華陽國志蜀郡士女讚
贊云嚴遵字君平成都人也○注沈冥猶玄寂泯然無迹之
貌按弘範善老莊故其言如此司馬云光謂沈冥言道德深
厚人不能測也深得其實矣○注是故貴不得而利

自注

縣七里城留橋博陽呂武原鄉

榮寶按沈冥者[redacted]之[redacted]幽深遠貌言其潛德之深即下文所謂久幽而不改其操非專指道德言也

世德堂本亦無此注

○皇甫謐高士傳云蜀有富人羅沖者問君平曰君何以不仕君平曰無以自發沖爲君平具車馬衣糧君平曰吾病耳非不足也我有餘而子不足奈何以不足奉有餘沖曰吾有萬金子無儋石乃云有餘不亦謬乎

之王莽不得而害也按●三注世德堂本皆節去王貢兩龔鮑傳云蜀有嚴君平[redacted]揚雄少時從游學已而仕京師顯名數爲朝廷在位賢者稱君平德杜陵李彊素善雄久之爲益州牧喜謂雄曰吾真得嚴君平矣雄曰君備禮以待之彼人可見而不可得詘也彊心以爲不然及至蜀致禮與相見卒不敢言以爲從事乃歎曰揚子雲誠知人君平年九十餘遂以其業終●久也謂賈卜於成都按●王貢兩龔鮑傳云君平卜筮於成都以爲卜筮者賤業而可以惠衆人有邪惡非正之問則依蓍龜爲言利害與人子言依於孝與人弟言依於順與人臣言依於忠各因勢導之以善裁日閱數人得百錢足自養則閉肆下簾而授老子博覽亡不通依老子嚴周之指著書十萬餘言

注許由伯夷無欲之至既不可害亦不可利按範訓寬爲害刻欲爲利故釋之如此荀子脩身云傷良曰讒害良曰賊廣雅釋詁云讒賊也寬●讒●孟子養心莫善於寡欲趙注云欲利欲也此則何寬欲之有何讒賊之所不能加利欲之所不能動也

或問堯將讓天下於許由由恥有諸曰好大者爲之也顧由無

弘

同聲通用

君子曰不然吾所宿子家人定而役未息晝夜汲汲小書有足今我以下為業不下床而錢自至猶餘數百壓吳摩不如我所用而有餘而子不足乎汴大聽君乎歎曰盡我侯者損我神生我名者殺我身竟不仕

史記伯夷列傳云說者曰堯讓天下於許由許由不受恥之逃隱

求於世而已矣允喆堯儃舜之重則不輕於由矣【注】允信也喆知也好大累克巢父灑耳不亦宜乎【注】累積克勝也積大累以相勝也巢父洗耳河瀕衍生迹之皆非通理之談靈場之威宜夜矣乎【注】靈場鬼神之壇祠也靈壇所以為威可畏夜不可經曰日偏謬之談可獨說不可校諸實或問堯將讓天下於許由由恥有諸莊子逍遙遊云堯讓天下於許由曰日月出矣而爝火不息其於光也不亦難乎時雨降矣而猶浸灌其於澤也不亦勞乎夫子立而天下治而我猶尸之吾自視缺然請致天下許由曰子治天下天下既已治也而我猶代子吾將為名乎名者實之賓也吾將為賓乎鷦鷯巢於深林不過一枝偃鼠飲河不過滿腹歸休乎君予無所用天下為庖人雖不治庖尸祝不越樽俎而代之矣釋文許由隱人也隱於箕山司馬云穎川陽城人簡文云陽城槐里人李云字仲武按亦見呂氏春秋求人陸士衡演連珠李注引譙周古史考云許由堯時人也隱箕山恬怕養性無欲於世堯禮待之

好大者為之也顧由無求於世而已矣許云好大言者為此無其實由隱者也無所求於世貝行止此耳惜

十行 深山製

御史列傳云堯時
避位讓於虞舜
舜之聞岳牧咸薦
乃試之於位典職
數十年功用既興
然後授政示天下
重器王者大統
傳天下若斯之
難也允語堯讓
舜之重則不將於
由矣若重循難

詩下武世有哲王釋文哲王本又作喆又
抑靡哲不愚釋文靡喆云本又
作哲

終不肯就時人高其無欲遂崇大之曰堯將以天下讓許由
由恥聞之乃洗其耳誼語[redacted]九語堯讓舜之重[redacted]
[redacted]喆世德壹本作哲按說文哲知也[redacted]喆從三
吉[redacted]喆即吉文挾之省[redacted]
[redacted]晉書文帝紀惟公經德履哲何超音義[redacted]履哲本或作
喆與哲同此文治平本錢本皆作喆音是舊本如此音義儃
舜禪戰切按說文嬗一曰傳也漢書律歷志云舜處虞之媯
汭堯嬗以天下此正字徙也多假禪爲之孟子云唐虞禪或假擅爲
之荀子正論云堯舜擅讓此文儃爲[redacted]之後人[redacted]故
律歷志顔注云嬗古禪讓字也正論楊注云擅與禪同此文
司馬注亦云儃與禪同也言學者欲以知堯禪舜之難則知必無
輕以天下讓許由之事也孟子云以爲天下與得人難易爲天下
得人難巢父濯耳治平本濯作洗今依錢本音義濯耳音洗
是音義本亦作濯也濯皆洒之假說文洒滌也曹子建七啟
李注引皇甫謐逸士傳云巢父者堯時隱人常山居以樹爲
巢而寢其上時人號曰巢父也濯耳事書傳多屬之許由異
見隱士衛演連珠李注引惟彼注洗皇甫謐高士傳云巢父聞
許由之爲堯所讓也以爲汙乃臨池水而洗耳則以屬之巢
父[redacted]後漢書嚴光傳
載光謂光武云昔唐堯著德巢父洗耳士故有志何至相迫

正本此文

喜文哲

於嬗攘字同用禪讓

[redacted]

本書者皆云知哲聖人之謂俊謂智之以知聖人者謂之俊亦以哲為知曉之知

則又以巢許為一人

也

手演連珠亦云巢箕之●叟不眄丘園之幣洗渭之民不發
傅毅七夢李注云書傳之說洗耳者不同陸既以巢箕為
許由洗耳為巢父且復以名不一或亦洗於渭乎此皆以洗
耳為巢父事與法言此文●●合演連珠劉孝標注謂或言
巢父即許由李注亦云或曰許由夏常居巢故一號巢父不
可知也賦諸書記巢●許問答證其非一人可知蓋事出
假託傳述參差不足怪也●注誥知也按凡傳注訓哲為知
者音家皆讀知為智方言盡曉哲知也兼釋曉義當讀知如
字●詩鴻雁維此哲人鄭箋云此哲人謂知王之意及之子
之事者則鄭亦以知曉字訓哲哲人猶云曉人也此文允詰
明是誠知之義汎範此則當從本讀司馬云先謂信以堯禪
痛之重為智●●不輊按天下於由矣大之○累積至勝也
按說文絫增也●絫作累累堯謂層累而上以競高也蓋堯讓天
下為高矣而許由恥之不受是許由高於堯也由恥堯之以
天下見讓為高矣而巢父聞其言而濯耳則尤高於由也以
此相勝可至無窮故曰[redacted]累堯音義同累堯俗本
誤作剿桀桀本作剿桀云累剿猶累日也此以音同而誤累
日之訓無要●●遵說野書也○注巢父至之誤按世德堂
本刪此注河瀕洛乎本作河濱今依錢本說文瀕水厓也詩
合晏釋文●張揖字詁云瀕今濱則瀕是古濱字藝文類聚

注

世德堂本無此注

司馬云妄言可以欺愚不可以誣哲與弘範義同

三十六引魏隸高士傳云巢父聞由為堯所讓以為汙乃臨池水而洗其耳池主怒曰何以汙我水[redacted]汙主[redacted]耳◯注靈場至諸寶按世德堂本祠也二字異夜誤宜夜又無偏旁之誤可獨說不可核諸寶內●若平本核作校此形近而誤今據錢本訂正說文場祭神道也孟子葉室家場趙注云場祭祀壇場也國語楚語壇場之所韋注云除道曰場漢書郊祀志能知四時犧牲壇場上下氏姓所出者以為宗匠讚注云平地為場是靈場為鬼神之壇祠也荀子解蔽云冥冥而行者見寢石以為伏虎也見植林以為後人也冥冥蔽其明也楊注云冥冥暮夜也又云凡人之有鬼也必以其感忽之閒疑玄之時正之此人所以無有而有無之時也注云必以此時定其有鬼也無有謂以有為無也下無謂以無為有也按荀子以此喻百家異說之蔽法言此文意亦猶是引範引付其辭正用荀義矣云靈壇鬼神之感施於暮夜則見怵虛誕累久之說施於帝則見信[redacted]俞云楊子因或問堯讓天下於許由而為此說靈場者禪位之壇也鄭康成注尚書大傳曰古者天子命大事命諸侯則為壇國之外堯聚諸侯命舜陟位居攝致天下之事使大錄之其後漢魏之季循用此義故魏公卿上尊號奏有曰遵大麓之遺跡遂於繁昌築靈壇皇帝乃受天子

之符云云此靈場之義也揚子以為帝者禪位其事至大甚禮至嚴若如或說堯讓天下於許由則以天下之實相付之靈場之威不合在白日而宜在冥夜矣豈其然乎故曰靈場之威宜夜矣乎或者以靈場為鬼神壇祠斯失其義且如李說靈場之威實宜於夜矣乎之文施之不當矣按此亦好大異也而言靈場之威喻傳言之妄夜喻庸愚舊注並皆明憭曲圖[redacted]以靈場為禪位之誤說轉紆曲全云如李說則矣乎之文施之不當尤為無理本書用矣乎字多為唱歎之辭如云人心其神矣乎聰明其至矣乎[redacted]雷震乎天云云其事矣乎孝至矣乎麟之儀之鳳之師之其至矣乎漢興二百一十載而中天其庶矣乎皆是何[redacted]謂施之不當且此與上文不必直乎相蒙為文而宜字兩乎字義皆相應如俞說則為辭之妙全失矣

延陵季子之於禮也其庶矣乎

朱鳥翾翾歸其肆矣（注）朱鳥燕別名也肆海肆也或曰奚取於朱鳥哉曰時來則來時往則往（注）取其春來秋往隨時宜也能來能往者朱鳥之謂與（注）不懲寒暑之宜能知去就之分

朱鳥翾翾歸其肆矣者音義翾許緣切飛貌按說文翾小飛也從羽睘聲說文解字注箋云翾者輕舉之貌重言之則曰翾翾廣雅釋訓翾翾飛也翾翾鶴鶴飛也皆一聲之轉也此蓋子雲久處僞朝若其狗未思歸蜀不得故見秋燕之去而歎其能肆其志也時來則來時往則往按月令仲春之月玄鳥至鄭注云燕以施生時來巢人堂宇又仲秋之月玄鳥歸注云歸謂去蟄也凡鳥隨陰陽者不以中國為居左傳昭公篇●玄鳥氏司分者也杜注云以春分來秋分去所謂時來則來時往則往也山林之士往而不能反朝廷之士入而不能出二者各有所短則以人而不如鳥矣故曰能來能往者朱鳥之謂與○注朱鳥燕別名也按廣雅釋鳥云玄鳥朱鳥燕也[redacted]然則朱鳥玄鳥異名問物[redacted]宋云朱鳥隨陽之鳥謂鴈也鴈以時來時往何獨燕哉吳云朱鳥鳳也鳳世德之（壹本說鴈今據纂圖互注本）南方朱鳥羽蟲之長大戴禮云羽蟲三百六十鳳為之長是也此皆杜撰故訓妄竄說廣非主跡駁宋說云說文云翾小飛也韓詩外傳云翾翾十步之雀是翾翾之為小鳥翻飛之貌雖燕雀之屬為然故晉夏侯湛玄鳥賦云擢翾翾之麗容揮連翩之玄翼也若鴻色赤體蒼運不得言朱鳥又鞠飛戾天不得言翾翾矣按五說至當

弘範說正本雅讓

燕頷下色赤故謂之朱鳥且

九二十一

鳳翔千仞，尤不得以翔翔為言，則吳說亦可以此駁之也。
肆海肆也。按音義：肆其肆矣，注非也。朱鳥往來以時，不羈其
身，故肆自遂。溫公亦用此說，於義為長。五百
云「周之士也肆，秦之士也拘」，此肆字與同義。
或問：韓非作說難之書，而卒死乎說難，敢問何反也。【注】韓非作
書言說難是也，而西入關，下秦王，伏劍死雲陽，故曰何反。曰：
說難蓋其所以死乎。曰：何也？曰：君子以禮動，以義止，合則進，
否則退，確乎不憂其不合也。夫說人而憂其不合，則亦無所
不至矣。或曰：說之不合，非憂邪？曰：說不由道，憂也；由道而不
合，非憂也。【注】識其本自挾詭情以說秦。韓非作說難之書[redacted]者音義
說難：劉伯莊史記音義曰：說難，上式拙切，下如字。司馬貞史
記索隱曰：說音稅，難音奴干切。言游（各本皆誤拙，今依史記正）
說之道為難，故曰說難。（各本無曰字，今依史記補）又各本此下
而有其書辭甚高云云。按此乃索隱解釋史記與載說難篇

十行　深山製

九二十三

今考秦始皇本紀十四年韓非使秦用李斯謀留非非死雲陽正義引括地志云雲陽城在雍州雲陽縣西八十里秦始皇甘泉宮在焉此非死雲陽之證韓非傳云李斯遺非藥使自殺不云非飲藥死秦策謂秦王乃復使姚賈而誅韓非非傳亦云秦王後悔之使人赦之非已死矣明非死以誅賈誼新書階級云古者大臣在大譴大何之域者聞譴何則白冠氂纓盤水加劍造請室而請其罪耳其有大罪者聞命則北面再拜跪而自裁非上誅死當用此語故云伏劍耳

死矣說難為義不可通不知此正用非語以著其不能自脫所以云何反若無難序則諂豹而義不見矣說難蓋其所以死乎者謂以[redacted]說[redacted]為難而[redacted]憂之者是正所以取[redacted]死之道也司馬云宋吳本無其字君子以禮動以義止合則進否則退確乎不憂其不合也者孟子云孔子進以禮退以義論語云所謂大臣者以道事君不可則止音義確者角切司馬云確乎守正不移貌夫說人而憂其不合則亦無所不至矣者論語云苟患失之無所不至矣鄭注云言諂佞邪媚無所不至也說之不合非憂邪司馬云宋吳本作非憂說之不合非邪又云邪余進切說不由道憂也由道而不合非憂也者孔子世家云顏回曰夫道之不脩也是吾醜也夫道既已大脩而不用是有國者之醜也不容何病○注伏劍死雲陽按宋云李斯遺非藥自殺注謂入關干秦王伏劍死未知其據[redacted]也○注識其本自挾說情以說情按世德堂脫其字入說情謨說情

韓注云夫少則得多則惑塗雖殊其歸則同慮雖百其致不二苟識其要不在博求一以貫之不慮而盡矣

或問哲曰旁明厥思問行曰旁通厥德（注）動靜不能由一塗由一塗不可以應萬變應萬變而不失其正者惟旁通乎

問哲曰旁明厥思者說文旁溥也廣雅釋詁旁大也又云廣也[redacted]司馬云欲知聖人之道宜廣其思問行曰旁通厥德者音義問行下孟切司馬云欲行聖人之道宜廣其德○注動靜至通行按此德寶本靜作情能下有得字聘義字尹旁達也疏云旁者四面之謂也史記五帝紀旁羅日月星辰索隱云旁非一方是旁者不由一塗之義繫辭云天下殊塗而同歸百慮而一致論語衛靈公集解云天下殊塗而同歸百慮而一致道氏循論語補疏云易傳言同歸而殊塗一致而百慮何氏倒其文為殊塗而同歸百慮而一致則失乎聖人之指莊子引記曰通於一而萬事畢此何晏之說也夫通於一而萬事畢是執一之謂也非一以貫之也孔子以一貫語曾子曾子即發明之云忠恕而已矣忠恕者何成己以成物也孟子曰大舜有大焉善與人同舍己從人樂取於人以為善舜於天下之善無不從之是真一以貫之以一心而同萬善所以大也一貫則為聖人執一則為異端按焦說甚精此注謂動靜不能由一塗正博取於人之義應萬變而不失其正即一以貫之之義

疏九終

法言義疏十

吳　汪榮寶撰

寡見卷第七【注】大道甚夷而民好徑此其所以發揚德音注大道

甚夷而民好徑換老子文好徑 [redacted]

法言　李軌注

吾寡見人之好假者也邇文之視邇言之聽假則偭焉【注】歎人

皆好視聽諸子近言近說至於聖人遠言遠義則偭然而不

視聽或曰曷若茲之甚也先王之道滿門【注】言此誤過也學

先王之道者弗滿門曰不得已也得已則已矣【注】不得已

者官有策試者也得已而不已者寡哉【注】夫以策試而後學

者為官也得不策試而好學者為己也為己之學也內為官

[redacted]

之學也外外之與內由南之與北相去甚遠是以慨其少也

吾寡見人之好假者也者音義好假音遐本或作遐下同按

法言序遐言周于天地序作遐漢書本傳載此序作假溫公

從之

[redacted]彼[redacted]注云李宋吳本假作遐今從漢書於是本假遐序[redacted]

律改作假[redacted]矣此文吳祕注云假遐一本作假古字也世德堂本

此假字亦改假正與音義語相應今不知字[redacted]作假故吳以

為古字耳[redacted]說文無遐古止作假漢書禮樂志假狄合處華山

碑思登假之道武班碑商周假貌繁陽令楊君碑審類假爾

皆是亦或作假假為之曲禮天王登假釋文假音遐列子黃帝

而帝登假張湛注云假當為遐實當為遐說文遐大遠也假

假皆同聲通用也邇言之聽者說文邇近也邇文

謂近代之書邇言謂俗閭里之說則偭馬者音義偭馬爾究

切吳云至於論遐遠之道則背馬所謂件馳者也偭背也離

騷曰偭規矩而改錯按說文偭鄉也離騷傳云鄉謂微向非正

向也故史記本紀曰項籍謂呂馬童曰卿非我故人乎馬童

面之注云面謂微背之也段注云偭訓鄉亦訓背如廢置徂

存苦快之例離騷偭規矩而改錯王逸曰偭背也賈誼弔屈

原曰偭蟂獺以隱處應劭曰偭背也項羽傳馬童面之張晏

曰背之也張歐傳上具獄事不可卻者為涕泣面而封之師

假

法言

寡見

吉曰謂偝之也惠氏定宇左傳補注曰面偝之謂反背而偝之考工記審曲面勢先鄭釋以陰陽之面背許言偭不言背者述其本義也吉通作面先王之道滿門者司馬云言學先王之道者所在滿於師門不爲少按學記云古之學者家有塾鄭注云古者仕焉而已者歸教於閭里朝夕坐於門門側之堂謂之塾孔疏云周禮百里之內二十五家爲閭同共一巷巷首有門門之邊有塾謂民在家之時朝夕出入恒就教於塾故云家有塾然則門謂閭門先王之道滿門謂誦詩讀書之聲充溢閭塾也得已則已矣司馬云宋吳本作得已則皇矣按至者止之誤止亦已也奚云如得已則各至其所至矣所至適文適言此據誤文生義失之得已則已者書非策試所須則不以爲學一也干祿既得則廢其所習二也可以他途進者則無事於禮書三也○注數人至視聽按世德堂本無此注李以偭然爲形況不視聽之辭似不用本義爲訓蓋讀爲寡者也按世德堂本亦無此注也○注不得已者官有策試

好盡其心於聖人之道者君子也人亦有好盡其心矣未必聖人之道也音義好盡呼報切

多聞見而識乎至道者至識也多聞見而識乎邪道者迷識也

〔注〕君子多聞見而心愈真也小人多聞見而心愈偽也。〇注小人多聞見而心愈偽也按治平本如此錢本同世德堂作情態偽也浙江書局校刻秦本亦然此據世德堂本改之耳

如賢人謀之美也詘人而從道如小人謀之不美也詘道而從人

俞云如猶與也如賢人謀者與賢人謀也如小人謀者與小人謀也如與聲近故得通用說見王氏經傳釋詞[redacted]

美善也[redacted]說文詘詰詘也通訓定聲云詰詘疊韻連語曲也凡單言詘者皆曲之轉聲也亦以屈為之

或問五經有辯乎曰惟五經為辯說天者莫辯乎易〔注〕惟變所適應四時之宜說事者莫辯乎書〔注〕尚書論政事也說體者莫辯乎禮〔注〕正百事之體也說志者莫辯乎詩〔注〕在心為志發言為詩說理者莫辯乎春秋〔注〕屬辭比事之義捨斯辯亦

詘道而從人世德堂本而作以按如賢人謀之美也七字連讀如小人謀之不美也八字連讀[redacted]詘道而從人詘人而從道乃申明美與不美之義司馬云如往也往就賢人謀之則彼將屈人之心以從正道則於兩之字句絕而以美也不美也為論斷之語蓋同未得如字之義故句讀亦誤也

宋云

小矣[redacted]五經有辯乎者老子云善者不辯辯者不善[redacted]故以為問說天者莫辯乎易御覽六百入引作辯下同說事者莫辯乎書意林引作說地按此書為說地似指禹貢而言然於義為溢蓋因上文說天字說理者莫辯乎春秋者喪服四制鄭注云理者義也孟子云詩亡然後春秋作其事則齊桓晉文其文則史孔子曰其義則丘竊取之矣葛氏斯大學春秋隨筆云春秋之文則史也其義則孔子取之諸史無義而春秋有義也義有變有因不修春秋曰雨星不及地尺而復君子脩之曰星霣如雨諸侯之策曰孫林父甯殖出其君春秋書之曰衛侯衎出奔此以變為義者也晉史書曰趙盾弒其君春秋亦曰趙盾弒其君齊史書曰崔杼弒其君春秋亦曰崔杼弒其君此以因為義者也因與變相參斯有美必著無惡不顯三綱以明人道斯立春秋之義遂與天地同功孔氏廣森公羊通義序云漢世謂公羊為今學左氏為古學以其書多古文訓讀貴達服虔號能明之顯時與此脩始悟而一字予奪必有意日月名氏詳略若有說大旨尚不甚相背杜預始變亂賈服古訓以為經承舊史史承赴告苟如是周酒就簡整齊冊牘之爾董狐倚相之才優為之而又何貴乎聖人大凡學者謂春秋事略左氏事詳經傳必相待而行此即大惑魯之春秋史也

按世德堂本作尚書百論政事

按世德堂本無此注

君子隱之則經也經主義史主事事之故繁義微文少而用廣其說聖經竟似左氏記事之標目名存而實亡矣世俗莫知求春秋之義徒知求春秋之事。注惟變所適應四時之宜按繫辭云易之爲書也不可遠爲道也屢遷變動不居周流六虛上下无常剛柔相易不可爲典要唯變所適文言云與四時合其序。注尚書論政事也 春秋繁露玉杯云書著功故長於事史記自序云書記先王之事故長於政。注正百事之體也 釋名釋言語云禮體也得事體也。注在心爲志發言爲詩按詩關雎序文。注屬辭比事之義按經解云屬辭比事春秋教也鄭注云屬猶合也春秋多記諸侯朝聘會同有相接之辭罪辯之事孔疏云春秋聚合會同之辭是屬辭比次褒貶之事是比事也

春木之芚兮援我手之鶉兮注春木芚然而生譬若孔氏啟導人心有似援手而進言其純美也去之五百歲其人若存兮或曰說之者天下皆說也奚其存曰曼是爲也天下之亡聖也久矣注其義雖存言天下無復能尊用聖道者久故也

十行 深山製

十四

春木之芚今[redacted]論五章五注[redacted]而[redacted]為歎美之辭也

五經時應時而進若

[redacted]

援我手之鶉

呱之子各識其親讀之之學各習其師精而精之是在其中

矣[redacted]春木之芚 本如此今治平本作芚乃後[redacted]書依溫公集注修改秦校 司馬云李本芚作芚錢本作芚是元豐監

云音義不出芚字是其本作芚也芚是芚冰音義本傳

寫譌耳按秦說是也芚與鶉存為韻段表屯聲享聲存聲並

第十三部作芚則不韻矣芚芚形近傳寫者少見芚故誤為

芚[redacted]也紳鄉曾編修廣韻云說文無芚篆書春作萅從艸屯

從日芚即萅之省然則春木之芚語意重複疑當作春木萅

而按韻此句首用韻例也說文春願也春木之春猶云願彼

木之春耳今弟東寶云芚即屯也說文屯難也象艸木之初

生屯然而難從屮貫一一地也尾曲此本義也自後通用為

盈滿蓄聚之義而本義轉微斿更造從艸之芚字當之猶出

之本義象艸木益滋上出達及後習用以為入之反而艸木

滋上之義晦乃更造從艸之茁字當之茁屮出也榮按東說

是也春木之芚謂五經應時而進若嘉木象春[redacted]出也然[redacted]

難蕃也音義援我音袁鶉今音純按鶉者奄之假說文奄大也

讀若鶉經傳多以純為之爾雅釋詁云純大也援我手之鶉

言天下方溺五經之作如聖人援我以手奄手其大也[redacted]

[redacted]吳云孔子以魯哀十八年卒至漢甘露元年子

[redacted]

按黃子云或曰冤觀乎聖而折諸曰在則人亡則書其統一也然則五經不亡無異仲尼常在故去聖五百年而其人若存者書在則然也

汪意

說 從公

儒林傳云自武帝立五經博士訖於元始百有餘年傳業者寖盛支葉蕃滋一經說至百餘萬言大師衆至千餘人

雲始生凡四百二十八歲後天鳳五年子雲卒去孔子凡四
百八十八歲言五百歲者舉其成數說、者天下皆說也者
音義讀ㄑ女交切按說文讀憙呼也廣雅釋訓說、語也字
亦作呶說文呶讙聲也詩賓之初筵載號載呶毛傳云號呶
號呼讙呶也亦作[redacted]怓民勞無縱詭隨以謹惛怓鄭箋云惛
怓讙譁也謂好爭者也釋文作猶讙說也然則單言之曰讙
說亦曰惛怓重言之曰說、皆謂爭辯之聲也音義皆說一
本說作訟司馬依宋吳作訟云李本訟作說今從宋吳本世
德堂本亦作說按說猶師說即下文云各習其師者也[redacted]舊刻
多[redacted]作說漫漶具下半則為訟矣藝文志云昔仲尼沒而
微言絕七十子喪而大義乖故春秋分為五詩分為四易有
數家之傳[redacted]
言絕故[redacted]說紛呶如此今之其人若存然則[redacted]爾
[redacted]所謂天下皆說也奚其存者亡以仲尼沒而微
[redacted]
[redacted]音義曼是莫半切曼衍無極也[redacted]
雅廣詁曼無也宋氏翔鳳訓纂云曼衍通作漫曼是為也者
桀止之辭謂慎毋作此言也論語子貢曰無以為也[redacted]皇疏云[redacted]
[redacted]子貢聞武叔之言故抑止之使無以為訾毀
朱子集注云無以為猶言無用為此曼是為也即無以為也蓋

仲尼不可毀也

存者孰謂也

說

十行 深山製

十五

按日來說法言此文者皆以㕜爲子雲識鄙俗學之陋後漢書儒林傳論云夫書理無二義歸有宗而碩
學之徒莫之或從故通人鄙其固焉又雄所謂譊譊之學各習其師也此文宗旨

義皆相同與此文先云是是爲也後云精而精之是在其中則譊譊之學各習其師之云決非鄙夷之語

謂言不須以說說者爲詬病也蓋諸經師說雖異義然皆
所以發揚雅訓藩衛聖教異於諸子之言未寤什義者今以
庫儒之衆而遂謂聖道之不復存然則必有以廢經學絕儒
術爲使者矣故深譽之明言之不可不慎也天下之亡聖也
久矣者亡讀爲無司馬云天下之無聖人也久矣是也㖞㖞
之子各識其親讀讀之學各習其師者音義㖞音㖞說文
㖞小兒號聲詩曰后稷㖞矣宋云赤子雖識親因其愛而不
知禮之序未字雖習師溺其說而不明道之已異注云㖞㖞之
子各識其親無他知曉之之學各習其師但然其師而已非
師則[redacted]
學行云務學不如務求師又云一卷之書必立之師古未
有以篤信其師爲非者漢世學人尤重師法趙氏春秋兩漢
經師家法放云六籍之學盛於漢氏諸儒必從一家之言以
名其學左雄傳注所謂儒有一家之學故稱家法是也家法
又謂之師法外戚傳定陶丁姬易祖師丁將軍之玄孫師古
注祖始也儒林傳丁寬易家之始師自夫子傳至寬之爲大
師故以爲始師有始師乃有師法所謂說經者傳先師之言
非從己出法異者各令自說師法博觀其義是也張禹傳蕭
望之奏禹經學精習有師法異奉傳元帝向善日邪時孰與

不勝

非聖無法

卯日善時奉對引師法五行志朱博為丞相受策有大聲如
鐘鳴上問李尋尋對引師法吳良傳東平王蒼上疏薦良曰齊國
吳良治尚書字通師法繇任博士李尋侍治尚書與鄭寬中
同字師法劉寬傳注引謝承書云寬學歐陽尚書京氏易韓
詩究極師法大抵前漢多言師法而後漢多言家法有所師乃
能成一家之言師法者溯其源家法者衍其流也此云各習
其師即各守師家法之謂乃當時學人之通義[redacted]
[redacted]蓋天下無聖則學之士非即其所習之師
說而信好之何以為學之者之各習其師不可以為陋猶未
子之各識其親不可以為愚也精而精之是在其中矣者同
馬云宋吳本是作各按[redacted]學行云以習非之勝是也
說習是之勝非吾子云聖人之道各是其所是而非其所非此
是在其中之是即是非之是謂正道也孟子告子趙氏章指云通
子精之是在其中漢書儒林傳云所以罔羅遺說兼而存之
是在其中矣皆本此文是孟堅所歸所見法言疏同可正宋
吳本之誤蓋一師之說不必皆是而斷不容全非要在學者
熟思而審擇之則聖道之正道即在其所習師說之中也〇

取其合於聖人之言而捨其不合者

時無聖人所賴以見聖道者師說也

夫家法明則流派著可以知經學之衍別可以知經文之同異可以知家法之授受可以存周秦之古誼漢學之盛於家法也

作是

將雜使正之

注春木芚然而生治平本芚作芒秦校云此正文與注歧異乃初皆作芒後改未盡一按正文改芚則注亦當爾然世德堂本作芚然今從之莫胡部郎玉縉云莊子齊物論聖人愚芚敘釋文引李軌音丑倫反此注曰芚然而生其即讀爲萬物春生之蠢歟○注有似援手而進按春木之芚與援我手之鶉各爲一義不相連貫檀弓云貍首之斑然執女手之卷然上句謂木材文采如貍之首下句謂執孔子之手拳拳然相親愛彼釋文云女徐音汝是也此擬之爲文春木之芚謂五經之義理如春木之發生援我手之鶉謂五經之功德如已方溺而援手而出之也弘範合之而說之終嫌牽強○注言其純美也按世德堂本刪此語胡云李注言其純美蓋讀鶉爲純○注其義至故也按言當爲然方俗或讀然如言故倩寫誤耳其義雖存釋其人者存的然天下無後能尊用聖道者釋曼是爲也句久故也釋天下之無聖也久矣的弘範未得曼是爲也之義故釋之如此咊子雲本指也世德堂本久敀也作久矣

或曰良玉不彫美言不文何謂也曰玉不彫璵璠不作器言不文典謨不作經美言不文御覽三百九十引作至言不文於義爲優老子云信言不美美言不信則美即

文也淮南子說林云至味不慊至言不文至樂不笑至音不
叫玉不彫玙璠不作器者初學記二十一引作璠玙梅音義
出玙璠云上以諸切下附袁切明不作璠玙治平本錢本纂
圖互注本世德堂本皆同說文玙璠魯之寶玉孔子曰美哉
玙璠遠而望之奐若也近而視之瑟若也一則理勝二則孚
勝二徐本說文同初學記二十七引逸論語御覽八百四引
說文並作璠玙段本據改而云法言亦作璠玙陳氏偉數經
筆記歷引古言璵璠者十餘事明御覽傳刻之譌今考法言
各本皆作璵璠不如段所云則作璵璠者正也言不文典謨
不作經者文心雕龍宗經云三極彝訓
其書言經經也者恆久之至道不刊之鴻教也故象天地效
鬼神參物序制人紀洞性靈之奧區極文章之骨髓者也[illegible]自
[illegible]夫子刪述而大寶咸耀於是易張十翼書標七觀詩列
四始禮正五經春秋五例義既極乎性情辭亦匠於文理故
能開學養正昭明有融然而道心惟微聖謨卓絕牆宇重峻
而吐納自深譬萬鈞之洪鐘無錚錚之細響矣楊子比雕玉
以作器謂五經之含文也阮氏元文言說云許氏說文直言
曰言論難曰語左傳曰言之無文行之不遠此何也古人以
簡策傳事者少以口舌傳事者多以目治事者少以口耳治事
者多故同為一言轉相告語必有愆誤是必寡其詞協其音
以文其言使人易於記誦無能增改且無方言俗語雜於其
間始能達意始能行遠此孔子於易所以著文言之篇也古
人歌詩箴銘諺語凡有韻之文皆此道也爾雅釋訓主於訓
蒙子子孫孫以下用韻者三十二條亦此道也孔子於乾坤
之言自名曰文此千古文章之祖也為文章者不務協音以
成韻修詞以達遠使人易誦易記而惟以單行之語縱橫恣

肆訟輒千言萬字不知此乃吉人所謂直言之言論難之語非言之有文者也非孔子之所謂文也

或問司馬子長有言曰五經不如老子之約也當年不能極其變終身不能究其業注言其奥妙曰若是則周公惑孔子賊古者之學耕且養三年通一注無訓解故今之學也非獨為之華藻也又從而繡其鞶帨惡在老不老也注鞶大帶也帨佩巾也衣有華藻文繡書有經傳訓解也文繡之服分明易察訓解之書灼然易曉或曰學者之說可約邪注疾夫說學繁多故欲約省之也曰可約解科注言自可令約省解但當使得其義旨不失其科條

司馬子長有言曰云云者此史記自序述司馬談論六家要指之語也彼文云道家使人精神專一動合無形贍足萬物其為術也因陰陽之大順采儒墨之善撮名法之要與時遷移應物變化立俗施事無所不宜

指約而易操事少而功多夫儒者以六藝為法六藝經傳以
千萬數累世不能通其學當年不能究其禮故曰博而寡要
勞而少功指司馬談習道論於黃子為黃老之術故其言如
此若史遷則請業齊魯之都觀孔子之遺風所學不同其論
亦異史記於孔子作世家稱為至聖於老子則以與申韓同
專日罰之意乎下至意顯然可見班孟堅謂遷論大道

胡郭郎云

史記孔子世家有景公將欲以尼谿田封孔子晏嬰曰儒者累世不能殫其學當年不能究其禮按蓋本此不知此晏子改以譏孔子乃私意非篤論也[redacted]長知之故伯夷列傳云學者載籍極博猶考信於六藝也述則

穰

此亦以五經不如老子之約云
人以語出史記遷不服史為區別
據閩直書不復一、糾正耳若是
如武向所云則周公孔子為此[redacted]
[redacted]難治之業以誤學者在己則為悖於人則為害[redacted]
也蓋與賊為韻古者之學耕且養愈云此本作古之學者耕
且養傳寫互倒耳古之學者與下文今之學也相對為文上
向用者下句[redacted]用也亦猶論語湯貨篇惡紫之奪朱也惡鄭
聲之亂雅樂也惡利口之覆邦家者孟子盡心篇孩提之童
無不知愛其親者及其長也無不知敬其兄也趙以者也互
用是其例也按漢書藝文志正作古之學者耕且養此可為
曲園說之證然古者之學[redacted]猶云古人之為學於義自通不必
為誤倒也三年通一治平本如此世德堂作三年通一經同
馬云李本無經字今從宋吳本然則溫公所見舊刻皆無此

浩

十行 深山製

儒者以六藝為法

曲園以為此者也互用之例未盡其旨至

字蓋三年通一乃當時學人閒習用之語不言經而意自曉
法言引用成語故其文如此藝文志作三年而通一藝此益
堅增成其辭宋吳本有經字乃校書者據漢書增之耳藝文
志說此文之義云存其大體玩經文而已是故用日少而畜德
多三十而五經立也按勇子傳引孔子曰受業身通者七十
有七人[redacted]而勇子傳中如子夏少孔子四十四歲
[redacted]子游少孔子四十五歲曾子少孔子四十六歲子張少孔
子四十八歲宓子賤少孔子四十九歲其他姓字不見於論
語之諸賢且有少孔子五十歲以上者[redacted]計至孔
子之卒其年皆未及三十而通已[redacted]則謂[redacted]
[redacted]畢世不能通其學者其言不攻自破矣今之學也
後漢書儒林傳論引作今之學者沈休文齊安陸昭王碑李
注御覽八百十五又王半山集李壁箋引法言注與後漢書
同按今之學也亦上文古者之學云云而為頓挫之辭自以
作也為優後漢書惟節引此數語上無所承則[redacted]改也為者
於文為順義各[redacted]有當故不同耳非獨為之華藻也又從而繡其
鞶帨者音義鞶帨上音盤下音稅藝文志云後世經傳既已
乖離博學者又不思多聞闕疑之義而務碎義逃難便辭巧
說破壞形體說五字之文至於二三萬言後進彌以馳逐故
幼童而守一藝白首而後能言安其所習毀所不見終以自蔽

身通六藝

此學者之大患也後漢書儒林傳論云至有分爭王庭樹朋
私里繁其章條穿求崖穴以合一家之說故揚雄曰今之學
者非獨爲之華藻又從而繡其鞶帨章懷太子注云喻學者
文煩碎也是博而寡要勞而少功乃今之學者用力於其所
不必用有以致之耳盛儒術之過也悉在老不老也者音義
悉在音烏此對五經不如老子之約而言謂學之雜而視爲
學之方如何不在書之多寡老子誠約然以今人治經之法
治之則枝葉蕃衍亦可至於無窮爲今之治經者皆務實事
求是不爲虛浮無用之說空費日力五經雖博何難之有也
學者之說可約邪者有文云說之之學各習其師精而精之
是在其中然精之不如約之精之者用力勤而所得少約之
則用力寡而所得多今經說之煩如此終能求所以約之者
耶可約解科者孟子題辭云儒家惟有孟子閎遠微妙縕奧
難見宜在條理之科崔疏云廣雅釋言云科條也又之科品
也蓋當時著書之法各有科等是子之意指既縕奧難見則
宜條分縷析使之井井著明故宜在條理之科解科即條理
之科之謂欲求經之易治莫如取[redacted]切解科之書是其[redacted]無
存其[redacted]要勒爲簡編用資精熟[redacted]學者之說[redacted]
○注言其奧妙按世德堂無此注治平本作言其要妙今依
錢本○注無訓解故據下注云訓解之書均然易曉是訓範

切

文不煩而是已在其中

不期約而自約矣

十行　深山製

按本或作幣者巾鞶之假借

漢時鞶囊繡虎頭為飾

所服物

解此章之義以為古之為學難今之為學易其

[redacted]解三年通一不以一為一經而以為[redacted]

故釋之如此蓋訓解不備則須以己意求之又同時

有耕養之事不能專精其業或曠日而●至有終身不能●其業

●明一義此古者之學所以為難●竟一篇●或積久而通其業

者也[redacted]古者云云即指司馬談作六家要指論之時而言

時尚多武之世初置五經博士傳業未盛學者通經不易故

談有是言也○注鞶大帶也帨佩巾也按鞶有二義說文鞶

大帶也易訟虞注左傳莊公篇服虔注並同太玄周帶其鈎

鞶測曰帶其鈎鞶自約束也按根牟東鞶立朝此皆以鞶為

帶也內則男鞶革女鞶絲鄭注云鞶小囊盛帨巾者男用革

女用繒有飾緣之女皆禮記襖諸衿鞶鄭注云鞶之囊也男

鞶革女鞶絲所以盛帨巾之屬為謹敬晉書輿服志[redacted]

[redacted]宋書禮志鞶古制也漢代著鞶

囊者側在腰間或謂之傍囊或謂之綬囊此皆以鞶為囊也

此鞶帨連文當為盛帨之囊非謂大帶漢[illegible]與竇將軍牋

云因於張掖縣受賜虎頭繡鞶囊一雙[redacted]

離故曰又從而繡其鞶帨也後漢書儒林傳論章懷太子注

云鞶[redacted]或作鞶說文曰鞶覆衣巾也[redacted]

[redacted]說文帥佩巾也重文帨●經典皆以

悅為之○注衣有至易曉按[redacted]皋陶謨云曰

篇卷之屬

究

鄧遵破諸羌賜金剛鮮卑緄帶一具虎頭鞶囊一具是其

十九

用本義

今之學也云云乃注論近代俗學之敝不必泥本文為言

見

月星辰山龍華蟲作會宗彝藻火粉米黼黻絺繡以五彩彰
施于五色作服而書大傳云山龍青也華蟲黃也作繢黑也
宗彝白也藻火赤也天子服五諸侯服四次國服三大夫服
二士服一是華者華蟲藻者藻火皆彰施作服之事所以辨
等威故以為訓解之喻言今之為學小訓解大備之後不獨
諸經大義皆已條理井然如衣服之有華藻雖一名一物之
細亦各分別著明若鞶帨之施文繡學者[redacted]
[redacted]必老子之為易而五經之為雜黃此說與班范二書
之義相反班范所以不用二書之義而列為此說者蓋以藝
文志所云說五字之文至於二三萬言及[redacted]儒林傳論所
家要指論時所有[redacted]事以合一家之說者皆元始以來傳業
司馬談作六家要指論時所有不可
以此甫旋論所謂儒者博而寡要勞而少功之說[redacted]弘範以
書無訓解[redacted]古人治學之難[redacted]假如其說周孔作經
初不自加注釋[redacted]以至難之業遺之後人所謂[redacted]且賊者乃
其實而非反言矣且今之學也非獨為之華藻也又從而繡
其鞶帨明是譏評之語蓋華藻作服禮所宜有鞶帨施繡於
工已纖
一也安得照五碑注引此文李軌注云鞶帶帨巾也喻今之文
字多非獨華藻也巾帶皆文之如繡也[redacted]今本[redacted]不

則

不煩思索徧諭可曉

書而知其易曉

十行 深山製

十九

解此章之義以為古之為學難今之為學易其

[redacted]解三年通一不以一為一經而以為[redacted]故釋之如此蓋訓解不備則須以己意求之又問時有耕養之事不能專精其業或曠日而[redacted]竟一篇或積久而[redacted]明一義此古者之學所以為難[redacted]至有終身不能通其業者也[redacted]古者云云即指司馬談作六家要指論之時而言時當孝武之世初置五經博士傳業未盛學者通經不易故談有是言也○注鞶大帶也帨佩巾也按鞶有二義說文鞶大帶也易訟虞注左傳莊公篇服虔注並同太玄周帶其鈎鞶測曰帶其鈎鞶自約束也按根得束鞶立朝此皆以鞶為帶也內則男鞶革女鞶絲鄭注云鞶小囊盛帨巾者男用韋女用繒有飾緣之昏禮記視諸衿鞶鄭注云鞶鞶囊也男鞶革女鞶絲所以盛帨巾之屬為謹敬晉書輿服志[redacted]宋書禮志並云鞶古制也漢世著鞶囊者側在腰間或謂之傍囊或謂之綬囊此皆以鞶為囊也此鞶帨連文鞶當為盛帨之囊亦謂大帶漢時鞶囊常繡虎頭為飾班[redacted]与竇憲牋云固于張掖縣受賜所服物虎頭繡鞶囊一雙東觀漢紀云鄧遵破諸羌賜金剛鮮卑緄帶一具虎頭鞶囊是也後漢書儒林傳論章懷太子注云鞶帶也字或作幣說文曰幣覆衣巾也是唐時法言別本鞶帨有作幣帨者幣鞶之假非用本義也說文帥佩巾也重文帨○注亦有皂為帨按皂闕誤曰日[redacted]山龍華蟲作會宗彝藻火粉米黼黻絺繡以五彩彰施于五色作服尚書大傳云山龍青也華蟲黃也作繢黑也

廿篇卷之屬

究

盡堅

[redacted]用本義

今之學也云云乃注論近代俗學之敝不必泥事實為言 見

月星辰山龍華蟲作會宗彝藻火粉米黼黻絺繡以五彩彰
施于五色作服而書大傳云山龍青也華蟲黃也作繢黑也
宗彝白也藻火赤也天子服五諸侯服四次國服三大夫服
二士服一是華者華蟲藻者藻火皆彰施作服之事所以辨
等威故以為訓解之喻言今之為學小訓解大備之後不獨
諸經大義皆已條理井然如衣服之有華藻雖一名一物之
細亦各分別著明若鞶帨之施文繡學者[redacted]
[redacted]而必老子之為易而五經之為難乎此說與班范二書
之義相反弘範所以不用二書之義而別為此說者蓋以藝
技志所云說五字之文至於二三萬言及[redacted]儒林傳論所
謂繁其章條以合一家之說者皆元始以後傳業寖盛[redacted]論
[redacted]之事非同馬談論六家要指時所有不可以此當統論
所謂儒者博而寡要勞而少功之說然今之學者云云乃注
論近代俗學之敝不必泥事實為言弘範以書無訓解為古
人治學之難頗近臆測假如其說則周孔作經初不自加注
釋豈非以甚難之業遺之世人所謂惑且賊者乃夏而非
反言矣且[redacted]分明易察亦為章條史
與下文可約解抖之云義不相應與[redacted]弘範此解[redacted]
[redacted]安陸昭王碑注引此文李軌注云鞶帶帨巾也喻今之
文字多非獨華藻也巾帶皆文之如繡也與今本[redacted]不同

不煩思索循諭可曉

乎云

以[redacted]文繡[redacted]之衣

諭訓詁已訓解之書可易曉也

十行 深山製

宋書禮志五云鞶古制也漢世著鞶囊者側在腰間或謂之
傍囊或謂之綬囊然則以鞶爲囊也此鞶帨連文鞶亦爲盛
帨之囊非謂大帶漢時鞶囊常綉虎頭爲飾班●與竇憲牋
云固于張掖縣受賜所服物虎頭繡鞶囊一雙東觀漢紀云
鄧遵破諸羌賜金剛鮮卑緄帶一具虎頭鞶囊是也後漢書
儒林傳論章懷太子注云鞶帶也字或作幋說文曰幋覆衣
中也是唐時法言別本鞶帨有作幋帨者幋鞶之假非用本
義也說文帥佩巾也重文帨○注云有宜爲帨按舉閑誤●
●●●山龍華蟲作會宗彝藻火粉米黼黻絺繡以五彩彰
施于五色作服尚書大傳云山龍青也華蟲黃也作繢黑也

孟堅

[redacted]山龍華蟲作會宗彝藻火粉米黼黻絺繡以五彩彰
施于五色作服尚書大傳云山龍青也華蟲黄也作繢黑也
宗彝白也藻火赤也天子服五諸侯服四次國服三大夫服
二士服一是華者華蟲藻者藻火皆彰施作服之事所以辨
等威故以爲訓解之喻言令之爲學小訓解大備之後不獨
諸經大義皆已條理井然嗰於服之有華藻雖一名一物之
細亦各分别著明若聲悅之施文繡學者[redacted]
[redacted]不必老子之爲易而五經之爲難䇿此説与班范二書
之義甫滅相反弘範所以不用二書之義而列爲此説者蓋以藝
文志所云説五字之文至於二三萬言及[redacted]儒林傳論所

不煩思索循誦可曉

十七

〔注〕拂，違也。沈，溺也。學記曰：丹求之也拂。子夏曰：今君之所好者，其溺音乎？

三字原中

蓋許范舊文如此喻令之文字多云之膚在衣有華藻文繡之上後校書者據說文改帶巾字為大帶佩巾而寫去喻令之文字多數誤耳文係之衣世德堂本作衣服○注[redacted]言自可令紹者耳世德堂本作爾[redacted]

或曰：君子聽聲乎？曰：君子惟正之聽。〔注〕亦聽耳，但不邪荒乎淫。拂乎正，沈而樂者，君子[redacted]不聽也。[redacted]君子聽聲乎者御覽五百六十五引新論云揚子雲大才而不曉音余頗離雅樂而更為新弄子雲曰事淺易善深者難識卿不好雅頌而悅鄭聲宜也[redacted]君子惟正之聽者正謂雅樂義詳吾子疏拂乎正諸音義拂乎符勿切世德堂本作佛按說文拂撟也引伸為戾為遺經傳多以拂或佛為之沈而樂者[redacted]沈[redacted]讀為媅說文媅樂也經傳通作耽虞頗媅耽皆丁含切書無逸惟耽樂之從偽傳云過樂謂之耽沈耽皆從冘聲古音相同詩賓之初筵序沈湎淫液釋文云沈字或作耽[redacted]皆媅之假[redacted]沈而樂謂淫為樂也○注亦聽耳世德堂本耳作爾[redacted]

[redacted]

君子不聽也世德堂本作弗聽[redacted]浙江句本同

是喻時有以不曉音[redacted]子雲者故或以此為問

音義而樂音洛

博詳見吾子疏

[redacted]

〇注拂違【拂】音弗[redacted]治平本無此注，今據錢本、世德堂本補。拂違也，世德堂本作佛違也。其求之也拂，錢本、世德堂本皆作佛。按學記其求之也佛，釋文：佛，本又作拂。弘範所據禮記字正作拂，故引以為此文之證。自正義本禮記作佛，校法言者因改此注引學記拂字為佛，而正文及注拂違也猶仍其舊。治平本見其前後不相應，遂將此注刪去；而為五臣注者乃併改正文及注拂違也字悉為佛，以[redacted]求合於禮記矣。引子夏曰者，學記文。弘範讀沉為湛，故釋之如此。

或問：「侍君子以博乎？」曰：「侍坐則聽言，有酒則觀禮，焉事博乎？」或曰：「不有博弈者乎？」曰：「為之猶賢於已耳。」注今之所論，自謂侍於君子也。「侍君子者賢於已乎？」「君子不可得而侍也。」注人所難遇也。「侍君子，晦斯光，窒斯通，亡斯有，辱斯榮，敗斯成，如之何賢於已也？」注窒，塞。

〇「侍君子以博乎」者，說苑君道云：晉哀公問於孔子曰：「吾聞君子不博，有之乎？」孔子對曰：「有之。」哀公曰：「何為其不博也？」孔子對曰：「為其有二乘。」哀公曰：「有二乘則何為不博也？」孔子對曰：「為行惡道也。」韓非子外儲說左云：齊宣王問匡倩曰：「儒者博乎？」曰：「不也。」王曰：「何也？」匡倩對曰：「博貴梟，勝者必殺梟，殺梟者，是殺所貴也。儒者以為害義，故不博也。」是[redacted]古有君子不博之說，故欲知其然否也。「侍坐則聽言」[redacted]若曲禮云：「坐必安，執爾顏，長

十七

世德堂本耳作爾

音義寥珍某切

者不及毋儳言正爾容聽必恭鄭注云聽先生之言既説又敬是也有酒則觀禮者樂記云壹獻之禮賓主百拜終日飲酒而不得醉焉孔疏云終日飲酒而不得醉與者謂饗禮也以其恭敬示飲而已故不得醉也此以不醉為禮也燕禮云賓醉北面坐取其薦脯以降奏陔賓所執脯以賜鍾人於門内霤遂出鄭注云明雖醉不忘禮此既醉亦有禮也詩賓之初筵云飲酒孔嘉維其令儀鄭箋云飲酒而誠得嘉賓則於禮有善威儀是也不有博弈者乎[redacted]曰為之猶賢於已乎者○論語陽貨文飽食終日無所用心不有博弈者乎為之猶賢乎已皇疏云博者十二棊對而擲采者也弈圍棊也賢猶勝也已止也言若飽食而無事則必思為非法若曾是無業而能有棊弈以消食終日則猶勝無事而直止住者也陶氏鴻慶讀法言札記云為之猶賢於已耳疑亦或人之言曰字肯在此句下或人蓋以孔子之言以自解言以博偦君子猶賢於無事也如今本則或人之問不成辭矣按不有博弈者乎乃借論語文以明言有博弈之事非不成辭曰為之猶賢於已耳者卽用論語文荅之謂論語此言之義乃如此不可以為借君子以博之説曰字不當在句下借君子將斯光云之道者[redacted]已讀為無司馬云宋吳本有作存此誤讀已如字故改有為存以相對耳光適荃成為讖○今之

注

任彥昇王文憲集序李注引任昉雜傳魏德公謂郭林宗曰經師易獲人師難遭

說文翭羽本也翮羽莖也王氏筠句讀云莖謂羽本無毛而空中者[redacted]毛所附者為翮也

所論自謂偕於君子也按宋云此文本連下句意未終不當於此注之宋注語大與正文不類頗失楊旨不知此注乃引仲尼之文之義而增益其辭以起下文正得子雲之旨宋語殊謬●注人師難遭也按世德堂本遭作逢○注窒塞括世德堂本此注上有秘曰字衍也說文窒塞也

鷦明沖天不在六翮乎拔而傳尸鳩其累矣夫(注)拔鷦明之翼以傳尸鳩不能沖天適足為累耳諭拔小人以大位而不能成大功也又言學小說不能成大儒

鷦明詳前篇疏呂氏春秋重言云是鳥雖無飛飛將沖天高注云沖至也按讀為衝廣雅釋詁云衝當也音義六翮下革切爾雅釋器云羽本謂之翮[redacted]拔而傳尸鳩者國語晉語韋注云傳著也詩鳲鳩毛傳云鳲鳩秸鞠也[redacted]竅讀云[redacted]說死反覆篇引詩尸鳩在桑高注淮南時則訓曰是詩釋文云本又作尸鵲巢序云德如鳲鳩釋文作尸鳩云本又作鳲乃至五符潛夫論needs云內懷尸鳩之恩則知經典中所有鳲字皆

鷦明沖天者

不在六翮乎者

十行深山製

後人改也按荀子勸學引詩匪作鳲鳩今本說苑作鳲淮南高注鳲作鳴皆傳刻之誤乎湖葛氏傳樸堂藏明鈔本說苑吳[illegible]黃氏藏北宋本淮南子鳩不誤陳氏喬樅魯詩遺說考云鳲鳩字古但作尸作鳲者今字也列女傳引詩亦作尸鳩與荀子同說苑引詩作鳲鳩此後人用今字改之耳樸園不見明鈔本說苑故云法言各本皆作尸鳩亦舊文之未改者爾雅釋鳥云鳲鳩鵠鵴郭注云今之布穀也江東呼為穫穀方言云布穀自關東西梁楚之閒謂之結誥周魏之閒謂之擊穀自關而西或謂之布穀戴氏震疏證云此條之首布穀二字當作尸鳩其累矣大者音義其累力偽切按繫辭云德薄而位尊知小而謀大力少而任重鮮不及矣即此文之義○注適足為累耳按世德堂本為累作以累

雷震乎天，風薄乎山，雲徂乎方，雨流乎淵，（注）徂，往也。方，四方也。其事矣乎！（注）言此皆天之事矣，人不得與事也。天事，雷風雲雨；人事，詩書禮樂也。

顏延年曲水詩序李注引作雷震于天風薄于山[illegible]廣雅釋詁薄聚也天山淵[illegible]韻語天降廚聲段表第十二部山聲段表第十四部淵[illegible]文子上德[illegible]淵為韻與此同其事矣乎者爾雅釋詁云事勤也

五詠旁注

○注祖從也方四方按世德臺本[redacted]此語[redacted]注中
蓋同封豕用李義而為五臣注本者因此於李注刪此語也○注
言此至要也按孔子閒居云天有四時春秋冬夏風雨霜露
無非教也地載神氣神氣風霆，風霆流形，庶物露生，無非教
也鄭注云皆人君所
當奉行以為政教

魏武侯與吳起浮於西河寶河山之固起曰在德不在固（注）辭

在史記曰美哉言乎使起之固兵無一如斯則太公何以加諸

魏武侯與吳起浮於西河[redacted]者史記魏世家云文
侯卒子擊立是為武侯吳起傳云吳起者衛人也好用兵嘗
學於曾子魏文侯以為將擊秦拔五城文侯以吳起善用兵
廉平盡能得士心乃以為西河守以拒秦韓魏文侯既卒
起事其子武侯魏置相，田文，吳起不悅田文既死公叔為
相而害吳起，吳起懼得罪遂去，即之楚，楚悼王素聞起賢至
則相楚及悼王死宗室大臣作亂而攻吳起，吳起之亡
而從之擊起之徒因射刺吳起并中悼王，漢書藝文志有吳
起四十八篇入兵權謀家[redacted]
[redacted]禹貢黑水西河惟雍州[redacted]云龍

十行　深山製

十三

秦本紀：孝公元年下令國中曰：昔我繆公自岐雍之間修德行武，東平晉亂，以河為界……往者厲、躁、簡公、出子之不寧，國家內憂，未遑外事，三晉攻奪我河西地，諸侯卑秦，醜莫大焉。然則西河本秦、晉之界。[redacted]秦厲公以來，晉始蠶食河西地。三[redacted]家建國，西河地屬魏。[redacted]自此至魏襄王五年，予秦河西[redacted]地。

門之河在冀州西。孔疏云：河在雍州之東，西謂之西河者，龍門之河在冀州西界，故謂之西河。王制云：自東河至於西河，千里而近。是河相對而為東西也。墨子兼愛云：古者禹治天下，西為西河漁竇。畢氏沅注云：西河在今山西陝西之界。宋氏翔鳳孟子趙注補正云：魏世家惠王十九年築長城，塞固陽。固陽，漢志屬五原郡，在今陝西榆林府谷縣。魏河西地為極北。秦本紀正義云：魏西界與秦相接，南自華州鄭縣，西北過渭水，濱洛水東岸，向北有上郡鄜州之地，皆築長城以界秦境。在今華州北，至榆林縱長千餘里，皆魏河西地，則魏本盡有河之西岸，據全晉之險，足以西制秦，所謂天下莫強者也。按[redacted]以前西河盡在魏封域內，故武侯有與吳起浮舟於此之事。武侯之立在周安王十六年乙未，吳起死楚在安王二十一年庚子，中間不過六年。起之相楚，史稱其明法審兵，南平百越，北并陳蔡，卻三晉，西伐秦，為時必不得甚暫，而起去魏適楚之前，為西河守甚有聲名。又吏田文、公叔之相，則亦必非數月間之事。此皆在武侯與起浮於西河以後，然則此浮於西河，必武侯初立時事，蓋[redacted]新君即位巡遊，故西至西河，而起於文侯時已嘗為西河守，明習地勢，故令從耳。魏世家：武侯九年使吳起伐齊至靈丘。按武侯九年當安王二十四年癸卯，起死已久，此使吳起三字必誤文也。

寶河山

注 五張房

之固者起傳云武侯浮西河而下中流顧而謂吳起曰美哉山河之固此魏國之寶也按水經注河水篇云孟門即龍門之上口也實爲河之巨阸兼孟門津之名矣此石經始禹鑿河中漱廣夾岸崇深傾崖返捍巨石臨危若墜復倚其中水流交衝素氣雲浮往來遥觀者常若霧露沾人窺深悸魄其水尚崩浪萬尋懸流千丈渾洪贔怒鼓若山騰濬波頹疊迄于下口又引魏土地記曰梁山北有龍門山大禹[redacted]所鑿通孟津河口廣八十步巖際鐫跡遺功尚存昔魏文侯與吳起浮河而下美河山之固即于此也按諸書皆謂是武侯事此作文侯誤也曰在德不在固者起傳云起對曰在德不在險昔三苗氏左洞庭右彭蠡德義不脩禹滅之夏桀之居左河濟右泰華伊闕在其南羊腸在其北脩政不仁湯放之殷紂之國左孟門右太行常山在其北大河經其南脩政不德武王殺之由此觀之在德不在險若君不脩德舟中之人盡爲敵國也[redacted]周禮夏官序官掌固鄭注云國曰固野曰險按險固散文亦通周禮大司馬負固不服注云固險可依以固者也鹽鐵論險固云故在德不在固誠以行義爲阻道德爲塞賢人爲兵聖人爲守則莫能入也美哉言乎使起之固兵每如斯則太公何以加諸纂圖互注本世德堂本均無固字錢本曰作用吳起傳集解引法言曰使起之用兵每

作使起之兵

十行 深山製

世德堂本無此注

界斯字亦作用按司馬云李本作使起之固兵此固字世德堂本亦作用纂圖互注本作固今從宋吴本借起之用兵多而
祖詐不能充其言也明集注本依宋吴作用而温公所見李
本則作固自五臣注本正文脱用字校刊者以為宋吴本如
此固以作用者為李本而將集注集本作使起之固兵之固
亦改為用遂使集注惜起之用兵云云與上文今從宋吴本
之語不相應矣此承在德不在固而言故云使起之固兵每
如斯蓋險可依以固者謂之固依險以固亦謂之固注言之則
凡安定堅彊及能使安定堅彊者皆謂之固使起之固兵每
如斯者謂起知固國以德不以險不知彊兵以仁義不以權
謀使起本在德不在固之義以治其兵則成為王者之師故
曰顧太公何以加諸藝文志云湯武定令以師克亂而濟百
姓動之以仁義行之以禮讓司馬法是其遺事也罒其義志
有太公二百三十七篇謀八十一篇言七十一篇兵八十五
篇入道家云呂望為周師尚父本有道者或有近世又以為
太公術者所增加也東方朔傳云譬若以太公為將軍顔注
云太公呂望也知戰陳征伐之事故以為將軍○注解在史
記按亦見國策魏策文與史記詳畧不同説苑貴德亦有甚
文則採自
史公書耳

五號
齊注

桀有昏德鼎遷于商載祀六百商紂暴虐鼎遷于周成王定鼎于郟鄏卜世三十卜年七百天所命也

或問周寶九鼎寶乎曰器寶也器寶待人而後寶〔遷〕適存則器
不亡適亡則器不存　周寶九鼎者左傳宣公篇云昔夏之方
有德也遠方圖物貢金九牧鑄鼎象物
漢書郊祀志云有司皆言聞昔禹收九牧之金鑄九鼎象九
州其空足曰鬲以象三德饗承天祜夏德衰鼎遷于殷殷
德衰鼎遷于周周德衰鼎遷于秦秦德衰宋之社亡鼎乃淪
伏而不見又吾丘壽王傳云臣聞周德始乎后稷長於公劉
大於太王成於文武顯於周公德澤上昭天下漏泉無所不
通上天報應鼎為周出故名周鼎公羊傳桓公篇徐疏云殷
衰之時鼎沒於泗水及武王克殷之後鼎乃出見器寶待人
而後寶者左傳宣公篇云德之休明雖小重也其姦回昏亂
雖大輕也即其義按元后傳初漢高祖入咸陽至霸上秦王
子嬰降於軹道奉上始皇璽及高祖誅項籍即天子位因服
御其璽世世傳受號曰漢傳國璽以孺子未立璽藏長樂宮
及莽即位請璽太后不肯授莽莽使安陽侯舜諭指太后知
其為莽求璽怒罵之因涕泣而言舜亦悲不能自止良久迺
仰謂太后臣等已無可言者莽必欲得傳國璽太后寧能終
不與邪太后聞舜語切恐莽欲脅之迺出漢傳國璽投之地
以授舜舜既得傳國璽奏之莽大說此文蓋為此而發

十五

兼并也秦始皇琅邪臺刻石云維秦王兼有天下立名為皇帝

齊桓晉文以下至於秦兼其無觀已或曰秦無觀奚其兼曰所謂觀觀德也如觀兵開闢以來未有秦也〔注〕秦以兵兼而不以德奔以詐篡而不以道言秦兵之無可觀則奔之篡[illegible]不言可知 齊桓晉文以下至於秦兼其無觀也者孟子云仲尼之徒無道桓文之事者是以後世無傳焉趙注云孔子之門徒頌述宓戲以來至文武周公之法制耳雖及五霸心賤薄之是以儒家後世無欲傳道之者此桓文[redacted]不足觀也[redacted]賈誼新書過秦下云周室卑微五霸既滅令不[redacted]行於天下是以諸侯力勦強凌弱衆暴寡兵革不休士民罷敝今秦南面而王是上有天子也即元元之民冀得安其性命莫不虛心而仰上當此之時專威定功安危之本在於此矣秦王懷貪鄙之心行自奮之智不信功臣不親士民廢王道而立私愛焚文書而酷刑法先詐力而後仁義以暴虐為天下始叛其亡可立而待也[redacted]此秦之霸[redacted]不足觀也司馬云言皆尚詐力不以其道而得之雖強大無足觀也秦無觀

說文

美其業者謂霸業之成必有其道桓文之事是也矣今始霸不
言而言秦[redacted]商君[redacted]儀矣云秦人功賞相長
也五甲首而隸五家是最為衆疆長久多地以正故秦四世
有勝非幸也數也[redacted]
[redacted]疆國云應
侯問孫卿子曰入秦何見孫卿子曰其固塞險形勢便山林
川谷美天材之利多是形勝也入境觀其風俗其百姓樸其
聲樂不流汙其服不挑甚畏有司而順古之民也及都邑官
府其百吏肅然莫不恭儉敦敬忠信而不楛古之吏也入其
國觀其士大夫出於其門入於公門出於公門歸於其家無
有私事也不比周不朋黨倜然莫不明通而公也古之士大
夫也觀其朝廷其閒聽決百事不留恬然如無事者古之朝
也[redacted]是有而有
之蓋而縣縣以王者之功名則倜倜然其不及遠矣是何也
則其殆無儒邪故曰粹而王駁而霸無一焉而亡此亦秦之
所短也縣縣以王者之功名即觀德之謂所謂秦無觀者已
謂其去王者之功名遠也如觀無閒閑以來未有秦也者[redacted]
[redacted]古之能以力征定天下者孰有過於
秦者哉秦始皇本紀載丞相綰等議云昔者五帝地方千里
其外侯服夷服諸侯或朝或否天子不能制今陛下興義兵誅

吳謂武功成人之所謂觀者皆武功之類也……而已矣則

故秦四世有勝非幸也數也然則謂秦也觀者是未至秦之所以為秦也所謂觀之德也者荀子又云

秦之有天下非幸也

又

畫

制

可謂不善讀書

殘賊平定天下海内為郡縣法令由一統自上古以來未嘗有五帝所不及蓋專以武功論則此言固未為夸矣〇注秦以至可知按此言五霸之弊極於嬴秦論其兵力前代未有猶外戚之禍窮於新莽觀其邪佞亦書契所無李注正得楊意宋云此正文義似止論秦兵之由而注兼王莽亦猶蛇足矣且云莽以詐篡不以道夫豈有以道篡人哉甚非謂焉不知古人微文刺譏罕譬而喻子雲於莽口誅筆伐每託文於秦如重黎云秦楚㲈劉袁撲胎藉三正播其虐於黎苗子弟且欲喪之況於民乎況於鬼神乎又云人無為秦也喪其靈久矣語雖謂秦奈意實在莽耳其微而顯者莫如劇秦美新蓋謂莽之甲秦操術不同而致敗則一故曰莫知新室要恨也亂備也若秦之偷安[illegible]明旦不寐勤小惡者非秦之為也是以秦之所厭伐勤勞為之漢書王莽[illegible]者究其勢皆無異於秦也周也[illegible]莽侍贊云昔秦燔詩書以立私議莽誦六藝以文姦言同歸殊塗俱用滅亡皆亢龍絕氣非命之運[illegible]也孔範此注亦同班義宋以為蛇足謬[illegible]皇注云秦以兵兼而不以德莽以詐篡而不以道乃謂秦之得天下由於力征而不由於德莽之得天下由於詐取而不由於道非謂莽不以道篡也宋以文害辭[redacted]蓋形其陋矣

或問魯用儒而削何也【注】楊子貴儒學而賤兵彊魯國書為齊楚所侵所以識問曰魯不用儒也昔在姬公用於周而四海皇皇奠枕于京【注】皇皇歸美安枕而卧以聽於京師孔子用於魯齊人章章歸其侵疆【注】章章悚懼也一時暫用猶呈於是況能終之乎魯不用真儒故也如用真儒無敵於天下安得削【注】萬物將自賓　魯用儒而削者孟子云淳于髡曰魯繆公之時公儀子為政子柳子思為臣魯之削也滋甚若是乎賢者之無益於國也趙注云魯繆公時之臣不能救魯之見削奪亡其土地者多若是賢者無所益於國家何用賢為則此魯謂繆公時之魯也昔在姬公用於周而四海皇皇奠枕于京者廣雅釋訓惶惶勮也又釋詁勮疾也皇皇小惶惶學行云仲尼皇皇義與此同[redacted]征夫皇皇之其執依分王注云皇皇惶遽貌奠者停之古字考工記凡行奠水鄭司農注云奠讀為停士冠禮贊者奠纚笄櫛于

劉向九歎

十行　深山製

十七

音義奠與枕章祕切

漢魏以來每以軨代車字用之

新語無為云周公制作禮樂郊天地望山川師旅不設刑格法懸而四海之內奉供來臻越裳之君重譯來朝

筵南端又士皆禮坐奠觶鄭注云奠停也內則奠之而后取
之鄭注云奠停也也說文無停古止以奠為之奠停一聲之
轉方言云[redacted]楚衛之間謂之枕郭注云車後橫木釋名釋車
云枕橫在前如臥牀之有枕也小爾雅廣器云軨謂之枕宋訓
箋云釋名變後言前亦軾枕生義與下四面材謂之軨其之
面前有式在右有較軨皆不見唯軨後一面人共見之啟諸
家皆以車後橫木釋軫按軫枕亦一聲之[redacted]
[redacted]四軸惶惶停之軫轉[redacted]京謂四方諸
侯爭先恐後[redacted]亦師再晉周公世家云武王既崩成王少
周公恐天下聞武王崩而畔周公乃踐阼代成王攝行政當
國管蔡武庚等果率淮夷而反周公乃奉成王命興師東伐
作大誥遂誅管叔殺武庚放蔡叔收殷餘民以封康叔於衛
封微子於宋以奉殷祀寧淮夷東土二年而畢定諸侯咸服
宗周子雲其事孔子用於魯齊人章章歸其侵疆者屬雅釋詁
云章章衛衛行也是章章猶衛衛皆謂往來無定之貌羽獵賦
章皇周流李注云章皇猶彷徨也左太沖吳都賦輕禽狡獸
周章夷猶劉注云周章謂章皇周流也然則雙聲言之曰周
章疊韻言之曰章皇重言之曰章章其義同也[redacted]
公羊傳定公篇云齊人曷為來歸運讙龜陰田孔子行乎季
孫三月不違齊人為是來歸之解詁云齊侯自頰谷會歸謂

[redacted]胡部郎云枕當讀為肬肬即醓之正字亦借監為之詳說文肉部肬血
部監段注此又借枕為肬枕肬同從冘聲也周禮醓人朝事之豆其實韭菹醓醢此在
籩第一豆為最尊故揚子特舉之四海皇皇奠肬[illegible]章者即詩文王殷士膚敏祼將于京
孝經聖治章周公郊祀后稷以配天宗祀文王於明堂以配上帝四海之內各以其職來

祭者也

皇京章擡寫頭

晏子曰寡人獲過於魯侯如之何晏子曰君子謝過以質小
人謝過以文齊嘗侵魯四邑請皆還之左傳定公篇云夏公
會齊侯於祝其實夾谷孔丘相將盟齊人加於載書曰齊師
出竟而不以甲車三百乘從我者有如此盟孔丘使茲無還
揖對曰而不反我汶陽之田吾以共命者亦如之齊人來歸
鄆讙龜陰之田孔疏云八年陽虎入于讙陽關以叛九年伐
陽關陽虎奔齊其時虎以讙去鄆與龜陰亦從之皆為齊所
取至今始歸之此齊歸魯侵疆之未[redacted]運鄆古字通解
詁以運讙龜陰為四邑龜也陰也同[redacted]三田為邑名服虔杜預皆以
為龜是山名陰者山北鄆讙龜陰[redacted]耳以地理考之自
以服杜之說為長鄆今曹州府鄆城縣讙今泰安府肥城縣
西南龜山在今泰安府新泰縣西南陳氏立公羊疏謂何注四
邑蓋三邑之誤運也讙也邑也龜陰田也此新語辨惑亦云
齊人懼然而退君臣易操不安其故行乃歸魯四邑之侵地
終無乘魯之心則邵公語固有所本不必為誤文也魯不用
真儒故也者[redacted]命云或人所問魯用儒而削自
指魯繆公時事鹽鐵論相刺章曰魯繆公之時公儀為相
子柳子思為之卿然北削於齊以泗為境南畏楚人西賓秦
國或人以問意亦猶是揚子則以公儀諸人皆不足為真儒
必如周公孔子乃見用儒之效故曰魯不用真儒故也孟子

十行深山製

十八

告子篇魯繆公之時云云是魯以用儒而削自戰國時已有此說子思疑亦嘗作子原不然何以反列子柳之下且果用子思不得謂非真儒矣觀楊子不用真儒之說益見穆公之未能用子思也今按明涂氏本鹽鐵論作子思子原非子柳子原說苑雜言引孟子作子思子庚盧氏文弨羣書拾補王氏引之經義述聞皆以子庚為泄柳字鹽鐵論作子原疑即子庚之誤庚原隸形相近也孟子云昔者魯繆公無人乎子思之側則不能安子思然則子思之曾仕繆公固無可疑特繆公不能盡其用故謂之不用真儒耳如用真儒無敵於天下[redacted]者荀子儒效云故人主用大儒則百里之地久而後三年天下為一諸侯為臣用萬乘之國則舉措而定一朝而伯王氏念孫云伯讀為白言一朝而名顯於天下也○注魯國書為齊楚所僕授書世德堂本作帝○注皇皇美安枕而臥以聽於京師按吳云皇皇美也莫定也定枕猶言安枕也四海皇皇美盛安枕無虞歸仰于京師義同李注依此為解則莫枕者各安其居之謂然各安其居以聽命於京師而謂之莫枕于京於文為滷司馬云四海既平則王者安枕于京師說較可通然四海皇皇莫枕于京與齊人章章歸其侵疆相偶為文歸其侵疆就齊人言則莫枕于京亦就四海言增王者字解之既為牽強且前後文義參差不相應矣○

所以識向作畝識向之

注章〻昳嚾巴梅華嚴 全俗之
世德堂本無此注有吳注云章〻宜為愇〻盖言過而[redacted]夾谷之會
也愇〻懼也下述魯定公十年
經音義引切韻愇懼也云〻說文無愇古止作韋
此俗字口注萬物將自賓挫
老子云道常無名朴雖小天下不敢臣侯王若能守之萬物將自賓
灝〻之海濟樓航之力也注濟度也言度大海在舟船與大洛
在禮航人無楫如航何注雖有舟航而無楫櫂不能濟難雖
有民人而無禮樂不能熙化
灝〻之海世德堂本作浩按列明商書灝〻爾又灝〻乎其異
之禦也治平本皆作灝世德堂本灝浩雜出乃傳寫之參差
也御覽七百七十一引作灝〻乎海按經傳釋詞云乎猶乎
也又為歎美之詞論語為政篇孝乎惟孝釋文及漢石經乎
逌作于是也然則灝〻乎海猶云灝〻乎海疑舊本如此今
作之者校書者不知乎字之義改之耳濟樓航之力也者司馬
云濟謂所以得濟方言舟自關而西謂之船音義樓航或作
航亦作杭按說文作斻自關而東或謂之舟或謂之航左太
沖吳都賦劉注云樓船〻有樓也航人無楫御覽七百七十
一引作舫人無檝吳曹侍讀元忠云作舫人者是也說文舫
船師明堂月令曰舫人習水者北堂書鈔一百三十八引明

臺月令曰榜人舫人習水者是舫人乃舟師之稱隸書方亢
形近又涉上下文而誤按曹說是也榜檝古今字舫人無檝
如航何者謂通曉治術之人而不假以政柄不能治國也司
馬云治以喻艱難航以喻國航人以喻儒檝以喻勢位是也
〇注雖有至熙化按
世德堂本此注全刪（雖有民人錢本作雖有人民）
或曰奔壘之車沈流之航可乎注言治國及修身有如車奔舟
覆故欲救之曰否注否不也或曰焉用智注大智者貴乎解
患救難也今有患難不能解救故曰焉用智曰用智於未奔
沈注言奔沈吾猶人也如也使無奔沈大寒而後索衣裘不
已晚乎注譬哭在於未發思患在乎預防疏奔壘之車沈流之航可乎者問馬云
奔壘謂馬驚逸抵觸壘者可謂可救乎俞云說文夭部奔走
也從夭賁省聲故賁與奔古通用詩鶉之奔奔禮記表記引
作鶉之賁賁是也奔壘當作賁壘射義賁軍之將鄭注曰賁
讀爲僨僨猶覆敗也然則賁壘之車謂車之覆於壘者下向

垒從厽從土

五先秦注

沈孫之舟謂舟之沈於孫者兩文正相對隱三年左傳鄭伯之車僨於濟車以僨言古語然也[redacted]拯命說是也韓非子安危云奔車之上無仲尼覆舟之下無伯夷奔車與覆舟相對亦謂僨車也若顧讀新論云奔車失轄泛舟無楫欲以不覆未之有也御覽七百六十九引則以為奔馳之義此誤讀韓非耳為

者

垒說文垒絫墼也段注云墼者令適未燒者也已燒者為令適今俗謂之塼古作專未燒者謂之墼今俗謂之土墼坺土則又未成墼者積坺土為牆曰厽積墼為牆曰垒禮喪服傳扇柱楣注曰於中門之外垒墼為之今本垒皆譌壘急就篇墼壘亦當作垒蓋俗字厽畾之不分者多矣然則垒本積墼之謂[redacted]引伸之為積土之稱僨垒之車謂車之覆於積土者也可李當作可救于李注云故欲救之明其所據本有救字傳寫偶脫耳用智於未奔沈者司馬云制治於未亂保邦於未危也大寒而後索衣裘不亦晚乎若言車僨舟沈而後救猶大寒而後索衣裘雖有智者●末如之何[redacted]司馬云言不足以為智似失其義○注言治國及隆身者如車奔舟覆拯之而義不可通當有脫誤○注譽哭在於未發非世德壹本御作御○注否不也拯世德壹本無此注

為墻

今●本無有

素問四氣調神大論云故聖人不治已病治未病不治已亂治未亂王注云智之至也

素問四氣調神大論云夫病已成而後藥之亂已成而後治之譬猶渴而穿井鬬而鑄錐不亦晚乎注云智不及時也

胡部郎云：乘如論語有馬者借人乘之之乘。包注云：有馬者不能調良，則借人乘習之。宋氏翔鳳發微云：借人乘習，則習於善御，亦六藝之一。然則乘國猶言御國也。乘航亦即曰駕航。郭鈺詩：洪濤天風駕海航。蘇軾賦亦云駕一葉之扁舟，是也。[redacted]

乘國者其如乘航乎？航安則人斯安矣。〔注〕航傾則人危，法亂則國亡。

乘國者其如乘航乎者，[redacted]

一箴引作[redacted]人斯安矣。書鈔一百三十八、藝文類聚七十作人者，乃唐人避諱改之。按人謂[redacted]航[redacted]不當作民，此唐以後校書者以唐諱民曰人，故遇人字輒[redacted]為民，或於所不當改者亦改之也。航安則人斯安矣者，[redacted]

宋諸國者當知為政之大體，國之利害先於一切，不得違道以干百姓之譽。

忠以厚下，民忘其死；忠以衛上，君念其賚。自後者人先之，自下者人高之。〔注〕欲上必以其言下之，欲先必以其身後之，處上而民不重，在前而民不害。誠哉是言也！〔注〕誠，信也。忠以厚下，民忘其死。忠以衛上，君念其賚者，此言上下報禮之事出於人情之自然，非禮而致也。[redacted]

易先象曰說以

先民民忘其勞說
以犯難民忘其死
詩東山序引作說
以使民民忘其死
左傳襄公篇引
夏書曰惟帝念
功

[redacted]司馬云言志
不在於取而自得之是也自後者人先之自下者人高之誠
哉是言也者此引古語以證上文之義忠以厚下者厚於己
而厚於民是自後也而民至不愛其死以報[redacted]之是自後者
人先之也忠以衛上者輕其身而重其君是自下也而君[redacted]
必盡禮以尊顯之是自下者人高之也〇注欲上至不危按
皆老子文〇注誠信也按論語云子曰善人為邦百年亦可
以勝殘去殺矣誠哉是言也皇疏云誠信也者舊有此語故孔
子稱而
美信之

世德堂本無此注

或曰弘羊榷利而國用足盍榷諸注盍何不也曰譬諸父子為
其父而榷其子縱利如子何注有若識十二之稅楊子貶榷
利之例下式之云不亦匡乎注匡正也桑弘羊榷利之時天
下大旱卜式曰獨烹弘羊天乃雨式之所言大臣正矣弘羊榷利
而國用足者史記平準書云桑弘羊以計算用事侍中弘羊
雒陽賈人子音義榷利音角世德堂本作摧漢書武帝紀天

後十

十行 深山製

十三一

漢三年二月初榷酒酤。如淳云：榷音較。韋昭云：以木渡水曰榷。謂禁民酤釀，獨官開置，如道路設木為榷，獨取利也。顏云：榷者，步渡橋，爾雅謂之石杠，今之略彴是也。禁閉其事，總利入官，而下無由以得，有若渡水之榷，因立名焉。然則榷利之榷，乃取於步渡橋以為義，字當從木作榷。說文：榷，水上橫木，所以渡者也。朱氏通訓定聲以此為㲉之假。說文：㲉，實也。考事兩榮邀遮其辭得實曰㲉。按榷者總利入官，其義為專為獨，非為事得實之謂。榷酒酤之云，必當時立此法者所命之名耳。利謂之榷，猶罔利謂之龍斷，古語有然，不煩改讀也。史記平準書云：元封元年，桑弘羊為治粟都尉，領大農，以諸官各自市，相與爭，物故騰躍，而天下賦輸或不償其僦費，乃請置大農部丞數十人，分部主郡國，各往往縣（漢書食貨志無縣）置均輸鹽鐵官，令遠方各以其物貴時（志作如異時）商賈所轉販者為賦，而相灌輸。置平準于京師，都受天下委輸。召工官治車諸器，皆仰給大農。大農之諸官盡籠天下之貨物，貴即賣之，賤則買之。如此，富商大賈無所牟大利，則反本，而萬物不得騰踊。故抑天下物，名曰平準。天子以為然，許之。於是天子北至朔方，東到太山，巡海上，並（志作旁）北邊以歸。所過賞賜，用帛百餘萬匹，錢金以巨萬計，皆取足大農。弘羊又請令吏得入粟補官，及罪人贖罪。令民能入粟甘泉各有譬諸父子，為其父而榷其子。世德堂本作為人父。按為其父之為，音偽，切若作為人父，則為甫平聲。

於義難通

羞，以復終身不告緡。他郡國各輸急處，而諸農各致粟，山東漕益歲六百萬石。一歲之中，太倉、甘泉倉滿，邊餘穀，諸物均輸帛五百萬匹。民不益賦而天下用饒。於是弘羊賜爵左庶長，黃金再百斤焉。漢書車千秋傳：桑弘羊為御史大夫八年，自以為國家興榷筦之利，伐其功，欲為子弟得官，怨望霍光，與上官桀謀反，遂誅滅。卜式之云，不亦匡乎者，平準書云：是歲（按元封元年也）小旱，上令官求雨。卜式言曰：縣官當食租衣稅而已，今弘羊令吏坐市列肆，販物求利。亨弘羊，天乃雨。漢書卜式傳云：卜式，河南人也，以田畜為事。時漢方事匈奴，式上書願輸家財半助邊。上不許。數歲，乃罷式。式歸，復田牧。歲餘，除名，拜為中郎。歲餘，拜緱氏令，遷成皋令。拜為齊王太傅，轉為相。會呂嘉反，式上書請行死之，以盡臣節。元鼎中，徵式代石慶為御史大夫。式既在位，言郡國不便鹽鐵而船有算，可罷。上由是不說式。明年當封禪，式又不習文章，貶秩為太子太傅，以兒寬代之。式以[redacted]終。○注盡（壽）何本也。按世德堂本無此注。○注揚子譏榷利之例。按治平本例作權錢，本因今依世德堂本改。○注臣匡正至正矣。按世德堂本此注上冠謚曰字，則以為吳注語，其文是小有增損，蓋吳襲李語而略改之耳。[redacted]吏漢謚云小旱，此[redacted]云天下大旱，誤也。又正文卜式之云，當指縣官食租衣稅而已之語

此書以請寔弘羊書之亦非

或曰：用秦之法，清而行之，亦可以致平乎？曰：譬諸琴瑟鄭衛調，俾夔因之，亦不可以致蕭韶矣。【注】俾，使也。譬之琴瑟，調正則合雅，鄭衛則為淫；秦法酷暴，雖欲使聖人因之，不可以致康哉；鄭衛本淫，雖使夔拊之，而不可致簫韶。問秦之法清而行之亦可以致平乎者，漢法多因秦制，故以為問。致平，謂致治太平。譬諸琴瑟鄭衛調者，顏延年秋胡詩聲急由調起，李注云：調，猶韻也。又義心多苦調，注云：調，猶辭也。俾夔因之亦不可以致簫韶矣者，樂記云：夔始制樂，鄭注云：夔，舜時典樂者也。公羊傳哀公篇徐疏引鄭書注云：簫韶，舜所制樂。又引宋均樂說注云：簫之言肅，舜時民樂其肅敬而紀堯道，故謂之簫韶。或曰韶，舜樂名，舜樂者其秉簫乎？按簫韶疊韻連語，字亦作箾。說文：虞舜樂曰箾韶。論語子謂韶盡美矣，又盡善也。[redacted]秦法不可以為治，猶鄭聲不可以為雅。極亂之後，非撥亂反正，無以致太平。荀子脩身云：國亂而治之者，非按亂而治之

之謂也去亂而被之以治是其義也〇注俾使至篇韶挽世德
壹本此注全刪略淘汰云夔曰於予擊石拊石百獸率舞故
云使夔拊之
拊與撫同

或問處秦之世抱周之書益乎曰舉世寒貂狐不亦燠乎注貂
狐之裘於體溫燠或曰炎之以火沃之以湯燠亦燠矣注言
秦焚書坑儒於湯火之中但若太熱身此謂或人戲嘲楊子
之解曰燠哉燠哉時亦有寒者矣注歎秦之無道也時亦有
寒者謂四皓隱居以避地斯皆清淳且身不燠秦之湯火
處秦之世抱周之書益乎者周書謂孔子之書言世方尚刑
法而獨守六藝之文与世不合無所用也舉世寒貂狐不亦
燠乎者爾雅釋言云燠暖也司馬云天下無道而獨得先王
之術可以自治矣炎之以火沃之以湯燠亦燠矣者說文漢
溉灌也今字省作沃吳云何必貂狐之為燠若用湯火亦燠
矣猶言何必周書之為治若用刑法亦可治矣司馬云言用

廿三

按焚書坑儒世德堂本作焚詩書坑儒士

[redacted]

○注非時至得至按世德堂本作非時之見望之不可見非道之進行之不可至

秦之法以治秦之民亦孰敢不從燠哉燠哉時亦有寒者矣司馬云言雖不得已一時暫從而中心不服終致亦亂按謂湯火之焰熾須臾衰刑法之威旋踵而滅情湯火以為燠者燠暫而寒常用刑治以為治者小治而大亂也○注言秦望之辭[redacted]此注引範之誤解不如吳注之長○注尸子避地按藝文志尸子二十篇注云名佼魯人秦相商君師之鞅死佼逃入蜀

非其時而望之非其道而行之亦不可以至矣注天由其時人由其道非時之有望不可得見非道而行之不可得至司馬云用秦之法以求治猶冬而望生春而望稷之熟而南適楚而北終不能致[redacted]

秦之有司負秦之法度注秦法已酷吏又毒之秦之法度負聖人之法度秦弘違天地之道而天地違秦亦弘矣注失德之鄙何其驗哉秦之有司負秦之法度者謂若李斯趙高矯始皇詔誅太子扶蘇之屬秦任刑法本以防姦邪

而秦臣之姦邪愈滋是負秦之法度也[redacted]

[redacted]秦以違天地之道而天地遣秦[redacted]

[redacted]聖人之法度天地之道

也負秦聖人之法度是為弘違天地之道而天假手於有司使

負其法度以[redacted]亡秦是天地遣秦亦弘也○注秦法已酷吏又

毒之[redacted]矣云秦之法度本以刑罰決斷為本而秦之有司乃

以佐酷為能是負其法度矣司馬云秦法雖酷亦在於求治

而有司又為文巧以亂之二說略同李義秦法本酷有司從

而加甚不得云負且與天地遣秦之義不貫於此揚恉

[redacted]

疏十終

按世德堂已酷作酷矣

宋云秦欲以萬世君之天地止以二世滅之吳云秦自以為關中之固金城千里子孫帝王萬世之業止二世而亡是天地遣秦亦大矣按此承秦之有司負秦之法度而言

十行深山製

十一

十一月丁未起稿

法言義疏十一

吳 汪榮寶撰

五百卷第八〔注〕夫言者所以通理也五百歲一聖非經通之言故辯其惑困之誣也 法言 李軌注

或問五百歲而聖人出有諸〔注〕孟軻史遷皆有此言曰堯舜禹君臣也而並文武周公父子也而處湯孔子數百歲而生因往以推來雖千一不可知也〔注〕千歲一人一歲千人不可知也

五百歲而聖人出者孟子云五百年必有王者興其間必有名世者又云由堯舜至於湯五百有餘歲若禹皋陶則見而知之若湯則聞而知之由湯至於文王五百有餘歲若伊尹萊朱則見而知之若文王則聞而知之由文王至於孔子五百有餘歲若太公望散宜生則見而知之若孔子則聞而知之趙注云言五百歲聖人一出天道之常也亦有遲速

千歲而聖人出固湯孔子之例推之一歲而聖人出因堯舜禹文武周公之例推之也

不能正五百歲故言有餘歲也是古有是言故以為問堯舜禹君臣也而竝文武周公父子也而處湯孔子數百歲而生者吳云堯舜禹三聖相竝後數百年始生湯文武周公三聖同處後數百年始生孔子先則比年而三聖後則遠年而一聖司馬云湯上距禹下距文王孔子上距周公皆數百歲固往以推來雖千一不可知也者俞云千謂千歲一謂一歲從其極疏者言之或千歲而生一聖人從其極數者言之或一歲而生一聖人故曰雖千一不可知也按[redacted]此上疑百歲為言故有其辭[redacted]猶云雖千歲而聖人出或一歲而聖人出不可知也[redacted]〇注連軒吏遷皆有此言按孟子見上引史記自序云先人有言自周公卒五百歲而有孔子孔子卒後至於今五百歲有能紹明世正易傳繼春秋本詩書禮樂之際意在斯乎意在斯乎小子何敢讓焉是史[redacted]遷亦有此言也彼索隱云此略取於孟子而揚雄孫盛深所不然所謂多見不知量也以為淳氣育才豈有常數五百之期何異一息是以上皇相次或以為齡為間而唐堯舜禹比肩竝列降及周室聖賢盈朝孔子之沒千載莫嗣安在於千年五百年乎[redacted]司馬貞以子雲之駁孟子史遷為不知量然其所論乃全同子雲不知其意之所在也〇疑千歲一人一歲千人按俞云夫聖人之生也無一[redacted]歲千人之理疑李注本作一歲一人一歲一人猶寫誤耳

十二

聖人有以擬天地而參諸身乎〔注〕稟天地精靈合德齊明是以
首擬天腹擬地四支合四時五藏含五行動如風雷言成文
章也孔子閒居云三王之德參於天地鄭注云參天地者其
德與天地為三也中庸云可以贊天地之化育則可以
與天地參矣朱子集注云與天地參謂與天地並立為三也荀
子王制云故天地生君子君子理天地君子者天地之參也
楊注云參與之相參共成化育也然則擬天地而參諸身謂
效法天地而身與之為三也○注稟天至章也按注意謂聖
人以象天地滿天地之德於一身亦天地也即[redacted]與天地
為三之義宋咸司馬皆以此與上章相連說之宋云夫天地
之道或泰而通或否而塞泰則萬物阜否則萬化閼一而
常也夫聖人之道或生而出或亡而絕出則萬物遂絕則萬
化滅亦非一而常也是故天地不常泰亦不常否聖人不常
出亦不常絕揚子因上論聖人之生有以合天地之化[redacted]為
之言爾司馬云言德與天地參者則為聖人無跡數之期也
宋注天地不常泰云云困學紀聞論諸子書稱之然聖人擬
天地而參諸身與聖人之生有合於天地之化義實不同未可
强為傅合溫公謂聖人之出無跡數之期即人皆可以為堯

書義參諸七南切

困學紀聞翁注引作存

四支世德堂本作四肢

遂

得楊旨未可以爲非也

舜之說然以解法言此語亦是意爲漕益非正文固有之義
然則此章論聖人之生此章論聖人之德弘範適文解之

或問聖人有詘乎曰有曰焉詘乎曰仲尼於南子所不欲見也陽虎所不欲敬也見所不見敬所不敬不詘如何曰衛靈公問陳則何以不詘曰詘身將以信道也如詘道而信身雖天下不爲也

【注】仲尼之敬陽虎楊子之臣王莽所詘者形也於神何時撓哉諸如此例學者宜識其旨

聖人有詘乎者音義詘与屈同按詘伸字正當作詘古書多假屈爲之■焉詘乎者音義焉詘於虔切仲尼於南子所不欲見也者論語云子見南子子路不說夫子矢之曰予所否者天厭之天厭之孔子世家云孔子適衛反乎衛靈公夫人有南子者使人謂孔子曰四方之君子不辱欲與寡君爲兄弟者必見寡小君寡小君願見孔子辭謝不得已而見之夫人在絺帷中孔子入門北面稽首夫人自帷中再拜環珮玉聲璆然孔子曰吾鄉爲弗見見之禮荅焉孔叢子儒服云平原君問子高曰吾聞子之先君親見衛夫

[redacted]

各爲一義不須穿鑿求通

據史記是歲魯定公卒則此定公十五年事

十行　深山製

人南子信有之乎答曰昔先君在衛衛君問軍旅焉拒而不答問不已攝駕而去衛君請見猶不能終何夫人之能覿乎古者大饗夫人與焉於時禮儀雖廢猶有行之者意衛君夫人饗夫子則夫子亦弗獲已矣孔叢此說乃同坊記有陽侯殺繆侯而竊其夫人故大饗廢夫人之禮之語而傅會之而不知其悖於禮乃愈甚也毛氏奇齡四書改錯云[redacted]諸侯大饗夫人出行裸獻禮同姓諸侯有之異姓則否故禮正義謂王饗諸侯及諸侯自相饗同姓則后夫人親獻異姓則使人攝獻自繆侯陽侯以同姓而遭此變凡後同姓亦攝獻[redacted]然則因大饗而見夫人[redacted]惟同姓諸侯有然孔子魯之大夫衛君夫人安得以待同姓諸侯之禮待之縱衛君夫人有其事孔子安得受之錢氏坫論語後錄乃謂此孔叢子之說必有所據可謂無識論語劉疏則云南子雖淫亂然有知人之明故於蘧伯玉孔子皆特致敬其請見孔子非無欲用孔子之意子路亦疑夫子此見為將詘身行道而於心不說正猶公山弗擾佛肸召子欲往子路皆不說也此亦因南子淫亂而有此疑也其說似為近是而謂南子有欲用孔子之意而孔子見之則亦衰於理蓋孔子之自蒲反衛主蘧伯玉家未嘗無仕衛之志孔子言衛靈公無道而仲叔圉治賓客祝鮀治宗廟王孫賈治軍旅夫如是奚其喪則猶足用為

善魯為孔子父母之邦衞以魯兄弟之國不得志於魯猶思行其道於衞孔子之去魯而[redacted]適衞（去衞之衞……時）衞俗仕於其國[redacted]有見其小君之禮世家所云四方之君子欲與寡君為兄弟者必見寡小君寡小君願見南子之[redacted]見（畏……）自孔子始孔子既欲仕衞則依其國俗行之猶魯人獵較孔子亦獵較之意故[redacted]於南子之請辭謝而猶終應之有以[redacted]之利天下大見小君之為非禮也若呂氏春秋貴因云孔子道彌子瑕見釐夫人因也淮南子泰族云孔子欲行王道東西南北七十說而無所偶故因衞夫人彌子瑕而欲通其道鹽鐵論論儒云孔子適衞因嬖臣彌子瑕以見衞夫人[redacted]秦漢閒流俗相傳之陋說[redacted]不足置辯[redacted]陽貨所不欲見也[redacted]世德堂本此句首有於字論語云陽貨欲見孔子孔子不見歸孔子豚孔子時其亡也而往拜之孔注云陽貨陽虎也季氏家臣而專魯國之政欲見孔子使仕也劉疏云貨虎一聲之轉疑貨是名虎是字也見所不見敬所不敬不詘如何者如猶而也詳見經傳釋詞衞靈公問陳則何以不詘[redacted]論語云衞靈公問陳於孔子孔子對曰俎豆之事則嘗聞之矣軍旅之事未之學也明日遂行孔注云軍陳行列之法也孔子既不得用於衞將西見趙簡子至於河而聞竇鳴犢舜華之死也乃還息乎陬鄉[redacted]反[redacted]乎衞入主蘧伯玉家他日靈公問兵陳

音義：陳，直刃切。說文：敶，列也。經傳多以陳為之，俗字作陣。

靈之音轉

五臣旁注

行道

此乃

世德堂本作或曰

世家云

十四

曾子固答王深甫書引持以作所以

孟子云行一不義殺一不辜而得天下皆不為也雖天下不為即雖得天下不為之意[redacted]

孔子曰俎豆之事云云明日與孔子語見蜚鴈仰視之色不在孔子孔子遂行按此哀公三年衛靈公末年之事誤身將以信道也[redacted]音義信道音伸下同按信即伸之假說文伸不屈也宋注引孔子曰君子之行已可以詘則詘可以伸則伸[redacted]如詘道而信身雖天下不為也世德堂本作不可為也汪氏筆乘引同按[redacted]不審有可字○

據家語屈即解文詘今家語作屈

注所詘者形也按世德堂本無者字

聖人重其道而輕其祿眾人重其祿而輕其道聖人曰於道行與眾人曰於祿殖與注聖人以行道為務眾人以祿食為先

眾人重其祿而輕其道世德堂本作眾人輕其道而重其祿於祿殖與者廣雅釋詁云殖積也國語晉語韋注云殖蕃也○注凡人以祿食為先按世德堂作祿殖此涉正文而誤[redacted]祿食[redacted]疑食祿之誤食祿與行道相對也

昔者齊魯有大臣史失其名注以道事君不可則止為大臣也

史失其名者不書其名也曰何如其大也曰叔孫通欲制君

臣之儀徵先生於齊魯所不能致者二人〔注〕高帝時叔孫通

為奉常欲制君臣之禮采亂之餘權時之制不合聖典雖盡

其美未盡其善故不能致之曰若是則仲尼之開迹諸侯也

非邪曰仲尼開迹將以自用也〔注〕欲行其道制素法也如委

己而從人雖有規矩準繩焉得而用之音者齊魯有大臣[redacted]者漢書地理

志齊郡秦置縣十二臨淄昌國利西安鉅定廣＝饒昭南臨朐北鄉平廣臺鄉又魯國故秦薛郡高后元年為魯國[redacted]

[redacted]縣六魯卞汶陽蕃騶薛吳云遷固二史皆曰魯有兩生而楊謂齊魯豈其指通而言哉按此稱兩生曰大臣故變魯曰齊

魯蓋云魯有大臣嫌謂春秋時魯國今云齊魯者其為地名而非國名也叔孫通欲制君臣之儀徵先生於齊魯者史記叔

孫通傳云叔孫通者薛人也秦時以文學徵待詔博士數歲陳勝起山東使者以聞二世召博士諸儒生問叔孫通前曰

此特羣盜鼠竊狗盜耳郡守尉今捕論何足憂二世喜拜為博士叔孫通已出宮反舍通亡去之薛＝已降楚矣及項梁

何如其是也世德堂本何如作如何

漢之并叔孫通為博士號稷嗣君

之薛叔孫通從之敗於定陶從懷王懷王為義帝徙長沙叔
孫通留事項王漢二年漢王從五諸侯入彭城叔孫通降漢
王漢五年已并天下諸侯共尊漢王為皇帝於定陶叔孫通就
其儀號高帝悉去秦苛儀法為簡易羣臣飲酒爭功醉或妄
呼拔劍擊柱高帝患之叔孫通知上益厭之也說上曰夫儒
者難與進取可與守成臣願徵魯諸生與臣弟子共起朝儀
高帝曰得無難乎叔孫通曰五帝異樂三王不同禮禮者因
時世人情為之節文者也故夏殷周之禮所因損益可知者
謂不相復也臣願頗采古禮與秦儀雜就之上曰可試為之
令易知度吾所能行為之於是叔孫通使徵魯諸生三十
餘人司馬云先生謂宿儒按皇甫士安三都賦序李注云先
生學人之通稱也學行云吾聞先生相與言則以仁與義所
不能致者二人者也傳云魯有兩生不肯行曰公所事者且
十主皆面諛以得親貴今天下初定死者未葬傷者未起又
欲起禮樂禮樂所由起積德百年而後可興也吾不忍為公
所為公所為不合古吾不行公往矣無汙我叔孫通笑曰若
真鄙儒也不知時變是其事也者是則仲尼之開迹諸侯也
非邪者迹世德堂本作跡孟堅典引云鋪觀二代洪纖之
度其賾可探也並開迹於一匱同受侯甸之服李注云殷
周之代初皆微同開迹於一匱並受夏殷侯甸之服論語曰

書習三代之禮

雖覆一簣是班用開迹字為創業之義開迹於一匱猶云始
於一簣耳司馬長卿封禪文后稷創業於唐堯公劉發跡於
西戎子雲解嘲云公孫創業於金馬驃騎發跡於祁連皆以
創業發跡相偶為文開發同誼開迹即發跡也開迹諸侯謂
孔子作春秋託王於魯也春秋之義始於亂世終於太平始
於粗糲終於精微亦如魯兩生之說積德百年而後制禮也
新王之法託始於隱公若為新矣仲尼開迹將以自用也者
自用謂守先王之道制作以為後王法公羊傳哀公篇云君
子曷為為春秋撥亂世反諸正莫近諸春秋則未知其為是
與其諸君子樂道堯舜之道與末不亦樂乎堯舜之知君子
也制春秋之義以俟後聖以君子之為亦有樂乎此也是其
義如善己而從人雖有規矩準繩焉得而用之若宋云規矩
準繩猶制度也按謂禮也言捨記之所學而徇當世之所好
躧復制禮何所用之此亦[illegible]王莽之制作矣云通制撰儀得
隨時之義而揚獨許此之生者蓋善其惡叔孫之面諛而雜
用秦義且欲自明揚之志不隨莽改作也○注高帝[redacted]
也[redacted]按漢書百官公卿表云奉常秦官掌宗廟禮儀有
丞景帝中六年更名太常通傳通說上起朝儀在高帝五年
通拜太常在高帝七年注謂通為奉常欲制君臣之禮先後
倒置此奉常字當作[illegible]博士也○注欲行其道制素法也按孟子

云孔子懼作春秋〻〻天子之事也趙注云孔子懼正道遂滅故作春秋因魯史記設素王之法謂天子之事也素法守素王之法之謂上文者是則仲尼之開述謂也非邪李注無釋宋云開跡謂開布其跡於諸侯之國吳云開〻說其君臣之義跡〻述其禮義之制司馬云以齊魯二生知道不行而不起者是則仲尼之歷聘為非耶俞云國語晉語夫樂以開山川之風呂氏春秋樂成篇夫開善豈易哉韋昭高誘注並曰開通也然則開跡者通跡也如魯兩生之不肯行則絶跡於漢廷矣故以孔子之歷聘諸侯為通跡也諸說皆以開跡為游說之意其釋字義雖不同而以為歷聘諸侯之事則一●今以封禪文解嘲與引證之開迹猶云創業乃當時習用之語弘範解此句為欲制素法則亦必不以開迹諸侯為歷聘之事可知蓋此章要旨在論制作之義非在論出處之節或人之問謂春秋託始魯隱是撥亂而作正與兩生所持太平而後制作之說相反兩生為是則孔子為非子雲之答則謂春秋雖撥亂而作而其義在述堯舜之道以俟後聖乃撥亂而反正蓋善已而從人也

或問孔子之時諸侯有知其聖者與曰知之知之則曷為不用

曰不能曰知聖而不能用也可得聞乎曰用之則宜從之從
之則弃其所習逆其所順[redacted]彊其所劣損其所能衡、如也求
天下之至孰能用之〔注〕損弃孔子之時諸侯有知其聖者與藝文類聚二十引其聖作孔子
聖御覽四百一引作孔子之聖曰知之者自衒聖人云聖
人未殁時寧知其聖乎曰知之論語曰夫子聖者與孔子曰
太宰知我乎[redacted]知之則曷為不用世德堂本知之上有曰字
類聚御覽竝引作若知之弃其所習各本弃皆作棄按治平
本於棄字前後皆作弃吾子弃常珍而嗜乎異饌先知與衆
弃之可證御覽引此正作弃今據改逆其所順類聚御覽引
疏作所從彊其所劣音義[redacted]强其兩切[redacted]
[redacted]彊[redacted]者賢也常讀平聲答子也吳本注云彊堅也廣雅
釋詁云臤堅也[redacted]而訓堅故賢亦謂之[redacted]彊其所劣謂賢
其所不肯也損其所能御覽引[redacted]作損此形近而誤衛之[redacted]
義見問明彼謂往來無定此謂思慮不決也非天下之至孰
能用之音義非天下之至天復本作天下之至德温公從之
世德堂本依集注增德字御覽引作至聖按此不曉至字之
義而妄增者考工記覆之而角至鄭注云至猶善也荀子法

論衡講瑞桓君山謂楊子雲曰如後世復有聖人徒知其才能之勝己多不能知其聖與非聖人也子雲曰誠然故有此問

類聚引同

彊

音義損與專切

治平本作從御覽引同二字通用

法夫至用民者房注云至善也世則天下之至猶云天下之[redacted]善乃可謂至德至聖也〇注捐弃按世德臺本無此注治平本棄作棄今依錢本

或問孔子知其道之不用也則載而惡乎之〔注〕欲知載送道術何所之詣曰之後世君子〔注〕許未指曰貫如是不亦鈍乎〔注〕言畜賢以遺後畜道俟將來是遽鈍曰衆人愈利而後鈍聖人愈鈍而後利關百聖而不慙蔽天地而不恥能言之類莫能加也貴無敵富無倫〔注〕論但利孰大焉孔子知其道之不用也則載而惡乎之者論語云子曰道不行乘桴浮於海從我者其由也與皇疏云孔子聖道不行於世故或欲居九夷或欲乘桴浮海劉疏云夫子本欲行道於魯魯不能竟其用乃去而之他國最後乃如楚則以楚雖蠻夷而與中國通已久其時昭王又賢葉公好士故遂如楚以冀其用則是望道之行也楚又不見用始不得已而欲浮海居九夷史記世家雖未載浮海及

按前文云我所惡乎
之是以商賈爲喻故
此云賈如是也詩正
月其車既載毛傳
云大車重載孔疏云
考工記車人爲車有
大車鄭以爲平地任
載之車駕牛車也
尚書曰肇牽車牛
遠服賈用是大車
駕牛車也此以商賈
爲喻而云既載故知
是大車也

居九夷二語爲在周游之後然以意測之當是也其欲浮海
居九夷仍爲行道非避世幽隱但爲世外之想耶其後皆不
果行然亦見夫子憂道之切未嘗一日忘諸懷矣按此問之
設正以孔子嘗有浮海居夷之語而其後終不果行故欲明
其義之所在也司馬云惡音烏曰之後世君子者謂作春秋
也公羊傳哀公篇云制春秋之義以俟後聖以君子之爲亦
有樂乎此也世家云子曰吾道不行矣吾何以自見於後世
哉乃因史記作春秋按依上引劉疏之說推之則孔子發浮
海居夷之志在周游之後此作春秋之事又在志浮海居夷
之後蓋以其事終不易行且可使行其所志其利亦不若制
作以遺後世之大且遠也實如是不亦鈍乎者音義實如音
若司馬云言行道者貴於及身乃載以遺後世諸爲實求
利者如此不亦鈍乎衆人愈利而後鈍聖人愈鈍而後利者
司馬云言利愈近則愈小愈遠則愈大也閔百聖而不憖敝
天地而不耻者閔讀爲毋說文毋穿物持之也經典通作貫
古音閔讀如管之叔墨子耕柱及公孟並作閔叔故[redacted]與
[redacted]毋禮記雜記孔疏云閔穿也是并以閔爲毋也公羊傳哀
公篇解詁云樂具貫於百王而不滅語可本此司馬云敝當
作弊紲也按弊者獘之俗字此當讀爲敝說文敝一曰敗衣
引伸爲凡抗敝之稱又引伸爲盡爲極古書敝蔽獘三字每

詩當作詐

多互通呂氏春秋當賞云功名蔽天地高注云蔽猶極也能言之類莫能加也者吳云自生民以來未有如夫子也司馬云為衆說郢拙矣說是也能言之類謂人類也○詳來者按[redacted]班孟堅幽通賦詐來哲以通情詐詩形近而誤此用其語

或曰孔子之道不可小與〔注〕嫌孔子大其道故當其時不能用曰小則敗聖如何曰若是則何為去乎曰愛日曰愛日而去何也曰由羣婢之故也不聽正諫而不用噫者吾於觀庸邪無為飽食安坐而厭觀也〔注〕齊人歸女樂季桓子受之三日不聽朝正諫而不用於是遂行由此觀之夫子之日亦愛矣〔注〕惜寸陰

或曰君子愛日乎曰君子仕則欲行其義居則欲彰其道事不厭教不倦焉得日〔注〕日不暇給

孔子之道不可小與者[redacted]照則孔子之叢圓材異施[redacted]

下支云什成神明也大以成大小以成小雖山川丘陵草木鳥獸裕如也

數或疑亦可□其道□合世用小則敗聖如何者義天從本無
如何二字按敗聖如何者如敗聖何也各本有此二字於義
為長世家云詳見夫子之道至大也故天下莫能容夫子夫子盍
同音少貶焉孔子曰賜良農能稼而不能為穡良工能巧而
不能為順君子能脩其道綱而紀之統而理之而不能為容
邪此文之義若是則何為去乎者去謂去魯司馬云道既不
可小則所如不合何必去父母之邦愛日者表記愛莫助之
鄭注云愛猶惜也孔子三朝記小辯社稷之主愛日洪氏頤
煊注云曾子曰君子愛日以學孫卿書曰王者敬日猶愛
也按皆不虛費之謂君子生無所息故知其不可為而為之
不見用於此則思行其道於彼道不行而不去[illegible]時虛費日
力坐以待老致汲汲然思究往也曲摩婢之故也治平本作
摩謀錢本同今依世德堂本此用史記文不得作謀蓋婢誤
為媒又誤為謀也世家云定公十四年按當作十二年孔子
由大司寇行攝相事於是誅魯大夫亂政者少正卯與聞國
政三月粥羔豚者弗飾賈男女行者別於塗塗不拾遺四方
之客至者不求有司皆予之以歸齊人聞而懼曰孔子為政
必霸霸則吾地近焉我之為先并矣盍致地焉犁鉏曰請先
嘗沮之沮之而不可則致地庸遲乎於是選齊國中女子好
者八十人皆衣文衣而舞康樂文馬三十駟遺魯君陳女樂

十行 深山製

道不拾遺

文馬於魯城南高門外，季桓子微服往觀再三，將受，乃語魯君為周道遊，往觀終日，怠於政事。子路曰：夫子可以行矣。孔子曰：魯今且郊，如致膰乎大夫，則吾猶可以止。桓子卒受齊女樂，三日不聽政；郊，又不致膰俎於大夫。孔子遂行，宿乎屯。而師己送，曰：夫子則非罪。孔子曰：吾歌可夫？歌曰：彼婦之口，可以出走；彼婦之謁，可以死敗。蓋優哉游哉，維以卒歲。師己反，桓子曰：孔子亦何言？師己以實告。桓子喟然歎曰：夫子罪我以羣婢故也夫。即其事不聽正諫而不用者。宋云：不聽正當作不聽政，字之誤也。司馬云：正與政同。按：正、政古字通用。詩大序正得失，周禮都司馬掌其正學，釋文並云：正本作政。世家無孔子諫受女樂之文。韓非子內儲說云：仲尼為政於魯，齊景公患之，黎且謂景公曰：君何不迎之以重祿高位，遺哀公

去仲尼猶吹毛耳

[redacted]女樂以驕榮其意，哀公新樂之，必怠[redacted]於政，仲尼必諫，諫[redacted]必輕絕於魯。景公曰善。乃令黎且以女樂六遺哀公，哀公樂之，果怠於政。仲尼諫，不聽，去而之楚。瞿氏灝四書考異云：此事在定公時，韓非作哀公，誤也。按：後漢書馮衍傳章懷太子注引韓子，遺哀公樂作魯，以哀公新樂之作魯君樂之，以女樂六遺哀公作以女樂遺魯，雖哀公樂之同今本。其云諫而不聽乃去，則是當歸女樂時，孔子亦嘗極諫，觀齊人之不敢直陳魯庭

桓子之不敢公行會國可以意會其故史記不兼收韓非語
蓋失之壞晏子春秋外篇述此事亦稱晏子曰魯君弱主也
孔子聖相也君不如陰重孔子設以相齊孔子强諫而不聽
必驕魯而有齊趙與法言此文合。嗑者吾於觀庸邪無為彼
含安坐而觀觀也者司馬云宋吳本作不用雖嗑者今從李
本無雖字按雖嗑義不可通音義[redacted]所引俗本之誤
無文則其所見俗本猶無作雖嗑者宋吳所據乃俗本也此音義
本也嗑者[redacted]諸[redacted]莊子在宥意治人之過邪釋
文意本又作嗑新序雜事載楚王先生語再云嗑特韓詩外
傳述此均作意特[redacted]語辭[redacted]嗑者印意
者耳[redacted]觀謂魯君臣游觀之事
即世家云為周道游往觀終日者也庸之為言倦也今字作
慵說文新附慵嬾也古止作庸爾雅釋詁庸勞也廣雅釋詁
勞嬾也廣韻勞倦也於觀庸謂倦於觀也音義觀觀一讀切
世德[?]本作懨說文懨安也[redacted]孔子諫受女樂不聽不得已
而思去乃言吾之去此豈為於游觀之事惟所嬾倦不好耶
[redacted]誠以受女之故不肯飽食安坐而懨觀也蓋不願顯言
魯君臣之非而託言已之去國為不欲睹日游觀之故此答
孔子去魯之時舊有此疑今無從知其出於何書也[?]此觀
之夫子之日事憂矣有自不聽正以下皆古書記孔子去魯

以傳為主多據正字

宋吳本作之與

吳胡部郎玉縉云庸（讀如字讀之於觀庸就已言懨觀則就人言）[redacted]君曰意有吾於游觀之事庸（愚）闇而不知其可樂也乃欲他人之勿為佳食安坐而懨也之與邪同義古邪也弗珠釋文敘錄[redacted]此上句用邪下句用也猶昭二十六年左傳不知天之棄魯邪抑魯君有罪於鬼神故及此也史記淮南衡山傳公以為吳興兵是邪非也貨殖傳豈所謂素封者邪非也漢書龔遂傳

十行　深山製

十一

今欲使臣勝之邪精甚之也之比孔子因諫而不用臨行發此疑詞以自發聖人之心事者揭而書居臣之失未涉此見於言外矣

音義不厭於豔切

論語云學而不厭誨人不倦何有於我哉

音義焉得於虔切下焉支焉同

之事子雲引之以證變日而去之說至此引古已畢自為論斷故云由此觀之也其以正為政以憶為意必是原文如此猶以正為之可以悟其文之必有所據也君子變日乎者異云君子必如夫子變日乎按此因述孔子之事而通論凡為君子者之道也仕則欲行其義居則欲彰其道者司馬云居內處向不仕按荀子非十二子古之所謂處士者楊注云處士不仕者也居處同義束廣微補亡詩被居之子李注云居謂未仕者是也學不厭教不倦者孟子云學不厭知也教不倦仁也焉得日者[illegible]日之不足如此[illegible]可惜明變日之至（是以）也○經齊人望遂行按孫範於憶者吾於觀庸邪無釋俞云子之言者曰意者吾將於此觀彼庸之者邪故又曰無為能憶庸作意之者吾於觀庸邪七字為句邪乃語詞蓋此為札食每坐而厭觀也楊子書每以庸為庸衆之稱問明篇甚矣聖道無益於庸也又曰如庸行翳路宋吳疑以庸愚釋之此文庸字亦與同同假憶為意說者遂不得其解宋吳本又增非字於憶字之上於義益不可通矣曲園以憶者吾於觀庸邪七字為句以憶為意以邪為語詞甚是而解吾於觀庸為吾將於此觀彼庸之之殊為不[illegible]解君子絕交不出惡聲孔子去父母之邦豈肯直斥其君[illegible]庸之為衆為惡自是常

訓此，以謂揚書庸字皆為此義，亦非通論。

宋讀邪如字，而以為庸[redacted]邪之異，尤誤。

或問：其有繼周者，雖百世可知也。秦已繼周矣，不待夏禮而治者，其不驗乎？曰：聖人之言天也，天妄乎？繼周者未欲太平也，如欲太平也，捨之而用它道，亦無由至矣。

注 暴秦之繼周，王莽之篡漢，臧獲猶將悼之，賢者能無慨歎乎？

其有繼周者，雖百世可知也，論語為政文。其，論語作其或。按，有、或同義通用，書無逸亦罔或克壽，漢書鄭崇傳作亦罔有克壽。馬融注云：物類相招，勢數相生，其變有常，故可豫知也。日知錄云：殷因於夏禮，所損益可知也；周因於殷禮，所損益可知也，數往者順也。其或繼周者，雖百世可知也，知來者逆也。秦已繼周矣，不待夏禮而治者，其不驗乎者，白虎通三教云：王者設三教者何？承衰救弊，欲民反正道也。三正之有失，故立三教以相指受。夏人之王教以忠，其失野，救野之失莫如敬；殷人之王教以敬，其失鬼，救鬼之失莫如文；周人之王教以文，其失薄，救薄之失莫如忠。繼周而黑，制與夏同。三者如順連環，周而復始，窮而

音相同故

其者即其諸也

者繼周者秦也不云秦而云繼周者明漢欲致太平亦當用夏禮

謂捨夏禮

反本史記高帝紀云三王之道若循環終而復始周秦之閒可謂文敝矣秦政不改反酷刑法豈不繆乎是秦繼周統當以夏禮爲治也不得夏禮而治者的未有底無義此文本云其者不驗乎者●諸言多互用郊特牲於彼乎於此乎或諸遠人乎或諸叩或者也爾雅釋魚龜俯者靈仰者謝前弇諸果後弇諸獵上云俯者仰者下云弇諸明[redacted]也論語其諸異乎人之求之與經傳釋詞云其諸亦擬議之詞也後人不知其者即其諸之異文故後●重累爲其者未辯其音義云者衍字而於此文以意倒之矣聖人之言天也天妄乎者妄與驗相反爲義問神云無驗而言之謂妄[redacted]繼周者未欲太平也世德靈本太作秦下改同捨之而用它道[redacted]它各本皆作他今據問道[redacted]至讀爲致大學鄭注禮器釋文又莊子外物釋文並云致本作至無由至者謂無以致太平春秋制新王之法以詒後聖用夏道正黑統示繼周者不循其法不能以撥亂反正●注暴秦至數乎按此與前篇秦無觀章注同義宋注於此文尚不能●得其句讀乃謂注非正文之意謬矣

赫赫乎日之光羣目之用也渾渾乎聖人之道羣心之用也赫赫

吳云聖人之言天意也聖言不驗豈天妄乎無[redacted]或妄也言暴亂者非天意也

者諸一

支離支繚

天地變化聖人效之

手日之光世德堂本作日出之光按說苑建本引河間獻王
[illegible]云湯稱學聖王之道者譬如日焉夫捨學聖王之道若捨
日之光此以聖人之道日之光喻也本河間獻王書世德堂
有出字乃淺人欲整齊文句妄增之渾渾音義
渾渾戶昆切又胡本切司馬云目因日光然後能有見
心因聖[illegible][illegible]道然後能有知渾渾[illegible]廣大疏通之貌
或問天地簡易而聖人法之何五經之支離〔注〕嫌難了曰支離
蓋其所以為簡易也〔疏〕支離分別之而後朗然事得簡易已
簡已易焉支焉離〔注〕既簡既易乃是很落之初焉支焉離言
不可了也天地簡易而聖人法之者音義簡易以豉切下同繫辭云乾以易知坤以簡能易則易知簡則易從
又云[redacted]何五經之支離者莊子人間
世支離疏者釋文引司馬云支離形體不全貌王文考魯靈
光殿賦支離分赴李注云支離分散也亦作支繚荀子富國
其候徼支繚楊注云支繚支分繚繞按支離疊韻連語離繚
一聲之轉皆斂[illegible]散之意五經支離即前篇五經不如老
子之約之說[illegible]上文云聖人之言天地故復設此難支離蓋

多岐出

十行深山製

十三

俞云如讀為而古字通用故李注曰有時而盡按俞說是也

其所以為簡易也者君子云多聞則守之以約多見則守之以卓寡聞則無約也寡見則無卓也即其義已簡已易馬支離者謂既得歸於約卓矣則何繁多歧出之有〇注既簡且了也按此未得正文之旨[redacted]司馬云道之未明則支離以明之道之既明則坦然簡易安用支離也言經有所以明道之既明則經不繁矣

或曰[redacted]聖人無益於庸也曰世人之益者倉廩也取之如單

（注）有時而盡仲尼神明也小以成小大以成大雖山川丘陵

草木鳥獸裕如也（注）具道者大小各隨其本量而取足如不

用也神明亦末如之何矣（注）神明有所不及聖人有所不詘

聖人無益於庸也者吳云庸用也老子有絕聖棄智之言故曰無益於用按附明云甚矣聖道無益於庸也聖讀而庸行盡去諸聖庸對文明庸是庸[redacted]衆之義以彼證此則聖人無益於庸者亦謂聖人無補於衆人也世人之益者倉廩也者說文倉穀藏也又㐭穀所振入宗廟粢盛倉黄㐭而取之故謂之㐭从回重文廩從广從禾取之如單者[redacted]

下文仲尼神明也則此文聖人専謂孔子

說詳後疏

何[redacted]單讀為彈說文彈極盡也司馬云僉魔龍於人有近
蓋而所識不多神尼神明也者司馬云神明造化也生物無
窮按問神云天地神明而不測者也是神明即天地故下文
云聖人之材天地也小以成小大以成大雖山川丘陵草木
鳥獸裕如也者謂[redacted]無不涵濡
於天地之化育以成其材天地有以備應之而無不足也說
文裕衣物饒也引伸為凡饒之稱司馬云裕如有餘貌如不
用也神明亦末如之何矣者司馬云諭石朽木造化所不能移
君愚人聖人所不能益按謂自暴自棄者天地無如之
何然則非聖人之無益於衆乃衆人之不求有益耳

或問聖人占天乎曰占天地（注）言能占之若此則史也何異曰
史以天占人聖人以人占天（注）聖人以人占天者先乎天也
史以天占人者後乎天也大聖先天而天不違良史後天而奉
天時知其所先後則天人之情得矣聖人占天乎者說文占
視兆問也繫辭云極數
知來之謂占之天者謂觀乎天文以先知吉凶之事占天地
者[redacted]

按此蓋亦古書成語下文言可觀而不可彈字不作單此以單為之引古也

喻士無智愚皆不有所游於孔子之門孔子皆有以善誘之而無所窮[redacted]

俞云地疑也字之誤下文史以天占人聖人以人占天但言天不言地可證地字之誤按俞說是也依下文云云

移

物無高下靡不蒸

則惟聖人而後為能占天文不過占人而已歟直應之曰占天也言占天正聖人之事也此蓋也字漫漶傳寫者習以天地連文遂改為地耳若此則文也何異者史者學天文之官之總稱周禮大史及其所屬馮相氏保章氏皆是彼鄭注云馮乘也相視也世登高臺以視天文之次序保守也世守天文之變月令孔疏云馮相保章俱學天文其事不同馮相氏主日月五星年氣節候推步遲疾審知所在之處若今之司歷主其算術也保章者謂守天之文章謂天文違變度數失其所學別也史以天占人聖人以人占天者吳云以天占人者觀天以見人事也以人占天者因人以知天意也司馬云史者察象數知人事之吉凶聖人修人事知天道不能違按此并刺王莽之妄稱天命及好時日小數之事。注言能占之按治平本作言皆占之錢本同此因正文天也誤作天地而校書者乃併改注文以傳合之也世德堂本作能西釋占天之義蓋猶弘範為文纂圖互注本同今據訂正吳云孔安國曰事無不通謂之聖司馬云仰觀象緯俯觀法此依誤文作解與上下文義皆不相應

或問星有甘石何如注甘公石申夫善觀天文者也曰在德不

續天文志清書

在星德隆則晷星、星隆則晷德也 星有甘石者史記天官書云昔之傳天數者在齊甘公魏石申集解引徐廣云或曰甘公名德也本是魯人正義引七錄云楚人戰國時作天文星占八卷漢書藝文志亦作楚有甘公史記張耳陳餘傳甘公曰漢王之入關五星聚東井東井者秦分也先至必霸集解引文穎云善說星者甘氏也索隱云天官書云齊甘公藝文志云楚有甘公齊楚不同者知孰是則歆七略云公一名德按潛夫論志氏姓州蒲甘戲露怡皆姜姓也則甘與齊為同姓蓋本為齊人後家於楚歟晉書天文志[redacted]天官書[redacted]正義又云石中魏人戰國時作天文八卷藝文志作魏有石中夫[redacted]何者欲知二家之異同長短也在德不在星者天官書云大上修德其次修政其次修救其次修禳正下無之蒼帝行德天門為之開赤帝行德天牢為之空黃帝行德天夭為之起白帝行德畢昴為之圍黑帝行德天關為之動也德隆則晷星星隆則晷德者司馬云晷影也影從形者也德崇則星從而祥星崇則德從而壞朱子語類云晷影也猶影之隨形也蓋德隆則星隨德而見星隆則人事反隨星而應俞云晷者日景也古人以土圭致日景以定南北易通卦驗所謂樹八尺之表日中視其晷按通卦驗作視晷如度者是

引七錄

十行 深山製

也故椅十中僣晷為推測之義言君德隆盛則宿晷之於星以驗德之至與不至星象隆盛則宿晷之以德以驗星之應與不應也按晷者表之景猶星者德之應晷之曲直視乎表星之吉凶視乎德人君以德為尚則表德而晷星晷節修晷德而星之妖祥不必問矣反是而以星為尚則表星而晷德特[illegible]人事以傅合天象或假借天象以粉飾人事斯惑之甚由溫公注及朱子語類云云皆即此意曲園謂君德隆盛宿晷之以星驗與在德不在星之義相剌繆其解星隆為星象隆盛尤不可通○注甘公至者也按世德堂本無此注

或問大人曰無事於小為大人注賢者志大之謂請問小曰事非禮義為小注而志在乎禮義大人之事備矣　無事於小為云公都子問曰鈞是人也或為大人或為小人何也孟子曰從其大體為大人從其小體為小人趙注云大體心思禮義小體縱恣情欲事非禮義為小者孟子云非禮之禮非義之義大人弗為荀子儒效云君子謂中曰禮義是也君子之所謂賢者非能遍能人之所能之謂也君子之所謂知者非能遍知人之所知之謂也君子之所謂辯者非能遍辯人之所辯之

司馬云治禮義則餘無不治者所以為大

謂也君子之所謂察者非能徧察人之所察之謂也有所正矣楊注云正者為止言止於禮義也○注賢者志大之謂按論語賢者識其大者不賢者識其小者漢石經識作志劉歆移書讓太常博士孟子尹士章之指引皆作志○注尚志在乎禮義按此解賢者志大為志在乎禮義則不以志為記識之識而以為志意之志孟子白圭治小章之指云是故賢者志其大者遠者也義與此同蓋漢儒說論語者有此義也

聖人之言遠如天注天懸象著明而人不能察聖人設教施令而人不能究賢人之言近如地注山川澤田之形可得而墾賢人御覽一百四引作賢者司馬云天高遠不可及地雖近亦承天而時行○注天懸象著明按繫辭云懸象著明莫大乎日月

瓏玲其聲者其質玉乎注玉之瓏玲其聲亦猶君子清泠其德

瓏玲各本作璗[redacted]按集注引宋吳本作玲瓏說文無璗有玲玲玉音聲也漢書本傳和氏瓏玲太玄唐之彼瓏玲字皆作玲

曨瓏，上音龍，下音靈。廣雅釋詁云玲瓏聲也，王疏云玲與瓏一聲之轉，說文龍答也，答之轉為龍，猶玲之轉為瓏，合言之則曰玲瓏，倒言之則曰瓏玲。按瓏玲雙聲連語，非玲轉為瓏。說文云玲玉聲者，省言耳。彼段注云法言廣雅作令瓏，按今法言各本皆作瓏瓏[redacted]段[redacted]司馬云賢美則聲清，德充則言善。按聞神云故言心聲也。○注君子清泠其德音，按宋玉風賦云清清泠泠，愈病析醒。李注云清清泠泠，清涼之貌也。

今[redacted]據改

聖人矢口而成言，肆筆而成書。注矢，正也。肆，操也。言可聞而不可彈，書可觀而不可盡。注性與天道。聖人矢口而成言肆筆而成書者，吳云矢，放也。肆，恣也。放口恣筆，動成典訓。爾雅曰矢，弛也。郭云弛，放。言可聞而不可彈，書可觀而不可盡者，吳云所以遠如天。司馬云聖人從心所欲，皆合於道，不可彈盡，言深遠也。○注矢正也，肆操也。按矢正，廣雅釋詁文。肆為操者，詩昊天有成命云肆其靖之，毛傳云肆，固。國語周語叔向釋此詩亦同，彼文云廣厚其心以固和之，又云始於固和，明固終於敬誠，蓋安固之謂。固，韋昭音語亦固太子以搖之，韋注云固，固持也。操持同如此[redacted]義非可通，然以絆回肆亦正也，與矢同意。史記樂書

轉相訓解

詁

吳本為提　宋[redacted]據

肆直而慈愛者宜歌商㶀解川鄭玄云肆正也繫辭其[redacted]事
肆而隱虞注云肆直也亂則矢口肆筆猶云正口直筆言不
假思索也○注性与天道按弘範解性与天道為自然合於
天道[redacted]詳修身聖人口不肆乎善注下[redacted]此亦引以證矢口
戒言肆筆戒書之義動
合天道故不可殫盡也

周之人多行注貴尚德義人人得行其道秦之人多病注道虐
況也行有之也病曼之也注行有之者周有德也病曼之者
秦無道也周之士也貴注道泰業隆故尊貴秦之士也賤注
道否人卑故察賤周之士也肆注肆放任意而道義行秦之
士也拘注拘制曲從不肆正道字按甫讀下孟切荀子正名周之人多行者音義多行如
云正義而為謂之行秦之人多病者韓詩外傳云學而不能
行之謂之病是病与行相反為義行病亦顛𨽻行有之也者
恥
表記云是故君子恥服其服而無其容恥有其容而無其辭
有其辭而無其德恥有其德而無其行[redacted]

十行深山製

十一十六

色端冕則有敬色甲胄則有不可犯之色詩裳裳者華云左之左之君子宜之右之右之君子有之維其有之是以似之說苑脩文引此詩傳譯冕厲戒立于朝廷之工云云畧与表記文同則以有之爲有其容有其德之義潛夫論邊議云且夫議者明之所見也辭者心之所表也維其有之是以似之与說苑引傳合皆魯詩說行有之也即本詩義言周之人多行者內有其德故外有其行也病曼之也者[redacted]老子云夫唯病病是以不病聖人不病以其病病是以不病陳氏澄解老子命見云言聖人所以不病者以病爲病故不病也迷則病曼之也者謂不以病爲病故病也夫子苻言云衆人皆知利利而不知病病曼之即不知病病之謂秦之人多病者虐政之下民皆不能直道而行舉世莫知病其病者故多病矣周之士也貴秦之士也賤者亦多行而言人有行則貴無行則賤也周之士也肆秦之士也拘者亦多病而言多病則拘無病則肆也○注貴尚德義人人得行其道按人人世德壹本作仁人此亦宋吳本之誤宋據誤文爲駁義謬甚又按得行其道即正義而充之謂非讀多行爲如字音義亦誤解也○注道屈沈也按道屈沈即學而不能行之意國語周語氣不沈滯韋注云沈伏也○注行有至道也按此未得有之曼之之義宋吳司馬皆不得其說陶氏鴻

音義曼之莫半切無也又毋伴切按寮見云曼是為也謂無是為也吏蔡云聖人謂聖人不言曼●之者謂不病病也

袁く

慶讀法言札記云五臣注皆未得兩之字之義故多曲說鼎適今案之往也適也同神篇面相之辭相適宋云適往也同馬云之亦適也是也坦之然曲於大道所以多行故曰行有之也張之然無所適從所以多病故曰病曼也陶讀行如字訓之為往說非可適義甚膚淺亦非揚旨○注道通泰業隆故尊貴按司馬云閑於禮樂故可貴○注道者人卑故窮賤按司馬云習於刑名故可賤○注肆放任意而直義行按司馬云優游仁義之間○注拘制曲從不肆正道按司馬云動為文罔所制

月未望則載魄于西注載始也魄光也載魄于西者光始生於西面以漸東滿既望則終魄于東注光稍虧於西面以漸東盡其遡於日乎注遡迎也言為人臣終始盛衰向迎其君如月迎日天理然也　月未望則載魄于西者說文朢月滿與日相望似朝君也從月從臣從壬壬朝是也經傳通以望為之又說文霸月始生魄然也承大月二日承小月三日從月䨣聲周書曰哉生霸[redacted]

按周書者康誥及顧命竝有其文此載魄作哉霸之異文古文尚書作哉霸今文尚書作載魄也王莽傳元始四年羣臣奏言公以八月載生魄庚子奉使朝用書臨賦營築字作載魄與此同皆本三家今[redacted]偽孔本康誥顧命作哉生魄乃翻案今古文為之康誥釋文引馬云魄朏也謂月三日始生兆朏名曰魄鄉飲酒義云月者三日則成魄孔疏云魄謂月輪生傍有微光也此謂月盡之後而生魄非每月三日也若初以前月大則月二日生魄前月小則三日乃生魄[redacted]藝文類聚二引乾鑿度云月三日成魄八日成光白虎通日月云月之為言闕也有滿有闕也所以有闕何歸功于日也三日成魄八日成光二八十六日轉而歸功晦至朔旦受符復行故援神契曰月三日而成魄三月而成時初學記一引釋名云朏月未成明也魄月始生魄然也併川注云承大月月生二日謂之魄承小月月生三日謂之朏是其義也既望則終魄于東書鈔一百五十引作月之望則魄落於東其遡於日乎者御覽四引劉向七略載京房易說云月與星至陰也有形無光日照之乃有光喻如鏡照日即有影見類聚二引物理論川京房說作如以鏡照日而有影見月初光見西方望已後光見東皆日所照也宋史律歷志引京房占云月有形無光日照之乃光始知月本無光遡日以為光即此文所本此

文蓋為元后發也。古以月為后妃之象，元后之生，其母有夢月之祥，故子雲作元后誄云：太陰之精，沙麓之靈，作合於漢，配元生成。漢書元后傳引此而釋之云：太陰精者，謂夢月也。莽改號太后為新室文母，絕之於漢，不令得體元帝。墮壞孝元廟，更為文母太后起廟，獨置孝元廟故殿以為文母篹食堂。太后驚泣。莽知太后怨恨，求所以媚太后無不為。然愈不說。其見元后，情子雲蓋有感其事，故著此語，言后之於帝，猶月之於日，月已能背日以為光，后豈得絕帝以為尊。以見莽之為逆人情而悖天理也。○注「載，始也。魄，光也」。按此皆尚書舊訓。皋陶謨「乃賡載歌」，鄭注云：載，始也。魄之為光，義見上引各條。劉歆作三統曆，推其牧誓、武成、召誥、顧命諸篇所紀月日，乃以死霸為朔，生霸為望。見漢書律曆志。彼孟康注云：月二日以往，月生魄死，故言死魄。魄，月質也。偽孔承之云：始生魄，月十六日，明消而魄生。於是說書者一變舊義，偽武成孔疏云：魄者，形也，謂月之輪郭無光之處，名魄也。朔後明生而魄死，望後明死而魄生。正與其所作禮記疏之說相反。此說盛行，學者習知魄為月質，遂以古訓為非。雖近人治許書者亦不免此惑。徐氏灝說文注箋云：月體渾圓，隨天旋轉，受日而成光，其望體謂之霸。晦則失盡，至朔而蘇，謂之生明，明生而霸死，故曰死霸。望則光滿，既望望體漸見，謂之生霸故漢志曰死霸朔也生霸望也古通作魄孟康云魄月質也是也許云月始生霸然方謂月初生明時見其黑體霸然也蓋光盛則霸不可見矣鄉飲酒義白虎通謂月三日成魄蓋就月魄初見時而言猶自可通若馬融以為月三日始生兆朕名曰魄則大誤矣此正以不誤為誤也此文宋注云朕為明魄為朏月未望者中始生明之時也正文宜曰月未望則載朕于西夫月既望者中始生魄之時也正文故曰既望則終魄于東今本望亦言魄蓋字之誤也司馬從之魄有作朕朏也皆襲偽孔之謬雷氏浚說文引經例辨云霸從月月始生為本義假借為王霸字生霸今書作魄假借字魄陰神也與霸義遠而音相近淺人不知其借音混魂魄之義以求之遂有以魄為月質者以哉生魄為月十六日皆臣謬也生魄為月之三日見於經文者見於漢人舊注者皆與許合而劉歆三統歷獨云成王元年正月己巳朔後三十年四月庚戌朔十五日甲子哉生魄故顧命曰惟四月哉生魄云云其說引顧命為證而實於顧命文義尚未了了案顧命作惟四月哉生魄王不懌甲子王乃洮頮水哉生魄與甲子一日乎非一日乎後世又誤以十五日為十六日相沿至今不改段氏注說文於霸字臚舉鄉飲酒義周書馬注白虎通及三統歷死霸朔也生霸望也之文而云三統說是則此說非矣

於載魄于西云

五號旁注

同上

朱子語類引稍虧作消虧

蓋猶未免騎牆之見云甘溪印以顧命文義證三統曆之謬
其言最中肯綮愚更以聲訓求之朏之為言白也見白虎通
情性又引微書引援神契月之始生朏然而白故謂之朏因
聲製字則為霸霸從月䨣聲䨣朏古音同也以朏為無光之
處乖於聲理弘範不惑劉歆說其識甚卓俞云李注曰[redacted]朏光
也云云此古義也朏者霸之假字壁中古文本作霸後人因
經傳相承作魄魄字遂誤以魄為月質而有死霸朔生霸望
之說與禮記鄉飲酒義白虎通之說皆不合矣是故康誥之
惟三月哉生魄實即洛誥之惟三月丙午朏說詳犀任年議
按釋名朏為月三日生魄為月二日義自有别然此說亦臆測此
文云云是徵偽孔傳之誤而宋咸輒生異說溫公[redacted]亦為之
惑信古義之久湮矣○光始生於西面以漸東滿稍虧於西
光
面以漸東盡按世德堂本作光始生於西而漸東滿光稍虧於
西而漸東盡歷象考成云太陰之體賴太陽而生光其向日
之面恆明背日之面恆晦而行則甚速於太陽當其與太陽
相會之時人在地上見其相背故謂之朔朔之後漸遠太陽人
下漸見其面其光漸長至距朔七日有奇其距太陽九十度
人可見其半面太陽在後太陰在前其光向西其魄向東故
名上弦上弦以後距太陽逾遠其光漸滿至一百八十度正
與太陽相望人居其間正見其面故謂之望自望以後又漸

此條說衍
謂魄以下
皆同

五号旁注

十行深山製

十一十九

近太陽人不能正見其面其光漸虧其魄漸生至距望七日有奇其距太陽亦九十度則又止見其半面太陽在前太陰在後其光向東其魄向西故名下弦下弦以後距太陽逾近其光漸消至復與太陽相會其光漸晦復為朔矣此月光始生於西面而終盡於東面之理朱子語類說此文云載猶加載之義如老子云載營魄左氏云從之載正是這個載字諸家都亂說只有古注解云月未望則光始生於西面以漸東滿既望則光消虧於西面以漸東去此兩句略通而未盡此兩句盡在其遡於日乎一句上蓋以日為主月之光也日載之光之終也日終之載猶加載之載蓋初一二間時日落於酉月是時同在彼至初八九日落在酉則月已在午至十五日相對日落於酉而月在卯此未望而載魄於西蓋月在東而日在西日載之光也及日與月相去逾遠則光漸消而魄生少間月與日相蹉過日卻在東月卻在西故光漸至東盡而魄漸復也前段古注云日加魄於西面以漸東滿日復魄於西面以漸東盡其載也日載之具終也日終之皆繫於日此亦因昭於僞傳明消魄生之說以魄為月體無光之處故於此[redacted]極明白易曉之文不復能得其義反以古注不誤者為誤紆回說之而終不可通也○注遡迎也按說文泝向也重文作遡向義同呂氏春秋音初高注云鄉迎也鄉向古

通

守亦作僂 中庸素

隱行怪鄭注云素讀為攻城攻其所傃之傃傃猶鄉也○注

言為人皇然也按同馬云月迎日而有光如日勑君而有功

義同弘範朱子語類云秦周之士貴賤拘肆皆繫於上之人

猶月之載魄終魄皆繫於日故曰其遡於日乎則以此與●

上章遡屬為一然士之貴賤拘肆繫於上之人有謂屬俗視

君德為轉移君德有隆汙故民俗有美惡月之載魄終魄繫

於日有此月行去日有遠近向日有正背使然明日有晦明

之異二者之義固有不同此彼喻此蓋為非類似各隨文解

之為是不必通

其所不通也

彤弓盧矢不為有矣注以諭有君而無臣 彤弓盧矢世德堂本盧作驢按說文齊謂

黑為驢經傳通以盧為之書文侯之命彤弓一彤矢百盧弓

一盧矢百偽傳云彤赤盧黑也字亦作旅左傳僖公篇彤弓

一彤矢百旅弓矢千杜注云彤赤弓旅黑弓釋文旅音盧本

或作旅字非也按彤弓盧矢謂九錫之事曲禮孔疏引含文

嘉云九錫一曰車馬二曰衣服三曰樂則四曰朱戶五曰納

陛六曰虎賁七曰斧鉞八曰弓矢九曰秬鬯不為有矣者論

語云執德不弘信道不篤焉能為有焉能為亡孔注云言無

所輕重也皇疏云世無此人則不足為輕世有此人亦不足

乃月之自為

十行 深山製

為重故云無所輕重也然則不為有猶云不足重元始五年策莽加九命之錫莽稽首再拜受綠韍袞冕衣裳瑒琫瑒珌句履鸞路乘馬龍旂九旒皮弁素積戎路乘馬彤弓矢盧弓矢左建朱鉞右建金戚甲冑一具秬鬯二卣圭瓚二九命青珪玉二朱戶納陛事詳莽傳是時莽方詭稱盡力制作篡逆未彰且受此錫無以為人臣莫大之光寵爾後居攝踐祚服天子韍冕負斧依于戶牖之間車服出入警蹕前之再拜稽首受所寶之者至此已不足輕重及受禪即真改正朔易服色變犧牲殊徽幟異器制則務盡去漢舊還視彤弓盧矢書土直矣此莽篡國以後子雲追感前事私憤竊歎之辭與前章論月之朔日同為有為而發以意逆志猶可得之者也〇注以諭有君而無臣按此公羊傳僖公篇文義見閔明疏白虎通考黜引禮說云能征不義者賜弓矢曲禮疏引含文嘉宋均注云內懷仁德執義不傾賜以弓矢使其專征弘範蓋以莽之篡漢內而公卿大臣外而諸侯王未有執義不傾能往誅伐者子雲以為慨歎有此言若曰世無忠義之士雖有彤弓盧矢將安用之歟注云以諭有君而無臣依此為解似亦可通然於義為已曲矣

聲轉則曰鏡也

司馬云前世不可見故云聽臣民今在下故云視也

聆聽前世清視在下鑑莫近於斯矣【注】執古以御今御今以古

則殷鑑不遠於聽前世清視在下者說文聆聽也音義聆聽俗本作聆德非集注依宋吳本作聆德世德臺本亦之爾

云聆聽疊用無義故宋吳本改作聆德溫公從之今按聆當作

泠泠與清本雙聲字按泠清古韓異部而今聲之字後特入青

可以言疊韻不可以言雙聲曲園偶誤書耳風賦曰清清泠泠

泠蓋聲近者義亦相同泠聽前世清視在下泠亦清也揚子

正以泠聽與清視相對為文按美新云鏡照四海聽聆風俗

此聆聽疊用之證不當作聆德亦不必改泠聽也前世謂已

所代者[redacted]在下謂臣民鑑莫近於斯者

廣雅釋器云鏡謂之鑑字亦作鑒[redacted]林氏義先文源

云監即鑑之本字上世未製銅時以水為鑑象皿中盛水人

臨其上之形從臣臣伏也按林說是也後世以銅為之故施

金壽【甲】詩蕩云殷鑒不遠在夏后之世大戴禮武王踐阼載

武王席銘云所監不遠視爾所代皆謂以聆聽前世為鑑也

酒誥云古人有言曰人無于水監當于民監殷本紀載湯誓

云湯曰予有言人視水見形視民見治不皆謂以清視在下

為鑑也蓋法戒在近不在遠博稽歷代之得失不如切求勝

朝之廢興禍福在人不在天仰觀垂象之吉凶不如俯察庶

古止作監

十行 深山製

民之從逆歟？鑑古矣[近於]聆聽前世，鑑今矣[近於]請視右下也。○注"執古至不遠"。按：聆聽前世、清視在下，各為一事，此解為執古以御今，似失其義。

或問："何如動而見畏？"曰："畏人。""何如動而見侮？"曰："侮人。"〔注〕禍福無門，惟人所召。夫見畏與見侮，無不由己。〔注〕我欲仁，斯仁至。如何

動而見畏，曰畏人者，宋云：鄭康成云：心服曰畏。此言畏猶心服而畏敬之也。按：鄭義見曲禮注。廣雅釋詁云："畏，敬也。"孟子云："敬人者，人恒敬之。"何如動而見侮，曰侮人者，曲禮云："不侵侮。"釋文："侮，輕慢也。"○注"我欲仁斯仁至"。按：世德堂本"至"下有"矣"，此校書者依論語增之。

或問："禮難以徧世。"〔注〕言禮事至難，難可以徧世使行。曰："難，故徧世。如夷俟倨肆，羈角之哺果而啗之，奚其徧？或性或徧，及其名一也。"〔注〕性者，天然生知也；徧者，習學以至也。雖為小異，功

事既成其名一也　禮難以彊世者　治平本彊作強（下同）此音義出
馬云世人皆苦禮之彊世其兩切字又作彊蓋傳寫參差耳司
意言治天下者務因自然以為教何必以繁重難行之禮彊之
使人行之曰難故彊世者吳云禮者君子之所好而世俗之
所難也以其難故彊之使過者俯而就之不及者跂而及之
司馬云以其難故彊使遵之如夷俟倨肆羈角之哺果而陷
之矣其彊者夷俟倨肆皆古語蹲踞之謂論語原壤夷俟馬
注云夷踞俟待也踞待孔子漢書敘傳何有踞肆於朝倨肆
即踞肆彼顏注云肆放也陳也焦氏循論語補疏引法言此
文又引廣雅蹲踞夷廣啟肆踞也云夷俟即是倨肆倨肆音相
近夷俟猶踑肆與鞠躬為鞠躬同鞠躬雙聲也夷俟疊韻也
馬氏讀俟為待而謂踞待孔子失之按焦說是也夷俟倨肆
皆以二言為一義不當分釋省言之曰跠曰踞備言之曰夷
俟曰倨肆曰踞肆師古以肆為放為陳其失與孟長同古者
席地而坐蹲踞皆為非禮說文尸部下段注云跪與坐皆厀
著於席而跪聳其體坐下其臀尻著踵則是底著地而下其臀
聳其厀曰箕踞則臀著席而伸其脚於前徐氏灝箋云蹲臀不
著席踞則著席唯此為異箕踞者臀著席而兩足盤屈於前
如箕前闊後狹之形段謂伸脚於前乃不曲禮孔疏之誤然

梅前文讀其所易治平本●作強彼書義亦作強其

則夾佚涖肆謂房處之非禮者也音義羈角男角女羈按內則文彼鄭注云夾囟曰角午達曰羈孔疏云夾囟曰角者囟首腦之上縫夾囟兩旁當角之處留髮不翦●午達曰羈●達者一從一橫曰午今女翦髮留其頂上縱橫各一相交通達故云午達不如兩角相對但縱橫各一在頂上故曰羈按羈角對文則異散文亦通穀梁傳昭公篇羈貫成童范注云羈貫謂交午翦髮以為飾是男亦得為羈也羈角乃童子之飾二十而冠則不復為此之云羈角之謂成人而如童子之飾猶云不冠也音義哺濟故切啗徒濫切按說文哺哺咀也爾雅釋鳥釋文引作口中嚼食也又說文啗食也朱氏駿聲通訓定聲云與噉微別自食為噉食人為啗按古無此別說文噬啗也明啗非食人之義史記項羽本紀樊噲覆其盾於地加彘肩上拔劍切而啗之漢書霍光傳與從官飲啗詩東門之墠鄭箋栗人所啗食而甘耆皆以啗為自食[redacted]國語晉語主孟啗我史記滑稽傳啗以棗脯則為食人之義猶自食曰食食人亦曰食異其音不異其文也啗亦有二音項羽本紀索隱云啗徒[redacted]覽[redacted]反以食餧人則去聲自食則上聲此哺果而啗乃自食之啗若依索隱說則當讀上聲音徒覽切不當讀去聲音徒濫切如音義也哺果而啗之謂君未知粒食之民以果為餌無飲食之禮也此言上古無所事譏聖人

（眉批：儀禮注云　篆下云　羈者偏也）

王云名成也言或性或廬及其成則一也廣韻引春秋說題辭曰名成也廣雅同按王說是也

作為禮以教人事為之制曲為之防居止有容冠服有度飲食有法本不求其易也而求其易而已則夫侈佞肆豈不愆於尸坐齋立鷄之角之豈不有於三加彌尊哺果而啗豈不使於疏食菜羹必祭然而聖人不以此易彼者人有禮則安無禮則危使人以有禮知自別於禽獸故寧為其難不為其易也舊解皆以鷄角之哺果而啗之八字為句宋云總角之童哺啗其果果亦易之耳按甬作易易同馬云人之異踞驕慢及幼子啗果皆其情所欲何必𤸎也胡部郎亦云此謂夫侈者之佞教放肆鷄角者之哺果而啗之也●榮謂幼者可以謂之鷄角者不可●但謂之鷄角猶成人可以謂之冠者不可謂●但謂之冠也[redacted]於文義未安[redacted]或性或廬及其名一也者[redacted]肅云或生而知之或學而知之或困而知之及其知之一也或安而行之或利而行之或勉強而行之及其成功一也即此文之義○注難可以廬世使行按世德壹本無以字○注天性生知也按世德壹本也作之○注功業既成其名一也按李以名為聲聞之稱言人之於禮或生而能或學而能始雖不同及學業已成則俱為令聞所歸無生知與彊學之異矣

諸說皆增字為解似

見弓之張兮弛而不失其良兮注弛舍或曰何謂也曰撽之而已矣注弓良在撽格人良在禮樂[redacted]音義撽之居

影切檠所以正弓。按說文：檠，榜也。榜所以輔弓弩也。亦謂之柲。儀禮既夕記鄭注云：柲，弓檠，弛則縛之於弓裏，備損傷，以竹爲之。賈疏云：以弓檠謂凡平弛弓之時，以竹狀如弓縛之於弓裏，亦名之謂柲者，以其弓柲然，弓柲所以制弓，弓柲所以制弓使不頓傷，故謂之柲。宋云：言弓之一弛一張而不失其良者，以有檠正之也；人之一動一靜而不失其善者，以有禮制之也。●注弛舍。按廣雅釋詁文。說文：弛，弓解弦也。

川有防，器有範，凡禮教之至也。注川防禁溢，器範檢形，以諭禮教人之防範也。以舊防爲無所用而壞之者，必有水敗；以舊禮爲無所用而去之者，必有亂患也。說文：防，隄也。范，法也。經傳通以範爲之。水曰法，木曰模，金曰鎔，土曰型，竹曰范。●注以舊至患也。按經解文。彼文防皆作坊。記孔疏云：坊字或土旁爲之，或阜旁爲之，古字通用也。

經營然後知幹楨之克立也。注幹楨築牆版之屬也。言經營

𠦝幹之俗體

度經謂之經度
圍謂之營

營立城郭然後知幹楨之能有所立也建宗廟立社稷然後
知禮樂之能有所成也詩靈臺經之營之毛傳云經度之也鄭箋云營表其位孔疏云經度之謂
經理而量度之營表其位謂以繩度立表以定其位處也說
文營篆下繫傳引此詩釋之云東西為經周回為營也●劉向
大數經營序野王注云南北為經東西為營按經猶今言經營
猶今言圍皆建築測量之事說文榦築牆耑版也從木倝聲
[redacted]幹六書故引唐本說文有此字[redacted]蓋
隸變為已久也書費誓峙乃楨幹馬注云楨幹皆築具楨在
前幹在兩傍說文栽篆下段注云古築牆先引繩營其廣輪
方正之制詩曰俾立室家其繩則直是也繩直則豎楨榦題
曰楨植於兩頭之長杙也旁曰榦植於兩邊之長杙也植之
謂之栽栽之言立也而後橫施版於兩邊榦內以繩束榦實土
用築築之一版竣則層絫而上詩曰縮版以載捄之仍仍度
之薨薨築之登登是也經營然後知幹楨之克立也若經營
以喻為國幹楨以喻賢才作室非幹楨不立為國非賢才不
成詩嵩高云維申及甫維周之翰毛傳云翰幹也又文王云
王國克生維周之楨濟濟多士文王以寧傳云楨幹也楨幹
對文則異散文亦通○經然後知禮樂之能有所成也梅补

[redacted]

十一三十四

此文為喻禮樂

蓋

範[redacted]以此篇自戒問禮難以讀世皆言禮教

以下

故[redacted]

左傳成公篇云禮身之幹也

莊楊蕩而不法，墨晏儉而廢禮，申韓險而無化。〔注〕險克所以無德化。鄒衍迂而不信。〔注〕迂迴不可承信。莊楊蕩乎本作莊楊梅修身楊墨塞路派乎本亦作楊墨，今依世德堂本。莊楊蕩而不法者，吳曹侍讀元忠云：晉書王坦之傳，坦之有風格，尤非時俗放蕩，不敦儒教，著廢莊論，以揚雄曰「莊周放蕩而不法」，是支度所見本作莊周，與下鄒衍迂而不信句法一例，不作莊楊也。蓋楊與蕩形近，妄增。漢書藝文志無楊朱子不列其書，詎能與莊竝論乎？據藝文志雖無楊朱，列子有楊朱篇，具載楊朱之言，大意謂百年壽之大齊，仁聖亦死，凶愚亦死，生則堯舜桀紂，死則腐骨，乃復規死後之餘榮，失當年之至樂，不能自肆於一時，重囚累梏，何以異哉。彼張湛注云：夫生者一氣之暫聚，一物之暫靈，暫聚者終散，暫靈者歸虛，而好逸惡勞，物之常性，故當生之所樂者厚味美服好色音聲而已耳，而復不能肆性情之所安，耳目之所娛，以仁義為關鍵，用禮教為衿帶，自枯槁於當年，求餘名於後世者，是不

而好逸惡勞物之常性故

論此篇之要指

新書道術云反平為險。繫辭德行恒易以知險，虞注云險惡也。

胡部郎云但之署論廢莊，故引此文，稍損其文，不及楊朱。假使原文作莊周不作莊楊，則內篇在中韓內，下使與鄒衍句比，聯此文例也。

達乎生生之趣者也。此正楊朱為而不法之雅證。于雲[redacted]不見楊
朱書而[redacted]列子此篇已可得其梗概，況欲時[redacted]故書雅記不
傳於今者甚多，安知其中不更有稱引及[redacted]
者[redacted]豈得以藝文志無楊朱，遂謂子雲不見其書不被與莊並
論也乎？若王坦之廢莊論，則此文有莊無楊者，此自古人引書
但取大意不拘文辭之例，引莊楊作莊周，不可謂其所見本
無楊字，猶引湯作放湯，不可遂謂其所見本有放字也。墨晏
儉而廢禮者，藝文志晏子八篇入儒家。今按墨子非儒篇晏
子與齊景公論孔子云：夫儒浩居而自順者也，不可以教下；
好樂而淫人，不可使親治；立命而怠事，不可使守職；宗喪循
哀，不可使慈民；機服勉容，不可使導眾。鹽鐵論論誹云：晏子
有言，儒者華於言而寡於實，繁於樂而舒於民，久喪以害生，
厚葬以傷業，禮煩而難行，道迂而難遵，謂往古而言訾當世，
賤所見而貴所聞。是晏子之術非樂非命，短喪薄葬，全與墨
同。晏子春秋內篇問上又雜上兩引墨子曰晏子知道，明墨
晏為一家也。藝文志論墨家之失云：及蔽者為之，見儉之利，因
以非禮。申韓儉而無化者，藝文志論法家之失云：及刻者為
之，則無教化，去仁愛，專任刑法，而欲以致治，至於殘害至親，
傷恩薄厚。鄒衍迂而不信者，史記孟荀列傳云：騶衍乃深觀
陰陽消息而作怪迂之變，終始大聖之篇十餘萬言，其語閎

楊朱

封禪書與齊海上之方士傳其術不能通然則怪迂阿諛苟合之徒自此興義同彼傳

閎讀同誑翻讀兒其語迂卻呈見其說伐又云叔迂李代新書禮容篇討漢書本作忘川叔迂李代顏注云迂今誑也是也

大不經迂曾怪迂之謂亦作怪誤鹽鐵論、鄒云鄒衍非聖人作怪誤惑六國之君以納其說此春秋所謂匹夫熒惑諸侯者也張氏敦仁考證云誤當作迂史記所謂作怪迂之變者也按迂誤音近怪誤即怪迂古語大言無實之意亦謂之詭譎說文詭譎也是也以形體言則謂之魁梧留侯世家令以為其人計魁梧奇偉應劭云魁梧丘虛狀大之意是也體之大而無實者曰魁梧言之大而無實者曰詭譎曰怪誤曰怪迂其義一也合音言之則曰夸逸周書謚法華言無實曰夸是也省言之則曰訏五篇川說文齊楚謂大言曰訏是也亦曰吳說文吳一曰大言也是也亦曰謣說文謣妄言也是也亦曰迂此文迂[redacted]迂而不信印史云閎大不經也

○注險克所以無德化按克當為剋聲之誤也詩雲漢后稷不克鄭箋云克當作刻前篇好大累克音義俗本誤作刻印其比剛纂秦策深刻寡恩高注云刻急也○注迂迴不可承信按迂而不信明用史記怪迂字彼集解索隱正義皆無釋漢書郊祀志怪迂阿諛苟合之徒句下顏注云迂謂回遠也與弘範此注同皆未達古語之義

世德堂本無此注

聖人之材天地也注覆載與天地合其德次山陵川泉也注次

聖者大賢也高頭如山陵適潤如川泉次鳥獸草木也〔注〕區

別各有所長上史聖人之材天地也者司馬云無不覆載按此◎以成大小以成小雖山川丘陵草木鳥獸

裕如也之義次山陵川泉也者司馬云得天地之一端佐天

地以育物按山陵川泉喻蘊藏富民用所資祭法云山林

川谷丘陵民所取財用也即其義次鳥獸草木也者司馬云

依於山陵川泉以自生所得偏小按鳥獸草木亦各能以其

羽毛齒革華實枝餘效用於人然性有所偏量有所止猶衆

人之材知效一官德合一君可小知而不可大受也〇注高

頭如山陵適潤如川泉按此章論材之大小非論德性高頭

適潤似非其義〇注區別各有所長按論語云譬諸草木區

以別矣朱子集

注云區猶類也

疏一終

十行深山製

法言疏義十二

吳汪榮寶撰

先知卷第九　法言

先知其幾於神乎。音義：其幾，音機，下「有幾」同。李云：「幾，微也。神，妙也。」宋探未兆也。識先知之道於神也。中庸云：「至誠之道，可以前知。國家將興，必有禎祥；國家將亡，必有妖孽。見乎蓍龜，動乎四體。禍福將至，善必先知之，不善必先知之。故至誠如神。」孔疏云：「言至誠之道，豫知前事，如神之微妙。」朱子集注云：「神，謂鬼神。」或問「先知」。曰：「不知。」李云：「不知者，神，始則先知，非所及也。」知其道者。知天，假書云：「當其人，不待告；告非其人，雖言不著也。」其如視忽、眇、緜作昞。李云：「眇，緜遠視也。」音義：緜作，音昞。按：宋、吳本作「炳」。宋云：「忽，輕也。眇，細也。緜，遠也。炳，謂炳然光明也。此言先知之道，臨事則悟，如明目之視，忽輕眇細緜遠之物，皆炳然而見也。」注從其如視渦為一句，復以眇緜為一事，釋之殊失其義。王氏念孫讀書雜志云：「宋說近之而未盡然也。忽、眇、緜皆微也。一切經音義引三蒼云：『昞，著明也。』視忽眇緜作昞者，見微而知著也。漢書律曆志：『無有忽微。』孟康曰：『忽微，若有若無，細於髮者也。』大

一切經音義七十四古文昺昞二形今作炳是也

戴禮文王官人篇曰微忽之言久而可復是忽爲微也方言
十三曰眇小也顧命曰眇眇予末小子是眇爲微也廣雅釋
詁四曰緜小也大雅緜篇緜緜瓜瓞鄭箋曰緜緜然若將無
長大時司馬相如上林賦曰微睇緜藐是緜爲微也廣雅釋
詁四曰總紗紡微也曹憲總音忽紗音眇紡音蔑集韻紡音
緜總紗紡與忽眇緜同義孫子算經曰蠶所吐絲爲忽十忽
爲秒忽與總同秒與紗同說文緬微絲也玉篇紡與緬同然
則總紗紡皆絲之微者李以眇緜爲遠視宋以忽爲輕緜爲
遠皆失之矣按知其道者其如視忽微李讀於此絕句忽眇
緜當依王解三字是也同詁說文無總古止作忽亦無紗秒禾芒
也故十忽爲秒眇即秒之假緜即緬之假也昞亦說文所無
即昞之或體猶燿之或爲曜煇之或爲暉也聖人所以能先
知如神非有異術也見微知著而已此其道猶目之於視
也善用明者察秋毫之末善用知者見幾微之萌其理一也
繫辭云知幾其神乎幾者動之微吉之先見者也繁露二端
云夫覽求微細於無端之處誠知小之爲大也微之將爲著
也吉凶未形聖人所獨立也故聖人能繫心於微而致之著
也忽眇緜作昞即微者爲著之謂疑此亦古書成語子雲引
之以證知之理適於視故不云微而云忽眇緜字不
作昞而作昞皆引古故然非故作此艱深之語也○
先甲一日易後甲一日難李云甲者一旬之始已有之微也先之一日未兆也後之一日已形也矣

說文曰緜聯微也

音義作昞音炳柟宋吳本作炳

金薤琳琅齋叢稿

先知卷第九〔注〕圖難於其易求大於其細爲之乎其未有治之乎其未亂如斯而已矣。〇注圖難

至已矣援老子云圖難於其易爲大於其細天下難事必作於易天下大事必作於細

是以聖人終不爲大故能成其大夫輕諾必寡信多易必多難是以聖人猶難之故終無難

法言　李

軌注

先知其幾於神乎〔注〕幾近也神以知來探未兆也〔疏〕識先知近於神也敢問先

知曰不知〔注〕答以不知者神悟則兆聞之所及也知其道者其如視〔注〕舉

目便見忽眇緜作昞〔疏〕眇緜遠視先甲一日易後甲三日難〔注〕

有し者皆注文（以下同）

一切經音義七十四古文昺苪二形今作炳是也

戴禮文王官人篇曰微忽之言久而可復是忽爲微也方言
十三曰眇小也顧命曰眇眇予末小子是眇爲微也廣雅釋
詁四曰緜小也大雅緜篇緜緜瓜瓞鄭箋曰緜緜然若將無
長大時司馬相如上林賦曰微睇緜藐是緜爲微也廣雅釋
詁四曰總紗紗微也曹憲總音忽紗音眇紗音蔑集韻紗音
緜總紗紗與忽眇緜同義孫子訐經曰蠶所吐絲爲忽十忽
爲秒忽與總同秒與紗同說文緬微絲也玉篇紗與緬同然
則總紗紗皆絲之微者李以眇緜爲遠視宋以忽爲輕緜爲
遠皆失之按知其道者其如視當依李讀於此絕句忽眇是也
緜當依三解三字同詁說文無總古止作忽亦無紗秒禾芒
也故十忽爲秒眇即秒之假緜即緬之假也昞亦說文所無
即昞之或體猶燿之或爲曜煇之或爲暉也聖人所以能先
知幾神[illegible]非有異術也見微知著而已此其道猶日之於視
也甚明者察秋毫之末甚明知者見幾微之朕其理一也
繫辭云知幾其神乎幾者動之微吉之先見者也春秋繁露二端
云夫覽求微細於無端之處誠知小之爲大也微之將爲著
也吉凶未形聖人所獨立也故聖人能繫心於微而致之著
也忽眇緜作昞即微[illegible]者爲著之謂疑此亦古書成語子雲引
之以證知之理適於視不云微而云忽眇緜字不
作炳而作昞皆引古故然非故作此艱深之語也○

先甲一日易後甲一日難 云甲者一旬之始已有之秘也先之一日未兆也後之一日已形也夫

音義作昞音炳俗本宋吳本作炳

說文曰緜聯微也

而以先後一日爲行事之節，則迂穿鑿，不如以求福於未兆易，救禍於已形難之說爲近是矣。

求福於未兆之前易，救禍於已形之後難。宋云：甲者，教令之始也。夫明王之道，先令後刑，故先甲一日以治而示之也。示之而雖犯，猶宥之，故曰先一日易也。後甲一日以廣而諭之也。諭之而再犯則刑之，故曰後一日難也。吳云：周禮縣治象之法，垂象魏，使萬民觀治象，挾日而斂之。鄭司農云：從甲至癸謂之挾日，凡十日。是以易稱先甲三日、先庚三日，皆爲申命令之義。夫言有十日，自甲至癸，皆挾日之義，而易獨取甲庚者，以甲木主仁，而示其寬令也；庚金主義，而示其嚴令也。令夫先見者，察民未犯之前，先一日申其令，則其爲治易也；如甫已犯之後，又一日申其令，則其爲治難也。俞云：管子四時篇曰：春三月以甲乙之日發五政，夏三月以丙丁之日發五政，秋三月以庚辛之日發五政，冬三月以壬癸之日發五政。是以周易稱先甲三日、後甲三日，蓋以春三月言也；又稱先庚三日、後庚三日，蓋以秋三月言也。揚子此文獨稱先甲，則專以春言耳。其三日、一日，皆行事之節，如冠禮前期三日筮賓，此先三日之例也；子生三日卜士負之，此後三日之例也；祭禮前期一日視濯視牲，此先一日之例也；鄉射禮明日有息司正之事，此後一日之例也。說互見群經平議。先甲一日易，後甲一日難，即所謂靡不有初，鮮克有終耳。[illegible]管子春三月發政[illegible]。[illegible]孔疏引鄭注云：甲者，造作新令之日。按：古者國家發布政令，四時各有定日，當春發政，必以甲乙，春

二說皆略本弘範義敷衍之

政中號字居中

者歲始甲日之政爲一歲之政之首言甲足以統其他發政
之日故云甲者造作新令之日也政令當慎思於未發之前
不得輒改於已發之後先甲一日易者先時圖惟其成功也
易後甲一日難者事後補救其致力也難云一日者從其至
迫之期亦之謂
後事之節也○注甲者至後難梅已有之初世德堂本作已有之秘
或問何以治國曰立政曰何以立政曰政之本身也身立則政
立矣●注子帥以正孰敢不正
或問爲政有幾注曰法哉要也按弘範讀哉爲哉故訓爲要國策秦策聽者存亡之機高注云機要也爲政有哉
謂爲政善惡之幾也或哉●
機於何則在也曰思斁者義思斁音亦曰之斁猒按爾雅釋
詁文不云言政善則人思慕之政語
則人猒
或問思斁曰昔在周公征于東方四國是王詩破斧
皆之周公東
征四國是皇毛傳云皇匡也王應麟詩考引董氏云齊詩作
四國是匡此作王者蓋齊詩之異文司馬云王當作皇按彀
䆁深察名號云王者皇也匡也然則三字聲近義同古文詩
作皇傳寫或爲匡或爲王其義皆爲正也荀子王制云周公
南征而北國怨曰何獨不來也東征而西國怨曰何獨我後
也公羊傳僖公篇云古者周公東征則西國怨西征則東國

春秋

藍線內字均移在後

先甲一日易，後甲一日難〔注〕甲者一旬之始，已有之日（初）也。先之一日，未兆也；後之一日也，已形也。夫求福於未兆之前易，救禍於已形之後難。易蠱卦疏云

（政中號字居中）

者歲始甲日之政為一歲之政之首言甲是以紀其他發政
之日政云甲者造作新令之日也政令當慎思於未發之前
不得輒改於已發之後先甲一日易者先時圖推其成功也
易後甲一日難者事後補救其致力也難云一日者從其至
迫之期亦謂
從事之節也○注甲者至後難按已有之初世德堂本作已有之秘

或問何以治國曰立政曰何以立政曰政之本身也身立則政
立矣●注子帥以正孰敢不正

或問為政有幾注幾要也按弘範讀幾為機故訓為要國策
秦策聽者存亡之機高注云機要也為政有幾
謂為政善惡
機於何也
曰思斁音義思斁音亦斁之斁猷按爾雅釋
詁文云詩斁善則人思慕之政謂
則人猷
菲之
或問思斁曰昔在周公征于東方四國是王詩破斧
周公東
征四國是皇毛傳云皇匡也王應麟詩考引董氏云齊詩作
四國是匡此作王者蓋魯詩之異文司馬云王當作皇按
露深察名號云王者皇也匡也然則三字聲近義同古文詩
作皇傳寫或為匡或為王其義皆為正也荀子王制云周公
南征而北國怨曰何獨不來也東征而西國怨曰何獨後我
也公羊傳僖公篇云古者周公東征則西國怨西征則東國

春秋

（菩作內容均ム移在後）

金薤琳琅齋叢稿

○注：數，近也。按：爾雅釋詁文。○注：神以知來。按：繫辭云：神以知來，知以藏往。○注：舉目便見。按：李於甚如視絕句，而釋之如此，義雖未安，而讀則是。宋以甚如視下屬為句，云：此言先知之道，臨事則燎如明目之視，忽輕眇細緜遠之物皆炳然而見也。王從其讀，云：視忽眇緜作昞者，見微而知著也。義似可通，然如此則其如二字殆成衍文，但云知其道者視忽眇緜作昞足矣。榮謂此以目證心，以視喻知，精視則見微，精思則知微，見微則明，知微則神。知明視之道，則知先知之道矣。故云知其道者其如視，之字不得屬下讀。○注：眇緜，遠視。按：上林賦「微睇緜藐」，郭璞注云：緜藐，遠視貌。弘範以眇緜（緜藐之倒言，雙聲連語可）故用郭義為訓。忽者忽然，忽眇緜作昞猶云忽然遠視皆為明也，故上文云舉目便見。然如此說之，先知之義乃隨疾頓悟，斯晉人之玄言，非子雲之法語已。

或問為政有幾〔注〕幾要也欲知為政善惡之要 曰思斁〔注〕斁厭 或問思斁曰昔在周公征於東方〔注〕三監 召伯述職蔽芾甘棠其思矣夫齊桓欲徑陳陳不果內執袁濤塗其斁矣夫〔注〕伐楚歸美而御師不整政不欲令徑 於戲從政者審其思斁而已矣或問何思何斁曰老人老孫人孫病者養死者葬男子畝婦人桑之謂思〔注〕為政如此民所思也 若汙人老〔注〕汙慢 屈人孫〔注〕屈廢 病者獨死者逋田畝荒杼軸空之謂斁〔注〕民厭苦也 昔在周公云云者

（三）○注王正。按世德堂本正作匡

思，解詁云：此道黜陟之時也。引詩云：周公東征，四國是皇。白虎通巡狩云：三歲一閏，天道小備；五歲再閏，天道大備。故五年一巡狩。三年二伯出述職黜陟。一年物有終始，歲有所成，方伯行國。時有所生，諸侯行邑。傳曰：周公入為三公，出為二伯，中分天下，出黜陟。詩曰：周公東征，四國是皇。言東征述職，周公黜陟而天下皆正也。陳氏喬樅魯詩遺說考云：何邵公述破斧詩義與白虎通合。公羊家用齊詩，邵公則用魯詩者，是此篇齊魯說同矣。荀子言周公南征而北國怨，東征而西國怨，即魯詩之義所本也。榮按：子雲說詩皆用魯義，此以周公東征與召伯述職並舉，是亦以破斧為黜陟時之作。其以此為思義之證，即用東征西怨、南征北怨之說。

召伯述職，蔽芾甘棠，其思矣夫！

述職有二義：諸侯時朝於王，因而助祭，謂之述職。孝經云：是以四海之內各以其職來祭。孟子云：諸侯朝於天子曰述職。述職者，述所職也。書大傳云：古者諸侯之於天子，五年一朝，朝見其身，述其職。公羊傳桓公篇解詁云：王者亦貴得天下之歡心，以事其先王，因助祭以述其職，是也。二伯三年一出，行國因而黜陟，亦謂之述職。公羊傳隱公篇解詁云：三年一使三公絀陟。白虎通封公侯云：王者所以有二伯者，分職而授政，欲其亟成也。又巡狩云：三年二伯出述職黜陟，是也。此召伯述職，則行國之辭也。蔽芾甘棠，詩甘棠文。韓詩外傳引詩作蔽茀，漢蕩陰令張遷碑作蔽沛，涼州刺史魏元丕碑作蔽芾，並三

音義：召伯，寔照切。

音義：蔽芾，上必袂切，下非貴切。

齊桓世德堂本作齊桓公

政十三

家異文。今説苑貴德、漢書韋玄成傳載劉歆廟議、白虎通封公侯、又巡狩引詩皆作蔽芾，與法言此文同。蔡伯喈劉鎮南碑亦云蔽芾甘棠召公聽訟，似魯詩字如此，或皆校書者據毛詩改之。毛傳云：蔽芾，小貌；甘棠，杜也。史記燕世家云：召公之治西方，甚得兆民和。召公巡行鄉邑，有棠樹，決獄政事其下，自侯伯庶人各得其所，無失職者。召公卒而人民思召公之政，懷甘棠不敢伐。説苑貴德引詩傳云：自陝以東者周公主之，自陝以西者召公主之。召公述職，當桑蠶之時，不欲變民事，故不入邑中，舍於甘棠之下而聽斷焉。陝間之人皆得其所，是故後世思而歌詠之。善之，故言之；言之不足，故嗟歎之；嗟歎之不足，故歌詠之。夫詩思然後積，積然後滿，滿然後發，發由其道而致其位焉。百姓歎其美而致其敬，甘棠之不伐，政教惡乎不行。孔子曰：吾於甘棠見宗廟之敬也。甚尊其人，必敬其位，順安萬物，古聖之道幾哉。按子政世傳魯詩，此所引詩傳蓋甘棠魯故文。法言此文云述職，云其思矣夫，亦皆本詩傳為説。漢書王吉傳載吉上疏諫昌邑王云：昔召公述職，當民事時，舍於棠下而聽斷焉。是時人皆得其所，後世思其仁恩，至乎不伐甘棠，甘棠之詩是也。吉傳韓詩，而此疏云云與説苑引傳全合，是魯韓説同。齊桓公欲徑陳，陳不果內，執袁濤塗，其數（云云者）矣夫。音義：果內音納。按説文：內，入也。自入曰內，使入亦曰內。使入字今皆以納為之。袁治平本作褻，今依世德堂本[illegible]

依世德堂本

金薤琳琅齋叢稿

闕明於戲觀書者違子貢雖多亦何以違溫公𨔵云宋吳本作嗚呼今從李本則此亦當爾

孝至篇

羊[redacted]齊人執袁濤塗字正作袁左傳作轅子雲於春秋用公羊此治平本作轅乃後人據左傳改之國三老袁良碑云周之興濤為陳侯出玄孫濤塗互姓曰袁可證漢人皆以濤塗之氏字作袁也公羊傳云濤塗之罪何辟軍之道也其辟軍之道奈何濤塗謂桓公曰君既服南夷矣何不還師濱海而東服東夷且歸桓公曰諾於是還師濱海而東大陷于沛澤之中顧而執濤塗執者曷為或稱侯或稱人稱侯而執者伯討也稱人而執者非伯討也此執有罪何以不得為伯討古者周公東征則西國怨西征則東國怨桓公假塗[redacted]于陳而伐楚則陳人不欲其反由己者師不正故也不脩其師而執濤塗古人之討則不然也按此以齊桓之執袁濤塗與周公東征對舉分證思斁之說即本公羊為義矣云左氏無斁之之文楊據公羊而言是也於戲從政者審其思斁而已矣於戲世德本作嗚呼按學行本

●於戲學者審其是而已矣●

●或問何思何斁曰老人老

[redacted]

孤人孤病者養死者葬男子畝婦人桑之謂思吳云使人各得其所則見思矣按即本甘棠詩傳之義詳言之老與孤為韻養葬桑為韻段表老聲在第二部孤聲在第五部以孤協老所謂合韻也琴操猗蘭兩野所處者老六字為韻亦以老入第五部段云第二第三第四第五部漢以後多四部合用不甚區分

四 注伐楚雖美而御師不整亡

按御師不整即傳云師不正之謂公羊傳陳疏云左傳請塗謂鄭申侯曰師出于陳鄭之間國必甚病明師不正也通義云所有失律不使于陳者是也

通當為膊

政十二

若汙人。老。屈人。孤。病者。獨。死者。逋。田。畝。荒。杼。軸。空。之謂。斁。汙乃慢屈窮按荀子儒效云行不免於汙漫漫慢聲同義近呂覽安死云智巧窮屈窮屈一聲之轉俞云逋乃膊之假字膊從尃聲尃從甫聲逋亦從甫聲故得通用說文肉部膊薄脯膊之屋上也方言膊暴也燕之外郊朝鮮洌水之間凡暴肉發人之私披牛羊之五藏謂之膊然則死者膊猶言暴露也正與上文死者棄相對按俞說是也音義杼軸直呂切按說文杼機之持緯者又滕機持經者軸即滕也以似車軸故亦謂之軸詩大東杼柚其空字作柚按作柚者古文詩作軸者今文詩彼釋文云柚本又作軸正三家異文也老於通為韻荒空為韻荒從亢聲段表第十部空聲段表第九部段云古人以第八部入第十部用者如老子五音令人耳聾(五)也(六)(七)(日)(盲)聾讀如郎(与)合韻盲爽狂字其合用最多者如東方朔七諫沈江章用第十部之十四字而以第九部龍字同韻功公縢江聰縱逢凶容重東從十五字合韻莊忌哀時命用第十部之十字而以第九部桐通空志(凶)容(容)窮凶爐十字合韻按此以空韻荒亦其例 ● 注(一)(二)(三)(四)(五)

音義汙人哀部切

為政日新。或人敢問日新。曰：使之利其仁，樂其義，厲之以名，引之以美，使之陶陶然之謂日新。論語云智者利仁王注云智者知仁為美故利而行之也

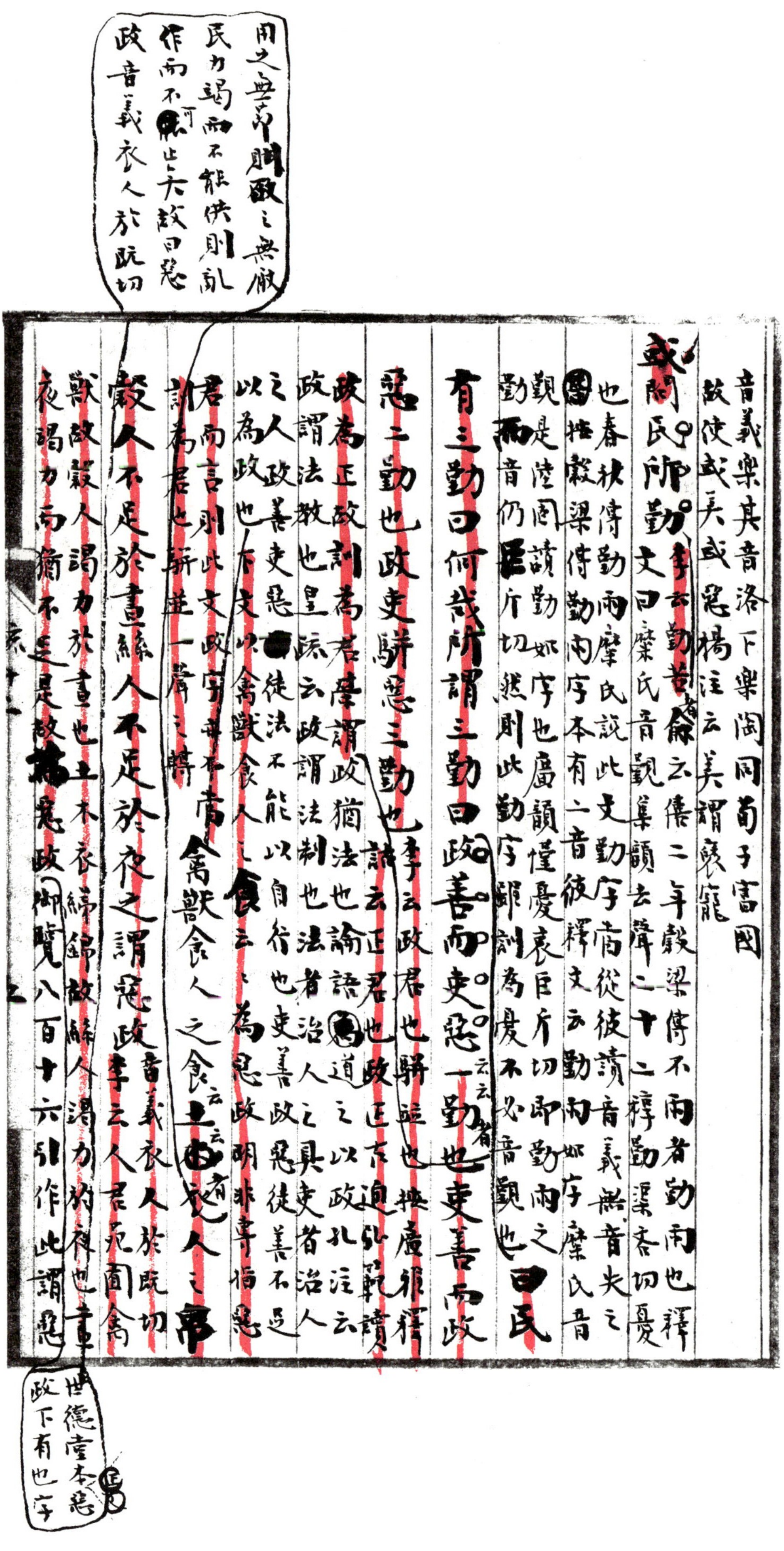

音義樂其音洛下樂閩同荀子富國
篇使我美我惡楊注云美謂褒寵
或問民所勤 李云勤苦 俞云傳二年穀梁傳不雨者勤雨也釋
文曰糜氏音覲集韻去聲二十二稕勤渠吝切憂
也春秋傳勤雨麋氏說此文勤字當從彼讀音義無音失之
按穀梁傳勤雨字本有二音彼釋文云勤雨如字麋氏音
覲是陸固讀勤如字也廣韻慬憂哀巨斤切即勤雨之
勤而音仍巨斤切然則此勤字雖訓為憂不必音覲也 曰民
有三勤曰何哉所謂三勤曰政善而吏惡 云云 一勤也吏善而政
惡二勤也政吏駢惡三勤也 李云政君也駢並也 按廣雅釋
詁云正君也政正古通弘範讀
政為正故訓為君 廣雅謂政猶法也論語道之以政孔注云
政謂法教也皇疏云政謂法制也法者治人之具吏者治人
之人政善吏惡徒法不能以自行也吏善政惡徒善不足
以為政也下文以禽獸食人之食云云為惡政明非專指惡
君而言則此文政字亦不當
訓為君也斯並一聲之轉
禽獸食人之食 云云 土木衣人之帛
穀人不足於晝絲人不足於夜之謂惡政 音義衣人於既切
李云人君苑囿禽
獸故穀人竭力於晝也土木衣綈錦故絲人竭力於夜也
夜竭力而猶不足是故為惡政 御覽八百十六引作此謂惡

用之無節則斂之無厭
民力竭而不能供則亂
作而不可止大敵曰惡
政音義衣人於既切

世德堂本惡
政下有也字

同說文份彖之訓

政也。○注：勤苦修身。宋天則不勤，走勤者宋之反。故訓為苦，憂苦同義。○注：政，君也。擬廣雅釋詁云：正，君也。政、正古通。作範以此文政、吏對舉，故讀為正，而訓以君。然禽獸食人之食云云之謂惡政，明非專指惡君而言，則政善吏惡云云之政，亦不當訓為君也。駢拉一簡之持

聖人文質者也。○注：李云：因人才質而畫之文而藻之。按：文質謂施文於質。鹽鐵論殊學云：故學以輔德，禮以文

質，與此同義。今本後漢書輿服志注引作聖人文質備也。此

校書者誤以文質二字平列為義，遂改者字為備耳。紹興

本後漢書正作文質者也，不誤。車服以彰之，藻色以明之，聲音以揚之，詩書

以光之。彰、明、揚、光為韻。籩豆不陳，玉帛不分，琴瑟不鏗，鐘鼓不抎，則

吾無以見聖人矣。論語云：鏗爾舍瑟而作。孔注云：鏗者，投瑟之聲。廣韻十三耕：鏗，鏗鏘，金石聲也。口莖

切。說文無鏗。臤部：硻，餘堅者，即鏗字。鐘、鍾古字通用。音義：不抎，

粉切。天復本作耺，音云，耳中聲也。按：紹興本、後漢書輿服志

注引正作耺，與天復本同。廣韻：耺，耳中聲，即音義所本。然

鐘鼓不耺，義殊難通。說文：抎，有所失也。亦非此文之義。按：子華

子虎會云：鐘鼓柷圉，日以抎考，而和聲不聞。抎考連文，義當

相近，正合法言此文語意。今本後漢書作鏘，亦妄人所改。陳

分鏗抎為韻，鏗從堅聲，堅從臤聲。說文臤讀若鏗鏘之鏗，明

鏗音如今。今韻以鏗入耕，非古音也。則無以見聖人矣。輿服志注

引作吾無以見乎聖也。○注：因人才質制而畫之文而藻之。按宋云：質者言世之質野，如鳥獸草不飾。司馬云：質者為政之大體也，質既美矣，又

須禮樂以文之。因為禮樂制度以文飾之，故有別也。○注：諸禮樂，聖人法世之法，本觀作觀

集注從之

司馬云：言聖人事業皆在制禮作樂之中也

聖人文質者也〔注〕因人才質刻[illegible]而畫之文而藻之車服以彰之〔注〕車服等差辨貴賤藻色以明之〔注〕藻色輕重顯明尊卑聲音以揚之〔注〕歌於管絃詠其德美詩書以光之〔注〕載其功德光照後世籩豆不陳玉帛不分琴瑟不鏗鐘鼓不抎則吾無以見聖人矣〔注〕言此諸禮存故得覩聖人

或問民所勤【注】勤苦曰民有三勤曰何哉所謂三勤曰政善而吏善一勤也吏善

而政惡二勤也政吏駢惡三勤也【注】政君也駢竝也禽獸食人之

食土木衣人之帛穀人不足於晝絲人不足於夜之謂惡政【注】人

君苑囿禽獸故穀人竭力於晝也土木衣綈錦故絲人竭力於夜也晝夜竭力而猶

不足[redacted]是故為惡政

或曰：以往聖人之法治將來，譬猶膠柱而調瑟，有諸？淮南子齊俗云今握
一君之法籍以非傳代之俗譬由膠柱而調瑟也鹽鐵論相刺云大夫曰堅據古文以應當世猶辰參之●錯膠柱而調
瑟固而難合矣是漢時說者有此語故欲問其信然否也曰有之司馬云言當通時制宜曰聖君少
而庸君多，如獨守仲尼之道，是漆也。李云漆甚於膠曰聖人之道未
嘗不關盛衰焉。鹽鐵論錯幣云三王之時疊盛疊衰衰則扶之傾則定之是以夏忠殷敬周文昔者
堯有天下，舉大綱，命舜、禹；夏、殷、周屬其子，不膠者卓矣。司馬云大
綱謂天下之政音義屬其音燭李云卓遠按說文卓高也古文作𠦝高遠義同吳云卓然可見則讀為焯說文焯明也
唐虞象刑惟明，夏后肉辟三千，不膠者卓矣。象刑惟明書皐陶謨文大傳云
唐虞象刑而民不敢犯苗民用刑而民興胥漸唐虞之象刑上刑赭衣不純中刑雜屨下刑墨幪以居州里而民恥之又
云唐虞象刑犯墨者蒙皂巾犯劓者赭其衣犯臏者以墨幪其臏處而畫之犯大辟者布衣無領史記孝文本紀云蓋聞
有虞氏之時畫衣冠異章服而民不犯何則至治也此唐虞象刑之說漢書音義肉辟婢亦切漢書刑法志云禹承堯舜

夏后肉辟三千者

之後自以德衰而制肉刑湯武順而行之者以俗薄於唐虞
故也大傳云夏刑三千條（周刑）千者呂刑云墨罰之屬千劓
罰之屬千剕罰之屬五百宮罰之屬三百大辟之罰其屬二
百五刑之屬三千白虎通五刑云科條三千者應天地人情
也堯親九族協和萬國湯武桓桓征伐四克由是言之不勝
者卓矣堯親九族協和萬國書堯典文白虎通宗族云族所
以有九何九之為言究也親疏恩愛究竟謂之九族
也父族四母族三妻族二四者謂父之姓為一族也父女昆
弟適人有子為二族也身女昆弟適人有子為三族也身女
子適人有子為四族也母族三者母之父母為一族也母之
昆弟為二族也母昆弟子為三族也母昆弟者男女皆在內
外親故合言之也妻族二者妻之父為一族妻之母為二族
盡之親略故父母各為[illegible]族接白虎通此說於母族則以[illegible]
世為[illegible]族於妻族則又[illegible]人為一族義甚可疑左傳桓公
禘親其九族孔疏引異義稱今禮戴書歐陽說母族三母之
父姓為一族母之母姓為一族母女昆弟適人者與其子為
一族妻族二妻之父姓為一族妻之母姓為一族較白虎通
說為密堯典孔疏引異義此條作夏侯歐陽等書三家
說同白虎通云云蓋傳述之誤至通儒王氏大之請[illegible]諸爾
雅有姑之姑曾祖王姑從祖姑族祖姑則是父族六也母之
考妣與從母族三也妻則父母二族而已俞氏樾[illegible]為

或曰：以往聖人之法治將來，譬猶膠柱而調瑟，有諸？曰：有之。曰：聖君少而庸君多，如獨守仲尼之道，是漆也。〔注〕漆甚於膠。曰：聖人之法，未嘗不關盛衰焉。昔者堯有天下，舉大綱，命舜、禹；夏、殷、周屬其子。不膠者卓矣。〔注〕卓，遠也。唐虞象刑惟明，〔注〕法度彰也。夏后肉辟三千，不膠者卓矣。〔注〕二帝三王關於存公不恤私也。堯親九族，協和萬國；湯武桓桓，征伐四克。由是言之，不膠者卓矣。〔注〕五君之道雖異，道時順宜，是道一也。禮樂征伐自天子所出，春秋之時，齊晉實與，不膠者卓矣。〔注〕禮樂征伐當由天子所出，而春秋之時，天子微弱，齊桓、晉文專命征討，然而所爲皆尊王室，故春秋公羊傳文雖不予而實予之，在於仁正也。

之後自以德衰而制肉刑湯武順而行之者以俗薄於唐虞故也大傳云夏刑三千條按肉刑三千者呂刑云墨罰之屬千劓罰之屬千剕罰之屬五百宮罰之屬三百大辟之罰其屬二百五刑之屬三千白虎通五刑云科條三千者應天地人情也堯親九族云云者協和萬國湯武桓桓征伐四克由是言之不膠者卓矣　堯親九族協和萬國書堯典文白虎通宗族云族所以有九何九之為言究也親疏恩愛究竟謂之九族也父族四母族三妻族二四者謂父之姓為一族也父女昆弟適人有子為二族也身女昆弟適人有子為三族也身女子適人有子為四族也母族三者母之父母為一族也母之昆弟為二族也母昆弟子為三族也母昆弟者男女皆在內外親故合言之也妻族二者妻之父為一族妻之母為二族妻之親略故父母各為一族[illegible]以[illegible]族按白虎通此說於母族則以[illegible]世為[illegible]族於妻族則又[illegible][illegible]人為[illegible]族義甚可疑左傳桓公篇親其九族孔疏引異義稱今禮戴書歐陽說母族三母之父姓為一族母之母姓為一族母女昆弟適人者與其子為一族妻族二妻之父姓為一族妻之母姓為一族較白虎通說為密堯典孔疏引異義此降作夏侯歐陽等是尚書三家說同白虎通云云蓋傳述之誤至近儒王氏夫之書經稗疏謂按諸爾雅有姑王姑曾祖王姑從祖姑族祖姑則是父族六也母之考妣與從母從母族三也妻則父母二族而已俞氏樾九族辨引為

正

湯武桓文征伐四見者

之說謂父族四曰高祖之族曰曾祖之族曰祖之族曰父之族母族三曰母之曾祖之族曰母之祖之族曰母之父之族妻族二曰妻之祖之族曰妻之父之族此皆寧聽虛造不可爲訓萬國僞孔本作萬邦按史記高祖功臣侯年表漢書王莽傳論衡藝增引書皆作萬國蓋今文尚書有然非必避諱說詳撰異爾雅釋訓云桓桓武也國與克爲韻禮樂征伐自天子所出者春秋之時齊晉[redacted]不膠者尊矣音義寶予音與

季[illegible]禮樂征伐[illegible]而春秋之時天子微弱齊桓晉文專命征討無所爲皆尊王室故春秋公羊傳文雖不予而實予之存於公正也按公羊傳僖公篇云齊師宋師曹師次於聶北救邢救不言次此其言次何不及事也不及事者何邢已亡矣孰亡之蓋狄滅之曷爲不言狄滅之爲桓公諱也曷爲爲桓公諱上無天子下無方伯天下諸侯有相滅亡者桓公不能救則桓公恥之曷爲先言次而後言救君也君則其稱師何不與諸侯專封也曷爲不與實與而文不與文曷爲不與諸侯之義不得專封也諸侯之義不得專封則其曰實與之何上無天子下無方伯天下有相滅亡者力能救之則救之可也此實予之說予與古字通用實與文不與公羊於僖公篇凡三發傳其一即此其二爲城楚丘其三爲城緣陵齊桓公事又文公篇晉人納接菑于邾婁弗克納納者何入辭也其言弗克納何大其弗克納也何大乎其弗

予者

是納晉郤缺帥師車八百乘以納接菑于邾婁力沛若有
餘而納之邾婁人言曰接菑晉出也貜且齊出也子以其指
則接菑也四貜且也六子以大國壓之則未知齊晉孰有之
也貴則皆貴矣雖然貜且也長郤缺曰非吾力不能納也義
實不爾克也引師而去之故君子大其弗克納也此晉郤缺
也其稱人何貶曷為貶不與大夫專廢置君也曷為不與實
與而文不與文曷為不與大夫之義不得專廢置君也此晉
郤缺事欲云齊晉實予也按此文當云自天子所無出字竟
親人族四句，皆四言國是為韻此文禮樂征伐四句亦同
皆四言所予為韻自天子所誤本誤出車淺學人習知論語
[redacted]道則禮樂征伐自天子出之文遂於所下妄增出字
既失句例又失其韻不知二語雖用論語文而變出為所，
以協韻古人多有此法說詳
古書疑義舉例變文協韻條

論語云天下有道則禮樂征伐自天子出

或曰人君不可不學律令者刑法志云漢興相國蕭何攈摭秦法
取其宜於時者作律九章及至孝武
即位招進張湯趙禹之屬條定法令律令凡三百五十九章
大辟四百九條千八百八十二事死罪決事比萬三千四百
七十二事曰君子為國張其綱紀謹其教化謹治平本作議秦校云議當作謹按世德
堂本作謹今從之韓詩外傳云謹其教道導之以仁則下不相賊云云者莅之以眾則下

湯武桓桓征伐四充者

之說謂父族四曰高祖之族曰曾祖之族曰祖之族曰父之族
族母族三曰母之曾祖之族曰母之祖之族曰母之父之族
妻族二曰妻之祖之族曰妻之父之族此皆寧聽盧逮不可
為訓禹國偽孔本作禹邦按史記高祖功臣侯年表漢書王
莽傳論衡藝增引書皆作禹國蓋今文尚書有然非必禮樂
避諱說詳撰異爾雅釋詁云桓桓武也國與充為韻
征伐自天子出者春秋之時齊晉實不與者予矣音義實予音與
予者
李禮樂征伐……而春秋之時天子微弱齊桓
晉文專命征討……所為皆尊王室故春秋公羊傳文雖不
予而實予之存於公正也按公羊傳僖公篇云齊師宋師曹
師次於聶北救邢救不言次此其言次何不及事也不及事
者何邢已亡矣孰亡之蓋狄滅之曷為不言狄滅之為桓公
諱也曷為為桓公諱上無天子下無方伯天下諸侯有相滅
亡者桓公不能救則桓公恥之曷為先言次而後言救君也
君則其稱師何不與諸侯專封也曷為不與實與而文不與
文曷為不與諸侯之義不得專封也諸侯之義不得專封則
其曰實與之何上無天子下無方伯天下有相滅亡者力能
救之則救之可也此實予之說予與古字通用實與文不與
公羊於僖公篇凡三發傳其一即此其二為城楚丘其三為
城緣陵並齊桓公事又文公篇晉人納接菑于邾婁弗克納
納者何入辭也其言弗克納何大其弗克納也何大乎其弗

●注卓遠 按說文卓高也，高遠義同。吳云卓此可見，則讀為倬。說文倬明也。崇謂不勝者卓，猶云不勝不可及。甫以弘卬範義為長。○注五君之道雖異，隨時順宜其[道]一也 按五君謂堯舜禹湯武，卬上注二帝三王。世德堂本作人君，誤。○注禮樂至正也 按閻氏以慶讀法言札記云寶讀為是，晉實于者齊晉是乎也。向明篇云不聰實無耳也，不明實無目也。俞氏云兩實字當為是，即其例矣。此言世治則宗王，時衰則尼霸，皆見不勝之卓，與上文意同。注云正得其肯，惟解實字意稍迴曲。乎崇謂實乎字正用公羊傳實與而文不與之說。[illegible]按上三節不勝者卓指禹湯武，此不勝者指孔子，非指齊晉言。天下無道，人臣而專禮樂征伐，則可以誅，故春秋之義，齊晉之征伐，僭竊文辭不與而實與之，此素王黜陟之法，非隨時順宜與三代聖王之變革同也。吳乃云自湯武以上，稍由是言之，明二霸之道不可繼也，失之遠矣。

或曰：「人君不可不學律令。」曰：「君子為國，張其綱紀，謹其教化。〔注〕綱之有綱紀，猶君之有股肱也。綱紀張則綱目正，股肱良則庶事康。導之以仁，則下不相賊；蒞之以廉，則下不相盜；臨之以正，則下不相詐；修之以禮義，則下多德讓。此君子所當學也。如有犯法，則司獄在。」〔注〕執契而已。

不相盜臨之以正則下不相詐脩之以禮義則下多德讓此君子所當學也

賊盜詐僞皆律令所有事李悝法經首盜法次賊法漢律沿用之詳長孫無忌等唐律疏義律令之用在罰已然仁義廉正之用在禁未然者有司之事禁未然者化民成俗之事人君當為化民成俗之學不當為有司之學也

如有犯。則司獄。在。者

周禮大司徒鄭注云爭罪曰獄爭財曰訟然則獄即今刑事訴訟訟即今民事訴訟獄訟對文則異散文亦通國語周語夫君臣無獄韋注云獄訟也漢時司獄之官為廷尉百官公卿表廷尉秦官掌刑辟有正左右監秩皆千石景帝中六年更名大理武帝建元四年復為廷尉宣帝地節三年初置左右平秩皆六百石哀帝元壽二年復為大理顏注云廷平也治獄貴平故以為號

注執契而已按老子云是以聖人執左契而不責於人有德司契無德司徹河上公注云古者聖人執左契合符信也但刻契之信不責人以他事也晉書劉惔傳云堯之善政司契而已此似範詳所本然法言此文固與老氏無為之旨不同似非此義

或。苦亂。

者李云君忘矣云或人以寄任有司君忘其紊亂按苦亂猶論語云季康子患盜當自為一章不必承上而言

曰綱。紀。

者詩棫樸綱紀四方鄭箋云以綱罟喻為政張之為綱理之為紀孔疏云說文綱紘也紀別絲也然則綱者網之大繩故盤庚云若網在綱有條而不紊是其事也以舉綱能張網之目故張之為綱也紀者別理絲縷故理之為紀

曰惡。在於綱。紀。

者音義惡在音烏下惡得同

曰大。作綱。小。作紀。

云如綱不綱者

流十一

紀不紀雖有羅網惡得一目而正諸 白虎通三綱六紀云何謂綱紀綱者張也紀者理也大者為綱小者為紀所以張理上下整齊人道也人皆懷五常之性有親愛之心是以綱紀為化若羅網之有紀綱而萬目張也 ○注 若憲按廣雅釋詁云憲若也是若憲同訓

或曰齊得夷吾而霸仲尼曰小器 論語云子曰管仲之器小哉皇疏云管仲者齊桓公之相管夷吾也器者謂管仲識量也孫綽曰功有餘而德不足以道觀之得不曰小乎 請問大器曰大器其猶規矩準繩乎先自治而後治人之謂大器 吳云規矩先自圓方準繩先自平直然後能為器也管子不知禮也能以禮正國哉 憲按錢云堯舜性之也湯武身之也此先自治而後治人者也五霸假之也故器小此王霸之辨也以大學言之誠意正心脩身規矩準繩也所謂先自治也齊家治國平天下所謂治人也先誠意正心脩身而後齊家治國平天下所謂先自治而後治人由本達末原始反終一以貫之之道也○

或曰正國何先曰躬工人績 李云躬身也工官也言先正身以臨百官次乃覽察其人考其勳績

金薤琳琅齋叢稿

或苦亂〔注〕苦患曰綱紀〔注〕綱紀然後網目正曰惡在於綱紀曰大作綱小作紀〔注〕網類綱[illegible]君任輔佐如綱不綱紀不紀[illegible][illegible]〔注〕謂失綱紀之任雖有羅網惡得一目而正諸〔注〕網無綱紀目不正君無股肱國不治

或曰齊得夷吾而霸仲尼曰小器請問大器曰大器其猶規矩準繩乎先自治而後治人之謂大器〖注〗夫以規矩準繩而能使上下無猜者大器也大器者必籠皆羣疑之表莫得而之宰量也管子相桓公不能以之自固三歸反坫然後獲安

○注大器著能籠羣疑之表。按籠當作籠羣之謂。夏侯孝若東方朔畫贊
籠罩靡前者，罩一作羣之轉，籠罩之爲籠皆，猶騰蹕之爲騰踏也。器大則能
籠羣萬物，故云籠皆羣疑之表。○注管子至據要。按國策東周策云：齊桓公
宮中七市，女閭七百，國人非之，故爲三歸之家以掩桓公，非自傷於民也。孔子橋
朱云：管仲之相齊也，君注亦注，君奢亦奢。說苑善說云：桓公立仲父，致大夫
曰：善吾者入門而右，不善吾者入門而左。有中門而立者，桓公問焉，對曰：管
子之知可與謀天下，其強可與取天下，君恃其信乎？內政委焉，外事斷焉，驅
民而歸之，是亦可奪也。桓公曰：善。乃謂管仲：政則卒歸於子矣，政之所不
及，唯子是匡。管仲故築三歸之臺，以自傷於民。論語八佾皇疏引李充云：
齊桓隆霸王之業，管仲成一匡之功，免生民於左衽，豈小也哉？然苟非大才者，
則有偏失。好內極奢，桓公之病也。管生方欲仁大勳，宏振風義，遺近節
於當年，期遠濟乎千載，寧分謗以要治，不潔己以求名，所謂君子
行道忘其身者也。漏細行而全令圖，唯大德乃堪之。季末奢淫，愆
違禮則，聖人明經常之訓，塞奢侈之源，故不得不貶以爲小也。是信
（弘範此注亦用此義）
說皆以管仲之奢（注）爲分謗求全之計。○曰：「子歸東晦，其狼驥也。」⊙

紅保内字改三號
居中

宋保云駒也……言以成辭不可分釋

邪工人繢省

也。則爲云工巧則繢善工拙則繢惡言當先正其身而後正人按彤與人對文工與繢同義工讀爲功繢亦功也彤工人繢謂已勤其職則人亦效之而事無不治也

或曰：爲政先殺後教。法家之蔽有如此藝文志序法家云及刻者爲之則無教化去仁愛專任刑法而欲以致治。曰：於乎！音義於音烏世德堂本作嗚呼天先秋而後春乎？將先春而後秋乎？御覽二引風俗通云易稱天先春而後秋地先生而後緯文漢書董仲舒傳云王者承天意以從事故任德教而不任刑刑者不可任以治世猶陰之不可以成歲也爲政而任刑不順於天故先王莫之肯爲也

玄駒之步者夏小正十有二月玄駒賁傳云玄駒也者螘也賁者何也走於地中也按步猶賁也賁者奔之假疾行爲奔徐行爲步對文則異散文亦通吳云步行也是也俞云襄二十六年左傳左師見夫人之步馬者杜注曰步馬習馬字亦作騭玉篇馬部騭盜故切習馬此云玄駒之步蓋因螘有駒名故借用步馬之義按玄駒合二言以成辭不可分釋亦作玄蚼蚼者北方蚼犬食人呼螘爲玄駒而謂之有駒名乎呼螘爲玄蚼者亦得謂之有蚼犬名乎若今注云河内人

人馬數千萬皆如黍米遊動往來從旦至暮家人以火燒之人皆是蚊蚋馬皆是大蟻故今人呼蚊蚋爲

[redacted]步為行往也□□
詩白華天步艱難毛
傳步行也左傳僖公篇
將步師出於鄗邑釋
文步猶行也玄駒之行
[redacted]
辭順理晰

至挻□是止□之誤寘
見云得已則已矣宋吳
本已作至正其例止赤
已也止誤為至又衍成
字耳而以至矣哉為
歎美之辭遂於可以字
下妄增成字耳

[redacted]泰氏蝗曰玄駒也斯則委巷之無稽不
可以為雅訓且習馬之為步馬乃訓習之事蝗之走於地中
雖為習之而謂之步耶
[redacted]
[redacted]
雉。之晨雊也。者晨當為震晨象作晨震之壞體似晨傳寫者又
因詩匏葉有雉之朝雊語遂改為晨矣李云雊鳴按說文雊
雄雌鳴也雷始動雉鳴而句其頸夏小正正月雉震呴傳云
呴也者鳴也震也者鼓其翼也正月必雷雷不必聞惟雉為
必聞之何以謂之句雷則雉震呴相識以雷據孔氏廣森補
注本然則鼓翼向頸而鳴謂之震雊震者
振之假說文振一曰奮也呴雊同聲通用
化。其可以已矣哉。
李云感陽應節自然之化化之所感有自來矣司
馬云宋吳本已作成
民。可使覿德。不可使覿刑。說文覿見也經傳多作覿國語周語云武不可覿
覿德則純。覿刑則亂。純讀為惇說文惇厚也純傳通以淳醇敦肫純為
之矣云觀德則民歸厚故純覿刑則民生僞故亂
象龍之致雨也。難矣哉。曰：龍乎龍乎。
繁露求雨云春旱求雨以甲乙日為大蒼龍一長八
丈居中央為小龍七各長四丈於東方皆東向其間相去八

後漢書禮
儀志注引作
難矣哉

紅線內字改三號
居中

甫保玄駒之步
言以成辭不可分釋

形工人續者
也司馬云工巧則績善工拙則績惡言當先正其身而後正人拙形弓人對文工弓續同義工讀為功績亦功也形工人續之謂己勤其職則人亦效之而事無不治也

或曰為政先殺後教。者法家之嚴有如此藝文志序法家云及刻者為之則無教化去仁愛專任刑法而欲以致治

曰於乎音義於音烏德壹本作鳴呼世天先秋而後春乎將先春而後秋乎御覽二引風俗通云易稱天先春而後秋地先生而後殺者緯文漢書董仲舒傳云王者承天意以從事故任德教而不任刑刑者不可任以治世猶陰之不可以成歲也為政而任刑不順於天故先王莫之肯為也

云駒駒步者夏小正十有二月玄駒賁傳云玄駒也者螘也賁者何也走於地中也按步猶賁也賁者奔之假疾行為奔徐行為步對文則異散文亦通吳云步行也是也俞云襄二十六年左傳左師見夫人之步馬者杜注曰步馬習馬字亦作騎玉篇馬部騎盆故切習馬此云玄駒之步蓋因螘有駒名故借用步馬之義按玄駒合二言以成辭不可分釋亦作玄蚼蚼者此方蚼犬食人呼螘為玄駒而謂之有駒名乎今注云河內人呼螘為玄蚼者亦得謂之有蚼犬名乎今注云河內人謂之蚼則作蚼為

人馬數千萬皆如黍米遊動往來從旦至暮家人以火燒之人皆是蚊蚋馬皆是大蟻故今人呼蚊蚋

◎凡步為行經典通常◎雅

詩白華天步艱難毛

傳步行也左傳僖公篇

將步師出杜解邑釋

文步猶行也玄駒之行

[redacted]

◎辭順徑蹄

正十二

[redacted]秦氏蝗曰去駒也斯則委巷之無稽不

可以為雅訓且習馬之為步馬乃訓肄之事蝗之走於地中

謂為習之而謂之步耶◎◎乃謂以步猶本義駒之黃奔

故迪庥行為奔徐行為步蝗則異文正謂徐行謂

[redacted]

言者無須學鑒也雉之晨雊也者晨當為震晨篆作晨震之壞體似晨傳寫者又

因詩範葉有雉之朝雊語遂改為晨矣李云雊鳴按說文雊

雄雉鳴也雷始動雉鳴而句其頸夏小正正月雉震呴傳云

呴也者鳴也震也者鼓其翼也正月必雷雷不必聞惟雉為

必聞之何以謂之雷則雉震呴相識以雷據孔氏廣森補

注本然則鼓翼向頸而鳴謂之震雊震者

振之假說文振一曰奮也呴雊同聲通用仡其可以已矣哉

李云感陽應節自然之化化之所感有自來矣同

馬云宋吳本已作成◎亡◎當以世作成東◎中也

至蓋

至捱是止之誤耳

見云得已則也矣宋吳

本已作至正其例也赤

已也止誤為至又衍成

字耳而以至矣哉為

歎美之辭遂於可以字

下妄增成字耳

◎注云駒蚍蜉子也按說文作蠶蟲重文作蚍蜉大螘也方言云蚍蜉齊魯之間謂之蚼蟓

西南梁益之間謂之玄蚼燕謂之蛾蛘◎注雊鳴按說文雊雄雉鳴也雷始動雄鳴而句其

頸

民可使覿德〔注〕是以堯舜之民可比屋而封**不可使覿刑**〔注〕是以桀紂之民可

比屋而誅**覿德則純覿刑則亂**

〇注 躬，身；至，績也。按：弘範以躬、土、人、績平列為四事，似失其義。覽察其人，世德堂本作「覽察其人」。

或曰：「為政先殺後教。」曰：「於乎！〔注〕於乎者，歎歎之聲。〕天先秋而後春乎？將先春而後秋乎？〔注〕天道先春後秋以成歲，為政先令後誅以成治。〕

吾見玄駒之步〔注〕玄駒蚍蜉子也雉之晨雊也〔注〕雉鳴化其可以已矣哉〔注〕感陽應節自然之化化之所感有自來矣

象龍之致雨也，難矣哉！注象，似也。言畫繒刻木以為龍，而求致雨，則不可得也。曰：龍乎！龍乎！注歎非真龍。真龍而後能實雨，明君而後道化行也。

或問政核。曰：真偽。注用真人，遠佞偽。真偽則政核，注真真之明，則真人顯；顯著，則佞偽息。真偽寡，則政事核也。如真不真，偽不偽，則政不核。注北面之禍，南面之賊也。

司馬云謂精確得其實

尺小童八人皆齋三日青衣而舞之夏求雨以丙丁日爲大赤龍一長七丈居中央又爲小龍六各長三丈五尺於南方皆南鄉其間相去七尺壯者七人皆齋三日赤衣而舞之季夏以戊己日爲大黃龍一長五丈居中央又爲小龍四各長二丈五尺於南方皆南鄉其間相去五尺丈夫五人皆齋三日黃衣而舞之秋以庚辛日爲大白龍一長九丈居中央又爲小龍八各長四丈五尺於西方皆西鄉其間相去九尺鰥者九人皆齋三日白衣而舞之冬以壬癸日爲大黑龍一長六丈居中央又爲小龍五各長三丈於北方皆北鄉其間相去六尺老者六人皆齋三日黑衣而舞之又云四時皆以水日爲龍必取潔土爲之結蓋龍成而發之。後漢書禮儀志注引新論云劉歆致雨具作土龍吹律及諸方術無不備設譚問求雨所以爲土龍何也曰龍見者輒有風雨興起以迎送之故緣其象類而爲之按子雲此言蓋即爲此而發乃因請雨術之不驗而歎一切作僞之無益以諷王莽制作爲徒勞也。龍乎龍乎與重黎云雨乎盧乎終始乎義同言作僞者皆可作如是觀也[redacted]

或問政核。音義政核下革切按讀爲覈。宋云核實也問爲政之實。曰：真真僞僞則政核。真真者

僞僞各本皆作真僞(手)以第一真僞句絶云用真人遠佞僞真僞以第二真僞屬下讀(宋)云善善明則真人顯惡惡著則佞僞

曰龍乎龍乎 禮儀志注引無曰字

真偽審則政事核 司馬云真偽真偽當作真ゝ偽ゝ古書多然按司馬說是也古書凡遇重言及複舉之辭皆省略不書止於本字下作二短畫以識之傳寫每易致誤詩羔羊委蛇委蛇釋文云沈讀作委ゝ蛇ゝ即其例此文真ゝ偽ゝ與真不真偽不偽相對為義正與論語君ゝ臣ゝ父ゝ子ゝ君不君臣不臣父不父子不子本書君子姦ゝ詐ゝ不姦ゝ不詐ゝ文例相同 今特訂正

如真不真，偽不偽，則政不核。真不真者以不真為真，偽不偽者以不偽為偽。吳云真偽而偽真則政事不核。按此亦識莽之作偽。

真者真之，偽者偽之，則事得其序而物莫能遁其情，故曰政核。

鼓舞萬物者，雷風乎！鼓舞萬民者，號令乎！雷不一，風不再。雷不一者

注 今年□風不再者刑無之地 少在雷遁風乃能動物之今在申乃能殺衆命 司馬云一再言其云李解甚得楊子之旨惜其說下句未了耳易通卦驗曰立春調風至春分明庶風至立夏清明風至夏至景風至立秋涼風至秋分閶闔風至立冬不周風至冬至廣莫風至是一時有一時之風風不再謂不迍至也王者法之故號令亦無錯出矣按一時有一時之風乃風因氣候之變而異其涼燠遂各為之名非此諸異名之風之不迍至且不迍之與不再義亦有別曲園此說未可從 後漢書郎顗傳載顗奏云雷者號令其德生養號令殊廢當生而殺則雷反作其時無歲又云風者

舉謂

象龍之致雨也難矣哉〔注〕象似也言畫繢刻木以為龍而求致雨則不可得也曰龍乎龍乎

注歎非真龍真龍而後能興雨明君而後道化行也

或問政核曰真偽〔注〕用真人遠佞偽 真偽則政核注善善明則真人顯惡惡著則佞偽息

真偽審則政事核也 如真不真偽不偽則政不核〔注〕北面之禍南面之賊也

鼓舞萬物者雷風乎鼓舞萬民者號令乎〔注〕天以雷風鼓舞萬物君以號令制御萬民

雷不一〔注〕三令五申 風不再〔注〕制無二也

號令天之威怒皆所以感悟人君恐懼之戒又寇榮傳載榮上書云連年大風折拔樹木風為號令章懷注引翼奉云凡風者天之號令所以譴告人也然則雷風雖同為號令而雷象生養風象譴告乃舊說生養之令不厭周復故雷不一譴告之令無取狎見故風不再不一者謂不可止於一不再者謂不可至於再也

聖人樂陶成天下之化使人有士君子之器者也世德堂本依宋吳本樂下有天字俞云疑天乃夫字之誤聖人樂夫陶成天下之化使人有士君子之器者也其旨亦與李本不殊因夫字誤作天宋吳遂依誤本為說鑿矣俞序云教化流行德澤大洽天下之人人有士君子之行而少過矣故不遁於世不離於羣音義不離力智切下同遁離者是聖人乎論語云鳥獸不可與同羣也吾非斯人之徒與而誰與孔注云隱居於山林是與鳥獸同羣也吾自當與此天下人同羣安能去人從鳥獸居乎明通世離羣非聖人之道也

使人有士君子之器者也若春秋

雖之不才其卵毈矣音義毈徒玩切卵壞君之不才其民野矣荀子勸學云不由禮則夷固僻違庸眾而野按野與上文士君子相反為義注毈敗也說文毈卵不孚也

行律內守法之謂奏中

或曰載使子草律 治平本作或問曰今依世德堂本刪問字 書則猶載使子草律 云載設也草擬也按經傳釋詞云載猶則也若也 曰吾不如弘恭 漢書佞幸傳云弘恭沛人也恭明習法令故事善為請奏能稱其職 章奏 曰吾不如陳湯者 論衡對作云上書謂之奏獨斷云凡羣臣上書於天子者有四名一曰章二曰奏三曰表四曰駁議 曰吾不如陳湯 陳湯傳云字子公山陽瑕丘人也少好書博達善屬文 曰何為曰必也律不犯奏不刻 音義刻以冉切奏云論語云聽訟吾猶人也必也使無訟乎此亦言常以德化之使不犯律不刻奏也 按說文刻鍥刻也按鍥所以刻故此借以為識刻之意民無派行則律不犯界無過舉則奏不刻犯刻韻語○注論語至奏也揔之範意似專以奏為劾治之事與律同意故云以德化之使不犯律不刻奏謂以德化民使民無派既不犯律又不煩刻牘為劾奏也

○注載設也按經傳釋詞云載猶則也 曰猶若也

聖人樂陶成天下之化使人有士君子之器者也故不遁於世不離於羣

遁離者是聖人乎〔注〕言遁離者非聖人也

雌之不才其卵毈矣〔注〕毈敗君之不才其民野矣〔注〕民之陶化猶泥之在鈞

或問曰載使子草律〔注〕載，設也。草，創也。曰：吾不如弘恭。草奏，曰：吾不如陳湯。曰：何為？曰：必也律不犯，奏不剡。〔注〕論語云：聽訟，吾猶人也，必也使無訟乎。此亦言當以純德化人，使不犯律，不剡奏也。

甄陶天下者，其在和乎？剛則甈，柔則坏。〔注〕甈，燥也。坏，溼也。言失和也。夫陶者失剛柔之和，則不成器；為政者失寬猛之中，則不成治。甄陶天下者其在和乎，何平叔景福殿賦李注引無者字。剛則甈，柔則坏。音義：甈，五計切，破瓦也。坏，芳杯切，未燒瓦也。俗本作坯，坯之誤也。~~司馬本坏土踈慢不黏~~按宋吳本作坯。〇景福殿賦注引李軌曰：埏埴為器曰甄。陶，王者本甄陶其民也。胡氏克家考異云：軌當作軌，謂李軌注法言也。按今各本皆無此注。〇注：甈燥至成治。按音義：注甈燥也，俗本誤作㷉；坏溼也，誤作坯懼也。世德堂本坏溼也，溼作慢。司馬云：坏土踈慢不黏也。言甄者和土，剛柔之齊，太剛則破裂，太柔則踈慢。治天下之道亦猶是也。似溫公所據本亦作慢。說文：甈 下接第十二頁

獲

康瓠●破罌也段注云康之言空也瓠之言壺也空壺謂破罌也罌已破矣無所用之空之而已釋器曰康瓠謂之甈之言滞而無用也法言曰勁陶天下者云之此引申之義也柴按空之言孔非謂空虚器有罅隙謂之甈埏埴過燥則罌生罅隙非有二義也又説文坏丘一成者也一曰瓦未燒段注云今俗謂土坏古語也按未燒謂之坏燒而未成亦謂之坏太玄云幸云戎錫之坏范注云坏未成瓦也

龍之潛亢不獲其中矣 李云初九潛龍勿用上九亢龍有悔者 繫辭云天下之理得而易成位乎其中矣前注云陽位成於五陰位成於二五為上中二為下中故易成位乎其中也然則初為下下六為上上極卑極高去中彌遠故云不獲其中

是以過中則惕不及中則躍 李云九三居下卦之上過其中則夕惕九四居上卦之下不及中故躍淵愚氏楝周易述云六爻以二五為中知卦之五兩爻又以五爻為主四不中而近五故多懼三過中故多凶也

其近於中乎 者 李云二五得中故有利見之象吳云以其惕躍故近中愈於潛亢愚氏楝易例云惕躍近中猶愚悲近道進德修業故近於中按過而能惕則知退不及而能躍則知進斯勉哉於中矣之道也

聖人之道譬猶日之中矣不及則未過則昃 李云日中則昃

紅綠內字均用之

原本

昊與 昊同 ○注：光被四表。據堯典「光被四表」，鄭注云：言堯德光耀及四海之外，至于天地。所謂大人與天地合其德，與日月齊其明。此注亦用鄭義，不以光被為廣被也。

什一，天下之正也。多則桀，寡則貉。注：什一而稅，民天下之中賦，正法也。公羊傳曰：多乎什一，

大桀小桀；寡乎什一，大貉小貉。[redacted]

井田之田，田也；肉刑之刑，刑也。孟子云：方里而井，井九百畝，其中為公田，八家皆私百畝，同養公田。公羊傳宣公篇解詁云：是故聖人制井田之法而口分之，一夫一婦受田百畝，以養父母妻子，五口為一家，公田十畝，即所謂十一而稅也。廬舍二畝半，凡為田一頃十二畝半，八家而九頃，共為一井，故曰井田。荀子正論云：世俗之為說者曰：治古無肉刑而有象刑。是不然。以為治邪，則人固莫觸罪，非獨不用肉刑，亦不用象刑矣；以為人或觸罪矣，而直輕其刑，則是殺人者不死，傷人者不刑也。罪至重而刑至輕，庸人不知惡矣，亂莫大焉。本篇云：夏后肉辟三千，不膠者卓矣。

田也者，與眾田之；刑也者，與眾棄之。音義：眾田，音佃。鹽鐵論未通云：什一而藉民之力也，豐耗美惡與民共之，民饑己不獨飽，民衍己不獨饉。王制云：刑人於市，與眾棄之。

聖人之道，譬猶日之中矣，注光被四表。不及則未，注不及中，未盛明。過則昃。注日昃明盡，言昏昧也。

龍之潛亢，不獲其中矣。注初九潛龍勿用，上九亢龍有悔。是以過中則惕，注九三居下卦之上，過其中，故夕惕也。不及中則躍，注九四居上卦之下，不及中則躍。其近於中乎！注二五得中，故有利見之吉。

什一，天下之正也者，孟子云：夏后氏五十而貢，殷人七十而助，周人百畝而徹，其實皆什一也。趙注云：民耕五十畝

貢上五畝；耕七十畝者，以七畝助公家；耕百畝者，徹取十畝以為賦。雖異名而多少同，故曰皆什一也。

公羊傳宣公為什一者，天下之中正也。○注：公羊至十篇。按宣公篇文[redacted]十一世德堂本

作什一，拙治本作十一，世所稱正年得如此。今本公羊傳亦作什一。何解詁云：大者奉多取於民

比於桀也；寡於無以稱宗廟百官制度之費。稅薄役寡，則夏桀無道，重賦於人，今過什一

與之相似，若十取四五，則為桀之大貪；若取二三，則為桀之小貪。胡曰：多乎什一，大桀小桀

所以左氏紂皆勝笑以為殺身。舊說云不言紂者，近事不嫌不知者，亡取其一，則為大貉

行者十二。二三取一，則為小貉。行於四夷，寡於什一，則大貉、小貉也。然則多於什一，則有為

桀之誅；寡於什一，則有貉之恥。是以什一而稅，三王所不易。故傳曰：中正之言，按

是子云欲[redacted]輕之於堯舜之道者，大貉小貉也；欲重之於堯舜之道者，大桀小桀也。趙

注云：堯舜以來什一而稅，足以行禮。故以此為道。今欲輕之二十而稅一者，夷貉為大貉，子按謂白圭

為小貉也；欲重之過什一，則是夏桀之大桀而子為小桀也。[redacted]而

書大傳云：古者十稅一，多於十稅一，謂之大桀小桀；少於十稅一，謂之大貉小貉。王者十一而稅，而

頌聲作矣。故書曰：越維有胥賦小大多政。鄭公羊傳陳疏云：伏氏以十一外多少為大桀小桀、小貉大貉，明多

方大十二字，政方正也。今書作正，小大多得其正也。按此伏、趙、徐解大字之義各不同，似以徐說為優。

井田之田田也【注】謂古八家是治田也肉刑之刑刑也【注】三千之屬是正法也田也者与众田之刑也者与众弃之

（井田之田田也者）

刑也者与眾弃之者

力也豐耗美惡与民共民鐘已不獨衍民

衍已不獨鐘王制云刑人於市与衆弃之

○注謂古八家是治田也按萬氏斯大學春秋隨筆云孟子言三代田制莫善於助言助法之形體田方里而井之九百畝其中為公田八家皆私百畝同養公田非謂民同之徵其如此也趙岐孟子注云周人耕百畝者徹取十畝以為賦斯言得之矣司馬法云畝百為夫夫三為屋屋三為井井十司徒亦云夫九為井據此二文是周人井九百畝分之九夫每夫百畝中以十畝為公田君取其入而不收餘畝之稅周民稱中田書辨正云徹者撤公田故孟子云惟助為有公田商家同井公田在私田外周九夫為井公田在私田中周何以變八家為九夫此則往籍盡書言之矣蓋自商至周歷以百餘年生齒必日繁無田可給不得不舉公田授之民及列國無事殺戮過甚民戶反少於周初而徹法之壞已甚孟子欲復殷助法所謂為時宜之者此真通人之論也然則八家九夫商周已異其制井田之田但前就稅制為言孟子云其實皆什一也商行什一之稅則井田之說似不必泥古八家為說也又按閻氏潛邱讀法言札記云田也之田當讀為佃刑也之刑當讀為型李注云謂古八家是治田也三千之屬是正法也正得其義音義於下文家田及田佃田皆音佃此獨無音失之榮謂田也云者謂田制之正刑也云者謂刑法之正

[redacted]李注治田乃對正法而言治弃正也不

讀平聲閏解殊誤

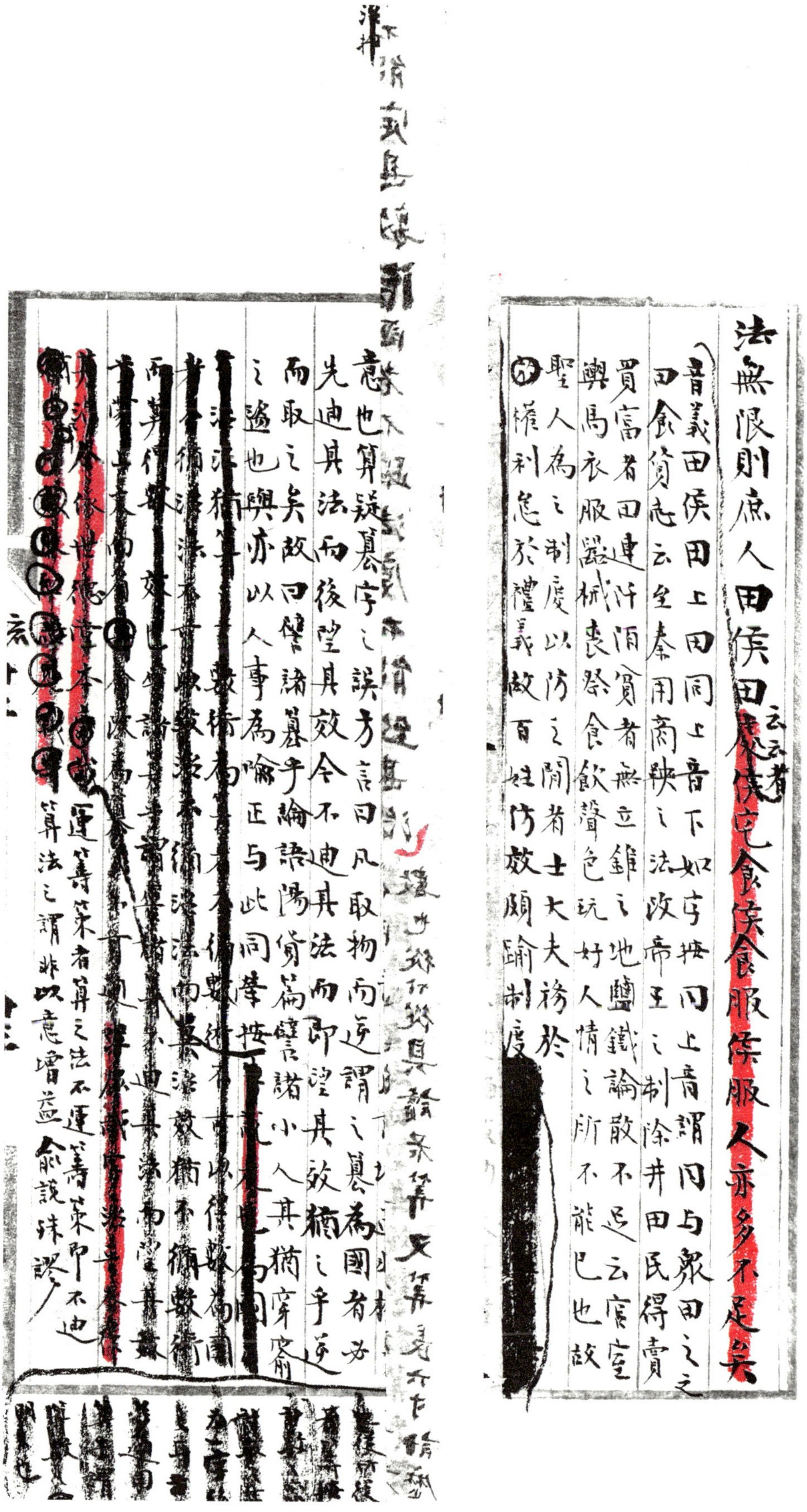

法無限則庶人田侯田處侯宅食侯食服侯服人亦多不足矣云云者

音義田侯田上田同上音下如字按同上音謂同與衆田之之

田食貨志云至秦用商鞅之法改帝王之制除井田民得賣

買富者田連仟佰貧者無立錐之地鹽鐵論散不足云宮室

輿馬衣服器械喪祭食飲聲色玩好人情之所不能已也故

聖人為之制度以防之間者士大夫務於

疏權利怠於禮義故百姓倣傚頗踰制度

[illegible]

意也算疑纂字之誤方言曰凡取物而逆謂之纂為國者務

先迪其法而後望其效今不迪其法而即望其效猶之乎逆

而取之矣故曰譬諸纂乎論語陽貨篇譬諸小人其猶穿窬

之盜也與亦以人事為喻正與此同按[illegible]

[illegible]

運籌策者算之法不運籌策即不由

算法之謂非以意增益俞說殊謬

跋十二紙

法無限則庶人田侯田處侯宅食侯食服侯服〔注〕法制無限則輿者僭

長僭亂人亦多不足矣〔注〕僭亂既興民多匱竭

法無 不足

法無限則庶人田侯田處侯宅食侯食服侯服人亦多不足矣
音義田侯田上田同上音下如字按同上音謂同與衆田之
田食貨志云至秦用商鞅之法改帝王之制除井田民得賣
買富者田連仟佰貧者無立錐之地鹽鐵論散不足云宮室
輿馬衣服器械喪祭食飲聲色玩好人情之所不能已也故
聖人爲之制度以防之間者士大夫務於
按權利怠於禮義故百姓仿效頗踰制度[redacted]

爲國不迪其法〔注〕迪蹈而望其效〔注〕效功譬諸算乎〔注〕夫算者不違籌

策不能定其數〔疏〕國者不蹈法度不能致其治爲國不迪其法而望其效譬諸算乎者說文算數也從竹從具讀若筭又筭長六寸計歷數者從

竹從弄言常弄乃不誤也按算者數之事筭者數之器音同義近古書通用此言爲國[redacted]

[redacted]之有治法猶算之有數術爲算者不循數術不可以得數爲國者

不循治法不可以致治不循治法而冀治效猶不循數術而冀得數之效也譬諸算乎[redacted]謂譬諸算

不迪其法而望其效者蒙上而省耳○注迪蹈按廣雅釋言文○注效功按淮南子脩務效亦大矣高注

云效功也○注夫算者至其治按籌策也筭老子云善計不用籌策俞云正文並無不違籌策之說以意

增益非揚子

疏十二終

十三一

法言疏義十三

吳　汪榮寶撰

重黎卷第十〔注〕真偽美惡成敗存亡人君之所以御乎其下人臣之所以事乎其上不可以不察也明此以南面堯之為君也明此以北面舜之為臣也○注「明此以南面」至「臣也」按莊子天道篇文

法言

李軌注

或問南正重司天北正黎司地今何僚也〔注〕司主也僚官也少皞氏衰九黎亂德帝顓頊命重黎主天地也曰近義近和〔注〕堯有羲和之官五岳時亦復立焉聖王之立重黎羲和考其所以重黎羲和耳非岳所立也孰重孰黎曰羲近重和近黎

十二月乙卯起稿

注 義主陽和主陰故云南正重司天北正黎司地者音義南正重直龍切按史記自序云昔
在顓頊命南正重以司天北正黎以司地即此文所本國語
楚語作命南正重司天以屬神命火正黎司地以屬神史記
歷書文同漢書司馬遷傳即採史記自序文作火正曆書集
解引應劭云黎陰官也火數二二地數也故火正司地以脩
萬民漢書遷傳張晏注云南方陽也火水配也水為陰故命
南正重司天火正黎兼地職歷書索隱云左傳重為句芒木
正黎為祝融火正此言南者劉氏以為南字誤非也蓋重黎
二人元是木火之官兼司天地職而天是陽南是陽位故木
亦是陽所以木正為南正也而火是地正亦稱北正者火數
二二地數地陰主北方故火正亦稱北正為此故也此諸說
皆以火之與地義有相通故火正[illegible]為北正語近附會且堯
典孔疏引鄭荅趙商云先師以來皆云火掌為地按掌乃首
字之誤地乃北字之誤
鄭志荅趙商云火當為北北正詩譜檜譜孔疏亦引
書云火當為北北陰位也周禮則司徒掌土地人民也遷傳
臣瓚注云重黎司天地之官也唐虞謂之羲和則司地者宜
曰北正古文作北正史記自序索隱引臣瓚說作古文作火
字非也漢書律歷志臣瓚注云古文火字與北相似故遂誤

十三 二

五号字注

冉則皆以國語及他書火正字為北正之誤今按堯典孔疏
云左傳稱重為句芒黎為祝融祝融火官可得稱為火正句
芒木官不應號為南正且木不主天火不主地而外傳稱顓
頊命南正司天火正司地者蓋使木官兼掌天火官兼掌地
南為陽位故掌天謂之南正黎稱本官故掌地猶為火正其
說最為近理陳氏喬樅今文尚書經說考云以五行官有火
正祝融則火官之號若天地之官據陰陽之位封南正為火
則為北正是黎一人居二官也朱氏芹十三經札記云蓋重
以木正兼掌天南為陽位故謂之南正黎以火官兼掌地北
為陰位故謂之北正皆本孔義然則以本職言則曰火正以
兼官言則曰北正國語於重稱南正於黎稱火正乃是互文
史記自序改火正為北正則並以兼官言與上向南正重一
例[illegible]遷傳作火正者此孟堅用國語改史記非所據遷自序
如此法言作北正則子雲所見遷自序正與今本史記同也
中論歷數篇採楚語為文亦云令南正重司天以屬神北正
黎司地以屬民梁氏玉繩史記志疑云今本國語及經疏中
所引皆作火正漢書遷傳同自史公有北正之文後儒如鄭
康成韋昭臣瓚皆從之隋天文志同按梁不數法言及中論
疏漏已甚其實史歷書序仍是火正顏師古司馬貞據鄭說
與諸同出遷誠作火正為是路史注亦以北黎為妄此則不

違古人文例是再非素失之陋矣左傳昭公篇載晉蔡墨之對
魏獻子云少皞氏有四叔曰重曰該曰脩曰熙實能金木及
水使重為句芒該為蓐收脩及熙為玄冥世不失職遂濟窮
桑此其三祀也顓頊氏有子曰犂為祝融共工氏有子曰句
龍為后土此其二祀也犂即黎也賈公彥周禮序引鄭語及
堯典鄭注以重黎之黎皆作犂明古字通用重黎之名異說
甚多左傳孔疏云少皞氏有四叔四叔是少皞之子孫非一
時也未知於少皞遠近也四叔出於少皞耳其使重為句芒
非少皞使之楚語云少皞氏之衰也九黎亂德民神雜糅不
可方物顓頊受之乃命南正重司天以屬神火正黎司地以
屬民是以重黎居官在高陽之世也又鄭語云黎為高辛氏
火正命之曰祝融則黎為祝融又在高辛氏之世案世本及
楚世家云高陽生稱稱生卷章卷章生黎按楚世家作重黎
如彼文黎是顓頊之曾孫也楚語云少皞之衰顓頊受之即
命重黎似是即位之初不應即得命曾孫為火正也少皞世代
不知長短顓頊初已命黎至高辛又加命不應一人之身縣
歷兩代世家云共工作亂帝嚳使黎世家作重黎下同誅之
而不盡帝誅黎而以其弟吳回為黎世家作為重黎後復居
火正為祝融即如此言黎或是國名官號不是人之名字顓
頊命黎高辛命黎未必共是一人傳言世不失職二者或是

疏

同上
同上

十行 深山製

父子或是祖孫，不可知也。陶氏定山重黎解云：左傳少昊氏之子重為句芒，是重也；顓頊氏之子曰黎，為祝融，是黎也。楚語曰：少昊氏之衰，九黎亂德云云。左傳疏引之，以南正為木正，明司天之重即句芒之重，司地之黎即祝融之黎，無二人也。史記楚世家云：高陽生稱，稱生卷章，卷章生重黎，為高辛火正。鄭語：黎為高辛氏火正者，此是重黎，非黎也。左傳云：五官世不失職，以濟窮桑。明木火二正皆是世掌重黎，故為稱孫。稱即顓頊子，疑稱即是左傳之黎。高辛時重黎統緒之故，亦稱重黎，如共工氏共之類，混為一，故加重字以別之，與句芒之事無與也。共工作亂，高辛命重黎誅之而不盡，乃誅重黎，而以弟吳回為火正，為重黎後，是重黎無子，以弟為後也。楚語：三苗復九黎之德，堯復育重黎之後，使復典之，至于夏商，世守其官。其在周，程伯休父其後也。當宣王時，失其官而為司馬氏。與史記自序所載，並是兼重與黎二氏言之，與高辛氏所誅之重黎無與也。按此陶氏誤解，說見後。自史公自序承楚語重黎氏世掌天地之文，不加修削，遂使黎與重黎曖昧莫辨，來者識其併兩為一，此也。梁氏志疑云：重與黎乃少皞、顓頊之後世子孫，當高陽時為南正、火正之官，歷至高辛，仍居其職，而黎又嘗以火正兼司天地，蓋重從為木正故耳。按此亦臆測。重本句芒世官，不得云從為木正；黎之兼

十三四

其義相同。閻氏以為不加條剖，遂使黎與重黎朦混莫辨。此讀史者辨之不精，非史誤也。

並則併兩為一，自高辛時已並。閻氏謂楚語堯復育重黎之後云云，與史記自序所載並是兼重與黎二氏言之，與高辛氏所誅之重黎無與。不知高辛氏所誅之重黎，即是兼重與黎二人之名以為名，其後因以為氏，正猶羲和本是二官，而漢置羲和[redacted]為一官之稱[redacted]。楚語云堯育重黎之後，及云重黎氏世敘天地，皆指此併兩為一之重黎氏，咏謂重氏與黎氏也。惟其述重黎氏之沿革，不及高辛時事，為史文之略。並以他書考之，事可互證而明。史公以[redacted]楚語為史[redacted]也。令何僚也者，吳云：首之重黎，當今之世何官也。近羲和者，宋云：莽更名大司農曰羲和，義與古殊矣。楊較舉其本而識具殊。按百官公卿表：治粟內史，秦官，掌穀貨，有兩丞。景帝後元年更名大農令，武帝太初元年更名大司農，屬官有太倉、均輸、平準、都內、籍田五令丞，斡官、鐵市兩長丞。又郡國諸倉農監、都水六十五官長丞皆屬焉。王莽改大司農曰羲和，後更為納言。莽傳：始建國元年，更名大司農曰羲和。令者平帝紀：元始元年二月，置羲和官，秩二千石。劉歆傳：哀帝崩，王莽持政，太后留歆為右曹太中大夫，遷中壘校尉、羲和、京兆尹。律歷志：元始中，王莽秉政，徵天下通知鐘律者百餘人，使羲和劉歆等典領條奏。又平帝紀：元始五年，羲和劉歆等四人使治明堂辟雍。莽傳：居攝三年九月，莽母功顯君死，意不

則又以納言為羲
和此或追論前事
或祿應徵而至未
知莽之號令屢易
故仍用舊官稱
耳

在哀令太后詔議其服少阿羲和劉歆與博士諸儒之之又
姚建國元年正月朔按金匱輔臣皆封拜以少阿羲和京兆
尹紅休侯劉歆為國師嘉新公是元始以來即有羲和之官
始終皆劉歆為之至始建國元年更[redacted]百官[redacted]大司農
曰羲和與前此之羲和同名異實此羲和在天鳳中更名納
言莽傳天鳳四年更授諸侯茅土於明堂各就歛國具侍于
帝城者納言掌貨大夫予其祿又是歲復明六筦之令納言
馮常諫莽大怒免常官是其證[redacted]也地皇二年莽各問羣臣
禽賊方略故左將軍公孫祿徵來與議曰羲和魯匡設六筦以窮工商
宜誅以慰天下[redacted]律歷志載劉歆鐘律書一曰備數二曰和
聲三曰審度四曰嘉量五曰權衡數者一十百千萬也其法
在算術宣于天下小學是則職在太史羲和掌之聲者宮商
角徵羽也職在太樂大常掌之度者分寸尺丈引也職在內
官廷尉掌之此內官長丞初屬少府中屬主爵後屬宗正不
屬廷尉此云廷尉掌之蓋事關審度者則屬廷尉也量者龠
合升斗斛也職在太倉大司農掌之衡權者衡平也權重也
職在大行鴻臚掌之然則彼特羲和為太史之長若太常之
於太樂大司農之於太倉大鴻臚之於大行班與大卿同而職治歷數者也

五号
旁注。

據以上諸文，羲和乃一官之名，不可析言。今云近羲近和，明羲和必是二官，其事各異。蓋莽以太師、太傅、國師、國將爲四輔，而莽傳云國將哀章頗不清，莽爲選置和叔，事在天鳳元年後。顏注云特爲置此官。其後天鳳六年傳云太傅羲叔士孫喜清潔江湖之盜賊。又地皇二年傳云遣太師羲仲景尚將兵擊青徐，國師和仲曹放擊句町。是莽時又有羲仲、羲叔、和仲、和叔之官，分屬四輔，當是天鳳元年同時並置者。羲和之更名納言，亦當在是時。蓋既於四輔之下分置羲仲、和仲等四官，則九卿之中自不得更有兼羲和以爲名者也。此四官各繫以四輔之稱者，猶大司馬司允、大司徒司直、大司空司若之義，其爲四輔之貳也。此近羲近和，卽指此二仲二叔而言，非謂元始以來掌太史之事者，亦非謂始建國之大司農也。羲近之和近柔者，莽以四輔分主四方，謂之嶽。莽傳云：東嶽太師典致時雨，南嶽太傅典致時奧，西嶽國師典致時暘，北嶽國將典致時寒。又云：東嶽太師保東方三州一部二十五郡，南嶽太傅保南方二州一部二十五郡，西嶽國師保西方一州二部二十五郡，北嶽國將保北方二州一部二十五郡。嶽卽堯典之岳。陳氏今文經說考云：說文岳古文嶽，則尚書今文皆作嶽字是也。堯典鄭注云：四岳，四時之官，主四岳之事。主四岳者謂之四伯，至其死，分岳事，置八伯，皆王官。周禮疏序

（讎）

（賢質疑輔錄注）五号△　旁注△

又云堯既分陰陽為四時命羲仲和仲羲叔和叔等為之官

又主方岳之事是為四岳然則四輔入為主出主方嶽皆

依放堯典為之元鳳以後盜賊蠭起四[redacted]方[redacted]

[redacted]尋吏置羲仲等官分掌方嶽[redacted]故景尚曹放等多出

典六事即其證羲和四官而云近重近黎者堯典孔疏云顓頊

命掌天地非重黎二人堯命羲和則仲叔四人者以羲和二

氏賢者既多且後代猶文故分掌其職事四人各職一時兼

職方岳以有四岳故用四人顓頊之命重黎惟司天地主岳

與否不可得知設令亦主方岳蓋重黎二人分主東西也然

則羲仲羲叔分主東南皆南正重之事故云羲近重和仲和

叔分主西北皆北正黎之事故云和近黎也按此章之旨弘

範以為在讖書之作偽下文讎偽者必假真註云深矣揚子

之談也王莽置羲和之官故寄微言以發重黎之問而此的

明言真偽之分也愚謂李義精矣而猶有未盡蓋重黎之命

見於呂刑謂之絕地天通外傳釋其義則曰民神異業不相

侵瀆莽託符命以自立用人行政一切決之[redacted]神怪所謂

民神雜糅不可方物者雖九黎三苗之亂猶不至此甚深

有概其事故於莽設羲仲等四官而特著此問答以見意焉

曰令豈有南正重北正黎其人者而顧置此羲和之官何耶

其云孰重孰黎者所以譏羲和之名是而實非云羲近重和近

黎者所以着若之假真以為偽也○注同主也僭亦也按詩蒸裘邦之司直毛傳云司主也又板及雨同僭傳云僭亦也字亦作寧爾雅釋詁寧官也○注少皞至地也按楚語云昭王問於觀射父曰周書所謂重黎實使天地不通者何也若無然民將能登天乎對曰非此之謂也古者民神不雜及少皞之衰也九黎亂德民神雜糅不可方物顓頊受之乃命南正重司天以屬神命火正黎司地以屬民使復舊常無相侵瀆是謂絕地天通其後三苗復九黎之德堯復育重黎之後不忘舊者使復典之以至于夏商故重黎氏世敘天地而別其分主者也韋注云少皞黃帝之子金天氏也九黎黎氏九人也少皞氏沒顓頊氏作（承受也）其後高辛氏之季年也三苗九黎之後也高辛氏衰三苗為亂行其凶德如九黎之為也堯興而誅之育長也堯繼高辛氏繼育重黎之後使復典天地之后羲氏和氏是也[redacted]皞說文作暤從日皋聲今經傳皞字皆從白臯通作昊五帝本紀索隱云孔安國皇甫謐帝王代紀及孫氏注系本並以少昊高陽高辛唐虞為五帝繼亦孔疏引呂刑鄭注云九黎之君於少昊氏衰而棄善道上效蚩尤重刑[redacted]顓頊代少昊誅九黎分流其子孫為居於西裔者三苗至高辛之衰又復九黎之君惡堯興又誅之堯末又在朝舜時又竄之五帝本紀云帝顓頊高

為四輔之貳下主方嶽

陽者黃帝之孫而昌意之子也索隱引宋衷云顓頊名高
陽有天下號也○注堯有羲和之官至若時亦復立焉按堯
典乃命羲和又分命羲仲申命羲叔分命和仲申命和叔釋文
引馬云羲氏掌天官和氏掌地官四子掌四時孔疏云馬融
鄭玄皆以為此命羲和者命以天地之官下云分命申命為
四時之職天地之與四時則周之冢宰司徒六卿之屬是也
孫氏今古文注疏歷引月令史記天官書漢書成帝紀百官
公卿表食貨志魏相傳論衡是應篇謂今文說以羲仲等四
人皆是羲和[redacted]羲和於周為太史之職不以為六
卿與馬鄭異今以春時先後羲和之職證之漢說良是充始
中之羲和掌歷數之事統為太史之職始建國之羲和[redacted]
為六卿之一當周禮地官然不可謂為冢宰司徒之事天
莽中之羲和則析為四官[redacted]然[redacted]向王羲
和之[redacted]廢[redacted]明四子即是羲和然六官之說[redacted]當時經義如
此鄭以國師之顛倒五經變亂家法亦未能盡易其說也○
注者其所以重黎羲和耳括世德詹本考作者傳上向此形
近而誤○注羲主陽和主陰按羲仲掌東方羲叔掌南方東
南皆為陽是羲主陽也和仲掌西方和叔掌北方西北皆為
陰是和主陰也

以羲和為一官
此四
蓋

或問黃帝終始〔注〕世有黃帝之書論終始之運當孝文之時三千五百歲天地一周也曰託也〔注〕假黃帝也昔者姒氏治水土而巫步多禹〔注〕姒氏禹也治水土涉山川病足故行跛也禹自聖人是以鬼神猛獸蜂蠆蛇虺莫之螫耳而俗巫多效禹步扁鵲盧人也而醫多盧〔注〕太山盧人夫欲讎偽者必假真〔注〕讎類禹乎盧乎終始乎〔注〕言皆非也於是捨書而歎曰深矣揚子之談也王莽置羲和之官故上章寄微言以發重黎之問而此句明言真偽之分也

〔疏〕黃帝終始者封禪書云自齊威宣之時騶子之徒論著終始五德之運及秦帝而齊人奏之故始皇采用之集解引如淳云今其書有五德終始五德各以所勝為行秦謂周為火德滅火者水故自謂之水德孟荀列傳云騶衍乃深觀陰陽消息而作怪迂之變終始大聖之篇十餘萬言藝文

十三七

漢書律歷志作察發斂

志有鄒子終始五十六篇入陰陽家是終始者謂五德終始
之說乃戰國時陰陽家者所創志又有公檮生終始十
四篇注云傳鄒奭始終書是二鄒同為此學錢氏大昕漢書辨
疑以公檮生傳鄒奭始終書始終當作終始奭字亦誤作終
始者是鄒衍非鄒奭別有鄒奭子十二篇非終始書不知終
始乃學術之名非衍書專稱鄒奭子十二篇同入陰陽家則
公檮所傳者何以必非奭書又稱名小異無關閎旨奭書自
名始終其義亦同不必為終始之誤此五德終始之說所謂
之黃帝終始者孟荀傳述衍書大略云必先驗小物推而大
之至於無垠先序今以上至黃帝學者所共術推而遠之至
天地未生又三代世表云余讀諜記黃帝以來皆有年數稽
其歷譜諜終始五德之傳古文咸不同乖異索隱云謂帝王
更王以金木水火土五德之傳次相承終而復始故云終始五
德之傳也是為此術者推論五德代興遞及帝王世次而上
溯之於黃帝故有黃帝以來年數歷譜傳述者遞以此為黃
帝之道志有黃帝泰素二十篇亦入陰陽家云六國時韓諸
公子所作顏注引別錄云或言韓諸公孫之所作也言陰陽
五行以為黃帝之道也故曰泰素律歷志載武帝元封七年
詔云閎昔者黃帝合而不死名察度驗定清濁起五部建
氣物分數注云黃帝作歷歷終而復始無窮已也故曰

十行 深山製

歷律志盡康注不死下有名字則讀不死名句絕

音義以似音似

不死㊉則又緣終始之義而演爲黃帝不死之說其後五德
終始又變而爲五行吉凶之占傳者亦託之於黃帝以神其
術藝文志五行家有黃帝陰陽二十五卷黃帝諸子論陰陽
二十五卷志云其法亦起五德終始推其極則無不至而小
數家因此以爲吉凶而行於世寖以相亂是也五行吉凶再
變則爲讖緯之說三代世表後附褚先生語引黃帝終始傳
曰漢興百有餘年有人不短不長出白燕之鄉持天下之政
時有嬰兒主卻行車意指霍光輔昭帝以紂衰平間讖緯
學者所造非復戰國時五德終始之本義[redacted]
爲王者符命所從出此問黃帝終始蓋即指此与[redacted]文問重黎
下文問趙世多神同爲一義皆㊉以刺新室之假託神怪造
作圖讖之事也似民治水土而巫步多禹者荀子非相云禹跳
湯偏楊注引尸子云禹之勞十年不窺其家手不爪脛不生
毛偏枯之病步不相過人曰禹步又帝王世紀云堯命禹以
爲司空繼鯀治水乃勞身涉勤不重徑尺之璧而愛日之寸
陰手足胼胝故世傳禹偏枯足不相過至今巫覡禹步是也
扁鵲盧人也而醫多盧者音義扁鵲譚弦切史記扁鵲倉公
傳云扁鵲者勃海郡鄭人也姓秦名越人正義引黃帝八十
一難序云秦越人與軒轅時扁鵲相類仍號之爲扁鵲又家
於盧國因命之曰盧醫也集解引徐廣云鄭當爲鄚鄚縣名

今屬河間隸勃海無鄚縣徐說是也按地理志鄚屬涿
郡應劭云音莫後漢屬河間說文鄚篆下段注云司馬以鄚
系勃海者境相際也扁鵲漢以前人不當以漢制耳今直
隸河間府任丘縣北十三里有莫州城往來孔道也然則扁
鵲本鄚人因後家於盧而謂之盧人也淮南子齊俗高注云
扁鵲盧人姓秦名越人趙簡子時人解嘲李注引法言扁鵲
盧人而善醫此文之誤夫欲讎偽者必假真者同馬云讎
与售同是也詩谷風賈用不售鄭箋云如賣物之不售價不
相當也張平子西京賦薛注云售猶行也說文無售古止作
讎墨子貴義商人用一匹布不敢繼苟而讎焉畢注云讎即
售字正文焉乎盧乎終始乎者与先知云龍乎龍乎同義言
天下之作偽者皆此類也○注世有至周也按漢書律歷志
元鳳三年太史令張壽王言黃帝至元鳳三年六千餘歲丞
相屬寶長安單安國安陵桮育治終始言黃帝以來三千六
百二十九歲不与壽王合昭帝元鳳三年癸卯上距文帝後
七年甲申凡八十年又上距文帝前元年壬戌凡百有二年
若自黃帝至元鳳三年三千六百二十九歲則至文帝前元
年元三千五百二十八歲至後七年為三千五百五十歲此
注云三千五百歲者舉成數言之也又按弘範解終始字極
為明憭乃宋吳非之宋云注殊不明楊之旨大非矣學者宜

漢書食貨志收不讎与欲得顏注云讎讀曰售言賣不售者官收取之無而欲得者官出与之

氏沅

十行 深山製

十三九

今泰安府平陰縣地

自思之異云戭言黃帝三百歲戭言升龍登仙帝王世紀史
記皆有是言故問其終始解終始為本末此於舊注所本全
不一考而惟望文生義乃以李為不明楊旨真謬妄之尤矣
○注姒氏禹也按史記夏本紀云禹於是遂即天子位南面
朝天下國號曰夏后姓姒氏集解引禮緯云祖以吞薏苡生
○注太山盧人按地理志泰山郡有盧注云都尉治濟北王
[redacted]鄒也○注儷類按弘範以儷為匹儔之義故訓為類◎說文
儷猶雙也此本義又仇儷也此引伸義爾雅釋詁仇匹
也經傳通以儔為之
至為儔侶也[redacted]○注捨書而數世德堂本捨作極
或問渾天曰落下閎營之鮮于妄人度之耿中丞象之幾乎幾
乎莫之能違也注幾近也落下閎為武帝經營之鮮于妄人
又為武帝算度之耿中丞名壽昌為宣帝考象之言近之其
理矣談天者無能違遠也請問蓋天注欲知蓋天圖也曰蓋哉
蓋哉應難未幾也注再言蓋哉者應難八事未有逃其理者

均檢十五張擇版抄頭尺碼切勿弄錯也

渾天者音義渾天胡昆切又胡本切續漢書天文志注引蔡邕
表志云言天體者有三家一曰周髀二曰宣夜三曰渾天宣夜
之學絕無師法周髀術數具存考驗天象多所違失故史官
不用惟渾天者近得其情今史官所用候臺銅儀則其法也
立八尺圓體之度而具天地之象以正黃道以察發斂以行
日月以步五緯精微深妙萬世不易之道也書鈔一百四十
九引張衡渾天儀云渾天如雞子天體圓如彈丸地如雞中
黃孤居于內天大而地小天表裏有水天之包地猶殼之裹
黃天地各乘氣而立載水而浮周天三百六十五度四分度
之一又中分之則一百八十二度八分之五覆地上一百八
十二度八分之五繞地下故二十八宿半見半隱其兩端謂
之南北極北極乃天之中也在正北出地上三十六度然則
北極上規徑七十二度常見不隱南極天之中也在正南入
地三十六度南極下規七十二度常伏不見兩極相去一百
八十二度半強天轉如車轂之運也周旋無端其形渾渾故
曰渾天也開元占經一引王蕃渾天象說云渾象之法地當
在天中其勢不便故反觀其形地為外匡於已解人無異在
內詭狀殊體而合於理可謂奇巧者舊渾象以二分為一度
凡周七尺三寸半分漢張衡更制以四分為一度凡周一丈
四尺六寸一分落下閎舜典疏引法言落作洛華陽國志序

按渾象制作如地在上而下視天東西易位故云反觀其形地為外匡

按猶云自我觀他

五月清記

同上

十行深山製

作洛下宏云史學聘士洛下宏字長公閬中人也按廣韻落
字注云漢複姓二氏漢有博士落姚仲異益部耆舊傳有閬
中落下閎善歷也則落下字以作落爲正也落下閎營之有
歷書云令上曰住拜致方士唐都分其天部而巴落下閎運
算轉歷索隱引益部耆舊傳云閎字長公明曉天文隱於落
下武帝徵待詔太史於地中轉渾天改顓頊歷作太初歷拜
侍中不受也律歷志云武帝元封七年議造漢歷選治歷鄧
平及長樂司馬可酒泉候宜君侍郎尊及與民間治歷者凡
二十餘人方士唐都巴郡落下閎與焉顏注云姓落下名閎
巴郡人也按地理志巴郡縣十一有閬中隋書天文志云古
渾象以二分爲一度周七尺三寸半而莫知何代所造今案
虞喜云落下閎爲武帝於地中轉渾天定時節作太初歷或
其所製也鮮于妄人度之者廣韻鮮字注云漢複姓鮮于氏
律歷志云元鳳三年太史令張壽王上書言歷者天地之大
紀上帝所爲傳黃帝調律歷漢元年以來用之今陰陽不調
宜更歷之過也按宜猶殆也見經傳釋詞詔下主歷使者鮮
于妄人詰問壽王不服妄人請與治歷大司農中丞麻光等二十
餘人雜候日月晦朔弦望八節二十四氣鈞校諸歷用狀奏
可詔與丞相御史大將軍右將軍史各一人雜候上林清臺
課諸歷疏密凡十一家以元鳳三年十一月朔旦冬至盡五

年十二月冬有策壽王課疏遠是鮮于於昭帝之世為治歷
之長主持更歷之事蓋自太初歷行用後至此二十餘年是
非未定故設主歷使者司其考校主歷使者猶稻田使者河
隄使者美俗使者行冤獄使者之比所謂因事置官已事即
罷與常員故不列百官表中也鮮于主持新歷故有算度渾
天之事蓋渾天象之作落下發其端而鮮于更為之精密測
算使無遺失也耿中丞象之者宣帝紀五鳳四年大司農中
丞耿壽昌奏設常平倉以給北邊省轉漕賜爵關內侯百官
公卿表治粟內史武帝太初元年更名大司農有兩丞周氏
壽昌漢書注校補云宣帝紀五鳳四年中丞耿壽昌食貨志
中丞張華成帝紀永始二年中丞五閏律歷志中丞麻光
是其丞亦稱中丞錢氏大昕辨疑云蓋如御史大夫有兩丞
一曰中丞矣耿職在大農而有為渾天象之事者食貨志云
大司農中丞耿壽昌以善為算能商功利得幸於上蓋則耿
[redacted]長於算術故以大司農中丞而兼治歷如昭帝時麻光
之事也象之謂鑄銅為儀象也隋書天文志分儀象為二篇謂機
衡為儀謂有機而無衡者為象以渾天儀為羲和舊器積代
相傳謂之機衡而據虞喜說以渾天象為落下閎所製拙曲
舜典疏引法言此文釋之云閎與妄人武帝時人宣帝時司
農中丞耿壽昌始鑄銅為之象史官施用焉盛氏百二尚書

十行深山製

疏釋天云：儀象二者，爲治歷之首務。但有渾儀測知日月之躔度、星辰之經緯，而後著之於象，始與天體密合。欲製象，必先製儀，則洛下閎經營者宜爲儀，耿中丞鑄者宜爲象。鮮于量度者，正測量星辰之經緯也。然史傳無明文，隋志據虞喜之言，以渾象爲閎製，不知渾天者，儀象之統名。司馬溫公法言注謂耿中丞象之爲作渾天儀，然先儒儀象又或統稱，均難是據。如盛說，則似以儀爲器，而以象爲圖，與隋志所分又復亦異。其實儀象古制相通，初無所別。隋志所云羲和渾天儀，相傳謂之機衡者，後代久無其器，而兩漢以來候臺所存，周七尺三寸半分之渾象，蓋此即蔡邕所謂以八尺圓體度者，以或數言，故云八尺耳。耿中丞所鑄，而所謂落下閎營之者，不過發意造端，未必即爲製器也。若晉書天文志云：暨漢太初，落下閎、鮮于妄人、耿壽昌等造員儀以考歷度，則以此渾天象爲太初之世閎等三人同時造作者，誤。耿爲司農中丞，在五鳳中，明不與落下閎同時。法言所謂營之、度之、象之者，固有先後，非一時之事也。幾乎幾乎，莫之能違者，音義：幾乎，注疏俗本作機。幾乎，尚書舜典正義引揚子云：幾乎幾乎。注司馬云：宋、吳本作幾，幾乎今崇文句本同。宋書天文志引亦作幾。幾，按嘆辭。虞注云：幾，神妙也。廣雅釋詁：幾，微也。然則幾乎幾乎者，歎美渾天微妙之辭。作幾、乎族也。莫之

能違宋志引無能序亦非晉志引葛洪云諸論天者雖多然
精於陰陽者張平子陸公紀之徒咸以為推步七曜之道度
歷象昏明之證候校以四八之氣考以漏刻之分占晷景之
往來求形驗於事情莫密於渾象者也今按御覽二引新論
云通人揚子雲因眾儒之說天以天為如蓋轉常左旋日月星
辰隨而東西乃圖畫形體行度參以四時歷數昏明晝夜欲為世
人立紀律以垂法後嗣余難之曰春秋晝夜欲等平旦日出
于卯正東方暮日入于酉正西方今以天下人占視之此乃
人之卯酉非天卯酉天之卯酉當北斗極北斗極天樞樞天
軸也猶蓋有保斗矣蓋雖轉而保斗不移天亦轉周匝斗極
常在知為天之中也仰視之又在北不正在人上而春秋分
時日出入乃在斗南如蓋轉則北道近南道遠彼晝夜刻漏
之數何從等平子雲無以解也後與子雲奏事待報坐白虎
殿廊廡下以寒故背日曝背有頃日光去背不復曝焉因以
示子雲曰天即蓋轉而日西行其光影當照此廊下而稍東
耳不當拔出去拔出去無乃是反應渾天家法焉子雲立壞
其所作按如新論所云則十數初信蓋天後因君山説而更
為渾天之學子雲之作太玄云潭思渾天事在[redacted]長楊賦以後
此新論云云乃潭思渾天以前之事蓋初降為郎時當尤
二三年也又御覽二引新論云揚子雲好天文問之于黃門

十行深山製

十三十二

作渾天老工曰我少能作其事但隨尺寸法度殊不曉達其意然稍〻益愈到今七十乃甫適知已又老且死矣此則子雲之說渾天不排博采通人歸至黃門老工亦與為討論可以見其渾思之梗概矣讀闇蓋天說乎本天字誤入注文今據世錢德堂本訂正晉志云蔡邕所謂周髀者即蓋天之說也其言天似蓋笠地法覆槃天地各中高外下北極之下為天地之中其地最高而滂沲四隤三光隱映以為晝夜天中高於外衡冬至日之所在六萬里北極下地高於外衡下地亦六萬里外衡高於北極下地二萬里天地隆高相從日去地恒八萬里日麗天而平轉分冬夏之間日所行道為七衡六間每衡周徑里數各依算術用句股重差推晷影極游以為遠近之數皆得於表股者也故曰周髀又周髀家云天圓如張蓋地方如棊局天旁轉如推磨而左行日月右行隨天左轉故日月實東行而天牽之以西沒譬之於蟻行磨石之上磨左旋而蟻右去磨疾而蟻遲故不得不隨磨以左迴焉天形南高而北下日出高故見日入下故不見天之居如倚蓋故極在人北是其證也極在天之中而今在人北所以知天之形如倚蓋也日朝出陽中暮入陰中陰氣暗冥故沒不見也夏時陽氣多陰氣少陽氣光明與日同輝故日出即見無蔽之者故夏日長也冬天陰氣多陽氣少陰氣暗冥掩日之

光謂出循隱不見故冬日短也尚書釋天云兴天沸騰而蓋
天一家之說復言人之殊其解周髀也曰髀者股也周人志
之故曰周髀又曰周經里數皆得於表股故曰周髀虞喜云
地體不動天周其上故曰周髀其論晝夜也曰也勢窮隆三
光隱映以為晝夜日出高故見日入下故不見又曰日朝出
陽中暮入陰中陰氣暗冥故從入不見其論也禮也既云也
勢窮隆滂沱四隤也為圜象明矣又云方如棊局其言天體
也既云中高四下形如覆盆王仲任又云天平正與地無異
自餘矛盾甚多蓋哉蓋哉應難未幾也㊃事類賦注一御覽二
㊂題引作蓋哉蓋哉未幾也無應難字俞云應難二字衍文
也此文本云蓋哉蓋哉未幾也李注曰再言蓋哉者應難以
事未有近其理有是應難之文乃李氏解再言蓋哉之意猶
言應之難也正文即涉注而衍耳按俞說非也應難[redacted]之
[redacted]難[redacted]同馬云難乃旦反是也不驗如字子雲有難蓋天八事見隋志及開元占經其一
云日之東行循黃道晝中規牽牛距北極北百一十度東井
[redacted]并百八十度距北極南七十度周三徑一二十
八宿周天當五百四十度今三百六十度何也其二云春秋
分之日正出在卯入在酉而晝漏五十刻即天蓋轉夜當倍
晝今夜亦五十刻何也其三曰日入而星見日出而不見即
斗下見日六月不見日六月北斗亦當見六月不見六月今

十行深山製

夜常見何也其四曰以蓋視天河起斗而東入狼弧間曲如輪今視天河直如繩何也其五曰周天二十八宿以蓋圖視天星見者當少不見者當多今見與不見等何出入無冬夏而兩宿十四星當見不以日長短故見有多少何也其六曰天至高也地至卑也日託天而旋可謂至高矣縱人目可奪水與影不可奪也今從高山之上設水平以望日則日出水平下影上行何也若天體常高地體常卑日無出下之理于是蓋天無以對也其七曰視物近則大遠則小今日與北斗近我而小遠我而大何也其八曰視蓋橑與車輻間近杠轂即密益遠益疏今北極為天杠轂二十八宿為天橑輻以星度度天南方次地星間當數倍今交密何也以上皆子雲難蓋天之說彼時蓋天家治有強辭奪理以應之者故曰應難未幾也渾蓋二家古稱聚訟梁崔靈恩始為渾蓋合一之說見梁書本傳及南史儒林傳而其文不詳明李之藻著渾蓋通憲圖說近梅氏文鼎歷學疑問補蓋排闡其義以為蓋天即渾天也天體渾圓故推渾天儀為能推步然欲詳求其測算之事必寫寄於平面是為蓋天故渾天如塑象蓋天如繪象總一周天也總一周天之度也豈得有二法哉然渾天之器渾圓其度均分其理易見而造之亦易蓋天寫渾度于平面則正視與斜望殊觀仰測與旁窺異法度有疏密形有斜

竗非深思覃徼者不能明其理亦不能判其當不能盡其用
是則蓋天之學原即渾天而徼有精粗雖易無二法也夫蓋
天理既精深傳者遂覃而或者不察但泥倚蓋覆槃之説云
擬蓋天之形竟非渾體天有北極無南極倚地斜轉出沒水
中而其周不合其説遂違宜乎揚雄桓譚之辭而闢之矣
漢承秦後書器散亡惟洛下閎為渾天儀而他無考據然世
猶存蓋天之名説者承訛遂分為二而不知非也榮按推步
之術今密而古疏蓋天之學當起於渾天以前其所觀察不
及渾天之精偶有異説違理説亦時世為之不足為怪梅氏必
謂蓋天之法與渾天一致而理更精深以諸史所傳蓋天之
説皆後人之承訛而非本來如是言之爾近理而遠於事
實不足置信也。注幾近聖遠也按弘範刻違理為遠故刻義
為近遠近遠對文此義實未安書近之其理矣世德堂本作言
乎近其理矣疑而正文皆誤當作言近乎其理矣此釋幾乎之
義故云近乎其理此正文或作幾幾校書者乃改注為近之而不知
其不辭矣無能違遠也世德堂本脫遠字。注應難八事揚
曹倚讀元志云高作應難八事宋書天文志或問蓋天於揚
雄揚雄曰蓋哉蓋哉難其八事為蓋天之學者不能通也即
應難八事未有違迕之謂雄難蓋天八事以通渾天語詳隋
書天文志亂在晉時以久為蓋天學者若難之語以釋未

按各本以八皆作

又按

十行 深山製

十三四

哉也草書以八形近因而致誤今治平本仍之乃至不可解矣據曹說至覈今據訂正

或問趙世多神何也〔注〕如簡子之事非一故問之曰神怪茫茫

若存若亡聖人曼云〔注〕子不語怪力亂神疏趙世多神者趙謂秦也趙世家云趙

氏之先與秦共祖至中衍為帝大戊御其後世蜚廉有子二

人而命其一曰惡來事紂為周所殺其後為秦惡來弟曰季

勝其後為趙季勝生孟增是為宅皋狼皋狼生衡父衡父生

造父造父幸於周繆王繆王賜造父以趙城由此為趙氏秦

本紀云惡來革者蜚廉子也有子曰女防女防生旁皋旁皋

生太几太几生大駱大駱生非子以造父之寵皆蒙趙城姓

趙氏秦始皇本紀云秦始皇帝者名為政姓趙氏索隱云秦

與趙同祖以趙城為榮故姓趙氏曹子建求自試表絕纓盜

馬之臣赦楚趙以濟其難李注云此秦而謂之趙者史記曰

趙氏之先與秦共祖然則以其同祖故曰趙焉梁氏志疑云

秦趙同祖後人或互稱故陸賈傳曰秦任刑法不變卒滅趙

氏漢書武五子傳曰趙氏無炊火焉左思魏都曰二嬴之所

曾聆三國志陳思王疏曰絕纓盜馬之臣赦楚趙以濟其難

楚世家及越絕書外傳記地傳淮南子人間秦務之訓稱始皇

為趙改南越傳稱蒼梧王趙光為秦王文選王融策秀才文
云訪游禽于絕澗作霸秦基按據梁氏歷引諸文秦趙互稱
乃漢魏以來之帝習法言為託秦刺莽此文變秦為趙其義
亦同蓋以秦世之多神比新室之符命也秦世多神者秦本
紀云蜚廉為紂石北方還為壇霍太山而報得石棺銘曰帝
令處父不與殷亂賜爾石棺以華氏索隱云處父蜚廉別號
又云文公十九年得陳寶正義引晉太康地志云秦文公時
陳倉人獵得獸若彘不知名牽以獻之逢二童子：：曰此
名為媦常在地中食死人腦即欲殺之拍捶其首媦亦語曰
二童子名陳寶得雄者王得雌者霸陳倉人乃逐二童子化
為雉雌上陳倉北阪為石秦祠之封禪書云文公獲若石云
于陳倉北阪城祠之又封禪書云秦繆公立病卧五日不寤
寤乃言夢見上帝上帝令繆公平晉亂史書而記藏之府而後
世皆曰秦繆公上天張平子西京賦云昔者大帝說秦繆公
而覲之饗以鈞天廣樂帝有醉焉乃為金策錫用此土而翦
諸鶉首李注引列仙傳讚云秦繆公受金策祚世之業又封
禪書云櫟陽雨金秦獻公自以為得金瑞故作畦時櫟陽而
祀白帝按石棺金策黑龍寶雞正丹石鐵契史焉石龜之比
趙世多神意即指此神怪茫茫若存若亡聖人曼云者老夫
神魏都賦茫茫終古李注云茫茫遠貌也茫亡韻語小爾雅

又封禪書云秦文公出獵獲黑龍此[redacted]其水德之瑞

吳越春秋夫差內傳云上天蒼蒼若存若亡

晉

廣詁曼無也宋氏刊纂之俗通作漫俞之此剌莽之以符命
自立是也○注如簡子之事非一按弘範不以趙為秦敗以
簡子事乃證趙世家云趙簡子疾五日不知人大夫皆懼醫
扁鵲視之出董安于問扁鵲曰血脈治也而何怪在昔秦繆
公嘗如此七日而寤今主君之疾與之同不出三日疾必閒
閒必有言也居二日半簡子寤語大夫曰我之帝所甚樂與
百神游於鈞天廣樂九奏萬舞不類三代之樂其聲動人心
有一熊來欲援我帝命我射之中熊熊死又有一羆來我又
射之中羆羆死帝甚喜賜我二笥皆有副吾見兒在帝側帝
屬我一翟犬曰及而子之壯也以賜之帝告我晉國且世衰
七世而亡嬴姓將大敗周人於范魁之西而亦不能有也今余
思虞舜之勳適余將以其胄女孟姚配而七世之孫董安于
受言而書藏之以簡子夢之帝所之事也又云他日簡子出
有人當道辟之不去簡之召之曰譆吾有所見子晰也當道
者曰主君之疾臣在帝側簡子曰然有之子之見我我何為
帝令主君射熊與羆皆死簡子曰是且何也
當道者曰晉國且有大難主君首之帝令主君滅
二卿夫熊與羆皆其祖也簡子曰帝賜我二笥皆有副何也
當道者曰主君之子將克二國於翟皆子姓也簡子曰吾見
兒在帝側帝屬我一翟犬曰及而子之長以賜之夫兒何謂
以賜翟犬當道者曰兒主君之子也翟犬者代之先也主君

之子且必有代反主君之後嗣且有革政而胡服并二國於
翟簡子問其姓而延之以官當道者曰臣野人致帝命耳遂
不見簡子書藏之府此簡子遇神人致帝命之事也云如此
者非一者趙世家又云知伯攻趙趙襄子懼乃奔保晉陽原
過從後至於王澤見三人自帶以上可見自帶以下不可見
與原過竹二節莫通曰為我以是遺趙毋卹原過既至以告
襄子襄子齋三日親自剖竹有朱書曰趙毋卹余霍泰山山
陽侯天使也三月丙戌余將使女反滅知氏女亦立我百邑
余將賜女林胡之地至于後世且有伉王赤黑龍面而鳥噣
鬢麋髭髯大膺大胸修下而馮左衽界乘奄有河宗至于休
溷諸貉南伐晉別北滅黑姑襄子再拜受三神之命又云武
靈王十六年王遊大陵它日王夢見處女鼓琴而歌詩曰美
人熒熒兮顏若苕之榮命乎命乎曾無我嬴異日王飲酒
樂數言所夢想見其狀吳廣聞之因夫人而內其女娃嬴孟
姚也索隱云孟姚吳廣女舜之後故上文云余思虞舜之勳
故命其胄女孟姚以配而七代之孫是也此皆簡子以後之
事協於簡子之夢者也○注子不語怪力亂神按論語文彼
王肅注云怪怪異也神謂鬼神之事也或無益於教化也或
所不忍言也世德堂
本作子不語怪之謂

十三　十六

卯 從卩

或問子胥種蠡孰賢曰胥也俾吳作亂破楚入郢〔注〕郢楚都也鞭尸〔注〕掘平王墓而鞭其尸藉館〔注〕居舍君之室大夫舍大夫之室皆不由德〔注〕報父兄之恥於斯則無禮謀越諫齊不式〔注〕式用不能去〔注〕三諫不從於禮可去卒眼之〔注〕夫差伐越越棲會稽請委國為臣子胥諫曰吳不取越越必取吳又曰有吳無越有越無吳不改是矣吳將伐齊又諫曰吳病於外越必襲吳不聽遂伐齊反役夫差殺子胥將死曰吳其亡矣乎以吾眼置吳東門以觀越之滅吳種蠡不彊諫而山棲俾其君詘社稷之靈而童僕又終斃吳賢皆不足卯也〔注〕卯美至蠡策種而遁肥矣哉〔注〕美蠡功成身退於此一舉最為善

子胥者史記伍子胥列傳云伍子胥者楚人也名員按亦作
申胥國語吳語韋注云申胥楚大夫伍奢之子子胥也名員
魯昭二十年奢誅于楚員奔吳吳子與之申地故曰申胥注
氏遠孫國語發正云申是楚地伍氏之先蓋嘗食采于申故
一氏申也種者呂氏春秋當染高注云大夫種姓文氏字禽
楚之鄒人又尊師注云楚郢人畢氏沅校謂皆誤當作楚之
郢人引錢詹事說太平寰宇記文種楚南郢人此本於烏
氏注胡部郎玉縉云按陸士衡豪士賦李注引吳越春秋云
本楚南郢人也當為寰宇記所本種為郢人無疑蠡者當染
高注又云范蠡楚三戶人也字少伯問孰賢者越絕書紀策
考引子貢云胥執忠信死貴於生蠡審凶吉去而有名種留
封侯不知令終二賢比德種獨不榮越絕德序云范蠡曰四封之
內百姓之事蠡不如種也四封之外敵國之制立斷之事
種亦不如蠡也是三子功業相似而志趣不同材能亦異故欲
論其優劣也胥也評吳作亂者左傳昭公篇云二十年員如
吳言伐楚之利於州于公子光曰是宗為戮而欲反其讎不
可從也員曰彼將有他志余姑為之求士而鄙以待之乃見
鱄設諸焉而耕於鄙杜注云州于吳子僚光吳公子闔廬也
鱄諸勇士子胥傳云伍子胥知公子光有內志欲殺王而自立
未可說以外事乃進專諸於公子光退而耕於野五年而楚

吳太伯世家亦云子胥鞭平王之尸以報父讎案隱云左氏無此事

平王卒吳王僚因楚喪使二公子將兵往襲楚吳國內空而公子光乃令專諸襲刺吳王僚而自立昭二十七年是謂吳王闔廬闔廬既立得志乃召伍員以為行人而與謀國事是也破楚入郢鞭尸籍作者左傳定公四年冬蔡侯吳子唐侯伐楚十一月庚午二師陳于柏舉闔廬之弟夫槩王以其屬五千人先擊子常之卒子常之卒奔楚師亂吳師大敗之吳從楚師五戰及郢庚辰吳入郢子胥傳云楚昭王出奔吳王入郢伍子胥求昭王既不得乃掘楚平王墓出其尸鞭之三百然後已按越絕書荊平王內傳云子胥將卒六千操鞭笞平王之墓而數之曰昔者吾先人無罪而子殺之今此報子也呂氏春秋首時亦云鞭荊平之墳三百惟言鞭墓不言鞭尸理較可信史記云云疑傳述之過若公羊傳定公篇徐疏引春秋說乃云鞭平王之尸血流至踝吳越春秋闔閭內傳又云掘平王之墓出其尸鞭之三百左足踐腹右手抉其目誚之曰誰使汝用讒諛之口殺我父兄豈不冤哉則更變本加厲之辭不足置信矣青義藉作慈夜切小爾雅廣言藉借也左傳云以班處宮謂闔閭內傳云乃令闔閭妻昭王夫人伍胥孫武白喜亦妻子常司馬成之妻以辱楚之君臣也謀越諫齊者左傳哀公元年冬吳王夫差敗越于夫椒遂入越越子以甲楯五千保于會稽使大夫種因吳大宰

十三 十七

獮 百不從

嚭以行成，吳子將許之。伍員曰：不可。臣聞之：樹德莫如滋，去
疾莫如盡。句踐能親而務施，施不失人，親不棄勞，與我同壤，
而世為仇讐。於是乎克而弗取，又將存之，違天而長寇讎，後
雖悔之，不可食已。弗聽。三月，越及吳平。十一年，吳將伐齊，
越子率其衆以朝焉，王及列士皆有饋賂。吳人皆喜，惟子胥
懼，曰：是豢吳也夫。諫曰：越在我，心腹之疾也。壤地同，而有欲
於我。夫其柔服，求濟其欲也，不如早從事焉。得志於齊，猶獲
石田也，無所用之。越不為沼，吳其泯矣。弗聽。按哀公十一年
吳伐齊之前，吳世家尚有吳王夫差七年聞齊景公死而大
臣爭寵新君弱，乃興師北伐齊，子胥諫之文，彼[redacted]
索隱云：此之七年，魯哀公六年也。左氏此年無伐齊事。
子胥傳文同。吳世家越則胥之諫伐齊先後二次也。卒眼之
者，國語吳語云：吳王還自伐齊，按哀十一年艾陵之役。乃訊
申胥。申胥釋劍而對曰：昔吾先王世有輔弼之臣，以能遂疑
計惡，今王播棄黎老而孩童焉比謀，大夫之所棄，不彊其
小喜而遠其大憂，王若不得志於齊而以覺寤王心，吳國猶
世。今王無以取之，而天祿亟至，是吳命之短也。員不忍稱疾
辟易，以見王之親為越之禽也，員請先死。將死，曰：縣吾目
於東門，以見越之入吳國之亡也。胥傳云：太宰嚭既與子胥
有隙，因讒曰：子胥為人剛暴，少恩，猜賊，其怨望恐為禍深也

蒯王早圖之。吳王乃使之賜子胥屬鏤之劍，曰：子以此死。伍
子胥仰天歎曰：嗟乎！讒臣嚭為亂矣，王乃反誅我。乃告其舍
人曰：必樹吾墓上以梓，令可以為器；而抉吾眼縣吳東門之
上，以觀越寇之入滅吳也。眼之字用此，謂死而猶欲親見其
已以為快也。鍾鼇不適諫而山棲者，越語云：越王句踐即位
三年（韋注云：魯哀元年），而欲伐吳。范蠡進諫曰：夫國家之
事，有持盈，有定傾，有節事。持盈者與天，定傾者與人，節事者
與地。天道盈而不溢，盛而不驕，勞而不矜其功。夫聖人隨時
以行，是謂守時。天時不作，弗為人客；人事不起，弗為之始。今
君王未盈而溢，未盛而驕，不勞而矜其功，天時不作而先為
人客，人事不起而創為之始，此逆於天而不和於人。王若行
之，將妨於國家，靡王躬身。王弗聽。范蠡進諫曰：夫勇者，逆德
也；兵者，凶器也；爭者，事之末也。陰謀逆德，好用凶器，始於人
者，人之所卒也；淫佚之事，上帝之禁也。先行此者不利。王曰：
無是害也，吾已斷之矣。果興師而伐吳，戰於五湖，不勝，棲
於會稽。又越語云：越王句踐棲於會稽之上。韋注云：山去處曰
棲。會稽山名，在今山陰南七里。吳敗越于夫椒，遂入越，越子
保于會稽，在魯哀元年。越世家索隱云：保山曰棲，猶鳥棲於
木以避害也。故六韜曰：軍處山之高者則曰棲。越絕書記地
傳云：會稽山上城者，句踐與吳戰，大敗，棲其中。吳云言蠡初也

皆五号旁注

按此當為夫差十二年後殺以前之事書以為卑夫椒之役誤也

按謂不以得越為慶是韋云言越不足畏失之

諫不從二臣盡強諫而免此敗司馬云責其不遵諫於未敗
之使句踐棲於會稽是也俾其君社稷之虛而童僕者越
語云越王句踐棲於會稽王召范蠡而問焉范蠡對曰卑辭
尊禮玩好女樂尊之以名如此不已又身與之市王曰諾乃
令大夫種行成於吳請妻管籥屬國家以身隨之君王制之
吳人許諾王令大夫種守於國與范蠡入宦於吳韋注云宦
為臣隸也吳越春秋句踐入臣外傳云越句踐五年哀公三
年五月[redacted]入吳見夫差稽首再拜稱臣曰
東海賤臣句踐上愧皇天下負后土不裁功力污辱王之軍
士抵罪邊境大王赦其深辜裁加役臣使執箕帚誠蒙厚恩
得保須臾之命不勝仰感俯愧夫差遂不誅越王令駕車養
馬秘於宮室之中越王服犢鼻著樵頭夫人衣無緣之裳施
左關之襦夫所斫剉養馬妻給水除糞灑埽三年不慍怒面無
恨色是其事也又終衆吳者說文衆頓仆也宣之衆俗字作
斃越語云吳王夫差起師伐越越王句踐起師逆之江大夫
種乃獻謀曰夫吳之與越唯天所授王其無庸戰王君如設
戎約辭行成以喜其民以廣侈吳王之心吾以卜之於天天
若棄吳必許吾成而不吾足也將必寬然有伯諸侯之心焉
既罷斃其民而天奪之食安受其燼乃無有命矣越王許諾
乃命諸稽郢行成於吳吳王夫差乃告諸大夫曰孤將有大

五号旁注

十三十九

五字旁注

志於齊吾將許越成而無拂吾慮申胥諫曰不可許也夫越非實忠心好吳也又非懾畏吾甲兵之彊也大夫種勇而善謀將還玩吳國於股掌之上以得其志夫固知君王之蓋威以好勝也故婉約其辭以從逸王志使淫樂於諸夏之國以自傷也使吾甲兵鈍弊民人離落而日以憔悴然後安受吾燼是吳之禁種之謀也越語又云王遂興師伐吳至於五湖吳人聞之出挑戰一日五反王弗與戰居軍三年吳師自潰瀆云魯哀二十年冬十一月越圍吳二十二年冬十一月丁卯滅吳吳王帥其賢良與其重祿以上姑蘇使王孫雒行成於越王弗忍欲許之范蠡進諫曰臣聞之聖人之功時為之庸得時弗成天有還形天節不遠五年復反小凶則近大凶則遠先人有言曰伐柯者其則不遠今君王不斷其忘會稽之事乎王曰諾不許使者往而復來辭愈卑禮愈尊王又欲許之范蠡進諫曰孰使我蚤朝而晏罷者非吳乎與我爭三江五湖之利者非吳邪十年謀之一朝而棄之其可乎王姑勿許其事將易冀已王曰吾欲勿許而難對其使者子其對之范蠡乃左提鼓右援枹以應使者曰昔者上天降禍於越委制於吳而吳不受今將反此義以報此禍吾王敢無聽天之命而聽君王之命乎王孫雒曰子范子先人有言曰無助天為虐助天為虐者不祥今吾稻蟹不遺種子將助天為虐不

郤平本作郈世德堂本同錢本作郤今從之

忌其不祥乎范蠡曰王孫子昔吾先君固周室之不成子也
故濱於東海之陂黿鼉魚鼈之與處而鼃黽之與同渚余雖
靦然而人面哉吾猶禽獸也又安知是諓諓者乎王孫雄曰
子范子將助天為虐助天為虐者不祥雄請反辭於王范蠡曰
君王已委制於執事之人矣子往矣無使執事之人得罪於
子使者辭反范蠡不報於王擊鼓興師以隨使者至於姑蘇
之宮不傷越民遂滅吳是吳之獘大蠡成之也賢皆不足郤也
者胥助光弒僚是不仁也報[illegible]仇過甫走無禮也諫不用而不
去是不智也死而俟視吳亡是不忠也此胥之賢不足美也
種蠡知伐吳之不利不力阻而致敗是無斷也使句踐君隸
於吳是無恥也以陰謀亡吳者是不義也此種蠡之賢之不足美
也至蠡策種而遁肥矣哉昔義策種絕句種章用切按甫於
遁字絕句越語云反至五湖范蠡辭於王曰君王勉之臣不
復入於越國矣王曰不穀疑子之所謂者何也范蠡對曰臣
聞之為人臣者君憂臣勞君辱臣死昔者君王辱於會稽臣
所以不死者為此事也今事已濟矣蠡請從會稽之罰王曰
所不掩子之惡揚子之美者使其身無終沒於越國子聽吾
言與子分國不聽吾言身死妻子為戮范蠡對曰臣聞命矣
君行制臣行意遂乘輕舟以浮於五湖越世家云范蠡遂去
自齊遺大夫種書曰蜚鳥盡良弓藏狡兔死走狗烹越王為

疏十三

易遯上九肥遯无不利釋文云肥字又作飛同隱退也又引子夏傳云肥饒裕孔疏云遯之最優故曰肥遯按此作遁蓋子雲所據易如此

越國大饑

人長頸鳥喙可與共患難不可與共樂子何不去種見書稱病不朝人或讒種作亂越王乃賜種劍曰子教寡人伐吳七術寡人用其三而敗吳其四在子子為我從先王試之種遂自殺司馬云策謂謀之使去賢此一節本按策猶書也謂孝書遺種○注郢楚都也按楚世家云文王熊貲立始都郢正義引括地志云紀南故城在荊州江陵縣北五十里杜預云國都於郢今南郡江陵縣北紀南城是也括地志又云至平王更城郢在江陵縣東北六里故郢城是也說文郢故楚都在南郡江陵北十里段注云今湖北荊州府治江陵縣府治故江陵城府東北三里有故郢城桂氏馥義證引王觀國云史記周成王封熊繹於荊蠻為楚子居丹陽楚文王自丹陽徙郢楚頃襄王自郢徙陳楚考烈王自陳徙壽春命曰郢觀國策前漢地理志曰江陵故國楚郢都楚況居從至壽春則去郢遠矣地既非郢而猶名曰郢者名貴其所自來也○注君舍君之室大夫舍大夫之室按定公四年傳文公篇文彼解詁云舍其室因其婦人為妻○注式用揚爾雅釋言文○注三諫不從於禮可去按曲禮云為人臣者不顯諫三諫不從則逃之實此注所本○注吳不取越越必取吳按呂氏春秋長攻云越王乃使人請食於吳吳王將與之伍子胥進諫曰不可與也夫吳之與越接土鄰境道易人通仇讎敵戰之國也非

策種

○注從平王墓而鞭其尸按世德堂本無此注

注吳其亡矣乎按世德堂本無乎字○

吳喪越，越必喪吳。○注：有吳無越，有越無吳，不改是矣。按越
語載子胥之言也。彼章注云：言勢不兩立，滅之之計不可改
易也。○注：卿美按[redacted]
○注美象蠡功成身退按老子
云功成名遂身退天之道
小爾雅廣言文。說文：卯，高也。高、美義同。

或問陳勝吳廣。曰：亂。注：此暴亂之人也。曰：不若是，則秦不亡。曰：
亡秦乎？恐秦未亡而先亡矣。注：夫有干越之劍者，匣而藏之，
不敢用，是寶之至也。況乃輕用其身而要乎非命之運，不足
為禍先，適足以為禍始。陳勝吳廣者，史記陳涉世家云：陳勝
者陽城人也，字涉。吳廣者陽夏人也，
字叔。二世元年七月，發閭左適戍漁陽九百人，屯大澤
鄉。陳勝吳廣皆次當行，為屯長。會天大雨，道不通，度已失期。
失期法皆斬。陳勝吳廣乃謀大計。廣殺尉，陳勝佐之，并殺
兩尉。乃詐稱公子扶蘇、項燕，袒右，稱大楚。陳勝自立為將軍，吳廣
為都尉。攻大澤鄉，收兵北至陳，車六七百乘，騎千餘，卒數
萬人。乃入據陳。數日，陳涉乃立為王，號為張楚。以吳叔為假
王，監諸將以西擊滎陽。吳廣圍滎陽，弗能下。陳王徵國之豪
傑與計，周文，嘗事春申君，自言習兵。陳王與之將軍印，西擊

車●千乘卒數十萬至戲軍焉

五号旁注

行收兵至關秦令少府章邯擊楚大軍盡敗之周文敗走出
關止次曹陽二三月章邯追敗之復走次澠池十餘日章邯
擊大破之周文自剄軍遂不戰將軍田臧等相與謀曰周章
關周文軍已破矣秦兵旦暮至我圍滎陽城弗能下秦軍至
必大敗不如少遺兵足以守滎陽悉精兵迎秦軍今假王驕
不知兵權不可與計非誅之事恐敗因相與矯王令以誅吳
叔獻其首於陳王陳王使使賜田臧楚令尹印使為上將田
臧乃使諸將李歸等守滎陽城自以精兵西迎秦軍於敖倉
與戰田臧死軍破章邯進兵擊李歸等破之章邯又進兵擊
陳西張賀軍陳王出監戰軍破張賀死臘月陳王之汝陰還至下城
父其御莊賈殺以降秦陳勝葬碭謚曰隱王陳王故涓人將
軍呂臣為倉頭軍起新陽攻陳下之殺莊賈復以陳為楚陳
勝王凡六月也●問陳勝吳廣曰亂者司馬云言非有高才
遠慮但首亂之人耳●不若是則秦不亡者世家云陳勝雖
已死其所置遣侯王將相竟亡秦由涉首事也●●●●能
秦未亡而先亡矣者吳云言為權首者先亡也范曄曰夫為
權首鮮或不及陳項且猶未興況庸庸者乎搔恐者疑辭陳
勝吳廣之先秦而亡乃已著之史事何所用其疑辭此蓋指
當時郡縣起為盜賊者而言也莽傳五原代郡起為盜賊數
千人為輩轉入旁郡莽遣捕盜將軍孔仁將兵與郡縣合擊

接下頁

匪 莊子作柙

又按寶之至也 錢本作寶之之至也

歲餘延定此天鳳二年事又臨淮瓜田儀等爲盜賊依阻會稽長州琅邪女子呂母亦起遂攻海曲縣殺其宰引兵入海其衆浸多後皆萬數此天鳳四年事是時天下囂然勢已無異秦末子雲蓋知莽之必敗而懼首事者之徒爲勝廣恨已之不得復見太平故云恐秦末之而先亡秦亦謂莽也○注夫有至至也按莊子刻意文釋文司馬云干吳也吳越出善劍也又引李云干谿越山出名劍案吳有谿名干谿越[redacted]有山名若耶並出善鐵鑄爲名劍也○注不乏之爲福先適之爲禍始按莊子刻意云不爲福先不爲禍始弘範語以解此非子雲本旨也

○

十三二十二

或問六國竝其已久矣一病一瘳迄始皇三載而咸〔注〕皆屬秦

也時激地保人事乎曰具請問事曰孝公以下彊兵力農以

蠶食六國事也〔注〕是人事也保〔注〕問保何等曰東濵大河南

阻高山西采雍梁北鹵涇垠便則申否則蟠保也〔注〕采食税

也涇〻水也激〔注〕問激者何曰始皇方斧將相方刀六國方

木將相方肉激也〔注〕方此六國竝其已久矣者六國表序云六國乃韓魏趙燕楚齊并秦凡

七國號曰七雄按表周威烈王二十三年魏韓趙始列為諸

侯安王十六年田常曾孫田和始列為諸侯二十三年田氏

遂并齊而有之太公望之後絶祀二十六年魏韓趙滅晉絶

無後秦始皇二十六年初并天下立為皇帝自威烈王二十

趙滅晉絶無後

三年戊寅至始皇二十六年庚辰凡一百八十三年一病一
瘳者一猶或也樂記云一動一靜者天地之閒也左傳昭公
篇云疆埸之邑一彼一此何常之有又云一臧一否其誰能
常之穀梁傳莊公篇云一有一亡曰有爾雅釋丘云泉一見
一否爲瀸文例與此相同經傳釋詞云諸一字並與或同義
是也說文瘳疾瘉也此謂六國並立更盛迭衰如人之有時
而病有時而瘉也迄始皇三載而咸者吳云按始皇即位以歲
在乙卯爲元年至二十六年始并天下乃稱皇帝今言始皇三
載而咸者蓋言稱皇帝後三年東行郡縣上鄒嶧山刻石頌
秦功德封泰山禪梁父而天下咸一也司馬云按始皇十七
年始滅韓至二十六年滅齊天下爲一今云三載闕愈云始
皇二十六年始并天下稱皇帝而此言三載於義可疑今按
重黎一篇多揚子之微言李注上文黃帝終始章曰深矣揚
子之談也王莽置羲和之官故上章寄微言以發重黎之問
而此句明言真偽之分也然則揚子之文固有深意矣夫始
皇以二十六年并天下當時無不知之乃云始皇三載者故
爲惛謬之詞以寓意也按漢書元始五年平帝崩莽稱攝皇
帝改明年爲居攝元年至居攝三年十一月戊辰即真天子
位以十二月癸酉朔爲始建國元年然則所謂始皇三載者
其文則指始皇其意則在新莽以居攝三年當始皇之二十六

年使其文君謬誤者而其旨微其辭曲矣榮按法言借論古以寓刺時其文因多隱約然如曲園此解謂以居攝三年當始皇二十六年故曰始皇三載則似過於穿鑿疑三載乃三十載之誤舉成數言故曰三十載傳寫脫十遂為三載耳咸猶兼也詩閟宮敦商之旅克咸厥功鄭箋云咸同也廣雅釋詁兼同也咸兼俱訓同故兼亦可謂之咸近始皇而咸猶寡見云至於秦兼也溫公云天下為一解咸為一一亦同也時徼地保人事乎者司馬云徼清作激古堯切徼其可收之時按說文徼幸也桂氏義證云幸也者擅與幸同至於旦注云幸覬也玉篇徼行險也經典借徼字中庸小人行險以徼幸漢書高帝紀顧大王以幸天下晉灼曰臣民被其德以為徼幸也又或作僥一切經音義八僥莫內莫幸也王氏內讀云玉篇儌行險也與許君此說皆用中庸小人行險以徼幸也中庸古本蓋作儌、幸是連語兩字同義徼即儌之假古感徼字或以儌為之童子逢盛碑感儌三成是也故儌幸字亦以徼為之因經典多借徼為儌故溫公云當作徼也幸之本義為吉而免凶活用之則以為覬冀得吉之義儌義亦然凡云徼福及云徼天之衷者皆儌之活用此云時徼則用儌之本義猶云天幸也左傳僖公篇令號為不道保於逆旅孔疏云係者固守之語國策魏策武侯稱曰河山之險不亦信固

年吳起對曰河山之險信不足保也明堡固足用周禮大司
馬鄭注云固險有徑以固者也然則地保猶云地險也孝公
以下儷兵力農者史記秦本紀秦獻公二十四年獻公卒子
孝公立索隱云名渠梁按六國表秦獻公二十四年即孝公
元年當周顯王八年庚申也儷兵治本作強令依錢本荀
子議兵云秦人其生民也陿阸其使民也酷烈劫之以埶隱
之以阸忸之以慶賞鰌之以刑罰使天下之民所以要利於
上者非鬭無由也阸而用之得而後功之功賞相長也五甲
首而隸五家是最為眾彊長久多地以正故四世有勝非幸
也數也楊注云四世孝公惠王武王昭王也是其彊兵之事
也秦本紀云孝公十二年為田開阡陌又商君傳云定變法
之令令大小僇力本業耕織致粟帛多者復其身事末利及
怠而貧者舉以為收孥漢書地理志云孝公用商君制轅田
開阡伯東雄諸侯張晏云周制三年一易以同美惡商鞅始
割列田地開立阡陌令民各有常制孟康云三年爰土易居
古制也末世浸廢商鞅相秦復立爰田上田不易中田一易
下田再易爰自在其田不復易居也食貨志云自爰其處而
已是也隸定阡陌云南北曰阡東西曰伯皆謂開田之疆畝
也是其力農之事也史記秦楚之際月表云秦起襄公章於
文繆獻孝之後稍以蠶食六國按六國表秦孝公八年與魏

表西陽下有安邑字今據本紀

二十一年魏納安邑及河內

本紀作向郤

戰元里取少梁十年伐安邑降之十一年圍固陽降之惠文
王五年拔韓宜陽六年魏以陰晉為和命曰寧秦八年魏入
少梁河西地于秦九年度河取汾陰皮氏圍焦降之十年圍
蒲陽降之魏納上郡又後九年取趙中都西陽[redacted]武王四
年拔宜陽城涉河城武遂昭王十六年拔宛十七年魏入
河東四百里又韓與秦武遂地方二百里十八年擊魏至
軹取城大小六十一十九年拔趙桂陽二十年拔魏新垣曲
陽之城二十二年拔齊列城九二十四年拔魏安城二十八
年拔楚鄢西陵二十九年拔楚郢更東至竟陵[redacted]三
十年拔楚巫黔中三十一年拔魏兩城三十二年拔魏兩城
魏與秦溫以和三十三年拔魏四城三十四年魏與秦南陽
以和三十七年拔趙閼與又擊齊剛壽三十九年拔魏懷四
十一年拔魏廩丘四十二年拔趙三城四十三年拔韓陘城
汾旁四十四年攻韓取南陽又擊韓太行四十五年攻韓取
十城又取楚州五十年拔魏新中五十一年擊韓陽城負黍
元年拔韓成皋滎陽二年擊趙榆次新城狼孟得三十七城
三年拔韓上黨始皇元年拔趙晉陽三年擊韓取十三城五
年取魏酸棗二十城七年拔魏汲九年拔魏垣蒲陽衍十一
年撩趙閼與鄴取韓九城十三年拔趙平陽十四年拔趙宜
安十五年拔趙狼孟鄱吾十六年受韓南陽地十七年得韓

莊襄王

二十六年拔趙石城

韓

王安盡取其地十九年拔趙（虜王遷[redacted]公子嘉自立為代王）二十一年大破楚取十城拔燕薊二十二年擊魏得其王假盡取其地[redacted]二十四年破楚虜其王負芻二十五年擊燕虜王喜又擊代虜王嘉二十六年擊齊虜王建是孝公以下蠶食六國之事也東漢大河者禹貢云黑水西河惟雍州孔疏云計雍州之境被荒服之外東不越河而西踰黑水王肅云西據黑水東距西河所言得其實也河在雍州之東南謂之西河者龍門之河在冀州西界故謂之西河秦本紀云孝公元年令曰昔我穆公自岐雍之閒修德行武東平晉亂以河為界西霸戎翟廣地千里天子致伯諸侯畢賀為後世開業甚光美會往者厲躁簡公出子之不寧國家內憂未遑外事三晉攻奪我先君河西地諸侯卑秦醜莫大焉是秦穆公之時秦已有河西地東境至河與晉夾河為界後晉復奪河西至三家建國河西為魏地故秦本紀正義云魏西界與秦相接南自華州鄭縣西北過渭水濱洛東岸向北有上郡鄜州之地皆築長城以界秦境此孝公之初秦東境以魏長城為界其長城以東皆為魏地自孝公八年取少梁惠文王六年魏以陰晉為和八年魏入少梁河西地於秦十年魏納上郡於是魏河西之地尺寸悉歸於秦而秦境得東至於河也南阻高山者地理志右扶風武功太壹山古文以為終南張平子西京賦云漢氏初都在

詩終南毛傳云終南周之名山中南也

十行　深山製

渭之渼秦里其朔寔為咸陽於前則終南之山之總名太一隆崫崒嶐轉鬱律連岡乎嶓冢李注云終南一山一名太一一山之別號水經注渭水篇云渭水又逕武功縣故城北地理志曰縣有太一山古文以為終南杜預以為中南也亦曰太白山在武功縣南去長安二百里不知其高幾何俗云武功太白去天三百杜彥達曰太白山南連武功山於諸山最為秀傑冬夏積雪望之皓然乾隆府廳州縣考西安府終南山在府城南五十里一名中南山一名終隆山一名太乙山一名周南山一名地肺山一名秦山按舊圖經西自鳳翔府郿縣入境連亙盩厔鄠縣及長安咸寧四縣之南又東抵藍田縣界今考在盩厔縣者為南山其自長安以東者為秦嶺三秦記所謂長安正南山名秦嶺是也音義高山者或作商山司馬云宋吳本作商山按爾雅釋地河西曰雝州釋文雍者擁也東崤西漢南商於北居庸四山之內擁翳也王莽傳莽命五威前關將軍之文云繞霤之固南當荊楚顏注云謂之繞霤者言四面塞阸其道屈曲谿谷之水回繞而霤也其處即今商州界七盤十二繞是也然則或作商山者義亦可通商山在今陝西商州東也西宋雍梁者音義西宋倉代切雍梁於用切西京賦云右有隴坻之隘隔閡華戎岐梁汧雍陳寶鳴雞在焉按岐梁汧雍皆漢右扶風地岐謂美陽梁謂好時

汧謂汧縣雍謂雍縣此文雍梁岐指此非謂禹貢之雍梁二
州也地理志右扶風雍秦惠公都之有五時太昊黃帝以下
祠三百三所橐泉宮孝公起祈年宮惠公起棫陽宮昭王起
水經注渭水篇云渭水又東逕雍縣南雍水注之水出雍山
東南流歷中牢溪南流逕胡城東蓋秦惠公之故居所謂祈
年宮也孝公又謂之為橐泉宮雍水又東左會左陽水世名
之西水雍水又與東水合東流鄧公泉注之數源俱發于雍
縣故城南縣故秦德公所居也雍有五時祠廟凡四面積
高曰雍闕稱曰宜為神明之隩故立羣祠焉雍水又東逕召
亭南世謂之樹亭川雍水又東南流與横水合雍水又南逕
美陽縣之中亭川合武水雍水又南逕美陽縣西其水又南
流注于渭是雍縣之得名以雍水雍水之得名以雍山雍州之
名當亦由此所謂四面積高及云四山之內擁翳者蓋皆後
起之義雍山在今鳳翔府汧陽縣東又志右扶風好時有梁
山宮秦始皇起水經渭水篇云莫水出好時縣梁山大嶺
東南逕梁山宮西故地理志曰好時有梁山宮秦始皇起水
東有好時縣故城闞氏名據四書釋地續云雍州有二梁山
一在今韓城郃陽兩縣境書治梁及岐詩奕奕梁山春秋梁
山崩爾雅梁山晉望也皆是遷于梁山則在今乾州西北五
里其山横向長自郃抵岐二百五十餘里山適界乎一百三

廿四五十六

釋此文雍梁

十里之間太王亶甫曰子踰此山然後下遠狄處營都邑據此卬鄜經所謂梁山大嶺莫水所出好時梁山宮以此得名然則雍者雍水所經之域梁者莫水所經之域皆秦西侯壤故孟堅西都賦所謂衆流之隈汧涌其西華實之毛則九州之上腴者歟曰西宋舊解[redacted]禹貢二州吳云西以雍梁二州為供事采事也書曰百里宋孔云統王事而已司馬云梁州蜀地也據龍門河以西為雍州之域前文既云東漢大河則秦境東不踰雍所得自雍為西[redacted]也北園涇垠者音義閡音音按穀梁傳昭公篇云中國曰大原卤狄曰大鹵古微書引春秋說題辭云廣延曰大鹵地理志安定郡涇陽幵頭山在西禹貢涇水所出東南至陽陵入渭過郡三行千六十里雍州川說文涇水出安定涇陽幵頭山東南入渭雝州之川也段注云今甘肅平涼府附郭平涼縣西南有故涇陽城漢縣也幵頭山亦作笄頭山始皇紀作雞頭山在今平涼府西南四十里今涇水出山之涇谷經涇州又經陝西邠州長武縣至西安府高陵縣西南二十里入渭曰涇口大致東南流也說文垠地垠也一曰岸也史記河渠書云韓聞秦之好興事欲罷之毋令東伐乃使水工鄭國間說秦令鑿涇水自中山西邸瓠口為渠並北山東注洛三百餘里欲以溉田中作而覺秦欲殺鄭國鄭國曰始臣為間然渠成

遠

○注是人事也按世德堂本無此注閒保作等按世德堂本無此注

義疑與弘範異

并秦之利也秦以為然卒使就渠渠就用注塡閼之水溉澤鹵之地四萬餘頃收皆畝一鍾於是關中為沃野無凶年秦以富彊卒并諸侯因命曰鄭國渠使則申不則蜻者史記范雎傳雎説秦昭王曰大王之國四塞以為固利則出攻不利則守此王者之地也始皇方斧云云者司馬云始皇欲斮喪諸侯方如斧而諸侯愚昧方如木秦之將相銳於功利方如刀而諸侯將相懦弱方如肉故始皇所以能兼天下者適丁是時也按謂秦君臣有剛強之資而所遇六國君臣適皆脆弱因得以斬伐宰割之是亦天幸也○注皆屬秦也按俞云咸者戕之假字説文戈部戕絶也讀若咸經傳皆以咸為之尚書君奭篇咸劉厥敵周書世俘篇越五日甲子朝至接于商則咸劉商王紂咸皆戕之假字也亡始皇三載而咸謂至始皇三載而絶也李注訓咸為皆失之辭謂曲園讀咸為戕以為指六國言然下文時激也係人事者及孝公以下灃兵力農云云均謂秦不謂六國則所謂三載而咸者自當就始皇言若以為指六國則上下文義不能一貫李注固非俞説亦未得也○注采食税也按詩緇衣孔疏云采謂田邑采取賦税也○注方比按考工記梓人為侯廣與崇方鄭注云方猶等也廣雅釋詁方類也

按弘範訓咸為皆而云皆屬秦則以為指六國言

○注閒激者行按世德堂本無此注

卷十三終

十四一

十二月癸酉謄稿

法言義疏十四

吴　汪榮寶撰

也。節莫差於僭，僭莫重於祭，祭莫重於地，地莫重於天。〔注〕既遂土地，又盜祭天。則襄、文、宣、靈其兆也。〔注〕始於四公以來者，言周之衰非一朝一夕矣。昔者襄公始僭西畤以祭白帝，文、宣、靈宗興鄜、密、上下，用事四帝，而天王不匡，反致文武胙。〔注〕宗，尊也。文公起鄜畤，宣公起密畤，靈公起上下畤。是以四疆之内各以其力來侵，攘肌及骨，而赧獨何以制秦乎？〔注〕人之述也，其日周已久矣，數世之壞，非一人之所支也。秦伯列為侯衛者，詩譜云：秦者，隴西谷名，於禹貢近雍州鳥鼠之山。堯時有伯翳者，實皋陶之子，佐禹治水，水土既平，舜命作虞官，掌上下草

經傳釋詞云爲猶於也

木鳥獸賜姓曰嬴歷夏商興衰亦世有人焉周孝王使其末
孫非子養馬於汧渭之閒孝王爲洵翳能知禽獸之言子孫
不絕故封非子爲附庸邑之於秦谷至曾孫秦仲宣王又命
作大夫始有車馬禮樂侍御之好國人美之秦之變風始作
秦仲之孫襄公平王之初興兵討西戎以救周平王東遷王
城乃以岐豐之地賜之始列爲諸侯周語云侯衛賓服
韋注云此總言之也侯侯圻也衛衛圻也言自侯圻至衛圻
其間凡五圻圻五百里五五二千五百里中國之界也謂之
賓服常以服貢賓見於王也五圻者侯圻之外曰甸圻甸圻
之外曰男圻男圻之外曰采圻采圻之外曰衛圻周書康誥
曰侯甸男采衛是也按康誥作侯甸男邦采衛孔疏云男下
獨有邦以五服男居其中故舉中則五服皆有邦可知尚書
大傳云周公攝政四年建侯衛陳氏今文經說考云據書序
解侯衛則康誥云云則知大傳所云四年建侯衛即此經侯
甸男邦采衛侯衛者總侯圻至衛圻包五服而言之然則列
爲侯衛者謂列於五服也舉春天下而報當無以制乎
者音義報如板切周本紀慎靚王立六年崩子赧王延立索
隱引皇甫謐云名誕赧非謚謚法無赧正以微弱竊鈇逃債
赧然慙愧故號曰赧耳又按尚書中候以赧爲然鄭玄云赧
讀曰赧王劬按古音人𠕁反今音板反爾雅面慙曰赧又

或問秦伯列爲侯衛【注】在外候望爲衛天子卒吞天下而赧曾無以制乎曰天子制公侯伯子男也庸節【注】庸用也節度也節莫差於僭僭莫重於祭祭莫重於地地莫重於天【注】既違土地又盜祭天則襄文宣靈其兆也【注】始於四公以來者言周之衰非一朝一夕矣昔者襄公始僭西畤以祭白帝文宣靈宗興鄜密上下用事四帝而天王不匡反致文武胙【注】宗尊也文公起鄜畤宣公起密畤靈公起上下畤是以四疆之內各以其力來侵攘肌及骨而赧獨何以制秦乎【注】人之迷也其日固已久矣數世之衰非一人之所支也秦伯列爲侯衛者詩譜云秦者隴西谷名於禹貢近雍州鳥鼠之山堯時有伯翳者實皋陶之子佐禹治水水土既平舜命作虞官掌上下草

經傳釋詞云爲猶於也

木鳥獸賜姓曰嬴歷夏商興衰亦世有人焉周孝王使其末孫非子養馬於汧渭之閒孝王爲洵翳能知禽獸之書子孫不絶故封非子爲附庸邑之於秦谷至曾孫秦仲宣王又命作大夫始有車馬禮樂侍御之好國人美之秦之變風始作秦仲之孫襄公平王之初興兵討西戎以救周平王東遷王城乃以岐豐之地賜之始列爲諸侯國語周語云侯衛賓服韋注云此總言之也侯侯圻也衛衛圻也言自侯圻至衛圻其閒凡五圻圻五百里五五二千五百里中國之界也謂之賓服常以服貢賓見於王也五圻者侯圻之外曰甸圻甸圻之外曰男圻男圻之外曰采圻采圻之外曰衛圻周書康誥曰侯甸男采衛是也按康誥作侯甸男邦采衛孔疏云男下獨有邦以五服男居其中故舉中則五服皆有邦可知尚書大傳云周公攝政四年建侯衛陳氏今文經說考云據韋昭解侯衛川康誥云云則知大傳所云四年建侯衛即此經侯甸男邦采衛侯衛者總侯圻至衛圻包五服而言之然則列爲侯衛者謂列於五服也平王奔天下而報曾無以制乎者音義報奴板切周本紀慎靚王立六年崩子赧王延立索隱引皇甫謐云名誕赧非謚也諡法無赧正以微弱竊鈇逃債赧然慙愧故號曰赧耳又按尚書中候以赧爲然鄭玄云然讀曰赧王劭按古音人扇反今音奴板反爾雅面慙曰赧又

然

上帝者亦蓋天哉而以神明不測之德言之則昊天者厚室之總匯五帝者一神之化身分之則為六天合之仍為一體必斤斤較量其高卑斯蒙之見也天王不臣反致文武胙者音義天王不臣俗本作天下誤司馬云宋吳本天王作天下按致胙乃天子之事若作天下則上下文義不洽此謬誤之顯然者獨斷云天王諸夏之所稱天下之所歸往故稱天王周本紀云顯王九年致文武胙於秦孝公又三十五年致文武胙於秦惠王集解云胙膰肉也按周禮大宗伯以脤膰之禮親兄弟之國鄭注云脤膰社稷宗廟之肉以賜同姓之國同福祿也是則胙膰肉惟賜同姓之國若異姓則二王後亦得有此賜左傳僖公篇云宋先代之後也於周為客天子有事膰焉是也其異姓後非二王後而得此賜者則為異數僖公篇又云王使宰孔賜齊侯胙曰天子有事於文武使孔賜伯舅胙杜注云尊之比二王後此則顯王之致胙於秦是尊秦比於二王後也六國表云太史公讀秦記至犬戎敗幽王周東徙洛邑秦襄公始封為諸侯作西畤僭端見矣禮曰天子祭天地諸侯祭其域內名山大川今秦位在藩臣而臚於郊祀君子懼焉按曲禮天子祭天地祭四方祭山川祭五祀歲徧諸侯方祀祭山川祭五祀歲徧大夫祭五祀歲徧孔疏云諸侯方祀者諸侯既不得祭天地又不得祭五方之神

惟祀帝方故云方祀似襄文祠少皞之神得以方祀爲解然
曲禮此文鄭君以爲殷制故与王制天子祭天地諸侯祭社
稷大夫祭五祀之文不合則西時鄜時雖獨祠白帝已非周
法所許至宣公祠青帝靈公祠黃帝炎帝而變本加厲無異
僭王襄是當平王之世周初東遷王室猶在斯時若正秦之
僭秦當有所憚而不復爲平王不加正遂有宣公作密時之
事宣公當惠王之世周室日衰天下猶以尊王爲美雖不能
討亦可聲其罪於諸侯惠王不加正遂有靈公作上下時之
事靈公當威烈王之世周之號令不行於天下其不能有所匡
正自不足怪然即不爲匡正更無加僭亂者以殊責之理及
顯王致胙於秦而後天下知周之果不復存矣是以四疆之
内各以其力来侵者謂自此以後秦遂稱王韓趙魏繼之戰
國之禍於是亦也據肌及骨者呂刑云奪攘矯虔鄭注云有
因而盜曰攘宋云肌喻遠骨喻近而赧獨何以制秦乎世德
壹本無而字按秦之吞天下非王赧所能制無待發問此章
之旨亦以秦喻莽也襄文宣靈其兆也者謂秦衆四父歷世
之權也天王不匡反致文武胙者謂元始四年拜莽宰衡五年加
莽九命之錫也據肌及骨者謂始而輔政繼而居攝終而篡
國也赧何以制秦乎者赧謂元后[redacted]元后傳贊云位號已
移於天下而元后卷卷猶握一璽不欲以授莽婦人之仁悲

錫

○注庸用也節之度也按世德堂本用作以又不重節字

夫嘗其義也○注在外侯望羅衛天子按此釋侯服衛服之義也逸周書職方方千里曰王圻其外方五百里為侯服又其外方五百里為甸服又其外方五百里曰男服又其外方五百里為衛服孔注於侯服下云為王者斥候也於衛服下云為王扞衛也○注既遷土地又遷祭天按此未得揚旨時者祭天之地故分之僭言之正文無遷土地之事竹云既遷土地又遷祭天者言天子得祭天地解天地耳列地也是持於天帝不可也○注非一朝一夕矣按世德堂本無矣字○注宗尊也按白虎通宗廟宗族並云宗者尊也

或問嬴政二十六載天下擅秦〈注〉嬴秦姓政始皇名秦十五載而楚〈注〉楚項羽楚五載而漢五十載之際而天下三擅天邪人邪曰具〈注〉備有之也周建子弟列名城班五爵流之十二當時雖欲漢得乎六國蚩蚩為嬴弱姬卒之屏營嬴擅其政故天下擅秦〈注〉卒終也之至也秦失其猷罷侯置守守失其

徼天下掄睽。〔注〕睽猶乖離也。項氏暴強，改宰侯王，故天下擅楚。擅楚之月，有漢創業山南，發迹三秦，追項山東，故天下擅漢。天也。〔注〕山南，漢中也。三秦，雍、翟、塞也。人。〔注〕問人事者何也。曰：兼才尚權，右計左數，動謹於時，人也。天不人不因，人不天不成。〔注〕天人合應，功業乃隆。嬴政二十六載天下擅秦者，始皇本紀云：二十六年，得齊王建，秦初并天下。索隱云：六國皆滅也。十七年得韓王安，十九年得趙王遷，二十二年魏王假降，二十三年虜荊王負芻，二十五年得燕王喜，二十六年得齊王建。擅讀為嬗，說文：嬗，一曰傳也。荀子正論：堯舜擅讓。亦以擅為之。秦十五載而楚者，始皇本紀云：二世三年八月，二世自殺，趙高乃悉召諸大臣公子，告以誅二世之狀，曰：秦故王國，始皇君天下，故稱帝。今六國復自立，秦地益小，乃以空名為帝，不可，宜為王如故，便。立二世之兄子公子嬰為秦王。子嬰為秦王四十六日，楚將沛公破秦軍入武關，遂至霸上，使人約降子嬰。子嬰即係頸以組，白馬素車，奉天子璽符，降軹道旁。沛公遂入咸陽，封宮室府

十行 深山製

○注既瘞土地又盗祭天。陶氏鴻慶讀法言札記云：李注云既瘞土地又盗祭天，此正文但言僭祭，不言瘞土地。吳注云天子得祭天地，此正文但云地莫重於天，不云祭莫重於天地。是二說均未安也。今案：地謂壇廟之屬兆也。漢書郊祀志載平帝元始五年，大司馬王莽奏請：如建始時丞相衡等議，復長安南北郊如故。莽又頗改其祭禮：以孟春正月上辛若丁，天子親合祀天墬於南郊，以高帝高后配；以日冬至使有司奉祠南郊，高帝配，而望羣陽；日夏至使有司奉祭北郊，高后配，而望羣陰。皆以助致微氣，通道幽弱。奏可。蓋自建始以來，三十餘年間，天墬之祠五徙焉。後莽又奏言：周官兆五帝於四郊，山川各因其方。今五帝兆居在雍五畤，不合於古。又六宗及六宗之屬或未特祀，或無兆居。謹與太師光、大司徒宮、羲和歆等八十九人議：稱天神曰皇天上帝，泰一兆曰泰畤；而墬祇稱皇墬后祇，兆曰廣畤。又分羣神以類相從為五部，兆於長安城之未墬及東南西北四郊。奏可。於是長安旁諸廟兆畤甚盛矣。此則王莽盾時依附周官，妄易舊制，於天地羣神之兆域之廢置獨繁。此節之文，亦以莽而發。故曰：祭莫重於地，地莫重於天也。學者狃此，假秦之僭時，以喻莽之盗竊魁柄，由來者漸，非一朝一夕之故，不但指妄易祭禮而言。舊注固未得其義，陶解亦失之。（下接○注非一朝一夕之文）

按時以十月為歲始高祖以十月建元之年正月即建元後之第四月也

庫還軍霸上居月餘諸侯兵至項籍為從長殺子嬰及秦諸公子宗族遂屠咸陽燒其宮室虜其子女收其珍寶貨財諸侯共分之楚五載而漢者項羽本紀云項籍者下相人也字羽其季父項梁項氏世世為楚將封於項故姓項氏國國秦二世元年陳涉等起大澤中梁遂舉吳中兵以八千人渡江而西求楚懷王孫立以為楚懷王都盱台懷王使項羽為上將軍項羽引兵西屠咸陽殺秦降王子嬰燒秦宮室大三月不滅收其貨寶婦女而東尊懷王為義帝分天下立諸將為侯王立沛公為漢王王巴蜀漢中都南鄭項王自立為西楚霸王王九郡都彭城集解引孟康云舊名江陵為南楚吳為東楚彭城為西楚高祖本紀云漢五年高祖與諸侯兵共擊楚軍與項羽決勝垓下項羽之卒可十萬大敗垓下追殺項羽東城遂略定楚地按項籍以漢元年乙未正月自立至漢五年己亥正月敗亡故云五載項羽本紀太史公曰羽非有尺寸乘勢起隴畝之中三年遂將五諸侯滅秦分裂天下而封王侯政由羽出號為霸王位雖不終近古以來未嘗有也及羽背關懷楚放逐義帝而自立怨王侯叛己難矣自矜功伐奮其私智而不師古謂霸王之業欲以力征經營天下五年卒亡其國正義云五年謂高帝元年至五年殺項羽東城五十載之際而天下三擅者謂自始皇元年乙卯至高祖

其解之嬗

十閒不過四

僅六月而滅

五年乙亥四十六年閒史秦楚漢三世也秦楚之際月表云太史公讀秦楚之際曰初作難發於陳涉虐戾滅秦自項氏撥亂誅暴平定海內卒踐帝祚成於漢家五年之閒號令三嬗又太史公自序云秦既暴虐楚人發難項氏遂亂漢乃扶義征伐八年之閒天下三擅明嬗擅互用月表索隱云三嬗謂陳涉項氏漢高祖也梁氏志疑云自陳涉稱王至高祖五年即帝位凡八年故序傳云征伐八年之閒天下三擅此言五年非也按陳涉雖首難未嘗能制天下二世三年以前天下大政猶在秦[redacted]故月表所謂號令三嬗及自序所謂天下三擅皆謂秦楚漢[redacted]不數陳涉五年之閒號令三嬗謂二世三年甲午秦嬗於楚高祖五年乙亥楚嬗於漢[redacted]僅而已至自序八年乃商建征伐字讀之謂自二世元年兵興至高祖五年帝定前後征伐八年也此文天下三擅正用史記文明指秦楚漢而言[redacted]併始皇在位之年數之則云五十載從秦亡之年數之則云五年索隱以表有初作難發於陳涉語遂首數陳涉乃具誤謬矚此不辨索隱之誤反以史公為非[redacted]承[redacted]矣周建子弟列名城班五爵者尚書大傳云周公攝政四年建侯衛荀子儒效云周公兼制天下立七十一國姬姓獨居五十三人焉周之子孫苟不狂惑者莫不為天下之顯諸侯說文列分解也按此則之本義也

六年

古書多假裂爲之。白虎通爵云：爵有五等，以法五行也。或三等者，法三光也。或法三光，或法五行何？質家者據天，故法三光；文家者據地，故法五行。含文嘉曰：殷爵三等，周爵五等，各有宜也。王制曰：王者之制祿爵凡五等，謂公侯伯子男也。此據周制也。流之十二者，今文太誓：流之為鵰。鄭注云：流猶變也。十二國有二義：有春秋之十二國，史記十二諸侯年表謂魯、齊、晉、秦、楚、宋、衛、陳、蔡、曹、鄭、燕也。表於燕下更列吳，彼序隱云：篇言十二，實敘十三者，吳夷狄，不數吳，又霸在後故也。不數吳而敘之者，闔閭霸盟上國故也。史記考證云：良德齡按：是表主春秋，吳于春秋之季始通上國，而壽夢以前自不得列于是表，然則十二之號固不得不仍其舊，司馬貞之論鑿矣。是也。有戰國之十二國，漢書東方朔傳載朔荅客難云：夫蘇秦、張儀之時，周室大壞，諸侯不朝，力政爭權，相禽以兵，并爲十二國，未有雌雄。顏注云：十二國謂魯、衛、齊、楚、宋、鄭、魏、燕、趙、中山、秦、韓也。又子雲解嘲云：往者周罔解結，群鹿爭逸，離爲十二，合爲六七。顏注同東方朔傳注，是也。此文流之十二與六國蚩蚩相接為文，當指戰國之十二國言，即解嘲所謂離為十二，合為六七也。六國蚩蚩為嬴弱姬者，廣雅釋詁：蚩，亂也。王氏疏證云：方言：蚩，悖也。注云：謂悖惑也。法言重黎篇云：六國蚩蚩。張衡西京賦云：蚩眩邊鄙。皆惑亂之義也。按

音義置守手又切

詩泯泯之蚩蚩之毛傳云蚩蚩敦厚之貌也蓋敦厚則仲之為
愚又則仲之近為惑亂釋名釋姿容云妍研也研精於事
宜則無蚩繆也又云蚩癡也癡凝愚繆亂也音義為嬴工
婦切下無為同後漢書袁紹傳楊雄有言六國蚩蚩為嬴弱
姬今之謂乎章懷太子注云六國蚩惑侵弱周室遂為秦所
併也卒之屏營嬴擅其政故天下擅秦音義屏營上音并
下音營廣雅釋訓屏營怔忪也王氏疏證云屏營怔忪皆驚惶失據
之貌按子雲豫州箴云成康太平降及周微帶蔽屏營屏營
不起施于孫子然則屏營者不起之貌謂微弱也嬴擅之擅
讀如字說文擅專也與擅秦擅楚異義嬴失其馭罷侯置守
者爾雅釋宮猷道也始皇本紀云二十六年丞相綰等言諸
侯初破燕齊荊地遠不為置王毋以填之請立諸子唯上幸
許始皇下其議於羣臣羣臣皆以為便廷尉李斯議曰周文
武所封子弟同姓甚眾然後屬疏遠相攻擊如仇讎諸侯更
相誅伐周天子弗能禁止今海內賴陛下神靈一統皆為郡
縣諸子功臣以公賦稅重賞賜之甚足易制天下無異意則安
寧之術也置諸侯不便始皇曰天下共苦戰鬬不休以有侯
王賴宗廟天下初定又復立國是樹兵也而求其寧息豈不
難哉廷尉議是分天下以為三十六郡郡置守尉監漢書百
官公卿表云郡守秦官掌治其郡秩二千石景帝中二年更

名太守守失其微天下孫朕者音義守失其微本或作纖按作纖是也纖微形近之誤法言序諸子圖微漢書揚雄傳作諸子圖微說文微一曰三糾繩也廣雅釋詁微束也守失其微謂守令無以維繫人民也孫朕雙聲連語乖離分散之意單言之則曰朕雜卦傳朕乖也長言之則曰朕孫朕九四上九並云朕孫漢書五行志引易傳顏注云朕孫乖剌之意也諸侯王表云大者朕孫橫逆以害身喪國顏注同倒言之則曰孫朕其義一也項氏暴虐改宰侯王者白虎通齊亡宰者制也孟子可使制梃趙注云制作也項羽本紀云分天下立諸將為侯王立沛公為漢王王巴蜀漢中都南鄭立章邯為雍王王咸陽以西都廢丘立司馬欣為塞王王咸陽以東至河都櫟陽立董翳為翟王王上郡都高奴徙魏王豹為西魏王王河東都平陽立申陽為河南王都雒陽韓王成因故都都陽翟趙將司馬卬為殷王王河內都朝歌徙趙王歇為代王趙相張耳為常山王王趙地都襄國當陽君黥布為九江王都六鄱君吳芮為衡山王都邾義帝柱國共敖為臨江王都江陵徙燕王韓廣為遼東王燕將臧荼為燕王都薊徙齊王田市為膠東王齊將田都為齊王都臨淄故秦所滅齊王建孫田安為濟北王都博陽成安君陳餘在南皮因環封三縣番君將梅鋗封十萬戶侯項王自立為西楚霸王是其事也

按表項籍自立為西楚霸王在義帝元年一月項籍立十八王在二月高帝本紀總括之漢元年正月漢元年正月即義帝元年一月蓋本紀者二月序不及表之漸漢書異姓王表乃

漢以十月建元即以十月為歲首故元年正月為四月二月為五月也

創業世德堂本作剏業司馬云剏與創同

炎姬皆政獻守徽睽遁王各為韻據楚之月有漢創業山南

者秦楚之際月表義帝元年之月西楚霸王項籍始為天下

主命立十八王虞憙云高祖及十八諸侯受封之月漢書異

姓王表云一月應劭云諸侯王始受封之月十八王同時稱

一月高祖十月至霸上改元至此月漢四月也

[redacted]錄十八王

之立於義帝元年一月與史記稱[redacted]

[redacted]也發迹三秦者發迹詳五百疏高祖本紀云漢元年

八月漢王用韓信之計從故道還雍王章邯雍兵敗漢王

遂定雍地二年漢王東略地塞王欣翟王翳皆降追項山東

者本紀又云五年高祖與諸侯兵共擊楚軍追殺項羽東城

羽本紀云項王引兵而東至東城乃有二十八騎分其騎以

為四隊令四面騎馳下期山東為三處正義引括地志九頭

山在滁州全椒縣西北九十里江表傳云項羽敗至烏江漢

兵追羽至此一日九戰因名按今安徽滁州全椒縣西北有

九鬬山即羽敗處正義引括地志作九頭即九鬬之音轉故

云一日九戰因名也蕭才高權有司馬云謂總攬天下之英

才高祖本紀云高祖曰夫運籌策帷幄之中決勝於千里之

外吾不如子房鎮國家撫百姓給餽饟不絕糧道吾不如蕭

何連百萬之軍戰必勝攻必取吾不如韓信此三人皆人傑

蕭才

十行深山製

司馬云天之禍福必因人事之得失人之成敗必待天命之共
奪手按

也吾能用之此吾所以取天下也項羽有一范增而不能用此其所以為我擒也是兼才之事喪服四制云權者知也羽本紀云項王謂漢王曰天下匈匈數歲者徒以吾兩人耳願與漢王挑戰決雌雄毋徒苦天下之民父子為也漢王笑謝曰吾寧鬭智不能鬭力是尚權之事陸士衡漢高祖功臣頌奇謀六奮嘉慮四迴李注引宋仲子法言注曰張良為高祖畫策六陳平出奇策四皆權謀非正也按宋語蒲卯此文之注以為權為權謀非正則是嚴辭矣子雲本旨矣不計左數者司馬云言不離計數之中是也動謹於時者高祖始避項羽之鋒終乃乘其弊而擊之時可而後動謹之至也天不人不因人不天不成者遷子元虞路問章之指云聖賢興作與天消息天非人不因人非天不成是故知命者不憂不懼也風俗通皇霸引尚書大傳說遂人以火紀火太陽也陽尊故託遂皇於天伏羲以人事紀故託戲皇於人蓋天非人不因人非天不成也[redacted]言也此章之旨在正史公之失秦楚之際月表論秦楚漢五年三嬗之事云王迹之興起於閭巷安在無土不王此乃傳之所謂大聖乎豈非天哉豈非天哉是史公以為高祖之興專由天授意存譏訕子雲則以為天命人事兼而有之[redacted]也○注嬴秦姓政始皇名按秦本紀云非子居犬丘好馬及畜善養息之犬丘

此外此語乃大傳說甚古有是

人言之周孝王孝王召使主馬于汧渭之閒馬大蕃息於是孝王曰昔柏翳為舜主畜畜多息故有土賜姓嬴今其後世亦為朕息馬朕其分土為附庸邑之秦使復續嬴氏祀號曰秦嬴又始皇本紀云始皇以秦昭王四十八年正月生於邯鄲及生名為政集解引徐廣曰一作正宋忠云以正月旦生故名正正義云正音政周正建子之月也始皇以正月旦生於趙因為政○注朕猶承離也按朕字上疑脫於字世德堂本無也字○注山南漢中也按秦置三十六郡梁州之域為郡三曰漢中曰巴曰蜀在終南山之南故謂之山南高祖初王巴蜀漢中三郡此云漢中者以漢王都南鄭為漢中郡故舉漢中以統巴蜀耳○注三秦雍翟塞也按地理志左馮翊故秦内史高帝元年屬塞國右扶風故秦内史高帝元年屬雍國京兆尹秦置高帝元年更為翟國○注天人合應隆按班孟堅西都賦云天人合應以發皇明李注引四子講德論曰天人並應

或問楚敗垓下方死曰天也注項羽為高祖所敗於垓下臨死歎曰非我用兵之罪乃天亡我也諱乎注信如羽之言否也曰

漢屈羣策羣策屈羣力【注】屈盡楚憞羣策而自屈其力【注】憞惡屈人者克【注】克勝自屈者負【注】負敗天曷故焉【注】言無私親惟應善人楚敗垓下方死曰天也諱乎者音義垓下古哀切羽本紀云漢五年漢王乃追項羽項王軍壁垓下兵少食盡漢軍及諸侯兵圍之數重項王直夜潰圍南出至陰陵迷失道漢追及之項王自度不得脫謂其騎曰吾起兵至今八歲矣身七十餘戰所當者破所擊者服未嘗敗北遂霸有天下然今卒困於此此天之亡我非戰之罪也今日固決死願為諸君決戰必三勝之為諸君潰圍斬將刈旗令諸君知天亡我非戰之罪也於是項王大呼馳下漢軍皆披靡遂斬漢一將殺斬漢一都尉殺數十百人於是項王乃欲東渡烏江々々亭長檥船待項王笑曰天之亡我々何渡為乃自刎而死楚地皆降垓下者集解徐廣曰在沛之洨縣索隱引張揖三蒼注云垓堤名在沛郡正義云按垓下是高岡絕巖今猶高三四丈其聚邑及堤在垓之側因取名焉今在亳州真源縣東十里與老君相接水經淮水篇云洨水又東南流逕洨縣故城北縣有垓下聚漢高祖破項羽所在也按在今安徽鳳陽府靈璧縣東南陰陵山之南漢屈羣策羣策

音義：楚傲，徒對切，悖。

屈摩力者，前文云秉才以權右計左數是也。楚傲摩策而自屈其力者，說文：懟，怨也。怨讎同義。傲摩策謂與摩策爲讎也。屈人者克，自屈者負者，荀子堯問楚莊王中歸之言，本諸侯自爲得師者王，得友者霸，得疑者存，自爲謀而莫己若者亡。即其義。天曷故焉者，司馬云：言何預天事。○注[redacted]

[redacted]世德堂本作非我用兵之罪乃天亡我，天亡我非我之罪。此校書者據史記改之。○注屈盡。按荀子禮論云：使欲必不窮乎物，物必不屈於欲。楊注云：屈，竭也。是屈者窮盡之謂。屈摩策謂能盡摩策之用也。司馬云：摩策無能出漢之右者，故曰漢屈摩策。摩力爲摩策所制，故曰摩策屈摩力。訓屈爲制，不如李義之優。○注傲慢，按修身云：行无傲之有，後文[redacted]无傲，是[redacted]大態，故此注亦以慢釋傲。摩策猶云以摩策爲不善[redacted]司馬云：廢摩策而不用也。即李義之引伸。

或問：秦楚既爲天典命矣，秦縊靈上，楚分江西，興廢何速乎？注曰：天胙光德而隕明忒。注：天之所福者，光顯有德而令隕之者，明乎秦楚惑亂之所致。昔在有熊、高陽、高辛、唐、虞、三代咸有顯懿故天胙之為神明主且著在天庭是生民之願也厥饗國久長（注）神明主 主郊祀 若秦楚彊鬩震撲胎藉三正播其虐於黎苗子弟且欲喪之況於民乎況於鬼神乎廢未速也（注）不道早亡 秦繇灞上[redacted]者[redacted]灞滈為霸水經注渭水篇云霸者水上地名也古曰滋水矣秦穆公霸世更名滋水為霸水以顯霸功此則霸水之稱取霸功為義俗書施水旁耳始皇本紀云子嬰為秦王四十六日楚將沛公破秦軍入武關遂至霸上約降子嬰子嬰即係頸以組白馬素車奉天子璽符降軹道旁集解應劭云霸水上地名在長安東三十里係頸者言欲自殺也楚分江而有司馬云分謂身首五分按羽本紀云項王乃自刎而死王翳取其頭郎中騎楊喜騎司馬呂馬童郎中呂勝楊武各得其一體五人共會其體皆是分其地為五封呂馬童為中水侯封王翳為杜衍侯封楊喜為赤泉侯封楊武為吳防侯封呂勝為涅陽侯梁氏志疑云分其地通鑑作分其尸非向分其地為五尚屬下文謂分地以封呂馬童等五人為侯耳其地不必定說作楚地按梁解分

繇謂子嬰係頸以組而降也

此亦五人共會其體皆是而言

吳云昭德者天福祚之令長彰惡者天隕越之令短

選

其地為五，為今地，以封呂馬童等五人。不必涉作楚地，殊為
曲說。通鑑作分其尸，當是溫公所據舊本史記如此。蓋戰亂
之際，死者枕藉，爭相蹂踐，不知項王尸之所在，及五人各出
所得之體會之而合，乃知已分[redacted]項王尸為五也。此文楚分江西
與秦縊灞上對文，彝正謂尸體破分，非謂分其地也。天胙光
德而隕明忒者，說文：胙，祭福肉也。引伸為凡福之稱。周語韋
注云：胙，福也，字亦作祚。爾雅釋詁：顯，㬎也。洪範民用僭忒，馬
注云：忒，惡也。司馬云：光德謂德之昭融者，明忒謂惡之顯著
者。昔在有熊、高陽、高辛者，五帝本紀云：黃帝者，少典之子。集
解引徐廣云：號有熊。又引皇甫謐云：有熊，今河南新鄭是也。
紀又云：帝顓頊高陽者，黃帝之孫而昌意之子也。又云：帝嚳
高辛者，黃帝之曾孫也。集解引張晏云：高陽、高辛皆所興之
地名。按劉越石勸進表、王元長曲水詩序李注[redacted]引此文皆
作有熊高辛，無高陽字。此宋咸注亦止釋有熊高辛，不及高
陽，是宋所據本無高陽字，甚明。此集注不言宋吳本有異同，
則溫公所見宋吳本已為校書者據通鑑本增入高陽字，非著
作所據本之舊矣。咸有顥懿[redacted]司馬云：宋吳本顥懿作顥德。
按[redacted]注引[redacted]作顥[redacted]懿
啟天胙之，選注[redacted]引[redacted]作因而祚之者，在天之庭者，司馬云：猶
云簡在上帝之心。按金縢云：乃命于帝庭，敷佑四方，用能定

[redacted]

班叔皮王命論

興發何速手世德堂本乎作也

十行深山製

十四十五三

漢書天文志作路籍亦作跆藉

有扈氏

爾子孫于下地四方之民罔不祇畏乃注云武王受命於天帝之庭若在天庭史令于帝庭之謂歟饗國久長者無逸曰肆中宗之享國七十有五年魯世家作故中宗饗國七十五年又肆高宗之享國五十有九年書中不經作肆高宗之饗國百年是今文尚書作饗此饗國字亦本歐陽書也若秦楚遷閱褱撲者音義遷閱許激切褱撲上如字又音負下音普卜切按詩常棣兄弟鬩于牆毛傳云鬩很也孔疏云很者忿爭之名故曲禮曰很毋求勝是也太玄釋褱于廷范注云褱捉也淮南子說林高注云撲擊也字亦作爆廣雅釋詁爆擊也跆藉三正者音義跆藉跆庸作路徒來切路蹋也藉慈夜切按跆藉乃古語蹂躪之意或作駘藉天官書兵相駘藉[redacted]侯孝若東方朔畫贊跆藉貴勢[redacted]說文無跆凡建語以降為義不容析俗學以跆藉既為蹂躪字當從足乃以作胎為非此不知古人連語之義例也甘誓咸侮五行怠棄三正[redacted]王正[redacted]鄭注云天地人之正道[redacted]擄其虐於黎苗者吳之黎苗九黎三苗也布其虐甚於九黎之亂徙三苗之不恭司馬云黎苗氏也按溫公義是也黎苗皆家也詩天保羣黎百姓鄭箋云黎衆也廣雅釋詁亦衆也咸

詰

湯臺碑云躬行仁政以育苗萌謂眾民也後漢書和熹皇后紀載劉毅上安帝書云損膳解驂以贍黎苗崔駰七依云仁鋒於行暴惠及乎黎苗皆以黎苗為民庶之稱子弟且欲喪之云云首命云此論秦楚而秦楚初無子弟欲喪之事揚子是言蓋虛設乎蓋為王莽發也莽子宇非莽隔絕衛氏恐帝長大後見怨與師吳章婦兄呂寬議其故使寬持血灑莽第門吏發覺之莽執宇送獄飲藥死其後皇孫功崇公宗坐自畫容貌被天子衣冠自殺莽有宗廟為皇孫爵為上公不知厭足寢欲非望之禍事在天鳳五年揚子所及見也此則所謂子弟且欲喪之殆以是而發乎至地皇二年太子臨與莽妻侍者通恐事泄謀共殺莽此則非揚子所及見然其言愈信而有徵矣按俞說是也此言莽之篡逆滅絕正道必無讎國久長之理託秦項為喻耳○注天之至隨所致按弘範讀閱為讐●而以明武為明乎秦楚武惡之所致義甚紆曲司封及温公說之是也○注神明主之郊祀按詩卷阿云豈弟君子俾爾彌爾性百神爾主矣鄭箋云使女為百神主謂羣神受饗而佑之

天胙先德而

或問仲尼大聖則天曷不胙（注）胙主 曰無土（注）言無土地可因

十行 深山製

然則舜禹有土乎曰舜以堯作土禹以舜作土（注）道貴順理動無常因也因土以行化湯文也因聖以登禪舜禹也上無舜禹之時下無湯文之土故不胙耳若秦楚之胙非所以為胙也仲尼大聖則天曷不胙者承上章天胙光德而設問以難之異云不胙之為神明主是也無土者秦楚之際月表云安在無土不王集解引白虎通云聖人無土不王使舜不遭堯而如夫子老於闕里也孟子云伯夷伊尹於孔子若是班乎曰否曰然則有同與曰得百里之地而君之皆能以朝諸侯有天下明聖人無百里之地亦不能以有天下矣舜以堯作土禹以舜作土者有天子薦之與得百里之地同也孟子云匹夫而有天下者德必若舜禹而又有天子薦之者故仲尼不有天下◎注胙主按弘範讀胙為作故訓為主不作猶云不以為主也說文作主階也引伸為凡主位之稱廣雅釋詁胙主也然上文天胙光德又故天胙之為神明主義皆為福弘範釋天胙光德亦云天之所福光顯有德此文天曷不胙明亦彼文而言不宜異訓也

或問聖人表裏。注表裏，内外。曰：威儀文辭，表也；德行忠信，裏也。

注明孝得一而已。音義：德行，下孟切。按：潘安仁夏侯常侍誄李注引此文与今本同。○注明乎得一而已。按：老子云：侯王得一以為天下正。弘範援以釋此者，謂威儀文辭中德行忠信之所發，主於中者謂之德行忠信，現於外者謂之威儀文辭，其實一而已矣。

或問義帝初矯。注矯，立。劉龕南陽。注劉，高祖；龕，取也。項救河北。注項羽。二方分崩，一離一合，設秦得人，如何？注設，假。曰：人無為秦也，喪其靈久矣。注非一朝一夕也。音義：帝初矯者，項羽本紀云：項梁求楚懷王孫心民閒，為人牧羊，立以為楚懷王。又云：項羽引兵西屠咸陽，殺秦降王子嬰，使人致命懷王，乃尊懷王為義帝。按：楚懷王之立在二世二年六月，懷王之尊為義帝在漢元年正月，此文義帝初矯謂懷王初立之時，非謂尊懷王為義帝之時。云義帝者，用後名概前事耳。劉龕南陽者，音義：龕音堪，与戡同。按：爾雅釋詁：戡，克也。謝元暉和伏武昌登孫權故城詩云西龕收組練。李注云：龕與戡音義同。高祖本紀：秦三年四月沛公襲陳留，得秦積粟，攻開封，未拔，南攻潁陽，屠之，遂略韓地轘轅，乃北攻平陰，絕河津，南戰雒陽東，軍不利，還至陽城，收軍中馬騎，與南陽守齮戰犨東，破之，略南陽郡，南陽守齮走，保城守宛。是也。項羽本紀云：章邯已破項梁軍，則以為楚地不足憂，乃渡河擊趙，大破之。當此時，趙歇為王，陳餘為將，張耳為相，皆走入鉅鹿城。章邯令王離、涉閒圍鉅鹿，章邯軍其南，築甬道而輸之粟。陳餘為將，將卒數萬人而軍鉅鹿之北，此所謂河北之軍也。懷王因使項羽為上將軍，當陽君、蒲將軍皆屬項羽。項羽乃遣當陽君、蒲將軍將卒二萬渡河救鉅鹿，戰少利，陳餘復請兵，項羽乃悉引兵渡河，皆沈船，破釜甑，燒廬舍，持三日糧，以示士卒必死，無一還心。是也。按月表，羽之救鉅鹿在二世三年十一月（按此其年二月），沛公之攻南陽在是年六月（即九月），時懷王立甫一年，故云義帝初矯也。二方分崩，一離一合，有一猶或也，與上文一病一瘳義同。沛公始與項羽北救東阿，破秦軍濮陽，又與項羽西略地，斬三川守，是其合也。及章邯破殺項梁於定陶，羽救鉅鹿，沛公獨西，是其離也。設秦得人，如何？者，新書過秦云：借使子嬰有庸主之材，而僅得中佐，山東雖亂，三秦之地可全而有，宗廟之祀未宜絕也。即此或問之意。人無為秦也，喪其靈久矣者孫氏詒讓云靈謂威福之柄則寡篇曰游俠曰竊國靈也與此義同按始皇本紀附錄說同典引云河決不可復壅魚爛不可復全實謂司馬遷曰向使嬰有庸主之才云秦之積衰天下土崩瓦解雖有周旦之材無所復陳其巧而以責一日之孤誤哉俗傳始皇起罪惡胡亥極得其理矣復責小子云秦地可全所謂不通時變者矣中本此文為說○注矯立按蔡邕獨斷有通碑李注引蔡謨云矯立也○注龕取也按廣雅釋詁文

韓信黥布皆劍立南面稱孤卒窮時戮無乃勾乎（注）窮極或曰勾則無名如何曰名者謂令名也忠不終而躬逆焉攸令

韓信黥布者淮陰侯列傳淮陰侯韓信者淮陰人也始為布衣時貧無行不得推擇為吏又不能治生商賈常從人寄食飲及項梁渡淮信杖劍從之居戲下無所知名項梁敗又屬項羽以為郎中數以策干項羽羽不用漢王之入蜀信亡楚歸漢黥布列傳云黥布者六人也姓英氏秦時為布衣少年有客相之曰當刑而王及壯坐法黥布欣然笑曰人相我當刑而王幾是乎陳勝之起也布與其衆叛秦聚兵數千人章邯之滅陳勝破呂軍布乃引兵北擊秦左右校向項梁定江東

十行　深山製

十四口十六

魏豹彭越列傳 太史公曰 云魏豹彭越雖故賤然已席卷千里南面稱孤

會稽以兵屬項梁項梁擊景駒秦嘉等布常冠軍項梁敗死定陶秦急圍趙項籍使布先涉渡河擊秦布數有利項籍乃引兵西至新安至關至咸陽布常為軍鋒項王封諸將立布為九江王都六漢二年項王往擊齊徵兵九江九江王布稱病不往漢之敗楚彭城布又稱病不佐楚項王由此怨布數使〻者誚讓召布漢三年漢王擊楚大戰彭城不利漢王曰孰能為我使淮南令之發兵倍楚隨何遂與二十人俱使淮南布因起兵而攻楚〻使項聲龍且攻淮南數月龍且擊淮南破布軍布與何俱歸漢鈐立者[illegible]其鈐鈐如鈐之其[illegible][illegible]鈐讀為撿說文撿拱也撿立即拱立〻南面稱孤者曲禮之庶方小侯自稱曰孤呂氏春秋士容云南面稱寡高注云孤寡謙稱也淮陰侯傳云漢四年立信為齊王五年正月從齊王信為楚王都下邳布傳云四年七月立布為淮南王卒窮時戮者謂受高時之極刑也漢書刑法志云漢興之初雖有約法三章網漏吞舟之魚然其大辟尚有夷三族之令〻曰當三族者皆先黥劓斬左右趾笞殺之梟其首葅其骨肉於市其誹謗詈詛者又先斷舌故謂之具五刑彭越韓信之屬皆受此誅勿讀為留司馬相如難蜀父老文李注云留字林音勿是二字古音相

下焉用同

同也。廣雅釋詁：昒，冥也。昒對釋文冥闇昧之義也。言信布皆拱立南面爲侯王，而終至嬰商時之極刑，豈不由於闇昧乎。昒則無名，如何者？據信布並得名於時，言假如信布果闇昧則無名矣。今信布有名，如何謂之昒也？忠不終而躬逆焉攸今者，音義：焉攸，於虔切。淮陰侯傳云：漢六年，人有上書告楚王信反，高帝以陳平計，發使告諸侯會陳，吾將游雲夢，實欲襲信。信謁高祖於陳，遂械繫信至雒陽，赦信罪，以爲淮陰侯。信知漢王畏惡其能，常稱病不朝從。陳豨拜爲鉅鹿守，辭於淮陰侯，淮陰侯辟左右曰：公所居，天下精兵處也，而公陛下之信幸臣也。人言公之畔，陛下必不信；再至，陛下乃疑矣；三至，必怒而自將。吾爲公從中起，天下可圖也。陳豨信之，曰：謹奉教。漢十年，陳豨果反，上自將而往，信病不從，乃謀與家臣夜詐詔赦諸官徒奴，欲發以襲呂后、太子。部署已定，待豨報，其舍人得罪於信，信囚欲殺之，舍人弟上變，告信欲反狀於呂后。呂后乃與蕭相國謀，詐令人從上所來，言豨已得死，列侯羣臣皆賀。相國紿信曰：雖疾，強入賀。呂后使武士縛信，斬之長樂鍾室。布傳云：十一年，高后誅淮陰侯，布因心恐。夏，漢誅梁王彭越，醢之，盛其醢，徧賜諸侯。至淮南，淮南王方獵，見醢，因大恐，陰令人部署兵，候伺旁郡警急。布所幸姬疾，請就醫，醫家與中大夫賁赫對門，姬數如醫家，賁赫自以爲侍中，迺

十四〇十七

衡物机七性切く

厚饋遺，從姬飲醫家。姬侍王，從容語次，譽赫長者也。王怒曰：汝安從知之？具說狀。王疑其與亂。赫恐，稱病。王愈怒，欲捕赫。赫言變事，乘傳詣長安。布使人追，不及。赫至，上變，言布謀反有端，可先未發誅也。布遂族赫家，發兵反。上遂發兵自將東擊布。布軍西，與上兵遇蘄西，會甀。布軍敗走，渡淮，數止戰不利，與百餘人走江南。番陽人殺布茲鄉民田舍，遂滅黥布。按此亦說信布以誅伐新莽之意，俞云忠不終而躬逆焉。似令亦刺莽始以誅淳于長及徽太后、定陶太后，坐獲忠直名，而後乃躬為大逆也。

或問淳于越。曰：伎曲。請問。曰：始皇方虎挒而梟磔，噬士猶腊肉也，越與亢眉，終無撓辭，可謂伎矣。注：有才伎也。仕無妄之國，注：易有无妄卦，此亦依義取譬。食無妄之粟，分無妄之橈，自令之間而不違，可謂曲矣。注：橈，橈時也。自令與始皇併心為忘臣使曲者使讀為駊說文駊馬䮦也引伸為凡䮦之稱廣雅釋詁駊徙也通俗文徙徒曰駊使曲相反為義謂䮦而終屎也始皇方言凡捌而梟磔者音義凡捌音列梟磔沙格切按說文無捌齾齾兮骨聲凡捌之捌當即此字詩瞻印為梟為鴟釋文梟古堯反[redacted]

釋詁磔開也李斯傳十公主矺死於杜索隱云矺音宅與磔同磔謂裂其肢體而殺之嚯士猶腊肉者腊讀為齰說文齰齧齧也音義越與音韻俗本作興字誤按當音余呂切廣雅釋詁杬攀也古書或以亢為之大戴禮王言孔子愀然揚麋信本麋一作眉亢眉猶云揚眉越與亢眉謂與始皇揚眉而遺也音義橈辭女教切下同按說文橈曲木引伸為凡曲之稱左傳成公篇師徒橈敗杜注云橈曲也眉辭為韻任無妄之國云云者易无妄虞注云京氏及俗儒以為大旱之卦萬物皆死無所復望按釋文馬鄭王肅皆云妄猶望謂無所希望也是馬鄭等皆同京義子雲於易多用京氏說亦以無妄為無望也史記春申君列傳云朱英謂春申君曰世有毋望之福又有毋望之禍今君處毋望之世事毋望之主安可以無毋望之人乎正義云無望謂不望而忽至也毋望即無妄[redacted]也

錢本作无妄

越與亢眉絕無橈辭者

字亦作矺

司馬云宋吳本作越興

或問淳于越。曰：伎曲。請問。曰：始皇方虎挒而梟磔，噬士猶腊肉也，越與亢眉，終無撓辭，可謂伎矣。注：有才伎也。仕無妄之國，注：易有无妄卦，此亦依義取譬。食無妄之粟，分無妄之橈，自令之閒而不違，可謂曲矣。注：橈橈，時案自令與始皇併心為無道。

淳于越者，始皇本紀云：三十四年，始皇置酒咸陽宮，博士七十人前為壽。僕射周青臣進頌曰：他時秦地不過千里，賴陛下神靈明聖，平定海內，放逐蠻夷，日月所照，莫不賓服。以諸侯為郡縣，人人自安樂，無戰爭之患，傳之萬世。自上古不及陛下威德。始皇悅。博士齊人淳于越進曰：臣聞殷周之王千餘歲，封子弟功臣，自為枝輔。今陛下有海內，而子弟為匹夫，卒有田常、六卿之臣，無輔拂，何以相救哉？事不師古而能長久者，非所聞也。今青臣又面諛以重陛下之過，非

忘臣佞曲者佞讀為駊說文駊馬彊也引伸為凡彊之稱廣
雅釋詁駊強也通俗文強健曰駊佞曲相反為義謂彊而終
戾也始皇本紀捌兩梟磔者音義本捌音列梟磔謂格切按
說文無捌齘齒分骨聲虎捌之捌當即此字詩瞻卬為梟為
鴟釋文梟古堯反[redacted]漢書郊祀志用一梟孟康云梟鳥食母廣雅
釋詁磔開也李斯傳十公主矺死於杜索隱云矺音宅與磔
同磔謂裂其肢體而殺之噬𦚔猶腊肉者腊讀為䵲說文䵲
齧也音義越與音顗俗本作輿字誤按當音余呂切廣雅釋
詁抗擧也古書或以亢為之大戴禮主言孔子愀然揚麋信
本麋一作眉亢眉猶云揚眉越與亢眉謂與始皇揚眉而遺
也音義撓辭女教切下同按說文撓曲也引伸為凡曲之稱
左傳成公篇師徒撓敗杜注云撓曲也眉辭為韻佞無妄之
國云云者易无妄虞注云京氏及俗儒以為大旱之卦萬物
皆死無所復望按釋文馬鄭王肅皆云妄猶望謂無所希望
也是馬鄭等皆同京義子雲於易多用京氏說亦以無妄為
無望也史記春申君列傳云朱英謂春申君曰世有毋望之
福又有毋望之禍今君處毋望之世事毋望之主安可以無
毋望之人乎正義云無望猶不望而忽至也毋望即無妄[redacted]也

錢本作无妄
越與元刻綫無撓辭者
字亦作矺
司馬云宋吳本作越輿

漢書谷永傳云陛下承八世之功業當陽數之標季涉元
之節季遭无妄之卦運後漢書崔駰傳云長生无妄之世值
漢羿之君又李通傳論云猖狂無妄之福吴志王樓賀韋華
傳評云此數子處无妄之世而有名位是皆以无妄爲毋望
之義毋望猶言不虞也漢書百官公卿表博士秦官秩比六
百石故云今无妄之棻援讀爲饒如昭切與上文終無饒辭
音義俱異朝部郎玉篇之説文餘饒也是饒皆餘廣雅釋詁
饒益也多也皆同餘義分無妄之饒猶云分無妄之餘貝按
胡説是也自今之聞而不違有令之疑謂鮑白令之弃始皇
時博士也吴本今無妄之饒之作撓云或本作鮑纂同互注
本世德堂本並同疑撓下本有鮑字自守白之誤校書有以
鮑白令之不可解遂刪鮑字而改白爲自也説苑至公云秦
始皇既吞天下乃召羣臣而議曰古者五帝禪賢三王世繼
孰是將爲之博士七十人未對鮑白令之對曰天下官則讓
賢是也天下家則世繼是也故五帝以天下爲官三王以天
下爲家秦始皇帝仰天而歎曰吾德出于五帝吾將官天下
誰可使代我後者鮑白令之對曰陛下行桀紂之道欲爲五
帝之禪非陛下所能行也秦始皇帝大怒曰令之前若何以
言我行桀紂之道也趣説之不解則死令之對曰臣請説之
陛下築臺干雲宮殿五里建千石之鐘萬石之簴婦女連百

倡優累千，興作驪山宮室，雍相繼不絕，所以自奉者殫天下竭民力，偏駮自私，不能以及人。注下所謂自營僅存之主也，何暇以論五帝。欲定天下，於始皇，肅然無以應之，面有慚色，久之曰：令之之言乃令衆醜，非所罷謀無禪意也。爾非擇諸朝，閒代也。始皇既以令之之言為醜，已雖不加誅，亦必免其[免其官而代之以他人]斯時博士之賢者，皆可以去矣。越終不行，故云令之閒，向不遺。謂鮑白令之以自諫見代，而越猶不去也。遺猶去也，行也。○注有才伎也。按孙範讀伎為技，與君子篇「通天地而不通人曰伎」義同，此抗辭不撓，可以為儒，不可以為才技，且技曲連文義亦無取，從非。○注撓撓時策也。按撓時策，世德堂本作時榮，錢本作撓時榮，按似當以時榮為是。朱氏通訓定聲以為孙範讀撓為耀，故云時榮是也。傳寫或誤，宜據宋校書者以撓時榮於義難通，遂改榮為策，撓讀為撓撓者，撓也。安也。注撓時策，猶云安時之策，與安時之策不可以單言撓，且亦不可以云分也。○注自令與始皇併心為無道。按張範以不違為順從之意，故云併心，然則聞字為無義，且越擬言封建之事，以青臣面諛為重始皇之過，亦不得云併心為無道也。

或問茅焦歷井幹之死，使始皇奉虛左之乘。注始皇以嫪毐事

出母咸陽宮諫者輒殺於井幹闕下茅焦歷井幹之死而諫
始皇帝駕與執饗處左親迎其母蔡生又（欲）安項咸陽不能移
又亨之其者未辯與（注）項羽欲東還下邳蔡生說使都咸陽
既不能移又為所亨案漢書云韓生揚子云蔡生未詳韓蔡
孰為是曰生捨其木侯而謂人木侯亨不亦宜乎（注）語在漢
書焦逆訐而順守之雖辯劘虎牙矣（注）逆意而諫順義而守
可謂辯說矣然劘近虎牙言其殆也茅焦歷井幹之死使始皇奉虛左之乘者說死
正諫云秦始皇帝太后不謹幸郎嫪毐封以為長信侯為生
兩子毒專國事浸益驕奢因作亂戰咸陽宮毒敗始皇乃取
毒四支車裂之取其兩弟囊撲殺之取皇太后遷之于萯陽
宮下令曰敢以太后事諫者殺而戮之從蒺藜其脊肉幹四
支而積之闕下諫而死者二十七人矣齊客茅焦乃往上謁
曰齊客茅焦願上諫皇帝皇帝使使者出問客得無以太后

事諫也茅焦曰此使者還白皇帝曰走往告之若不見闕下積死人耶使者問茅焦茅焦曰臣聞之天有二十八宿今死者已有二十七人矣臣所以來者欲滿其數耳使者入白之皇帝大怒曰是子故來犯吾禁趣炊鑊湯煑之是安得積闕下乎趣召之入茅焦至前再拜謁起稱曰臣聞之夫有生者不諱死有國者不諱亡諱死者不可以得生諱亡者不可以得存死生存亡聖主所急欲聞也不審陛下欲聞之不皇帝曰何謂也茅焦對曰陛下有狂悖之行陛下不自知邪皇帝曰何等也茅焦對曰陛下車裂假父有嫉妒之心囊撲兩弟有不慈之名遷母萯陽宮有不孝之行從蒺藜於諫士有桀紂之治今天下聞之盡瓦解無嚮秦者臣竊恐秦亡為陛下危之所言已畢乞行就質乃解衣伏質皇帝下殿左手接之右手麾左右曰赦之先生就衣今願受事乃立焦為仲父爵之為上卿皇帝立駕千乘萬騎空左方自行迎太后萯陽宮歸於咸陽皇帝具事始皇本紀正義引括地志云茅焦滄州人也音義井幹胡安切按說文作韓井垣也古書通作幹莊子秋水跳梁於井幹之上釋文引司馬云井幹井欄也歷井幹之死者司馬云先謂井幹謂始皇殺諫者二十七人積屍闕下如井幹之狀按溫公義是也說苑從蒺藜其脊肉幹四肢而積之闕下肉幹義不可通即井幹之誤隸體井或作丼肉

肉

陶氏札記云者讀為諸五臣注本作或者与其諸義同音義以者為衍字失之按音義說

下同

或作月二形相近傳寫誤井為月遂誤為肉[redacted]從吳疾黎其脊謂以疾黎縱貫其脊井幹四肢謂斷割四肢駕積作井幹形也死而為死淵奪力不足而死有餘宋吳本作力不足而死有餘明二字亦形近易誤歷井幹之死謂經過積骸之旁井幹字正用秦令文也音義之乘繩證切虛左之乘印說苑云皇帝立駕千乘萬騎空左方自行迎太后也按本紀此事在始皇十年是時始皇猶為秦王無皇帝之稱說苑云云皆後人追改之辭耳蔡生欲安頭咸陽不能移又亨之者項羽本紀云項羽引兵西屠咸陽殺秦降王子嬰燒秦宮室火三月不滅收其貨寶婦女而東人或說項王曰關中阻山河四塞地肥饒可都以霸項王見秦宮室皆以燒殘破又心懷思欲東歸曰富貴不歸故鄉如衣繡夜行誰知之者說者曰人言楚人沐猴而冠耳果然項王聞之烹說者集解云韜案楚漢春秋揚子法言云說者是蔡生漢書云是韓生音義亨晉耕切其者未辯典者音義其者未辯者衍字世德堂本作或者按具者猶云其諸說詳五百疏[redacted]生捨其木侯而謂人木侯者曰沐猴按羽本紀同集解引張晏云沐猴獮猴也沐獮一聲之轉亦謂之母猴說文為豕下云母猴也王氏向讀云母猴者名也史記謂之沐猴令呼馬猴脊相近也按沐猴合二言為一名古止作木侯

漢書作

音義

圖非五臣注本改甚為武尤妄

涇井幹之北按世德堂本無作上○注篤與執與按世德堂本與誤與○

去咸陽為近始皇遷太后當即在此作棫陽恐非作咸陽尤誤也

或單言侯遂施犬旁耳司馬云蔡生知項羽暴佷素不為羽
所知信獻策不用又從而訕之是自有沐猴之狂也焉逆許
而順守之者音義逆許居竭切按說文許面相斥罪相告
許也司馬云直數其惡是逆許歡之以孝入之以忠是順守
也齶齶虎牙矣者音義齶音摩按說文無齶之即摩之俗
繫辭剛柔相摩釋文劉京云相磑切也○注迎毋咸陽宮按
咸陽[illegible]地理志右扶風鄠有萯陽宮秦文王
起○注渭水篇云渭水又東合甘水水出南山甘谷北逕
秦文王萯陽宮西又北逕五柞宮東是萯陽宮與五柞宮相
鄠接在今西安府鄠縣西[illegible]
陽宮按說[illegible]太后於萯陽宮[illegible]
[illegible]咸陽[illegible]
有扶也○注諫者輒殺於井幹樓而傳合之按此範以井幹為闕名
未見所據殆因漢有井幹樓而傅合之○注漢書至為是
按音義蔡生史記作蔡生漢書作韓生今史記項羽本紀止
云人或說項王不書說者姓氏音義所據史記與今本不同或史
記本作史記集解引楚漢春秋妄人刪改作史記也法言
作蔡生即本陸賈漢書作韓生又不云說而云斬有所
據也未詳韓蔡孰為是 世
德堂本作未知孰是○注語在漢書 按世德堂本無此注

宣帝本紀甘露二年十二月行幸萯陽宮李斐云萯音倍

○世德堂本作殺誤○取

晉[illegible]

[redacted]

十行深山製

史記呂不韋列傳始皇九年有告嫪毐常與太后私亂生子二人[redacted]於是秦王下吏治具得情實[redacted]
夷嫪毐三族殺太后所生兩子而遂遷太后於雍索隱引說苑云遷太后咸陽宮又引地理志雍縣有
咸陽宮秦昭王所起也今按地理志右扶風雍有棫陽宮秦昭王起顏注云棫音域索隱引地理志
咸陽宮乃棫陽之誤其引說苑遷太后咸陽宮今說苑作萯陽宮

或問甘羅之悟呂不韋張辟彊之覺平勃皆以十二齡戊良乎

〔注〕甘羅戊之孫也以張唐之相燕劉趙事發悟呂不韋也辟彊張良之子也以孝惠崩呂太后哭不哀事覺悟陳平周勃也言此々時各年十二欲知自出其意乃假戊良教之乎

曰才也戊良不必父祖

〔注〕天才自然發其神心無假其父祖也

甘羅之悟呂不韋者史記樗里子甘茂列傳云甘羅者甘茂孫也茂既死後甘羅年十二事秦相文信侯呂不韋秦始皇帝使剛成君蔡澤於燕三年而燕王喜使太子丹入質於秦秦使張唐往相燕欲与燕共伐趙以廣河間之地張唐謂文信侯曰臣嘗為秦昭王伐趙々怨臣曰得唐者与百里之地今之燕必經趙臣不可以行文信侯不快未有以彊也甘羅曰君侯何不快之甚也文信侯曰吾自請張卿相燕而不肯行甘羅曰臣請行之文信侯〔叱〕叱曰去我身自請々而不肯女焉能行之甘羅曰夫項橐生七歲為孔子師今臣生十二歲於茲矣君其試臣何遽叱乎於是甘羅見張卿曰卿之功

孰與武安君卿曰[redacted]不如也甘羅曰應侯之用於秦也孰與文信侯專張卿曰應侯不如文信侯專甘羅曰應侯欲攻趙武安君難之去咸陽七里而立死於杜郵今文信侯自請卿相燕而不肯行臣不知卿所死處矣張唐曰請因孺子行令裝治行行有日甘羅謂文信侯曰借臣車五乘請為張唐先報趙文信侯乃入言之於始皇曰昔甘羅之孫年少耳然名家之子孫諸侯皆聞之今者張唐欲稱疾不肯行甘羅說而行之今願先報趙請許遣之始皇召見使甘羅於趙趙襄王郊迎甘羅甘羅說趙王曰王聞燕太子丹入質秦歟曰聞之曰聞張唐相燕歟曰聞之燕太子丹入秦者燕不欺秦也張唐相燕者秦不欺燕也燕秦不相欺無異故欲攻趙而廣河間王不如齎臣五城以廣河間請歸燕太子與強趙攻弱燕趙王立自割五城以廣河間甘羅還報秦乃封甘羅以為上卿張辟彊之覺年幼者治平本作辟彊音義辟彊安蓋切據錢本世德堂本皆作彊與音義合今從之呂太后本紀云七年秋八月戊寅孝惠帝崩發喪太后哭泣不下留侯子張辟彊為侍中年十五謂丞相曰太后獨有孝惠今崩哭不悲君知其解乎丞相曰何解辟彊曰帝毋壯子太后畏君等君今請拜呂台呂產呂祿為將將兵居南北軍及諸呂皆入宮居中用事如此則太后心安君等幸得脫禍矣丞相

按是時王陵為右丞相，陳平為左丞相。本紀此文惟云丞相，不言具名。漢書外戚傳作丞相陳平。此紀下文又云

迺如辟彊計，太后說，其哭迺哀。呂氏權由此起。太后稱制，議欲立諸呂為王，問右丞相王陵。王陵曰：高帝刑白馬盟曰：非劉氏而王，天下共擊之。今王呂氏，非約也。太后不說。問左丞相陳平、絳侯周勃。勃等對曰：高帝定天下，王子弟；今太后稱制，王昆弟諸呂，無所不可。太后喜，罷朝。王陵讓陳平、絳侯。陳平、絳侯曰：於今面折廷爭，臣不如君；夫全社稷，定劉氏之後，君亦不如臣。[redacted]然則請用諸呂，平、勃謀同，即皆用辟彊計，故云張辟彊之覺平、勃也。皆以十二齡者，辟彊為侍中，史、漢皆云年十五，此云或別有所據。或所據史記如此也。戊良●世德堂本並作茂良。此刻五臣注者據今本史記改之，說詳親事甘戊使於齊序，正作戊，與法言同。釋名釋天：戊，茂也，物皆茂盛也。二字同聲通用。戊良才者，司馬云：以甘茂之孫、張良之子，故能如此，其慧乎？是也。才也。戊良不必父祖者，謂此生才之美，非由種姓。戊良之才不因其父祖，羅與辟彊之才又何必因戊良也。●注甘羅至之乎。按世德堂本此注上冠祕曰字，而文字小有增損，此司封改竄弘範語而作，五臣注者因刪李注也。（此條）

或問：酈食其說陳留，下敖倉，說齊罷歷下軍，何辯也！韓信說龍且衛

以身脂鼎何訥也曰夫辯也者自辯也如辯人哉矣注哉危
也中有才未聞君子之大道也斯足以殺其軀而已非長生
久視之道酈食其說陳留下救倉說齊歷下軍者音義酈
音歷食音異其二音說陳失贅切下說齊同史記
酈生陸賈列傳云酈生食其陳留高陽人也好讀書家貧落
魄無以為衣食業沛公將兵略地陳留郊至高陽傳舍酈生
入謁因言六國從橫時沛公喜賜酈生食問曰計將安出酈
生曰足下起糾合之衆收散亂之兵不滿萬人欲以徑入彊
秦此所謂探虎口者也夫陳留天下之衝四通五達之郊也今
其城又多積粟臣善其令請得使之令下足下即不聽足下
舉兵攻之臣為內應於是遣酈生行沛公引兵隨之遂下陳
留號酈食其為廣野君漢三年秋項羽擊漢拔滎陽漢兵遁
保鞏洛漢王數困滎陽成皋計欲捐成皋以東屯鞏洛以距
楚酈生因曰王者以民人為天而民人以食為天夫敖倉天
下轉輸久矣臣聞其下迺有藏粟甚多楚人拔滎陽不堅守
敖倉迺引兵而東此乃天所以資漢也願足下急復進兵收
取滎陽據敖倉之粟塞成皋之險杜大行之道距蜚狐之口
守白馬之津以示諸侯效實形制之勢則天下知所歸矣

十行 深山製

方今燕趙已定，唯齊未下。今田廣據千里之齊，田閒將二十萬之衆，軍於歷下。諸田宗彊，負海阻河濟，南近楚，人多變詐，足下雖遣數十萬師，未可以歲月破也。臣請得奉明詔說齊王，使為漢而稱東藩。上曰善。迺從其畫，復守敖倉，而使酈生說齊王。田廣以為然，迺聽酈生，罷歷下兵守戰備，與酈生日縱酒。漢書地理志陳留郡陳留，孟康云：留，鄭邑也，後為陳所并，故曰陳留。臣瓚云：宋亦有留，彭城留是也。留屬陳，故稱陳留也。按今河南開封府有陳留縣。本傳正義云：敖倉在鄭州滎陽縣西十五里石門之東，北臨汴水，南帶三皇山，秦始皇時置倉於敖山上，故曰敖倉。按敖山在今滎陽縣西北。又地理志濟南郡歷城，按今為山東濟南府治，縣西有歷下故城，戰國齊歷下邑也。韓信襲齊，以身殉鼎者，本傳云：淮陰侯聞酈生伏軾下齊七十餘城，迺夜度兵平原襲齊。齊王田廣聞漢兵至，以為酈生賣己，迺曰：汝能止漢軍，我活汝；不然，我將亨汝。酈生曰：舉大事不細謹，盛德不辭讓，而公不為若更言。齊王遂亨酈生，引兵東走。淮陰侯列傳云：六月，按漢之年，漢王出成皋，東渡河，拜韓信為相國，收趙兵未發者擊齊。信引兵東，未渡平原，聞漢王使酈食其已說下齊，韓信欲止。范陽辯士蒯通說信曰：將軍受詔擊齊，而漢獨發閒使下齊，寧有詔止將軍乎？何以得毋行也？且酈生一士，伏軾撙三寸之舌，

下齊七十餘城將軍將數萬衆歲餘乃下趙五十餘城為將
數歲反不如一豎儒之功乎於是信然之從其計遂渡河齊
已聽酈生即留縱酒罷備漢守禦信因襲齊歷下軍遂至臨
菑齊王田廣以酈生賣己乃亨之而走高密夫辯也者自辯也
如辯人幾矣哉者司馬云辯者以辭自明其志則可矣若待
其辯欲以欺誘他人此危事也○注有至而已按孟子文
未聞世德堂本作猶未聞脈作身●注非長生
久視之道按世德堂本無此語

○注幾危也按爾雅釋詁文

或問蒯通抵韓信不能下又狂之○注蒯通說韓信令左漢右楚鼎
足而立不能下之佯狂棄走曰方遭信閉如其抵○注信甚忠
高祖君門戶之閉無有巇隙也曰巇可抵乎曰賢者司禮小
人司巇況拊鍵乎蒯通抵韓信不能下又狂之者音義蒯通知天下
權在韓信欲為奇策而感動之以相人說韓信曰僕嘗受相
人之術韓信曰先生相人何如對曰貴賤在於骨法憂喜在
於容色成敗在於決斷以此參之萬不失一韓信曰善先生
相寡人何如對曰願少閒信曰左右去矣通曰相君之面不

十行深山製

過封侯又危不安相君之背貴乃不可言韓信曰何謂也蒯
通曰天下初發難也俊雄豪桀建號一呼天下之士雲合霧
集當此之時憂在亡秦而已今楚漢分爭楚人起彭城轉鬭
逐北至於滎陽乘利席卷威震天下然兵困於京索之間迫
西山而不能進者三年於此矣漢王將數十萬之衆距鞏雒
阻山河之險一日數戰無尺寸之功折北不救敗滎陽傷成
皋遂走宛葉之間此所謂智勇俱困者也足下為漢則漢勝
與楚則楚勝誠能聽臣之計莫若兩利而俱存之三分天下
鼎足而居其勢莫敢先動夫以足下之賢聖有甲兵之衆據
彊齊從燕趙出空虛之地而制其後因民之欲西鄉為百姓
請命則天下風走而響應矣韓信曰漢王遇我厚吾豈可以
鄉利倍義乎蒯生曰足下自以為善漢王欲建萬世之業臣
竊以為誤矣夫以交友言之則不如張耳之與成安君者也
以忠信言之則不過大夫種范蠡之於句踐也今足下戴震
主之威挾不賞之功歸楚楚人不信歸漢漢人震恐夫勢在
人臣之位而有震主之威名高天下竊為足下危之韓信謝
曰先生且休矣吾將念之後數日蒯通復說韓信猶豫不忍
倍漢又自以為功多漢終不奪我齊遂謝蒯通蒯通說不聽
已詳狂為巫漢書蒯通傳云蒯通范陽人也本與武帝同諱
顏注云通本通人後游於齊故高祖云齊辯士蒯通本名為

言信方深信高
祖不納異說當
此之時若閉門
般[redacted]
拒[redacted]孰如通之
不曉事而抵之
也

徹具後史家追書乃通音義抵巇上都禮切按說文抵側擊
也從手氏聲抵擠也從手氐聲此文訓通抵韓信𠇍史遷云
為奇策感動之字當作抵今各本竝作抵故音義讀都禮切
而吴注亦云抵擠也謂其談說若擠排使之則其誤為已久
矣以奇策感動謂不以直言正諫而紆迴其辭以觸發之正
側擊之謂以為擠排於義未協方遭信閒如其抵者猶
未[illegible]上不言[illegible]下如其其諸文異義說如何若十抵也巇
可抵乎者音義抵巇下許羈切按抵巇乃言語鬼谷子有抵
巇篇云巇者罅也罅者㵎也㵎者成大隙也巇始有朕可抵而
而塞可抵而卻可抵而息可抵而匿可抵而得此謂抵巇之
理也陶弘景注云抵擊實也巇釁隙也牆崩因隙器壞因釁
而擊實之則牆器不敗彼注訓抵為擊是亦以抵為抵其云
擊實者謂擊而實之猶言填補此文巇可抵乎則謂擊而離
之猶言開拆蓋抵巇之字備此二義也賢者司禮小人司巇者
宋云司伺也按方言伺視也字林伺候也察也說文無伺古
止作司荀子王霸曰欲司閒楊注云司閒伺其閒隙是也司
馬云賢者見有禮則從之小人見釁隙則抵之按謂君子假
禮而後動小人視釁生而後來䁹抵巇非君子之為也況
拊鍵手者音義拊鍵上音撫下其輦切按左傳襄公篇釋文拊
拍也義與搏同考工記鄭注云搏之言拍也說文楗歫門也

古書通作鍵廣雅釋宮扂鍵户牡也月令修鍵閉慎管籥鄭注云鍵牡閉牝也管籥搏鍵器也孔疏云凡鏁器入者謂之牡受者謂之牝搏鍵器以鐵爲之似樂器之有管籥搐於鏁内以搏取其鍵也是捫鍵亦古語嗦無隙可乘而欲啟閉向強入也○注蒯通至弃走按[redacted]世德堂本與此注佯狂文記作詳狂漢書作陽狂詳即陽之假佯則[redacted]俗字也弃錢本作棄

疏十四終

十四二十五

十五一

不空行

法言義疏十五

吳 汪榮寶撰

或問李斯盡忠胡亥極刑忠乎曰斯以留客注秦嘗欲逐諸侯之客斯上書以為不可秦聽之是一事忠也至作相用狂人之言從浮大海立趙高之邪說廢沙丘之正阿意督責焉用忠注始皇信妖言東浮滄海斯為宰相不能諫止而從行及始皇崩於沙丘斯納趙高之計矯廢扶蘇而立胡亥胡亥既立縱暴斯諫之而見怨恐誅作督責之書以阿二世之意此

諸事皆非忠直也。霍（注）漢大將軍霍光。曰：始元之初，擁少帝
之微，摧燕、上官之鋒，處廢興之分，堂堂乎忠，難矣哉！至顯，不
終矣。（注）顯，光之夫人名也，毒殺許皇后，光心知之而不討賊。
李斯盡忠，胡亥極刑，（注）史記李斯列傳云：李斯者，楚上蔡人
也。從荀卿學帝王之術。學已成，度楚王不足事，而六國皆弱，
無可為建功者，乃求為秦相呂不韋舍人。不韋賢之，任以為
郎。李斯因以得說，說秦王。秦王乃拜斯為長史，卒用其計謀，
官至廷尉。二十餘年，竟并天下，尊主為皇帝，以斯為丞相。胡
亥立，為二世皇帝，以趙高為郎中令，常侍中用事。趙高恐大
臣入朝奏事，乃說二世不坐朝廷見大臣，居禁中。李斯不得
見，因上書言趙高之短。二世已前信趙高，恐李斯殺之，乃私
告趙高。高曰：丞相所患者獨高，高已死，丞相即欲為田常所
為。於是二世乃使高案丞相獄，治罪，責斯與子由謀反狀，皆
收捕宗族賓客。趙高治斯，榜掠千餘，不勝痛，自誣服。二世二
年七月，具斯五刑，論腰斬咸陽市。斯出獄，與其中子俱執，顧
謂其中子曰：吾欲與若復牽黃犬，俱出上蔡東門逐狡兔，豈
可得乎？遂父子相哭，而夷三族。魯仲連鄒陽列傳載鄒陽上

狂人謂方士

始皇二十八年琅邪臺刻石猶書丞相隗狀丞相王綰卿李斯則斯之爲相必在是年以後而

音義作相息亮切

梁孝王書云昔卞和獻寶楚王刖之李斯竭忠胡亥極刑是以箕子佯狂接輿辟世恐遭此患也斯以留客至作相者斯傳云秦宗室大臣皆言秦王曰諸侯人來事秦者大抵爲其主游閒於秦耳請一切逐客李斯議亦在逐中斯乃上書曰夫物不產於秦可寶者多士不產於秦而願忠者衆今逐客以資敵國損民以益讎内自虛而外樹怨於諸侯求國無危不可得也秦王乃除逐客之令復李斯官畢解八新序云斯在逐中道上〻諫書達始皇〻〻使人逐至驪邑得還據地理志京兆尹新豐秦曰驪邑百官公卿表相國丞相皆秦官金印紫綬掌丞天子助理萬機秦有左右按始皇本紀及斯傳皆不言斯以何年遷丞相斯傳載二世二年斯從獄中上書云臣爲丞相治民三十餘年矣梁氏志疑云始皇二十八年李斯尚爲卿本紀可據疑三十四年始爲丞相則相秦僅六年若以始皇十年斯用事數之是二十九年非無三十餘年〔注〕以留客至作相謂以羈旅之客官至丞相也用狂人之言從浮大海者史記封禪書云自威宣燕昭使人入海求蓬萊方丈瀛洲此三神山者其傳在勃海中去人不遠患且至則船風引而去蓋嘗有至者諸僊人及不死之藥皆在焉其物禽獸盡白而黃金銀爲宮闕未至望之如雲及到三神山反居水下臨之風輒引去終莫能至云世主莫不甘心焉及至秦

也其謂李斯入秦在莊襄王末年其為長史在始皇初年故本傳云用其計謀二十餘年竟并天下此云三十餘年乃自仕秦之歲計之謂自仕秦以為相凡治民三十餘年非謂為相三十餘年也留客者見留之客

始皇并天下至海上則方士言之不可勝數始皇自以為至
海上而恐不及矣使人乃齎童男女入海求之船交海中皆
以風為解曰未能至望見之焉其明年始皇二十九年始
皇復游海上至琅邪過恒山從上黨歸後三年三十二年游
碣石考入海方士從上郡歸後五年三十七年始皇南至湘
山遂登會稽並海上冀遇海中三神山之奇藥音義從浮才
用切五趙高之邪說廢沙丘之正者斯傳云三十七年七月
始皇帝至沙丘病甚令趙高為書賜公子扶蘇曰以兵屬蒙
恬與喪會咸陽而葬書已封未授使者始皇崩書及璽皆在
趙高所獨子胡亥丞相李斯趙高及幸宦者五六人知始皇
崩餘羣臣皆莫知也高乃謂丞相斯曰上崩賜長子書與喪
會咸陽而立為嗣書未行今上崩未有知者也所賜長子書
及符璽皆在胡亥所定太子在君侯與高之口耳事將何如
斯曰安得亡國之言此非人臣所當議也高曰皇帝二十餘
子皆君之所知長子剛毅而武勇信人而奮士即位必用蒙
恬為丞相君侯終不懷通侯之印歸於鄉里明矣高受詔教
習胡亥使學以法事數年矣未嘗見過失秦之諸子未有及
此者可以為嗣君計而定之斯曰斯奉主之詔聽天之命何
慮之可定也高曰安可危也危可安也安危不定何以貴聖
斯曰斯上蔡閭巷布衣也上幸擢為丞相封為通侯子孫皆

十行 深山製

至尊位重祿者故將以存亡安危偽臣也人臣各守其職而已矣君其勿復言高曰盍向聖人遷從無常就變而從時見末而知本觀指而覩歸方今天下之權命懸於胡亥高能得志焉君何見之晚斯曰吾聞晉易太子三世不安齊桓兄弟爭位身死為戮紂殺親戚不聽諫者國為丘墟遂危社稷三者逆天宗廟不血食斯其猶人哉安足為謀高曰君聽臣之計即長有封侯世世稱孤今釋此而不從禍及子孫足以為寒心斯乃仰天而歎垂淚太息曰嗟乎獨遭亂世既以不能死安託命哉於是斯乃聽高相與謀詐為受始皇詔丞相立子胡亥為太子始皇本紀正義引括地志云沙丘臺在邢州平鄉縣東北二十里又云平鄉縣東北四十里按在今直隸順德府平鄉縣東北河意督責者斯傳云李斯子由為三川守群盜吳廣等西略地過去弗能禁章邯已破逐廣等兵使者覆案三川相屬誚讓斯居三公位如何令盜如此李斯恐懼重爵祿不知所出乃阿二世意欲求容以書對夫賢主者必且能全道而行督責之術者也督責之則臣不敢不竭能以徇其主矣此臣主之分定上下之義明則天下賢不肖莫敢不盡力竭任以徇其君矣故曰王道約而易操也惟明主為能行之若此則謂督責之誠則臣無邪臣無邪則天下安天下安則主嚴尊主嚴尊則督責必督責必則所求得

遺詔封光為博陸侯

所求得，則國家富，則君樂豐，故督責之術設，則所欲無不得矣。羣臣百姓救過不給，何變之敢圖？若此則帝道備，而可謂能明君臣之術矣。雖申韓復生，不能加也。書奏，二世悅，於是行督責益嚴，稅民深者為明吏。二世曰：若此則可謂能督責矣。刑者相半於道，而死人日成積於市，殺人衆者為忠臣。二世曰：若此則可謂能督責矣。司馬云：於此知六藝之歸，不務明政以補主上之缺，持爵祿之重，阿順苟合，嚴威酷刑，聽高邪說，廢適立庶，諸侯已畔，斯乃欲諫爭，不亦末乎？人皆以斯極忠而被五刑死，察其本，乃與俗議之異。義與此文同。霍者，漢書霍光傳云：霍光字子孟，票騎將軍去病弟也。父中孺，河東平陽人也，以縣吏給事平陽侯家，與侍者衛少兒私通而生去病。中孺吏畢歸家，娶婦生光，少兒女弟子夫得幸於武帝，立為皇后，去病以皇后姊子貴幸。會為票騎將軍擊匈奴，道出河東，迺將光西至長安，任光為郎，稍遷諸曹侍中。去病死後，光為奉車都尉光祿大夫，出則奉車，入侍左右，出入禁闥二十餘年，小心謹慎，未嘗有過。後元二年以光為大司馬大將軍，光秉政前後二十年，地節二年春，光薨，謚曰宣成侯。始元之初，治平本作始六之，音義出始六世之詔云：天復本作始元之初。司馬云：李本作始六世之詔蓋元豐監本所據[redacted]宋吳所據[redacted]本今治平本修板復去世字者當是[redacted]校者又據元豐本改之耳

宋吳本作始六之詔秦校治平本云始六之誤六下當有世字音義及集注皆可證此脩板去世字非其舊按今治平本始六之詔六字占二格竄改之迹顯然此始六世之詔義不可通天復本作始元之初當是舊本如此蓋隸體元六形近易誤詔初上形微同初字漫漶遂誤爲詔校書者見始六不詞又於六下臆增世字錢本亦作始六之詔無世字[redacted]溫公[illegible]以爲李本作始六世不知此乃[illegible]之誤非弘範舊本有然天復本亦李本也今據訂正孝昭即位明年爲始元元年始元七年八月改是年爲元鳳元年則始元之初者謂孝昭之初年也排少帝之徵者光傳云征和二年衛太子爲江充所敗而燕王旦廣陵王胥皆多過失是時上年老寵姬鉤弋趙倢伃有男上心欲以爲嗣命大臣輔之察羣臣唯光任大重可屬社稷上迺使黃門畫者畫周公負成王朝諸侯以賜光後元二年春上游五柞宮病篤光涕泣問曰如有不諱誰當嗣者上曰君未諭前畫意邪立少子君行周公之事武帝崩太子襲尊號是爲孝昭皇帝帝年八歲政事壹決於光[redacted]昭帝既冠遂委任光訖十三年百姓充實四夷賓服推燕上官之鋒者說文推排也昭帝紀云元鳳元年九月鄂邑長公主燕王旦與左將軍上官桀桀子票騎將

是宋吳所據尚較治平初刻爲近古

軍安御史大夫桑弘羊皆謀反伏誅光傳云光與左將軍桀
結婚相親光長女爲桀子安妻有女年與帝相配桀因帝姊
鄂邑蓋主內安女後宮爲倢伃數月立爲皇后公主內行不
修近幸河間丁外人桀安欲爲外人求封光不許又爲外人
求光祿大夫欲令得召見又不許長主大以是怨光而桀安
並懟燕王旦自以昭帝兄常懷怨望及御史大夫桑弘羊建
造酒榷鹽鐵爲國興利伐其功欲爲子弟得官亦怨恨光於
是蓋主上官桀安及弘羊皆與燕王旦通謀詐令人爲燕王
上書言光專權自恣疑有非常臣旦願歸符璽入宿衛察姦臣
變書奏帝不肯下有詔召大將軍光入上曰朕知是書詐也
而上書者果亡自是桀等不敢復言迺謀令長公主置酒請光
伏兵格殺之因廢帝迎立燕王爲天子事發覺光盡誅桀安
弘羊外人宗族燕王蓋主皆自殺光威震海內處廢興之分
世德堂本廢興作興廢光傳云元平元年昭帝崩亡嗣武帝
六男獨有廣陵王胥在羣臣議所立咸持廣陵王王本以行
失道先帝所不用光內不自安郎有上書言周太王廢太伯
立王季文王舍伯邑考立武王唯在所宜雖廢長立少可廣
陵王不可以承宗廟言合光意光以其書視丞相敞等即日
承皇太后詔迎昌邑王賀賀者武帝孫昌邑哀王子也既至
即位行淫亂光憂懣獨以問所親故吏大司農田延年延年

也

曰將軍為國柱石審此人不可何不建白太后更選賢而立
之光曰今欲如是於古嘗有此不延年曰伊尹相殷廢太甲
以安宗廟後世稱其忠將軍若能行此亦漢之伊尹也光迺
召丞相御史將軍列侯中二千石大夫博士會議未央宮議
者皆曰萬姓之命在於將軍唯大將軍令光即與羣臣俱見
白太后具陳昌邑王不可以承宗廟狀皇太后迺車駕幸未
央承明殿羣臣以次上殿召昌邑王伏前聽詔光與羣臣連
名奏王荒淫迷惑失帝王禮誼亂漢制度臣敞等數進諫不
變更日以益甚恐危社稷天下不安陛下未見命高廟不可
以承天序奉祖宗廟子萬姓當廢皇太后詔曰可光令王起
拜受詔王曰聞天子有爭臣七人雖亡道不失天下光曰皇
太后詔廢安得天子迺即持其手解脫其璽組奉上太后扶
王下殿出金馬門送至昌邑邸太后詔歸賀昌邑賜湯沐邑
二千戶光會丞相以下議定所立近親唯有衛太子孫號皇
曾孫在民間咸稱述焉光遂復與丞相敞等上奏迎曾孫
封為陽武侯已而光奉上皇帝璽綬謁于高廟是為孝宣皇
帝堂堂乎忠難矣哉有司馬云堂堂之貌言此皆審光忠於
社稷之事人所難能按論語曾子曰堂堂乎張也難與並為
仁矣皇疏引江熙云堂堂德宇廣也仁行之極也難與並仁
蔭人上也此江熙之意是子張仁勝於人故難與並也按疏

時霍素愛小女成君欲奇貴之

言此文正用論語明以禮為禮能之意是汪說即本子雲凡吉義也 至顯不終矣者 外戚傳孝宣許皇后元帝母也霍光夫人顯欲貴其小女道無從明年許皇后當娠病女醫淳于衍者霍氏所愛嘗入宮侍皇后疾顯因生心屏左右謂衍曰婦人免乳大故十死一生今皇后當免身可因投毒藥去也成君即得為皇后矣衍良久曰願盡力即擣附子齎入長定宮皇后免身後衍取附子并合大醫大丸以飲皇后崩後有人上書告諸醫侍疾無狀者皆收繫詔獄劾不道顯恐事急即以狀具語光因曰既失計為之無令吏急衍光驚鄂默然不應其後奏上署衍勿論 光傳云初光愛幸監奴馮子都及顯寡居與子都亂 晉灼注引漢語云東閭氏亡顯以婢代立素與馮殷姦也 顏注云殷者子都之名 周氏校補云霍以情故事非之疑東閭氏無子僅一女為上官安之妻顯生子禹光以為後妻光薨後禹奉其母為太夫人遂縱所欲也 司馬云光知妻顯為邪謀而隱蔽不言忠不終矣 按光傳贊曰霍光以結髮內侍起於階闥之間確然秉志誼形於主受襁褓之託任漢室之寄當廟堂擁幼君摧燕王仆上官因權制敵以成其忠處廢置之際臨大節而不可奪遂匡國家安社稷擁昭立宣光為師保雖周公阿衡何以加此然光不學亡術闇於大理陰妻邪謀立女為后湛溺盈溢之欲以增顛覆

十行 深山製

之禍死財三年宰族誅夷哀哉語意全本此文○注秦書至
忠也按孫氏讀斯以留客句絕而解為此一事為忠實非文
義司馬云因上書留客為秦之所知此用事[illegible]以至為丞相
亦未得其旨○注斯為丞相極世世德堂本相下衍也字○注
作督責之書極世世德堂本作上有乃字○注當作忠直也按
世德堂本無也字○漢大將軍霍光擬錢本無漢字世德堂
本此注刪○注光心知之而不討賊按光傳云顯恐事敗即
具以實語光光大驚欲自發舉不忍猶與顏注云猶與不決
也與讀曰豫即心知之而不討賊之說

或問馮唐面文帝得廉頗李牧不能用也諫乎曰彼將有激也
親屈帝尊信亞夫之軍至頗牧曷不用哉注馮唐所知魏尚
者為雲中守擊匈奴有坐欲諫之故激文帝耳非乎諫也德
注用士則闕之矣於德又何如曰罪不孥注止罪其身不收
入妻孥宮不女注出宮人嫁之令無怨曠館不新注仍舊制

也陵不墳（注）葬於霸陵因山不起墳。馮唐面文帝得廉頗李牧不能用者，史記張釋
〻馮唐列傳云：馮唐者，其大父趙人，父徙代，漢興徙安陵。唐
以孝著，為中郎署長，事文帝。文帝輦過，問唐曰：「父老何自為
郎，家安在？」唐具以實對。文帝曰：「吾居代時，吾尚食監高祛數
為言趙將李齊之賢，戰於鉅鹿下。今吾每飯意未嘗不在鉅
鹿也。」唐對曰：「尚不如廉頗、李牧之為將也。臣大父在趙時為
官卒將，善李牧；臣父故為代相，善趙將李齊，知其為人也。」上
既聞廉頗、李牧為人，良說，而搏髀曰：「嗟乎！吾獨不得廉頗、李
牧時為吾將，吾豈憂匈奴哉！」唐曰：「主臣！陛下雖得廉頗、李牧，
弗能用也。」音義：廉頗，滂禾切。史記廉頗藺相如列傳云：廉頗
者，趙之良將也。趙惠文王十六年，廉頗為趙將伐齊，大破之，
取陽晉，拜為上卿，以勇氣聞於諸侯。趙惠文王卒，子孝成王
立。七年，秦與趙兵相距長平，趙使廉頗將攻秦，〻數敗趙軍，
趙軍固壁不戰。秦數挑戰，廉頗不肯。趙王信秦之間。言曰：「秦
之所惡，獨畏馬服君趙奢之子趙括為將耳。」趙王因以括為
將，代廉頗。括軍敗，數十萬之衆遂降秦，〻悉阬之。明年，秦兵
遂圍邯鄲。自邯鄲圍解而燕擧兵擊趙，〻使廉頗將擊，大破
燕軍於鄗，遂圍燕，〻割五城請和。趙孝成王卒，子悼襄王立，
使樂乘代廉頗。廉頗怒，攻樂乘，〻走。廉頗遂奔魏〻大梁。

司馬云：面謂面折。

十五

久之魏不能信用趙以數困於秦兵思復得廉頗廉頗亦思
復用於趙趙王使々者視廉頗以為老遂不召楚聞廉頗在
魏陰使人迎之廉頗一為楚將無功曰我思用趙人廉頗卒
死于壽春李牧者趙之北邊良將也常居代鴈門備匈奴厚
遇戰士為約曰匈奴即入盜急入收保有敢捕虜者斬如是
數歲亦不亡失然匈奴以李牧為怯雖趙邊兵亦以為吾將
怯趙王讓李牧李牧如故趙王怒召之使他人代將歲餘匈
奴每來出戰々數不利失亡多邊不得田畜復請李牧々
曰王必用臣臣如前乃敢奉令王許之李牧至如故約匈奴
數歲無所得終以為怯邊士日得賞賜而不用皆願一戰於
是乃具選車得千三百乘選騎得萬三千匹百金之士五萬
人彀者十萬人悉勒習戰大縱畜牧人民滿野匈奴小入佯
北不勝以數千人委之單于聞之大率眾來入李牧多為奇
陳張左右翼擊之大破殺匈奴十餘萬騎滅襜襤破東胡降林
胡單于奔走其後十餘歲匈奴不敢近趙邊城趙悼襄王元
年趙使李牧攻燕拔武遂方城後七年秦破趙々乃以李牧
為大將軍擊秦軍於宜安大破秦軍封李牧為武安君居三
年秦攻番吾李牧擊破秦軍南距韓魏趙王遷七年秦使王
翦攻趙々使李牧禦之秦為反閒言李牧欲反趙王乃使趙
葱及齊將顏聚代李牧々不受命趙使人微捕得李牧斬

續絳侯後

之後三月王翦遂滅趙彼將有激也者唐傳云當是之時匈奴新大入朝那殺北地都尉卬上以胡寇為意乃卒復問唐曰公何以知吾不能用廉頗李牧也唐對曰臣聞上古王者之遣將也跪而推轂曰閫以內者寡人制之閫以外者將軍制之軍功爵賞皆決於外歸而奏之今臣竊聞魏尚為雲中守匈奴遠避不近雲中之塞虜曾一入尚率車騎擊之所殺甚眾坐上功首虜差六級陛下下之吏削其爵罰作之由此言之陛下雖得廉頗李牧弗能用也文帝說是日令馮唐持節赦魏尚復以為雲中守而拜唐為車騎都尉主中尉及郡國車士親屈帝尊信亞夫之軍者世德堂本信上有以字音義信亞音伸司馬云信與申同按五百誰身將以信道也如誰道而信身雖天下不為也屈伸字並作詘信疑親屈帝尊字本亦作詘後人改之耳絳侯周勃世家云絳侯卒子勝之代侯坐殺人國除文帝乃擇絳侯勃子賢者河內守亞夫封為條侯文帝之後六年匈奴大入邊乃以宗正劉禮為將軍軍霸上祝茲侯徐厲為將軍軍棘門以河內守亞夫為將軍軍細柳以備胡上自勞軍至霸上及棘門直馳入將以下騎送迎已而之細柳軍軍士吏被甲銳兵刃彀弓弩持滿天子先驅至不得入先驅曰天子且至軍門都尉曰將軍令曰軍中聞將軍令不聞天子之詔居無何上至又不得入於是上乃

使使持節詔將軍吾欲入勞軍亞夫乃傳言開壁門壁門士
吏謂從屬車騎曰將軍約軍中不得驅馳於是天子乃按轡
徐行至營將軍亞夫持兵揖曰介冑之士不拜請以軍禮見
天子為動改容式車使人稱謝皇帝敬勞將軍成禮而去既
出軍門群臣皆驚文帝曰嗟乎此真將軍矣曩者霸上棘門
軍若兒戲耳其將固可襲而虜也至於亞夫可得而犯邪稱
善者久之月餘三軍皆罷乃拜亞夫為中尉罪不孥者孝文
本紀云元年除收孥諸相坐律令集解引應劭云孥子也秦
法一人有罪並坐其家室今除此律宮不女者紀又云帝崩
遺詔歸夫人以下至少使應劭云夫人以下有美人良人八
子七子長使少使凡七輩皆遣歸家重絕人類也紀又云孝
景元年制詔[redacted]孝文皇帝臨天下罪人不[illegible]不誅無[redacted]云孝
宮美人重絕人之世是也館不新者紀又云孝文帝從代來
即位二十三年宮室苑囿狗馬服御無所增益有不便輒弛
以利民嘗欲作露臺召匠計之直百金上曰百金中民十家
之產吾奉先帝宮室常恐羞之何以臺為陵不[illegible]者紀又云
治霸陵不治墳欲為省毋煩民遺詔◎霸陵山川因其故毋
有所改令郎中令武為復土將軍應劭云因山為藏不復起
墳山下川流不遏絕也索隱云復音伏謂穿壙出土下棺已
而填之即以為墳故云復土復反還也○注鴻唐至誤也按

世德堂本刪此注○注葬於霸陵按治平本作霸陽今依錢
本汲世德堂本亦作霸陵地理志京兆尹霸陵故芷陽文帝
更名希曰水章也水經注渭水篇霸水又左合滻水歷白鹿
原東即霸川之西故芷陽矣史記秦襄王葬芷陽者是也謂
之霸上漢文帝葬其上謂之霸陵上有
四出道以瀉水在長安東南三十里

或問交曰仁問餘耳注陳餘張耳曰光初注有始無終寶灌曰
凶終注寶嬰灌夫甚相親友不勝相助犯觸田蚡皆罹禍
問交曰仁者司馬云惟仁人之交不以利勢而以德義問餘
耳曰光初者史記張耳陳餘列傳云張耳者大梁人也其少
時及魏公子毋忌為客宦魏為外黃令陳餘者亦大梁人也好
儒術餘年少父事張耳兩人相與為刎頸交陳涉起蘄至入
陳兵數萬張耳陳餘上謁陳涉陳餘復說陳王願請奇兵北
略趙地於是陳王以故所善陳人武臣為將軍邵騷為護軍
以張耳陳餘為左右校尉予卒三千人北略趙地以城下者
三十餘城至邯鄲張耳陳餘乃說武臣曰陳王起蘄至陳而
王非必立六國後將軍今以三千人下趙數十城獨介居河
北不王無以填之武臣遂立為趙王以陳餘為大將軍張耳

為右丞相邵騷為左丞相張耳陳餘說武臣北徇燕代南收
河內以自廣趙王以為然因不西兵而使韓廣略燕李良略
常山張黶略上黨李良已定常山還報趙王復使良略太原
至石邑秦兵塞井陘未能前乃還乚邯鄲竟殺武臣邵騷客
右說張耳立趙後扶以義可就功乃求得趙歇立為趙王居
信都李良進兵擊陳餘〻〻敗李良〻〻走歸章邯〻〻引
兵至邯鄲皆徙其民河內夷其城郭張耳與趙王歇走入鉅
鹿城王離圍之陳餘北收常山兵得數萬人軍鉅鹿北章邯
軍鉅鹿南棘原築甬道屬河餉王離〻〻兵食多急攻鉅鹿
鉅鹿城中食盡兵少張耳數使人召前陳餘〻〻自度兵少
不敵秦不敢前數月張耳大怨怒陳餘當時是燕齊楚聞趙
急皆來救未皆壁餘旁未敢擊秦項羽兵數絕章邯甬道王
離軍乏食項羽悉引兵渡河遂破章邯於是趙王歇張耳乃
得出鉅鹿謝諸侯張耳與陳餘相見責讓陳餘以不肯救趙
陳餘怒乃脫解印綬推予張耳〻〻乃佩其印收其麾下陳
餘獨與麾下所善數百人之河上澤中漁獵由此陳餘張耳
遂有郤趙王歇復居信都張耳從項羽諸侯入關漢元年之
月項羽立諸侯王張耳雅游人多為之言項羽亦素數聞張
耳賢乃分趙立張耳為常山王治信都〻〻更名襄國陳餘
客多說項羽曰陳餘張耳一體有功於趙項羽以陳餘不從

入關聞其在南皮即以南皮旁三縣以封之而徙趙王歇王
代張耳之國陳餘愈益怒曰張耳與餘功等也今張耳王餘
獨侯此項羽不平及齊王田榮畔楚陳餘乃使說田榮請以
南皮為扞蔽田榮乃遣兵從陳餘陳餘因悉三縣兵襲常山
王張耳張耳敗走謁漢王漢王厚遇之陳餘已敗張耳皆復
收趙地迎趙王於代復為趙王趙王德陳餘立以為代王陳
餘不之國留傅趙王漢二年東擊楚使使告趙欲與俱陳餘
曰漢殺張耳乃從於是漢王求人類張耳者斬之持其頭遺
陳餘陳餘乃遣兵助漢漢之敗於彭城西陳餘亦復覺張耳
不死即背漢漢之三年遣張耳與韓信擊破趙井陘斬陳餘泜
水上追殺趙王歇襄國漢立張耳為趙王漢五年張耳薨諡
曰景王竇瀍曰凶終者魏其武安侯列傳云魏其侯竇嬰者
孝文后從兄子也孝文時嬰為吳相病免孝景初即位為詹
事孝景三年吳楚反上察宗室諸竇毋如竇嬰賢乃拜嬰為
大將軍七國兵已盡破封嬰為魏其侯諸游士賓客爭歸魏
其侯武安侯田蚡者孝景后同母弟也孝景崩太子立封蚡為
武安侯建元元年以魏其侯為丞相武安侯為太尉及建元
二年魏其武安以侯家居武安雖不任職以王太后故親幸
數言事多效天下吏士趨勢利者皆去魏其歸武安建元六
年竇太后崩魏其益疏不用無勢諸客稍稍自引而怠傲唯

以武安侯蚡為丞相

失竇太后

十行 深山製

灌將軍獨不失故魏其日默、不得志而獨厚遇灌將軍灌
將軍夫者潁陰人也孝景時至代相孝景崩今上初即位徙
夫為淮陽太守建元元年入為太僕二年徙為燕相數歲坐
法去官家居長安灌夫為人剛直使酒不好面諛貴戚諸有
勢在己之右不欲加禮必陵之諸士在己之左愈貧賤尤益
敬與鈞稠人廣衆薦寵下輩士亦以此多之夫不喜文學好
任俠已然諾諸所與交通無非豪桀大猾家累數千萬食客
日數十百人陂池田園宗族賓客為權利橫於潁川及魏其
侯失勢亦欲倚灌夫引繩批根生平慕之後棄之者灌夫亦
倚魏其而通列侯宗室為名高兩人相為引重其遊如父子然
相得驩甚無厭恨相知晚也元光四年春丞相言灌夫家在
潁川橫甚民苦之請案灌夫亦持丞相陰事為姦利受淮南
王金與語言賓客居間遂止俱解夏丞相取燕王女為夫人
有太后詔召列侯宗室皆往賀武安劾灌夫罵坐不敬繫居
室遂按其前事遣吏分曹逐捕諸灌氏支屬皆得棄市罪魏
其銳身為救灌夫孝景時魏其常受遺詔曰事有不便以便
宜論上及繫灌夫罪至族事日急魏其乃使昆弟子上書言
之幸得召見書奏上而案尚書大行無遺詔詔書獨藏魏
其家家丞封乃劾魏其矯先帝詔罪當棄市五年十月悉論
灌夫及家屬魏其聞即恚病痱不食欲死或聞上無意殺魏

甚親甚役令治病議它不死矣乃有蜚語為惡言聞上故以十二月晦論棄市渭城司馬云竇嬰灌夫之交雖不變其初然終以朋黨陷於大戮亦不足責也君子義之與比○注有始與終梏張耳陳餘待太史公曰張耳陳餘世傳所稱賢者其賓客廝役莫非天下俊傑所居國無不取卿相者然張耳陳餘始居約時相然信以死豈顧問哉及據國爭權卒相滅亡何鄉者相慕用之誠後相倍之戾也豈非以利哉背其義

或問信。曰：不食其言。注食偽請人。曰：晉荀息、趙程嬰、公孫杵臼、秦大夫鑿穆公之側。注此章全論不食言之德問義。注既聞諸賢之信又問於義邪得曰：事得其宜之謂義。注義者得死生之宜也不得死生之宜者非義也若程嬰杵臼事乎信義者也秦晉大夫可謂重食言之信蹈義則未也問信曰不食其言者公羊傳僖公篇晉里克弑其君卓子及其大夫荀息及者何累也何以書賢也何賢乎荀息荀息可謂不食其言矣解詁云不

九年九月

食言者不如食受之而消亡之。晉荀息者，左傳僖公篇云：晉獻公卒，里克、丕鄭欲納文公，故以三公子之徒作亂。初，獻公使荀息傅奚齊，公疾，召之，曰：以是藐諸孤，辱在大夫，其若之何？稽首而對曰：臣竭其股肱之力，加之以忠貞。其濟，君之靈也；不濟，則以死繼之。公曰：何謂忠貞？對曰：公家之利，知無不爲，忠也；送往事居，耦俱無猜，貞也。及里克將殺奚齊，先告荀息曰：三怨將作，秦、晉輔之，子將何如？荀息曰：將死之。里克曰：無益也。荀叔曰：吾與先君言矣，不可以貳。能欲復言而愛身乎？雖無益也，將焉辟之？且人之欲善，誰不如我？我欲無貳，而能謂人已乎？冬十月，里克殺奚齊于次。書曰殺其君之子，未葬也。荀息將死之，人曰：不如立卓子而輔之。荀息立公子卓以葬。十一月，里克殺公子卓于朝，荀息死之。杜注云：荀叔，荀息也。公羊傳云：奚齊、卓子者，驪姬之子也，荀息傅焉。驪姬者，國色也，獻公愛之甚，欲立其子，於是殺世子申生。申生者，里克傅之。獻公病將死，謂荀息曰：士何如則可謂之信矣？荀息對曰：使死者反生，生者不愧乎其言，則可謂信矣。獻公死，奚齊立。里克謂荀息曰：君殺正而立不正，廢長而立幼，如之何？願與子慮之。荀息曰：君嘗訊臣矣，臣對曰：使死者反生，生者不愧乎其言，則可謂信矣。里克知其不可與謀，退弒奚齊。荀息立卓子，里克弒卓子，荀息死之。荀息可謂不食其言矣。趙注嬰公孫杵臼者趙世家云晉景公之三年大夫屠岸賈欲誅趙氏賈不請而擅與諸將攻趙氏於下宮殺趙朔趙同趙括趙嬰齊皆滅其族趙朔妻成公姊有遺腹走公宮匿趙朔客曰公孫杵臼杵臼謂朔友人程嬰曰胡不死程嬰曰朔之婦有遺腹若幸而男吾奉之即女也吾徐死耳居無何而朔婦免身生男公孫杵臼曰立孤與死孰難程嬰曰死易立孤難耳公孫杵臼曰趙氏先君遇子厚子彊為其難者吾為其易者請先死乃二人謀取他人嬰兒負之衣以文葆匿山中程嬰出謬謂諸將軍曰嬰不肖不能立趙孤誰能與我千金吾告趙氏孤處諸將皆喜許之發師隨程嬰攻公孫杵臼遂殺杵臼與孤兒諸將以為趙氏孤兒良已死皆喜然趙氏真孤乃反在程嬰卒與俱匿山中居十五年景公乃與韓厥謀立趙孤兒召而匿之宮中趙孤名曰武於是攻屠岸賈滅其族復與趙武田邑如故及趙武冠為成人程嬰乃辭諸大夫謂趙武曰昔下宮之難皆能死我非不能死我思立趙氏之後今趙武既立為成人復故位我將下報趙宣孟與公孫杵臼遂自殺趙武服齊衰三年為之祭邑春秋祠之世世勿絕秦大夫鑿穆公之側者音義鑿穆顏師古漢書注曰鑿謂所穿冢藏音在剉切或如字按所引顏注見劉向傳左傳文公篇云秦伯任好卒以子車氏之三子奄息仲行鍼虎為殉皆秦之

十行深山製

良也國人哀之為之賦黃鳥杜注云子車秦大夫氏也按秦本紀作子輿氏正義引應劭云秦穆公與群臣飲酒酣公曰生共此樂死共此哀於是奄息仲行鍼虎許諾及公薨皆從死黃鳥詩所為作也按左傳及毛傳皆以黃鳥為刺穆公以人從死此以三良從死為不食其言與應劭說同蓋皆本魯詩漢書匡衡傳云秦穆貴信而士多從死亦以三良之從死為信臣嘗齊詩則此詩齊魯說同也事得其宜之謂義者祭義又大戴禮曾子大孝並云義者宜此者也新書道術云行充其宜之謂義○注食偽按爾雅釋詁文王氏經義述聞云孫郭皆以食為虛偽之偽而證以湯誓之朕不食言韋注晉語亦以食言為偽言皆非也食言者言而不行則為自食其言食者消滅之義非虛偽之義也哀二十六年左傳是食言多矣能無肥乎若以食言為偽言則與能無肥乎之文了不相涉矣而梅氏書偽乃曰食盡其言偽不實正義曰言而不行如食之消盡後終不行則前言為偽故通謂偽言為食言不幾於穿鑿而失其本指乎公羊傳陳疏云按僖十五年左傳我食吾言又哀元年傳不可食已杜注並云食消也蓋言既出而復背如飲食之消與偽無異因謂食為偽此食言之本義其實食不得訓偽也陳按言出於口自無而之有食入於口自有而之無言而不踐則言如未言猶取既出於

口而復入之，故謂之食。雖非偽，然食言之效與偽同，故
因以食言為偽。孫炎云：食言之偽也。最為得之。王氏以爾
雅此條之偽云本作為之義，因適食於偽而訓為治，則穿
鑿而失其本恉矣。○注：既聞至誰得。按孟子云：大人者言不
必信，行不必果，惟義所在。趙氏章指云：言大人之行，行其重
者，不信不果，所求合義也。然則不食其言，雖可謂之信，不必
皆可謂之義，故云又問於義誰得也。○注：若程嬰至未也。
司馬云：程嬰自殺以報公孫杵臼，劉向以為過，恐亦未甚
宜。按新序節士云：程嬰、公孫杵臼可謂信友厚士矣。嬰之
自殺下報，亦過矣。此溫公義所本。然三良從死，為成君之過；
石氏以為人之云亡，邦國殄瘁；荀息死難，雖賢，猶解詁以為
不日者，不正遇禍，終始惡明，故略之。程嬰之死，則無此說。仕
範以為兼乎信義，不必執以說駁之也。又按所謂食言之信，世德堂本作此所謂重言之信。

或問季布忍焉，可為也。注：季布為項羽將，窘困高祖。、既立，
購之千金，困迫，乃為奴，賣於魯朱家。曰：能者為之，明哲不為
也。注：言能忍辱負生者乃為之。或曰：當布之急，雖明哲如之

何曰明哲不終項仕如終項仕焉攸避〔注〕蓋患失之無所不至也。

季布忍馬可為也者，史記季布欒布列傳云：季布者，楚人也。為氣任俠，有名於楚。項籍使將兵，數窘漢王。及項羽滅，高祖購求布千金，敢有舍匿，罪及三族。季布匿濮陽周氏。周氏迺髡鉗布，衣褐衣，置廣柳車中，并與其家僮數十人，之魯朱家所賣之。朱家心知是季布，迺買而置之田。誡其子曰：田事聽此奴，必與同食。朱家迺乘軺車之洛陽，見汝陰侯滕公曰：季布何大罪，而上求之急也？滕公曰：布數為項羽窘上，上怨之，故必欲得之。朱家曰：君視季布何如人也？曰：賢者也。朱家曰：臣各為其主用，季布為項籍用，職耳。項氏臣可盡誅邪？今上始得天下，獨以己之私怨求一人，何示天下之不廣也？且以季布之賢而漢求之急如此，此不北走胡，即南走越耳。夫忌壯士以資敵國，此伍子胥所以鞭荊平王之墓也。君何不從容為上言邪？汝陰侯滕公心知朱家大俠，意季布匿其所，迺許曰：諾。待閒，果言如朱家指。上迺赦季布。當是時，諸公皆多季布能摧剛為柔，朱家亦以此名聞當世。季布召見，謝，上拜為郎中。孝惠時，為中郎將。季布為河東守。孝文時，人有言其賢者，孝文召，欲以為御史大夫。復有言其勇，使酒難近。至，留邸一月，見罷。布辭之官。太史公曰：以項羽之氣，而季布

（閔氏鴻慶讀法言札記）下同

可為也續為神也閔說是也衍世德堂本無也字蓋既以馬可為三字連文則句末雖無也字於義亦同故傳寫者遂刪也字耳

此勇頗於楚身虜典軍搴旗者數矣可謂壯士然被刑戮為人奴而不死何其下也彼必自負其材故受辱而不羞欲有所用其未足也故終為漢名將賢者誠重其死夫婢妾賤人感慨而自殺者非能勇也其計畫無復之耳此季布思馬之說思謂受辱而不羞也[redacted]音義出馬耳云於虔切則以馬屬下讀[redacted]季布勇者乃至髡鉗為奴安能忍恥如此亦依音義讀為說似失其義此承上章言其宜之謂義而復發問言殺身以成其信者不必皆合乎宜則忍辱自全以待用者亦賢者之所或為耶能者為之明哲不為也者司馬云有才能自惜其死欲有所施如管仲季布者則為之君子既明且哲以保其身則不然明哲不終項仕如終項仕焉攸避者司馬云明哲必知項羽之終不可輔而早去之若終仕羽則敗當死之復安所避乎但德堂本不終項作不終項仕二字○注言能忍辱偷生者乃為之然此未釋揚旨當以還以義為長○注苟患失之無所不至然布知羽之不可輔而不去是亦患失之過甚此文本旨乃譏布之未能明哲非識其患失弘範引此為說似亦未當

論語文此引之者

○注季布至家拙世德堂本無此注

或問賢曰為人所不能請人曰顏淵黔婁四皓韋玄。注顏淵箪

十五十五四

孰不攺其操黔婁守正不邪死而益彰四皓白首高尚其事
韋玄漢丞相賢之少子也賢薨玄成襲封被髮佯狂欲以讓
兄或曰擬人必於其倫顏子至賢其後庶幾黔婁四皓既非
其儔況以韋玄不亦甚哉釋曰顏淵之賢備體之賢韋玄之
賢一至之賢王莽篡天下而韋玄讓一家於是乎賢身猶
論德行稱顏淵閔子騫冉伯牛仲弓凡此數子豈必皆與顏
淵俱盡至賢之道哉黔婁者音義黔婁其廉切又音琴列女
傳賢明云魯黔婁妻者魯黔婁先生之
妻也先生死曾子與門人往弔之其妻出戶曾子弔之上堂
見先生之尸在牖下枕墼席藁縕袍不表覆以布被首足不
盡斂覆頭則足見覆足則頭見曾子曰斜引其被則斂矣妻
曰斜而有餘不如正而不足也先生以不斜之故能至
于此生時不邪死而邪之非先生意也曾子不能應遂哭之
曰嗟乎先生之終也何以為謚其妻曰以康為謚曾子曰先

本始三年封扶陽侯食邑七百戶

生在時食不充口衣不蓋形死則手足不斂旁無酒肉生不得其美死不得其榮何樂于此而謚為康乎其妻曰昔先生君嘗欲授之政以為國相辭而不為是有餘貴也君嘗賜之粟三十鍾先生辭而不受是有餘富也彼先生者甘天下之淡味安天下之卑位不戚戚于貧賤不忻忻于富貴求仁而得仁求義而得義其謚為康不亦宜乎曾子曰唯斯人也而有斯婦王氏照圓補注云黔婁姓名也同時齊有黔敖蓋其族人張景陽雜詩李注引皇甫謐高士傳云黔婁先生者齊人也是先生弃齊人此作晉或誤耳四皓詳後篇說文顥白貌從頁從景會意商山四顥白首人也古書通作皓韋玄者漢書韋賢傳云賢四子少子玄成復以明經歷位至丞相玄成字少翁以父任為郎常侍騎少好學修父業以明經擢為諫大夫遷大河都尉初玄成兄弘為太常丞職奉宗廟典諸陵邑煩劇多罪過父賢以弘當嗣故敕令自免弘懷謙不去官及賢病篤弘竟坐宗廟事繫獄罪未決室家問賢當為後者賢恚恨不肯言於是賢門下生與宗家計議矯賢令使家丞上書以玄成為後賢薨玄成在官聞喪又言當為嗣深知其非賢雅意即陽為病狂臥便利妄笑語昏亂徵至長安既葬當襲爵以病狂不應召大鴻臚奏狀章下丞相御史案驗玄成素有名聲士大夫多疑其欲讓爵辟兄者丞相御史遂以玄成

二

十行 深山製

實不病劾奏之有詔勿劾引拜玄成不得已受爵宣帝高其
節以玄成為河南太守兄弘太山都尉遷東海太守及元帝
即位[redacted]以玄成為少府遷太子太傅至御史大夫永光中
代于定國為丞相玄成為相七年守正持重不及父賢而文
采過之建昭三年薨謚曰共侯音義韋玄天復本作韋玄成
按司馬云韋宋吳本無成字明篇本皆作韋玄天復本有成
字乃校刊者所增困學紀聞諸子引本作韋玄成則所據乃
溫公集注本也○注或曰至甚哉按世德堂本或曰作或曰
以為宋注語誤也○注釋曰至道哉按世德堂本釋曰作祕曰
以為吳注誤又一至之賢作不至之賢皆誤困學紀聞引王
介甫云出乎顏淵則聖人
矣出乎韋玄成則眾人矣

問長者曰藺相如申秦而屈廉頗欒布之不倍朱家之不德直
不疑之不校韓安國之通使○相如申理於秦王屈意於廉
頗義在史記欒布為梁大夫奉使高祖誅梁王彭越布使還
報命首下哭而祠斂之也朱家以季布有阨見滕公得解其

疏長者以
下移接上章
疏照公集
注本也下

急也而不使布知又終身不復見布直不疑為郎三人同室一人有金一人急歸誤持金去主意不疑不疑買金償之其後歸者持金還乃明之又人誇其淫嫂而乃無兄亦不自明也韓安國梁孝王內史時景帝疑梁王梁王大懼安國稱病去官往長安因長公主以解王事長者韓非子詭使云重厚自尊謂之長者漢書趙廣漢傳顏注云長者有名德之人也後漢書馬援傳章懷太子注云長者謂豪俠者也藺相如申秦而屈廉頗者世德堂本申作仲按甫作信庄甫作詘說見上廉頗藺相如列傳云藺相如者趙人也為趙宦者令繆賢舍人趙惠文王時得楚和氏璧秦昭王聞之使人遺趙王書願以十五城請易璧趙王於是遂遣相如奉璧西入秦相如奉璧奏秦王秦王大喜相如視秦王無意償趙城乃前曰璧有瑕請指示王王授璧相如乃謂秦王曰和氏璧天下所共傳寶也趙王送璧時齋戒五日今大王亦宜齋戒五日設九賓於廷臣乃敢上璧秦王許齋五日相如乃使其從者衣褐懷其璧從徑道

已歸璧于趙秦王齋五日後引趙使者藺相如々々至曰臣
誠恐見欺於王而負趙故令人持璧歸間至趙矣且秦彊而
趙弱大王遣一介之使至趙々立奉璧來今以秦之彊而先
割十五都予趙々豈敢留璧而得罪於大王乎秦王卒廷見
相如畢禮而歸之相如既歸拜為上大夫其後秦王使々者
告趙王欲與王為好會於西河外澠池趙王遂行相如從秦
王飲酒酣曰寡人竊聞趙王好音請奏瑟趙王鼓瑟秦御史
前書曰某年月日秦王與趙王會飲令趙王鼓瑟藺相如前
曰趙王竊聞秦王善為秦聲請奏盆缻秦王以相娛樂秦王
怒不許於是相如前進缻因跪請秦王曰五步之內相如請
得以頸血濺大王矣左右欲刃相如々々張目叱之左右皆
靡於是秦王不懌為一擊缻相如顧召趙御史書曰某年月
日秦王為趙王擊缻秦之羣臣曰請以趙十五城為秦王壽
藺相如亦曰請以秦之咸陽為趙王壽秦王竟酒終不能加
勝於趙々亦盛設兵以待秦々不敢動既罷歸國以相如功
大拜為上卿位在廉頗之右廉頗曰我為趙將有攻城野戰
之大功而藺相如徒以口舌為勞而位居我上我見相如必
辱之相如聞不肯與會每朝時常稱病不欲與廉頗爭列相
如出望見廉頗引車避匿於是舍人相與諫請辭去藺相如
固止之曰夫以秦王之威而相如廷叱之辱其羣臣相如畏廉

十五四十七

移後文五年
甍下

將軍武頒君念之禮秦之所以不敢加兵於趙者徒以吾兩人在也今兩虎共鬭其勢不俱生吾所以為此者以先國家之急而後私讎也廉頗聞之至藺相如門謝罪曰鄙賤之人不知將軍寬之至此也卒相與驩為刎頸之交欒布之不倍者

不倍各本皆作不塗音義欒布之不塗天復本作不倍按不塗無義司馬云塗當作瘉字也亦未確作不倍於義為長今從之孟子師死而遂倍之彼音義川丁云義當作偝古字借用耳按說文無偝古止以背或倍為之不倍謂不負死者也會稽刻石云有子而嫁倍死不貞史記自序云梁公不劫於勢而倍死然則倍死乃秦漢常語此文欒布之不倍即用史記自序文也

事布欒布列傳云欒布者梁人也始梁王彭越為家人時嘗與布游布為人所略賣為奴於燕之將臧荼舉以為都尉及臧荼反漢擊燕虜布梁王彭越聞之乃言上請贖布以為梁大夫使於齊未還漢召彭越責以謀反夷三族已而梟彭越頭於雒陽下詔曰有敢收視者輒捕之布從齊還奏事彭越頭下祠而哭之吏捕布以聞上召布罵曰若與彭越反邪吾禁人勿收若獨祠而哭之與越反明矣趣亨之布顧曰願一言而死方上之困於彭城敗滎陽成皋閒項王所以遂不能西徒以彭王居梁地與漢合從苦楚也且垓下之會微彭王項氏不亡今陛下一徵兵於梁彭王病不行而陛下

此文不德即不伐其能歆其德之謂

疑以爲反。形未見，以其小案誅滅之，臣恐功臣人人自危
也。於是上還，擇帝罷拜爲都尉，孝文時爲燕相，至將軍。吳軍
反時，以軍功封俞侯，復爲燕相。景帝中五年薨。朱家之不德
者，田叔孟舒田叔負其，游俠列傳云：魯朱家者，與高祖同時。魯
人皆以儒教，而朱家用俠聞。所藏活豪士以百數，其餘庸人
不可勝言。然終不伐其能，歆其德，諸所嘗施，唯恐見之。振
人不贍，先從貧賤始。家無餘財，衣不完采，食不重味，乘不過
軥牛。專趨人之急，甚己之私。既陰脫季布將軍之阸，及布尊
貴，終身不見也。直不疑之不校者，萬石張叔列傳云：塞侯直
不疑者，南陽人也。爲郎，事文帝。其同舍有告歸，誤持同舍郎
金去。已而金主妄意不疑，不疑謝有之，買金償。而告歸者來
而歸金，而前郎亡金者大慙。以此稱爲長者。文帝稱舉，稍遷
至太中大夫。朝廷見人或毀之曰：不疑狀貌甚美，然獨無柰
其善盜嫂何也。不疑聞，曰：我乃無兄。然終不自明也。吳楚反
時，不疑以二千石將兵擊之。景帝後元年，拜爲御史大夫。天
子修吳楚時功，乃封不疑爲塞侯。不疑學老子言，不好立名，稱
稱爲長者。索隱云：直，姓也；不疑，名也。韓安國之適使者，韓長
孺列傳云：御史大夫韓安國者，梁成安人也。事梁孝王爲中
大夫。梁孝王，景帝母弟，竇太后愛之，令得自請置相二千石。
出入游戲，僭於天子。天子聞之，心弗善也。太后知帝不善，乃

音義：適，使色吏切

何梁王之爲子孝爲臣忠而太后弗恤也

怒梁使者曰見辜責王所爲韓召國爲梁使見大長公主而泣曰夫前日吳楚齊趙七國反時自關以東皆合從西鄉梁王念太后帝在中而諸侯擾亂一言泣數行下跪送臣等六人將兵擊卻吳楚吳楚以故兵不敢西而卒破亡梁王之力也今太后以小節苛禮責望梁王梁王日夜涕泣思慕不知所爲太長公主具以告太后太后喜曰爲言之帝言之帝心乃解而免冠謝太后曰兄弟不能相教乃爲太后遺憂悉見梁使厚賜之太后長公主更賜安國可直千餘金由此顯建元六年安國爲御史大夫以元朔二年中卒○注武曰主甚哉按世德堂本武曰作咸曰以爲宋注語誤也○注釋曰至道就按世德堂本釋曰作祕曰以爲吳注誤又一至之賢作未至之賢皆誤也同學化閑引王介甫云出乎顏淵則聖人矣出乎辜矣成則衆人矣○注相如中理於秦王按世德堂本中作仲○注義在史記按世德堂本無此語○注具後歸者持金還按世德堂本作具後誤持金者還之主○注而乃無之按世德堂本乃作云○注安國稱病去官陰往長安按史記漢書惟言安國爲梁使見大長公主無稱病去官陰往長安之語此法言以安國爲長者則其爲梁王解說甫有不令王知者弘範此注必別有所據也

云云

十五〇十九八

或問臣自得曰石太僕之對金將軍之謹張衛將軍之慎丙大夫之不伐善〔注〕石相石慶嘗爲太僕時御上問輿中馬幾匹太僕以策數之畢對曰六匹金將軍名日磾爲人謹慎目不忤視數十年張衛將軍名安世爲人周密畏慎丞相丙吉宣帝少時以巫蠱事嘗在獄中吉常救護又養視有恩紀而終不言宦至御史大夫乳母述之然後乃知封博陽侯

請問臣自失曰李貳師之執貳田祁連之濫帥韓馮翊之愬蕭趙京兆之犯魏〔注〕貳師將軍李廣利說劉屈氂立昌邑王爲太子二心不竭武帝疑之遂降匈奴祁連將軍田廣明爲宣帝擊匈奴不到質淫婦人也韓馮翊名延壽愬御史大夫蕭望之

與廩犧為姦而焚其廩也趙京兆名廣漢疑魏丞相夫人殺
侍婢閉捕之而皆無實反獲其罪也臣自得有自以忠信獲知於上也石太僕之對
者萬石君少子慶為太僕御出上問車中幾馬慶以策數馬畢舉手曰六馬慶於諸子中最為簡易矣
然猶如此元鼎五年制詔以慶為丞相封為牧丘侯太初二年中丞相慶卒謚為恬侯漢書百官公卿表云太僕秦官掌輿馬
按表不著石慶為太僕年月然慶以孝武建元二年為內史而
太僕灌夫以三年為燕相至六年而有太僕賀則慶為太僕
當在建元三年至六年中也金將軍之謹者漢書金日磾傳
云金日磾字翁叔本匈奴休屠王太子也武帝元狩中與母
閼氏弟倫俱沒入官輸黃門養馬日磾長八尺二寸容貌甚
嚴馬又肥好上奇焉拜為馬監遷侍中駙馬都尉光祿大夫
日磾既親近未嘗有過失上甚信愛之賞賜累千金出則驂
乘入侍左右初莽何羅與江充相善及充敗何羅兄弟懼及
上行幸林光宮何羅矯制發兵明旦上未起何羅從東箱上見日磾色
變走趨臥內欲入日磾得抱何羅窮治皆伏辜繇是著忠孝
節日磾自在左右目不忤視者數十年賜出宮女不敢近上
欲內其女後宮不肯其篤慎如此及上病屬霍光以輔少主

光讓日磾〻〻曰臣外國人且使匈奴輕漢於是遂為光副
初武帝遺詔以討莽何羅功封日磾為秺侯日磾以帝少不
受封輔政歲餘病困大將軍光白封日磾臥授印綬一日薨
謚曰敬侯贊曰金日磾夷狄亡國羈虜漢庭而以篤敬寤主
忠信自著勒功上將傳國後嗣世名忠孝七世內侍何其盛
也本以休屠作金人為祭天主故因賜姓金氏云顏注云磾
音丁奚反百官公卿表云前後左右將軍皆周末官秦因之
漢不常置皆掌兵及四夷續漢書百官志注引蔡質漢儀云
漢興置大將軍驃騎位次丞相車騎衛將軍左右前後皆金
紫位上卿典京師兵衛四夷屯警按此後元元年侍中駙馬
都尉金日磾為車騎將軍張衛將軍之慎者張湯傳云上惜
湯復稍進其子安世〻〻字子孺少以父任為郎擢為尚書
令遷光祿大夫昭帝即位大將軍霍光秉政以安世篤行光
親重之會左將軍上官桀父子及御史大夫桑弘羊皆與燕
王蓋主謀反誅光以朝無舊臣白用安世為右將軍光祿勳
以自副焉久〻封為富平侯昭帝崩徙為車騎將軍光復與
安世謀尊立宣帝大將軍光薨後御史大夫魏相上封事曰
車騎將軍安世事孝武皇帝三十餘年忠信謹厚勤勞政事
夙夜不怠與大將軍定策天下受其福國家重臣也宜尊其
位以為大將軍上亦欲用之安世聞指懼不敢當深辭弗能得

慎世德堂本作善慎

世德堂本丙作邴

後數日竟拜為大司馬車騎將軍領尚書事數月罷車騎將
軍屯兵更為衛將軍兩宮衛尉城門北軍兵屬焉世職典
樞機以謹慎周密自著外內無閒元康四年薨謚曰敬侯世為
宣公卿表地節三年四月戊申車騎將軍光祿勳張安世為
大司馬車騎將軍七月戊戌更為大司馬衛將軍兩大夫之
不代善者（必）（小）丙吉傳云丙吉字少卿魯國人也治律令為
魯獄史積功勞稍遷至廷尉右監坐法失官歸為州從事武
帝末巫蠱事起吉以故廷尉監徵詔治巫蠱郡邸獄時宣帝
生數月以皇曾孫坐衛太子事繫吉見而憐之擇謹厚女徒令
保養曾孫置閒燥處後元二年望氣者言長安獄中有天子
氣於是上遣使者分條中都官詔獄繫者亡輕重一切皆殺
之內謁者令郭穰夜到郡邸獄吉閉門拒使者不納曰皇曾
孫在他人亡辜死者猶不可況親曾孫乎穰還以聞因劾奏
吉武帝亦寤因赦天下曾孫病幾不全者數焉吉數遣保養　敕
乳母加致醫藥視遇甚有恩惠以私財物給其衣食後吉遷
大將軍長史霍光甚重之入為光祿大夫給事中昭帝崩昌邑王賀
即位以行淫亂廢光與諸大臣議所立未定吉奏記光曰武
帝曾孫名病已在掖庭外家者吉前使居郡邸時見其幼少
至今十八九矣通經術有美材願將軍決定大策天下幸甚
先覽其議遂尊立皇曾孫宣帝初即位賜吉爵關內侯吉為

人深厚不伐善自曾倖遭遇言绝乙不道前恩故朝廷莫能
明其功也地節三年立為太子太傅數月遷御史大夫及霍
氏誅上躬親政掖庭宮婢則上書自陳嘗有阿保之功章下
掖庭令考問辭引使者丙吉知狀上親見問然後知吉有舊恩
而終不言上大賢之封吉為博陽侯後五歲代魏相為丞相
五鳳三年吉薨謚曰定侯百官公卿表御史大夫奉官位上
卿按吉終丞相而云御史大夫者以詔書褒美且不言舊恩
時吉方為御史大夫也自失者謂不由構陷自以罪過取
誅滅也李貳師之執貳者漢書武帝紀太初元年八月遣
貳師將軍李廣利發天下謫民西征大宛張晏云貳師大宛
城名[illegible]李廣利傳云李廣利女弟李夫人有寵於上產昌
邑哀王太初元年以廣利為貳師將軍期至貳師城取善馬
故號貳師將軍劉屈氂傳云貳師將軍李廣利將兵出擊匈
奴丞相拖謂屈氂為祖道送至渭橋與廣利辭決廣利曰願
君侯早請昌邑王為太子如立為帝君侯長何憂乎屈氂許
諾昌邑王者貳師女弟李夫人子也貳師女為屈氂子妻故
共欲立焉是時治巫蠱獄急內者令郭穰告丞相夫人以丞
相數有譴使巫祠社祝詛主上有惡言及與貳師共禱祠欲
令昌邑王為帝有司奏請案驗罪至大逆不道有詔載屈氂
廚車以徇要斬東市妻子梟首華陽街貳師將軍妻子亦收

制詔丞相朕微眇時御史大夫吉與朕有舊恩厥德茂焉其

則

征和三年貳師復將七萬騎出五原擊匈奴度郅居水兵敗降匈奴為單于所殺

酷吏傳田廣明字子公鄭人也

貳師閔〻降匈奴宗族遂滅執貳世德叢本作執二攜謂降匈奴也田祁連之濫帥者宣帝紀本始二年匈奴數侵邊又西伐烏孫〻〻上書言願發國精兵擊匈奴唯天子哀憐出兵秋御史大夫田廣明為祁連將軍後將軍趙充國為蒲類將軍雲中太守田順為虎牙將軍及度遼將軍范明友前將軍韓增凡五將軍兵十五萬騎校尉常惠持節護烏孫兵咸擊匈奴三年春正月五將軍師發長安夏五月軍罷祁連將軍廣明虎牙將軍順有罪下有司皆自殺應劭云祁連匈奴中山名也諸將分部廣明值此山因以為號也顏云祁音上夷反匈奴傳云祁連將軍出塞千六百里至雞秩山斬首捕虜十九級獲牛馬羊百餘遣漢使匈奴還者冉弘等言雞秩山西有虜衆祁連即戒弘使言無虜欲還兵御史屬公孫益壽諫以為不可祁連不聽遂引兵還上以祁連知虜在前逗遛不進下吏自殺擢公孫益壽為侍御史濫沖謂盜竊將帥之任也論語小人窮斯濫矣鄭注云濫竊也禮記君子以為濫矣鄭注云濫亦盜竊也韓馮翊之愬蕭者韓延壽傳云韓延壽字長公燕人也徙杜陵少為郡文學父義為燕郎中刺王之謀逆也義諫而死是時大將軍霍光持政魏相以文學對策以為日者燕王為無道韓義出身彊諫為王所殺宜顯賞其子以示天下光納其言因擢延壽為諫大夫遷淮陽太守治甚有名

從穎川數年從爲東郡太守在東郡三歲令行禁止斷獄大減爲天下最入守左馮翊滿歲稱職爲真延壽代蕭望之爲左馮翊而望之遷御史大夫侍謁者福爲望之道延壽在東郡時放散官錢千餘萬望之與丞相丙吉議吉以爲更大赦不須考會御史問事東郡望之因令并問之延壽聞知卽部吏案校望之在馮翊時廩犧官錢放散百餘萬廩犧吏掠治急自引與望之爲姦延壽劾奏移殿門禁止望之望之自奏職在總領天下聞事不敢不問而爲延壽所拘持上由是不直延壽各令窮竟所考望之卒無事實而望之遣御史案東郡具得其事於是望之劾奏延壽上僭不道又自陳前爲延壽所奏今復擧延壽罪衆庭皆以延壽懷不正之心侵冤延壽願下丞相中二千石博士議其罪事下公卿皆以延壽前既無狀後復誣愬典法大臣欲以解罪狡猾不道天子惡之延壽竟坐棄市百官公卿表內史周官秦因之掌治京師景帝二年分置左內史武帝太初元年左內史更名左翊馮屬官有廩犧令丞尉張晏云馮輔也翊佐也顏之廩主藏穀犧主養牲皆所以供祭祀也神爵三年東郡太守韓延壽爲左馮翊二年下獄棄市趙京兆之犯魏者趙廣漢傳云趙廣漢字子都涿郡蠡吾人也故屬河閒少爲郡吏州從事以廉絜通敏下士爲名擧茂材平準令察廉爲陽翟

五号旁注

令以治行尤異遷京輔都尉守京兆尹會昭帝崩昌邑王徵即位行淫亂大將軍霍光與羣臣共廢王尊立宣帝廣漢以與議定策賜爵關內侯遷潁川太守本始二年漢發五將軍擊匈奴徵廣漢以太守將兵屬蒲類將軍趙充國從軍還復用守京兆尹滿歲為真廣漢為人彊力天性精於吏職尤善為鉤距以得事情好用世吏子孫新進年少者專厲彊壯蠭氣見事風生無所回避率多果敢之計莫為持難廣漢終以此敗初廣漢客私酤酒長安市丞相吏逐去之客疑男子蘇賢言之以語廣漢、、使長安丞案賢尉史禹故劾賢為騎士屯霸上不詣屯所乏軍興賢父上書訟罪告廣漢事下有司覆治禹坐要斬請逮捕廣漢有詔即訊辭服會赦貶秩一等廣漢疑其邑子榮畜教令後以他法論殺畜人上書言之事下丞相御史案驗甚急挂是時丞相為魏相御史大夫為丙吉廣漢使所親信長安人為丞相府門卒令微司丞相門內不法事地節三年七月中丞相傅婢有過自絞死廣漢聞之疑丞相夫人妒殺之府舍而丞相奉齋酎入廟祠廣漢得此使中郎趙奉壽風曉丞相欲以脅之毋令窮正己事丞相不聽案驗愈急廣漢將上書告丞相罪制曰下京兆尹治廣漢遂自將吏卒突入丞相府召其夫人跪庭下受辭收奴婢十餘人去責以殺婢事丞相魏相上書自陳妻實不殺婢廣漢

數犯罪法不伏辜，以巧詐迫脅臣相，幸臣相寬不奏，願下明
使者治廣漢所驗臣相家事○下廷尉治罪實丞相自以過
譴笞傅婢出至外第乃死不如廣漢言司直蕭望之劾奏廣
漢摧辱大臣欲以劫持奉公逆節傷化不道宣帝惡之下廣
漢廷尉獄又坐賊殺不辜鞠獄故不以實擅斥除騎士乏軍
興數罪天子可其奏吏民守闕號泣者數萬人或言臣生無
益縣官願代趙京兆死使得牧養小民廣漢竟坐要斬百官
公卿表右內史武帝太初元年更名京兆尹顏云京大也兆
者衆數言大衆所在故云京兆也按表本始三年潁川太守
趙廣漢為京兆尹六年下獄要斬○注金將軍名日磾按世
德堂本無名字○注目不忤視按世德堂本作逆視○注內
言按世德堂本作所言○注唁在獄中按世德堂本唁作唁○
注言帝敕頭按世德堂本帝作啻○注養視有恩紀而終不
言按世德堂本作養視有恩絕口終不言○注田廣明按世
德堂本明誤名○注不到質注婦人也按世德堂本到誤利
酷吏傳云廣明以祁連將軍擊匈奴出塞至受降城受降
都尉前死喪柩在堂廣明召其寡妻與姦既出不至質引軍
空還下太守杜延年簿責廣明自殺闕下服虔云質所期處
也○注傅婢按世德堂本傅誤侍王吉傳顏注云凡言傅婢
者謂傅相其衣服衽席之事一讀傅曰附謂近幸之也謂傅婢

敧說文作[redacted]從支今俗相承作敧

正以弘範詳約故伸之如此

蓋同保傅童子之事者顏氏家訓序致云禁童子之暴謔則師友之誡不如傅婢之指揮可證○注而皆無實按世德堂本無字皆字

或問持滿曰扼敧〔注〕敧器在魯桓公廟者欲人損心盾如此器戒之

扼敧治平本無敧字世德堂本作扼敧此必集注依宋吳本增補扼扼同[redacted]司馬云李本無敧字今從宋吳本按李本若無敧字則注必不引敧器為說治平本注敧器上有扼字則似以扼為敧器之名[redacted]反謬誤蓋傳寫者既於正文脫敧字又於注文增扼字也音義出扼云音厄敧器此亦經妄人刪改音義舊文當出扼敧云扼音厄敧二字自正文傳寫脫敧注文增扼校音義者遂據刪大小而敧字以求合不知此章[redacted]李注此[redacted]果如今治平本則音義敧器字純係復述注語無所取矣附持滿曰扼敧者扼亦持也說文搤捉也廣雅釋詁搤持也字亦作扼作扼敧讀為攴說文攴頃也朱氏通訓定聲云攲側字當作此[redacted]則扼敧猶云持傾能持傾斯滿而不溢矣○注敧器在魯桓公廟者按世德堂本敧器上無扼字今據訂正[redacted]弘範以敧器釋[redacted]敧[redacted]不重

條　音義

十行 深山製

欹字者[注]之約耳荀子宥坐云孔子觀於魯桓公之廟有欹器焉孔子問於守廟者曰此為何器守廟者曰此蓋為宥坐之器孔子曰吾聞宥坐之器者虛則欹中則正滿則覆孔子顧謂弟子曰注水焉弟子挹水而注之中而正滿而覆虛而欹孔子喟然而歎曰吁惡有滿而不覆者哉子路曰敢問持滿有道乎孔子曰聰明聖知守之以愚功被天下守之以讓勇力撫世守之以怯富有四海守之以謙此所謂挹而損之之道也按魯桓公廟韓詩外傳及說苑敬慎並作周廟淮南子道應作桓公之廟欹器作宥卮如李義則抗欹云者謂如持欹器之道矣云持滿盈如持欹器也即中弘範之說

揚王孫倮葬以矯世[注]悼厚葬也事見漢書曰矯世以禮倮乎如矯世則葛溝尚矣[注]古者未知喪送之禮死則裹之以葛投諸溝壑若王孫之矯世此事復而為之矣言不可行也孝子仁人必有道以掩其親賢人君子必率禮以正其俗也揚王孫漢書楊胡朱梅云傳作楊王孫古字通用世德堂本作楊此即據漢書改之也音義倮葬郎果切安說文贏袒也重文

裸從果。倮即裸之別體。漢書作臝。彼傳云：楊王孫者，孝武時人也，學黃老之術，家業千金，厚自奉養生，亡所不致。及病且終，先令其子曰：吾欲臝葬，以反吾真，死則為布囊盛尸，入地七尺，既下，從足引脫其囊，以身親土。其子不忍，廼往見王孫友人祁侯。祁侯〻〻與王孫書，王孫報曰：蓋聞古之聖人緣人情不忍其親，故乃制禮，今則越之，吾是以臝葬，將以矯世也。夫厚葬誠亡益於死者，而俗人競以相高，靡財單幣，腐之地下。或廼今日入而明日發，此真與暴骸於中野何異？且夫死者，終生之化，而物之歸者也。歸者得至，化者得變，是物各反其真也。反真冥〻，亡形亡聲，廼合道情。夫飾外以華眾，厚葬以鬲真，使歸者不得至，化者不得變，是使物各失其所也云〻。祁侯曰善，遂臝葬。西京雜記云：楊貴字王孫，京兆人也，生時厚自奉養，死卒裸葬於終南山。其子孫掘土鑿石，深七尺而下尸，上復蓋之以石，欲儉而反奢也。矯世以禮倮乎者，言俗之不正，惟禮可以正之，而乃以倮耶？倮之為非禮，甚於厚葬也。如矯世則葛溝尚矣者，尚不以禮而惟以矯世為事，則不如廢葬之為愈。司馬云：尚，上也。言君子矯世當以禮乎？當以倮乎？若欲為已甚以矯世，則莫若效古葛溝者為上矣，何以葬為。○注「事見漢書」。按世德堂本刪此語。○注「古者未知喪送之禮」。按治平本作「葬送」，今依錢本。世德堂本亦作「喪送」。○

十五二十四

攲字着語之約耳荀子宥坐云孔子觀於魯桓公之廟有攲器焉孔子問於守廟者曰此爲何器守廟者曰此蓋爲宥坐之器孔子曰吾聞宥坐之器者虛則攲中則正滿則覆孔子顧謂弟子曰注水焉弟子挹水而注之中而正滿而覆虛而攲孔子喟然而歎曰吁惡有滿而不覆者哉子路曰敢問持滿有道乎孔子曰聰明聖知守之以愚功被天下守之以讓勇力撫世守之以怯富有四海守之以謙此所謂挹而損之之道也按魯桓公廟韓詩外傳及說苑敬慎篇作周廟淮南子道應作桓公之廟攲器作宥卮如李義則抱攲云者謂如持攲器之道異於持滿盈如持攲器也中中弘範之說

揚王孫倮葬以矯世注倮孚葬也事見漢書曰矯世以禮倮乎如矯世則葛溝尚矣注古者未知喪送之禮死則裹之以葛投諸溝壑若王孫之矯世此事復尚爲之矣言不可行也孝子仁人必有道以掩其親賢人君子必率禮以正其俗也揚王孫漢書楊胡朱梅云傳作楊王孫古字通用[redacted]此即據漢書改之也音義倮葬郎果切按說文嬴袒也重文

裸從果裸亦裸之別體漢書作羸彼傳云楊王孫者孝武時人也學黃老之術家業千金厚自奉養生亡所不致及病且終先令其子曰吾欲羸葬以反吾真死則為布囊盛尸入地七尺既下從足引脫其囊以身親土其子不忍逆往見王孫友人祁侯祁侯與王孫書王孫報曰蓋聞古之聖人緣人情不忍其親故為制禮今則越之吾是以羸葬將以矯世也夫厚葬誠亡益於死者而俗人競以相高靡財單幣腐之地下或迺今日入而明日發此真與暴骸於中野何異且夫死者終生之化而物之歸者也歸者得至化者得變是物各反其真也反真冥冥亡形亡聲迺合道情夫飾外以華眾厚葬以鬲真使歸者不得至化者不得變是使物各失其所也云云祁侯曰善遂羸葬西京雜記云楊貴字王孫京兆人也生時厚自奉養死卒裸葬於終南山其子孫掘土鑿石深七尺而下屍上復蓋之以石欲儉而反奢也矯世以禮倮乎者言儉之不正惟禮可以正之而乃以倮耶倮之為非禮甚於厚葬也如矯世則葛滑尚矣者尚不以禮而惟以矯世為事則不如廣葬之為愈司馬云尚上也言君子矯世當以禮乎當以倮乎若欲為已甚以矯世則莫若效古葛滑者為上矣何以葬為〇注事見漢書按世德堂本刪此語〇注古者未知喪送之禮按治平本作葬送今依錢本世德堂本亦作喪送〇

十行 深山製

注「死則裹之以葛，投諸溝壑」。按：世德堂本「裹之」作「裹尸」。俞云：「葛溝未詳何義。李注曰：『古者未知喪送之禮，死則裹尸以葛，投諸溝壑。』然裹尸何必以葛？疑非仙曲說也。葛疑褐之假字。周官蜡氏：『若有死于道路者，則令埋而置褐焉。』褐，溝言棄尸於溝而置褐其上，較之累葬為更疏略矣。」按：墨子節葬云：「禹葬會稽，衣衾三領，桐棺三寸，葛以緘之。」御覽五百五十五引尸子云：「舜西教乎七戎，道死，南巳之中，衣衾三領，穀木之棺，葛以緘之。」王孫報祁侯書云：「昔帝堯之葬也，窾木為匱，葛藟為緘。」潛夫論浮侈云：「後世聖人易之以棺槨，桐木為棺，葛采為緘。」則以葛束棺，乃中古聖人送死之通禮。上古未知棺槨，則止以葛裹尸，中古葛緘，即其遺俗。弘範此注語實本此，曲園以為曲說，殆未深考。○注「此事復而為之矣」。按：弘範以尚為猶且之意，似失其義。問道「人砥則秦尚矣」，文例與此相同。彼注云：「秦之嚴刑，難復尚矣。」此亦謂葛為矯世而已，對葛溝之法，難復尚也。

或問周官。曰：立事。左氏。曰：品藻。太史遷。曰：實錄。注：不虛美，不隱惡。

疏「問周官」曰「立事」者，藝文志：「周官經六篇。」王莽時，劉歆置博士。顏注云：「即今之周官禮也。」賈公彥序周禮廢興云：「周官

移下頁「與聖人同」句下

孝武之時始出秘而不傳至孝成皇帝達才通人劉向子歆校理秘書始得列序著於錄略然亡其冬官一篇以考工記足之時衆儒並出共排以為非是惟歆獨識末年乃知其周公致太平之迹通志藝文略云漢曰周官江左曰周官禮唐曰周禮按孫疏於周禮大題下云此經史記封禪書漢書禮樂志及河間獻王傳並稱周官藝文志本於七略則稱周官經斯蓋西漢舊題隋書經籍志云周官蓋周公所建官政之法是也若鄭衆以為尚書周官則賈疏引馬融及鄭序已斥其失矣其曰周禮者荀悅漢紀成帝篇云劉歆以周官經六篇為周禮王莽時歆奏以為禮經置博士釋文敍錄亦云王莽時劉歆為國師始建立周官經為周禮案漢書王莽傳歆為國師在始建國元年而居攝三年九月歆為羲和與博士諸儒議莽母功顯君服已云發得周禮以明殷監又引司服職文而稱周禮此則歆建周官以為周禮疑在莽居攝歆為羲和以前陸謂在國師以後未得其實通歆諸文蓋歆在漢奏七略時猶仍周官故名王莽時奏立博士始更其名為周禮殆無疑義然則此經在莽居攝時已更名周禮法言此篇之作在天鳳之世而猶稱之曰周官明子雲意趣不與歆同也書立政云繼自今我其立政立事論語子路焉注云政者有所改更匡正也事者凡所行常事也按政事對文

異，散文亦通。此云立事，即隋志所云建官政之法也。左氏曰品藻者，史記十二諸侯年表序云：孔子西觀周室，論史記舊聞，興於魯而次春秋，七十子之徒口受其傳指。魯君子左丘明懼弟子人人異端，各安其意，失其真，故因孔子史記具論其語，成左氏春秋。劉氏逢祿左氏春秋考證云：夫子之經書於竹帛，微言大義不可以書見，則游夏之徒傳之。左明蓋生魯悼之後，徒見夫子之經及史記、晉乘之類，而未聞口授微情，當時口說多異，因具論其事實，不具者闕之。曰魯君子，則非弟子也。曰左氏春秋，與鐸氏、虞氏、呂氏並列，則非傳春秋也。故曰左氏春秋，舊名也。曰春秋左氏傳，則劉歆所改也。藝文志左氏傳三十卷。劉氏考證云：太史公時名左氏春秋，蓋與晏子、鐸氏、虞氏、呂氏之書同名，非傳之體也。左氏傳之名，蓋始於劉歆七略。按：法言此文亦但稱左氏，而不稱左傳，與周官不稱周禮同義。說文：品，衆庶也。品藻猶云多文采。司馬云：品第善惡，藻飾其事，以品藻爭列為義。此用漢書偽淵騫序稱述品藻，顏注定其差品及文質之意，而小變之，非子雲本旨。蓋品藻與立事及實錄相對為文，明非平列字也。太史遷曰實錄者，漢書司馬遷傳贊云：自劉向、揚雄博極羣書，皆稱遷有良史之材，服其善序事理，辨而不華，質而不俚，其文直，其事核，不虛美，不隱惡，故謂之實錄。應劭云：言錄其事實按實錄者謂核實之紀錄所謂其文直其事核也按周官左氏漢世皆不立學官不在經傳之列劉歆始盛稱之以為周官周公致太平之迹左氏親見夫子好惡與聖人同劉歆傳云歆校秘書見古文春秋左氏傳歆大好之以為左丘明好惡與聖人同親見夫子而公羊穀梁在七十子後傳聞之與親見之其詳略不同及歆親近欲建立左氏春秋及毛詩逸禮古文尚書皆列於學官哀帝令歆與五經博士講論其義諸博士或不肯置對歆因移書太常博士責讓之其言甚切諸儒皆怨恨是周官左氏皆劉歆所力為表章者而法言此篇乃以二書儕諸史遷之不列於經傳而一則稱為立事一則目為品藻亦未嘗以為聖人之言此則子雲之於經學固猶是當時博士之見矣

疏十五終

二月廿申戌

法言義疏十六

吳汪榮寶撰

淵騫卷第十一　吳曹侍讀元忠云：漢書藝文志揚雄所序三十八篇本注云法言十三，此十三篇即本傳之十三卷。文選（頭陁碑）荅賓戲注引作十二卷者，宋祁校本云李軌注法言本淵騫與重黎共序，知軌據漢世傳本重黎、淵騫并為一篇，故合法言序為十三篇，可由祁校語得之。榮按：李本自學行卷第一至孝至卷第十三，每卷標題下皆有注語，惟淵騫卷第十一下無文，蓋重黎、淵騫本為一篇，多論春秋以後閒君將相卿士名臣之事，以其文獨繁，倍於他篇，故自篇中或問淵騫之徒惡乎在以下析為卷第十一，雖自為一篇，然實即重黎之下半。既非別有作意，遂不為之序，弘範知其然，故於此卷標題下亦不為之注。藝文志法言十三，此據卷數言之，則然。若論其作意，不數淵騫，則止十二。荅賓戲注引揚雄傳譔十二卷，象論語，號曰法言。此可證舊本漢書此傳所用子雲自序，其文如此。傳末贊載法言序，中之不得列有淵騫序，更不辯自明。淺人習見通行法言卷數皆為十三，疑揚雄傳十二卷字為十三之誤，又疑淵騫獨無序為傳寫之闕

十六　二月丙子起稿

失遂改十二為十三，且從遷仲尼之後，訖于漢道云云二十八字為淵騫序，竄入傳中，於是自序漢書雄傳此文不特非子雲自序之真，亦併非孟堅漢書序傳之舊矣。君直據選注此條，證明重黎淵騫共序之義，至為精覈。然謂執據漢世傳本合法言序為十三卷，然亦失之。李本法言序附孝至之後，明不以為一篇，則十三卷之不數法言序，固無疑義。蓋淵騫離之析為重黎之共篇，乃數中而不數也。重黎中卷，自漢世已然。證法言序無淵騫序，則是謂法言十三卷，中無淵騫卷之目則

或問淵騫之徒惡乎在？曰：寢。或曰：淵騫曷不寢？曰：攀龍鱗，附鳳翼，巽以揚之，勃勃乎其不可及也。如其寢！如其寢！淵騫之徒惡乎在者，學行注云：徒猶弟子也。淵騫之徒猶云七十子之弟子。仲尼弟子列傳以顏淵、閔子騫居首，故舉淵騫以統其餘也。音義：惡，音烏。按七十子皆身通六藝，而其弟子多不傳，故以為問。寢者，廣雅釋詁：寢，藏也。按謂湮沒不彰也。音義曰：寢，俗本作曰在寢，在衍字。司馬云：宋吳本作在寢。按此因未解寢字之義而妄增者。攀龍鱗附鳳翼者，伯夷列傳云：顏淵雖篤學，附驥尾而行益顯。索隱云：喻因孔子而名彰，即此文所本。巽以揚之者，集注本無巽字，云：宋吳本作巽以揚之。今從李本。是

重黎

失遂改二為三且妄造仲尼之後迄于漢道云云二十八字為淵騫序竄入傳中於是雄傳此文不獨非子雲之真亦併非孟堅之舊矣君直據遂注此條證明重黎淵騫共序之義至為精覈此謂軌據漢世傳本合法言序為十三篇曰亦未協李本法言序附孝至之後明不以為一篇蓋重黎淵騫之析為二篇漢世已然此謂法言序與淵騫序則是謂十三卷為敘序不敘淵騫則非也

似

法言　李軌注

十六二

各本皆同
五号旁注

溫公所見監本無此字。今治平本有之，而巽以揚之四字占三格，明是修板擠入。秦校云：「當衍巽字。」溫公集注可證是也。俞云：盧氏弨文云：李本巽作翼，不知翼者習涉上句附鳳翼而誤衍。溫公但云：「揚，發揚也。」不及翼字之義，是其所據本無巽字，亦非別有他字也。今各本皆作巽以揚之，蓋據宋吳本加，非李本之舊。榮按：舊監本固無巽字，然此或傳寫偶脫，非必李本如此。後漢書光武帝紀章懷太子注引此文正作巽以揚之，則其所據本有巽字，為宋吳本所自出，錢本亦有之，於義為近。蓋下文勃勃乎其不可及也，即承巽字而言，巽為風，故云、龍鱗鳳翼，喻孔子之道；巽風，喻天言。七十子得孔子而師事之，故天實助之以成其名也。勃勃乎其不可及也，世德堂本作不可及乎。如其寢！如其寢者，七十子之成名皆以孔子。七十子之弟子源遠而流益分，固不復能有所附麗以成其名。然則七十子之遺澤，豈得與其弟子之遺澤相提並論也。

七十子之於仲尼也，日聞所不聞，見所不見，文章亦不足為矣。

七十子之於仲尼也，司馬云：「宋吳本作七十二子。」按：孟子云如七十子之服孔子也，本書學行云：「速哉，七十子之肖仲尼也。」皆舉成數言之，此亦同。宋吳本非。日聞所不聞，見所不見者，聖人之言行如天道之日新，學者得聖人而師之，其進益

無有已時也文章亦不足為矣者司馬云言遊孔門者務學
道德不事文章按謂七十子不必皆有著述傳於後世非其
才有所不逮乃日有所
不給亦意有所不屑也
君子絕德小人絕力或問絕德曰舜以孝禹以功皋陶以謨非
絕德邪注是皆德之殊絕力注絕力者何秦悼武烏獲任鄙
扛鼎抃牛非絕力邪注此等皆以多力舉重崩中而死所謂
不得其死然 君子絕德小人絕力者絕謂不可幾及君子小
人各有其不可幾及者君子之於德小人之於力
是也舜以孝者堯典云有鰥在下曰虞舜父頑母嚚象傲克
諧以孝中庸云舜其大孝也與德為聖人尊為天子富有四
海之內宗廟饗之子孫保之禹以功者禹貢云禹錫玄圭告
厥成功左傳昭公篇云美哉禹功明德遠矣微禹吾其魚乎
皋陶以謨者皋陶謨云曰若稽古皋陶曰允迪厥德謨明弼
諧書序云皋陶矢厥謨秦悼武烏獲任鄙扛鼎抃牛者秦本
紀云惠王卒子武王立索隱云名蕩按本紀稱武王者省言
之下云悼武王后出歸魏又始皇本紀云悼武王享國四年

十六三

五子考證

梁氏玉繩漢書人表考云案文子自然篇老子曰用眾人之力者烏獲不足恃是古有烏獲後人慕之以為號也

史記作言秦武王舉鼎而死今按告子孫疏引皇甫士安帝王世說（當作世紀）云秦武王好多力之士烏獲之徒並皆歸焉秦王於洛陽舉周鼎烏獲兩目血出則烏獲蓋亦不得其

葬永陵是以二字為謚也本紀又云武王有力好戲力士任鄙烏獲孟說皆至大官王與孟說舉鼎絕臏八月按武王四年武王死族孟說明是烏獲任鄙皆秦悼武王同時人孟子云然則舉烏獲之任是亦為烏獲而已矣趙注云烏獲古之有力人也則烏獲乃古有力者之稱秦悼武王時之烏獲以有力著因取此名名之耳樗里子甘茂列傳云秦人諺曰力則任鄙智則樗里音義扛鼎音江司馬云抃斗謂以兩斗相擊如抃手狀按張平子思玄賦舊注云抃手搏也又通作卞漢書哀帝紀贊蘇林注云手搏為卞是也此則抃斗即手搏之謂殷本紀正義引帝王世紀云紂倒曳九牛○注是皆德之殊絕按司馬長卿封禪文未有殊尤絕跡可考於今者也是殊絕義同○注此等皆以多力舉重崩中而死按世德堂本無此等二字秦本紀舉鼎絕臏集解引徐廣云一作脈崩中

弘範所據史記字蓋作脈故云

[redacted]内經陰陽別論云陰虛陽搏謂之崩王注云陰脈不足陽脈盛搏則内崩而血流下即其義

或問勇曰軻也曰何軻也曰軻也者謂孟軻也若荊軻君子盜諸請問孟軻之勇曰勇於義而果於德不以貧富貴賤死生

死任鄙死狀未詳白起列傳云昭王十三年穰侯相秦舉任鄙以為漢中守則鄙至昭襄王時猶存張範云此等皆以舉重死或別有所本

我四十不動心

動其心於勇也其庶乎[注]或人之問勇猶衛靈公之問陳也仲尼答以俎豆子雲應之以德義若荆軻君子盜諸者刺客列傳云荆軻者衛人也其先乃齊人徙於衛、、人謂之慶卿而之燕、、人謂之荆卿索隱云軻先齊人齊有慶氏則或本姓慶春秋慶封其後改姓賀此亦至衛而改姓慶爾荆慶聲相近故隨在國而異其號也又同傳正義引燕太子篇云荆軻神勇之人怒而色不變吳云[redacted]為燕太子刺秦王以君子之道類之則大盜耳司馬云比諸盜賊按義詳後文請問孟軻之勇治平本無問字錢本同今依世德堂本勇於義而果於德[redacted]○者吳云養浩然之氣勇之大者按孟子云我善養吾浩然之氣其為氣也至大至剛以直養而無害則塞於天地之間其為氣也配義與道無是餒也又云富貴不能淫貧賤不能移威武不能屈此之謂大丈夫其於勇也其庶乎者荀子性惡云天下有中敢直其身先王有道敢行其意上不循於亂世之君下不俗於亂世之民仁之所在無貧窮仁之所亡無富貴天下知之則欲與天下共苦樂之天下不知之則傀然獨立天地之間而不畏是上勇也○注或人至德義按世[redacted]德堂本猶作若應之以德義無之字

不以貧富貴賤死生動其心者

魯仲連傷而不制注高談以救時難功成而不受祿賞藺相如制而不傷注好義崇理廉身仲節輔佐本國繫時之務也魯仲連傷而不制者魯仲連鄒陽列傳云魯仲連者齊人也好奇偉俶儻之畫策而不肯仕宦任職好持高節游於趙會秦圍趙聞魏將欲令趙尊秦為帝乃見平原君曰事將奈何平原君曰勝也何敢言事前亡四十萬之衆於外今又內圍邯鄲而不能去魏王使客將軍新垣衍令趙帝秦今其人在是勝也何敢言事魯仲連曰吾始以君為天下之賢公子也吾乃今然後知君非天下之賢公子也梁客新垣衍安在吾請為君責而歸之魯仲連見新垣衍曰昔者齊湣王欲行天子之禮於鄒魯鄒魯之臣不果納今秦萬乘之國也梁亦萬乘之國也俱據萬乘之國各有稱王之名睹其一戰而勝欲從而帝之是使三晉之大臣不如鄒魯之僕妾也且秦無已而帝則且變易諸侯之大臣彼將奪其所不肖而與其所賢奪其所憎而與其所愛彼又將使其子女讒妾為諸侯妃姬處梁之宮梁王安得晏然而已乎而將軍又何以得故寵乎於是新垣衍起再拜謝不敢復言帝秦適會魏公子無忌奪晉鄙軍以救趙擊秦軍秦軍遂引而去於是平原君欲封魯連

五帝本紀依鬼神以制義正義云制古制字梁氏志疑云古制字作剬若剬音端與剸同則剬乃制之譌矣按篆文制作𠝹隸變作制

[redacted]

魯連解讓使者三終不肯受平原君乃置酒酒酣起前以千金為魯連壽魯連笑曰所謂貴於天下之士者為人排患釋難解紛亂而無取也即有取者是商賈之事也而連不忍為也遂辭平原君而去終身不復見其後二十餘年燕將攻下聊城聊城人或讒之燕燕將懼誅因保守聊城不敢歸齊田單攻聊城歲餘士卒多死而聊城不下魯連乃為書約之矢以射城中遺燕將燕將見魯連書猶豫不能自決欲歸燕已有隙恐誅欲降齊所殺虜於齊甚衆恐已降而後見辱乃自殺聊城亂田單遂屠聊城歸而言魯連欲爵之魯連逃隱於海上曰吾與富貴而詘於人寧貧賤而輕世肆志焉音義傷與蕩同司馬云宋吳本傷作傷制作剬介甫曰傷古蕩字剬古制字按說文傷放也[redacted]古書多假蕩為之[redacted]

持魯仲連傷而不制謂其能輕世肆志而不[redacted]傳寫家誤為剬耳傷謂自適制謂自[redacted]藺相如見重黎跡制而不傷謂其能懲忿以先國家之急而[redacted]書為宦者令繆賢舍人亦降志辱身矣司馬云仲連不以富貴動其心而未能忘死生相如不以死生動其心而未能忘富貴故云然溫公意以此為小上章而言故釋之如此然義似未確○○注功成而不受祿賞按世德堂本作爵賞○○好義崇理按世德堂本作崇禮

能仕宦任職

傷傷皆傷之俗玉篇傷他莽切直也非此[redacted]文之義

注

十行 深山製

十六 五

吳胡部郎玉縉云疑謗也未信而分疑未信而致人分謗也鄒陽云為世所疑謂為世所謗揚子蓋本此

或問鄒陽曰未信而分疑忼辭免罿幾矣哉（注）鳥罟謂之罿猶人之縲紲幾危也獄中出慷慨之辭得以自免亦已危矣史記鄒陽與魯仲連同傳既論魯仲連故迻及鄒陽也彼傳云鄒陽者齊人也游於梁與故吳人莊忌夫子淮陰枚生之徒交上書而介於羊勝公孫詭之閒勝等嫉鄒陽惡之梁孝王孝王怒下之吏將欲殺之鄒陽客游以讒見禽恐死而負累乃從獄中上書云云書奏梁孝王孝王使人出之卒為上客太史公曰鄒陽辭雖不遜然其比物連類有足悲者亦可謂抗直不撓矣未信而分疑者宋云言未為梁王所信方為其所疑雖能分解以免罔亦危矣司馬云孔子稱信而後諫未信則以為謗己也陽初仕梁未為孝王所信而深言以觸機事分取孝王之疑故曰未信而分疑按[redacted]鄒陽書云臣聞忠無不報信不見疑臣常以為然徒虛語耳昔者荆軻慕燕丹之義白虹貫日太子畏之衛先生為秦畫長平之事太白蝕昴而昭王疑之夫精變天地而信不諭兩主豈不哀哉今臣盡忠竭誠畢議願知左右不明卒從吏訊為世所疑是使荆軻衛先生復起而燕秦不悟也願大王孰察之[redacted]恨辭免罿者音義恨

對舉疑叩不信之謂[redacted]曲禮分爭辯訟鄭注云分辯皆別也然則分疑叩辯疑似以宋義為長

辭若兩切免詈音衛按說文抗扞也引伸為不詘之義抗辭也抗辭史云鄒陽辭不遜及云抗直不撓是也戮矣哉者音義哉矣音機按重黎云如辯人幾矣與此同義○注烏罟謂之畢按說文畢罟也罟捕鳥覆車也兩相釋罟罟謂之孚之覆車也郭云今之翻車也有兩轅中施罥以捕鳥王氏筠說文釋例云覆車亦卿謂之翻車不用罔目以雙繩貫柔條張之如弓絕之中央縛兩竹之末其張其以繩貫之而張之以機上繫蛾鳥食蛾則機發竹覆於弓而繯其項矣以其弓似半輪故得車名○注獄中出慷慨之辭按弘範讀忼如字故以為慷慨之辭慷叩忼之俗說文忼慨也又慨篆下云忼慨壯士不得志也然忼辭乎明用史公鄒陽傳贊語意非忼慨之謂 嗟注似失其義

或問信陵平原孟嘗春申益乎曰上失其政姦臣竊國命何其益乎注甫此四君之時實皆有益於其國而揚子譏之者蓋論上失其政故辯明之信陵平原孟嘗春申益乎者信陵君列傳云魏公子無忌者魏昭王少子而魏安釐王異母弟也昭王薨安釐王即位封公子為信陵君公子為人仁而下士士無賢不肖皆謙而禮交之不敢以

其前貴驕士〻以此方數千里爭往歸之致食客三千人當是時諸侯以公子賢多客不敢加兵謀魏十餘年魏有隱士曰侯嬴年七十家貧為大梁夷門監者公子聞之從車騎虛左自迎夷門侯生〻〻遂為上客魏安釐王二十年秦昭王已破趙長平軍又進兵圍邯鄲公子姊為趙惠文王弟平原君夫人數遺魏王及公子書請救於魏〻〻王使晉鄙將十萬衆救趙秦王使〻者告魏王曰吾攻趙旦暮且下而諸侯敢救者已拔趙必移兵先擊之魏王恐使人止晉鄙軍壁鄴名為救趙實持兩端以觀望公子患之因問侯生乃屏人閒語曰嬴聞晉鄙之兵符常在王臥內而如姬最幸力能竊之公子誠一請如姬〻〻必許諾則得虎符奪晉鄙軍北救趙而西卻秦公子從其計如姬果盜晉鄙兵符與公子〻〻行侯生曰臣客屠者朱亥可與俱此人力士晉鄙聽大善不聽可使擊之公子遂行至鄴矯魏王令代晉鄙〻〻合符疑之欲毋聽朱亥袖四十斤鐵椎〻殺晉鄙公子遂將晉鄙軍得選兵八萬人進兵擊秦軍〻〻解去遂救邯鄲存趙魏王怒公子之盜其兵符矯殺晉鄙公子亦自知也使將〻其軍歸魏而獨與客留趙十年不歸秦日夜出兵東伐魏〻〻王患之使人往請公子公子歸救魏〻〻王以上將軍印授公子〻〻率五國之兵破秦軍於河外秦王患之乃行金萬斤於魏求晉鄙

將軍

客令毀公子於魏王〻〻日聞其毀不能不信後果使人代
公子將公子自知再以毀廢乃謝病不朝與賓客為長夜飲
飲醇酒多近婦女日夜為樂飲者四歲竟病酒而卒索隱云
地理志鄴信陵故邑是鄉邑名又平原君虞卿列傳云平原
君趙勝者趙之諸公子也諸子中勝最賢喜賓客〻蓋至
者數千人平原君相趙惠文王及孝成王三去相三復位封
於東武城秦之圍邯鄲趙使平原君求救合從於楚平原君
已定從而歸楚使春申君將兵赴救趙魏信陵君亦矯奪晉
鄙軍往救趙皆未至秦急圍邯鄲〻〻傳舍吏子李同說平
原君令夫人以下編於士卒之間分功而作家之所有盡散
以饗士〻[illegible][illegible]平原君從之得敢死之士三千李同遂與三千
人赴秦軍〻為之卻三十里亦會楚魏救至秦兵遂罷邯鄲
復存李同戰死平原君以趙孝成王十五年卒子孫代後
竟與趙俱亡又孟嘗君列傳云孟嘗君名文姓田氏文之父
曰靖郭君田嬰〻〻者齊威王少子而齊宣王庶弟也田嬰
相齊十一年宣王卒湣王即位封田嬰於薛文以閒問其父
嬰曰君用事相齊至今三王矣齊不加廣而君私家富累萬
金門下不見一賢者文竊怪之於是嬰乃禮文使主家待賓
客〻〻[illegible]日進名聲聞於諸侯〻〻皆使人請薛公田嬰以
文為太子嬰許之嬰卒而文果代立於薛是為孟嘗君孟嘗

君在薛招致諸侯賓客及亡人有罪者皆歸孟嘗君孟嘗君舍業厚遇之以故傾天下之士食客數千人無貴賤一與文等秦昭王聞其賢乃先使涇陽君爲質於齊以求見孟嘗君齊湣王二十五年復卒使孟嘗君入秦昭王即以孟嘗君爲秦相人或說秦昭王曰孟嘗君賢而又齊族也今相秦必先齊而後秦秦其危矣於是秦昭王乃止囚孟嘗君謀欲殺之孟嘗君使人抵昭王幸姬求解幸姬曰妾願得君狐白裘孟嘗君有一狐白裘直千金天下無雙入秦獻之昭王更無他裘客有能爲狗盜者夜爲狗以入秦宮藏中取所獻狐白裘至以獻秦王幸姬姬爲言昭王昭王釋孟嘗君孟嘗君乃出即馳去夜半至函谷關關法雞鳴而出客孟嘗君恐追至客有能爲雞鳴而雞盡鳴遂發傳出出如食頃秦追果至關已後孟嘗君出乃還齊湣王不自得以其遣孟嘗君孟嘗君至則以爲齊相任政居數年人或毀孟嘗君於齊湣王孟嘗君聞謝病歸老於薛後齊湣王滅宋益驕欲去孟嘗君孟嘗君恐乃如魏魏昭王以爲相西合於秦趙與燕共伐破齊齊湣王亡在莒遂死焉齊襄王立而孟嘗君中立於諸侯無所屬齊襄王新立畏孟嘗君與連和復親薛公卒諡爲孟嘗君諸子爭立而齊魏共滅薛孟嘗絕嗣無後也索隱云孟嘗襲父封薛而號曰孟嘗君此云謚非也孟字嘗邑名嘗邑在

薛之旁。按文嬰父封本為薛公，别[redacted]號[redacted]孟嘗君，猶父諡之清（死而追以為諡）
郭君之比。[redacted]諡[redacted]亦號也。又《春申君列傳》云：「春申君者，楚
人也，名歇，姓黃氏。游學博聞，事楚頃襄王。使於秦，秦昭王方
令白起與韓魏共伐楚，未行，而楚使黃歇適至於秦，聞秦之
計。當是之時，秦已前使白起攻楚，取巫黔中之郡，拔鄢[redacted]郢，
東至竟陵，楚頃襄王東徙治於陳縣。黃歇恐壹舉而滅楚，乃
上書說秦昭王，昭王乃止白起而謝韓魏，發使賂楚，約為與
國。黃歇受約歸楚，楚使歇與太子完入質於秦，秦留之數年。
楚頃襄王病，於是黃歇乃說應侯曰：『今楚王恐不起疾，秦不
如歸其太子。太子得立，其事秦必重而德相國無窮，是親與
國而得儲萬乘也。』應侯以聞秦王，秦王曰：『令楚太子之傅先
往問楚王之疾，返而後圖之。』黃歇為楚太子計，變衣服為楚
使者御以出關，而黃歇守舍，常為謝病。度太子已遠，秦不能
追，歇乃自言秦昭王，願賜死。秦因遣黃歇。歇至楚三月，楚頃
襄王卒，太子完立，是為考烈王。以黃歇為相，封為春申君。是
時齊有孟嘗君，趙有平原君，魏有信陵君，方爭下士，招致賓客，
以相傾奪，輔國持權。春申君為楚相四年，秦破趙之長平軍
四十餘萬。五年，圍邯鄲，邯鄲告急於楚，楚使春申君將兵往救之，秦兵亦去。
春申君相楚八年，北伐滅魯，以荀卿為蘭陵令。春申君相二
十二年，諸侯患秦攻伐無已時，乃相與合從，西伐秦，而楚王

十六八

棘

爲從長春申君用事至函谷關秦出兵攻諸侯兵皆敗走楚考烈王以咎春申君春申君以此益疏楚於是去陳徙壽春楚考烈王無子趙人李園持其女弟欲進之楚王聞其不宜子恐久毋寵求事春申君爲舍人乃進其女弟即幸於春申君知其有身乃與其女弟謀承閒以說春申君曰君貴用事久多失禮於王兄弟誠且及身今妾自知有身矣誠以君之重而進妾於楚王妾賴天有子男則是君之子爲王也楚國盡可得孰與身臨不測之罪乎春申君大然之乃出李園女弟謹舍而言之楚王楚王召入幸之遂生子男立爲太子李園恐春申君語泄陰養死士欲殺春申君以滅口春申君相二十五年楚考烈王卒李園伏死士於棘門之內春申君入棘門園死士俠刺春申君斬其頭投之棘門外於是遂使吏盡滅春申君之家正義云四君封邑檢皆不獲唯平原有地又非趙境並盖號謚而孟嘗是謚上失其政姦臣竊國命何其益乎者漢書游俠傳云古者天子建國諸侯立家自卿大夫以至于庶人各有等差是以民服事其上而下無覬覦孔子曰天下有道政不在大夫百官有司奉法承令以脩所職失職有誅侵官有罰夫然故上下相順而庶事理焉周室既微禮樂征伐自諸侯出桓文之後大夫世權陪臣執命陵夷至於戰國合從連衡力政爭彊繇是列國公子魏有信陵趙

有平原齊有孟嘗楚有春申皆藉王公之勢競為游俠雞鳴狗盜無不賓禮皆以取重諸侯名顯天下搤腕而游談者以四豪為稱首於是背公死黨之議成守職奉上之義廢者按孟堅此論原本儒術可危此文之義疏[redacted]

樗里子之知也使知國如葬則吾以疾為著龜注疾者樗里子之名死葬豫言後當有兩天子宮夾我果如其言使其策筭國事如之則吾以疾為著龜者有為有行動而問焉樗里子之知也

世德堂本知作智按音義出之知云音智下知國如字明不作智樗里子甘茂列傳云樗里子者名疾秦惠王之弟也樗里子滑稽多智秦人號曰智囊秦惠王卒太子武王立以樗里子甘茂為左右丞相秦武王卒昭王立樗里子又益尊重昭王七年樗里子卒葬於渭南章臺之東曰後百歲是當有天子之宮夾我墓樗里子疾室在於昭王廟西渭南陰鄉樗里故俗謂之樗里子至漢興長樂宮在其東未央宮在其西武庫正直其墓秦人諺曰力則任鄙智則樗里索隱云樗木名也音攄烏誇曰其里有樗樹故曰樗里然疾居渭南陰鄉之樗里故號曰樗里子又紀年則謂之褚里疾使知國如葬

十六九

則吾以疾為著龜世德壹本作使知國如知葬樗里子為秦相未聞有所益於國而獨以知葬聞是甚智不足稱也蓋謂樗里子知葬云云者本秦人傳言之妄此以不作其妄而惜樗里子之未能用其智於國明傳言之非妄亦不可謂為智也袁和彥三國名臣序贊曰著蔡手注川龜此文作樗里之智也使知國若葬吾以疾為著蔡似也舊本作蔡論語臧文仲居蔡包云蔡國君之守龜也出蔡地因以為名焉○注疾者至闕焉按世德堂本此注全刪策筭錢本作策算

周之順赧以成周而西傾秦之悉史昭襄以西山而東并孰愈曰周也羊秦也狼然則狼愈與曰羊狼一也注過猶不及兩不央也

周之順赧以成周而西傾者音義周之順赧諸本皆作順赧順靚王及赧王也俗本作周之傾字之誤也史記作慎靚王索隱作順靚王是慎轉為順赧奴板切司馬云宋吳本作周之傾赧按周本紀顯王崩子慎靚王定立慎靚王立六年崩子赧王延立梁氏志疑云晉常璩華陽國志作慎王而略史前紀注引志作靜王又作順王蓋單稱之耳靚即靜字順與慎通按逸周書謚法慈和遍服曰順別無慎字明慎即順也作傾者順傾形近兼涉下文西傾字而誤

本紀又云慎靚王立六年卒（崩）子赧王延立按詳重黎疏成周
周敬王至順靚王所都之東周也自周初至戰國東周凡三
其一平王以後所都之王城也詩黍離序鄭箋云宗周鎬京
也謂之西周周之王城也謂之東周是也其二敬王以後所都
之成周也公羊傳昭公篇云王城者何西周也成周者何東
周也是也其三考王之弟之孫所封之鞏也周本紀索隱云
西周河南也東周鞏也是也漢時王城為河南縣成周為雒
陽縣鞏為鞏縣顧應河南郡宋云平王東遷於洛邑周公所
營之王城是謂成周此誤以河南縣與雒陽縣聲合為一也
周本紀王赧從都西周正義云敬王從王城東徙成周十世
至王赧從成周西從王城趙則赧王之時已去成周而復都
王城此云以成周（西）（國）者周兼牽順靚王從其前者言之耳
西傾謂之赧斉秦盡獻其邑三十六口三萬是也秦之惠文
昭襄以西山而東并者秦本紀[redacted]孝公卒子惠文君立索隱
云名駟又本紀武王取魏女為后無子立異母弟是為昭襄君
王索隱云名則一名稷武王弟按武王即悼武王為惠文[redacted]
子[redacted]昭襄[redacted]亦悉文子也吳云秦都雍州西山在焉而東滅
周故曰東并本紀曰文公卒葬西山按秦文公葬地據集解
引皇甫謐云在今隴西之西縣則當今甘肅鞏昌府西和縣
境此文西山不當指此易隨上六主用亨于西山又升六四

（為悼武弟）
（本紀書西周君 正義以為周武公 誤也）
（春秋）

十六

音義東并 音併

王用亨于岐山毛氏奇齡仲氏易云西山者岐山也焦氏循易章句亦云岐山猶西山也然則此即用易文西山猶云岐山耳地理志右扶風美陽禹貢岐山在西北中水鄉周太王所邑秦本紀云昭襄王五十一年西周君走來自歸頓首受罪新書過秦云孝公既沒惠文武昭襄蒙故業因遺策南取漢中西舉巴蜀東割膏腴之地北收要害之郡諸侯恐懼按不云始皇者以周之亡在昭襄之世也孰愈者猶云武關祖詐與亡孰愈曰亡愈故復發此問周也羊秦也狼者國策楚策云夫秦虎狼之國也然則狼愈與者既無許周之文故更疑強勝於弱也羊狼一也者宋云言周以不道而弱秦以不道而強強與弱雖異而不道一也

或問蒙恬忠而被誅忠奚可為也曰壍山堙谷起臨洮擊遼水力不足而死有餘忠不足相也〔注〕相助也雖盡一身之節而殘百姓之命非所以務民之義〔疏〕蒙恬忠而被誅者蒙恬列傳云蒙恬者其先齊人也恬大父蒙驁自齊事秦昭王官至上卿驁子武武子曰恬恬弟毅始皇二十六年蒙恬因家世得為秦將攻齊大破之拜為

內史秦已并天下乃使蒙恬將三十萬眾北逐戎狄收河南築長城因地形用險制塞起臨洮至遼東延袤萬餘里於是渡河據陽山逶蛇而北暴師於外十餘年居上郡是時蒙恬威振匈奴始皇甚尊寵蒙氏信任賢之而親近蒙毅位至上卿恬任外事而毅常為內謀名為忠信故雖諸將相莫敢與之爭焉始皇欲游天下道九原直抵甘泉乃使蒙恬通道自九原抵甘泉塹山堙谷千八百里道未就始皇三十七年冬行出游會稽並海上北走琅邪道病使蒙毅還禱山川未反始皇至沙丘崩中車府令趙高乃與丞相李斯少子胡亥謀陰立胡亥為太子太子已立遣使者以罪賜公子扶蘇蒙恬死扶蘇已死蒙恬疑而復請之使者還報毅還至趙高因為胡亥忠計欲以滅蒙氏胡亥聽而繫蒙毅於代前已囚蒙恬於陽周喪至咸陽已葬太子立為二世皇帝而趙高親近日夜毀惡蒙氏胡亥令蒙毅曰先主欲立太子而卿難之今丞相以卿為不忠罪及其宗朕不忍乃賜卿死亦甚幸矣遂殺之二世又遣使者之陽周令蒙恬曰君之過多矣而卿弟毅有大罪法及內史恬曰自吾先人及至子孫積功信於秦三世矣今臣將兵三十餘萬身雖囚繫其勢足以倍畔自知必死而守義者不敢辱先人之教以不忘先主也恬之宗世無二心而事卒如此是必孽臣逆亂內陵之道也使者曰臣受詔

十六十一

行法於將軍，不敢以將軍言聞於上也。蒙恬喟然太息曰：我何罪於天，無過而死乎？良久，徐曰：恬罪固當死矣。起臨洮屬之遼東，城塹萬餘里，此其中不能無絕地脈哉？此乃恬之罪也。乃吞藥自殺。塹山堙谷者，音義：塹山，七豔切。按：世德堂本作塹。說文：塹，阬也。塹即塹之[redacted]別體。史記亦作塹。說文：垔，塞也。俗字作堙。起臨洮擊遼水者，音義：臨洮音洮。按：地理志隴西郡臨洮，洮水出西羌中，北至枹罕東入河。禹貢西傾山在縣西南，南部都尉治也。今甘肅鞏昌府岷州。秦長城起州西。秦校云：擊當作繫。繫，屬也。史記云屬之遼東，不作擊可知。但各本皆誤，或治平初刻已如此。俞云：擊字無義，疑繫字之誤。爾雅釋詁：繫，盡也。言臨洮而盡遼水也。史記作起臨洮至遼東，至亦有盡義。按：秦說是也。地理志遼東郡望平：大遼水出塞外，南至安市入海，行千二百五十里。按：今遼河有東西二源，自邊外合流而南，逕開原、鐵嶺縣西，又逕承德、遼陽、海城之西，又南入海。力不足而死有餘，其注依宋、吳本，死作屍。俞云：力者，功也。周官司勳：治功曰力，是也。言蒙恬為秦築長城，無救於秦之亡，以論功則不足，以致死則有餘矣。故曰力不足而死有餘。宋、吳本死作屍，誤也。溫公從之，非是。按：宋、吳本固非，俞義亦未安。力不足而死有餘，謂用民之力而不惜民之死，民力匱而死者多耳。太史公曰：吾適北邊，自直道歸，行觀蒙恬所為秦築長城亭障塹山堙谷通直道固輕百姓力矣夫秦之初滅諸侯天下之心未定痍傷者未瘳而恬為名將不以此時彊諫振百姓之急養老存孤務修衆庶使之和而阿意興功此其兄弟遇誅不亦宜乎即此文之義也不足相也者音義相息亮切按相疑稱之駁文傳寫誤耳○注相助也按[redacted]俞云說文木部相省視也從目從木易曰地可觀者莫可觀於木是相與觀義近也不足相也猶曰也不足觀也不曰觀而曰相子雲好為艱深之辭故弟李注訓相為助將誰使助之乎夫楊旨矣榮謂弘範以相為助猶云贊也義與稍紂並同下適曲園訓為觀而以此為子雲好作艱深之辭尤謬

或問呂不韋其智矣乎以人易貨注呂不韋陽翟賈人也出千金以助子楚、、既立不韋相之曰誰謂不韋智者與以國易宗注雖開川封先笑後號身既鴆死宗族竄流[redacted]不韋之盜穿窬之雄乎注不以其道非盜如何穿窬也者吾見擔石吳未見雒陽也【注】雒陽不韋所國地也揭雒陽而行天下豈徒擔石乎不韋甚智矣乎以人易貨者呂不韋列傳云呂不韋者陽翟大賈人也往來販賤賣貴家累千金秦昭王太子死以其次子安國君為太子安國君有子二十餘人中男名子楚按本名異人為秦質子於趙車乘進用不饒居處困不得意呂不韋賈邯鄲見而憐之曰此奇貨可居乃往見子楚說曰秦王老矣安國君得為太子竊聞安國君愛幸華陽夫人華陽夫人無子能立適嗣者獨華陽夫人耳子貧客於此非有以奉獻於親及結賓客也不韋雖貧請以千金為子西游事安國君及華陽夫人立子為適嗣乃以五百金與子楚為進用結賓客而復以五百金買奇物玩好自奉而西游秦求見華陽夫人姊而皆以其物獻華陽夫人因言子楚賢智日夜泣思太子及夫人夫人大喜承太子閒從容言子楚質於趙者絕賢來往者皆稱譽之妾不幸無子願得子楚立以為適嗣以託妾身安國君許之秦昭王五十年使王齮圍邯鄲急趙欲殺子楚子楚與呂不韋謀行金六百斤予守者吏得脫亡赴秦軍遂以得歸秦昭王五十六年薨太子安國君立為王華陽夫人為王后子楚為太子秦王立一年薨謚為孝文王太子子楚代立是為莊襄王以呂不

五号書注

世德堂本作呂不韋之盜

音義穿窬音踰

韋為述相封為文信侯食河南洛陽十萬戶此以人易貨之
事傳奇貨可居下集解云以子楚方財貨也正義引戰國策
秦策文云濮陽人呂不韋賈邯鄲見秦質子異人歸謂其
父曰耕田之利幾倍曰十倍珠玉之贏幾倍曰百倍立主定
國之贏幾倍曰無數不韋曰今力田疾作不得煖衣餘食今
定國立君澤可遺後世願往事之是其義也詳謂不韋猜者
与以國易宗者傳又云莊襄王三年薨太子政立為王尊呂不
韋為相國號仲父始皇九年有告嫪毐常與太后私亂事連
相國呂不韋九月夷嫪毐三族十年十月免相國呂不韋就
國河南歲餘諸侯賓客使者相望於道請文信侯秦王恐其
為變乃賜文信侯書曰君何功於秦秦封君河南食十萬戶
君何親於秦號稱仲父其與家屬徙處蜀呂不韋自度稍侵
恐誅乃飲酖而死此以國易宗之事國謂雒陽以國易宗謂
得雒陽之封而終乃身誅而家族徙也不韋之盜穿窬之雄
乎者論語云色厲而內荏譬諸小人其猶穿窬之盜也與九
注云穿穿壁也窬窬牆也皇疏云窬竇也穿窬也音見擔
不矣未見雒陽也者音義擔石都濫切又都甘切按說文儋
何也擔今字作擔荷漢書蒯通傳守儋石之祿者闕卿相之
位應劭云齊人名小甖為儋受二斛晉灼云石斗石也顏云
儋音都濫反或曰儋者一人之所負擔也地理志河南郡雒

汪氏之昌青學齋集云洛水有二原祇作洛其作雒者假借字文選江賦聿經始于洛汭李善注洛與雒通恐亦古有其說就漢碑考之孔龢碑秦雒陽宮韓勑碑河南雒陽史晨奏銘飭河瀆雒此皆假雒為洛袁良碑隱居河洛仍作洛字說文羽部䍜注一曰伊雒而南雉五采皆備曰䍜隹部則云伊洛而南曰䍜一作雒一作洛尤雒洛兩字容得通假之一證以例經傳之伊雒則古不必定作伊雒也雒陽故城在今河南河南府洛陽縣東北二十里

榮按陽翟戰國時為韓都今河南開封府禹州濮陽為衛都今直隸大名府開州西南史稱不韋陽翟大賈不云陽翟人煩不韋乃衛人而賈於韓者國策就生地言史記就賈

陽顔注引魚豢云漢火德忌水故去洛水而加隹如魚氏說則光武以後改為雒字也[redacted]說文洛篆下段注云雍州洛水豫州雒水其字分別自古不紊許書水部下不岸豫州水尤為二字分別之證後人書豫州水作洛其誤起於魏裴松之引魏略曰黃初元年詔以漢火行也火忌水故洛去水而加隹魏於行次為土土水之牡也水得土而乃流土得水而柔故除隹加水變雒為洛此丕妄言以揜已紛更之咎且自詭於復古自魏至今皆受其欺又雒篆下注云自魏黃初以前伊雒字皆作此與雍州渭洛字迥別秦本紀昭襄王五十一年秦使將軍摎攻西周〻〻君走來自歸頓首受罪盡獻其邑三十六城口三萬又莊襄王元年東周君與諸侯謀秦〻使相國呂不韋誅之盡入其國秦界至大梁初置三川郡集解川韋昭云有河洛伊故曰三川駰案地理志漢高祖更名河南郡則莊襄王時已盡有東西周地故得以雒陽為不韋封國也吳云穿窬者伺慢藏而得之不過一擔一石而不韋伺人顔色而取雒陽之封是其雄也○注呂不韋陽翟賈人也按此本史記列傳彼索隱云翟音狄俗又音宅地理志縣名屬潁川戰國策以不韋為濮陽人又記其事遝亦多與此傳不同譙周譏之太史公據戰國策然為此傳當別有所聞見故不全依彼說或者劉向定

地言本無不今全字
述偁有異同刪

世德堂本闕
說闕

今依世德堂本

戰國策時以已異同改易彼書遂令不與史記合也[redacted]諸史
公欲整百家不必專衆一書劉子政校書必無擅異闌改易正文
之理[redacted]司馬貞說殊謬○注
雖闕至竄流按此弘範以列封守釋國謂不甞得雒陽三封
而問其宗也吳云徼取國權以為宗族司馬云貪國權而畏
其宗則皆以國為國權與弘範義異誼孟堅荅賓戲云呂行
詐以賈國秦貨沉貴厥宗亦隆語意本此似孟堅解以國易
[redacted]宗亦與同封邑公同○注非盜如何●治
平本作何如●如之為言而也非盜如何猶云非盜而何學
行注云貴者欲賈買者欲賤非異如何問明注云人所不能
非難如何○注雒陽至在乎按秦策云子楚立以不韋為相號曰文信侯食藍田十二邑蓋初封藍田及秦襄使不韋滅東周乃以雒陽為其封國也[redacted]莊子胠篋釋文引三蒼揭舉也儋也負也小爾雅廣言揭擔也揭雒陽而行天下喻以雒陽為擔石也
丈義並同
秦將白起不仁奚用為也長平之戰四十萬人死蚩尤之亂不
過於此矣原野厭人之肉川谷流人之血將不仁奚用為○注
奚何翦○注問王翦何將也曰始皇方獵六國而翦牙欵○注咀
噬用牙言其酷也欵者絕諸欵聲亮切下同按秦將白起者音義秦將子白起王翦列

按

正文

十六十四

正月皆厭兵

傳云白起者郿人也善用兵事秦昭王昭王十三年白起為左庶長其明年為左更遷為國尉明年為大良造後遷為武安君四十八年韓趙使蘇代厚幣說秦相應侯曰武安君所為秦戰勝攻取者七十餘城南定鄢郢漢中北禽趙括之軍雖周召呂望之功不益於此矣今趙亡秦王王則武安君必為三公君能為之下乎於是應侯言於秦王許韓趙之割地以和且休士卒武安君聞之由是與應侯有隙其九月秦復使王陵攻趙四十九年正月秦王欲使武安君代陵武安君終辭不肯行遂稱病秦圍邯鄲不能拔[illegible]軍多失亡秦王彊起武安君武安君遂稱病篤應侯請之不起於是免武安君為士伍遷之陰密武安君病未能行秦王乃使人遣白起不得留咸陽中武安君既行至杜郵秦昭王與應侯群臣議曰白起之遷其意尚怏怏不服有餘言乃使使者賜之劍自裁武安君遂自殺武安君之死也以秦昭王五十年十一月死而非其罪秦人憐之鄉邑皆祭祀焉長平之戰四十萬人死者列傳云四十七年秦使王齕攻韓取上黨上黨民走趙趙軍長平齕因攻趙趙使廉頗將廉頗堅壁以待秦秦數挑戰趙兵不出趙王數以為讓而秦相應侯又使人行千金於趙為反間曰秦之所惡獨畏馬服子趙括將耳廉頗易與且降矣趙王因使趙括代廉頗將以擊秦秦乃陰使武安君白起為

上將軍趙括至則出兵擊秦軍秦軍詳敗而走趙軍逐勝追造秦壁壁堅拒不得入而秦奇兵二萬五千人絕趙軍後又一軍五千騎絕趙壁閒趙軍分而為二糧道絕而秦出輕兵擊之趙戰不利因築壁堅守以待救至秦王聞趙食道絕發年十五以上悉詣長平遮絕趙救及糧食至九月趙卒不得食四十六日皆內陰相殺食趙括出銳卒自搏戰秦軍射殺趙括括軍敗卒四十萬人降武安君武安君計曰前秦已拔上黨上黨民不樂為秦而歸趙趙卒反覆非盡殺之恐為亂乃挾詐而盡阬殺之遺其小者二百四十人歸趙前後斬首虜四十五萬人趙人大震彼集解云長平在泫氏索隱云地理志泫氏在上黨郡也正義云長平故城在澤州高平縣西北一里也水經注沁水篇引上黨記云長平城在郡之南秦壘在城西二軍共食流水澗相去五里秦阬趙眾收頭顱築臺于壘中因山為臺崔嵬桀起今仍號之曰白起臺城之左右沿山亙隱南北五十許里東西二十餘里悉秦趙故壘遺壁舊存焉按上黨今山西澤州府地泫氏今澤州府高平縣長平故城在縣西北四十萬人死後漢書班固傳章懷太子注引作坑四十萬人文選班孟堅東都賦李注引與今各本同蚩尤之亂不過於此矣者呂刑云蚩尤惟始作亂延及于平民五帝本紀云軒轅之時神農氏世衰蚩尤最為暴莫能伐軒

轅與炎帝戰於阪泉之野，三戰然後得其志。蚩尤作亂，不用帝命，於是黄帝乃徵師諸侯，與蚩尤戰於涿鹿之野，遂禽殺蚩尤。正義引龍魚河圖云：黄帝攝政，有蚩尤兄弟八十一人，並獸身人語，銅頭鐵額，食沙，造五兵，仗刀戟大弩，威振天下，虐野獸人之肉，川谷流人之血者，說文：猒，飽也，從甘，從肰，會意。甘亦聲。古書多以猒為之；[redacted]之東都賦用此語；後漢書班固傳作猒，明舊本法言如此。世德堂本作厭。文選[redacted]同。益皆校書者以少見猒字改之。將不仁，奚用為？司馬云：用將所以救亂誅暴，是也。翦者，史記：王翦與白起同傳，故[redacted]同論。[redacted]也。列傳云：王翦者，頻陽東鄉人也。少而好兵，事秦始皇。始皇十八年，翦將攻趙，歲餘，遂拔趙，趙王降，盡定趙地為郡。明年，秦王使王翦攻燕，燕王喜走遼東，翦遂定燕薊而還。秦始皇既滅三晉，走燕王，於是王翦將兵六十萬人，擊荆，大破荆軍，至蘄南，殺其將項燕，荆兵遂敗走。秦因乘勝略定荆地城邑。歲餘，虜荆王負芻，竟平荆地為郡縣。始皇方獵六國，而翦牙者，王翦與其子賁同時為秦將，六國表：始皇十八年，王翦拔趙[redacted]二十二年，王賁擊魏，取其地。二十四年，王翦蒙武破楚，虜其王負芻。二十五年，王賁擊燕，虜王喜。二十六年，王賁擊齊，虜王建，初并天下。繆敘六國，惟韓為內史勝所滅，其餘五國悉見滅於王翦父子。故太史公云：王

章懷注引法言同

起而遂及翦

虜王遷

國策秦策云白起北坑馬服，誅屠四十餘萬之衆，流血成川，沸聲若雷

得其王假盡

及手注 川流言 並

十六十五

翦為秦將夷六國是始皇為虎狼而翦為之牙也音義牙欵烏開切又許介切按說文欵意也朱氏通訓定聲云實與誒同字按說文誒可惡之詞也今猶有此語讀烏開切[illegible]許介切○注欵者絶語歎聲按參酌訓詁欵為聲也弘範讀欵單字為句不與上文相連

亦以欵為之

音義出牙欵[redacted]讀[redacted]吳云牙欵謂切齒而怒也[redacted]失之[redacted]

○注問王翦何將也按世德堂本無何將也三字

猶正文二字為識非以牙欵連

或問要離非義者與不以家辭國曰離也火妻灰子以求反於慶忌實蛛蝥之靡也焉可謂之義也注義者臣子死節乎君親之難也離由平人而焚燒妻子詐為吳罪求信於慶忌反而刺之若蜘蛛之蝥小巧耳政注問聶政為嚴氏犯韓刺相俠累曼面為姊實壯士之靡也焉可謂之義也注俠累韓相名也軻注問荊軻為丹奉於期之首燕督亢之圖入不測之秦實刺客之靡也焉可謂之義也注三士所死皆非君親之難也

十六十六

篡

公羊傳哀公篇其易奈何詐反[illegible]也解詁云反報也求反於慶忌請求報僕且大妻反子之事於慶忌之身也

非義之義君子不為也要離

欲殺王子慶忌而莫之能殺吳王患之要離曰臣能之吳王曰汝惡能乎吾嘗以六馬逐之江上矣而不能及射之矢左右滿把而不能中今汝拔劍則不能舉臂上車則不能登軾汝惡能要離曰士患不勇耳奚患於不能王誠能助臣請必能高注云吳王闔閭先篡庶父僚而代其位慶忌者僚之子也故欲殺之慶忌有力捷疾而人皆畏之無能殺之者吳越春秋闔閭内傳云要離曰臣國東千里之人臣細小無力迎風則僵負風則伏大王有命臣敢不盡力王曰慶忌明智之人歸窮於諸侯不下諸侯之士要離曰臣聞安其妻子之樂不盡事君之義非忠也懷家室之愛而不除君之患者非義也臣詐以負罪出奔願王戮臣妻子斷臣右手慶忌必信臣矣此不以家辭國之事離也大妻矢子以求反於慶忌者晋義求反俗本脱求字按世德堂本無求字[illegible]者[illegible]國[illegible][illegible][illegible][illegible][illegible]闔[illegible][illegible]忌廢[illegible]云吳王曰諾明旦加要離罪焉摯執妻子焚之而揚其灰要離走往見王子慶忌於衛王子慶忌喜曰吳王之無道也子之所見也諸侯之所知也今子得免而去之亦善矣要離與王子慶忌居有閒謂王子慶忌曰吳之無道也愈甚請與王子往奪之國王子慶忌曰善乃與要

世德堂本作政也

離俱涉於江中江拔劍以刺王子慶忌畢氏沅校云左氏哀
二十年傳云慶忌適楚此与吳越春秋皆云在衛崇按闔閭
內傳云慶忌死要離渡至江陵愍然不行遂投身於江未絕
從者出之要離乃自斷手足伏劍而死若自衛返吳不得復
注○（素經）江陵尚依左傳作在楚也實蛛蝥之靡也者音義蛛蝥
俗本作蛛蝥誤賈誼新書曰蛛蝥作網蝥音牟按新書禮篇
史蛛亦作鼄方言鼅鼄鼄蝥也靡治平本作劘錢本同●
秦校云劘當作靡按下文壯士之靡刺客之靡字皆作靡此
不當歧出世德堂本作靡今據改俞云靡与為古音相近故
廣雅釋詁云靡為也蛛蝥之靡即蛛蝥之為猶田畫乃蛛蝥
之所為耳下文兩靡字義同含弟東寶云吳（左太沖）都賦其鄰則有
任俠之靡輕訬之客劉注靡美也川法言刺客之靡之美聲
義略近凡訓美善者皆有雄長之義廣雅英美也王氏疏證
引百人曰俊千人曰英此則蛛蝥之靡猶云蛛蝥之雄与上
文穿窬之雄下文滑稽之雄同義按東說是也靡美一聲之
轉政按刺客列傳云聶政者軹深井里人也為嚴氏犯韓刺
相俠累曼面為姊者音義為嚴于僞切下為姊為丹同刺相
息亮切下董相同曼面謨官切塗面按列傳云濮陽嚴仲子
事韓哀侯与韓相俠累有郤嚴仲子恐誅亡去游求人可以
報俠累者至齊齊人或言聶政勇敢士也避仇隱於屠者之

十行 深山製

十六十七

閒嚴仲子至門奉黃金百鎰前為聶政母壽聶政驚怪其厚
固謝嚴仲子嚴仲子辟人因為聶政言曰臣有仇而行游諸
侯眾矣然至齊竊聞足下義甚高故進百金者將用為大人
麤糲之費得以交足下之驩豈敢以有求望邪聶政曰臣所
以降志辱身居市井屠者徒幸以養老母老母在政身未敢
以許人也嚴仲子固讓聶政竟不肯受也久之聶政母死既
已葬除服乃遂西至濮陽見嚴仲子曰前日所以不許仲子
者徒以親在今不幸而母以天年終仲子所欲報仇者為誰
請得從事焉嚴仲子具告曰臣之仇韓相俠累俠累又韓
君之季父也宗族盛多居處兵衛甚設臣欲使人刺之眾終
莫能就今足下幸而不棄請益其車騎壯士可為足下輔翼
者聶政曰韓之與衛相去中閒不甚遠今殺人之相相又國
君之親此其勢不可以多人遂謝車騎人徒獨行仗劍至韓
韓相俠累方坐府上持兵戟而衛侍者甚眾聶政直入上階
刺殺俠累左右大亂聶政大呼所擊殺者數十人因自皮面
決眼自屠出腸遂以死韓取聶政屍暴於市購問莫知誰子
政姊嫈聞人有刺韓相者乃於邑曰其是吾弟與立起如韓
之市而死者果政也伏屍哭極哀曰是軹深井里所謂聶政
者也嚴仲子察舉吾弟困汙之中而交之士為知己者死今
乃以妾尚在之故重自刑以絕從索隱從音蹤妾其奈何畏

歿身之誅終滅賢弟之名大驚韓市人乃大呼天者三卒於
邑悲哀而死政之旁索隱引高誘云嚴遂字仲子又齊表聶政
殺俠累在列侯三年列侯生文侯文侯生哀侯哀侯凡更三代哀
侯六年為韓嚴所殺今言仲子事哀侯恐非其實按事亦見
國策韓策在烈侯時俠（嚴）子策作嚴遂俠累策作傀俞云曼當
讀為鏝爾雅釋宮鏝謂之杇說文木部杇所以涂也是鏝者所
以涂之具故塗亦謂之鏝之面者塗面也音義說得之按傳
作皮面韓策同蓋被之假說文被析也謂破析其面不欲令人
識之此云曼面者曼謂曼漶自序云為其泰曼漶而不可知顧
[redacted]云曼漶不分別兒是也荊軻見前為丹奉於期之首與督
亢之圖入不測之秦者音義督亢音剛刺客列傳云荊軻既
至燕會燕太子丹質秦亡歸燕燕秦日出兵山東以伐齊楚三
晉稍蠶食諸侯且至於燕燕君臣皆恐禍之至太子丹患之
問其傅鞠武武對曰願入圖之居有間秦將樊於期得罪於
秦王亡之燕太子受而舍之鞠武諫曰願太子疾遣樊將軍
入匈奴以滅口請西約三晉南連齊楚北購於單于索隱購讀
與媾同其後迺可圖也太子曰太傅之計曠日彌久心惛然
恐不能須臾願太傅更慮之鞠武曰燕有田光先生其為人
智深而勇沈可與謀太子曰願因太傅而得交於田先生田
光乃造焉太子避席而請曰燕秦不兩立願先生留意也田

軻世德堂本作軻也據

姚本策作莝

張晏云曼音滿

十六十八

當重人字照策　可證

五号字注

光曰雖然光不敢以圖國事所善荊卿可使也太子曰願因先生得結交於荊卿荊軻遂見太子太子避席頓首曰今秦有貪利之心而欲不可足也非盡天下之地臣海內之王者其意不厭燕小弱數困於兵今計舉國不足以當秦諸侯服秦莫敢合從丹之私計愚以為誠得天下之勇士使於秦劫秦王使悉反諸侯侵地若曹沫之與齊桓公則大善矣則不可因而刺殺之彼秦大將擅兵於外而內有亂則君臣相疑以其間諸侯得合從其破秦必矣此丹之上願而不知所委命唯荊卿留意焉荊軻許諾久之秦將王翦破趙虜趙王盡收入其地進兵北略地至燕南界太子丹恐懼乃請荊軻曰秦兵旦暮渡易水則雖欲長侍足下豈可得哉荊軻曰微太子言臣願謁之今行而毋信則秦未可親也夫樊將軍秦王購之金千斤邑萬家誠得樊將軍首與燕督亢之地圖奉獻秦王秦王必說見臣臣乃得有以報太子乃遂私見樊於期曰今有一言可以解燕國之患報將軍之仇者何如於期乃前曰為之奈何荊軻曰願得將軍之首以獻秦王秦王必喜而見臣臣左手把其袖右手揕其胸然則將軍之仇報而燕見陵之愧除矣樊於期遂自剄太子聞之馳往既已不可奈何乃遂盛樊於期首函封之燕國有勇士秦舞陽年十三殺人人不敢忤視乃令秦舞陽為副於是荊軻遂至秦持千金之

巨馬水又東逕督亢澤ゝ苞方城縣ゝ故屬廣陽後隸于涿郡國志曰縣有督亢亭

資賂物厚遺秦王寵臣中庶子蒙嘉ゝ為先言於秦王ゝ
大喜乃朝服設九賓見燕使者咸陽宮荊軻奉樊於期頭函
而秦舞陽奉地圖匣以次進軻既取圖奏之秦王發圖ゝ窮
而匕首見因左手把秦王之袖而右手持匕首揕之未至身
秦王驚自引而起袖絕拔劍ゝ長操其室不可立拔荊軻逐
秦王ゝ環柱而走左右乃曰王負劍負劍遂拔以擊荊軻
斷其左股荊軻廢乃引其匕首以擿秦王不中中銅柱秦王
復擊軻ゝ被八創於是左右既前殺軻秦王大怒益發兵詣
趙詔王翦軍以伐燕後五年秦卒滅燕按亦見國策燕策樊
於期[redacted]武梁祠畫象[redacted]作樊於期列傳集解引徐廣云方城縣有
督亢亭駰案劉向別錄曰督亢膏腴之地索隱曰司馬彪郡
國志云薊縣方城有督亢亭正義云督亢坡在幽州范陽縣
東南十里今固安縣南有督亢陌幽州南界燕世家集解云
督亢之田在燕東甚良沃欲獻秦故畫其圖而獻焉水經注
巨馬水篇云孫暢之述畫有督亢地圖言燕太子丹使荊軻
齎入秦ゝ王殺軻圖亦絕滅按今順天府固安縣[redacted]
[redacted]南入不測之秦用荊軻語彼傳云提一匕首入不測
之疆秦也○注若蜘蛛之小巧耳按治平本小巧上有蟲字
術也錢本無世德堂本亦無弘範訓靡為細故云爾[redacted]小爾雅
廣言靡細也此壯士之靡刺客之靡似不得訓為細則此注

方城故城在

十六十九

亦未安也○闕鼎政按世德堂本無此注○注俠累韓相名按詹韻俠字注云任俠又姓戰國策有韓相俠累則以俠為姓然俠累韓君之季父俠非其姓可知或俠累之後以俠為氏耳又韓策作傀廣韻誤以史記為國策也韓非子內儲說作廆亦傀之異文俠累之俠索隱音古挾反則與任俠字異讀疑俠累為廆猶壽夢為乘之比急言之曰傀曰廆緩言之曰俠累耳古今人表作俠絫○注非義之義君子不為也按孟子云非禮之禮非義之義大人弗為

或問儀秦學乎鬼谷術而習乎縱橫言安中國者各十餘年是夫曰詐人也聖人惡諸曰孔子讀而儀秦行何如也注欲讀仲尼之書而行蘇張之辭曰甚矣鳳鳴而鷙翰也然則子貢不為與注言子貢亦行游說抑齊破吳以救魯曰亂而不解子貢恥諸說而不富貴儀秦恥諸注恥國亂而不解於義高恥游說而不富貴其情下儀秦學乎鬼谷術而習乎縱橫言者張儀列傳云張儀者魏人也始

嘗與蘇秦俱事鬼谷先生學術蘇秦自以不及張儀張儀已
學而游說諸侯蘇秦已說趙王而得相向約從親張儀乃
遂入秦惠王以為客卿與謀伐諸侯秦惠王十年儀言秦復
與魏而使公子繇質於魏儀因說魏王入上郡少梁謝秦惠
王惠王乃以張儀為相儀相秦四歲立惠王為王居一歲為
秦將取陝築上郡塞其後二年免相相魏以為秦欲令魏先事
秦而諸侯效之魏王不肯聽留魏四歲而魏襄王卒哀王立
張儀復說哀王哀王不聽於是張儀陰令秦伐魏張儀復說
魏王事秦哀王於是乃倍從約而因儀請成於秦張儀歸復
相秦三歲而魏復背秦為從秦攻魏取曲沃明年魏復事秦
秦欲伐齊齊楚從親於是張儀往相楚說楚王閉關絕約於
齊而請獻商於之地六百里秦楚長為兄弟之國楚王大說
而許之遂閉關絕約於齊使一將軍隨張儀至秦齊王大怒
折節而下秦秦齊之交合張儀乃謂楚使者曰臣有奉邑六
里願以獻大王左右楚使者還報楚王楚王大怒發兵而攻
秦秦齊共攻楚斬首八萬楚又復益發兵而襲秦至藍田大
戰楚大敗於是楚割兩城以與秦平秦要楚欲得黔中地欲
以武關外易之楚王曰不願易地願得張儀而獻黔中地張
儀乃請行曰臣善靳尚尚得事楚夫人鄭袖袖所言皆從且
臣奉王之節使楚楚何敢加誅假令誅臣而為秦得黔中之

地臣之上願迸使楚〻懷王至則囚張儀將殺之於是鄭袖日夜言懷王〻〻後悔赦張儀〻厚禮之如故張儀既出未去聞蘇秦死乃說楚王請使秦太子入質於楚〻太子入質於秦秦長為昆弟之國終身無相攻伐於是楚王卒許張儀與秦親張儀去楚因遂之韓說韓王西面而事秦以攻楚韓王聽儀計張儀歸報秦惠王封儀五邑號曰武信君使張儀東說齊湣王事秦齊王曰齊僻陋隱居東海之上未嘗聞社稷之長利也乃許張儀〻〻去西說趙王曰今楚與秦為昆弟之國而韓梁稱為東藩之臣齊獻魚鹽之地臣竊為大王計莫如與秦王遇於澠池面相見而口相結請案兵無攻趙王許張儀〻〻乃去北之燕說燕昭王曰今趙王已入朝澠池効河間以事秦今大王不事秦〻下甲雲中九原驅趙而攻燕則易水長城非大王之有也燕王聽儀〻歸報未至咸陽而秦惠王卒武王自為太子時不說張儀及即位羣臣多讒張儀〻〻懼誅乃因謂秦武王願乞其不肖之身之梁秦王乃具革車三十乘入儀之梁張儀相魏一歲卒於魏也索隱云年表云張儀以安王十年卒紀年云梁哀王九年五月卒蘇秦列傳云蘇秦者東周雒陽人也東事師於齊而習之於鬼谷先生出游數歲大困而歸出其書徧觀之得周書陰符伏而讀之期年求說周顯王〻〻弗信乃西至秦說惠王秦王

方誅商鞅疾辯士弗用乃東之趙ゝ肅侯令其弟成爲相號
奉陽君奉陽君弗說之去游燕歲餘而後得見說燕文侯與
趙從親文侯[illegible]資蘇秦車馬金帛以至趙而奉
陽君已死因說趙肅侯一韓魏齊楚燕趙以從親以畔秦
令天下之將相會於洹水之上通質刳白馬而盟諸侯有不
如約者以五國之兵共伐之六國從親以賓秦拒賓讀爲擯
則秦甲必不敢出於函谷以害山東矣趙王[illegible]
[illegible]乃飾車百乘黃金千鎰白璧百雙錦繡千純以約諸侯於
是說韓宣王[illegible]又說魏襄王[illegible]
[illegible]因東說齊宣王西南說楚威王[illegible]六國從合而并力焉
蘇秦爲從約長并相六國北報趙王趙肅侯封爲武安君乃
投從約書於秦秦兵不敢闚函谷關十五年其後秦使犀首
欺齊魏與共伐趙欲敗從約齊魏伐趙ゝ王讓蘇秦ゝゝ恐
請使燕必報齊蘇秦去趙而從約皆解秦惠王以其女爲燕
太子婦是年文侯卒太子立是爲燕易王易王初立齊宣王因燕
喪伐燕取十城蘇秦大慙曰請爲王取之蘇秦見齊王於是
乃歸燕之十城人有毀蘇秦者曰左右賣國反覆之臣也將
作亂蘇秦恐得罪歸燕王益厚遇之易王母文侯夫人也與
蘇秦私通蘇秦恐誅乃說燕王詳爲得罪於燕而亡走齊ゝ
宣王以爲客卿齊宣王卒湣王即位說湣王厚葬以明孝高宮室大苑囿以明得意欲破敝齊而爲燕其後齊大夫多與蘇秦

十六二十二

於習之 殊鬼谷先生下

從橫古書多作從橫或作從衡

爭寵者而使人刺蘇秦不死殊而走蘇秦且死乃謂齊王曰臣即死車裂臣以徇於市曰蘇秦為燕作亂於齊如此則臣之賊必得矣於是如其言而殺蘇秦者果自出齊王因而誅之集解引徐廣云潁川陽城有鬼谷蓋是其人所居因為號國又弱風俗通義云鬼谷先生六國時從橫家索隱云鬼谷地名也扶風池陽潁川陽城並有鬼谷墟蓋是其人所居因為號又樂壹注鬼谷子書云蘇秦欲神秘其道故假名鬼谷淮南子覽冥云晚世之時七國異族諸侯制法各殊習俗從橫間之舉兵而相角高注云蘇秦約從張儀連橫南與北合為從西與東合為橫故周本紀西周恐倍秦與諸侯約從集解引文穎云關東為從關西為橫又引孟康云南北為從東西為橫又引臣瓚云以利合曰從以威勢相脅曰橫正義云按諸說未允關東地南北長長為從六國共居之關西地東西廣廣為橫秦獨居之漢書藝文志有蘇子三十一篇張子十篇今竝不存詐人也聖人惡諸者張儀列傳云太史公曰三晉多權變之士夫言從衡彊秦者大抵皆三晉之人也夫張儀之行事甚於蘇秦然世惡蘇秦者以其先死而儀振暴其短以扶其說成其衡道要之此兩人真傾危之士哉音義惡諸烏路切孔子讀而儀秦行者音義秦行下孟切美行同按儀秦行之行當讀如字說見問明聖讀而庸行疏鳳鳴而鷙翰者

按今河南河南登封縣東南有鬼谷

音義：鷙，翰胡安切，又侯旰切。司馬云：鷙，鷹隼也。翰，羽翼也。此
則子貢不為與者，言子貢嘗讀孔子之書，而為蘇、張之祖者
也。亂而不解，子貢恥諸；說而不富貴，儀、秦恥諸者，音義：說，而
失贊切。按蘇秦列傳云：蘇秦出游數歲，大困而歸，兄弟嫂妹
妻妾竊皆笑之。蘇秦聞之而慚，自傷。曰：夫士業已屈首受書，
而不能以取尊榮，雖多亦奚以為。又云：蘇秦為從約長，并相
六國。北報趙王，乃行過雒陽，車騎輜重，諸侯各發使送之甚
衆，疑於王者。蘇秦之昆弟妻嫂側目不敢仰視，俯伏侍取食。
蘇秦喟然歎曰：此一人之身，富貴則親戚畏懼之，貧賤則輕
易之，況衆人乎。又張儀列傳云：蘇秦已說趙王，而得相約從
親，然恐秦之攻諸侯，敗約後負，念莫可使用於秦者，乃使人
微感張儀曰：子始與蘇秦善，今秦已當路，子何不往游以求
通子之願。張儀於是之趙，上謁求見蘇秦。蘇秦乃誡門下人
不為通，又使不得去者數日。已而見之，坐之堂下，賜僕妾之
食，因而數讓之曰：以子之材能，乃自令困辱至此，吾寧不能
言而富貴子，子不足收也。謝去之。張儀之來也，自以為故人，
求益，反見辱，怒，念諸侯莫可事，獨秦能苦趙，乃遂入秦。此儀、
秦以不富貴為恥之事。○注言子貢亦行游說，抑齊破吳，以
救魯。按弟子列傳云：田常欲作亂於齊，憚高、國、鮑、晏，故移其
兵欲以伐魯。子貢遂行至齊，說田常不如伐吳。田常曰：善。兵

世德堂本此句上有曰字

者論語云：子貢問曰：何如斯可謂之士矣？子曰：行己有恥，使於四方不辱君命，可謂士矣。皇疏引李充云：古之良使者受命不受辭，事有權宜，則與時消息，排患釋難，解紛挫銳者，可謂良也。即其義

世德堂本游說上無行字

此據弟子列傳子貢傳設難

十行深山製

十六二十二

已加魯矣去而之吳大臣疑我奈何子貢曰君按兵無伐臣請使吳王令之救魯而伐齊君因以兵迎之田常許之使子貢南見吳王說曰救魯顯名也伐齊大利也以撫泗上諸侯名存亡魯實困彊齊智者不疑也吳王曰越王苦身養士有報我心子待我伐越而聽子子貢曰置齊而伐越則齊已平魯矣夫伐小越而畏彊齊非勇也且王必惡越臣請東見越王令出兵以從吳王大說乃使子貢之越越王迎問子貢子貢曰吳王為人猛暴群臣不堪國家敝於數戰士卒弗忍百姓怨上大臣內變今王誠發士卒佐之其伐齊必也彼戰不勝王之福矣戰勝必以兵臨晉臣請北見晉君令共攻之弱吳必矣其銳兵盡於齊重甲困於晉而王制其敝此滅吳必矣越王大說許諾子貢遂行報吳王於是吳王乃遂發九郡兵伐齊子貢因去之晉謂晉君曰[redacted]齊與吳將戰彼戰而不勝越亂之必矣與齊戰而勝必以其兵臨晉請兵休卒以待之晉君許諾子貢去而之魯吳王果與齊人戰於艾陵大破齊師果以兵臨晉與晉人相遇黃池之上吳晉爭彊晉人擊大敗吳師越王聞之涉江襲吳[redacted]吳王[redacted]去晉而歸與越戰不勝越遂破吳故子貢一出存魯亂齊破吳彊晉而霸越子貢一使之勢相破十年之中五國各有变司馬云子貢存魯亂齊破吳彊晉霸越者且年與事皆不合

蓋六國時游說之士託為之詞太史公不加考校因而記之楊子亦據太史公書發此論梁氏志疑云子貢說齊晉吳越一節家語屈節篇越絕陳恒傳吳越春秋夫差內傳並載之昔賢歷辯其謬墨子非儒下篇謂孔子怨晏子沮尼谿之封乃景公適齊欲代魯乃遣子貢之齊勸田常伐吳三年之內齊吳破國具為大國什人害田常之亂遂勸伐吳三年之內齊吳破國具為大國什人妄誕可見孔鮒詰墨辯之矣或曰弟子傳皆短簡不繁獨子貢傳榛蕪不休疑是後人闌入非史本文也崔謂史遷雜采百家本多牴牾子貢傳之有此語蓋亦國時盛傳之說史遷因而收之不必[redacted]非史[redacted]本文至法言此文乃[redacted]或人據史記設難之辭子雲但謂亂而不解子貢恥諸則即本論語[redacted]

[redacted]使於四方不辱君命為義非逆信史記所載為真也

或曰儀秦其才矣乎迹不蹈已注儀不迹秦蘇秦佩六國相印以抑儀秦張儀入秦而復其衡後破山東曰昔在任人帝曰難之亦才矣注任佞才乎才非吾徒之才也儀秦其才矣乎迹不蹈已者說文蹈踐也論語云不踐迹按謂儀秦之才夐絕一時後有作者不能更踐其迹昔在任人帝曰難之亦才矣者音義任音

○注於義爲按世德堂本作其義高

治平本作跡而注文儀不迹秦作迹今改一律

十行深山製

按自或問淵騫之徒至此皆論春秋戰國之事自美行國公云云以下則論漢事也

遷不協即行事

壬難之乃旦切司馬云宋吳本作昔在任人帝而難之不以才矣[redacted]難讀如字佞者口才也屛謂知人安民惟帝其難之能哲而惠何畏乎巧言令色孔壬楊子言驩兜之徒能以巧言惑聖人其才亦不在人下矣按温公說是也皋陶謨之知人[redacted]惟帝其難之即堯典之[redacted]難任人偽傳訓堯典之難為拒而以皋陶謨之難為如字釋文周於堯典難字音乃旦反於皋陶謨無音此妄生區別非古義也此文昔在任人帝曰難之明以堯典之難任人與皋陶謨之帝其難之為一事難之為言[redacted]憚也說文憚忌難也一曰難也蓋不易謂之難知其不易而戒慎恐懼以臨之亦謂之難閑神云大聖之與大佞難也即任人難知之謂此引書以明才之不盡可貴謂佞人之[redacted]難聰明如堯猶難於別之其才為何如[redacted]儀秦之[redacted]才亦[redacted]人[redacted]而已何足算哉才乎才非吾徒之才也者司馬云口才君子所不貴○注儀不遇秦錢本遇作歸[redacted]令依治平本世德堂本無此語按引範解此謂儀秦不相醢襲秦言縱而儀言橫也吳云儀秦雖同術秦則務縱儀則務解之二人之迹各不相蹈即李義之引伸惟當之奏則務縱衍橫字耳此二人不相蹈襲不西即為才武人以為儀秦之行事非後人所能企及故謂之[redacted]才宋云言儀秦之才

不可企及之意

術超卓自然不踐循舊人之迹亦非甚義○注蘇秦至山東按治平本此注惟有儀不迹秦四字以下全刪世德堂本無此四字而有蘇秦以下云云錢本並有之今據補復其衡錢本世德堂本作復其衛乃形近而誤此用史記成其衡道語作衛無義今訂正○注任佞接鞅雅釋詁文世德堂本無此注

疏十六終

五月十四日草竟

十行深山製

三月庚子起稿

法言義疏十七

吳江汪榮寶撰

美行園公綺里季夏黃公角里先生注避秦之亂隱居商山不朝高祖而從太子帝客禮之言辭婁敬陸賈注婁敬說高祖都關中陸賈說尉佗為漢臣又作新語高祖善之執正王陵申屠嘉注呂后欲王諸呂陵執意不從免後乃得封文帝愛幸鄧通至使慢禮嘉收通兆錯犯憲嘉奏誅錯折節周昌汲黯注折節謂直諫守儒轅固申公注轅固守正以得辜於竇太后后使入圈擊彘申公守正以事楚王戊為所辱此二人終不屈其道災異董相夏侯勝京房注董仲舒夏侯勝京房皆善

高祖欲易太子周昌面爭以為不可武帝時公孫弘為丞相汲黯面折弘於上前以為弘詐不忠

排陰陽如留異（美行音義見前園公綺里季夏黃公角里先生者音義園公史記留侯世家作東園公角里上音鹿漢書作甪里世德堂本作角里司馬云角盧谷切或作角音同留侯世家云上欲廢太子立戚夫人子趙王如意呂后乃使建成侯呂澤劫留侯曰君常為上謀臣今上欲易太子君安得高枕而臥乎留侯曰此難以口舌爭也顧上有不能致者天下有四人今公誠能無愛金玉璧帛令太子為書卑辭安車因使辯士固請宜來、以為客時、從入朝令上見之則必異而問之問之上知此四人賢則一助也於是呂后令呂澤使人奉太子書卑辭厚禮迎此四人、、至客建成侯所漢十一年黥布反上病欲使太子將往擊之四人相謂曰凡來者將以存太子、、將兵事危矣乃說建成侯請呂后承閒為上泣言於是上自將兵而東漢十二年上從擊破布軍歸疾益甚愈欲易太子及燕置酒太子侍四人從太子年皆八十有餘鬚眉皓白衣冠甚偉上怪之問曰彼何為者四人前對各言名姓曰東園公甪里先生綺里季夏黃公上乃大驚曰吾求公數歲公辟逃我今公何自從吾兒游乎四人皆曰陛下輕士善罵臣等義不受辱故恐而亡匿竊聞太子為人仁孝恭敬愛士天下莫不延頸欲為太子死者故臣等來耳上曰煩公幸卒調護太子四人為壽已畢趨去

按此文當在上文上有不能致者天下有四人下不當在此處前漢紀高祖紀可證漢書張良傳述此事云四人前對各言其姓名曰東園公云云蓋今本史記多為後人竄改梁氏志疑謂特各言姓名無有真數奏乃封以號又自稱四公曰先生果野振海也無此理尼林賞辨之[redacted]然以此為史遷之妄則亦忘今本史記之多非史遷舊文也

十行 深山製

胡部郎玉縉云：東園一祇作園，又作圈。圈為邑名，亦猶及虞頊二十五願云云，又為國名二十阮云云之東園。園之為地名，既有明證，則知綺里、夏黃、甪里亦地名，綺里甪里見尤為……

同上

按即聖賢羣輔錄

五等有注

數稱十六引作庾

上目送之，名戚夫人指示四人者，曰：我欲易之，彼四人輔之，羽翼已成，難動矣。按此文敍四人先後與世家不同，東園公作園公，亦與世家異。漢書王貢兩龔鮑傳云：漢興有園公、綺里季、夏黃公、甪里先生，此四人者，當秦之世，避而入商雒深山，以待天下之定也。云云。注字次第並與法言合。孟子雲、孟堅所見史記如此。世家索隱引陳留志云：園公姓庾，字宣明，居園中，因以為號。夏黃公姓崔，名廣，字少通，齊人，隱居夏里道，故號曰夏黃公。甪里先生，河內軹人，太伯之後，姓周，名術，字元道，京師號曰霸上先生，一曰甪里先生。孔穴祕記作祿里，皆王劭據崔氏、周氏世譜及陶潛四八目而為此說。王貢兩龔鮑傳顏注云：四皓稱號，本起於此，更無姓名可稱。知此蓋隱居之人，匿跡遠害，不自標顯，祕其氏族，故史傳無得而詳。至於後代皇甫謐、圈稱之徒，及諸地里書說，競為四人施安姓字，自相錯互，語又不經，班氏不載於書。諸家皆臆說，今並弃略，一無取焉。梁氏志疑云：索隱引陳留志、崔周世譜、四八目載園公等姓名及字，師古王貢等傳注並棄略，曰無取是也。又有以園公為圈公者，東觀餘論據漢世石刻作圈，以園是冊續傳寫之差。圈稱陳留風俗傳自序云：圈公之後。匡謬正俗辨之曰：四皓有園公，非圈公。又有以綺里季夏為一人，黃公為一人者，見周密齊東野語，而後書梁鴻傳、孔融御

十七二

類也曰公曰季曰先生皆所以尊之季
中士冠禮伯仲叔季唯其所當之季
所謂且字者也

元和姓纂云園
風俗通云楚翦
胜之後一本云姓
春氏鄭穆公之
後秦末先序士
避難改為園氏

宋史儒林傳

此則四皓名號
不詳而姓字未
審盡秘

稱夏黃公園密歷引諸書以證綺里季夏之非又有以角里
之角甪作甪點下用者見宋史儒林傳而甪無其字疑史發
俾四皓辨已言其誤矣葉接隸釋十六載四老神坐神祚机
有園公神坐園公神祚机角里先生神坐綺里季神祚机而
夏黃公蓋缺廣韻園字注云後漢末園稱字幼拳撰陳留風
俗傳園氏本氏於其國證以四老神坐神祚机則幼拳自序
以為園公之後園非無據公羊傳文公篇楚子伐圈陳士元
姓觿五引國名紀云圈國羊姓後因氏焉則園公以國為氏
或作園者託名讖緯本無正字聲近通用古書常例而古據
漢書作園逆以幼拳為非良為疏陋以此推之綺里夏黃角
里亦皆其人之姓氏古來託名讖緯字往往多存舊貫如晉陽
●讀射陽允吾●讀鉛牙其例非一此角里相承讀如鹿里
俗以其與角之今音不同欲並異其文故或書角為甪而據
四老神坐觀之則隸變為之久矣諸佺以作甪為是作角為
非尤為無稽又綺里季者季卬其字後人不知園為園之異
文妄謂居園中故號園公因疑綺里季等亦皆是號若漢陰
丈人河上公之比好事者遂判撰姓名列之譜諜甚者虛
妄本不足辨而師古乃謂隱居之人秘其氏族正與諸家同
為臆說耳言辭害敬陸賈者劉敬叔孫通列傳云劉敬者齊
人也漢五年戍隴西過洛陽高帝在焉婁敬脫輓輅衣其羊

十行 深山製

十七三

婁見說曰陛下都洛陽豈欲与周室比隆哉上曰然婁敬曰秦地被山帶河四塞以爲固卒然有急百萬之衆可具也因秦之故資甚美膏腴之地此所謂天府者也陛下入關而都之山東雖亂秦之故地可全而有也高祖問羣臣羣臣皆山東人爭言周王數百年秦二世即亡不如都周上疑未能決及留侯明言入關便即日車駕西都關中於是上曰本言都秦地者婁敬婁者乃劉也賜姓劉氏拜爲郎中號爲奉春君漢七年上使人使匈奴匈奴匿其壯士肥牛馬但見老弱及羸畜使者十輩來皆言匈奴可擊上使劉敬復往使匈奴還報曰兩國相擊此宜夸矜見所長今臣往徒見羸瘠老弱此必欲見短伏奇兵以爭利愚以爲匈奴不可擊也上罵曰齊虜以口舌得官今迺妄言沮吾軍械繫敬廣武遂往至平城匈奴果出奇兵圍高帝白登七日然後得解高帝至廣武赦敬曰吾不用公言以困平城迺封敬二千戶爲關內侯號爲建信侯當是時冒頓爲單于兵彊控弦三十萬數苦北邊上患之問劉敬劉敬曰誠能以長公主妻之冒頓在固爲子壻死則外孫爲單于兵可無戰以漸臣也上取家人子名爲長公主妻單于使劉敬往結和親約劉敬從匈奴來因言匈奴去長安近者七百里輕騎一日一夜可以至秦中臣願陛下徙齊諸田楚昭屈景燕趙韓魏後及豪桀名家居關中無

劉敬

事可以備觀諸侯有變亦足率以東伐此遷本朔末之術也
上迺使劉敬從所言關中十餘萬口藝文志有劉敬三篇入
儒家今不傳酈生陸賈列傳云陸賈者楚人也以客從高祖
定天下名為有口辯士居左右常使諸侯及高祖時中國初
定尉他平南越因王之高祖使陸賈賜尉他印為南越王陸
生至因進說他曰秦失其政諸侯豪桀並起漢王起巴蜀鞭
笞天下劫略諸侯遂誅項羽滅之五年之閒海內平定此非
人力天之所建也天子聞君王王南越遣臣授君王印剖符
通使君王宜郊迎北面稱臣迺欲以新造未集之越屈彊於
此漢誠聞之掘燒王先人冢夷滅宗族使一偏將將十萬眾
臨越則越殺王降漢如反覆手耳於是尉他謝陸生曰居蠻
夷中久殊失禮義因問陸生曰我孰與皇帝賢陸生曰皇帝
起豐沛討暴秦誅彊楚為天下興利除害繼五帝三皇之業統
理中國今王崎嶇山海閒譬若漢一郡何迺比於漢尉他大
笑曰使我居中國何渠不若漢迺大說陸生、、卒拜尉他為
越王令稱臣奉漢約歸報高祖大悅拜賈為太中大夫陸生
時時前說稱詩書高帝罵之曰迺公居馬上而得之安事詩
書陸生曰居馬上得之寧可以馬上治之乎高帝迺謂陸生
曰試為我著秦所以失天下吾所以得之者何及古成敗之
國陸生迺粗述存亡之徵凡著十二篇每奏一篇高帝未嘗

謂漢王先入關據咸陽項羽倍約

十七四

陵少文任氣好直言

新語十二篇

春秋家有楚漢春秋九篇陸賈所記又

不稱善號，且書曰新語。孝惠時，呂太后用事，欲王諸呂，陸生自度不能爭之，迺病免家居。呂太后時，王諸呂，諸呂擅權，欲劫少主，危劉氏。[redacted]陸生為陳平畫呂氏數事，呂氏謀益衰，及誅諸呂，立孝文帝，陸生頗有力焉。孝文即位，陸生為太中大夫，往使尉他，令尉他去黃屋稱制，令比諸侯，皆如意旨。陸生竟以壽終。藝文志有陸賈二十三篇，存執正王陵申屠嘉者，音義：執正，俗本作執政，誤。司馬云：宋吳本正作政。按：執正猶云持正。正、政古雖通用，此不必假政字為之。宋、吳本蓋傳寫之誤。[redacted]之王陵，沛人，始為縣豪。高祖微時，兄事陵。及高祖起沛，[redacted]咸陽，陵亦自聚黨數千人，居南陽，不肯從沛公。及漢王之還攻項籍，陵乃以兵屬漢。從漢王定天下，封[redacted]安國侯[redacted]為右丞相。二歲，惠帝崩。高后欲立諸呂為王，問陵，陵曰：[redacted]太后怒，乃詳[redacted]遷陵為帝太傅，實[redacted]陵怒，謝疾免，杜門竟不朝請，七年而卒。史記張丞相列傳云：申屠丞相嘉者，梁人，以材官蹶張從高帝擊項籍，遷為隊率，從擊黥布軍，為都尉。孝惠時為淮陽守。孝文元年，張蒼已為丞相，嘉遷為御史大夫。張蒼免相，乃以御史大夫嘉為丞相，封為故安侯。嘉為人廉直，門不受私謁。是時太中大夫鄧通方隆愛幸，賞

帝　儒家　孝惠帝六年以安國侯王陵為右丞相　不可　侯

方

五号傍注

賜累巨萬文帝嘗燕飲通家其寵如是是時丞相入朝而通
居上傍有怠慢之禮丞相奏事畢因言曰陛下愛幸臣則富
貴之至於朝廷之禮不可以不肅上曰君勿言吾私之罷朝
嘉為檄召鄧通詣丞相府不來且斬通通恐入言文帝文帝
曰汝第往吾今使人召若通至丞相府免冠徒跣頓首謝嘉
責曰夫朝廷者高皇帝之朝廷也通小臣戲殿上大不敬當
斬吏今行斬之通頓首首盡出血不解文帝度丞相已困通
使使者持節召通而謝丞相曰此吾弄臣君釋之鄧通既至
為文帝泣曰丞相幾殺臣孝景帝即位二年鼂錯為內史貴
幸用事諸法令多所請變更議以謫罰侵削諸侯而丞相嘉
自絀所言不用疾錯錯為內史門東出不便更穿一門南出
南出者太上皇廟堧垣嘉聞之欲因此以法錯擅穿宗廟垣
為門奏請誅錯錯恐夜入宮上謁自歸景帝至朝丞相奏請
誅內史錯景帝曰錯所穿非真廟垣乃外堧垣故他官居其
中服虔謂宦者若今言衙門且又我使為之錯無罪罷朝嘉
謂長史曰吾悔不先斬錯乃先請之為錯所賣至舍因歐血而
死諡為節侯折節周昌汲黯者音義折節之設切俞云折疑
抗字之誤言其能抗節而不撓也隸書亢字或作方華山碑
禮與岱方是也凡從亢之字亦或作方劉寬碑抗浮雲之志
伉即亢字殽阬神祠碑於是殽阬以為之黨伉即亢字竝其

同

十七五

證也此文抗字從隸體作扸形与折相似因誤為折按俞說是
數折節無義必抗節之誤張丞相列傳云周昌者沛人也秦
時為泗水卒史及高祖起沛擊破泗水守監於是周昌自卒
史從沛公〻〻立為漢王以周昌為中尉漢王四年拜為御
史大夫以六年中与蕭曹等俱封〻周昌為汾陰侯昌為人
彊力敢直言自蕭曹等皆卑下之昌嘗燕時入奏事高帝方
擁戚姬昌還走高帝逐得騎周昌項問曰我何如主也昌仰
曰陛下即桀紂之主也於是上笑之然尤憚周昌及帝欲廢
太子而立戚姬子如意為太子周昌爭之彊上問其說昌為
人吃又盛怒曰臣口不能言然臣期〻知其不可陛下雖欲
廢太子臣期〻不奉詔上欣然而笑既罷呂后側耳於東箱
聽見昌為跪謝曰微君太子幾廢是後戚姬子如意為趙王
年十歲高祖憂即萬歲之後不全也趙堯年少為符璽御史
侍高祖曰陛下獨宜為趙王置貴彊相及呂后太子羣臣素
所敬憚乃可高祖曰羣臣誰可者御史堯曰大夫周昌其人有堅
忍質直且自呂后太子及大臣皆素敬憚之獨昌可於是徙
御史大夫周昌為趙相高祖崩呂太后使〻召趙王〻其相周
昌令王稱疾不行使者三反周昌固為不遣趙王乃使〻召
周昌〻既徵高后使〻召趙王〻果來月餘飲藥而死周
昌因謝病不朝見三歲而死汲鄭列傳云汲黯字長孺濮陽

柰

轅固世德堂本作袁固

人也孝景時為太子洗馬以莊見憚孝景帝崩太子即位黯
為謁者遷為滎陽令病歸田里召拜為中大夫以數切諫不
得久留內遷為東海太守歲餘東海大治召以為主爵都尉
列於九卿黯為人性倨少禮面折不能容人之過合己者善
待之不合己者不能忍見士亦以此不附焉然好學游俠任
氣節內行脩絜好直諫數犯主之顏色天子方招文學儒者
黯曰陛下內多欲而外施仁義柰何欲效唐虞之治乎上默
然怒變色而罷朝謂左右曰甚矣汲黯之戇也黯多病上常
賜告者數最後莊助為請告上曰汲黯何如人哉助曰使黯
任職居官無以踰人然至其輔少主守城深堅招之不來麾
之不去雖自謂賁育亦不能奪之矣上曰然古有社稷之臣
至如黯近之矣張湯方以更定律令為廷尉黯數質責湯於
上前上方向儒術尊公孫弘而黯常毀儒面觸弘等徒懷詐
飾智以阿人主取容弘湯深心疾黯弘為丞相請徙黯為右
內史數歲官事不廢淮南王謀反憚黯曰好直諫守節死義
難惑以非後黯坐小法會赦免官於是黯隱於田園居數年
召拜黯為淮陽太守七歲而卒時儒轅固申公者儒林列傳
云清河王太傅轅固生者齊人也以治詩孝景時為博士竇
太后好老子書召轅固生問老子書固曰此是家人言耳太
后怒曰安得司空城旦書乎乃使固入圈刺豕景帝知太后

仲舒

今上初即位

怒而固直言無罪乃假固利兵下圈刺豕正中其心一刺豕應手而倒太后默然無以復罪罷之居頃之景帝以固為廉直拜為清河王太傅久之病免今上初卽位復以賢良徵固時固已九十餘矣固之徵也薛人公孫弘亦徵側目而視固固曰公孫子務正學以言無曲學以阿世自是之後齊言詩皆本轅固生也又申公者魯人也高祖過魯申公以弟子從師入見高祖于魯南宮呂太后時申公游學長安與劉郢同師已而郢為楚王令申公傅其太子戊戊不好學疾申公及王郢卒戊立為楚王胥靡申公申公恥之歸魯[redacted]弟子自遠方至受業者百餘人[redacted]蘭陵王臧為郎中令及代趙綰為御史大夫請天子欲立明堂以朝諸侯不能就其事乃言師申公於是天子使束帛加璧安車駟馬迎申公至[redacted]問治亂之事申公時已八十餘老對曰為治者不在多言顧力行何如耳天子默然然已招致則以為太中大夫議明堂事太皇竇太后好老子言不說儒術得趙綰王臧之過以讓上上因下趙綰王臧吏後皆自殺申公亦疾免以歸數年卒蕃異董相夏侯勝京房者音義蕃與災同按劉孝標辯命論李注引冊作災異世德堂本作災異董[redacted]見修身疏漢書眭[redacted]兩夏侯京翼李傳夏侯始昌族子

蕳 從艹

勝字長公東平人少孤好學從始昌受尚書及洪範五行傳
説災異後事蕳卿又從歐陽氏問為學精熟所問非一師也
徵為博士光祿大夫用尚書授太后（語上京太后）遷長信少
府賜爵關內侯宣帝初即位欲襃先帝詔丞相御史孝武皇
帝廟樂未稱其與列侯二千石博士議羣臣大議庭中皆曰
宜如詔書長信少府勝獨曰詔書不可用也人臣之誼宜直
言正論非苟阿意順指議已出口雖死不悔於是丞相義（蔡）
御史大夫廣明（田廣明）劾奏勝非議詔書毀先帝不道下
獄四年夏關東四十九郡同日地動（下詔）大赦勝出為諫大
夫給事中後為長信少府遷太子太傅受詔撰為書論語説
賜黃金百斤年九十卒又京房字君明東郡頓丘人也治易
事梁人焦延壽其説長於災變分六十卦更直日用事以風
雨寒溫為候各有占驗房用之尤精好鍾律知音聲初元四
年以孝廉為郎永光建昭間西羌反日蝕又久青亡光陰霧
不精房數上疏言其將然所言屢中天子説之房奏考功課
吏法上令公卿朝臣與房會議溫室皆以房言煩碎不可許
是時中書令石顯顓權顯友人五鹿充宗為尚書令二人用
事房嘗宴見問先冠頓首曰春秋紀二百四十二年災異以
視萬世之君今陛下即位已來春秋所記災異盡備今所任
用者誰與明主宜自知之房指謂石顯上曰已諭石顯五鹿

十行　深山製

充宗皆疾房欲遠之建言宜試以房為郡守元帝於是以房
為魏郡太守[redacted]房去月餘頸吉房与張博通謀非謗政治歸
惡天子詿誤諸侯王房博皆棄市房本姓李推律自定為京
氏死時年四十一○注避秦之亂隱居商山按今陝西商州
山中梁氏志疑云四人或聚隱一處亦未可知此文但言逃
匿山中不詳何山五頁等傳房云商雒深山後書鄭康成傳
云南山四八月云上洛商山水經丹山注云隱上洛西南楚
山夫商楚在關中寧有迥秦謝漢而反居近地乎是說未可
信按水經丹水篇云楚水源出上洛縣西南楚山首四皓隱
于楚山即此山也其水兩源合舍于四皓廟東是則四皓隱
居楚山信而有徵楚山在今商州西南為商雒諸山之一商
雒諸山皆終南之支脈故亦謂之商山亦謂之南山非有異
也園公膚為博士則[illegible][illegible]始園仕秦遭亂入山以待天下之
定何必不在近地梁[illegible]疑其所不當疑瑞是取○注免陵
乃得封世德堂本封下有之字○注文帝幸鄧通至使慢禮
嘉收通按章各本皆作倖章義不可通此謂文帝寵幸鄧通而
使君怠慢之禮於朝鼓記[illegible][illegible]甲嘉人以通在倖幸傳逆汝
為倖幸則与至使慢禮內不相御括矣又嘉收通世德堂本

作嘉折之○注鼂錯犯憲按世德堂本鼂錯上有又字○注折節謂直諫按此李本折節作抗節之證字惟作抗故以直諫釋之錢本謂作為則以正文及注抗皆誤折○折節之與直諫義有不同故謂為耳世德堂本無此注○注高祖至不忘按治平本無此注今據世德堂本補○注卒為所烹世德堂本作卒為楚王所烹按儒林傳作胥靡申公彼集解川徐廣云腐刑申公自楚歸魯年八十餘見徵安有為楚王戊所辱之事此注辱字必刑字之誤○注善非陰陽知菑異按治平本世德堂本皆作災異錢本作菑異與正文一律今據改漢書眭兩夏侯等傳贊云漢興推陰陽言災異者孝武時有董仲舒夏侯始昌昭宣則眭孟夏侯勝元成則京房翼奉劉向谷永哀平則李尋田終術又按辯命論李注引此文李軌注云董相江都相董仲舒也

當在此注之首今各本皆無此語

或問蕭曹曰蕭也規曹也隨〔注〕蕭何規劃於前如一曹參奉隨於後不失滕灌樊酈曰俠介〔注〕滕公灌嬰樊噲酈商也四人前後輔介高帝叔孫通曰槧人也〔注〕叔孫通秦博士避二世

捋从手

之亂遇高祖起兵從之天下既定還復從儒見事敏疾爰盎
曰忠不足而談有餘注說景帝斬鼂錯以謝七國實挾私怨
而不爲國鼂錯曰愚注畫策削諸侯王七國既反令盡得行
其說智而不能自明朝服斬於東市酷吏曰虎哉虎哉角而
翼者也注郅都甯成張湯杜周之徒貨殖曰蚊曰血國三千
使捋疏飲水褐傳沒齒無愁也或問循吏曰吏也注鄭子產
公儀休孫叔敖之徒游俠曰竊國靈也注靈令也朱家田仲
郭解劇孟原涉之徒佞幸曰不料而已注籍孺鄧通周仁韓
王孫李延年之徒問蕭曹曰蕭也規曹也隨者蕭相國世家
云蕭相國何者沛豐人也爲沛主吏掾高
祖起爲沛公何常爲丞督事沛公至咸陽諸將皆爭走金帛
財物之府分之何獨先入收秦丞相御史律令圖書藏之沛

漢十一年拜丞相何為相國事[redacted]

公為漢王以何為丞相漢王所以具知天下阨塞戶口多少彊弱之處民所疾苦者以何具得秦圖書也何進言韓信漢王以信為大將軍漢王引兵東定三秦何以丞相留收巴蜀填撫諭告使給軍食漢二年漢王與諸侯擊楚何守關中侍太子治櫟陽為法令約束立宗廟社稷宮室縣邑計戶口轉漕給軍漢王數失軍遁去何常興關中卒輒補缺上以此專屬任何關中事漢五年定天下論功行封高祖以蕭何功最盛封為酇侯賜帶劍履上殿入朝不趨何素不與曹參相能及何病孝惠自臨視相國病因問曰君即百歲後誰可代君者對曰知臣莫如主孝惠曰曹參何如何頓首曰帝得之矣臣死不恨矣孝惠二年相國何卒謚為文終侯又曹相國世家云平陽侯曹參者沛人也秦時為沛獄掾高祖為沛公而起也參以中涓從沛公為漢王封參為建成侯高祖二年拜為假左丞相漢王為皇帝侯以長子肥為齊王而以參為齊相國以高祖六年賜爵列侯與諸侯剖符世世勿絕食邑平陽[redacted]號曰平陽侯參功凡下二國縣一百二十二得王二人相三人將軍六人大莫敖郡守司馬候御史各一人孝惠帝元年除諸侯相國法更以參為齊丞相參相齊九年齊國安集大稱賢相惠帝二年蕭何卒參聞之告舍人趣治行吾將入相居無何使者果召參參始微時與蕭何

音義樊酈音歷

漢王既至滎陽賜嬰食祈陽益食茲氏

善及為將相有郤至何且死所推賢唯參參代何為漢相國舉事無所變更一遵蕭何約束擇郡國吏木詘於文辭重厚長者即召除為丞相史史之言文刻深欲務聲名者輒斥去之日夜飲醇酒惠帝怪相國不治事以為豈少朕與至朝時惠帝讓參參免冠謝曰陛下自察聖武孰與高帝上曰朕乃安敢望先帝乎曰陛下觀臣能孰與蕭何賢上曰君似不及也參曰陛下言之是也且高帝與蕭何定天下法令既明今陛下垂拱參等守職遵而勿失不亦可乎參為漢相國出入三年卒謚懿侯規謂定法令隨顓無所變更規隨亦韻語滕灌樊酈曰侯介道樊酈滕灌列傳云汝陰侯夏侯嬰沛人也高祖之初與徒屬欲攻沛也嬰時以縣令史為高祖使上降沛高祖為沛公[redacted]以為太僕從擊秦軍賜爵封轉為滕公項羽立沛公為漢王〻賜嬰爵列侯號昭平侯[redacted][redacted]從擊項籍至彭城漢王敗不利馳去見孝惠魯元載之漢王急馬罷虜在後常蹶兩兒欲棄之嬰常收竟載之卒得脫漢王立為帝嬰更食汝陰剖符世世勿絕嬰自上初起沛常為太僕竟高祖崩以太僕事孝惠〻〻帝及高后德嬰之脫孝惠魯元於下邑之閒也乃賜嬰縣北第〻一曰近我以尊異之卒[redacted]謚為文侯集解云漢書曰嬰為滕令奉車故號滕公正義云滕即公丘故城是在徐州滕縣西

解嘲云蕭規曹隨顏注云言蕭何始作規模曹參因而從之梧

按列乃從封文從謂從為帝剖符謂同率一郡

五類房注

攻城先登遷郎中騎將

南十五里又潁陰侯灌嬰者睢陽販繒者也高祖之為沛公
嬰初以中涓從沛公[redacted]立為漢王拜嬰為郎中[redacted]十
月拜為中謁者賜爵列侯號昌文侯食杜平鄉拜為中大夫
遷為御史大夫漢王立為皇帝剖符世世勿絕食潁陰[redacted]
[redacted]號曰潁陰侯凡從得二千石二人別破軍十六降城
四十六定國一郡二縣五十二得將軍二人柱國相國各一
人二千石十人高帝崩嬰以列侯事孝惠帝及呂太后孝文
皇帝三歲嬰為丞相後歲餘卒謚曰懿侯又舞陽侯樊噲者沛
人也以屠狗為事與高祖俱隱初從高祖起豐攻下沛高祖
為沛公以噲為舍人[redacted]以郤敵先登賜爵封號賢
成君項羽在戲下欲攻沛公沛公從百餘騎因項伯面見項
羽謝項羽既饗軍士中酒亞父謀欲殺沛公樊噲在營外聞事
急乃持鐵盾入到營營衛止噲噲直撞入立帳下項羽目之
問為誰張良曰沛公參乘樊噲項羽曰壯士賜之卮酒彘肩
噲曰沛公先入定咸陽暴師霸上以待大王大王今日至聽
小人之言與沛公有隙臣恐天下解心疑大王也項羽默然
沛公歸使張良謝項羽項羽亦因遂已是日微樊噲沛公事
幾殆[redacted]項羽立沛公為漢王漢王賜噲爵為列侯號臨武
侯還為郎中郤敵遷為將軍賜食邑杜之樊鄉益食邑平陰
漢王為帝[redacted]更賜爵列侯與諸侯剖符世世

十行 深山製

按槃讀為儉義詳後

匃絶食舞陽號為舞陽侯遷為左丞相從斬首百七十六級
虜二百八十八人別破軍七下城五定郡六縣五十二得丞
相一人將軍十二人二千石以下至三百石十一人孝惠六
年卒謚為武侯又曲周侯酈商者高陽人陳勝起時商聚少
年東西略人得數千沛公略地至陳留商以將卒四千人
從沛公於岐項羽立沛公為漢王〻〻賜商爵信成君以將軍
為隴西都尉賜食邑武成漢王為帝遷為右丞相賜爵列侯
與諸侯剖符世〻勿絶食邑涿號曰涿侯更食曲周凡別破
軍三降定郡六縣七十三得丞相守相大將各一人小將二
人二千石已下至六百石十九人商卒謚為景侯兪云快與
夬通尚書多方篇爾曷不夾介乂我周王此即楊子所本按
疊韻夾介雙聲王吏部仁俊云規隨夾介一縱一橫規隨者
言乎其相先後也夾介者言乎其相左右也叔孫通曰繁人
也者叔孫通見五百既音義繁人七離切爰盎曰忠不足而
談有餘者爰世德堂本作袁按史記作袁盎漢書作爰盎袁
轅爰同為一氏陳胡公滿名諸字伯爰其孫濤塗以王父字為氏左
傳僖公篇作轅濤塗公羊穀梁作袁濤塗音義盎烏浪切袁
盎鼂錯列傳云袁盎者楚人也字絲文帝即位盎為中郎
將侯為丞相上禮之恭袁盎進曰臣主失禮竊為陛下不取

富

也後朝上益莊丞相益畏及絳侯免相之國國人上書告以
為反徵繫清室宗室諸公莫敢為言唯袁盎明絳侯無罪絳
侯得釋盎頗有力淮南厲王驕甚袁盎曰諸侯大驕必生患
及棘蒲侯柴武太子謀反事覺治連淮南王檻車傳送袁盎
上遷蜀
時為中郎將乃諫曰淮南王為人剛如有遇霧露行道死陛
下有殺弟之名柰何上弗聽淮南王至雍病死上哭甚哀盎
曰陛下有高世之行三此不足以毀名陛下居代時太后嘗
病三年陛下不交睫不解衣湯藥非口所嘗弗進過曾參孝
遠矣諸呂用事大臣專制陛下從代馳不測之淵雖賁育之
勇不及陛下陛下至代邸西向讓天子位者再南面讓者三
許由一讓而陛下五以天下讓過許由四矣於是上乃解宦
者趙同以數幸常害袁盎孝文帝出趙同參乘袁盎伏車前
曰臣聞天子所與共六尺輿者皆天下豪英陛下獨柰何與
刀鋸餘人載上笑下趙同文帝從霸陵上欲西馳下峻阪袁
盎曰聖主不乘危而徼倖陛下縱自輕柰高廟太后何上乃止
上幸上林皇后慎夫人從袁盎引卻慎夫人坐因前說曰臣
聞尊卑有序則上下和今陛下既已立后慎夫人乃妾妾主
豈可與同坐哉陛下所以為慎夫人適所以禍之獨不見人
彘乎於是上語慎夫人慎夫人賜盎金五十斤然袁盎亦以
數諫不得久居中調為隴西都尉遷為齊相徙為吳相吳王

十行　深山製

十七

史記酷吏傳作鼂，太史公自序作朝

學遇盎，盎歸，道逢丞相申屠嘉，下車拜謁，丞相從車上謝袁盎。袁盎乃之丞相舍上謁，曰：君為丞相，自度孰與陳平、絳侯？且陛下從代來，每朝，郎官上書疏，未嘗不止輦受其言。言不可用置之，言可受採之，未嘗不稱善。何也？則以欲致天下賢士大夫。上日聞所不聞，明所不知，日益聖智。君今自閉鉗天下之口，而日益愚。夫以聖主責愚相，君受禍不久矣。丞相乃再拜，引入與坐，為上客。盎素不好鼂錯，兩人未嘗同[redacted]堂語。及孝景帝即位，鼂錯為御史大夫，使吏案袁盎受吳王財物，抵罪，詔赦以為庶人。吳楚反，聞，鼂錯欲請治盎，人有告袁盎者。袁盎入見，請辟人賜間，具言吳所以反狀，以錯故獨急斬錯以謝吳，吳兵乃可罷。及鼂錯已誅，袁盎以太常使吳。吳王欲使將不肯，欲殺之，袁盎馳去，遯歸報。吳楚已破，上更以平陸侯禮為楚王，袁盎為楚相。嘗上書有所言，不用。病免居家。景帝時時使人問籌策。梁王欲求為嗣，袁盎進說，其後語塞。梁王以此怨盎，使人刺殺盎安陵郭門外。鼂錯曰晁者，晁，史記、漢書列傳作鼂，史記紀及漢書景帝紀皆作晁，廣韻鼂亦姓，風俗通云：衛大夫史鼂之後，漢有鼂錯，直遙切，又陟遙切。晁，上同，鼂古文。按說文鼂匽鼂也，讀若朝，從黽從旦，鼂即鼂之俗，晁亦說文所無，蓋朝之別體。今晁氏字皆作晁。袁盎鼂錯列傳云：鼂錯者，潁川人也。以文學為太常掌故。太常遣錯

未

孝文帝時

受尚書伏生所，還，因以書稱說。詔以為太子舍人、門大夫、家令。以其辯得幸太子，太子家號曰智囊。遷為中大夫。景帝即位，以錯為內史。錯數請閒言事，輒聽，寵幸傾九卿，法令多所更定。遷為御史大夫，請諸侯之罪過，削其地，收其枝郡。錯所更令三十章，諸侯皆諠譁疾晁錯。錯父聞之，從潁川來，謂錯曰：「上初即位，公為政用事，侵削諸侯，何也？」晁錯曰：「不如此，天子不尊，宗廟不安。」錯父曰：「劉氏安矣，而晁氏危矣。」遂飲藥死，曰：「吾不忍見禍及吾身。」吳楚七國果反，以誅錯為名。及竇嬰、袁盎進說，上令晁錯衣朝衣斬東市。晁錯已死，謁者僕射鄧公為校尉，擊吳楚軍為將。還，上書言軍事，曰：「吳王為反數十年矣，發怒削地，以誅錯為名，其意非在錯也。夫晁錯患諸侯彊大不可制，故請削地以尊京師，萬世之利也。計畫始行，卒受大戮，內杜忠臣之口，外為諸侯報仇，臣竊為陛下不取也。」於是景帝默然良久，曰：「公言善，吾亦恨之。」音義：「晁錯曰愚，天復本作由忠。」司馬云：「天復本愚作由忠，今從諸家。錯知諸侯太彊，必為亂，故削之，而七國舉反，身死東市，不若主父偃從諸侯所欲，分國邑侯子弟，而諸侯自弱也。故以錯為愚。」陶氏鴻慶讀法言札記云：「上文論爰盎曰忠不足而談有餘，是以盎之挾私害錯為不忠也。又以錯之忠為愚，豈君子善善從長之義乎？」榮寶案：天復本作由忠，當從之。由與猶同。禮記檀

十七十二

◎注猶尚也說文尚庶幾也言庶幾其志也許其志而惡自見義較今本為長按溫公說是也蓋之請誅錯誠為挾私此以[redacted]其本由於錯之[redacted]挾私而欲[redacted]請治蓋二人心術相似蓋特先發制人耳太史公曰鼂錯為家令時數言事不用後擅權多所變更諸侯發難不急匡救欲報私讎反以亡軀此以盎同志不足矣錯亦豈得謂庶幾其志哉李注智而不能自明正釋惡字之義是舊本不作由志可知也酷吏曰虎哉虎哉角而翼者也者自酷吏至佞幸皆史記列傳名先酷吏而後循吏者酷吏列傳云孝景時鼂錯以刻深頗用術輔其資而七國之亂發怒於錯錯卒以被戮其後有郅都甯成之屬是史以錯為開酷吏之先故此文因論錯而遂及酷吏也司馬云不仁之人而得勢位如虎之得角翼俞氏樾羣經平議云角字之義自來皆屬獸言說文角部角獸角也其實角字本義當為鳥喙漢書董仲舒傳予之齒者去其角傅之翼者兩其足此二句以鳥獸對言予之齒者去其角謂獸有齒以噬也不得有角以啄傅之翼者兩其足謂鳥有兩翼以飛也不得有四足以走也若以角為獸角則牛羊麋鹿之類有齒復有角者多矣安得云予之齒者去其角乎文選射雉賦裂膆破觜注曰觜喙也觜為鳥喙而其字從角可知角字之義矣按俞說至覈大戴禮易本命四足者無羽翼戴角者無上齒此亦

世德堂本作角而異也無者字

貨殖列傳之名本此論語

俞云上文已有曰字而此復有曰字者乃更端之語

周不得育字之義而曲爲之說虎而角翼謂以猛獸而兼鷙鳥之利耳搏噬不可當也貨殖曰蚊者論語賜不受命而貨殖焉集解云賜不受教命唯財貨是殖劉疏云廣雅釋詁殖生積也周語財蕃殖韋昭注殖長也子貢貨殖謂居貨財以生殖也是解貨殖爲貨財蕃殖之義皇疏云財物曰貨種藝曰殖則以貨殖爲平列字按[redacted]宋云蚊之爲蟲喙人而求生可鄙惡者也貨殖之徒兼并聚斂非義是存亦所謂喙人而求生矣曰血國三千使捋疏飲水褐博沒齒無愁也者音義捋疏上音郎活切俗本作將誤沒齒無愁也俗本誤作沒齒鉼也按宋吳本捋疏作將疏無愁作然司馬從之世德堂本承之令慝依治平本此引伸[redacted]疏義遂解故更著曰字吳云揭恐未諭故再釋之是也宋[redacted]云蚊以是言難之下無咎文者蓋鄙其不諭教而溫見難故不對之司馬云蚊下曰衍字皆未得其誼宋云三千國者昔禹會塗山執玉帛者萬國於商周之世已漸并之矣故至漢但可三千而已吳云周一千八百國而漢郡國一百三縣邑千三百一十四云三千者蓋貨殖之人倍取於國且言其多歟司馬云三千言其衆也俞云漢書王莽傳始建國四年授諸侯茅土諸侯之員千有八百附城之數毋如之是令諸侯與附城凡三千六百國血國三千依莽

中庸云貨財殖焉此則貨以殖言古人常語不得以爲二事也

十七十三

桓言之舉成數耳楊子此文蓋亦有譏焉是時以國簿未定未授國邑且令受奉都內月錢數千諸侯皆困乏至有庸作者楊子因設問貨殖而應之曰蚊又復為此言果謂彼貨殖者亦猶蚊之為蟲食人之血以生耳今天下建國三千彼得國者亦將血之以自肥也乃使之將蔬飲水褐博沒齒無怨邪自來也序言讀為邪楊子書多有此文法學行篇衆人所能驗也其樂可覺也並以也為邪說已見前矣按宋吳解此[illegible]固為由說愈據荅制為釋亦紆回難通溫公謂三千言其衆是也吾子云綠衣三百色如之何矣紵絮三千寒如之何矣此三千義與彼同皆侈言之以見其多汪氏中釋三九發明此義最為通論[illegible]三千國猶詩書所謂萬邦萬國之比必求其數以實之則惑矣說文捋取易也按與采同詩桑柔云捋采其劉周禮太宰八曰臣妾聚斂疏材鄭注云疏材百草根實可食者疏即蔬之别體孟子不受於褐寬博焦疏云詩七月篇無衣無褐何以卒歲箋云人之貴者無衣賤者無褐是褐為賤者所服褐寬博蓋當時有此稱也論語云問管仲曰人也奪伯氏駢邑三百飯疏食沒齒無怨言孔云伯氏食邑三百家管仲奪之使至蔬食而沒齒無怨言以當其理故也按此言貧而無怨恆情所難聚斂為富天下必有受其困者今貨殖之徒皆務朘天下之脂膏以自肥則天下之受

按前漢紀武帝紀文氣齊校文作氣勢此文宋注引亦作氣勢

此愛人 按謂籍孺 閎孺

其困者能惡衣惡食終無所怨乎此聖人不患貧而患不安
之意明貨殖之術徒足以致天下之不安而已○或問循吏曰
吏也者説吏循順行也循吏列傳云奉職循理亦可以為治
按吏者治人者也奉職循理則無忝於治人者之名故曰吏
也新書大政云吏之為言理也游俠曰竊國靈也者前篇云
人無為秦也喪其靈久矣孫氏詒讓云靈謂威福之柄此文
國靈亦謂國家威福之柄也游俠列傳集解引荀悅云立氣
齊作威福結私交以立彊於世者謂之游俠漢書游俠傳云
古之正法五伯三王之辠人也而六國五伯之辠人也夫四
豪者又六國之辠人也況於郭解之倫以匹夫之細竊殺生之
權其辠已不容於誅矣竊國靈即竊殺生之權之謂佞幸曰
不料而已者佞幸列傳云非有材能徒以婉佞貴幸此則佞
幸者謂以佞見幸也國策秦策高注云料數也不料謂不數
之猶云何足算也司馬云不自料其才德不稱其寵祿而貪
竊之以取禍敗似失其義○注蕭何至不失按曹相國世家
云參為漢相國百姓歌之曰蕭何為法顜若畫一曹參代之
守而勿失載其清淨民以寧一○注滕公至高帝按治平本
本作此四人前後輔夾高帝乃校[illegible]者刪改今依世德堂本
補○注叔孫至敵疾按治平本此注惟存見事敵疾四字今
依世德堂本補俞云李注謂見事敵疾未詳其義據五百篇

十大十四

胡部郎云棨當讀爲倢說文倢佽也佽便利也方言㑮儇慧也宋楚之閒謂之倢郭注倢言便利也廣雅釋詁倢疾也倢即倢字今以捷爲之叔孫通元人機趙言此楊子以爲倢人而李注以見事敏疾釋之敏疾疑本作敏捷蓋讀棨爲捷猶寡見篇棱我手之鵠今注云言其純美即讀鵠爲純也鵠之此說甚得

李義與讀棨爲倢之人連文亦婉與揚荼相

楊子以晉兩生爲大臣則其不滿於叔孫通也甚矣不當如李氏說也祕曰叔孫通采古禮與秦儀雜著漢儀簡牘之人也棨猶牘也此說亦殊未安棨疑當爲鄙太玄上初一挫欲鄙、溫公解爲挫其銳進躁急之志叔孫通不知禮樂百年而後興而急欲爲之是非所謂鄙、者乎故楊子以爲鄙人鄙字依說文本作鑿蓋作棨者或亦如鑿之與棨古本一字耳平議[redacted]所引李注似僅據治平本刪節之語而失論世德堂本此注全文故云未詳其義今[redacted]觀全注則見事敏疾云者謂通見高祖[redacted]事力征則姑舍所學[redacted]及天下已定乃更汲汲迎合巧捷敏以棨爲敏疾之義說文儉儉陂也儉利于上佞人也盤庚云相時儉民馬云儉利小小見事之人也又云政國以固有立政用儉人爲語儉人云儉利佞人[redacted]也釋文引徐鉉音盌七斷反[redacted]則棨人即儉人字作棨者[redacted]亦[redacted]異文弘範云見事敏疾正本馬義也[redacted]

曹言新將夢旗之士

[redacted]○注說畢全爲國按治平本此注刪節爲挾私斷錯四字事既既編文亦未洽今依世德堂本補

此注亦依世德堂本增補

○注畫策坐東市按治平本作剞諸侯以危身於惡字之義無所發明不知原注智而不能自明正釋惡義爾子子道云子曰同知者若何仁者若何顏淵對曰知者自知仁者自愛此則智莫大於自知罪錯有指囊之號而無自知之明則愚

子曰可謂明君子矣

顏淵入

是讀与棨同

承上文而言

嫣

又敘傳云錯之瑣材智小謀大皆

手劄靈為令者讀為令也

而已矣行智之有漢書錯傳贊云鼂錯銳於為國遠慮而不見身危智而不能自明[redacted]之義[redacted]○注郅都甯成張湯杜周之徒按甯成世德字本誤甯成郅都以下均見酷吏列傳二作寧成集解引徐廣云寧一作甯○注鄭子產公儀休孫叔敖之徒按並見循吏列傳○注靈令也按前文論信陵平原孟嘗春申云上失其政姦臣竊國命何其益乎游俠之風成於四豪此云竊國靈臣猾前文之義故知靈臣是令[redacted]命[redacted]謂國之號令冢宰咸福之柄之謂○注朱家田仲郭解劇孟原涉之徒按[redacted]竝見游俠列傳朱家世德字本誤朱亥○注籍孺鄧通周仁韓王孫李延年之徒按並見佞幸列傳[redacted]周仁世德字作周仁文傳云景帝時中無寵臣然獨郎中令周文仁案傳云案仁字文又傳云今天子中寵臣士人則韓王孫嫣又大[redacted]嫣者弓高侯孽孫也集解引徐廣云韓王信之子穨當也則嫣為韓王信之孫故稱曰王孫非其字也

或問近世社稷之臣曰君張子房之智注用行舍藏功成身退陳平之無悟注內明奇畫外無遺悟絳侯勃之果注誅諸呂

十行 深山製

立文帝也霍將軍之勇〔注〕處廢興無所懼終之以禮樂則可
謂社稷之臣矣〔注〕此數公遭漢初定倉卒之制猶應有時而
以救世不能與稷契伊周同風未終先王禮樂或問公孫弘
董仲舒孰邇〔注〕欲知此二人誰近聖人之道曰仲舒欲為而
不可得者也弘容而已矣〔注〕利在安身社稷之臣者孟子云有安社稷臣者以安社稷
為悅者也袁盎列傳云社稷臣主在與在主亡與亡按孟子
云民為貴社稷次之君為輕社稷臣以國家之安危為己任
不必與君共存亡盎說非古義張子房之智者留侯世家云
留侯張良者其先韓人也秦滅韓良年少未宦事韓韓破良
家僮三百人悉以家財求客刺秦王為韓報仇得力士擊秦
皇帝博浪沙中誤中副車秦皇帝求賊甚急良乃更姓名亡
匿下邳為任俠後十年陳涉等起兵良亦聚少年百餘人景
駒自立為楚假王在留良欲往從之道遇沛公沛公遂屬焉沛公
拜良為廄將良數以太公兵法說沛公沛公善之常用其策
漢六年正月封功臣良未嘗有戰鬬功高帝曰運籌策帷帳

少時家貧好讀書為人長美色

中決勝千里外子房功也自擇齊三萬戶良曰始臣起下邳與上會留此天以臣授陛下陛下用臣計幸而時中臣願封留足矣不敢當三萬戶乃封張良為留侯留侯所與上從容言天下事甚眾留侯乃稱曰家世相韓及韓滅不愛萬金之資為韓報讐彊秦天下振動今以三寸舌為帝者師封萬戶為列侯此布衣之極於良足矣願棄人間事欲從赤松子游耳乃學辟穀道引輕身會高帝崩呂后乃彊食之曰人生一世如白駒過隙何至自苦如此留侯不得已彊聽而食後八年卒謚為文成侯漢書張陳王周傳張良字子房陳平之無略者陳丞相世家云陳丞相平者陽武戶牖鄉人也陳涉起而王陳立魏咎為魏王陳平從少年往事魏王咎於臨濟魏王以為太僕說魏王不聽人或讒之陳平亡去久之項羽略地至河上陳平往歸之殷王反楚項羽以平為信武君往擊降殷王而還居無何漢王攻下殷王項王怒將誅定殷者將吏陳平懼誅閒行杖劒亡渡河至修武降漢因魏無知求見漢王乃拜平為都尉絳侯灌嬰等咸讒陳平曰平反覆亂臣也願王察之漢王召讓平平曰臣事魏王魏王不能用臣說故去事項王項王所任愛非諸項即妻之昆弟雖有奇士不能用平乃去楚聞漢王之能用人故歸大王誠臣計畫有可采者願大王用之使無可用者得請骸骨漢王乃謝拜為護

十行 深山製

十七十六

軍中尉，盡護諸將。諸將乃不敢復言。漢六年，與平剖符，世世勿絕，為戶牖侯。平辭曰：此非臣之功也。上曰：吾用先生謀計戰勝剋敵，非功而何？平曰：非魏無知，臣安得進？上乃復賞魏無知。高帝南過曲逆，曰：壯哉縣！乃詔御史，更以陳平為曲逆侯。凡六出奇計，輒益邑，凡六益封。奇計或頗秘，世莫能聞也。孝惠帝六年，以陳平為左丞相。孝惠帝崩，呂太后徙平為右丞相。呂太后立諸呂為王，陳平偽聽之。及呂太后崩，平與太尉勃合謀，卒誅諸呂，立孝文皇帝，陳平本謀也。孝文帝立，以絳侯勃為右丞相，位次第一；平徙為左丞相，位次第二。居頃之，絳侯謝病請免相，陳平專為一丞相。孝文帝二年，丞相陳平卒，諡為獻侯。無悟，世德堂本作無悞，此[illegible]纂注依宋吳本改。司馬云：李本悞作悟，今從宋吳本。悞與忤同。按：悟者，語之假。說文：語，逆也。陳平之無語，謂其不事面折廷爭，曲從應變，終全社稷也。太史公曰：陳丞相平少時本好黃帝、老子之術。傾側擾攘楚魏之閒，卒歸高帝。常出奇計，救紛糾之難，振國家之患。及呂后時，事多故矣，然平竟自脫，定宗廟，以榮名終，稱賢相，豈不善始善終哉！非知謀孰能當此者乎？即無語之義。絳侯勃之果者，絳侯周勃世家云：絳侯周勃者，沛人也。以織薄曲為生，常為人吹簫給喪事，材官引彊。高祖之為沛公初起，勃以中涓從。楚懷王封沛公號安武侯，為碭郡長，拜勃

吳云所舉必行無謬誤

五張注

為虎賁令項羽以沛公為漢王〻〻賜勃爵為威武侯拜為
將軍項籍已死賜爵列侯剖符世〻勿絕食絳縣絳侯最從
高帝虜信最郡又也謂總其從高祖攻戰克獲之數也得
相國一人丞相二人將軍二千石各三人別破軍二下城三
定郡五縣七十九得丞相大將各一人勃為人木彊敦厚高
帝以為可屬大事勃不好文學每召諸生說士東鄉坐而責
之趣為我語其椎少文如此高祖已崩以列侯事孝惠帝孝
惠帝六年置太尉官以勃為太尉十歲高后崩勃與平謀卒
誅諸呂而立孝文皇帝文帝既立以勃為右丞相居月餘人
或說勃曰君既誅諸呂立代王威震天下而君受厚賞處尊
㊃位以寵久之即禍及身矣勃懼亦自危乃謝請歸相印上
許之歲餘丞相平卒上復以勃為丞相十餘月免相就國其
後人有上書告勃欲反下廷尉廷尉下其事長安逮捕治之
薄昭為言薄太后太后亦以為無反事文帝朝太后太后曰絳侯
綰皇帝璽將兵於北軍不以此時反今居一小縣顧欲反邪
文帝於是使〻持節赦絳侯復爵邑絳侯復就國文帝十一
年卒謚為武侯正義引括地志云漢絳縣在絳州曲沃縣南
二里按今山西平陽府曲沃縣南論語由也果邕云果謂果敢決
斷也霍將軍之勇者霍光見重黎跡絕〻以禮樂則可謂社
稷之臣矣者異云言此數公既立功〻後以禮樂自終則社

（勃）

十行深山製

稷臣矣司馬云言雖兼數公之才業不能修禮樂以成治平
之化亦未足謂之社稷之臣也按此謂張陳周霍輩皆可為
近世社稷之臣[redacted]禮樂乎司封說似較溫公為允
公孫弘董仲舒孰邇者平津侯主父列傳云丞相公孫弘者
齊菑川國薛縣人也字季年四十餘乃學春秋雜說建元元
年弘年六十徵以賢良為博士使匈奴還報不合上意病免
歸元光五年有詔徵文學弘對策[redacted]第居下天子擢弘對為
第一拜為博士[redacted]弘為人恢奇多聞常稱以為人主
病不廣大人臣病不節儉弘為布被食不重肉後母死服喪
三年每朝會議開陳其端令人主自擇不肯面折庭爭於是
察其行敦厚辯論有餘習文法吏事而又緣飾以儒術上大
說之二歲中至左內史元朔三年以弘為御史大夫汲黯曰
弘位在三公奉祿甚多然為布被此詐也上問弘弘謝曰有
之夫九卿與臣善者無過黯然今日庭詰弘誠中弘之病且
無汲黯忠陛下安得聞此言天子以為謙讓愈益厚之卒以
弘為丞相封平津侯淮南衡山謀反弘病甚自以為無功而
封位至丞相今諸侯有畔逆之計此皆宰相職不稱乃上書
願歸侯印乞骸骨天子因賜告牛酒雜帛居數月病有瘳視
事元狩二年弘病竟以丞相終董仲舒見脩身疏上文以很
陳周霍不能進於禮樂之治為病則近世名臣以經術見稱

者無如公孫弘、董仲舒歟。問其孰適。吳云：謂近社稷之臣。是
也。仲舒欲為而不可得者也。世德堂本無「者也」二字。言仲舒
有社稷臣之才與志，而無其遇。漢書董仲舒傳贊云：劉向稱
董仲舒有王佐之材，雖伊呂亡以加，筦晏之屬，伯者之佐，殆
不及也。弘容而已矣者，列傳云：弘奏事有不可，不庭辯之。嘗
與公卿約議，至上前，皆倍其約以順上旨。汲黯庭詰弘曰：齊
人多詐而無情實，始與臣等建此議，今皆倍之，不忠。上問弘，
弘謝曰：夫知臣者以臣為忠，不知臣者以臣為不忠。上然弘
言，益厚遇之。此則弘以容悅為事，直事君人而已，佞之以言
社稷之臣哉。孟子云：有事君人者，事是君則為容悅者也。朱
子集注云：阿殉以為容，逢迎以為悅，此鄙夫之事，妾婦之道
也。○注內明者盡。世德堂本「者」作「其」，誤。者，書中傳之凡六出
奇計是也。○注外無違悟。俞云：按李注云云，疑其所據本作
無悟。說文午部：悟，逆也。故注曰外無違悟。若是「悮」字，則違悟
之文不相屬矣。後人多見悮，少見悟，因改悟為悮。宋吳本又
因悟字無義，易以悮字，而訓為悮悮，愈失其真。溫公反謂悮
與悮同而從之，其失甚矣。按悟、悟同聲通用。李訓為違，蓋讀
為悟也。音義無文，是舊本不作悟可知。○注誅諸呂立文帝
也。治平本[redacted]無「也」字，今依錢本增。○注處廢興[redacted]錢本作處興
廢。按童蒙論霍光云：處廢興之分，壹壹乎志，難矣哉。[redacted]注誼

世德堂本無此注

按

脩

世德堂本無此注

無所懼

十行 深山製

十七八

所本事詳彼疏○注此數公遭漢初定按霍光擁昭立宣不得云遭漢初定此注於義疏矣○注倉卒之制操世德臺本制作際○注欲知此二人用心雅近聖人之道按弘範似以此或問以下別為一章不與上屬不如吳說為長○注利在安身括世德臺本在作用此作五臣注者據繫辭改之世利在安身者謂弘曲學阿世知利其身而已與繫辭利用安身以崇德也文義不同

或問近世名卿曰若張廷尉之平注張釋之惟存公平不阿於意雋京兆之見注雋不疑當昭帝時有人自稱亡衛太子百官莫知其所不疑後至收而治之乃明巫成方遂也尹扶風之絜注尹翁歸清廉有節不被滋垢王子貢之介注王子貢名尊成帝時人孫注公正誅鉏豪彊不避貴戚斯近世名卿矣將注既聞名卿次問名將曰若條侯之守長平冠軍之征

或問博陸之持重，可謂近世名將矣，請問古。〔注〕欲知古之良將。

曰：鼓之以道德，征之以仁義，輿尸血刃，皆所不為也。〔注〕張之平者，張廷尉。

張釋之　馮唐列傳云：張廷尉釋之者，堵陽人也，字季。以訾為騎郎，事孝文帝，十歲不得調。欲自免歸，中郎將袁盎知其賢，惜其去，乃請徙釋之補謁者。於是釋之言秦漢之間事，秦所以失而漢所以興者。文帝稱善，乃拜釋之為謁者僕射。上召釋之參乘，問釋之秦之敝，具以質言。上拜釋之為公車令。頃之，拜為中大夫，至中郎將。其後拜釋之為廷尉。上行出中渭橋，有一人從橋下走出，乘輿馬驚。使騎捕，屬之廷尉。廷尉奏當罰金。文帝怒曰：此人親驚吾馬，而廷尉乃當之罰金。釋之曰：法者，天子所與天下公共也。今法如此而更重之，是法不信於民也。且方其時，上使立誅之則已。今既下廷尉，廷尉，天下之平也，一傾而天下用法皆為輕重，民安所錯其手足？唯陛下察之。上曰：廷尉當是也。其後有人盜高廟坐前玉環，下廷尉。釋之案律奏當棄市。上大怒曰：人之無道，乃盜先帝廟器。吾屬廷尉者，欲致族之，而君以法奏之，非吾所以共承宗廟意也。釋之謝曰：法如是足也。今盜宗廟器而族之，假令愚民取長陵一抔土，陛下何以加其法乎？文帝與太后言之，乃許

十七十九

廷尉當（按當謂處斷前云廷尉當是也義同）張廷尉由此天
下稱之後文帝崩張廷尉事景帝歲餘爲淮南王相久之卒
百官公卿表廷尉秦官掌刑辟顏注云廷平也治獄貴平故
以爲號按表孝文三年書中郎將張釋之爲廷尉與列傳（諸紀）
[redacted]不合梁氏志疑
謂當依大事記書爲廷尉于文之後三年[redacted]
[redacted]或得具實也雋京兆之見
者音義雋京祖兗切漢書雋不疑傳云雋不疑字曼倩
勃海人也治春秋爲郡文學名聞州郡武帝末暴勝之爲直
指使者督課郡國[redacted]勝之素聞不疑賢至勃海請與相見深接以禮
意問當世所施行遂表薦不疑徵詣公車拜爲青州刺史昭
帝即位擢爲京兆尹始元五年有一男子乘黃犢車建黃旐
衣黃襜褕著黃冒詣北闕自謂衛太子公車以聞詔使公卿
將軍中二千石雜識視長安中吏民聚觀者數萬人右將軍
勒兵闕下以備非常丞相御史中二千石至者立莫敢發言
京兆尹不疑後到叱從吏收縛或曰是非未可知且安之不
疑曰昔蒯聵違命出奔輒距而不納春秋是之衛太子得罪
先帝亡不即死今來自詣此罪人也遂送詔獄天子與大將軍
霍光聞而嘉之曰公卿大臣當用經術明於大誼繇是名聲
重於朝廷在位者皆自以不及也久之以病免終於家廷尉

京兆解見前百官公卿表孝昭始元元年青州刺史雋不疑為京兆尹五年病免

驗治何人竟以無詐本夏陽人姓成名方遂居湖以卜筮為事
有故太子舍人嘗從方遂卜謂曰子狀貌甚似衛太子方遂
心利其言幾得以富貴即詐自稱詣闕廷尉逮召鄉里識知
者張宗祿等方遂坐誣罔不道要斬東市一姓張名延年
帝紀作夏陽男子張延年見猶明也謂其明於大誼尹扶風
之絜者尹翁歸傳云尹翁歸字子兄河東平陽人也會田延
年為河東太守行縣至平陽悉召故吏延年親臨見次及翁
歸召上辭問甚奇其對除補卒史從署督郵所舉應法舉廉為緱氏尉
遷補都內令舉廉為弘農都尉徵拜東海太守翁歸治東海
明察郡中吏民賢不肖及姦邪罪名盡知之以高第入守右
扶風滿歲為真選用廉平疾姦吏以為右職接待以禮好
惡與同之[redacted]扶風大治盜賊課常為三輔最
翁歸為政雖任刑其在公卿之間清絜自守語不及私然溫
良謙退不以行能驕人甚得名譽於朝廷視事數歲元康四
年病卒家無餘財百官公卿表主爵中尉秦官武帝太初元
年更名右扶風治內史右地與左馮翊京兆尹是為三輔服
虔注云皆治在長安中顏注云長安以東為京兆長陵以北
為左馮翊渭城以西為右扶風也按表孝宣元康元年東海
太守尹翁歸為右扶風四年卒絜猶清也令字作潔詳問明
疏王子貢之介者王尊傳云王尊字子贛涿郡高陽人也治

尚書論語略通大義舉幽州刺史從事補遼西鹽官長初元
中舉直言遷虢令以高第擢為安定太守坐殘賊免起家復
為護羌將軍轉校尉坐擅離部署會赦免歸家涿郡太守徐
明薦尊不宜久在閭巷上以尊為郿令遷益州刺史博士鄭
寬中使行風俗舉奏尊治狀遷為東平相是時東平王以至
親驕奢不奉法度尊謂王曰尊來為相人皆弔尊也以尊不
容朝廷故見使相王耳天下皆言王勇顧但負貴安能勇如
尊乃勇耳太后徵史奏尊為相倨慢不臣尊竟坐免為庶人
大將軍王鳳奏請尊補軍中司馬擢為司隸校尉元帝崩成
帝初即位尊劾奏丞相衡匡衡御史大夫譚張譚[redacted]
附下罔上懷邪迷國無大臣輔政之義有詔左遷尊為高陵
令數月以免病會南山羣盜數百為吏民害歲餘不能禽或說大
將軍鳳乃薦尊徵為諫大夫守京輔都
尉行京兆尹事旬月間盜賊清遷光祿大夫守京兆尹後為
真凡三歲御史大夫中宋祁云諸本作忠謂張忠也奏尊暴
虐不改外為大言倨嫚姍上威信日廢不宜備位九卿尊坐
免吏民多稱惜之天子復以尊為徐州刺史遷東郡太守久
之河水盛溢泛浸瓠子金隄尊躬率吏民祀水神河伯因止
宿廬居隄上及水盛隄壞吏民皆奔走唯一主簿泣在尊旁
吏民嘉壯尊之勇節奏其狀秩尊中二千石加賜黃金二十

斥數歲卒官顔注云贛音貢百官公卿表建始四年守京輔
都尉王遵爲京兆尹傳作尊表作遵者古字通用蔣文張釋
之雋不疑尹翁歸並稱以官此不爾者尊子伯亦爲京兆見
本傳而尊之前有王昌其後有王章王駿王逸王嘉之屬均
見表故王吉傳云吉子駿爲京兆尹先是京兆有趙廣漢張
敞王尊王章至駿皆有能名故京師稱曰前有趙張後有三
王是則但稱京兆嫌於無別故字之也[redacted]
[redacted]孟子云柳下惠不以三公易其介音義引陸
善經注云介謂特立之行斯近世名卿矣世德堂本無近世
二字者義將子亮切下同條侯之守者絳侯周勃世家云文
帝擇絳侯勃子賢者河內守亞夫封爲條侯文帝之後六年
匈奴大入邊以河內守亞夫爲將軍軍細柳以備胡月餘拜亞夫爲
中尉孝文且崩時誡太子曰即有緩急周亞夫真可任將兵
文帝崩拜亞夫爲車騎將軍孝景三年吳楚反亞夫以中尉
爲太尉東擊吳楚因自請上曰楚兵剽輕難與爭鋒願以梁
委之絕其糧道乃可制上許之太尉既會兵滎陽吳方攻梁
梁急請救太尉引兵東北走昌邑深壁而守梁日使使請太
尉太尉守便宜不肯往梁上書言景帝景帝使使詔救梁太
尉不奉詔堅壁不出而使輕騎兵絕吳楚兵後食道吳兵乏
食飢數欲挑戰終不出夜軍中驚內相攻擊擾亂至於太尉

帳下太尉終卧不起頃之復定吳奔壁東南陬太尉使備西北已而其精兵果奔西北不得入吳兵既餓乃引而去太尉出精兵追擊大破之凡相攻守三月而吳楚破平五歲遷爲丞相景帝中三年以病免相條侯子爲父買工官尚方甲楯五百被可以葬者庸知其盜買縣官器上變告子事連汙條侯召詣廷尉嘔血而死按條侯漢書功臣表作脩[redacted]絳侯世家集解引徐廣云表皆作蓨字服虔云蓨音條地理志勃海郡脩市侯國應劭云音條條侯之守謂其威重堅忍太史公曰亞夫之用兵持威重執堅忍穰苴曷有加焉即其義長乎冠軍之征伐者衞將軍驃騎列傳云大將軍衞青者平陽人也字仲卿建元二年青姊子夫得入宮幸上乃召青爲建章監侍中子夫爲夫人青爲太中大夫元光五年青爲車騎將軍擊匈奴出上谷至蘢城斬首虜數百騎元朔元年衞夫人有男立爲皇后青出鴈門三萬騎擊匈奴斬首虜數千人明年青出雲中以西至高闕遂略河南地至于隴西捕首虜數千畜數十萬走白羊樓煩王遂以河南地爲朔方郡封青爲長平侯元朔五年青將三萬騎出高闕匈奴右賢王當衞青等兵以爲漢兵不能至此飲醉漢兵夜至圍右賢王右賢王潰圍北去得右賢裨王十餘人衆男女萬五千餘人畜數千百萬引兵而還至塞天子使使者即軍中拜青爲大將軍諸

將皆以兵屬大將軍大將軍立號而歸其明年大將軍青出
定襄斬首數千級而還月餘復出定襄斬首虜萬餘人是歲
也大將軍姊子霍去病年十八幸為天子侍中善騎射再從
大將軍為剽姚校尉斬捕首虜過當封去病為冠軍侯元狩
二年春以冠軍侯去病為驃騎將軍將萬騎出隴西有功其夏
驃騎將軍踰居延至祁連山捕首虜甚多由此驃騎日以親
貴比大將軍其秋單于怒渾邪王居西方數為漢所破亡數
萬人欲召誅渾邪王〻〻〻與休屠王等謀欲降漢使人報
天子〻〻令驃騎將軍將兵往迎之遂將渾邪王乘傳先
詣行在所盡將其眾渡河降者數萬元狩四年春上令大將
軍青驃騎將軍去病將各五萬騎咸擊匈奴大將軍出塞千
餘里逐至窴顏山凡斬捕首虜萬九千級驃騎將軍出代右
北平千餘里所斬捕功已多大將軍既還定令驃騎將軍秩
祿與大將軍等自是之後大將軍青日退而驃騎日益貴驃
將軍自四年軍後三年元狩六年而卒謚曰景桓侯其後●大
將軍青卒徐廣云元封五年謚為烈侯地理志汝南郡●●
●●有長平〻〻青封地與法言之長平〻名異實又南陽郡
有冠軍武帝置故穰盧陽鄉宛臨駣聚應劭云武帝以封霍去
病〻〻仍出征匈奴功冠諸軍故曰冠軍史記項羽本紀集
解引張晏云霍去病功冠三軍因封為冠軍侯至今為縣名

十七二十二

音義冠軍古亂以博陸之持重者霍光事詳重黎疏光傳云
遺詔封光為博陸侯文穎注云博大陸平取其嘉名無此縣
也顔注云蓋亦取鄉聚之名以為國號非必縣也按史記建
元以來侯者年表補引臣瓚云漁陽有博陸城則顔說是也
持重者光傳云光為人沈靜詳審每出入下殿門止進有常
處郎僕射竊識視之不失尺寸其資性端正如此是其義也
可謂近世名將矣世德堂本無近世字按無此二字則下文
請問古語不相承矣數之以道德征之以仁義者俞云征乃
鉦字之誤詩采芑篇鉦人伐鼓傳曰鉦以靜之鼓以動之是
鉦鼓相對為文數之以道德鉦之以仁義猶言以道德動之
以仁義靜之耳今誤作征殊失其義按邱希範與陳伯之書
李注引班●孟堅涿邪山祝文征人伐鼓●用采芑詩而字作征
蓋魯詩如此：以征為鉦字本魯詩俞讀得之但不必以為誤
文耳與尸血刃皆所不為也者易師六三師或輿尸凶又六
五長子帥師弟子輿尸貞凶荀子議兵云兵不血刃遠邇來
服按輿尸者敗衂之事血刃者斬獲之事●仁人之師不戰
而勝糜爛其子弟圍不可克敵而多殺傷亦不為也○注不
阿於意按世德堂本作無阿○注收而治之乃明巫成方遂
也按世德堂本收誤取又脫明字○注欲知古之良將按下
文事論用兵之事与名卿無涉故知此專承近世名將而言

張騫蘇武之奉使也執節沒身不屈王命雖古之膚使其猶劣

諸〔注〕膚美張騫蘇武之奉使也執節沒身不屈王命者漢書張騫傳云張騫漢中人也建元中為郎應募使月氏與堂邑氏奴甘父俱出隴西徑匈奴匈奴得之傳詣單于留騫十餘歲予妻有子然騫持漢節不失居匈奴西騫因與其屬亡鄉月氏至大宛大宛為發譯道抵康居康居傳至大月氏騫從月氏至大夏竟不能得月氏要領留歲餘還並南山欲從羌中歸復為匈奴所得留歲餘單于死國內亂騫與胡妻及堂邑父俱亡歸漢拜騫為太中大夫初騫行時百餘人去十三歲唯二人得還騫身所至者大宛大月氏大夏康居而傳聞其旁大國五六具為天子言其地形所有初漢欲通西南夷費多罷之及騫言可以通大夏迺復事西南夷騫以校尉從大將軍擊匈奴封騫為博望侯是歲元朔六年也後二年騫為衛尉出右北平擊匈奴後期當斬贖為庶人後二年天子數問騫大夏之屬[redacted]拜騫為中郎將騫既至烏孫致賜諭指未能得其決留分遣副使使大宛康居月氏大夏烏孫發譯道送騫騫還拜為大行歲餘騫卒蘇建傳云武字子卿少以父任兄弟並為郎稍遷至移中廐監天漢元年遣武以中郎將使

單于不識

持節送匈奴使留在漢者因厚賂單于武与副中郎將張勝及假吏常惠等俱既至匈奴置幣遺單于會緱王与長水虞常等謀反匈奴中虞常在漢時素与副張勝相知私候勝曰聞漢天子甚怨衛律常能為漢伏弩射殺之吾母与弟在漢幸蒙其賞賜張勝許之月餘虞常等七十餘人欲發其一人夜亡告之單于子弟發兵与戰緱王等皆死虞常生得單于使衛律治其事張勝聞之以狀語武〻欲自殺勝惠共止之虞常果引張勝單于使衛律召武受辭武謂惠等屈節辱命雖生何面目以歸漢引佩刀自刺氣絕半日復息單于壯其節朝夕遣人候問武而收繫張勝〻請降武不動單于愈益欲降之〻迺幽武置大窖中絕不飲食天雨雪武臥齧雪与旃毛并咽之數日不死乃徙武北海上無人處使牧羝武杖漢節牧羊臥起操持節旄盡落初武与李陵俱為侍中武使匈奴明年陵降久之單于使陵至海上為武置酒設樂因謂武人生如朝露何久自苦如此武曰武父子亡功德皆為陛下所成就位列將爵通侯兄弟親近常願肝腦塗地今得殺身自效雖蒙斧鉞湯鑊誠甘樂之陵見其至誠喟然歎曰嗟乎義士陵与衛律之罪上通於天因泣下霑衿与武決去昭帝即位數年匈奴与漢和親漢求武等單于召會武官屬凡隨武還者九人武以始元六年春至京師詔武奉一太牢謁武

帝園廟拜為典屬國武留匈奴凡十九歲始以彊壯出及還須髮盡白武年八十餘神爵二年病卒音義奉使色吏切膚使同司馬云沒身者久留匈奴不顧其死○注[illegible]膚美掇詩狼跋公孫碩膚文王殷士膚敏毛傳並云膚美也

世稱東方生之盛也言不純師行不純表其流風遺書蔑如也

或曰隱者也曰昔之隱者吾聞其語矣又聞其行矣注音之隱者文王拘於羑里而重易六爻箕子隱於殷朝而為周陳洪範接輿之在楚而歌鳳兮或曰隱道多端曰固也聖言聖行不逢其時聖人隱也賢言賢行不逢其時賢者隱也談言談行而不逢其時談者隱也昔者箕子之漆其身也狂接輿之被其髮也欲去而恐罹害者也箕子之洪範接輿之歌鳳也哉

或問東方生名過實者何也曰應諧不窮正諫穢德注由

十七二十四

此四事得名應諧似優〔注〕似倡優不窮似哲正諫似直穢德似隱請問名曰詼達惡比〔注〕欲知誰比曰非夷尚容依隱玩世其滑稽之雄乎〔注〕非夷齊是柳下惠戒其子以尚同依隱玩世飽食安坐以仕易農此滑稽之雄者也或問柳下惠非朝隱者與〔注〕此問發於東方朔也曰君子謂之不恭古者高餓顯下祿隱〔注〕孟子曰伯夷隘柳下惠不恭隘與不恭君子不由也然則餓顯不獨高祿隱未爲下今發高下之訣蓋有爲乎素餐也世稱東方生之盛也云云有東方朔傳云東方朔字曼倩平原厭次人也武帝初即位徵天下舉方正賢良文學材力之士待以不次之位四方士多上書言得失自衒鬻者以千數朔初來上書文辭不遜高自稱譽上偉之令待詔公車久之使待詔金馬門稍得親近時有幸倡郭舍人滑稽不窮常侍左右舍人所向朔應聲輒對變詐

鏡

鏡出莫能窮者左右大驚上以朔為常侍郎遂得愛幸上使
太中大夫吾丘壽王與待詔能用算者二人舉籍阿城以南
盩厔以東宜春以西提封頃畝及其賈直欲除以為上林苑
屬之南山又詔中尉左右內史表屬縣草田欲以償鄠杜之
民吾丘壽王奏事上大稱善時朔在傍進諫上[redacted]拜朔為太
中大夫給事中然遂起上林苑如壽王所奏云[redacted]帝姑館陶
公主號竇太主寡居年五十餘矣近幸董偃上為竇太主置
酒宣室使謁者引內董君是時朔陛戟殿下辟戟而前曰董
偃有斬罪三安得入乎夫宣室者先帝之正處也非法度之
正不得入焉故淫亂之漸其變為篡是以豎貂為淫而易牙
作患慶父死而魯國全管蔡誅而周室安上曰善董君之寵
由是日衰時天下侈靡趨末百姓多離農畝上從容問朔吾
欲化民豈有道乎朔對願近述孝文皇帝之時以道德為麗
以仁義為準天下望風成俗昭然化之陛下誠能用臣朔之
之計推甲乙之帳燔之於四通之衢卻走馬示不復用則堯
舜之隆宜可與比治矣朔雖詼笑然時觀察顏色直言切諫
上常用之自公卿在位朔皆敖弄無所為屈時方外事胡越
內興制度國家多事自公孫弘以下至司馬遷皆奉使方外
或為郡國守相至公卿而朔嘗至太中大夫後常為郎與枚
皋郭舍人俱在左右詼啁而已久之朔上書陳農戰彊國之

十七二十五

計因自訟獨不得大官欲求試用其言專商鞅韓非之語也指意放蕩頗復詼諧辭數萬言終不見用行不純表傳贊引作行不純德司馬云朔言行駁雜所師表者不能純壹榮謂言不純師行不純表謂言而不皆是為法行而不皆是為準故漢書引表作德其義亦同若如溫公說則行不純德不可通矣傳贊又云朔之詼諧逢占射覆其事浮淺行於眾庶童兒牧豎莫不炫燿而後世好事者因取奇言怪語附著之朔按此即世人亂稱東方朔之所由藝文志東方朔二十篇入雜家本傳載答客難及非有先生論云朔之文辭此二篇最善其餘有封泰山責和氏璧及皇太子生禖屏風殿上柏柱平樂觀賦獵八言七言上下從公孫弘借車凡劉向所錄朔書具是矣世所傳他事皆非也此淶風遺書荗如之說謂其書不副其名之盛也或曰隱者也者司馬云宋吳本或曰作或問史記滑稽傳補云朔行殿中郎謂之曰人皆以先生為狂朔曰如朔等所謂避世於朝廷間者也此則朔以隱者自居故或以為言首之隱者云云者即下文所稱箕子接輿是也隱道多端者宋云或言隱之道多端如朔者亦其一也曰固也者宋云固實也聖言聖行不逢其時錢本不逢上有而字逢讀為逢君之惡之逢下省同方言云逢迎也聖人隱謂箕子賢者隱謂接輿詼言詼行而不逢其時詼者隱也者詼皆

史記滑稽列傳談言微中亦可以解紛談言疑亦詼言之誤

詼字之誤下文詼達音義云本或作詼達按隸書詼或作詼与詼形相似傳寫易致誤公孫弘傳詼笑多聞今本四作詼詼笑顏注云或作詼是其證玉篇詼調戲也詼言詼行而不逢其時即朔所云依隱玩世詭時不逢乃詼者之隱非聖賢之隱也此言隱有三品上者聖隱次者賢隱最下詼隱若朔之所謂隱則詼隱而已世德堂本不逢上無而字昔者箕子之漆其身也狂接輿之被其髮也欲去而恐罹害也者箕子見閔明疏論語云箕子為之奴馬云箕子佯狂為奴韓詩外傳云紂作炮烙之刑箕子曰知不用而言愚也殺身以彰君之惡不忠也遂被髮佯狂而去文選東方曼倩非有先生論李注引尸子云箕子胥餘漆體而為厲被髮佯狂論語云楚狂接輿歌而過孔子曰鳳兮鳳兮何德之衰往者不可諫來者猶可追已而已而今之從政者殆而孔云接輿楚人也佯狂而來歌欲以感孔子也皇疏云接輿楚人也姓陸名通字接輿昭王時政令無常乃被髮佯狂不仕時人謂之楚狂也按狂接輿猶直躬之比躬与接輿皆其名而以直与狂為號論語稱楚者特著其國猶云鄭子產吳季札耳皇疏以楚狂連讀又別撰姓名此襲皇甫謐高士傳之謬莊子應帝王云肩吾見狂接輿与此文狂接輿之被其髮皆可證論語狂字不上屬於楚也國策秦策云箕子接輿漆身而為厲被髮而為

十行 深山製

狂然則此漆身被髮亦互文也箕子之洪範接輿之歌鳳也
哉者箕子當紂之時在父師之位典洪範之書懼其遭亂亡
失故全身遠害以存之接輿當昭王之時臨不仕知孔子
有聖德懼其非時見辱故作歌以感之今朔既非有斯文之
旨亦非有治見亂隱之志詼嘲取容同于昔賢異趣無其作
非有先生論[redacted]之接輿避世箕子被髮陽狂此二人者皆避
濁世以全其身者也使遇明王聖主得賜清燕之閑寬和之
色發憤畢誠圖考安危揆度得失上以安主體下以便萬民
則五帝三王之道可幾而見也是朔[redacted]之意[redacted]欲竊比二子
以[redacted]遁世於朝廷閑散此皆用其語以詰之言朔於此兩無
所處也應諧不窮正諫穢德云云者朔傳妄為諧謔顏注云
諧者和韻之言也說文薉蕪也引伸之為汙為濁俗作穢、
德謂自汙濁其行託於詼諧之為以取寵夏侯孝若東方朔
畫贊所謂潔其道而穢其迹清其質而濁其文是也應諧似
優者俳優之為術滑稽多辯或笑言而合於道非專精其業
者不能工而朔之應聲輒對變詐鋒出雖專於為優者無以
過謂之似[redacted]優[redacted]不窮似擬司馬云吳本擬作智按傳贊
作智疑司封即據漢書改之不窮謂朔遁古射覆無所不通
故有似乎智也附名曰詼達者音義詼達上音恢舊本皆作
詼達漢書曰朔詼達多端不名一行本或作詼達又作名字

明其不學而能也

為合於二子之義

乃

俳

同上　五臣旁注

按司馬云李宋吳本皆云非夷尚容依隱玩世其滑稽之雄乎按漢書具載揚子之言稽諸家版誤也今從漢書是今本此文皆

違皆誤按訣違也承上文訣言訣行而言音義知訣違之誤
而不知訣言訣行之亦為誤則以為本訣言訣行訣者隱也
字皆已誤訣與作訣者故也訣違謂訣而能通也下文所謂
滑稽之雄也惡比者音義惡比音烏按問朔何所比擬也非
夷尚容依隱玩世今各本皆作非夷齊而是柳下惠戒其子
以尚容首陽為拙柱下為工飽食安步以仕易農依隱玩世
詭時不逢[redacted]温公據漢書朔傳贊增補此校作五臣注有
承之而翻刻沿平本者依之擿入非舊本如此顧氏廣圻石
研齋藏宋本法言跋云何義門學士校李軌注十三卷云絳
雲舊藏纂疑其校与司馬温公所見李本頗有不同如第十
一卷温公云李本非夷尚容依隱玩世其滑稽之雄乎今從
漢書明文顯然而何以義門之校全反此言耶今年再正揚
州過石研齋主人出示新得此書披而稽之右本卷第三葉
按當作第五葉十七行行字較前後獨多而修板添補痕迹
尤宛然方悟温公所言者其初板也義門所校者其後來修
改者也按錢本正作非夷尚容依隱玩世黄太史集任淵注
引法言亦然所據未經修改之本此[redacted]朔誡
子●之語藝文類聚十三及御覽四百五十九引非夷
尚●彼文所云首陽為拙而容尚彼文所●明有處世莫尚于
中類聚引如此御覽●中作忠此作容者蓋子虛所見朔詩

如此傳贊謂[redacted]以法言文簡[redacted]人不憚故罷取朔
語增成其辭自師古不經所出而過爲凡[redacted]逐
疑諧揚子之言而以諸家爲賤快矣滑稽之雄者音義滑稽
音滑史記有滑稽列傳彼索隱引楚辭崔注云滑稽流酒
器也轉注吐酒終日不已言出口成章詞不窮竭若滑稽之
吐酒故揚雄酒賦云鴟夷滑稽腹大如壺盡日盛酒人復藉
沽是也按詼嘲謂之滑稽猶鄙細謂之斗筲皆取器物以喻
人事蓋古語有然若訓滑爲亂訓稽爲同或讀滑如字而以
爲諧語滑利談稽爲計而以爲智計疾出皆望文生義之陋
也柳下惠非朝隱者與者朔非夷齊而是柳下惠柳下惠不
羞汙君不卑小官朔之所爲有類於此故以爲問音義朝
隱直遙切按朔所謂避世於朝廷之意吳侯芳菁東
方朔畫贊云染迹朝隱諸本此文君子謂之不恭者孟子文
言柳下惠亦非君子所當取法者也古者高餓顯下祿隱者
司馬云餓顯謂伯夷叔齊餓于首陽之下民到于今稱之
按論語云飯疏食飲水曲肱而枕之樂亦在其中矣是高餓
顯也邦無道穀恥也是下祿隱也○注夫子拘於羑里而皇
易六爻按詳聞明疏正文惟言箕子接輿而此注更引及文
王似無所取○注似倡優按俞云此說非也下文不窮似哲
正諫似直穢德似隱皆也直也隱也皆美名不應首句言似

邦有道穀

亦作上容尚上義同[redacted]頗云容身避害也按傳贊此文

而以爲亂同異

是柳下惠語

倡優也且似倡優矣尚何名為實（其）之有与問意亦不相應也
此優字乃優游之義論語憲問篇皇侃疏曰優猶寬閑也左
氏春秋序優而柔之正義曰優柔俱訓為安寬舒之意也皆
可說此優字之義不知該諸正俳優之事解為安閑則与應
諸字義不相承古俳優不必為俳業優孟優旃並以諷諫成
名朔之應諧似優乃甚不名一行之真正世人所豔稱
与問意不相應亦失其旨漢書敘傳云東方贍辭詼諧倡優
識苑抒偃正諫譽郵懷肉汙殿 按汙殿謂辭入殿中小遺殿
上見朔傳 弛張沈浮詼諧倡優皆應諧似優之義正諫孝郵
卬正諫似直之義懷肉汙殿弛張沈浮皆譏德似隱之義跪
諧全本法言是誰亦解優為倡優弘範此解皆據敘傳而說
失之○注[redacted]非夷齊是柳下惠按諸本侍贊
卬朔詩首陽為拙柳下為工之義今傳贊柳下作柱下則与
上文義不相應[redacted]御覽引朔詩柳下[redacted]為所據朔書舊本如此類聚引
壹作柳惠蓋可證明柱下之誤○注戒其子以尚同按同疑
容字之誤○注飽食安坐按傳贊作安步類聚御覽引並同
○注孟子至飧也 按所引孟子公孫丑文趙注云柳下惠
輕忽時人禽獸畜之無欲憚正之心言其大不恭敬也聖人之
道不取於此 詩伐檀彼君子兮不素飧兮毛傳云熟食
[redacted]曰飧釋文飧素門反說文飧餔也從夕食會意

以為

十七二十八

妄譽仁之賊也，妄毁義之賊也。賊仁近鄉原，賊義近鄉訕。〔注〕同乎流俗，合乎汙世，衆皆說之，以為是而不可與入堯舜之道者，德之賊也。孔子惡似而非者，孟軻論之備矣。妄譽仁之賊也，妄毁義之賊也者，音義：「妄譽，音餘。」司馬云：「仁以褒善，義以貶惡，而妄以毁譽加人，是賊傷仁義者也。賊仁近鄉原，賊義近鄉訕者，司馬云：『鄉原謂所至之鄉佝衆適俗求媚於人者，鄉訕謂所至之鄉喜進誹訕使人畏其口者。』」按：論語：「鄉原，德之賊也。」集解引周生烈云：「所至之鄉，輒原其人情，而為己意以待之，是賊亂德者也。」此讀原如字，而以為察度之意。孟子：「一鄉皆稱原人焉，無所往而不為原人。」趙注云：「人皆以為原善，所至亦謂之善人。」此讀原為愿，而以為謹厚之稱。論語劉疏云：「荀篇侗而不愿，鄭注：『愿，善也。』原與愿同。中論考偽篇：『鄉愿無殺人之罪，而仲尼深惡之。』字直作愿，與趙注同矣。一鄉皆稱善，而其忠信廉潔皆是假託，故足以亂德，所謂色取仁而行違者也。」按：劉說是也。鄉原閹然媚世，已多妄譽，而人亦譽之為善，故曰賊仁近鄉原也。說文：「訕，謗也。」是訕即妄毁之謂。無所往而不為訕謗，以取憎於人，行與鄉原相反，而賊德則同，故名

之曰鄉訕而以爲義之賊也○注同手筆備矣按此約孟子
盡心文爲說弘範以以衆皆說之以爲是七字爲句与趙本不同

或問子蜀人也請人曰有李仲元者人也注蜀有嚴君平豈伊
仲元君平已顯仲元未聞其爲人也柰何曰不屈其意不累
其身曰是夷惠之徒與曰不夷不惠可否之閒也注隨時之
義治亂若鳳如是則奚名之不彰也曰無仲尼則西山之餓
夫與東國之絀臣惡乎聞注餓夫夷齊絀臣柳下惠也曰王
陽貢禹遇仲尼乎曰明星皓皓華藻之力也與注星雖皓皓
有華藻然非能自顯耀也要須著天而後天下見之曰若是
則奚爲不自高曰皓皓者己也引而高之者天也注星者天
而後天下見主陽貢禹時主所揚而後名顯也仲元雖有賢

原訕韻語

十七二十九

德而時不高之故不亂子欲自高邪〔注〕君子行德俟命而已仲尼世之師也見其貌者肅如也聞其言者愀如也觀其行者穆如也鄲聞以德詘人矣未聞以德詘於人也仲尼畏人也〔注〕言可畏敬或曰育賁〔注〕言夏育孟賁亦使人畏也曰育賁也人畏其力而侮其德請條〔注〕閣其目也曰非正不視非正不聽非正不言非正不行夫能正其視聽言行者昔吾先師之所畏也〔注〕所畏謂言不踰行不恥孔子惮焉如視不視聽不聽言不言行不行雖有育賁其猶侮諸子蜀人也者子雲自序云揚雄字子雲蜀郡成都人也楚漢之興也揚氏溯江上處巴江州而揚季官至廬江太守漢元鼎間避仇復溯江上處嶓山之陽曰郫有田一壥有宅一區世世以農桑為業自季至雄五世而傳一子故雄亡它揚於蜀按成都今四川成都府成都

縣郫令成都府郫縣楊氏田宅皆在郫而自序云成都人者
蓋楊季始家於郫其後徙還成都故方言載子雲答劉歆書云
雄始能草文作成都城四隅銘明子雲必家成都[illegible]市也請
人者人謂賢才論語子游為武城宰子曰汝得人焉耳乎哉
皇疏引袁宏云謂得其邦之賢才不也是請人謂請言其鄉
之賢才也有李仲元者人也者高士傳云李弘字仲元蜀人
也成都里中化之班白不負擔男女不錯行弘嘗被召為縣
令鄉人共送之仲元無心就行因共酣飲月餘不去刺史使
人喻之仲元遂游奔不之官華陽國志蜀郡士女讚云仲元
抑抑邦家儀形自注云李弘字仲元成都人少讀五經不為
章句處陋巷淬勵金石之志威儀容止邦家師之以德行為
郡功曹一月而去子贅以見辱殺人太守曰賢者之子必不
殺人放之贅自以枉語家人弘遣亡命太守怒讓弘弘對曰
贅為殺人之賊明府私弘枉法君子不誘而誅也石碏殺厚
春秋譏之孔子稱父子相隱直在其中弘虧違贅太守無以
詰也州命從事常以公正諫爭為志[redacted]不屈其意不累其身者華陽國志御覽二百六十五引
益部耆舊傳引揚雄意林引法言意均作志言義不累良為
切論語云不降其志不辱其身伯夷叔齊與不夷不惠可否

里

引楊子雲

十七三十

胡部郎云：史記伯夷列傳：伯夷叔齊雖賢，得夫子而名益彰。又云：砥行立名者，非附青雲之士，惡

紲絳也

堅

之閒者，即論語云無可無不可適也。後漢書黃瓊傳載李固遺瓊書云：蓋君子謂伯夷隘，柳下惠不恭，故傳曰不夷不惠，可否之閒，蓋聖賢居身之所珍也。章懷太子注云：論語孔子曰：伯夷叔齊不降其志，不辱其身。謂柳下惠少連降志辱身。我則異於是，無可無不可。鄭玄注云：不為夷齊之清，不為惠連之屈，故曰異於是也。然則不夷不惠，可否之閒，謂願學孔子也。子雲引此，以為傳曰者，蓋古有是語。法言此文亦引古之辭也。華陽國志引作「不夷不惠，居於可否之閒」，此以意增益之。無仲尼，則西山之餓夫，東國之絀臣，惡乎聞？史記伯夷列傳云：及餓且死，作歌，其辭曰：登彼西山兮，采其薇兮。索隱云：西山即首陽山。音義：絀臣，與黜同。按論語云：柳下惠為士師，三黜。人曰：子未可以去乎？曰：直道而事人，焉往而不三黜？枉道而事人，何必去父母之邦？絀臣字本此。蓋子雲所據論語作三絀也。書序：湯既黜夏命。又成王既黜殷命。明黜、絀互用。說文：黜，貶下也。是黜正字，絀假字也。王文憲集序李注引作「夷齊無仲尼，則西山餓夫」。意林引作「柳下東國之逐臣，夷齊西山之餓夫」。曹侍讀元忠云：後漢紀太尉袁湯曰：不值仲尼，夷齊西山餓夫，柳下東國絀臣，致聲名不泯者，篇籍使然也。疑晉時流傳別本如此。又按梁書劉顯傳載劉之遴啟皇太子云：夷叔柳惠，不逢仲尼一言，則西山餓夫，東國黜士，名豈

任彥昇

施於後世楊子
蓋本此而推衍

衙

施於後世此皆引用者自以己意增損不必盡合原文也司馬云惡音烏王陽貢禹遇仲尼乎者王貢兩龔鮑傳云王吉字子陽琅邪皋虞人也少好學明經以郡吏舉孝廉為郎補若盧右丞遷雲陽令舉賢良為昌邑中尉甚得輔衛之義驕不治民國中莫不敬重焉久之昭帝崩亡嗣大將軍霍光秉政遣大鴻臚宗正迎昌邑王即位二十餘日以行淫亂廢昌邑群臣皆下獄誅惟吉與郎中令龔遂以忠直數諫正得減死髡為城旦起家復為益州刺史病去官復徵為博士諫大夫是時宣帝頗修武帝故事宮室車服盛於昭帝時外戚許史王氏貴寵而上躬親政事任用能吏吉上疏言得失上以其言迂闊不甚寵異也吉遂謝病歸琅邪吉與貢禹為友世稱王陽在位貢公彈冠言其取舍同也元帝初即位遣使者徵貢禹與吉吉年老道病卒貢禹字少翁琅邪人也以明經絜行著聞徵為博士涼州刺史病去官復舉賢良為河南令歲餘以職事為府官所責遂去官元帝初即位徵禹為諫大夫數虛己問以政事是時年歲不登郡國多困禹奏言古者宮室有制云云天子納善其忠乃下詔令太僕減食穀馬水衡減食肉獸省宜春下苑以與貧民又罷角抵諸戲及齊三服官遷禹為光祿大夫頃之禹上書願乞骸骨天子報曰生其強飯慎疾以自輔月餘以禹為長信少府會御史大夫陳

十七三十一

五号旁注

萬年卒焉代為御史大夫列於三公自爲在位數言得失書數十上天子下其議令民產子七歲乃出口錢自此始按武帝以來民產子三歲則出口錢又罷上林宮館希幸御者及省建章甘泉宮衛卒減諸侯王廟衛卒省其半餘雖未盡從然嘉其質直之意焉又奏欲罷郡國廟定宗廟迭毀之禮皆未施行為御史大夫數月卒司馬云言王貢力學絜己而名著海內豈必遇仲尼明星皓皓華藻之力也與者說文皓日出貌俗從白廣雅釋詁皓皓明也華藻猶言光采後漢書孟嘗傳載楊喬爲嘗書云嘗隱景藏采不揚華藻義本此文書星之所以明見天下者非獨星體之光采使然由其位置之高也王貢之名所以彰於仲元者非獨其節行使然由其仕宦之顯也若是則奚為不自高者司馬云言仲元何不仕皓皓者己也引而高之者天也子欲自高邪者言節行在己登閎在君相士雖有節行豈能自為登閎耶仲元世之師也[illegible][illegible][illegible]御覽四百四引作李仲元一世之師也見其貌者肅如也云云者音義愀如親小切舊本皆作儼如昌六切動色貌按蓋郭者舊傳引作戚如哀公問孔子愀然作色鄭注云愀然變動貌也說文無愀有愀云愀然也引孟子曰曾西愀然即愀字秋聲未聲古讀相近也本作儼者即愀之假華陽國志引觀其行者穆如也在聞其言者愀如也之上鄭聞以德詁人矣

顏淵曰請問其目子曰非

成荊孟賁王慶忌夏育之勇焉而死

范

未聞以德詁於人也者音義亶音丹猶但也或古亶但通用
亦音但本或作但按世德堂本亦集注從宋吳本作但亶但
同部故得通用此類[redacted]語辭以聲為義多無正字但之本
義為裼假為承轉之辭後人習見故不疑耳司馬云言仲元
德能服人而未嘗居節仲元畏人也者廣雅釋言畏威也逸
周書謚法猛以彊果曰威又彊義執正曰威育賁[redacted]
[redacted]音義育賁音奔史記范睢[redacted]列傳[redacted]
[redacted]集解引漢書音義云夏育衛人力舉千鈞又蔡澤
列傳[redacted]夏育太史噭叱呼駭三軍然而身死於庸夫索隱引
高誘云夏育為田搏所殺[redacted]育亦作鬻[redacted]洞簫賦桀跖
鬻博偏以頓顙李注云鬻夏育也古字同博申博也未詳其
始陸機夏育贊曰夏育之猛千載所希申博角勇臨額舊桓
[redacted]申博卬田搏史記袁盎列傳引高誘戰國策注作申繻又
雎傳集解引許慎云孟賁衛人袁盎傳索隱引尸子云孟賁
水行不避蛟龍陸行不避虎兕按此[redacted]勇者之所以為威與
仁者之所以為威其異同若何也育賁也人畏其力而侮其
德者[redacted]宋云非心服之畏非正不視云云者論語[redacted]
禮勿視非禮勿聽非禮勿言非禮勿動鄭注云此四者剋己
復禮之目也○注蜀有至未聞按世德堂本此注無篁伊仲
元四字仲元已顯上有岀字經傳釋詞云伊是也有也注意

或曰　王子淵　索隱　問　請條目

十行　深山製

十七三十二

謂子雲之時蜀之賢才無過嚴君平何云仲元與君平之名已著而仲元之德未彰子雲旨在表微闡幽故不與君平而與仲元也三國志秦宓傳云如李仲元不遭法言令名必淪其與虎豹之文故也可謂攀龍附鳳者矣○注隨時之義治亂若鳳按即可以仕則仕可以止則止之謂○注君子倚德俟命而已按孟子云君子行法以俟命○注[redacted]惮焉按本書修身篇文

治亂若鳳 本書問明篇文

而已矣法德草形相近疑此注德字乃法之誤或弘範所據孟子作德也

信不敢行不恥孔子

疏十七終

四月丙寅畢成

十八一

四月庚午起稿

法言義疏十八

吳　汪榮寶撰

君子卷第十二〔注〕夫君子之所以為美布護蔓延在乎衆篇豈惟於此而表其篇目者絕筆在乎孝至無以加之而已〇注夫君至而已按法言篇目皆摘篇首語二字為之此以君子命篇不必別有意義也布護蔓延疊韻連語分散周匝之謂

法言　李軌注

或問君子言則成文動則成德何以也曰以其弸中而彪外也

〔注〕弸滿也彪文也積行內滿文辭外發

般之揮斤羿之激矢

君子不言言必有中也不行行必有稱也

以其弸中而彪外也者音義弸中滿蒲萌切又普耕切司馬云學成道充言行皆美般之揮斤羿之激矢云云者音義般音班有中丁仲切按般羿疏證詳學行疏

吳云：輸般之揮斤，后羿之激矢，猶如君子之言行，素習於內發中繩準。行必有稱，音義無音，似讀如字。司馬云：稱，尺證切。稱者，得事之宜。按溫公音是也。稱亦中也。荀子禮論：貧富輕重皆有稱者也。楊注云：稱謂當其宜。中、稱並訓當，故此以為互文。中、稱亦韻語。○注：淵，滿也。按說文：淵，弓彊貌。引伸為凡彊之稱。司隸校尉魯峻碑云：淵中獨斷，以效其節。淵中字用此，似即以為彊中之意。疑本侯芭舊義，弘範訓為滿者，甘泉賦云：帷淵環其拂汩兮。孟康云：淵環，風吹帷帳鼓貌。是淵有充滿之意，故亦以憑為之。離騷：憑不猒乎求索。王注云：楚人名滿曰憑。憑即淵也，聲轉為彭。易大有：匪其彭。釋文引干云：彭亨，驕滿貌。俗字作膨。廣韻：膨脝，脹貌。○注：彪，文也。按說文：彪，虎文也。从虎、彡，彡象其文也。[redacted]引伸為凡文之稱。易蒙九二：包蒙。釋文引鄭云：包當作彪。彪，文也。○注：積行內滿，文辭外發。按急就篇云：積行上究為牧人。文辭當作文德，此承言則成文、動則成德而言，不專指文辭。文辭者，言之文；德行者，行之文也。樂記：是故情深而文明，氣盛而化神，和順積中而英華發外。美在其中而暢於四支，發於事業，即此義。

或問君子之柔剛。曰：君子於仁也柔，於義也剛。〔注〕仁愛大德，故

十八二

柔原其心節義大業故剛厲其志君子於仁也柔於義也剛者司馬云柔於愛人剛於去惡極後漢書吳祐傳論云夫剛烈表性鮮能優寬仁柔用情多之貞直仁以矜物義以退身君子哉叩此文之義彼章懷太子注引法言云君子於仁也柔於義也剛

或問航不漿衝不齋有諸注楫航不挹漿衝車不載齋曰有之

或曰大器固不周於小乎曰斯械也君子不械注械器也航衝之器充大則不能小矣君子不器無所不施航不漿衝不齋者說文幢陷敵車也經傳通作衝隸變作衝淮南子覽冥高注云衝車大鐵著其轅端馬被甲車被兵所以衝於敵城也俞云齋當為齍周官醢人以五齍七醢七菹之難齊寶之鄭注曰齊當為齍凡醯醬所和細切為齍然則航不漿衝不齍謂楫航不可挹酒漿衝車不可盛齍醢也漿與齍以類相從作齎者假字耳按俞說是也蓋此古舊相傳之語其以齎為齍者原文然也大器固不周於小者後漢書邊讓傳載蔡邕薦讓書云大器之於小用固有所不宜也蓋亦古有是語也○注械器也

故有諸

此言

按說文械一曰器之總名○注舡衡至不施按世德堂本脫
而注謂舡衡不能小矣君子不器十一字宋云舡衡之器皆一而
君子不器云器者各周其用至於君子無所不施也注語

此乃宋吳本之誤

此本

或問孟子知言之要知德之奧曰非苟知之亦允蹈之注允信
也蹈履也或曰子小諸子孟子非諸子乎曰諸子者以其知
異於孔子也孟子異乎不異注道同於仲尼也 知言之要者廣
雅釋言要約也孟子云博學而詳說之將以反說約也
非苟知之亦允蹈之者經傳
釋詞云苟猶但也易繫辭傳曰苟錯諸地而可矣藉之以白茅
何咎之有言但置諸地而已可矣而必藉之以白茅謹慎如
此復何咎之有乎桓五年左傳曰苟自救也社稷無隕多矣
哀二十八年傳曰小適大苟舍而已焉用壇苟字並與但同
義此則此亦謂非但知之而已又誠能履而行之也要與蹈
韻語孟子非諸子乎者孟子題辭云孟子既沒之後大道遂

知德之奧者國語周語韋注云奧深也孟子云君子深造之以道欲其自得之也

然治至亡秦焚滅經術坑戮儒生孟子徒黨盡矣其書號為
諸子得不泯絕藝文志凡諸子百八十九家孟子十一篇入
儒家諸子者以其知異於孔子也者音義其知音智司馬云
以其中知立異於孔子之道按溫公讀知如字是也閻明云御
之貴也知大知也李云大知者聖道孟子異乎不異者孟子
題辭云衞靈公問陳於孔子孔子荅以俎豆梁惠王問利國
孟子對以仁義宋桓魋欲害孔子孔子稱天生德於予魯臧
倉毀鬲孟子孟子曰臧氏之子焉能使予不遇哉旨意合符
若此者衆焦疏云以孟子似續孔子自趙氏發之其後晉成
康之年國子祭酒袁瓌太常馮懷上疏云孔子恂恂道化洙
泗孟軻皇皇誨誘無倦是以仁義之聲於今猶存禮讓之風
千載未泯見宋書禮志韓愈原道云斯道也堯以是傳之舜
舜以是傳之禹禹以是傳之湯湯以是傳之文武周公文武
周公傳之孔子孔子傳之孟軻皆本諸趙氏按孟子荀卿列
傳[redacted]有仲尼菜色陳蔡孟軻困於齊梁衞靈公問陳而孔子
不荅梁惠王謀欲攻趙孟軻稱太王居邠五誤已以孔孟竝
[redacted]稱此文云云直謂孟子之道同於孔子皆在卿卿以前然則
以孟子似續孔子不自趙氏始[illegible]說疏矣○注允信
也蹈復也按允信屢見蹈復廣雅釋詁文
世德堂本此注入宋咸注中又復作行

或曰孫卿非數家之書侻也〔注〕彈駁數家侻合於教至于子思孟軻詭哉〔注〕識此則謬曰吾於孫卿與見同門而異戶也〔注〕同出一門而戶異同述一聖而亦詭推聖人為不異〔注〕前聖後聖法制之合大同仁義孫卿世德堂本作荀卿接孟子荀卿列傳云荀卿趙人年五十始來游學於齊〻襄王時荀卿最為老師齊尚脩列大夫之缺而荀卿三為祭酒焉齊人或讒荀卿〻乃適楚而春申君以為蘭陵令春申君死而荀卿廢因家蘭陵李斯嘗為弟子已而相秦荀卿嫉濁世之政亡國亂君相屬不遂大道而營於巫祝信禨祥鄙儒小拘如莊周等又滑稽亂俗於是推儒墨道德之行事興壞序列著數萬言而卒索隱云名況卿者時人相尊而號為卿也後亦謂之孫卿子者避漢宣帝諱也漢書藝文志孫卿子三十三篇入儒家顏注云本曰荀卿避宣帝諱故曰孫謝氏墉荀子序云荀卿又稱孫卿自司馬貞顏師古以來相承以為避漢宣帝諱故改荀為孫考漢宣帝名詢漢時尚不諱嫌名且如後漢李恂與荀淑荀爽荀悅荀彧俱書本字詎反於周時人名見諸載籍者而改稱之若然則

十八四

左傳自荀息至荀瑤多矣何不改邪且即前漢書作敖公孫
敖俱不避元帝之名驚也蓋荀音同孫語遂移易如荊軻在
衛衛人謂之慶卿而之燕燕人謂之荊卿又如張良為韓信
都潛夫論云信都者司徒也俗音不正曰信都或曰申徒或
勝屠然其本一司徒耳然則荀之為孫正如此以為避宣帝
諱恐不其然胡氏元儀郇卿別傳考異云謝東墅駁郇卿之
稱孫卿不因避諱足破千古之惑以為俗音不正若司徒信
都則仍非也郇卿之為郇伯後以國為氏無可疑矣且郇卿
趙人古郇國在今山西猗氏縣境其地於戰國正屬趙故為
趙人又稱孫者蓋郇伯公孫之後以孫為氏也王符潛夫論
志姓氏篇云王孫氏公孫氏國自有之孫氏者或王孫之班
或公孫之班也是各國公孫之後皆有孫氏矣由是言之郇
也孫也皆氏也戰國之末宗法廢絕姓氏混一故人有兩姓
并稱者實皆古之氏也如陳完奔齊史記稱田完陳恆見論
語史記作田常陳仲子見孟子郇卿書陳仲田仲互見田駢
見郇卿書呂覽作陳駢陳田皆氏故兩稱之推之荊卿之稱
慶卿亦是類耳若以俗語不正二字同音遂致移易為言尚
未達其所以然之故也榮按謝說是也記名標識但取音近
本無正假可言荀卿之為孫卿正猶虙之為伏圉之為圄楊
之為揚袁之為轅爰其例至繁不勝枚舉胡氏據元和姓

宋吳本作脫

韓詩外傳作范睢

荀

篡[redacted]卿乃郇侯之後以國為氏直書荀卿字為郇卿不知荀卿卩出自郇國[redacted]其支庶不必作郇蓋國名之施邑書多後起之字非本來如此至援陳田互稱諸例以為戰國之末人有內姓并稱荀卿之稱孫卿蓋郇伯公孫之後以孫為氏尤為臆說陳田古音相同陳之氏為田亦聲近通用非二氏也孫卿非數家之書從也者荀子非十二子謂它囂魏牟陳仲史鰌墨翟宋鈃慎到田駢惠施鄧析子思孟軻也音義從也他括切可也按廣雅釋詁從可也說文無從有娓好也當與從同空至于子思孟軻說哉者荀子非十二子云略法先王而不知其統猶然而材劇志大聞見雜博案往舊造說謂之五行甚僻違而無類幽隱而無說閉約而無解案飾其辭而祇敬之曰此真先君子之言也子思唱之孟軻和之世俗之溝猶瞀儒嚾嚾然不知其所非也遂受而傳之以為仲尼子游為茲厚於後世是則子思孟軻之罪也困學紀聞云荀卿非十二子韓詩外傳引之止云十子而無子思孟子思謂荀卿非子思孟子蓋其門人如韓非李斯之流託其師說以毀聖賢當以韓詩為正四庫全書總目云況之著書主於明周孔之教崇禮而勸學其中最為口實者莫過於非十二子王應麟困學紀聞據韓詩外傳所引卿但非十子而無子思孟子以今本為其徒李斯等所增不知子思孟子後來論定為聖賢

外傳作田文莊周

十行 深山製

十八五

司馬云言藺仲亦述孔子之道而所見不能無小異

按宋吳本作牛騂白義不可通 又騂作粹

耳其在當時固亦卿之曹偶，是猶未陸之相非，不足訝也。說文：恑，變也。引伸為譎詐怪異之義。經傳通以詭為之。淮南子本經"詭文回波"，高注云："奇異之文也。"吾於孫卿與見同門而異戶也者。四庫總目云：卿之學源出孔門，在諸子之中最為近正，是其所長；主持太甚，詞義或至於過當，是其所短。韓愈大醇小疵之說，要為定論。餘皆好惡之詞也。[redacted]○注：說此則謬。按世德堂本謬作亦詭。○注：同出至亦詭。按世德本戶異作異其戶，亦詭上縮有字。○注：前聖至仁義。按孟子云：先聖後聖，其揆一也。

牛玄騂白，睟而角，其升諸廟乎？是以君子全其德。〔注〕色純曰睟

牛玄騂白睟而角者，音義：牛玄騂白，俗本作玄牛騂白，誤。騂，息營切。睟而，睟與粹同。禮檀弓：夏后氏尚黑，牲用玄；殷人尚白，牲用白；周人尚赤，牲用騂。鄭注云：玄，黑類也；騂，赤類也。說文無騂，蓋即牸之或體。太玄以騂準乾，即取乾德純粹之義。玄衝云：騂，君道也。范注云：陽氣純也。又玄錯云：騂文之道或淳或班。注云：淳騂其道，班有文也。明騂即粹也。論語犂牛之子騂且角。集解云：角者，角周正，中犧牲也。王制云：祭天地之牛角繭栗，宗廟之牛角握，賓客之牛角尺。公羊傳僖公篇解

詁引禮云祭天牲角繭栗社稷宗廟角握六宗五嶽四瀆角尺論語劉疏云繭栗者言其堅細角以細小為貴敵握大於繭栗尺又大於握也君子全其德世德當本與其序按宋吳皆以此章與上章相連說之宋云荀卿學聖人之道而非孔孟亦不粹矣吳云韓吏部曰大醇小疵此之謂歟陶氏鴻慶讀法言札記云上文言聖人之道大不分門戶此文義不相屬蓋錯簡也此章云騂白以下四句疑當在君子不械之下合為一章試連上文讀之云或問航不漿衝不薺有諸曰有之或曰大器固不周於小乎曰斯械也君子不械牛玄騂白騂而角其升諸廟乎是以君子全其德言君子德行純粹非器械可比即孔子以為德許子賤而以瑚璉稱子貢之意或問君子似玉又與君子全德之義相承自篇首至此凡四章皆論君子當以類相從也至下文或曰仲尼之術云云當在上章惟聖人為不異句下或人因揚子此言疑聖人之道大無所施故有是問自或問孟子以下歷舉孫卿淮南長卿子長諸家之書而折衷於仲尼亦以類相從也榮謂此數語自為一章本不與上文相屬宋吳穿鑿求通固失其旨陶以為錯簡尤誤〇注色純曰騂按說文粹不襍也廣雅釋詁粹同也又釋言粹純也

十八六

刓而廉猶云不劌而廉用聘義文義而轉易其辭耳

或問君子似玉曰純淪溫潤柔而堅玩而廉隊乎其不可形也

注 君子於玉比德焉禮記論之備矣 君子似玉者詩小戎云言念君子溫其如玉鄭箋云念君子之德溫然如玉玉有五德也純淪溫潤者釋名釋水云淪倫也水文相次有倫理也淪本謂水之文理引伸爲凡文理之稱淮南子覽冥純溫以淪義與此同彼高注云淪沒也失之柔而堅者柔謂玉色堅謂玉質聘義云夫昔者君子比德於玉焉溫潤而澤仁也縝密以栗知也鄭注云色柔溫潤似仁也栗堅貌是也玩而廉者司馬云玩當作刓音完謂廉而不劌俞云如溫公說則當改玩而廉謂廉而不玩矣殆亦未得也蓋溫公雖知玩爲刓之假字而未得其義凡物刓之則圜楚辭懷沙篇刓方以爲圜兮是也故史記酈生陸賈傳刓印刓而不能授集解引孟康曰刓斷無復廉鍔也此則刓而廉正與刓斷無廉鍔相反漢書陳平傳士之頑鈍嗜利無恥者如淳曰頑鈍謂無廉隅也孟子萬章篇曰頑夫廉頑與廉對文證此文之義以物言之爲刓而廉以人言之爲頑而廉矣榮按說文劌利傷也義與刓斷相反[redacted]不劌即刓而廉溫公[redacted]以廉而不劌釋刓而廉據精確不曲圓乃謂未得其義殊不可解隊乎其不可形也者音義隊乎直類切吳

云隊于猶言墜之如隊司馬云隊與墜同謂墜之如墜俞云
說文心部㒸深也㒸疑㒸之假字或學者多見㒸少見㒸而
改之也惟其深故不可得而形矣榮謂㒸當讀為詩柏舟威
儀棣棣之棣彼毛傳云富而閑習也新書容經云棣棣富也
孔子閒居引詩作逮逮彼鄭注云安和之貌也○注君子望
備矣按騁義文

或曰仲尼之術周而不泰大而不小用之猶牛鼠也[illegible]使牛捕
鼠雖大無施曰仲尼之道猶四瀆也經營中國終入大海它
人之道者西北之流也綱紀夷貉或入于沱或淪于漢仲尼之術

周而不泰大而不小者易序卦傳云泰通也周而不泰謂廣
博而有所不能通也用之猶牛鼠也者言聖之與庸猶牛之
與鼠用聖道於庸衆猶以牛[illegible]鼠大小縣殊終不可合方言
載子雲答劉歆書云凡雄為太玄經由鼠坻之與牛場也謂
以玄擬易猶以鼠擬[illegible]牛也義與此近蓋當時有此語也仲尼
之道猶四瀆也者殷本紀引湯誥云古禹皋陶久勞於外東
為江北為濟南為淮西為河四瀆已修萬民乃有居白虎通
巡狩云瀆者濁也中國垢濁發源東注海故稱瀆也風俗通

釋名釋水云天下大水四謂之四瀆江河淮濟是也瀆獨也各獨出其所而入海也

或曰世德堂本作或問

十八七

淯　沇

山澤云瀆通也所以通中國垢濁民陵居植五穀也水經注河水篇云自河入濟自濟入淮自淮達江水經周通故有四瀆之名經營中國終入大海者地理志◎金城郡河關積石山在西南羌中河水行塞外東北入塞內至章武入海過郡十六行九千四百里按十六郡者金城朔方五原雲中西河上郡左馮翊弘農河東河南河內陳留濟陰宣帝更名定陶河東郡平原勃海也[illegible]蜀郡湔氐道禹貢嶓山在西徼外江水所出東南至江都入海過郡九行七千六百六十九里[illegible]九今本誤七七千今本誤二千茲據說文繫傳所引正九郡者蜀郡犍為巴郡南郡長沙江夏廬江丹陽廣陵國也又志南陽郡平氏禹貢桐柏大復山在東南淮水所出東南至淮陵入海過郡四行三千二百四十里按四郡者南陽汝南九江臨淮也胡氏渭禹貢錐指引易氏云淮自桐柏縣東流二百八十里至真陽又三百里至汝陰又二百里至下蔡又五百里至蘄縣又二百四十里至臨淮又二百七十里至盱眙縣入海通計一千八百里又引金吉甫云自桐柏至海凡千七百里二說近是漢志云至淮陵入海淮陵故城在今盱眙縣西北八十五里此地距海甚遠淮何得於縣界入海淮陵乃淮陰之訛三千字亦譌也又志河東郡垣禹貢王屋山在東北沇水所出東南至武德入河軼出滎陽北地中又東至琅槐

泲

入海過郡九行千八百四十里按沇者濟之異名說文沇水
出河東垣東王屋山東為泲又云泲沇也四瀆之濟當作泲
經傳通假常山濟水字為之九郡者河東河內陳留梁國濟
陰泰山濟南齊郡千乘也以今地言之黃河源出新疆巴顏
喀喇山之麓為阿勒坦郭勒東渟為札凌湖鄂凌湖自鄂
凌湖引長東行經甘肅之西寧府蘭州府寧夏府自寧夏北
行經內蒙古之西二盟自西二盟南行經山西陝西交界之
處凡經山西之歸化城保德州太原府汾州府隰州平陽府
蒲州府陝西之榆林府綏德州延安府同州府自蒲同之閒
出而東行經山西之解州河南之陝州河南府懷慶府衛輝
府開封府自開封府北行經山東之曹州府東昌府濟南府
為大清河入海為自開封府東南行經山東之曹州府江蘇
之徐州府淮安府入海今為淤道其江淮入海之道則江水
出今四川龍安府松潘廳北二百三十里大分水嶺即古崏
山流經茂州成都府眉州嘉定府敘州府瀘州重慶府忠州
夔州府湖廣之宜昌府荊州府安州府武昌府漢陽府黃州
府江西之九江府江南之安慶府池州府太平府江寧府鎮
江府常州府諸境至北岸通州南岸蘇州府昭文縣境入海
淮水出河南桐柏縣桐柏山東流經羅山縣真陽縣息縣固
始縣光州又入江南界經潁州府霍丘縣潁上縣壽州懷遠

十行深山製

縣鳳陽府臨淮縣五河縣盱眙縣泗州至清河縣畧合於河徑山陽縣阜寧縣安東縣至雲梯關入海今河於山東入海不與淮合河雖未復禹時之故道而淮則與古無殊矣若泲水之道則變遷最劇今河南懷慶府濟源縣王屋山有東西二池合流至温縣東南入河不特入河以後禹貢舊迹不可考即所謂東流為泲者自王莽時温之故瀆枯絶其流亦非禹迹之舊今山東大清河小清河蓋有泲水混淆其閒而名實俱異矣定人之道者西北之流也者定治平本作他按問道篇序均作定此文世德堂本亦作定今據改綱紀貢務或入于沱或淪于漢者綱紀亦徑營之意說文沱江別流也按江水今四川成都府灌縣西別流為沱東徑郫縣北又東徑新繁縣南又東徑成都縣北又東徑新都縣南又南徑金堂縣南又東南徑簡州北又東南徑資陽縣西又南徑資縣西又南徑富順縣東又東南徑瀘州北又東南與江水合其西北諸流之入于沱者會典四川水道圖說云沱江又分數道而東合綿陽河雒水又東南逕資州曰中江合珠溪又曰雒江又徑敘州府合滎溪橋河是也說文漾水東為滄浪水按漢水有二一出今陝西漢中府寧羌州北嶓冢山者為漾至南鄭縣西為漢東流至湖北襄陽府均州為滄浪水又東南流至漢陽府漢陽縣合於江此為禹貢嶓冢導

十八八

漾東流爲漢之漢一出今甘肅秦州嶓冢山者其下流爲嘉陵江今謂之西漢水因而禹貢之漢謂之東漢水此文之漢當指禹貢之漢而言西北諸流之淪于漢者戴氏祖啓陝甘資政錄云南山之南紆流爲漢其支流之大者爲遶水沮水襄水康水璿水洋水木馬河饒風河月河閭河洵河丹水甲水西背入於漢是也其在西北之流水紆夷貉而不返或向東者亦入沱漢而已言其異而小也司馬云言諸子之道離時有小用而非怪正不可以致遠按綱紀夷貉封經營中國生文或入于沱或淪于漢封終入大海生交綱紀夷貉喩其所灌溉者陋入于沱淪于漢喩其所歸宿者小意義相承司封以爲二事失之○注使牛捕鼠鄙大無施按莊子逍遙游云今夫斄牛其大若垂天之雲此能爲大矣而不能執鼠御覽九百十二引尸子云使牛捕鼠不如猫狌之捷注義本此然增捕字爲解於義未安正文止云牛鼠注

淮南說之用不如太史公之用也太史公聖人將有取焉注實錄不隱故可采擇淮南鮮取焉爾注浮辯虛妄不可承信必也儒乎作出作入淮南也注或出經或入經文麗用寡長卿

十行深山製

也。多愛不忍，子長也。【注】史記敘事但美其長不貶其短，故曰多愛。仲尼多愛，愛義也；子長多愛，愛奇也。淮南說之用，不如太史公之用也者，本書問神云：「或曰：淮南、太史公者，其多知與？曷其雜也？曰：雜乎雜！人病以多知為雜，惟聖人為不雜。」是淮南、太史公皆不合於聖人，而於二家之中求其言有可用者，則太史公為善也。太史公，聖人將有取焉；淮南，鮮取焉爾者，音義：「鮮取，悉踐切，下鮮儷同。」宋云：「司馬遷雖雜，而有禮樂儒學之說，於聖人之道可取而用之，如劉安溺異端之痼者也，故曰鮮取焉。」吳云：「太史公實錄，猶如魯史舊文，聖人將有取焉，以正褒貶。淮南劉安之書，雜而不典，少有可採。」司馬云：「今之所以知古，後之所以知先，史不可廢。空言雖辯博，而駁雜迂誕，可取者少。」榮按：史記於本紀則斷自五帝，而不取洪荒以前支離之說；於列傳則以老莊與申韓同篇，而云申商慘礉少恩，原於道德之意；又述周末諸子，則推崇孟荀，而於鄒衍諸家多有微辭；於自序述春秋之義，則元本董生；又諸敘論往往折衷於孔子。凡此之屬，皆是史公特識，故云聖人將有取焉，謂聖人復起，將有取於是也。若淮南雜家，其文雖富，然泛濫而無所歸，僅足為呂覽之儔，去史公遠矣，故云鮮取焉爾。必也儒乎者，

各本作訖誤

吾子云衆言淆亂則折諸聖問道云適堯舜文王者為正道
非堯舜文王者為它道然則評論百家之是非惟以六藝之
言孔子之術為斷合乎此者有取不合乎此者則無取也作
出作入淮南也者謂淮南之書時而近正時而乖詭近正者
入於儒乖詭者出於儒也淮南子要略自述其著書之旨云
若劉氏之書觀天地之象通古今之論權事而立制度形而
施宜原道之心合三王之風以儲與扈冶玄眇之中精搖靡
覽棄其畛挈斟其淑靜以統天下理萬物應變化通殊類非
循一跡之路守一隅之指拘繫牽連於物而不與世推移也
此淮南不專一家之意彼自謂應變通類正子雲所謂作出
作入者也西京雜記云淮南王安著鴻烈二十一篇自云字
中皆挾風霜揚子雲以為一出一入字直百金彼文一出一
入謂其行文之或顯或幽猶解嘲云深者入黃泉高者出蒼
天與此文出入字異義然則同為子雲評淮南之語而褒貶
不同者彼自賣其文辭此則裁以義理故也文麗用寡長卿
也者史記司馬相如列傳云司馬相如者蜀郡成都人也字
長卿漢書司馬相如傳贊引揚雄以為靡麗之賦勸百而諷
一猶騁鄭衛之聲曲終而奏雅即文麗用寡之義漢書敘傳
云文豔用寡子虛烏有班語本此多愛不忍子長也者宋云
遷之學不專純於聖人之道至於滑稽日者貨殖游俠九流

十八

之技皆多愛而不忍棄之異云不可以垂世立教者司馬遷
皆序而錄之是多愛不忍也仲尼多愛、義也子長多愛、
奇也者司馬云仲尼稱管仲爲仁史魚爲直蘧伯玉爲君子
之類亦多愛棄謂仲尼多愛謂信而好古愛義謂多聞擇其
善者而從之

或曰甚矣傳書之不果也曰不果則不果矣〔注〕苟非所能自可
爾又以巫鼓〔注〕巫鼓猶妄說也妄說傷義甚於不言一曰巫
鼓之傳矣徒不果而已乃復奇詼誕以自大假不學爲高迪
故揚子既吐觸情之談又發巫鼓之義甚矣傳書之不果也者宋云非徑謂之傳
按音義於傳書無音似讀如字依宋說則當讀直戀切宋讀
是也孟子云於傳有之詩靈臺孔疏引作書傳有之傳書即
書傳俞云說文木部果木實也木實謂之果故果與實同
義淮南子道應篇高誘注曰果誠也誠即實也傳書之不果
言傳記之書多失實也按俞說是也廣雅釋詁果信也信實
同義不果則不果矣又以巫鼓者又各本皆作人音義人以

巫鼓天復作又以巫鼓按此形誤之顯然者今據訂正巫讀為誣〻鼓謂誣妄鼓扇言僅〻不實則亦已矣又從而誣妄鼓扇焉故其害為尤甚也○注蓄非所能自可爾按孟子君是以不果來也趙注云果能也弘範訓不果為不能故云爾頗○東傳書曰之不能於義未洽高以俞解為長○注巫鼓妄（猶）說也按曾子問鼓誣於祭也鄭注云誣猶妄也巫誣古通○注一曰至之義按弘範以乃復云〻釋又以巫鼓是其所據本人作又之證觸情見學行

或問聖人之言炳若丹青有諸曰吁是何言與注吁者駭歎之聲丹青初則炳久則渝〻乎哉注丹青初則炳然久則渝變聖人之書久而益明聖人之言炳若丹青後漢書來歙傳章懷太子注引炳作明按此蓋因後漢避沖帝諱所改王元長曲水詩序李注引作炳下文初則炳同此亦古有是語故以為問丹青初則炳久則渝〻乎哉者爾雅釋言渝變也

或曰聖人之道若天〻則有常矣奚聖人之多變也曰聖人固

十八七

閔子騫世德堂本無騫字

未得其所以言也者論語云子貢曰夫子之文章可得而聞也夫子之言性與天道不可得而聞也

多變〔注〕天縱之也子游子夏得其書矣未得其所以書也寧我子貢得其言矣未得其所以言也顏淵閔子騫得其行矣未得其所以行也〔注〕聖人以妙外往諸賢以方中求聖人之書言行天也天其少變乎〔注〕所以應無方也奚聖人之多變也者宋云言五經支離萬事錯綜聖人因多變者司馬云聖人志道秉常隨時應物如天之陰陽五行變化無窮按繁露竹林云[redacted]春秋之道固有常有變變用於變常用於常各止其科非相妨也子游子夏得其書矣者論語云文學子游子夏皇疏引范寧云文學謂善先王典文公羊傳昭公篇徐疏引春秋說云孔子作春秋一萬八千字九月而書成以授游夏之徒游夏之徒不能改一字寧我子貢得其言矣者論語言語宰我子貢范云言語謂賓主相對之辭也孟子云宰我子貢善為說辭顏淵閔子騫得其行矣者音義其行下孟切下以行言行同論語德行顏淵閔子騫冉伯牛仲弓范云德行謂百行之美也孟子云冉牛閔子顏淵善言德行按此惟稱顏閔不及二冉者辭之省猶孟子舉冉牛閔子顏

未得其所以書也者

本書簡神之顔淵亦潛心於仲尼矣未達一間耳

如川之流從所捘也此則自恣謂恣意所之無復常範

所謂春秋無通辭也

淵而不及仲弓也未得其所以[redacted]也[redacted]道司馬云六子皆
學於孔子而未達其本原故雖各有所得而未能盡其變通
按此言孔子之與天合德雖七十子之秀者猶不能神而明
之所以抱形生民未有之盛非謂六子學而未達其本原也
聖人之書言行天也天其少變乎者吳云夫天之高也及其
變則二氣推移四時更迭三辰運行萬物生殖不為少也○
注天縱之也按論語文劉疏云風俗通窮通篇引固天縱之
莫盛於聖似以縱之為向按此注亦以縱之為向是古讀如
此○注聖人以妙外注諸賢以方中來按吳胡部郎玉縉云
注文聖人句未詳所出竊謂聖人大而化之至於不可知之之謂神是為以妙
外往殆云超以象外也諸賢而步而趨遊方之內遊方之內是為以方中來　一柬
猶云得其環中也方者道也常也下注應無方謂無常道即方中之方無方
即妙外矣

或

則通于海君子遵礙則通于理聖人自恣與何言之多端也
者太玄云次六鴻文無范恣于
川洲曰鴻文無范恣意注也范注云[redacted]
[redacted]司馬云謂[redacted]同巻異理或相違榮謂聖人言之多端謂
若[redacted]三世異辭之類子未覩焉之行不與[redacted]一東一北行
之無礙也者孟子云禹之行水也行其所無事也一猶或也

或曰：聖人自恣與？何言之多端也？曰：子未覩禹之行水與？一東一北，行之無礙也。君子之行，獨無礙乎？如何直往也！水避礙則通于海，君子避礙則通于理。聖人自恣與何言之多端也者，太玄次六：鴻文無范恣于

如川之流，從所投也。此則自恣，謂恣意所之，無復常範。

川洲。曰：鴻文無范，恣意往也。范注云[redacted]

[redacted]司馬云：謂[redacted]同答異理，或相違桀。謂聖人言之多端，謂若[redacted]三世異辭之類。子未覩禹之行水與[redacted]一東一北，行

所謂春秋無通辭也。

之無礙也者，孟子云：禹之行水也，行其所無事也。一猶或也。

詳重黎疏。或東或北，言有曲也。君子之行獨無礙乎？如何直往也者，繁露楚莊王云：「義不訕上，智不危身，故遠者以義諱，近者以智畏。畏與義兼，則世逾近而言逾謹矣。此定哀之所以微其辭。以故用則天下平，不用則安其身。春秋之道也。」此君子直言不欲直往之義也。水遇礙則迴，於海；君子遇礙則迴，於理。直者水直往，則有決溢之患；君子直情徑行，則有顛蹶之憂。水不逆防，則紆迴曲折，而終可以至於海；言不召禍，則婉約遜順，而終得以適於道也。

君子好人之好，〔注〕嘉其善也。而忘己之好；〔注〕若不足也。小人好己之惡，〔注〕我惡而不自知。而忘人之好。〔注〕物好而不識彼。音義：好人，呼報切，下同。小人好己之惡，世德堂本作「好己之好」。○注「我惡而不自知」，按世德堂本「我惡」作「我兒」。○注「物好而不識彼」，按世德堂本「物好」作「物之好」，皆誤。

或曰：「子於天下則誰與？」曰：「與夫進者乎！」或曰：「貪夫位也，慕夫祿也，何其與？」曰：「此貪也，非進也。夫進也者，進於道，慕於德，殷之

以仁義進而進退而退曰學之而不自知勸者也或曰進進

則闢命矣請問退進曰昔乎顏淵以退為進〔注〕後名而名先也

天下鮮儷焉〔注〕言少雙也或曰若此則何少於必退也曰必進

易儷必退易儷也〔注〕必苟也苟進則貪祿利苟退則慕偽名

也進以禮退以義難儷也〔注〕進退不失其正者君子也子於天下

則誰與者司馬云與許也按論語子路曰子行三軍則誰與

孔注解尤當唯與己俱皇疏引沈居士云子路聞孔子許顏

之遠恍而慕之自恨己才之近唯強而已故問子行三軍則

誰與言必與許己也言許己以麤近也此文擬論語正以與

為許與之義即沈說所本與夫進者乎者老氏之學貴止貴

退故曰進道若退又曰知止不殆此欲明其蔽故設論以起

問貪夫位也慕夫祿也何其與者老子云跂者不立河上公

注云跂進也謂貪權慕名進取功榮也則不可久立身行道

也即此或問之意進而進退而退者吳云禮進則進義退則

退司馬云退而近當作退而進言不以祿位之進退移進於

十行 深山製

道德而已故下文云請問退進按溫公說是也下云進〻則聞命矣此承進而進言之也云請問退進此承退而退言之也日孳〻而不自知勸者也世德堂本無自字音義勸与倦同進〻則聞命矣世德堂本進〻作進退誤晉平顏淵以退為進天下鮮儷焉者音義儷音麗異之人不堪其憂回也不改其樂終日如愚而回也不愚是以退為進少有其儔司馬云顏回在陋巷不苟仕好學不倦是以退為進按以退為進謂在陋巷之中而有為邦之問孔子謂唯我与爾有是夫故曰天下鮮儷焉何少於必退也世德堂本少作小按少小義同司馬云揚子謂聖人不遁于世不離于羣是不必退按必退者老子之學上文言与夫進者印少必退之謂言以退為進則与老子同符何故少之必進易儷必退易儷也世德堂本兩句皆有也字錢本兩句皆無也字今依治平本進以禮退以義難儷也者孟子云孔子進以禮退以義得之不得曰有命按論語我則異於是無可無不可司馬云亦不必進亦不必退唯義所在也季長讀本此○注後名而名先按老子云是以聖人後其身而身先○注言少雙也按世德堂本無此注士昏禮儷皮鄭注云儷兩也故以鮮儷為少雙○注必苟也按論語毋必集解云用之則行舍之則藏故無專必是必有專義苟猶但也詳經傳釋詞与專義近故訓必為苟也

吾鄉黨不以為榮
國毀不以為辱

○注進退不失其正者君子也按文言云
知進退存亡而不失其正者其唯聖人乎
或曰人有齊死生同貧富等貴賤何如〔注〕齊死生者莊生所謂
齊物者非好死惡生之謂也而或者不諭故問曰作此者其
有懼乎〔注〕懼者畏義也此章有似駮莊子莊子之言遠有其
旨不統其遠旨者遂往而不反所以辯之也各統其所言之
旨而兩忘其言則得其意也信死生齊貧富同貴賤等則吾
以聖人為囂ゝ人有齊死生同貧富等貴賤者齊同等皆互
文齊等亦同也司馬云莊列之論如是按莊
子天地云藏金於山藏珠於淵不利貨財不近貴富不樂壽
不哀夭不榮通不醜窮不拘一世之利以為己私分不以王
天下為己處顯、顯則明萬物一府死生同狀列子仲尼云得
而不喜失而弗憂視生如死視富如貧皆齊死生同貧富等
貴賤之說作此者其有懼乎者司馬云懼謂有憂患不可迴
故作此論以自寬信死生齊貧富同貴賤等則吾以聖人為

胡云亟苟也乃从羊省之苟非从艸之苟廣雅釋詁亟敕也說文部首苟自急敕也亦訓釋詁亟速也釋文字又作苟同居力反經典亦作棘同李訓亟為苟蓋謂其急於進急於退者也按綏之說亦通

囂囂者音義囂囂五刀切司馬云人好生惡死苦貧樂富重貴輕賤乃其常情聖人因之以設勸沮立政教君信然齊等則聖人號令典謨徒囂囂然煩言耳○注莊子所謂齊物者莊子內篇齊物論第二楚辭卜疑云將如莊周之齊物交化洞達而放逸乎夏侯湛莊周贊云適時放言齊物絕尤劉越石答盧諶書云遠慕老莊之齊物近嘉阮生之放曠文選皆以齊物連讀與此注同王氏先謙莊子集解云天下之物之言皆可齊一視之又引蘇輿云天下之至紛莫如物論物論云萬物一[illegible]也又云萬物与我為一正齊物之義謂之論者猶荀子天論正論禮論樂論耳首以舊解為正○注曜者主意也按此弘範右道左儒之常言

通天地人曰儒注道術深奧通天地而不通人曰伎注伎藝偏能

通天地人曰儒者繁露立元神云天地人萬物之本也天生之地養之人成之天生之以孝悌地養之以衣食人成之以禮樂三者相為手足合以成體不可一無也又王道通三云古之造文者三畫而連其中謂之王三畫者天地与人也而連其中者通其道也取天地与人之中以為貫而參通之非王者孰能當是按律術云通天地人謂之王子雲云通

困學紀聞云齊物論非欲齊物也蓋謂物論之難齊也引張文潛云莊周患夫彼是之無窮而物論之不齊也而託之於天籟

按中散集

馬

藝文類聚三十八引

汪榮寶紀念版閣據世德堂本無此注

十八 十四

神

天人曰儒者學記云師也者所以學爲君也本書學行篇云學之爲王者事其已久矣即其義通天地而不通人曰伎者說文技巧也古通作伎之謂一端之長荀子解蔽云凡人之患蔽於一曲而闇於大理楊注云一曲一端之曲說也伎即曲也此亦上章而言解蔽云莊子蔽於天而不知人本書問神云言天地人經德也否詭也齊死生同貧富等貴賤即蔽於天而不知人之說乃一曲之論非經德之言也○注道術深奧世德壹本道術作道業按道術字屢見莊子天下作道業誤也

人必先作然後人名之先求然後人與之注人理云之萬物動靜無不由我以名彼者人必其自愛也[redacted]而後人愛諸人必其自敬也[redacted]而後人敬諸自愛仁之至也自敬禮之至也未有不自愛敬而人愛敬之者也 人必先作此後人名之[redacted]司馬云作爲善惡而人以善惡名之[redacted] 自求禍福而人以禍福与之按愛敬者已之所爲也仁与禮者人之所名也自愛自敬者已之所

先求此後人与之者

此起下文之辭

十八十五

抱朴子對俗引玉策記云蛇有無窮之壽

○注無不由哉以名彼者按世德堂本名作明

人必其自愛也而後人愛諸人必其自敬也而後人敬諸 世德堂本兩後字皆作然後

以求愛敬也[redacted]人愛[redacted]人敬[redacted]者人之所以[redacted]自愛自敬也[redacted][redacted]仁之至也[redacted]者荀子子道云子路入子曰由仁者若何子路對曰仁者使人愛己子曰可謂士矣子貢入子曰賜仁者若何子貢對曰仁者愛人子曰可謂士君子矣顏淵入子曰回仁者若何顏淵對曰仁者自愛子曰可謂明君子矣是自愛者仁之極致推之於敬義亦同也。○注人理[redacted]按老子云夫物芸芸各復歸其根歸根曰靜是謂復命河上公注云芸芸者華葉盛云云卬芸芸[redacted]言[redacted]萬變[redacted]也

或問龍龜鴻鵠不亦壽乎曰壽曰人可壽乎曰物以其性人以其仁注物性之壽其質生存延年長也仁者之壽死而不亡名無窮也

龍龜鴻鵠不亦壽乎者淮南子墜形云食氣者神明而壽意林引此下有龜蛇之類王喬赤松是也桂氏說文義證龍篆下引莊述祖云鐘鼎文龍字從辰巳之巳巳為蛇象龍蛇同類初學記三十引洪範五行傳云龜之言久也千歲而靈此禽獸而知吉凶者也說文鴻鴻鵠也又鵠鴻鵠也王氏句讀云鴻鵠二字為名與黃鵠別此鳥色白異於黃鵠之蒼黃也博物志云鴻鵠千歲者皆胎產按爾雅翼云鵠即是鶴音之轉後人以鵠名頗著謂鶴之外別有所

精疑䄦之形誤下同

謂鵠故埤雅既有鶴又有鵠蓋古之言鵠不日浴而白之穴
鶴也鵠鶴嗃嗃〻鶴也以龜龍鴻鵠為壽〻亦鶴也故漢
昭時黃鵠下建章宮太液池而歌則名黃鶴神異經鶴國有
海鵠甚餘諸書文或為鶴或為鵠者甚多以此知鶴之外無
別有所謂鵠也不知鴻鵠合二言為一名與鶴異物[redacted]書傳或
單言鴻或單言鵠則猶鳳皇之單言鳳麒麟之單言麟[redacted]文
乃
辭之者劉孝標辨命論云龜鵠千歲李注引養生要論今本
眡論字云龜鵠壽千百之數性今本誤作注壽之物也後人
習聞鶴壽每以鵠為鶴字之誤然此文鴻鵠連稱明不得以
為鴻鶴羅說珠謬物以其性人以其仁者論語仁者壽中鑒
俗嫌云或問仁者壽何謂也曰仁者內不傷性外不傷物上
不違天下不遺人處中居正形神以和故咎徵不至而休嘉
集之仁之術也曰顏冉何曰命也中論夭壽云或問孔子稱
仁者壽而顏淵早夭豈聖人之言不信而欺後人耶故司空
潁川荀爽論之以為古人有言死而不朽謂太上有立德其
次有立功其次有立言其身既殁其道猶存故謂之不朽夫
形體者人之精魄德義令聞者精魄之榮華也君子愛其形
體故以成其德義也夫形體固自朽弊銷亡之物壽與不壽
不[redacted]過數十歲德義立與不立差數千歲豈可同日言也哉
顏淵時有百年之人今寧復知其姓名[redacted]耶詩云萬有千歲

眉壽無有害人豈有萬壽千歲者皆令德之謂也由此觀之
仁者壽豈不信哉北海孫翺以為死生有命非他人之所致
也若積善有慶行仁得壽乃教化之義誘人而納於善之理
也幹以為二論皆非其理也夫壽有三有王澤之壽有聲聞
之壽有行仁之壽書曰五福一曰壽此王澤之壽也詩云其
德不爽壽考不忘此聲聞之壽也孔子曰仁者壽此行仁之
壽也孔子云爾者以仁者利養萬物萬物亦受利矣故必壽
也昔者帝嚳已前尚矣唐虞三代厥事可得略乎聞自堯至
於武王自稷至於周召皆仁人也君臣之數不為少矣考其
年壽不為夭矣斯非仁者壽之驗耶又七十子豈殘酷者哉
顏其仁有優劣耳其夭者惟顏回據一顏回而多疑其餘無
異以一鉤之金權於一車之羽云金輕於羽也據悅幹二書
竝解仁者壽為自然感應之理義甚精卓此下文武向壽可
益乎曰德云云則與爽說同符■此文人以其仁亦卯死而
不朽之謂不必指形體言也○注物性至窮也
按此即中論所引荀爽之說深得子雲之旨
或問人言仙者有諸乎吁吾聞虙羲神農歿黃帝堯舜殂落而
死文王畢孔子魯城之北獨子愛其死乎非人之所及也仙

亦無益子之彙矣〔注〕彙類　或曰聖人不師仙厥術異也聖人之於天下恥一物之不知仙人之於天下恥一日之不生曰生乎生乎名生而實死也或曰世無仙則焉得斯語曰語乎者非囂囂也與惟囂囂為能使無為有或問仙之實曰無以為也有與無非問也問也者忠孝之問也〔注〕言推問忠與孝之事　月忠臣孝子偟乎不偟〔注〕偟暇　人言仙者有諸乎者釋名釋長幼云老而不死曰仙仙遷也遷入山也故其制字人旁作山也按說文作僊長生遷去也從人䙴聲有諸乎秦校云乎當作曰按此以下為子雲荅問之語故秦疑乎為曰字之誤然各本有諸下皆有乎字似非誤文古書有兩人之辭而中省曰字例說已詳前呼吾聞宓羲神農歿云者世德堂本呼字上有曰字此不解古書義例而臆增者羲世德堂本作伏羲按問道作伏犧說詳彼疏繫辭云庖犧氏沒神農氏作神農氏沒黃帝堯舜氏作此作歿者歿正字沒通用字爾雅釋詁殂落死也今說云

音義出虙音伏是舊本作虙今據改

治平本作宓羲

十八十七

夏侯氏長於災異之學故好以天文為說

書不及黃帝今云黃帝堯舜者推類言之

放勳

殂落而死者而之言與也及也詳見經傳釋詞堯典於堯稱帝乃殂落於舜稱陟方乃死故兩舉之白虎通崩薨云禮始於黃帝至堯舜而備易言沒者據遠也書言殂落死者各自見義堯見憯痛之舜見終各一也孟子文王生於岐周卒於畢郢趙注云書曰太子發上祭于畢下至于盟津畢文王墓近於酆鎬也周本紀云武王上祭于畢集解引馬融云畢文王墓地名也又太史公曰畢在鎬東南杜中按在今陝西西安府咸寧縣南或說以為在咸陽畢陌則秦悼武王葬地前人辨之已詳具見惠棟後漢書蘇竟傳載竟與劉龔書云畢為天網主網羅無道之君故武王將代紂上祭于畢求天助也陳氏今文經說考云竟通今文尚書此所引正說也經之季馬用古文家說故與今文家解異按子雲說經俱用今文此云文王畢卯本今文太誓明以畢為文王墓地卯卯亦用今文說與法言同則季長此義之非古文家說可知蘇竟天網之解疑出大小夏侯氏子雲於書用歐陽下篇蟜虎桓桓可證則以畢為文王墓乃歐陽書說樸園以為古文誤矣

水經泗水篇引說題辭云孔子卒以所受黃玉葬魯城北按白虎通崩薨文同惟黃玉作魯君之璜玉御覽五百六十引皇覽冢墓記云孔子冢魯城北便門外南去城十里冢塋方百畝南北廣十步東西十步高丈二尺也金樓子志怪云孔

虛

孟子云是謀非吾所能及也即其義

司馬云借使有仙亦如龍龜等非人類所能學也按

子冢在魯城北塋中樹以百數皆異種魯人世世無能名者
按魯城今山東兗州府曲阜縣孔林在今縣北二里據以
上所引則虙羲神農歿本繫辭堯舜殂落而死本堯典文王
畢本太誓說孔子魯城之北本春秋緯並經典明文信而可
徵者故統云吾聞也獨子愛其死乎者愛猶吝也孟子百姓
皆以王為愛也趙注云愛嗇也朱子集注云愛猶吝也非人
之所及也者仙亦無益子之彙矣者中鑒俗嫌云或問神僊之
術曰誕哉末之也已矣聖人弗學非惡生也終始運也短長
數也運數非人力之為也曰亦有僊人乎曰僊儗桂芩產乎
異俗就有仙人亦殊類矣荀語全本此文[redacted]生乎生
乎名生而實死也者吳云神仙者謂之羽化蟬蛻而升天是
名生也其實則降年盡而死耳故曰實死司馬云安期羨門
徒有其名而人未嘗見實死也世無仙則焉得斯語[redacted]者嵇
叔夜養生論云夫神仙雖不目見然記籍所載前史所傳較
而論之其有必矣此或問同意語乎者非囂囂也与但囂囂
為能使無為有者囂囂音見備吳云囂囂然方士之虛語[redacted]
爾囂囂之之多則能使無為有也司馬云多言之人喜妄說或
問仙之實者承上文名生實死而復發問以窮其說也無以
為也者論語云叔孫武叔毀仲尼子貢曰無以為也仲尼不
可毀也朱子集注云無以為猶言無用為此有与無非問也

十行深山製

十八十八

丑良義皇音皇
宋云忠臣蹇蹇於
事君孝子汲汲於
事父何暇其仙[redacted]
乎

宋云謂之有謂之無皆不當問

者[redacted]問也者忠孝之問也者
論語云季路問事鬼神子曰未能事人焉能事鬼忠孝者事
人之大本學者之所當問惟此而已忠臣孝子皇乎不皇者
[redacted]此章戚讖主莽
之辭莽傳天鳳二年或言黃帝時建華蓋以登僊莽乃造華
蓋九重高八丈一尺金瑵羽葆載以祕機四輪車駕六馬力
士三百人黃衣幘車上人擊鼓輓者皆呼登仙莽出令在前
百官竊言此似輀車非僊物也然則莽晚年頗好神仙之事
亦子雲所及見故有此文言莽色取仁而行違不惜倒行逆
施躬為篡弑及至毒流海內民欲與之偕亡而乃晏然用狂
人之言思保其一日之命人倫道絕而獨覬其死則真非人
之所及矣○注彙類按易泰初九拔茅茹以其彙虞注云彙
類也世德堂本無此注乃因宋注有此語而刪李注此條也
○注皇暇按爾雅釋言文今毛詩多作遑皇遑說文所無
表記引詩皇恤我後鄭注皇
暇字古止以皇為之也

或問壽可益乎曰德曰回牛之行德矣曷壽之不益也曰德故
爾如回之殘牛之賊也焉得爾注言復甚也曰殘賊或壽曰

彼妄也君子不妄〔注〕論語曰人之生也直罔之生也幸而免
楊子之談亦猶此義壽可益乎曰德者司馬云惟修德可以益壽按此即不朽有三太上立德之義
中論所謂聲聞之壽也修短數也非人力所能為而聲聞之
壽則可以令德致之是惟德可以益壽也回牛之行德矣曷壽
之不益也者語詳問明疏德故兩者宋云庸以長生為壽聖
以不朽為壽顏冉有德故不朽爾如回之殘牛之賊也馬得
爾者孟子云賊仁者謂之賊賊義者謂之殘[redacted]馬得
爾世德堂本得作德俞云當作馬得爾咸曰言假令顏行之
殘冉行之賊則安得不朽之壽如是哉正釋馬得爾之義司
涉上文德故爾而誤耳按治平本正作得纂圖互注本亦同
跖不誤曲園僅據世德堂本為說孫疏正作殘賊或壽[redacted]
[redacted]者論衡命義云盜跖莊蹻橫行天下聚黨數千攻奪
人物斷斬人身無道甚矣宜遇其禍乃以壽終是殘賊或壽
也按此文殘賊字亦有所指莽以地皇四年誅死年六十八
此文如發於天鳳二年莽進華蓋言登仙之時則莽年已六
十行甚於一夫而誅伐之事未至似天道有不可盡知者故
設此問彼妄也君子不妄者言殘賊之人縱得壽考亦幸免
而已幸免之生非君子所貴也〇注言復甚也按胡云此注不甚

嫌疑有惑疾○注論語至此義按[redacted]論語[redacted]為説蓋讀罔為妄也彼苞注云誣罔正直之道而亦生此罔為誣罔與子雲義異朱子集注引程子云罔不直也則讀先枉殊按孟子[redacted]此亦妄人也已矣趙注云妄人妄作之人無知者蓋則妄之生即無知之生所謂與禽獸奚擇也

法言此文正用論語義

而字作妄者

有生者必有死有始者必有終自然之道也注因論神仙之事遂至原始要終以知死生之説也論衡道虛云有血脈之類無不有生生之無不死以其生故知其死也天地不生故不死陰陽不生故不死死者生之效生者死之驗也夫有始者必有終有終者必有始惟無終始者乃長生不死人之生其猶冰也水凝而為冰氣積而為人冰極一冬而釋人竟百年而死人可令不死冰可令不釋乎諸學仙術為不死之方其必不成猶不能使冰終不釋也按[redacted]此説反復詳明足證法言此文之義○注因論至説也按繫辭云原始反終故知死生之説孔疏云言用易理原窮事物之初始反復事物之終末始終吉凶皆悉包羅以此之故知死[redacted]之數也又繫辭云易之為書也原始要終以為質也虞注云以乾原始以坤要終謂原始及終以知死生

之說彼釋文
要于遥反

君子忠人況己乎小人欺己況人乎〔注〕夫至人其猶先存諸己而後存諸人者言乎有其真然後可以訓物況乃其身之不諭又安能諭諸人哉

司馬云盡誠於人曰忠按荀子禮論其忠至矣楊注云忠誠也反於誠謂之欺此文忠欺對舉故温公以誠釋忠〇注夫至人哉按大學是故君子有諸己而后求諸人無諸己而后非諸人所藏乎身不恕而能喻諸人者未之有也

疏十八終

五月甲辰草成

十行 深山製

十九一

五月丙午起稿

擇當作行

五月□注

法言義疏十九

吳 汪榮寶撰

孝至卷第十三〔注〕始於學行而終於孝至始終之義人倫之事畢矣困學紀聞云論語終於堯曰篇孟子終於堯舜湯文孔子而荀子亦終堯問其意一也翁氏元圻注云揚子法言終以孝至篇亦及夏殷周堯舜孔子其以孝至名篇蓋以堯舜之道孝弟而已矣孔子曰吾志在孝經自謂得與於斯道之傳與荀子一也然則何解於語焉不精擇焉不詳哉按語擇字誤按法言象論語故始學行而終孝至朱氏一新謂子雲以是寓依歸聖人之意是也道者天下之公器人人得而有之古代學者樸謹初未嘗立道統之說而自謂得預其傳至韓文公作原道始有此意其詆斥荀揚者殆欲擯之而自與實則所識不精不詳固未可以為定論戴青謂法言義同孟荀是也謂無解於不精不詳則篤信韓公之陋見也

法言 李軌注

孝至矣乎〔注〕將欲言其美所以歎其至一言而該聖人不加焉

〔注〕一言而孝兼該百行聖人無以加之是至德也孝至矣乎世德壹本

無乎字按閻明云聰明其至矣乎本篇云麟之儀之鳳之師

師其至矣乎文同與此同無乎字非說文晐兼日也引伸

不爲名之名其至矣乎又云

皆本斆辭爲其至矣乎論語中庸之爲德也其至矣乎

一言爲該者

人之德又何以加於孝乎○注將欲言其美操世德壹美作

爲凡兼包之稱古書通以該爲之聖人不加焉者孝經云聖

義○注一言而孝兼該百行按一言而孝義不可通疑此注

本作一言而該孝兼百行傳寫誤倒耳一言謂孝該謂兼百

行孝兼百行正釋一言而該之義○注是至德也按孝經云

先王有至德要道以順天下釋文引王肅云孝爲德之至也

父母子之天地與〔注〕天縣象地載形父受氣母化成無天何生

無地何形天地裕於萬物乎萬物裕於天地乎〔注〕裕足也言

萬物取足於天地天地不取足於萬物也裕父母之裕不裕

矣〔注〕養父母自以爲足者乃不足也事父母自知不足者其

舜乎〔注〕自知不足則是舜父母子之天地與者蔡邕順命云父者子之天也漢書武五子傳載

十九二

兩乎字學按此兩句乃詰難之語學行云子為道乎為利乎先知云天先秋而後春乎將先春而後秋乎本篇云寧先病而後瘳乎寧先瘳而後病乎文例皆同萬物之不能有厚於天地乃盡

壺關三老茂上書云臣聞父者猶天母者猶地子猶萬物也天地裕於萬物乎萬物裕於天地乎世德壹本無兩乎字宋云正文當云萬物非裕於天地疑脫其非字裕饒裕也天地生萬物非冀其報故能饒裕於萬物而萬物不能饒裕於天地也俞云觀宋咸注云云是宋所據本亦無兩乎字不然則豈不知其為疑問之辭而顧疑其脫非字乎按世德壹本仍承宋注本之誤司馬云裕謂饒益優厚也楊子設為疑問以明天地則能裕萬物萬物豈能裕天地乎似溫公所據本有人所明之理子於父母則亦猶是固謂子能裕於父母是謂萬物能裕於天地矣明理也[redacted]宋據誤本增字為解固失其旨溫公謂設為疑問亦未吻合裕父母之裕不裕矣者子於父母之德無厚薄可論猶萬物於天地之施無多寡可校以父母之愛己而厚之者必有以父母之不慈而薄之者矣若是則儕父子之道於朋友之交雖自謂知厚而適見其薄而已事父母自知不足者其舜乎者孟子云大孝終身慕父母五十而慕者予於大舜見之矣自知不足即終身慕之謂舜父頑母嚚克諧以孝雖極人倫之變無改是裕父母之不裕者乃真裕也○注裕足至物也按說文裕衣物饒也引伸為凡富足之稱又引伸之為優厚弘範訓裕為足者蓋以下文事父母自知不足者其舜乎即承此文而

取舜之事父母自知不匿引證裕父母之裕不裕矣之義

故疑

言明裕啻為足此云萬物取足於天地天地不取足於萬物
則以裕為取足之意但足與取
足義實不同裕可以訓足不可以訓取足愚謂下文云云
雖[redacted]而非以不足釋不裕此而音以溫公
詳為長爾天地厚於萬物耳豈有萬物厚於天地之理耶○
注養父母自以為足者乃不足也按足父母之足於義難通
故變其文曰養父母自以為足與足義與正文迴殊矣○注自
知不足則是舜按正文其舜乎卬孟子予於大舜見之矣之
爾此解為有為者亦若
是似亦非此文之彙旨

不可得而久者事親之謂也孝子愛日〔注〕無須臾懈於心韓詩外傳引曾子云往而不可還者親也至而不可加者年也是故孝子欲養而親不待也木欲直而時不待也愛日義見五百

孝子有祭乎有齊乎〔注〕祭嚴齊敬孝子之事夫能存亡形屬荒絕者惟齊也〔注〕亡形復存荒絕復屬者謂祭如在故孝子之於齊見父母之存也是以祭不虛〔注〕夫齊者交神明之至故

十九三

致齋三日乃見所為齋者禮記之論齋備矣而發斯談者有慨乎時人〔人〕而不祭豺獺乎〔注〕九月豺祭獸正月獺祭魚豺獺猶有所先人而不祭豺獺之不若也〔音義〕有齋側皆切下同按說文齋戒潔也（世德堂本作齋下同）徑傳通以齋為之孝子有祭乎有齋乎者言齋祭皆孝子之事惟孝子為能行之祭義云唯聖人為能饗帝孝子為能饗親夫能存亡形屬氣絕者惟齋也者〔音義〕屬氣音燭廣雅釋詁屬續也祭義云致齋於內散齋於外齋之日思其居處思其笑語思其志意思其所樂思其所嗜齋三日乃見其所為齋者祭統云及時將祭君子乃齋齋之為言齊也齊不齊以致齊者也是故君子之齋也專致其精明之德也故散齋七日以定之致齋三日以齊之定之之謂齋齋者精明之至也然後可以交於神明也是祭不寢者宋云孝子盡精思而存（極）夫親所暇乎賓之樓也吳云專乎所親司馬云賓謂散多而親少如待賓客俞云以儀禮言之則祭亦有賓楊子此言非古制矣祭疑齋字之誤上文曰夫能存亡形屬氣絕者惟齋也故孝子之於齋見父母之存也此云是以齋不寢義正相應謂方齋之時不接見賓客也齋誤作祭義不可通宋吳之

慤

月令鄭注云漢始亦以驚蟄爲正月中此時魚肥美獺將食之先以祭也

解与禮不合先曰賓謂敬多而親少如待賓客則曲爲之說矣按温公義是也祭義云仲尼嘗鄭注嘗秋祭奉薦而進其親也慤鄭注親謂身親執事時其行也趨趨以數已祭子贛問曰子之言祭濟濟漆漆然今子之祭無濟濟漆漆何也子曰濟濟者容也遠也漆漆者容也自反也容以遠若容以自反也夫何神明之及交夫何濟濟漆漆之有乎反饋樂成薦其薦俎序其禮樂備其百官君子致其濟濟漆漆夫何慌惚之有乎夫言豈一端而已夫各有所當也鄭注云行祭宗廟者賓客濟濟漆漆主人慤而趨趨釋文容也口白反賓客也下容以遠同然則賓者賓客之容容即所謂濟濟漆漆者也不賓謂不爲賓客之容正本祭義曲園氏據儀禮祭必有賓而謂揚子此言非古制乃以祭爲齊之誤夫齊者心不苟慮手足不苟動豈但不接賓客而已耶人而不祭豺獺乎者豺祭獸獺祭魚夏小正正月令[redacted]月呂氏春秋及淮南子時則並有其文曰說文獺如小狗水居食魚[redacted]淮南子高注云獺取鯉魚於水邊四面陳之謂之祭魚也豺祭獸四面陳之世謂之祭獸○注祭嚴齋敬孝子之事按孝經云君子之事親也祭則致其嚴詩采蘋有齋季女毛傳云齋敬也○注夫齋至齋者按見上引祭義彼孔疏云齋三日乃見其所爲齋者謂致齋思念

孟春紀 季秋紀

十行 深山製

其親精意純熟日想之若見其所為齋之親也○注禮記之論齋備矣按世德堂本作論之備矣○注有慨乎時人按世德堂本[illegible]人作[illegible]也○注九月豺祭獸按此據月令若夏小正以隸之十月洪氏震煊疏義云月令季秋之月豺乃祭獸乃者急辭也故視此為叅吕氏春秋淮南子註同月令○注正月獺祭魚按諸書皆同○注豺獺猶有所先按夏小正傳於獺獻祭魚下云祭也者得多也美其祭而後食之於豺祭獸下云善其祭而後食之也公羊傳昭公篇解詁云食必祭者不敢便嘗示有所先也月令鷹乃祭鳥鄭注云鷹祭鳥者將食之示有先也孔疏云謂鷹欲食鳥之時先殺鳥而不食與人之祭食相似猶若供祀先神不敢即食故云示有先也

或問子曰死生盡禮可謂能子乎注生事愛敬死事哀戚或問子世德堂本無問子二字此承宋吳本之誤溫公不言李本異同蓋所據本亦已誤脫也問子者問為子之道死生盡禮二句乃荅問之語論語云生事之以禮死葬之以禮祭之以禮即死生盡禮之義不直云可謂能子矣而云可謂能子乎者庶幾之辭言充子如此庶可謂之能也校書者誤以乎為疑辭遂以此二句皆或問之語因删問子字以與下章併合而誤

意不相銜接，司馬云此問荅不類，疑下有脫文，不知脫在上
不在下也。治平本、錢本並不脫。○注：生事愛敬，死事哀戚，推孝
曰：不奮不建，父子之美也。無是父，無是子；無是子，無是父。或曰：
必也兩乎？曰：與堯無子，舜無父，不如堯父舜子也。注：必不得
雙於斯二者，當如堯之為父，舜之為子。此別為一章，不與上章相屬，章首曰字亦
俗本妄增。蓋既於上章刪閥子字，以孔生畫禮云云為或問
之語，因[redacted]以不奮不建云云為荅問之語，
而於其上增曰字也。治平本曰不二字占一格，增補之迹顯
然，此舊監本無曰字之證。不奮不建者，萬石君張叔列傳云：
萬石君名奮，其父趙人也，姓石氏。趙亡，徙居溫。奮年十五，為
小吏，侍高祖。高祖以奮為中涓，受書謁。至孝文時，積功勞至
大中大夫，無文學，恭謹無與比。時東陽侯張相如為太子太
傅，免，奮為太子太傅。及孝景即位，徙奮為諸侯相。奮長子建，
次子甲，次子乙，次子慶，皆以馴行孝謹官至二千石。於是景
帝號奮為萬石君。孝景帝季年，萬石君以上大夫祿歸老于
家。子孫為小吏，來歸謁，萬石君必朝服見之，不名。子孫有過
失，不誚讓，為便坐，對案不食，然後諸子相責，因長老肉袒固

經文

十行 深山製

十九五

謝罷改之乃許子孫勝冠者在側雖燕居必冠申〻如也僮
僕訢〻如也唯謹其執喪哀戚甚悼子孫遵教亦如之萬石
君家以孝謹聞乎郡國雖齊魯諸儒質行皆自以為不及也
建元二年皇太后以為儒者文多質少今萬石君家不言而
躬行乃以長子建為郎中令少子慶為內史建老白首萬石
君尚無恙建為郎中令每五日洗沐歸謁親入子舍竊問侍
者取親中裙廁牏身自浣滌復與侍者不敢令萬石君知以
為常建為郎中令事有可言屏人恣言極切至廷見如不能
言者萬石君以元朔五年中卒長子郎中令建哭泣哀思扶
杖乃能行歲餘建亦死諸子孫咸孝然建最甚〻於萬石君
按石奮石建父子之美也九字建讀歎美起下之辭秦校
云石奮石建行下石字按有石字語自完足各本皆有秦說
未知何見無是父云〻者司馬云言父子孝謹相成也必也爾
乎者吳云言人必須父子孝謹乃為美乎與堯無子舜無父
不如堯父舜子也者五帝本紀云堯知子丹朱之不肖不足
授天下索隱引皇甫謐云堯娶散宜氏之女曰女皇生丹朱
又有庶子九人皆不肖也本紀又云舜父瞽叟頑吳云與堯
之無子舜之無父不若使堯為父而舜為子不必爾也堯子
丹朱不肖舜父瞽瞍頑雖有如無司馬云父子俱聖尤美勝
經傳凡言與言不如者多彼善於此之詞如晉語與余以狂

或与性情相反

檀弓喪禮與其哀不足而禮有餘也不若禮不足而哀有餘也祭禮與其敬不足而禮有餘也不若禮不足而敬有餘也

疾貴也不如亡呂氏春秋貴直與吾得革車千乘也不如聞
行人燭過之一言堯父舜子乃曠代未有之盛事而云不如
義似可疑蓋此不如猶云豈若孟子與我處畎畝之中由是
以樂堯舜之道吾豈若使是君為堯舜之君哉云云即此文
之比言聖如堯舜而遭遇人倫之變猶有所憾豈若父子俱
為堯舜之善所以申明父子之美必也兩之說與[illegible]
諸文異例○注必不至為子按弘範此解
未得與與不如之意似非子雲本旨㊃
子有含菽縕絮而致滋美其親將以求孝也人曰偽如之何注
含食也菽豆也曰假儒衣書服而讀之三月不歸孰曰非儒
也或曰何以處偽曰有人則作無人則輟之謂偽觀人者審
其作輟而已矣注視其所以觀其所由人焉廋哉也有含菽縕絮云云
者音義含菽本亦作唅音同按唅即含之俗說文無唅縕讀
為蘊說文蘊積也字亦作韞廣雅釋詁韞裹也說文絮敝緜也玉
藻孔疏云好者為緜惡者為絮按縕絮二字與含菽對文義當元
裹若讀為論語衣敝縕袍之縕則縕絮同詁與含菽字不相

檀弓

協矣假儒衣書服而讀之云云者論語曰也其心三月不違
仁朱子集注云三月言其久孟子云久假而不歸惡知其非
己有也章指云言仁在性體其次假借用而不已實何以易
在其勉之也司馬云服儒衣讀儒書終時不輟斯亦儒矣何
以處偽者俞云物居其所謂之處使物各得其所亦謂之處
魯語夫仁者講功而知者處物是其義也故處即有審察之
義文十八年左傳則以觀德德以處事大戴禮文王官人篇
以其聲處其氣漢書谷永傳臣愚不能處也淮南子主術篇
援白黑而示之則不處焉其義並同何以處偽謂何以辨別
其偽也榮按處者斷決之謂谷永傳顏注云處斷決也今言
處分亦即此意有人則作無人則輟之謂偽者世德堂本作
輟下皆有之字宋云禮云道不可斯須離其可離非道也
所以君子慎其獨矣故有人則修而作之無人則輟而止之
非偽而何君子恥之按此亦刺王莽之辭莽傳云莽事母及
寡嫂行甚敕備莽子納婦賓客滿堂須臾一人言太夫人苦
某痛當飲某藥比客罷者數起焉所謂有人則作也傳又云
居攝元年九月莽母功顯君死意不在哀令太后詔議其服
劉歆與諸儒博士皆曰禮庶子為後為其母緦攝皇帝當為
功顯君緦莽遂行焉所謂無人則輟也○注含食也按說文
含嗛也嗛口有所銜也管子弟子職同嗛以齒房注云食盡

曰嚛呂氏春秋仲夏紀羞以含桃高注云鸎鳥所含食故言
含桃是含食同義○注菽也按說文尗豆也經傳多以叔
爲之椵又以叔爲伯叔字所專故別作菽檀弓啜菽飲水釋
文本作叔云叔或作菽音同大豆也○注視其至廋哉按論
語文彼孔注云廋匿也言觀
人之終始安有所匿其情也

不爲名之名其至矣乎注太上以德自然之美非至如何爲名
之名其次也注力行近仁斯亦次矣 不爲名之名其至矣乎 音義爲名于僞切世德
重本無乎字非說見上爲名之名其次矣者孟子云好名之
人能讓千乘之國苟非其人簞食豆羹見於色趙注云好不
朽之名者能讓千乘伯夷季札之類是也誠非好名者爭簞
食豆羹變色訟之致禍鄭公子染指黿羹之類是也錢氏大
昕養新錄云愚謂孔子疾沒世而名不稱孟子所惡人之不
好名名謂不朽之名也不好名者專於好利簞食豆羹且不
能讓況千乘乎○注太上至如何名傳襄公篇云太上有立
德其次有立功其次有立言雖久不廢此之謂不朽非至如
何世德重本作非至而何按如而古通○注
力行近仁按中庸文

治平本作謀合（兩謨字皆）浙江[illegible]局翻刻秦氏影宋本[illegible][illegible][illegible]本仍皆[illegible]作謨[illegible]此又校者用世德堂本改之漢書匈奴傳贊忠言嘉謀之士語中本此明法言舊本作謀也

或問忠言嘉謀曰言合稷契之謂忠謀合臯陶之謂嘉或曰邵如之何曰弁蠲之而已（注）蠲勉庳則秦儀鞅斯亦忠嘉矣（注）庳下也此所以微言距乎漢臣而為王莽之將相者忠言嘉謀錢本世德堂本作嘉謨下謀合臯陶作謨合此校書者因臯陶謨乃尚書篇名故改謀為謨而併改或問嘉謀字為嘉謨也言合稷契之謂忠者周本紀周后稷名棄為兒時屹如巨人之志其游戲好種樹麻菽麻菽美及為成人遂好耕農相地之宜宜穀者稼穡焉民皆法則之帝堯聞之舉棄為農師天下得其利有功帝舜封棄於邰號曰后稷別姓姬氏又殷本紀殷契母曰簡狄為帝嚳次妃契長而佐禹治水有功帝舜乃命契為司徒敬敷五教封於商賜姓子氏契興於唐虞大禹之際功業著於百姓百姓以平按書序臯陶矢厥謨禹成厥功帝舜申之作大禹臯陶謨棄稷今偽孔本分臯陶謨為兩篇其所分之下篇改題益稷孔疏云馬鄭王所據書序此篇名為棄稷又合此篇於臯陶謨謂其別有棄稷之篇皆由不見古文妄為說耳王氏鳴盛後案云蔡邕獨斷云孝明帝詔有司采尚書臯陶篇制冕旒今其制在益稷內可見

其母姜原為帝嚳元妃

弼

修身公儀子是件銜之才之郎也下文年彌高而德彌郎字皆作郎錢本亦同

五臣本注同

為說

不可分篇且孔穎達於書疏以禹鄭王合為一篇別有棄稷
為妄說及作詩齊譜疏又引皋陶謨衛成五服一人之作自
相矛盾據法言去言合稷契之謂忠若如晚晉本稷契無一
遺言子雲何以遽立此論知楊所見真棄稷篇中多稷契之
言也此篇至晉而亡今之劉皋陶謨下半篇以為益稷者乃
晚晉人所分也[redacted]西莊此說甚允子雲說經雖皆用今文益
周非不見古文者重黎云或問周官曰立事左氏曰品藻荀
非親見二書必不妄作此語此云言合稷契之謂忠亦正據
尚書棄稷遂以篇為說非想當然語也謨合皋陶之謂忠者皋
陶謨允迪厥德謨明弼諧夏本紀作信道其德今本道其二
字互倒諶明輔和段氏玉裁考異云信道甚德諶明輔和即
允迪厥德謨明弼諧之詁訓也此云謀合皋陶之謂嘉亦用
經訓為荅其字不必作謨也司馬云言不以聖人之正道佐
其君者皆非忠嘉按即孟子云使是君為堯舜之君及云我
非堯舜之道不敢陳於王前之義部如之何[redacted]
[redacted]作郎指說文郎高也[redacted]郎之正字[redacted]郎通假字[redacted]司馬云閎
稷契皋陶道高不可及李何本則秦儀鞅斯亦忠嘉矣者[redacted]
音義本音卑下也按[redacted]說文庳屋卑引伸為凡
卑之稱庳[redacted]對郎為高而言也秦儀見淵騫鞅斯見問明及
重黎[redacted]疏商君列傳云商君者衛之諸庶孽公子也名鞅姓

皋陶見問明疏

錢本

十行 深山製

不能取法乎上而假同流[redacted]合汙[redacted]之是[redacted]務

公孫氏鞅少好刑名之學事魏相公叔痤為中庶子公叔既
死公孫鞅聞秦孝公下令國中求賢者迺遂西入秦因孝公
寵臣景監以求見孝公語事良久弗聽後五日復見孝公益
愈然而未中旨復見孝公善之而未用也復見語數日不厭
景監曰子何以中吾君吾君之驩甚也鞅曰吾說君以帝王
之道比三代而君曰久遠吾不能待且賢君者各及其身顯
名天下安能邑邑待數十百年以成帝王乎故吾以彊國之
術說君君大說之耳然亦難以比德於殷周矣孝公既用衛
鞅以為左庶長卒定變法之令行之十年秦民大說於是以
鞅為大良造封之於商十五邑號為商君商君相秦十年宗
室貴戚多怨望者秦孝公卒太子立車裂商君以徇遂滅商
君之家司馬云若嫌論太高而卑之則陷入於狙詐矣按正
文矣猶乎也言商[illegible]論則如秦儀鞅斯[redacted]之言与
謀亦可以為忠嘉乎○注勗勉按爾雅釋詁文言稷契皋陶之
道雖高然非不可幾及苟能勉而行之則亦[redacted]稷契皋陶
也○注摩下也按漢書司馬相如傳顏注云摩下也也
堯舜之道皇兮〔注〕皇美夏殷周之道將兮〔注〕將大而以延其光
兮〔注〕二帝三王光延至今或曰何謂也曰堯舜以其讓夏以

〔注〕平水土也

其功殷周以其伐〔注〕聖德同而禪代異者隨時之義一也此又篇言以明其旨焉五君應乎天順乎人王莽違乎人逆乎天〔注〕堯舜之道皇兮云云者皇將互文而以延其光纘承上二句皇將光爲韻堯舜以其讓云云者司馬云皆盡美盡善○注皇美按詩烈文維序其皇之毛傳云皇美也○注將大按爾雅釋詁文以上二注世德堂本並冠以秘日字○注平水土也按堯典云帝曰俞咨禹汝平水土惟時懋哉又呂刑云禹平水土主名山川○注聖德同而禪代異按世德堂本禪伐誤禪代

或曰食如螘〔注〕言精細也衣如華〔注〕服文彩也朱輪駟馬金朱煌煌無已泰乎曰由其德舜禹受天下不爲泰〔注〕言當理也不由其德五兩之綸半通之銅亦泰矣〔注〕綸如青絲繩也五兩之綸半通之銅皆有秩嗇夫之印綬印綬之微者也言不

十行 深山製

由其德而仰此亦泰況可謟天乎食如蝗者音義蝗與蟻同御覽八百四十九又九百四十七引竝作蟻按食如蟻於義難通疑當作蝗說文蝗霜雪之白也食如蝗猶云食如霜雪狀精米之潔白也蝗誤為蝗傳寫遂改為蟻耳世德堂本誤作螘衣如華者檀弓華而睆大夫之簀與鄭注云華畫也孔疏云凡繪畫五色必有光華故云華畫也朱輪駟馬者續漢書輿服志注引古今注云武帝天漢四年令諸侯王大國朱輪特虎居前左兕右麋小國朱輪畫特熊居前寢麋居左右按今本古今注無此文又引逸禮王度記云天子駕六馬諸侯駕四大夫三士二庶人一金朱煌煌者金謂印朱謂綬輿服志注引徐廣云太子及諸侯王皆金印纁朱綬然則朱輪駟馬金印朱綬皆漢時諸侯王之儀也宋吳本於駟馬字下金朱字上有受天字吳云受天子之金朱煌煌然按此涉下文舜禹受天下而誤衍無以泰乎御覽九百四十七引無以作不以又八百四十九引泰作太孟子云後車數十乘從者數百人以傳食於諸侯不以泰乎趙注云泰甚也朱子集注云泰侈也焦疏云荀子王霸篇云縣樂奢泰游抏之修注云泰與汰同奢泰連文是泰亦奢也由其德舜禹受天下不為泰者孟子云如其道則舜受堯之天下不以為泰五兩之綸半通之銅者兩古綱字說文

綸一曰絞也方言綸𦆠絞也關之東西或謂之綸或謂之𦆠
絞通語也音義之綸古頑切又音倫按綸從糸侖聲音當如
倫徐氏灝説文注箋云綸舊讀古還切非其本音釋名曰綸
倫也作之有倫理也是本讀與倫同廣韻亦諄山兩收其古
還一音未知起於何時蓋綸繫於腰以貫佩印綸中以繩貫之
中其義皆與綸相近故讀為綸音注家相承遂併綸繩之
綸概讀古還切甚誤矣按以綸毋論不得遂有綸音此
皆俗讀之陋不足爲訓古今注云漢舊制百石青紺綸一采
宛轉繆織段氏説文綸篆注云自黃綬以上綬之廣皆尺六
寸皆計其首 按古今注四絲為一扶五扶為一首五首成一
文首多者系細首少者系粗皆必經緯織成至百石而不計
其首合青絲繩辮織之有經無緯謂之宛轉繩若今人用絲
繩如箸粗為帶者也然則綸蓋辮合五股為之故謂之五綸
也困學紀聞云半通之銅注云半通闕 按謂溫公注今按仲
長統昌言曰身無半通青綸之命注十三州志曰有秩嗇夫
得假半章印半通半章也 後漢書仲長統傳 按漢制官印多
印有縱綱方印皆長方廣半於修所謂半章印也○注言
精細也按論語食不厭精膾不厭細或以如蝨為喻精細似
未安○注服文彩也按暴閼謨以五彩章施於五色作服○
注言當理也按注以不泰為當理蓋亦訓泰為甚之者過當

正方然都尉等印亦有長方者若鄉印則皆長方錢塘陳大令漢第職留浦都鄉柜鄉之印京師尊古齋主人黃百川藏西立鄉樂鄉之印並同其廣略半於修所謂半章印正即有秩嗇夫所佩也

或以綸 毋見巾

十九十

〔注〕五謂仁義禮智信也

臣謟天而泯夏今又云

之謂當理則不為甚也○注綸如青絲繩也按說文綸青絲綬也段注本作糾青絲綬也云各本無糾字今依西都賦李注急就篇顏注補糾三合繩也糾青絲成綬是為綸郭璞賦云青綸競糾正用此語緇衣注曰綸今有秩嗇夫所[redacted]仰也釋草綸似綸郭曰今有秩嗇夫所帶糾青絲綸法言五兩之綸李軌曰綸糾青絲綬也按各本此注皆作如青絲繩●不作綬今本法言改糾為如不可通矣按糾之駮形近如數傳寫致誤宋云綸青絲綬也諸本注皆作青絲繩蓋傳之誤也似宋所據本無如字○注皆有秩嗇夫之印綬按百官公卿表百石以下有斗食佐史之秩是為少吏大率十里一亭亭有長十亭一鄉鄉有三老有秩嗇夫游徼三老掌教化嗇夫職聽訟收賦稅游徼徼循禁賊盜○注俯此弁泰按世德堂本作俯猶為泰矣○注汎可謟天乎按世德堂本無可字謟天謂王莽漢書莽傳贊云謟天虐民窮凶極惡又敘傳云咨爾賊臣篡漢謟天

天下之通道五，所以行之一，曰勉。〔注〕勉勵。

〔注〕天下通道五世德堂本作天下之通道五按中庸云天下之達道五曰君臣也父子也夫婦也昆弟也朋友之交也通道達道也所以行之一世德堂本作所以行之者一勉者謂為

君臣則勉於義為父子則勉於親為夫婦則勉於別為昆弟
則勉於序為朋友則勉於信也○注五謂仁義禮智信也按
以正文天下通道五不言其目蓋以用中庸文故省略之此引
以五常之道為釋似於文理未協○注勉勵按說文[illegible]勸勉
力也今字相承作勵

或曰力有扛洪鼎揭華旗知德亦有之乎曰百人矣注此力百
人便能敵之德諧頑嚚注諧和也頑嚚舜父母讓萬國注以
禪禹也知情天地注與天地合其德知鬼神之情狀形不測
百人乎注人見其形而不能測其量非百人之倫也力有扛洪鼎揭
華旗知德亦有之乎者力有論衡效力五元長曲水詩序李
注引註作力能音義扛音江洪鼎論衡選注引註作鴻鼎音
義揭渠列切按說文揭高舉也知德各本皆作智德按下文
德諧頑嚚讓萬國知情天地形不測即分承此句知德字而
言而[illegible]以知為智則此智字當亦作知論衡選注引註作知
德今據改百人矣者謂百倍於常人白虎通聖人云百人曰

然則力之絕者百倍常人而止智德之絕者萬萬於常人而未已也

後義與此同扛鼎揭旗之力可謂百倍於常人矣然至此而止不[redacted]能更有所加也德諧頑嚚讓萬國者左傳僖公篇之心不則德義之經為頑口不道忠信之言為嚚堯典云有鰥在下曰虞舜父頑母嚚象傲克諧以孝按諧頑嚚讓萬國同為舜事舉舜以為例也知情天地形不測者同易云知與智同陰陽不測之謂神惟聖人能形容之僉云知情天地形不測與上文德諧頑嚚讓萬國相對為文天地不能匿其情是謂情天地不測者無所隱其形是謂形不測按情形互言以名詞為動詞智足以加天地之情窮不測之形也[redacted]情天地形不測有伏羲文王孔子作易之聖人是不測國測亦韻諸百人乎者言智德如此何止百人而已白虎通聖人云萬人曰傑萬傑曰聖[redacted]○注此力百人使能敵之按謂一能當百即百倍常人之意○注與天地合其德知鬼神之情狀按文言及繫辭文弘範引此為釋似讀如字未得其義○注人見其形而不能測其豈按此似用問神篇形其不可得而制及聖人以不手為聖人諸意而推演之然實非此文之旨曲園糾之當矣

或問君曰明光問臣曰若禔（匡）若順也禔安也敢問何謂也曰君

此條移明而至臣也條上

子在上則明而光其下在下則順而安其上【注】明而光其下
堯所以為君也順而安其上舜所以為臣也王莽之事漢則
傾覆其上篡位居攝則暴亂其下也閎臣曰君禔者音義若禔是支切又音支又音
題按修身云士行如斯可以禔身音義題與此同君子在上
則明而先其下在下則順而安其上者吳云明而先其下法
天也順而安其上法地也司馬云光謂能顯忠遜良安謂能
順美救惡○注明而至臣也按世德堂本兩所以字皆作之
莊子天道云明此以南鄉堯之為君也明此以北面舜之為
臣也注語本此○注王莽至下也按篡位居攝當作居攝篡
位○注若順也禔安也按世德堂本無此注閎司封注有此語
而刪之也若順常訓禔安見修身疏
或曰聖人事異乎曰聖人德之為事異趣之故常修德者本也
見異而修德者末也本末不修而存者未之有也【注】感此之
甚者必亡而已矣聖人事異乎者白虎通災變[redacted]災異者何謂也春秋潛潭巴曰災之言傷也通

事而誅異之言怪也先發感動之也繁露必仁且智云天地之物有不常之變者謂之異小者謂之災災常先至而異乃隨之災者天之譴也異者天之威也譴之而不知乃畏之以威詩云畏天之威殆此謂也初學記二十一引春秋握成圖孔子作春秋陳天人之際記異考符明聖人書異故以為問聖人德之為事云云者荀子天論云天行有常不為堯存不為桀亡應之以治則吉應之以亂則凶彊本而節用則天不能貧養備而動時則天不能病脩道而不貳則天不能禍故水旱不能使之饑渴寒暑不能使之疾祆怪不能使之凶又云星隊木鳴國人皆恐曰是何也曰無何也是天地之變陰陽之化物之罕至者也怪之可也而畏之非也日月之有蝕風雨之不時怪星之黨見是無世而不常有之上明而政平則是雖並世起無傷也上闇而政險則是雖無一至者無益也此常修德者本也之說繁露五行變救云五行變至當救之以德施之天下則咎除漢書谷永傳載建始三年永對云臣聞災異皇天所以譴告人君過失猶嚴父之明誡畏懼敬改則禍銷福降忽然簡易則咎罰不除此見異而修德者本也之說按此問答亦為王莽而發莽傳天鳳元年四月隕霜殺中木海瀕尤甚六月黃霧四塞七月大風拔樹飛北闕直城門屋瓦雨雹殺牛羊二年二月日中見星三年二月地震

大司空王邑上書言骸骨五月戊辰長平作西岸崩邕涇水不流
毀而北行羣臣上壽以為河圖所謂以土填水匈奴滅亡之
祥也十月王路朱鳥門鳴晝夜不絕崔發等曰虞帝闢四門
通四聰門鳴者明當修先聖之禮招四方之士也於是令羣
臣皆賀此則天鳳之世災異疊出[redacted]而莽以為祥
所謂此人吉其凶者敝曰本末不修而能存者未之有也未
及汝消亡之意矣○注蓋此之甚者按當作汝亡而已矣
此蓋之甚者也謂本末不修者也世德堂本無而已字
天地之得斯民也注得養育之本故能資生斯民也斯民之得
一人也注得資生之業是故係之一人也一人之得心矣注
一人之得統御天下者以百姓之心為心而成功故天地之司馬云天地因人
所以得其道者在民也民之所以得其道者在君也君之所
以得其道者在心也○注一人至為心按漢書董仲舒傳載
仲舒對策云故為人君者正心以正朝廷正朝廷以正百官
正百官以正萬民正萬民以正四方即一人之得在心之義
弘範謂以百姓之心為心似非此文之旨

且

此皆子雲所見

十九十三

吾問諸傳老則戒之在得年彌高而德彌卲者是孔子之徒與

〔注〕王莽少則得師力行老則詐偽篡奪故楊子寄微言而歎慨焉

吾問諸傳音義諸傳直戀切按引論語而謂之傳者孟子題辭云孝文皇帝欲廣游學之路論語孝經孟子爾雅皆置博士後罷傳記博士獨立五經而已是漢時以論語等書為傳記也劉向荀子序云其書比於五經可以為法謂比於論孟也老則戒之在得者論語云及其老也血氣既衰戒之在得孔注云得貪得也釋文云在得或作德非按子雲以年彌高而德彌卲釋此文之義是其所據論語正作戒之在德（戒猶謹也）凡人於少壯之時多能遵學力行及衰老則志體懈惰不復能有所進益所謂靡不有初鮮克有終者故曰老也戒之在德謂晚暮之年當益謹於德以成有終之美也義較孔注為長下章德有始而無終云云即反覆申明此[redacted]旨則此章戒之在得字當作德無疑今各本皆作得乃校書者據通行論語改之年彌高而德彌卲者宋云卲美也吳云卲亦高也按義詳修身疏德彌卲老而益謹其德之效此能躬行孔子之所戒者故曰孔子之徒○注王莽少則得師力行按莽傳莽受禮經師事沛郡陳參勤身博學被服如儒生事母

及其

及寡嫂養孤兄子行甚敕備又外交英俊內事諸父曲有禮
意○注老則詐偽篡奪按莽年五十一居攝五十四即真
或問德有始而無終與有終而無始也孰寧曰寧先病而後瘳
乎寧先瘳而後病乎注病篡之深故有先瘳之喻德有始而無終與有
終而無始也司馬云宋吳本作有始而無終歟有終而無始
歟按有始而無終內絕與否屬下讀音義與有終而無始與
如字是也孰寧者寧猶願也說文寧願辭也音義孰寧天復
本作孰愈寧先病而後瘳乎寧先瘳而後病乎者先病謂無
始後病謂無終吳云德寧有終也○注故
有先瘳之喻指世德堂本喻誤作愈
或問大曰小問遠曰邇未達曰天下為大治之在道不亦小乎
注道至微妙故曰小也四海為遠治之在心不亦邇乎○注道至
微妙按秦氏石硯齋影宋治平本妙作渺錢本世德堂本作
妙浙江局翻刻秦本同今檢治平原本正作妙——說文秒
禾芒也引伸為凡微細之稱經傳通以眇妙為之先知恩
眇緜作眇忽眇緜皆微也[redacted]渺即眇之俗老子故常無欲

十九 十四

是妙之微也

有是

妙王注云妙微之極也老子古之善為士微妙玄通深（以觀其）
不可識注語用當以作妙為是[redacted]
或問俊哲洪秀曰知哲聖人之謂俊〔注〕深識聖義是俊傑也秀
穎德行之謂洪〔注〕禾之秀其穎猶人之洪其道也禾秀穎則
實結人崇道則德聞洪大俊哲洪秀者俊讀為峻大學克明
峻德鄭注云峻大也今堯典作俊
德古俊峻駿三字通用俊與洪同義爾雅釋詁洪駿大也俊
哲洪秀疑當時料名故以為聞知哲聖人之謂俊秀穎德
行之謂洪者音義知哲上音智同馬云知哲當為哲知言哲
能知聖人之道不溺於異端智之俊者也秀謂材秀能修德
行使穎出於衆秀之大者也按知哲秀穎皆文異而詁同言
知是以知聖人斯為俊矣秀是以秀出於羣行之表斯為洪
矣古無智字知同為知〔知仁〕古為知哲義亦然洪範云明
作哲此仁知之哲也本書問明云允哲堯儃舜之重允知序
云中和之發在於哲民情此知聞之哲也溫公未知哲有知
聞之訓又因問語哲秀對文哲乃仁知之哲因是答語當與
相應故疑知哲互倒然古人屬辭錯綜見義不必如後世行
文之整齊知哲聖人義自可通不須倒置也倪孔疏云禾之

上用如名詞下用如動詞

秀穗謂之秀穎是秀穎亦同諸言智德如此乃始與泰此名[redacted]俊
豈俗學所能濫竊乎○注深識聖義是俊傑也按如弘範
[redacted]哲稱之傑出之智[redacted]○注禾秀穎則實結按論語秀而不實者
有以夫劉疏云凡禾黍先作華解收乃為稃而成實之卬稃
中之
仁也
君子動則擬諸事之則擬諸禮注事不來則不動之非禮則不
擬 宋云擬或作凝非也擬據也言君子不妄其動乃據事而
後動不偽其事乃據禮而後事按吳本作凝吳云凝成也
君子不妄動之則成於事之則成於禮司馬云擬度也動則
度其事之可否事則度於禮為是為非按溫公義是也動必
擬諸事謂揆之事情必得其宜而後動也事則擬諸禮謂舉
事則準之禮制必有合焉而後為也
或問羣言之長羣行之宗曰羣言之長德言也羣行之宗德行
也 陸士衡文賦李注引此文宋衷注云羣非一也音義之長
丁上切羣行下孟切德行同按宋亦長也初學記五引五
經通義云岱宗之長也言為羣岳之長
長

泰山一曰
冒
義則

十行深山製

十九十五

或問泰和曰其在唐虞成周乎觀書及詩温温乎其和可知也

注發號出令而民說之或問泰和曰其在唐虞成周乎曹子建七啟又求自試表又顔延年宋文皇帝元皇后哀策文李注三引此文並作太和求自試表注引乎作也讀與邪同觀書及詩温温乎其和可知也者宋云言觀書二典詩小大雅見唐虞成周之盛信泰和矣司馬云言千載之後觀其詩書猶温温然和樂況生其世乎○注發號出令而民説之按選注三引此文並引李軌曰天下太和疏在其在唐虞成周乎之下今各本皆無此注經解云發號出令而民說謂之和

周康之時頌聲作乎下關雎作乎上習治也齊桓之時緼而春秋美邵陵習亂也注緼亦亂也故習治則傷始亂也注傷悼習亂則好始治也注好樂周康之時頌聲作乎下關雎作乎上習治也者周本紀云成王興正禮樂度制於是改而民和睦頌聲興成王崩太子釗立是為康王成康之際天下安寧刑錯四十餘年不用[redacted]云頌聲

公羊傳宣公篇什一行而頌聲作矣解詁

十三諸侯年表云周道缺詩人本之衽席關雎作

者太平歌頌之聲帝王之高致也詩譜周頌譜云頌之言容天子之德光被四表格于上下無不覆燾無不持載此之謂容於是和樂興焉頌聲乃作列女傳仁智載魏曲沃負上書云周之康王夫人晏出朝關雎起興思得淑女以配君子夫雎鳩之鳥猶未嘗見乘居而匹處也漢書杜欽傳欽上疏云后妃之制夭壽治亂存亡之端也是以佩玉晏鳴關雎歎之知好色之伐性短年離制度之生無厭天下將蒙化陵夷而成俗也故詠淑女冀以配上忠孝之篤仁厚之作也李奇●云后夫人雞鳴佩玉去君所周康王后不然故詩人歌而傷之臣瓚云此魯詩也論衡謝短云周衰而詩作蓋康王時也康王德缺於房大臣刺晏故詩作後漢紀肅帝紀[redacted]楊賜上書云昔周康王承文王之盛一朝晏起夫人不鳴璜宮門不擊柝關雎之人見幾而作任彥昇齊竟陵王行狀李注引風俗通云昔周康王一旦晏起詩人以為深刺[redacted]張超誚青衣賦云周漸將衰康王晏起畢公喟然深思思古道感彼關雎性不雙侶願得周公配以窈窕防微消漸諷諭君父孔氏大之列冠篇首古文苑陳氏喬樅魯詩遺說考云此以關雎為畢公作與論衡大臣刺晏之說相合蓋魯詩所傳如此按子雲說詩皆用魯義故此以關雎為刺康王之詩而云作于上亦守大臣刺晏之說矣云習治習

十九十六

卒帖判

見治世之事按謂康王之時詩人習於文武無逸之教故也
毋起雖小節即以為刺齊桓之時縕而春秋美召陵習亂也
者公羊傳僖公篇云楚屈完來盟于師盟于召陵曷為再言
盟喜服楚也何言乎喜服楚之有王者則後服無王者則先
叛夷狄也而亟病中國南夷與北狄交中國不絕若綫桓公
救中國而攘夷狄以此為王者之事也召陵今三傳皆作召
陵此作邵者蓋子雲所據公羊經如此鹽鐵論執務亦作邵
陵下引公羊傳亦積也今本作序續明公羊經作邵此經注
潁水篇云齊桓公師于召陵闕駰曰召者高也其地上墟井
深數丈故以名焉邵召為高是以召為邵邵之假借皆本公
羊今公羊作召者乃後人據左傳改之召陵故城在今河南
許州郾城縣東三十五里吳云言齊桓之時下陵上替而春
秋美召陵之會能服楚也習亂世謂習見亂世之事學者習
亂者春秋本據亂而作隱桓莊閔僖五世當傳聞世傳聞世
為亂世也習治則傷始亂也者列女傳關雎起興文選注范蔚
宗後漢書皇后紀論李注引作關雎豫見王氏念孫云作豫
見者是也漢書杜欽傳贊言關雎見機後漢書楊賜傳言關
雎見幾即此所謂豫見也今本作起興者後人不曉魯詩之
義而妄改之耳按此云傷始亂即豫見之說習亂則好始治
也者此以齊桓之後為治世乃謂僖公之後當入所聞世所

今本

閔世為治升平世也孝經緯説以僖十九年卯入治升平世公羊傳大題下引援神契此郡陵之役在僖公四年下距所閔世為近故云始好●治又所謂始治始亂者皆賢人君子先覩治亂之萌時實未至於治亂僖公世之未可為治升平●康王時之未可為亂世也○注緼亦亂也按説文緼紼也紼亂絫也引伸為凡亂之稱廣雅釋詁緼亂也○注傷悼按説文憯息也經典皆以傷憂字為之○注好樂按詩關●中心好●毛傳好説也説樂同義[redacted]好始[redacted]呼報切語

依以上各篇音義例此處有

稿

疏十九終

十行深山製

二十一

閏五月朔庚申起稿

法言義疏二十

吳　汪榮寶撰

漢德其可謂允懷矣(注)允信懷至黃支之南大夏之西東鞮北

女來貢其珍漢德其可謂允懷矣世鮮焉(注)明此奕世之所

致而莽一旦行詐以取乙黃支之南者漢書平帝紀元始二年春黃支國獻犀牛應劭云黃支

在日南之南去京師三萬里地理志自日南障塞徐聞合浦船行可五月有都元國又船行可四月有邑盧沒國又船行

可二十餘日有諶離國步行可十餘日有夫甘都盧國自夫甘都盧國船行可二月餘有黃支國民俗略與珠厓相類其

州廣大戶口多而多異物自武帝以來皆獻見[redacted]

[redacted]平帝元始中王莽輔政欲燿威德厚遺黃支王令遣使獻生犀牛自黃支船行可八月到皮宗船行可二月到日南

象林界云黃支之南有已程不國漢之譯使自此還矣大夏之西者史記大宛列傳云大宛之跡見自張騫之身所至者

立之事

塞絶域殊俗靡不慕義越裳氏重譯獻白雉黃支自三萬里
貢生犀東夷王度大海奉國珍匈奴單于順制作去二名今
西域良願等復舉地爲臣妾云〻於北惟舉匈奴是其明證
吳胡部郎玉縉云北女者北匈奴也有稱曰北奴之字斷爛
脱右旁遂爲女耳匈奴在光武時分南北二庭東觀漢記有
匈奴南單于列傳范曄後漢書仍之爲南匈奴列傳南對北
立文今揚子稱北奴者疑匈奴此時已分南北後南單于始
求内附耳揚子單舉北匈奴所以明其遠也然匈奴之分南
北自薁鞬日逐王比自立爲南單于始事在建武二十四年
冬見後書光武帝紀及南匈奴傳前此雖有五單于爭立之
亂固無南北匈奴之分則以北女乃北奴之誤而爲北
匈奴之省稱者亦與史未合榮按下文訟之北夷被我純績
帶我金犀云稱匈奴爲北夷疑此文北女即北夷之誤夷字漫
漶[redacted]傳寫因誤爲女[redacted]歟來貢其珍〻与而爲韻古音

或

十行深山製

大宛大月氏大夏康居而傳聞其旁大國五六具爲天子言之曰大夏在大宛西南二千餘里媯水南其俗土著有城屋與大宛同俗無大王長往往城邑置小長其兵弱畏戰善賈市及大月氏西徙攻敗之皆臣畜大夏大夏民多可百餘萬其都曰藍市城有市販賈諸物其東南有身毒國天子乃令騫發閒使四道竝出其後騫所遣使通大夏之屬者皆頗與其人俱來於是西北國始通於漢矣東鯷北女者音義東鯷都奚切按地理志會稽海外有東鯷人分爲二十餘國以歲時來獻見云孟康云音題晉灼云音鯷東鯷即東鯷也北女未聞司馬云女子之國也按後漢書東夷傳又說海中有女國無男人或傳其國有神井闚之輒生子云此東夷之女國也文獻通考四裔考女國亦曰蘇伐剌拏瞿咀羅羌別種也東與吐蕃党項茂州接西屬三波訶北距于闐南屬雅州羅女蠻白狼夷又西女國在葱嶺之西其俗與東女略同此西羌之東西女國也三者竝不得謂之北女惟山海經海外西經女子國在巫咸北又大荒西經西北海之外大荒之中有女子之國其地域不可考或以在西北陬而有北女之稱然事涉荒誕不足置信法言此文皆據當時史事爲言信而可徵非若瀛談裨說浮夸無實今以事實方輿度之於北當言匈奴王莽傳元始五年莽奏云太后秉統數年恩澤洋溢和氣四

立之事

塞絶域殊俗靡不慕義越裳氏重譯獻白雉黃支自三萬里貢生犀東夷王度大海奉國珍匈奴單于順制作去二名今西域良願等復舉地為臣妾云云於北惟舉匈奴是其明證吳胡部郎玉縉云北女者北匈奴也有稱曰北奴之字斷爛服右旁遂為女耳匈奴在光武時分南北二庭東觀漢記有匈奴南單于列傳范曄後漢書仍之為南匈奴列傳南對北立文今楊子稱北奴者疑匈奴此時已分南北後南單于始求內附耳楊子單舉北匈奴所以明其遠也然匈奴之分南北自奧鞬日逐王比自立為南單于始事在建武二十四年冬見後書光武帝紀及南匈奴傳前此雖有五單于爭立之亂國無南匈奴北匈奴之分則以北女乃北奴之誤而為北匈奴之省稱者亦與史未合榮按下文謚之北夷被我純績帶我金摩云稱匈奴為北夷疑此文北女即北夷之誤夷字漫漶[redacted]傳寫因訛為女[redacted]歟來貢其珍之與為韻古音

或

尚書大傳：西方者鮮方也。白虎通五行：西方者遷方也。此漢時讀西如先之證。

〔疏〕〔注〕曲傳東夏至白西，古音西讀如先，與今聲相近。匡謬正俗：「今俗呼東西之西音為先。按王延壽靈光殿賦云：『朱桂黝儵於南北，蘭芝阿那於東西。祥風翕習以颯灑，激芳香而常芬。神靈扶其棟宇，歷千載而彌堅。』晉灼漢書音義反西為洗，是知西有先音也。」則此音至唐時猶存矣。再言漢德，其可謂允懷矣者，與下文「鳥夷獸夷，郡勞王師，漢家不為也」及「漢興二百一十載而中天，其庶矣乎」云云，皆於王莽篡國以後盛稱漢德，以明人心之攸在，舊君故國之思，有不覺長言之不足者也。世鮮焉者，音義：世鮮，息淺切。○注「允信懷至極也」。爾雅釋詁文。●伊訓：「惟我商王，布昭聖武，代虐以寬，兆民允懷。」傳云：「兆民以此皆信懷我商王之德。」則訓懷為思，弘範解此允懷字絕不據彼為說，此亦偽書晚出之一證矣。

芒芒聖德，遠人咸慕，上也；〔注〕芒芒，大也。武義璜璜，兵征四方，次也；宗夷猾夏，蠢迪王人，屈國喪師，無次也。〔注〕宗夷者，四方羣夷也。

芒芒聖德，秦氏亂宋本作荒荒，注同。按音義：芒芒，謨郎切。下同。是音義所據本此與下文芒芒天道字同。司馬云：李本芒

二十二

芑作荒、今從宋吳本則溫公所見李本與音義本不同錢
本亦作芜、蓋當時所傳李注引本如此今檢治平原本此
正文及注均作芑、芑與音義合秦本作荒、者蓋據集注
誤改之耳武義璜璜者音義璜璜音黃吳之讀、猶言煌煌
也玉云爾雅曰洸洸、武也釋文洸舍人本作僙詩谷風篇有
洸有潰江漢篇武夫洸洸毛傳洸與爾雅同鹽鐵論詳役篇
引詩作武夫潢潢、洸潢僙通古同聲自陳氏喬樅魯詩遺
說考云考古文苑班固車騎將軍竇憲北征頌光光神武注引
詩武夫僙僙、又舞陽侯樊噲贊獻獻將軍注亦引詩武夫僙僙
是三家詩洸洸皆作僙僙、桓寬鹽鐵論繇役篇引詩武夫潢潢
潢
段氏玉裁云蓋僙僙之誤法言孝至篇武義璜璜其征四方
喬樅謹案此作潢潢、疑即僙僙之轉寫之誤崇按重言形況以
聲為義本無正字僙潢璜一聲之字說詩皆用魯義此作
璜璜、蓋亦魯詩異文宗夷猾夏者堯典蠻夷猾夏中國夾
者湘鄉曾編修廣鈞云魏英義夫人碑書蠻作宗與宗形相
近此文本作宗夷傳寫誤作宗耳吳王吏部仁俊云宗讀為
賨說文賨南蠻賦也因以為南蠻之稱晉書音義巴人呼賦
為賨因謂之賨人是也故左太沖蜀都賦奮之則賨旅注引風
俗通云巴有賨人慓勇此以賨夷守蠻夷也按堯典於變時
雍孔宙碑作於天時雍書蠻為宗猶書變為天皆俗書之省

此云宗夷

[redacted]

二十三

也。五帝本紀集解引鄭云：猾夏，侵亂中國也。蠢迪王人者，迪讀為妯。爾雅釋詁：蠢、妯，動也。左傳昭公篇：今王室蠢蠢焉。杜注云：蠢蠢，動擾貌。方言：妯，擾也。人不靜曰妯。是蠢、妯皆動擾之義。妯本有迪音，方言郭音云：妯音迪。爾雅釋文云：妯，郭盧篤反，又徒歷反。徒歷即迪字之音也。無次者，司馬云：言最下也。按：此文弟為王莽而發。漢書匈奴傳：莽大分匈奴為十五單于，遣中郎將藺苞、副校尉戴級將兵萬騎，多齎珍寶至雲中塞下，招誘呼韓邪單于諸子，欲以次拜之。單于咸之怒曰：先單于受漢宣帝恩，不可負也。今天子非宣帝子孫，何以得立？遣左骨都侯、右伊秩訾王呼盧訾及左賢王樂將兵入雲中益壽塞，大殺吏民。是歲，建國三年也。是後，單于歷告左右部都尉、諸邊王入塞寇盜，大輩萬餘，中輩數千，少者數百，殺鴈門、朔方太守、都尉，略吏民畜產不可勝數，緣邊虛耗。莽新即位，怙府庫之富，欲立威，西拜十二部將率，發郡國勇士、武庫精兵，各有所屯守，轉委輸於邊，議滿三十萬衆，齎三百日糧，同時十道並出，窮追匈奴，內之于丁令，因分其地，立呼韓邪十五子。莽將嚴尤諫曰：臣聞匈奴為害，所從來久矣，未聞上世有必征之者也。後世三家周、秦、漢征之，然皆未有得上策者也。周得中策，漢得下策，秦無策焉。當周宣王時，獫狁內侵，至于涇陽，命將征之，盡境而還。其視戎狄之侵，譬猶蚊蝱之螫，

〔旁批〕侯圉良師者／侯猶竭也詳／見黎漢侯摩／策摩策侯摩／力疏

〔旁批〕邊

匈奴傳云初北邊自宣帝以來數世不見煙火之警人民熾盛牛馬布野及莽撓亂匈奴與之構難邊民死亡係獲又十二部兵久屯而不出吏士罷弊數年之間北邊虛空野有暴骨矣

胡云舉陶漢偽傳漢書敘傳鄧展注東京賦薛綜注皆訓師師為相師法也則鳳凰之師謂鳳飛羣鳥隨以萬數如相師法也

歐之而已如天下稱明是的中年漢武帝遣將練兵約衛推
權深入匈戎非有先獲之功胡軛輅之至連禍結三十餘年
中國罷耗匈奴亦創又而天下稱武是為下策秦始皇不忍
小恥而輕民力築長城之固延袤萬里轉輸之行起於負海
疆境既完中國內竭以喪社稷是為無策此文本嚴尤語
而約言之所謂無次策無策之說[redacted]
[redacted]攫[redacted]至人[redacted]蠕國度所者[redacted]也○注芒芒大也按
詩長發洪水芒芒又玄鳥宅殷土芒芒毛傳並云芒芒大貌○
注宗夷四方羣夷也按陶氏鴻慶讀法言札記云廣雅釋詁
宗衆也李注正得其義
麟之儀儀鳳之師師其至矣乎蟜虎桓桓（注）仁如威多鷹隼䳄
䳄（注）攫撮急疾未至也（注）未合至德　麟之儀儀鳳之師師者
廣雅釋訓儀儀容也師
師衆也司馬云儀儀師師皆和整尚德之貌以喻德服四夷
按李芒芒聖德之喻蟜虎桓桓者音義蟜毋知切按此用今
文書牧誓語也今孔本作尚桓桓如虎如貔如熊如羆同本
紀作如虎如羆如豺如離集解引徐廣云此訓與蟜同字亦
作蟜班孟堅西都賦李注引歐陽書說云蟜猛獸也說文作
嵩云山神獸也引歐陽喬說嵩[redacted]猛獸也段氏撰異云歐陽

所謂動

十行　深山製

嵩者古文螭者今文許引歐陽說作嵩者以歐陽書之螭即古文書之嵩也

尚書虞初已不存李蓋於各家注記得之与說文引歐陽喬
說正合正收譽說也嵩正字離螭皆假借字陳氏今文經說
考云說文所引歐陽喬說即歐陽章句也歐陽爲書今文作
嵩說文所稱其正字也文選注引歐陽說作螭其假借字也
螭爲龍之無角者与龍同類嵩爲獸之淺毛者与虎同類也
擬此作螭虎柜之正与選注引歐陽書說合此子云用歐陽
尚書之明證也鷹隼䑕之者易解卦解引九家易云隼鷙鳥
也今捕食雀者其性疾害貴義賊財千切又側板切廣雅釋
詁柜之䑕之武也司馬云以喻用兵威服遠方按即武義瑣
瑣之喻柜䑕亦韻語○注攫撮急疾䑕狠南子說山高注云
攫撮也是攫撮同訓李斯列傳索隱
云凡鳥翼擊物曰搏足取曰攫

或曰訩訩北夷被我純繢注純繢繢帶我金犀注金金即犀
餬飾珍膳寧餬注寧餬餬其曰也不亦享乎注婦禮明如此
太盛也曰昔在高文武實爲兵主今稽首來臣稱爲北蕃是
爲宗廟之神社稷之靈也可不享注言如此不可不以盛禮

（訩訩，重言形況喧譁之意）

（五子序注□下同□）

（按黃龍元年）

紋繢

待之也。訩訩，北夷者，音義：訩，許容切，又翔拱切。按說文：訩，
訟也。（揚六書故引唐本，今本作說）字亦作詾。荀子解
蔽：因聽漠漠而以為訩訩。楊注云：訩訩，喧聲也。亦以匈為之。
荀子天論：君子不為小人之匈匈也輟行。注云：匈匈，喧譁之聲。
漢書高帝紀：天下匈匈。顏注云：喧擾之意。被我純績帶我金
犀者，匈奴傳：~~[illegible]~~呼韓邪單于款五
原塞，願朝三年（按宣帝甘露三年）正月。朝天子於甘泉宮，漢
寵以殊禮，位在諸侯王上，贊謁稱臣而不名。賜以冠帶衣裳，
黃金璽盭綬，玉具劍，佩刀，弓一張，矢四發，棨戟十，安車一乘，
鞍勒一具，馬十五匹，黃金二十斤，錢二十萬，衣被七十七襲，錦
繡綺縠雜帛八千匹，絮六千斤。明年，呼韓邪單于復入朝，
禮賜如初，加衣百一十襲，錦帛九千匹，絮八千斤。竟寧元年，
單于復入朝，禮賜如初，加衣服錦帛絮，皆倍於黃龍時。呼韓
邪死，復株絫若鞮單于（呼韓邪子）立，上書願朝河平四年。正
月，遂入朝，加賜錦繡繒帛二萬匹，絮二萬斤，它如竟寧時。
烏珠留單于（復株絫弟）立，[redacted]元壽二年，單于來朝，加
賜衣三百七十襲，錦繡繒帛三萬匹，絮三萬斤，它如河平時。
珍膳寧餬，御覽八百四十九引作曼餬。按寧餬於義難通，當
依御覽作曼。楚辭招魂王注云：曼，澤也。後漢書杜篤傳注引
太子注云：曼，美也。爾雅釋言：餬，饘也。莊子人間世釋文引李

（世德堂本餬誤作鍸，注文同。按）

（漢遣車騎都尉韓昌迎單于正月）

十行 深山製

二十五

墜　翰

地

云餬食也此則曼餬謂精未之[redacted]食[redacted]宣帝紀甘露三年[redacted]
[redacted]置酒建章宫饗賜單于是也[redacted]不弃享字者俞云
享字無義乃厚字之誤隸書厚字或作厚專壽碑高位厚祿
是也亦或作厚度尚碑惠以厚下是也厚厚二形均与隸書
享字作享者相似因誤為享耳此言單于來臣禮之太厚也
按俞說是也御覽八百四十九引正作厚昔在高文武實為
兵主者謂三朝以來匈奴[redacted]常為兵禍之主[redacted]承[redacted]之北夷為敵
者匈奴寇也匈奴傳載子雲諫哀帝勿許單于朝書云[redacted]北
地之狄五地所不能臣三王所不能制漢初興以高祖之威
靈三十萬衆困於平城士或七日不食時奇譎之士石畫之
臣甚衆卒其所以脫者世莫得而言也及孝文帝時匈奴侵
暴北邊候騎至雍甘泉京師大駭發三將軍屯細柳棘門霸
上以備之數月乃罷孝武即位設馬邑之權欲誘匈奴使
安國將三十萬衆徼於便墜匈奴覺之而去徒費財勞師一
虜不可得見況單于之面乎其後深惟社稷之計規恢萬載
之策乃大興師數十萬使衛青霍去病操兵前後十餘年於
是浮西河絕大幕破寘顏襲王庭窮極其地追奔逐北封狼
居胥山禪於姑衍以臨瀚海虜名王貴人以百數自是之後
匈奴震怖益求和親然而未肯稱臣也且本始之初匈奴有
桀心欲掠烏孫侵公主乃發五將之師十五萬騎獵其南而

荅

与珍膳封文曼寧形近而誤

長羅侯以烏孫五萬騎震其西皆至質而還時鮮有所獲故北狄不服中國未得高枕安寢也此高文武三朝匈奴常為兵主之事也今稽首來臣稱為北蕃匈奴傳載竟寧元年郎中令侯應[redacted]之今聖德廣被天覆匈奴匈奴得蒙全活之恩稽首來臣宣帝紀甘露三年詔曰今匈奴單于稱北藩臣朝正月朕之不逮德不能弘覆其以客禮待之又匈奴傳載谷永等議云今單于詘體稱臣列為北藩蕃即藩也說文藩屏也經典通以蕃為之[redacted]云諫哀帝書又云逮至元康神爵之間大化神明鴻恩溥洽而匈奴內亂五單于爭立日逐呼韓邪攜國歸死扶伏稱臣[redacted]自此之後欲朝者不距不欲者不強今單于歸義懷誠款之心欲離其庭陳見於前此迺上世之遺策神靈之所想望國家雖費不得已者也即此文之義可不享世德雀本作可不享乎御覽八百四十九引作不可不厚也司馬云[redacted]高帝得天下之後文帝武帝不平之時兵所以不得[redacted]息者匡以匈奴之故也今幸而得其臣服豈可不厚撫之使之離叛變小費而就大患乎按此章亦追論漢事以見莽之輕開邊隙為失道之至也〇注純繢續畫按說文純絲也繒帛也故訓純為繢謂雜帛也[redacted]說文繢織餘也繪五采繡也經典多以繢為繪此訓畫亦讀為繪也繪謂錦繡也〇注全之印摩鋪飾

十行深山製

二十六

五号旁注

史記匈奴傳作胥紕索隱云胥犀聲相近引班固与竇憲箋云賜犀比金頭帶是也

按上文金朱煌煌金謂金印朱謂朱綬故此亦解金犀為二事匈奴傳賜黃金璽玉具劍金印謂璽以犀角為[redacted]劍飾也然玉具劍摽首鐔衛盡用玉為之彼傳孟康注不得[redacted]以[redacted]角為飾弘範此注亦揔而然語榮謂[redacted]犀者犀毗之略[redacted]孝文前六年遺單于服物有黃金犀毗一見匈奴傳彼顏注云犀毗胡帶之鉤也亦曰鮮卑亦謂師比總一物也語有輕室胥紕以金犀印黃金犀毗謂帶鉤故云帶我金犀也〇注寧鋓之其口也按[redacted]注本[redacted]及寧字之義當作鋓鋓之其口也[redacted]寧字乃[redacted]後人妄增御覽引正文作曼鋓當是舊本如此則李本不必作寧也

龍堆以西〔注〕白龍堆也大漠以北烏夷獸夷〔注〕烏夷獸夷者衣烏獸皮毛郡勞王師漢家不為也〔注〕皆在荒忽之外不為郡屬者也衆使勞王師而郡縣之漢家不為此也漢書西域傳贊云且通西域近有龍堆遠則蔥嶺匈奴傳孟康注云龍堆形如土龍身無頭尾高大者二三丈埤者丈餘皆東北向相似也在西域中按亦作隴堆王逸九思踰隴堆兮渡漠注隴堆山名徐氏松西域傳補注云即今傾沙積千餘里無水草

夏本紀地理志引皆作鳥夷夏本紀集解引

[redacted] 賦

大漠以北者說文漠北方流沙也古書亦以幕爲之史記匈
奴列傳云信教單于益北絕幕 [redacted] 應劭云幕沙幕匈奴之南界也
[redacted] 漢書武帝紀衛青復將六將軍絕幕臣瓚云沙土曰幕
子雲諫哀帝書云狩西河絕大幕島夷獸夷郡勞王師漢家
所不爲也者王云郡仍也仍重也數也言數勞王師於荒服之
外漢家不爲也爾雅云郡仍乃也乃與仍同小雅正月篇又
窘陰雨鄭箋云窘仍也窘與郡同按此與上數章義同莽傳
云始建國元年五威將率符命齎印綬外及匈奴西域徼外
蠻夷皆即授新室印綬其東出者至玄菟樂浪高句驪夫餘
南出者踰徼外歷益州貶句町王爲侯西出者至西域盡改其
王爲侯北出者至匈奴庭授單于印改漢印文去璽曰章
單于欲求故印陳饒椎破之單于大怒而句町西域後卒以
此皆畔此莽構怨四裔重勞師旅之事云漢家不爲則子雲
之痛心於新室者深矣○注白龍堆也按西域傳樓蘭國最
在東垂近漢當白龍堆乏水草 [redacted] 是龍堆乃白龍堆之略言
也○注島夷獸夷者衣鳥獸皮毛按錢本作衣鳥獸皮也鳥（禹貢）
夷皮服 [redacted] 鄭注云鳥夷東北之民賦食鳥獸者 [redacted]
[redacted] 地理志 [redacted]
[redacted] 顏注云此東北之 [redacted] 夷搏取鳥獸食其肉而衣其皮也注
與弘範義同 [redacted] ○注皆在此也 按

王制西方曰戎被髮衣皮北方曰狄衣羽毛穴居孔疏云以無絲麻惟食禽獸故衣皮東北方多鳥故衣羽正北多羊故衣毛

十行 深山製

世德堂本作荒服又不為下無此字

~~非不為郡屬者也~~据周語戎狄荒服韋注云荒忽無常之
言也匈奴傳贊引蕭望之云戎狄荒服言其來服荒忽無常
時至時去是荒忽即荒服之謂但
解郡為郡縣當之於義似未安

朱崖之絕捐之之力也〔注〕朱崖南海水中郡元帝時背叛不臣
議者欲往征之賈捐之以為無異禽獸也棄之不足惜不擊
不損威元帝聽之事在漢書否則介鱗易我衣裳〔注〕否不也
言不然則介鱗之類易我衣裳之民也朱崖之絕捐之之力
也者地理志自合浦徐聞南入海得大州東西南北方千里武帝元封元年略以
為儋耳珠崖郡民皆服布如單被穿中央為貫頭男子耕農
種禾稻紵麻女子桑蠶織績亡馬與虎民有五畜山多麈麖
兵則矛盾刀木弓弩竹矢或骨為鏃自初為郡縣吏卒中
國人多侵陵之故率數歲壹反元帝時遂罷棄之朱崖[redacted]珠
崖[redacted]武帝紀顏注引[redacted]應劭云[redacted]崖岸之邊
出真珠故曰珠崖又引張晏云珠崖言珠若崖矣按前漢紀
武帝紀亦作朱崖與此同書義捐之与專切[redacted]賈捐之傳云

漢書作

此段移地理志云云上

賈捐之字君房賈誼之曾孫也元帝初即位上疏言得失待
詔金馬門初武帝征南越元封元年立儋耳珠厓郡皆在南
方海中洲居廣袤可千里合十六縣戶二萬三千餘其民暴
惡自以阻絕數犯吏禁吏亦酷之率數年壹反殺吏漢輒發
兵擊定之自初為郡至昭帝始元元年二十餘年間凡六反
叛至其五年罷儋耳郡并屬珠厓至宣帝神爵三年珠厓三
縣復反反後七年甘露元年九縣反輒發兵擊定之元帝初
元元年珠厓又反發兵擊之諸縣更叛連年不定上與有司
議大發軍捐之建議以為不當擊上使侍中駙馬都尉樂昌
侯王商詰問捐之曰珠厓內屬為郡久矣今背畔逆節而云
不當擊長蠻夷之亂虧先帝功德經義何以處之捐之對云
云對奏上以問丞相御史御史大夫陳萬年以為當擊丞相
于定國以為前日興兵擊之連年護軍都尉校尉及丞凡十
一人還者二人卒士及轉輸死者萬人以上費用三萬萬餘
為未能盡降今關東困乏民難搖動捐之議是上迺從之遂
下詔罷珠厓郡民有慕義欲內屬便處之不欲勿彊珠厓由
是罷否[redacted]以介鱗[redacted]我衣裳者言病[redacted]中國以之[redacted]棄[redacted]
[redacted]以[redacted]所得不償[redacted]所失也[redacted]捐之[redacted]云[redacted]
[redacted]今陛下不忍悁悁之忿欲驅士衆擠之大海之中快
心幽冥之地非所以救助飢饉保全元元也駱越之人觸之

帶之族

冠

對

十行 深山製

二十八

獨居一海之中，其民譬猶魚鼈，何足貪也！臣愚以為非冠帶之國，禹貢所及，春秋所治，皆可且無以為。」即此文之義。後漢書楊終傳：「終上書云：孝元棄珠崖之郡，光武絕西域之國，不以介鱗易我衣裳。」語本此文。彼章懷太子注引此，朱崖作珠崖，介鱗作鱗介。○注「朱崖南海水中郡」。按：今廣東瓊州府地。○注「賈捐之以為無異禽獸也，棄之不足惜，不擊不損威」。按：賈捐之對語。

（朱崖故郡治在今府治瓊山縣東南三十里）

君人者務在殷民阜財，〔注〕殷，富；阜，盛。明道信義，致帝者之用，成天地之化，使粒食之民粲也晏也。〔注〕粲，文采；晏，和。享于鬼神，不亦饗乎？〔注〕實受其福。

明道信義，信讀為伸。本書五百：「詘身，將以信道也。如詘道而信身，雖天下不為也。」又重黎：「親屈帝尊，信亞夫之軍，盍以信為伸？」此亦同。伸義謂伸大義於天下也。使粒食之民粲也晏也者，粒食[redacted]謂中國之民。王制云：「西方曰戎，北方曰狄，有不粒食者矣。」鄭注云：「不粒食，地氣寒，少五穀。」大戴禮少閒云：「粒食之民昭然明視。」按：廣雅釋詁：「粲，明也。」說文：「晏，安也。」經傳多以宴為之。粲也晏也，謂明盛教化而各安其業也。粲晏亦

（吳云：粲然明盛，晏然安和）

（司馬云）

韻詁享于鬼神不亦饗乎者說文享獻也爾雅釋詁享孝也廣雅釋言享祀也左傳襄公篇其使終饗之杜注云饗受也[redacted]吳云民神之主也民之豐阜則神饗其祀也按此亦剌莽不能務民之義而妄言符命之事○注殷高阜盛按說文殷作樂之盛稱殷引伸為凡盛之稱殷阜同詁詩大叔于田火烈具阜毛傳云阜盛也張平子西京賦云百物殷阜○注祭文采晏和柔按廣雅祭文也文明義同爾雅釋訓晏晏柔也故注以晏為和柔○注實受其福按禮器云我戰則克祭則受福

此承上文而言謂主者能使其民既明且安如是而後孝祀鬼神則鬼神受之也言享饗古亦互通孟子云使之主祭而百神享之

天道勞功

天道勞功或問勞功曰日一曰勞考載曰功注日一猶日日也考成也載歲也周而復始以成其歲故曰功或曰君逸臣勞何天之勞注言於人事則君逸臣勞天為君四時行百物生以喻無勞也曰於事則逸於道則勞注於事則逸無功可名於道則勞運轉機衡日一曰勞各本皆誤作日一日勞按此承上文而分釋其義日一曰勞是釋勞

二十九

易乾象曰天行健君子以自强不息虞云天一日一夜過周一度故自彊不息李氏道平纂疏云周天三百六十五度四分度之一日行一晝一夜不及天一度故曰天一日一夜過周一度也考載曰功者堯典云以閏月定四時成歲白虎通巡狩云天道時有所生歲有所成三

義也考載曰功是釋功義也二句相偶為文各本作日一日勞義不可通此形誤之顯然者今訂正日者晝夜之道考載者四時之道晝夜迭運日新不已天有勞也四時代謝以成歲事天有功也於事則逸於道則勞者司馬云天則無為自然而萬物生成君則垂衣端拱而百姓又安是其事逸也天則陰陽往來生生日新君則求賢訪道一日萬機是其道勞也○注日一猶日日也按日一各本皆作日一日此因正文既誤遂併改注文以應之也天一日過周一度日日各過周一度故云日一猶日日若正文本作日一日則日一日之為日日又何煩解釋耶○注考成也載歲也按穀梁傳隱公篇云考仲子之宮考者成之也白虎通四時云或言歲或言載或言年何言歲者以紀氣物帝王共之載之言成也載成萬物終始言之也二帝為載三王為年司馬云載事也天運行不息是其勞也成遂化之事是其功也訓載為事義固可通然李義為優矣○注周而至曰功按世德堂本割裂正文自或問勞功至考載為一段以曰功二字為一段因割裂此注日一至歲也次正文考載之下而以周而至曰功次正文曰功字下此因延文疏有誤字乃至失其句讀而強析注文分隸之也○注四時行百物生以喻無勞也按世德堂本無勞作其勞論語天何言哉四時行焉百物生焉天何言哉故云喻無

是考載即成歲也

無言即不勞之義

歲一閏天道小備五歲再閏天道大備

致周成白雉之瑞千載同符

勞也（作甚勞誤）○注於事
至藏衡按名衡韻語
周公以來未有漢公之懿也勤勞則過於阿衡漢公王莽也
或以此為媚莽之言或以謂（為）言遜之謂也吾乃以為箴規之
深切者也稱其漢公以前之美耳然則居攝之後不貶而惡
可知楊子所以玄妙也發至言於當時垂忠教於後世言蔽
天地而無慙教閱百代而不恥何遜媚之有乎周公以來未有漢公之懿
者王莽傳元始元年羣臣盛稱莽功德興王之法臣有大功
則生有美號故周公及身在而託號於周莽有定國安漢家
之大功宜賜號曰安漢公益戶疇爵邑上應古制下準行事
以順天心太后乃下詔以莽為太傅幹四輔之事號曰安漢
公以故蕭相國甲第為安漢公第定著於令傳之無窮莽受
太傅安漢公號讓還益封疇爵邑事是漢公者安漢公之略
言也勤勞則過於阿衡者詩長發實維阿衡實左右商王鄭
箋云阿倚衡平也伊尹湯所依倚而取平故以為官名也

十行深山製

莽傳元始元年有司請采伊尹周公稱號加公為宰衡位上公音義引柳宗元云伊尹之事不可過也過則反矣宋云成王幼太甲昏劣亦殆矣然周公居叔父之尊伊尹當阿衡之室二公可取而不取卒以忠勤復辟而正之夫舉其可取㊞不取之固明其不可取而取之事則子雲之罪莽亦大矣矣云諺固曰莽知漢中外殫微本末俱弱亡所忌憚生其姦心因母后之權假伊周之稱子雲因其假也故以伊周為言司馬云法言之成蓋當平帝之世莽專漢政日比伊周欲興禮樂致太平上以惑太后下以欺臣民附己者進異己者誅何武鮑宣以名高及禍故楊子不得不遜辭以避害也亦猶辭方云堯舜在上下有巢由也當是之時莽猶未篡人臣之盛者無若伊周故揚子勸以伊周之美欲其終於北面者也或曰揚子為漢臣漢亡不能死何也曰國之大臣任社稷之重者社稷亡而死之義也向使揚子據將相之任處平勃之地莽篡國而不死良可責也今位不過郎官朝廷之事無所與聞李何責之以必死乎夫死者士之所難凡責人者當先恕己則可以知其難矣或曰揚子不死可也何為仕莽而不去曰知莽將篡而去者龔勝是也莽聘以為太子師友卒不食而死揚子名已重於世苟去而隱處如揭日月潜於蒿萊庸得免乎或曰揚子不去則已何必譽莽以求媚豈獻賞賂思

富貴乎曰昔晉袁宏作東征賦不序桓彝閻侃猶為桓溫陶
胡奴所劫僅以敏捷自免況揚子作法言品藻漢興以來將
相名臣而獨不及莽之能無恥且忿乎此杜預所謂吾但恐
為害不求益也且揚子自謂不汲汲於富貴不戚戚於貧賤
始為郎給事黃門與王莽劉歆董賢同官
當成哀平間莽賢皆為三公權傾人主所薦莫不拔擢而雄
三世不徙官此豈非言行相副之明驗乎古今之人能安恬
如此者幾希而子乃疑其求媚而思富貴不亦過乎使揚子
果好富貴則必為莽佐命不在劉歆之下矣愈云王莽居攝
三年劉歆與博士諸儒議莽母功顯君服稱殷成湯既沒而
太子發夭其子太甲幼少不明伊尹放諸桐宮而居攝以殷(興)
殷道周武王既沒周道未成成王幼少周公屏成王而居攝
以成周道是以殷有翼翼之化周有刑錯之功然則伊尹周
公者莽居攝以前所以自比者也至始建國元年莽曰王氏
虞帝之後也出自帝嚳劉氏堯之後也出自顓頊則不自以
為伊尹周公而以為虞舜矣揚子此言與阮嗣宗為鄭沖勸
晉王箋同意箋曰昔伊尹有莘之媵臣也耳一佐成湯遂荷
阿衡之號周公藉已成之勢據既安之業光宅曲阜奄有龜
蒙是毋以伊周比之也末云今大魏之德光於唐虞明公盛
勳超於桓文然後臨滄洲而謝支伯登箕山以揖許由豈不

二十七

漢紀筆誤

或乎是音不許其為虞舜也此皆古人之微辭後人鮮或能喻矣或疑揚子既不諭莽何如為此言溫公釋之曰晉袁宏作東征賦云云溫公之論亦屬膚淺揚子特著此文蓋有微意矣法言一書終以孝至是篇論唐虞成周而終之以漢上文曰或問泰和曰其在唐虞成周乎又曰漢德其可謂允懷矣下文曰漢興二百一十載而中天其庶矣乎終之曰唐矣夫蓋以漢德上嫓唐堯也中間特著此文以見漢祚中絕之由且上言允懷見民心之思漢也下言中天見漢祚之方半也若無此文則前後文之微意皆不見矣故依揚子之文觀之自唐虞成周而漢漢之絕於新新之復為漢歷歷可數至誠前知揚子之謂矣榮按法言此文最為後儒詬病困學紀聞云法言末篇稱漢公斯言之諂過於美新矣司馬公雖曲為之辯然不能滌莽大夫之羞也其為子雲解脫者或以此為出於後人之附益張氏澍蜀典云太平御覽揚子恬淡寡營以賣文自贍文不虛美人多怨之及卒怨家取法言援筆益之曰自周公以來云云繕寫多行於世至今無有白其心跡者按抱朴子云王莽之世貴餅小人皆得等級斗筲之徒並金累紫揚子雲確然忠貞之節形矣亦可見莽大夫之誣題目也凡此皆未達古人立言之旨而謬為之說竊謂欲明此文之義有不可不最先明辯者即法言之成果以何時是也溫

或

公謂此書之成當在平帝之世而弘範發揮本書微旨多云
為篡之辭則以此書為成於莽世悉考子雲自序歷述生平
著書至譔法言而止且此後更無它文則法言安為子雲晚
年之作其成書甚卒年當無疑以本書各篇明文證之如本
篇稱漢興二百一十載明用始建國元年策命孺子嬰昔皇
天右乃太祖歷世十二享國二百一十載之語又稱後且井
刑免人役莽制井田及禁民賣買奴婢均始建國元年事而
重黎篇稱羲近重和近黎[redacted]莽之分[redacted]羲仲和仲羲叔和叔
在天鳳元年詳見重黎疏則法言之成乃在天鳳改元以後
辭事明白無可疑者是時莽篡竊已久普天率土同燒伏於
新皇帝威虐之下而此乃用且居攝以前之稱稱莽為公繫
之於漢其立言之不為阿如是子言無伊尹之志則篡也
今謂過於阿衡卽不啻直斥其篡逆之惡故使此言而發於
孝平之世則不免於逆縮之譏若發於莽稱新皇帝以後則
謂之[redacted]嚴於斧鉞可也○注言敵天地
而無極教閱百代而不聦按此用本書五百語
漢興二百一十載而中天其庶矣乎匡言人民眾多富盛也釋
廱以本之校學以教之禮樂以容之輿服以表之服其井刑

二十二

勉人役唐矣夫〔注〕言若盡此諸美以濟勉人者無義改唐虞之世也。

漢興二百一十載而中天其庶矣乎者音義引柳云揚子極陰陽之數此言知漢祚之方半耳按前漢起高帝己未至平帝乙丑凡二百十二年後漢書張衡傳云衡善機巧尤致思於天文陰陽歷算常好玄經謂崔瑗曰吾觀太玄方知子雲妙極道數乃與五經相擬非徒傳記之屬使人難論陰陽之事漢家得天下二百歲之書也復二百歲殆將終乎此則子學說所本宋云子雲雖學極陰陽然亦不能逆知漢祚方半也夫中天者猶中興也蓋子雲觀莽之強篡而立復暴桀如是天下思漢德未已知赤氏之運未去必有中興而王者言庶幾乎近也矣云子雲上稱漢德之允懷中言王莽之不正下言漢載之中天是觀民思漢德莽為不道必有中興之義且明德之不可已也如是孔子曰其或繼周者雖百世可知也以禮明之也子雲曰漢興二百一十載而中天以德明之也是知子雲其聖人之徒歟二說雖與子學小異然其以此文為子雲逆知漢道之盛復興則同但不言數而言理耳蔡謂中天猶云極盛子雲不與莽之篡漢故雖王步已史猶視為天命未改而下文緯闢學云云皆聖人致太平之事非極盛之世不能有此漢興二百一十載始見其盛故云中天

説文廱天子饗飲辟廱

吾亦同作雍白虎通辟雍云天子立辟雍何所以行禮樂宣德化也辟者璧也象璧圓又以法天於雍水側象教化流行也

也（司馬云庶……者）~~孝平太平~~庶幾~~之化~~於治也辟廱以本之者王制云
天子曰辟廱鄭注云辟明也廱和也俞云後漢書世祖建武
五年初起太學中元元年起辟廱揚子之言正是驗矣按俞
説非也平帝紀元始四年安漢公奏立明堂辟廱莽傳莽奏
起明堂辟廱靈臺羣臣奏言昔周公奉繼體之嗣據上公之
尊然猶七年制度乃定夫明堂辟廱墮廢千載莫能興今安
漢公起於第家輔翼陛下四年於茲功德爛然劇秦美新云
明堂雍臺壯觀也校學以教之者平帝紀元始三年立官稷
及學官郡國曰學縣道邑侯國曰校校學置經師一人鄉曰
庠聚曰序序庠置孝經師一人禮樂以容之者莽傳元始四
年莽奏立樂經五年正月祫祭明堂於是莽上書曰臣以外
屬越次備位未能奉稱伏念聖德純茂承天當古制禮以治
民作樂以移風四海奔走百蠻並轃辭使臣莽得盡力畢制
禮作樂事事所以傳天下與海內平之廣雅釋詁容飾也輿
服以表之者平帝紀元始三年安漢公奏車服制度美新云
式軨軒旂旗以示之揚和鸞肆夏以節之施黼黻袞冕以昭
之復其井刑者井謂井田刑謂肉刑先知云井田之田田也
肉刑之刑刑也即井刑之説莽傳始建國元年莽曰古者設
廬井八家一夫一婦田百畝什一而稅則國給民富而頌聲
作此唐虞之道三代所遵行也秦為無道厚賦稅以自供奉

罷民力以極欲壞聖制廢井田是以兼并起貪鄙生強者規田以千數弱者曾無立錐之田居子前在大麓始令天下公田口井時則有嘉禾之祥遭反虜逆賊且止令吏名天下田曰王田皆不得賣買其男口不盈八而田過一井者分餘田予九族鄰里鄉黨故無田今當受田者如制度敢有非井田聖制無法惑衆者投諸四裔以禦魑魅如皇始祖考虞帝故事此莽復井田之事美新云經井田是也莽復肉刑未聞按先知云夏后肉辟三千不勝者卑矣又云肉刑之刑之也是子雲以肉刑為刑法之正孝文罷肉刑其後議者以為名輕而實重刑法志云除肉刑者本欲以全民也今去髡鉗一等轉而入於大辟以死罔民失本惠矣蓋當時儒者之說皆如此莽喜言古制如書有復肉刑之事美新云方甫刑甫刑乃令文尚書呂刑之稱為經典言肉刑之最詳者莽方甫刑復肉刑之證但史傳無文以之美新李注引漢書云莽分移律令儀法此誤讀莽傳文耳彼文云始建國三年莽曰百官改更而職事分移律令儀法未及悉定且因漢律令儀法以從事言官職更移而律令未定姑用漢法為之吏移字不屬下讀崇賢割裂文句以甫方甫刑之說誤甚矣勉人役者宋云勉當為免字之誤也按勉免古字通人役謂奴婢也孟子云人役而恥為役由弓人而恥為弓矢人而恥為矢

實

美新言

二十十三

班孟堅典引唐哉皇哉皇哉唐哉唐皇疊韻皆美大之辭与此文同意

漢書

詐

也是人役乃古語莽傳始建國三年莽曰秦為無道又置奴婢之市与牛馬同蘭制於民臣顓斷其命姦虐之人因緣為利至略賣人妻子逆天心誖人倫繆於天地之性人為貴之義書曰予則奴戮女唯不用命者然後被此辠矣今更名天下奴婢曰私屬皆不得賣買美新云免人役字正作免唐矣夫者說文唐大言也引伸為凡大之稱玄錯云唐以而無欲玄錯云唐蕩蕩皆其義以諱之（皆謂）蔽不注以為為後之中興者而言令以美新及紀傳諸文者之謂事甚明此子雲象論語為法言而於終篇盛稱[illegible]偽之政事義似可疑不知章首明言漢興二百一十載見漢祚之未絕則此辟雝校學諸事凡莽之所為皆歸之於漢使若漢之所為蓋出之於莽則為飾六藝以文[illegible]姦出之於漢則固王者治定功成之所宜有事也是時莽既即真世已無漢而此於國亡之後猶著漢興之文值號可移而忠臣孝子之心終不可變子雲著書之意於是見矣○注言人民衆多富盛也按其庶矣乎因襲辭其庶幾乎非用論語庶矣哉注失之○注言若至世也按弘範讀勉如字而解為濟勉人則役字為無義又以唐為唐虞之世則因唐為託名諱識字所專而本義久廢故亦不得其說宋云以是道而化天下則唐堯如矣吳云孔子刪書始于唐堯而子雲法言以是終之蓋百王之表則也

司馬云用

太玄玄衡

十行 深山製

二十四

頂格

唐堯故事俞云以漢德上嬪（蓋）
唐堯也具誤皆與弘範同

法言序〔注〕子雲歷自序其篇中之大略。世德堂本法言序分冠各篇之首按古書序錄皆綴篇末或自爲一卷如史記漢書潛夫論說文之屬是淮南要略亦即其類[redacted]子雲此序[redacted]列李注之後（總）其例正同以之分冠各篇者乃宋咸所移而溫公從之非其舊四庫全書總目云法言十卷司馬光集注時惟李軌柳宗元宋咸吳祕之注尚存故光裒合四家增以己意各以其姓別之舊本十三篇之序列於書後蓋自書序詩序以來體例如是宋咸不知書序爲僞孔所移詩序爲毛公所移乃謂子雲親旨反列卷末甚非聖賢之法今升之章首取合經義其說殊謬按治平本序在書後卷數爲十三皆舊本相承如此今一仍之

天降生民倥侗顓蒙〔注〕倥侗無知也顓蒙頑愚也恣乎情性〔注〕觸意而行聰明不開〔注〕闇塞之謂訓諸理〔注〕訓道譔學行漢書揚雄傳法言文多不著獨著其目以下全載此序文字與法言各本頗有異同每篇目下皆有第若干字蓋孟堅所見

見譔以為十二

舊本如此倥侗顓蒙音義侗音通說文大貌詩神罔時侗一
曰侗未成器之人漢書顏注云倥音空侗音同顓與專同按
倥侗疊韻顓蒙疊義皆連語不可析言音義引詩非此文之
義恣于情性漢書平作于訓詁理顏云訓告也譔學行書
顏云譔與撰同[redacted]說文無撰古止以譔爲之祭統論譔其先
祖之有德善功烈[redacted]勳勞慶賞聲名釋文譔音撰按子雲論
性皆兼性情而言故云學者所以修性也又云人之性也善
惡混恣于情性乃不知修性之謂不知修性則視聽言貌思
五事皆失其正而日趨於下愚故曰聰明不開聾視聽以該
五事耳[redacted]學以修性一章為學行一篇之要旨故其序
云爾凡序言各篇之作意皆本其尤要者言之○注倥侗無
知也顓蒙頑愚也按漢書鄭氏云倥侗顓蒙童蒙無所知也
與弘範義同[redacted]○注觸意而行按學行云鳥獸觸其
情者也觸意乃觸情猶云恣意○注訓導按詩抑四方其訓
之毛傳訓道也
道導古今字

降周迄孔成于王道〔注〕禮樂備也終後誕章〔注〕諸子應時而作
詭世之言乖離諸子圖徽〔注〕貴此聖人坦蕩之夷路賤彼百

二十五

譔吾子（大字）

啚

家識雜之邪路降周迄孔成于王道音義迄孔許訖切顏云言自周公以降至于孔子設教垂法皆帝王之道終後誕章乖離諸子圖徽[redacted]本終後誕作然後司馬云漢書及李本然作終是溫公所見監本壯言作終後與漢書同今從平本作然蓋亦修板據通行本改之今訂正李注於誕章絕句以亦離字屬下讀宋云然後誕章亦離當為一句言自仲尼之後詭誕之章作而亦離於道按宋讀甚是而以誕章為詭誕之章則非劉敞云誕大也章法也言王道息而諸子起也為得其義[redacted]漢書敘傳云國之誕章傳載其路顏注云誕大也謂憲章之大者班語正用此大章亦離謂仲尼沒而微言絕七十子喪而大義乖也[redacted]

[redacted]說文徽幟也經傳通以徽為之禮記大傳殊徽號鄭注徽號旌旗之名也諸子圖徽謂諸子各圖畫徽幟自張一軍以與圖道為敵也漢書作圖徽之卯徽之誤蓋由豎象用法言作徽傳寫者少見徽遂改為微也○注諸子應時而作詭世之言按[redacted]弘範訓誕為詭故云詭世之言顏云言其後浸末遂誕章亦以誕章絕句與李讀同○注賤彼百家雜識之邪徑按弘範讀亦離諸子圖徽六字為句而釋之如此蓋解亦離為違為去讀圖為啚而以為鄙陋讀徽為微而以為幽隱也韓勑脩孔廟後碑以啚為圖是

終後

司馬云宋本迄作訖

舊本

漢時隸俗二字互通，然於義已紆，顏同李讀而解為亦於七十弟子所謀微妙之言，尤為支離。法言諸子字從無作七十弟子解者，何得此序獨有異義耶。

事有本真，陳施於意，動不克咸。【注】克能，咸皆。本諸身。【注】自求之

義譔修身事有本真者，吳云：凡事有本有真，真，正適也。按古詩十九首識曲聽其真，李注云：真猶正也。陳施於意，漢書作陳施于億。李奇云：布陳於億萬事也。俞云：溫公不言諸本有異同，是其所據本皆作意。然秘曰言陳施之，動成萬法，則吳司封本固作億也。按作億是也。事有本真，陳施於億，言事得其本正，則能推行於億萬事而無不適也。動不克咸[illegible]也。本諸身者[illegible]司馬云：咸，感也。動而不能感人者，蓋由外逐浮偽，內無本真，不能正己以正物，故當先本諸身也。按溫公義是也。咸，感，易咸彖文。[illegible]也。○注克能咸皆。按漢書李奇注云：不能皆善也。弘範然与上下文意不能融洽，恐非。○注自求之義，按中庸[illegible]云：射有似乎君子，失諸正鵠，反求諸其身。

本諸身，謂反求諸身，動而不能有所感，則當求其本於身也。

義同

十行 深山製

二十十五六

芒芒天道〔注〕洪荒混芒之初。昔在聖考〔注〕聖人作而萬物覩，謂宓羲肇畫八卦，六位成章。過則失中，不及則不至。〔注〕二五得中，然後利見。不可姦罔。謨問道。芒芒天道，世德堂本「天道」作「大道」，此从集注，依宋、吳本改。漢書亦作天道。昔在聖考，漢書作在昔聖考。李青云：聖人能成天道。[illegible]則聖考猶言先聖。聖謂伏羲、堯、舜、文王。問道云：「適堯、舜、文王者為正道，非堯、舜、文王者為它道。」又云：「法始乎伏羲而成乎堯。匪伏匪堯，禮義哨哨，聖人不取也。」過則失中，不及則不至者，吳云：「河出圖也，大易明二五之中；洛出書也，洪範貴皇極之義。舜執其兩端，用其中於民，回之為人也，擇乎中庸。」孔子曰：「道之不行也，我知之矣，知者過之，愚者不及也。」[illegible]不可姦罔者，蘇林云：「罔，誣也。」言不可作姦誣於聖道。司馬云：「姦謂侵壞，罔謂誣罔。言聖人大中之道，莫能易也。」按：姦●謂若中韓問道云「由其小者作姦道」是也。罔●謂若莊鄒問道又云「周罔君臣之義，行無知於天地之間」是也。○注「洪荒混芒之初」。按：考至芒芒，聖德被注云「芒芒，大也」。此以為洪荒混芒者，劇秦美新云「厥初生民，帝王

考与道為韻

則訓考為成
胡云：說文考，老也
朽斷老謂久也
舊也。聖考猶
言古聖。按綜
之說是也。古

易始伏羲

恍方為韻

始存在乎混混茫茫之時闓闔平漫而不昭察世莫得而云
也混茫即混茫也○注聖人至成章按言天道者莫備乎易
故注以[redacted]宓義[redacted]為說其[redacted]最初
作易之聖人以該後聖耳宋以四注為謬獨指伏羲畫卦未達
其旨○注二五得中然後利見按此仍[redacted]據易義為言先知云
龍之潛亢不獲其中矣是以過中則惕不及中則躍即此注
所本宋亦譏為非
類可謂不善讀書
神心忽恍經緯萬方事繫諸道德仁義禮譔閥神神心忽恍世德堂本作惚
恍漢書作曶恍按[redacted]忽恍雙聲連語忽曶
恍恍同字說文無恍顔云曶讀與忽同蕭該漢書音義恍音
昭晰放反今音況為是司馬云忽恍無形[redacted]按老子云其
上不皦其下不昧繩繩不可名復歸於無物是謂無狀之狀
無物之象是為忽恍又云道之為物惟恍惟忽忽兮恍兮其
中有象恍兮忽兮其中有物[redacted]忽恍字[redacted]用此經緯萬方者
司馬云方道也按即閥神云潛天而天潛地而地天神天明
照知四方之義不出以方為道也事繫諸道德仁義禮[redacted]閥
道云道德仁義禮譬諸身乎彼注云不可無之於一按[redacted]儒
與道之異同在此神經萬方儒道之所同也事繫諸道德仁義禮[redacted]

宓羲世德堂本作伏羲又上脫謂字

漢書義作誼

十行 深山製

二十七

按煌疆亦韻語

[redacted]儒之所以異於道也。說詳問道疏。于雲言神心言而繫之於[redacted]其學之所以為醇乎醇而異於黃老者也。朱子語類云：揚雄全是黃老。又云：揚雄真是一腐儒，他到急處只是投黃老。又云：雄之學似出於老子，如太玄曰：潛心于淵，美厥靈根。測曰：潛心于淵，神不昧也。乃老子說話。可謂一言以為不智者也。

明哲煌煌，旁燭無疆，遜于不虞，以保天命，謨問明明哲煌煌，旁燭無疆者，顏云：煌煌，盛貌也。燭，照也。無疆，猶無極也。宋云：明哲之人，遠見微隱，故施照無窮。遜于不虞，以保天命者，李奇云：常行遜順，以避患備不虞。司馬云：國[redacted]雖有明智，旁照無極，不能思不虞之患而預防之，使墜失上天福祿之命，猶未足以為明也。按明圖燭無疆，處常之事也；遜于不虞，應變之道也。明足以處常，又足以應變，則能全其[redacted]性而順受其正也。程子遺書云：明哲煌煌，旁燭無疆，悔其蹈亂，無先知之明也。其曰遜于不虞，以保天命，欲以苟容為全身之道也。使彼知聖賢見幾而作，其及是乎？[redacted]此[redacted]昔賢立言之意，妄以無所體會而輕薄施其譏訕，乃宋[redacted]涵習，不足為訓。

假言周于天地，〔注〕假，遠；周，徧。**贊于神明，**幽弘橫廣，**絕于邇言。謨**

寡見假言治平本作遐漢書作假溫公集注從之世德堂本亦作假按寡見寡見人之好假者也又假則偭焉治平本作假音義好假音遐下同漢書此序作假疑本亦作假傳寫改假爲今改與寡見一律周于天地贊于神明者繫辭云夫易廣大配天地又云幽贊於神明而生蓍荀爽云贊見也干寶云贊求也幽弘横廣治平本横作擴世德堂本亦集注廣作度漢書作横廣俞云宋吳及溫公本均作横度當從之廣卽度字之誤耳横與光同書堯典光被四表後漢書馮異傳作横被四表是也度與宅同堯典五流有宅史記五帝紀作五流有度禹貢三危旣宅夏本紀作三危旣度是也然則横度卽光宅也書序昔在帝堯聰明文思光宅天下此卽揚子所本榮按横廣與幽弘對文幽弘皆深也𡵘贖田案修身云其爲中也弘深幽弘卽弘深之謂弘讀爲宏說詳彼疏横亦廣也皆疊義連語幽弘亦贊于神明而言横廣承周于天地而言若依俞說則幽弘光宅義不可通矣絕于邇言者李音云理過近世人之言也司馬云絕于近言言去之遠邈也〇注假遠按對邇爲文故訓爲遠漢書作假具義亦同彼顏注云假至也似併寡見篇首數語未見矣〇注周徧按治平本徧作遍今依世德堂本作徧

三十八

之謂修注云深識聖言哉識亦加也

哲

聖人聰明淵懿，繼天測靈，冠乎羣倫，經諸範。〔注〕範，模。誤。五百　諸經

範漢書作經諸范。顏云：「經，常也。範，法也。」按：範者，范漢書作范，

疑本作范，傳寫改范耳。司馬云：「聖人以聰明深美之德，繼成

上天之功，測知神靈之理，首出羣類，立之法度，

以為萬世之常道。」〇注「範，模」。按：〔詳學行疏〕

立政鼓衆，動化天下，莫尚於中和；中和之發，在於哲民情。〔注〕哲，

知。謨先知。國立政鼓衆〇司馬云：「鼓，謂鼓舞。」按：先知云：「何以治　動化天下者，鄭康云：鼓亦動也。

國？曰：立政。」又云：「鼓舞萬民者，號令乎！」[redacted]

未知。又云：[redacted] 化 [redacted]　其可以已矣哉。又云：聖人

陶成天下之化，此即摘取彼語隱括為文者也。莫尚於中和，

書尚作上，古字通。先知〇（云何自出）甄陶天下以下，皆論中和之德。

諸各本作疏文。中和之發在於哲民情者，民情即思數之事，所謂為

知政有幾也。然則知幾其神者，無他道焉，知民情而已。〇注「哲，

知」。悟知，各本皆〇作智，誤也。本書多以哲為知。聞之知。闇明

允詰堯僤舜之重，注云：「詰，知也。」詰、哲同字。孝至：「知哲聖人

詁偽詐過…者…也…詐依此文。顏注云：

知也。」〇用李義。各本作智，乃校者妄改，今訂正。司馬云：「哲當

作哲。哲，明也。言特發中和之政，在先明民情也。」此則不知哲

闇　見　之假

有[redacted]知聞之訓故[redacted]以為揩之形誤耳

仲尼以來國君將相卿士名臣參差不齊宜惪世論之不實褒

貶之失。中一槩諸聖宜一以聖人之道槩乎之。譔重黎淵騫

參差不齊，顏云：書志業不同也。參音初林反。一槩諸聖，漢書

一作壹。顏云：槩音工代反。譔重黎下各本皆別有淵騫序云：

仲尼之後，訖于漢道，德行顏閔，股肱蕭曹，爰及名將，尊卑之

條，稱述品藻，譔淵騫。此乃校法言者據漢書增補，絕非其舊。

音義引柳宗元云：按漢書淵騫自有序，文辭俗近，不類，蓋後

人增之。或說：周所作。宋祁校漢書[redacted]淵騫序下云：李軌注法

言本無此序，云共重黎共序。又引張惡云：惡疑孙範不見漢書

中序，故云共序。是則李本別無淵騫序，較然甚明。蓋重黎淵

騫皆論春秋以後國君將相卿士名臣之事，本為一篇，以文

字繁多，故中析為二[redacted]淵騫[redacted]

[redacted]漢書此文乃淺人見此篇有目無序，疑為缺遺，妄

撰此二十八字竄入，不獨文辭俗近，如子厚所云，又且意義

與重黎序複重，了無所取，[redacted]以[redacted]本子雲舊文，亦併不[redacted]

[redacted]為明[redacted]所作[redacted]也。自[redacted]漢書竄入此序，後校法言者因惪據

雖亦為一篇，此[redacted]非別有作意，故不為之序

失

二十九

槩

漢書增補竝以顏注定其差舛及史贊也八字[redacted]入而柳注宋校所謂錯亂無序與重茶共序之語不可解矣此則子宗校漢書何以於說于漢通句下又云李軌注法言本說作迨[redacted]耶蓋當時通行法言均已補入此序[redacted]云李本說作迨者據通行本言之其云李本無此序者據舊本言之也集注於此亦云宋吳本迨作說今從李本是溫公所據正卯子宗所見之通行本今治從平本作說則又修板據漢書改之非宋初[redacted]之[redacted]舊矣

〇注一以聖人之道槩乎之按顏云以聖人大道槩平卯用李義轉非子外儲說槩者平量者也[redacted]舊讀皆於齋字絕句非也詩載馳篇毛傳曰進取一槩之義正義曰一槩者一端此則此云一槩諸聖不可通也疑當於一字絕句淮南子修務篇故立天子以齊一之是齊一連文之證惟其差不齊一故爲槩諸聖也學行篇序曰訓諸理五百篇序曰經諸範此云槩諸聖句法正同學按孟子萬𥡴當平世章指云上賢之士得聖一槩又音欲使樂正子爲政章指云好善從人聖人一槩皆一端之義是爲曲圓說之證此引範解一槩固不用此義文字相[redacted]同而解釋各異未可執一求之也（者甚多）（古書中）

君子純終領聞〔注〕純善也領令也聞名也言善於終而有令名也

司馬云檢押當作檢柙

方言純美也 美善之義同

蠢迪檢柙〔注〕蠢動也迪道也檢柙猶隱括也言君子舉動則

當蹈規矩

旁開聖則〔注〕開通也則法也。譔君子純終領聞者周諟周語純明則

終韋注云終成也蠢迪檢柙者爾雅釋詁蠢迪作也作為也此與孝至蠢迪王人異義彼文謂動擾即釋詁之蠢妯此文謂作為則釋詁之蠢迪也檢治乎本作撿今依漢書改柙[redacted]各本及漢書[redacted]皆作押今正[redacted]檢柙猶云法式荀子儒效禮者人主之所以為羣臣寸尺尋丈撿式也〇注純善也領令也按純善古音相近史記漢興以來諸侯年表非德不純索隱云純善也領令亦同聲通用李奇云領理所聞也讀領為理於義未安〇注言善於終而有令名按顏云言君子之道能善於終而不失令名令同李義司馬[redacted]云君子既樂善以終又有令名聞於後世者以立言不朽故也亦與李義相似此皆未得終字之義純終領聞謂善成其令名[redacted]非善終與令名為二事也〇注蠢動也迪道也按此析蠢迪為二義似亦未得〇注檢柙猶隱括也按隱括說文作檃括檃栝揉曲木之器引伸之亦為法式說詳修身疏故此以釋檢柙之義顏注同

孝莫大於寧親寧親莫大於寧神寧神莫大於四表之歡心〔注〕

各

檃

十行 深山製

二十
二十

言尊祖考安神靈故四方驩心誤孝至寧親莫大於寧神者司馬云神者祖考之神大孝宜若周公然按孝經孝莫大於嚴父嚴父莫大於配天則周公其人也昔者周公郊祀后稷以配天宗祀文王於明堂以配上帝是以四海之內各以其職來祭即其義寧神莫大於四表之歡心漢書歡作驩按孝經故得萬國之懽心以事其先王●歡正字驩懽皆同聲通用○經言尊至驩心按顏云安寧也言大孝在於尊嚴祖考安其神靈所以得然者以得四方之外驩心即本孝語而敷衍之

疏二十終

癸酉閏五月初八日丁卯告成